首都师范大学文艺学学科　编

文艺学与文化研究

The workshop
of literary theory
and cultural studies

工作坊

（2015）

社会科学文献出版社

SOCIAL SCIENCES ACADEMIC PRESS (CHINA)

前　言

　　法国著名社会学家布尔迪厄曾经主编过一本叫《社会学工作坊》的书，以"工作坊"名之，意在区别于一般的论文集或刊物，探索一种学术研究的工艺，力求把一个产品（最终结果，在学术活动中就是研究论文）的生产程序、机制、环节、技术等，而不仅仅是产品本身呈现出来。这就像带一个人到工厂的制作现场参观一个产品的制作工艺和流程（从材料选择、构思、模型选择到加工等）一样，而不只是到产品陈列室观看产品，更不是直接到商店购买商品。两者的根本区别在于：参观制作过程不仅可以告诉你这是什么，而且还向你解释它是怎么制作或生产出来的。或者说，它不只是给你猎物，甚至不只是给你枪，而且告诉你怎么用枪打到这个猎物。

　　保罗·杜盖伊和斯图亚特·霍尔写过一本书叫《做文化研究：索尼随身听的故事》。该书通过对索尼随身听的个案研究，不仅向读者说明了文化实践和文化习俗如何在我们生活中发挥重要作用，而且呈现了进行文化研究的关键概念和分析方法（所以才起了这样的书名）。显然，对于一个有志于学术研究的研究生而言，与其给他看一篇精彩的论文，不如教他这个论文的制作过程和制作技巧，正如对于一个有志于狩猎的年轻人而言，与其给他猎物不如给他枪，与其只给他枪则不如同时教他如何用枪打猎。

　　对于学术研究方法和程序的重视，在西方是有传统的，现在英美国家的大学还非常流行"工作坊"的学术研究模式（特别是在合作研究中）：若干个（一般 10 个以内）对某个共同话题有兴趣的学者，分别从不同角度就该话题写出初稿，之后大家互换阅读，接着在一起相互切磋商讨，提出修改意见，再接着是作者修改，然后再切磋，直到最后写成论文发表。

　　受他们的启发，我先是尝试在我主编的《文化研究年度报告》（2010 年开始，每年一本）中设立了"文化研究工作坊"的栏目，除每期发表一项重量级的研究成果（可以是学术论文，也可以是有价值的原创性调研报告和民族志访谈）外，同时请作者尽量细致地"交代"自己的研究过程（选题缘起、收集材料、调查研究、写作进展、修改加工等）所涉及的各个环节。从今年开始，我还决定在首都师范大学文艺学学科进行类似尝试，每年编一本《文艺学与文化研究工作坊》，推出研究生们（以硕士生为主）的代表性学术成果（一般是其学位论文的改写），同时要求作者尽量细致地呈现自己的研究和写作过程所涉及的各个环节（选题缘起、收集材料、调查研究、写作进展、修改加工等，特别是和指导教师的互动）。

我们的尝试包含了这样的意思：现代的学术研究不仅是一个人的神秘精神活动，也是一项技术活（当然绝不仅仅是技术活，否则就成为技术主义或技术拜物教），而既然是技术活，就与别的技术活（如制作一张桌子）有类似的地方。要生产出一项高质量的学术成果，光有好的创意或念头（good idea）是不够的，还要熟悉现代学术研究的一些操作程序。即使是好的创意也离不开平时的学术训练（训练总是包含技术成分的），绝非什么神秘的顿悟。

2013 年度、2014 年度的《文艺学与文化研究工作坊》已经出版，这是2015 年度的，以后我们还将继续逐年推出。在此对支持这项工作的出版社编辑和我的同事们表示衷心感谢。

陶东风

2017 年 7 月 19 日

目　录

从"第六代"的个体经验到消费时代的文化症候

　　——1990 年代以来中国青春电影成长主题的文化透视 ……… 徐　铮 / 1

中国电影中的乡村教师形象研究（1978～2015） ………… 王　鹏 / 37

认同与抵抗：超级英雄粉丝文化研究

　　——以"美国队长"为例 ……………………………… 陈　曦 / 87

意义生产：中国当代观念摄影的创作解读 ……………… 钱子丹 / 122

于正"雷剧"的文化分析 ………………………………… 时丽伟 / 154

马尔库塞的《苏联的马克思主义》研究 ………………… 韦晓文 / 187

"内在生命"的歌哭

　　——昌耀后期诗歌的生命体验与表达 ………………… 万　冲 / 243

陆时雍的唐诗观与晚明诗学 ……………………………… 丁　凌 / 276

《诗源辩体》陶诗批评研究 ……………………………… 许　可 / 316

《十八家诗钞》与曾国藩诗学研究 ……………………… 刘高宇 / 363

徐复观与李泽厚礼乐观之比较 …………………………… 张学炳 / 403

从"第六代"的个体经验到消费
时代的文化症候
——1990 年代以来中国青春电影成长主题的文化透视

徐　铮[*]

青春电影，又称青春片，从 20 世纪 60 年代至今有着长足的发展，在全世界已成为一种较为成熟而独特的电影类型，在电影创作实践和理论研究中都有着重要的地位。相较而言，我国青春电影的起步较晚，发展也较慢。青春电影大量涌现是在 20 世纪 90 年代，这个时期"第六代"导演登上历史舞台，痴迷于青春叙述，创作了大批青春电影，并在国外电影节频获大奖，这才使得中国青春电影真正作为一个独立的电影类型而开始获得关注。近年来（2013 年至今），随着时代发展，中国迎来了新一轮青春电影的热潮，呈现显著的变化。

本文选取 1990 年代至今具有代表性的青春电影作品，围绕这些电影作品中主人公的成长历程和成长模式进行叙事分析，探讨并研究中国青春电影成长叙事所折射出的文化现象与问题。

一　概念界定

（一）青春电影的界定

对青春电影的界定，学术界仍无一个统一定论。在一些学术研究中，有

---

* 徐铮，首都师范大学文学院文学理论方向 2013 级硕士研究生，现为对外经济贸易大学马克思主义学院实习研究员。指导教师：陶东风。

把青春电影与爱情电影、伦理电影等不同类型的电影进行混淆的现象。青春电影的内涵具有一定的复杂性和多义性，因此，对青春电影的界定是十分必要的，并且要提出青春电影与其他类型的电影的区分标准。

笔者综合学术界已有定义，在观看一定数量的青春电影的基础上，对青春电影做出相对狭义的定义：青春电影是以青少年和青年为主要表现对象，反映青年人的认知、情感、思想、行为以及生活状态，重点关注青年人的成长历程，展现青年人所特有的文化倾向和生存价值的电影类型。

北京大学教授陈宇曾表示，"并不是说电影里写了年轻人就是青春电影，青春电影有一个明确关注的主题，就是成长"[①]。以成长为主题，这就明确把青春电影与爱情电影、伦理电影等其他类型的电影区分开了。一些电影的主人公、情节都与青年人密切相关，但如没重点展现人物成长历程，则不能称之为青春电影。

（二）成长与成长主题的定义

成长在少年和青年时期是最为突出的一个主题，这个时期是人生中十分关键的时期，不仅身体在成长，而且思想、道德、心理、价值观都在成长，对每一个青年人的人格发展构成很大的影响。

成长分为多个维度，包括身体发育的成长（体格、体质以及性的逐步成熟等）、心理和精神维度的成长（自我意识、理性判断能力、人生观、价值观等）。个人身心的多维度成长，在进入社会之际，又会与社会产生一个认知、协调的过程，它既包括如何认识和看待社会，又包括如何确认自己。这个过程中自然会产生一系列冲突，所以青春电影的成长主题会着重表现个体的精神世界与社会、家庭、自我意识之间的冲突。《长大成人》《十七岁的单车》等青春电影都鲜明地表现了成长主题，这些影片中的主人公经历着逐渐步入社会的成长阶段，面对着社会、思想、现实问题的强烈冲击，出现"成长的阵痛"。

二　中国青春电影的发展脉络

20 世纪三四十年代，经过五四运动的洗礼，面对着内忧外患的严峻环

---

① 陈旭光、祖纪妍：《2014 年中国电影艺术与文化研究报告》，《创作与评论》2015 年第 2 期。

境，一批文艺工作者积极投入文学、电影、话剧的创作中，借以批判现实，抒发对自由、理想的热爱。一些以青年为表现主体的经典影片开始出现在1930年代，如《十字街头》《马路天使》等。这些影片中的年轻人或在人生的路口彷徨不定，或迫于生活的压力无奈沉沦，或认识到自己不幸生活的根源，从盲目中觉醒，开始积极反抗，投身到拯救自己、拯救家国的战斗中。这些影片多以现实主义的手法，借助青年人群体，表现他们在动荡堕落的社会环境下所遭遇的悲惨经历和苦痛命运，借以批判社会现实。1940年代的影片如《一江春水向东流》《万家灯火》等延续了这种风格。

在20世纪五六十年代，革命意识形态占据了主要地位，革命现实主义成了电影的主要创作方法，英雄主义、集体主义、爱国主义成了这一时期电影创作的核心价值观念。青年群体自身的青春昂扬的特性以及在革命意识形态中所代表的 "先进性"，自然成了这一时期许多影片的主要表现对象，典型的作品如《红色娘子军》《青春之歌》等。1959年由同名小说改编的电影《青春之歌》成了 "十七年" 时期的经典作品，主人公林道静成为该时期典型的进步青年知识分子形象。该影片以学生运动为线索，表现了林道静从一个因受封建家庭迫害而懦弱自杀的青年学生逐步成为一名青年革命者的成长历程，并重点刻画了她在一次次的历练或困难中，不断抛弃小我，排除局限，在其他共产党员革命者的感化和帮助下，褪去幼稚、迷茫、脆弱，成为一名坚定的共产党员和革命者。这些影片都是对青年主人公成长历程的展现，其成长的结局都是青年人在革命道路上找到集体归宿，投身革命，弘扬的是革命理想以及高于一切的爱国主义和集体主义精神。

总体来看，这两个时期的青春电影的意义和目的或在于批判现实，或在于表现国家意识形态，而不仅仅是展现青年人所特有的文化倾向和生存价值。这些影片所表现的青年人的成长故事都是宏大历史叙事或国家意识形态的载体，个人成长从属于国家历史的进程，共性远大于个性，是一种革命叙事中的成长。

"文革" 十年中，电影产业一度陷入绝境。"文革" 结束后，中国进入了改革开放的新时期，市场经济现代化目标逐步确立，思想解放成为这一时期的主流，人们的价值观念发生了转变，对个体生命价值和个人具体的人生状态都有了重新确认和发现，个性开始觉醒。在1980年代，中国出现了《小街》（1981）、《大桥下面》（1983）、《人生》（1984）和《本命年》

（1990），这 4 部影片具有一定的代表性，并作为 1980 年代的影片代表参加了 2005 年"东亚青年电影节"的展映。这些影片都以青年人为表现对象，虽然故事和风格有差异，但都把视线集中到了个人身上。它们不再把青年群体作为一个载体，而是把真正核心定位在"青年人面临的问题及成长"上，表达对青年问题的思考和关切。基于此，1980 年代出现的这些电影，在某种意义上可以说拉开了中国青春电影的序幕。

这一时期的影片虽具有自身特色，但也具有明显的局限性，就如同陈墨在《当代中国青年电影初探》中所言："我们看到，这些影片的共同点，是理性大于感性。更重要的则是它们并非作者自己的青春叙事诗。"① 这一时期虽然处于改革开放后的"个性觉醒"时期，但受国家发展、民族振兴以及四个现代化建设的社会主旋律的影响，这些影片整体的基调具有独特的时代特征。如《小街》《大桥下面》都有对"文革"的回顾，但其重点不在于反思、批判，而在于关注当下和未来，表达对个人的关怀和对未来的希望。对青年人经历的阴霾等，是从关切、同情的视角看待的，其理性远大于感性，可以说是启蒙叙事中的成长。

从 1930 年代到 1980 年代，青春电影经历了革命叙事中的成长、启蒙叙事中的成长，但其背景都是以民族、国家、集体为主的宏大成长叙事，还并不完全具备个人化、人文化的创作视角，真正的核心和主体也不是青年个体。

进入 1990 年代，商品经济不断发展，思想领域逐渐多元开放，消费主义和物质主义的热潮开始兴起。此时一批学院出身的年轻导演登上了电影的历史舞台，成了 1990 年代青春电影的主体构成部分，他们有较为一致的创作理念和风格，因此被电影界称为"第六代"导演。他们痴迷于对个体青春经验的表达，开始书写青年人成长中的生存现实和生命状态，对青春故事的表达深入了青年人成长中的异态和非理性层面。青春电影在 1990 年代及 21 世纪前期得到了极大的发展，开启了一个全新的时代。

进入 21 世纪，消费主义发展迅速，贯穿生产到消费的整个过程，深刻地影响着社会文化发展，并且随着"全媒体"时代的来临，中国电影市场迅猛发展，"80 后""90 后"等青年群体成为电影消费的主体。尤其到 2011 年，中国台湾地区的青春电影《那些年，我们一起追的女孩》进入中国大

---

① 陈墨：《当代中国青年电影发展初探》，《当代电影》2006 年第 3 期。

陆后，引起青春怀旧的热潮，更是对中国大陆青春电影产生了刺激作用。2010 年后"第六代"导演在青春电影的浪潮中几乎被完全替代，一批以"80 后"的跨界导演为主的"新生代"导演群体以爆发式的方式出现，其用编导一体的模式开始拍摄青春电影，并掀起了中国大陆青春电影的热潮。与"第六代"导演的创作相比，他们的作品呈现了显著的变化和新的发展。

三 时代巨变下的个体经验："第六代"导演镜头中的青春成长

"第六代"电影导演是在中国影坛"第五代"之后出现的有着显著个人风格的电影从业群体，如张元、娄烨、王小帅、路学长、贾樟柯等。"第六代"导演多出生于 20 世纪六七十年代，在 1980 年代中后期从北京电影学院、中央戏剧学院等院校毕业。他们作为学院派先锋导演，群体性地登上了 1990 年代的电影历史舞台。

"第六代"导演从 1980 年代中后期开始进行电影创作，在 1990 年代逐步进入巅峰期，他们的创作历程伴随着 1990 年代以来中国社会文化的全面转型。在实行思想解放和改革开放以前，中国政治形势对文化有所限制，除了革命的文艺有所发展外，其他文艺如电影极为缺失。进入 1980 年代，主流意识形态和精英主义文化依然是文化语境中的主导者，这些 1980 年代中后期毕业的青年导演，虽然满怀理想主义和叛逆情绪，却不得不面对现实。他们相较于上一代电影人，已失去了国家统一分配进入封闭电影行业的机会，他们没有国家资金和设备的支持，也没有明确的身份，在正规体制内去进行创作是极其困难的。贾樟柯曾言："他们不仅在意识形态的压力中自己动手来运作剧本，还要自己去找钱，甚至要自己想办法去推销自己的影片。"① 他们在体制之外，无法影响国家电影制作行业的规则。在 20 世纪八九十年代之交，精英主义文化瞬间溃散，这种溃散在一定程度上导致了"体制的进一步碎裂，体制外的群体得以浮出水面"②。于是，1990 年代初期，"第六代"导演开始大量采用独立电影、地下电影的形式进行实践，

---

① 贾樟柯：《贾想》，北京大学出版社，2009，第 70 页。
② 张慧喻：《影像书写——大众文化的社会观察》，三联书店，2012，第 7 页。

如张元、贾樟柯等导演还陆续将自己的独立作品通过非官方渠道送到海外参加电影展，这样不仅导致了"第六代"导演的影片难以与我国的电影体制协调相容，而且也因政策的限制①，他们的许多作品没有机会通过公映的形式与观众正常对话，但"第六代"导演的电影作品却在国际上备受推崇并屡获大奖，并以这种方式获得了国外不同寻常的关注。

1990 年代中后期，因为家庭电影播放设备的流行以及民间电影社团与观影组织的兴起，我国的电影审批制度有所放松。1997 年，中国第一家民间电影社团"101"办公室在上海成立，北京的"实践社"在清华大学附近定期放映专题性影片，广东的"南方电影论坛"也吸引了当时大量的媒体工作者参加，这些社团还在网络上组建 BBS，关于电影的讨论也从对西方电影的评论转移到了对中国电影现实的思考。1990 年代以来拍摄的却一直没有公映的地下独立电影也开始受到国内的关注。② 自由观影就像自由阅读一样可以激发创作，体制之外的电影创作者也受到了激励，"第六代"电影人也不断地尝试在独立制作和制片厂制作中寻找务实的合作方式，希望改变生存和创作环境。虽然他们依然处于文化的边缘位置，带有"体制背叛者"的形象，但依托原有电影体制市场化改革创造的条件，"第六代"导演在 1990 年代中后期还是获得了在夹缝中的一丝空间，达到了创作的巅峰期。以独立电影的形式和创作个体的身份去直面问题。从文化定位来看，这一时期的青春电影可以看作青年亚文化的表现形式，其产生与抵抗性源于社会结构矛盾以及文化矛盾③。

"第六代"导演多生于 20 世纪六七十年代，艺术思想成形于八九十年代，这个时间段恰好是中国经历改革开放巨变的阶段。从"文革"结束到改革开放后的政治、经济体制变革，复杂的社会背景更替，促使社会语境发生巨大的变化，也直接导致了意识形态和文化形态的多元化发展。"第六代"导演身上有着充足的精神准备，也体现了思想变革和价值重建的痕迹。除了意识和思想层面的变革外，相较于上一代导演，他们还建构起了更为

---

① 1996 年我国通过了《电影管理条例》，其中的第 36 条便是明确规定参加境外的国际电影节或影展需经电影主管部门审查批准，有关部门公布了对《蓝风筝》《北京杂种》《流浪北京》《我毕业了》《停机》《冬春的日子》《悬恋》这 7 部电影导演的禁令。

② 贾樟柯：《贾想》，第 127～128 页。

③ 胡疆锋、陆道夫：《抵抗·风格·收编——英国伯明翰学派亚文化理论关键词解读》，《南京社会科学》2006 年第 4 期。

丰富的电影语言和独特的审美风格。学院派出身的 "第六代" 导演,在1980 年代系统学习了专业电影艺术知识,他们学习、借鉴和继承的电影文学作品是前几代导演都无法相比的。电影学院的老师曾列举了对 "第六代" 导演具有影响力的外国电影导演群,他们包括美国的马丁·斯科塞斯、科波拉、大卫·林奇、斯派克·李,波兰的基耶斯洛夫斯基,希腊的安哲罗普洛斯,西班牙的阿尔莫多瓦,英国的格林纳威等。① 这些流派不同、风格各异的导演对 "第六代" 导演的艺术影响是深刻而多元的。"第六代" 导演的代表人物娄烨的毕业论文是比较意大利安东尼奥尼的电影和新好莱坞科波拉、斯科塞斯的关系。在正式拍摄作品之前,娄烨便已经对新现实主义和记录式的电影语言有了深入的思考。

正是基于思想和艺术层面的准备,"第六代" 导演的青春电影脱离了 "第五代" 导演宏大的历史叙述和高度抽象的语言,转而运用现实主义的创作方法,站在现实生活的层面上,关注平常而渺小的人本身,并用纪实性手段去记录。如 "第六代" 导演张元说:"寓言故事是第五代的主体……然而对我来说,我只有客观,客观对我太重要了,我每天都在注意身边的事,稍远一点我就看不到了。"② 贾樟柯也曾讲道:"我们忠实于事实,我们忠实于我们。"③ 正因如此,追求真实、客观、记录性成了 "第六代" 导演的美学和叙事追求。

"第六代" 导演的影片多产生于个人化的情绪和私人视角。当时作为青年群体的 "第六代" 电影人,他们的个体经验最贴近青年人的成长历程,所以他们不约而同地关注身边那些真实存在的青年群体,在个人化的青春故事和成长记忆中较为真实地展现青年人在时代变迁中的生存和精神状态,继而走出了青春电影 "解脱文化禁锢的第一步"④。

(一) 个体成长的深层动因

每个人都要经历青少年时期的成长,而这里所谈的成长远不止生理层面的发育,更重要的成长动因源于人的心理和精神层面。成长发生在个体的社会化过程中,青年人在成长之初面对与自我、他者、世界的诸多冲突,会产生对 "自我" 的追问,并伴有个人对价值观的选择以及对社会现实的认知。

① 韩小磊:《对第五代的文化突围——后五代的个人电影现象》,《电影艺术》1995 年第 2 期。
② 郑向虹:《张元访谈录》,《电影故事》1994 年第 5 期。
③ 贾樟柯:《贾想》,第 19 页。
④ 贾樟柯:《贾想》,第 30 页。

"一个人的同一性意味着对于'我'有关和他人有关的自我的了解"①，青年人的自我认知发展是个体自我界定的重要方式，也是促使青年人成长的重要动因。

"第六代"电影导演多为学院派出身，在1980年代中后期到1990年代初期，从高校毕业并正式开始从事电影活动。他们有着相似的人生成长经历，其艺术观念、政治理念和基本思想的成形是在1980年代。1979年后的中国社会发生了巨大的转变，他们思想成长的时期恰好是中国进入改革开放的特殊时期，社会、文化、政治都在快速地变革，当时国内农村承包责任制刚刚完成，市场经济的建设开展得如火如荼，商业气息在快速弥漫，城市改革步伐也在逐渐加快，更重要的是思想领域也在逐渐解放。而在1980年代的躁动期后，"第六代"导演刚刚毕业的1990年代又经历社会思想的分裂和转变，此时西方理论思潮不断涌入，思想自由的浪潮以及中国社会出现的新的特征，如大众文化的发展、消费主义的扩张等，使得"第六代"电影人的成长持续处于社会变革期和新旧思想的冲撞中，他们本身就经历着那一代青年的焦躁、茫然和困惑期，并渴望客观真实地反映这种独特的成长历程。正如贾樟柯所言："中国在飞速发展，于一切都会很快。对我们来说，重要的是握紧摄影机，握紧我们的权利。"② 基于此，"第六代"导演通常借助对自己青春成长和生命体验的还原，用个人经验和真实客观的方式来表现青年人在社会巨变的环境下所经历的认同危机，很多作品还特意表现社会边缘或特殊的青年群体，如贾樟柯"故乡三部曲"里的小镇青年、《青红》里的知青第二代、《十七岁的单车》中进城打工的农村少年等。"第六代"导演作为经历着政治和社会变革的一代人，如特殊边缘青年和另类青年，他们在成长历程中的冲撞也更加剧烈而明显，他们在镜头中极力展现成长历程中自我确认的困境，表达着青年群体的生存境况，以及在特殊环境下成长的苦痛、困惑与迷茫。

王小帅的《青红》描写的是1980年代生长生活在贵州小山村里的女孩儿青红的成长故事。影片从头至尾运用昏暗的色调，如同青红一家两代人的生活基调；镜头持续聚焦于环绕青红四周的绵延山峰，叙述了青红陷入持续的迷茫和困境中。青红的父母曾经是生活在上海的知识青年，在1960年代满怀热忱地响应国家号召，到"三线"建设，扎根在了西南闭塞、贫

---

① 〔加〕J. 米切尔：《青春论》，张进辅译，广西人民出版社，1990，第24页。
② 贾樟柯：《贾想》，第37页。

瘠的山村里。而 20 年过去，随着时代巨变，在改革的浪潮中曾经拥护、响应政策的他们却被政策所 "遗弃"，被时代所遗忘，他们年轻时的信仰和激情变成了噩梦的根源，他们新的信仰就是让子女 "回家"，也就是回到上海，如同这个影片的英文名 "Shanghai Dream"（上海梦）。

该影片用一种平行的对照方式将社会变革下的两代人的经历贯穿其中，青红父辈的价值取向曾经被强大的政治意识所左右，而在新的社会环境下，其父辈极力为女儿谋求一种身份认同时，"他者" 的意识又再次压在了青红一辈的身上。与懊悔、忧虑、暴躁的父辈形成鲜明对比的是青红无尽的沉默，当母亲以身说法地教育她时，她会说 "我不想知道"。一方面，在青红的认知中，这个偏僻的山村是她的家，她有着 "我们不在这儿生活还能去哪儿" 的疑惑；另一方面，她又被父母和跟她同样出身的朋友强行灌注着 "回上海" 的梦。青红在与本地青年小根的初恋中感受到了美好和一种对未来朦胧的向往，但她又约束着自己的行为，从被动到自觉地疏远小根；青红表露出对城市的不屑和 "不稀罕"，但又无法抵抗地靠近不断涌入这个闭塞山村的新事物，渴望着红色高跟鞋的她对外面已经翻天覆地的世界依然向往。正是这些由社会变革带来的不可避免的矛盾、价值观的冲撞以及两代人的被剥夺的意志，导致了她的沉默和 "我不想知道"，因为越多的意识灌输，越会导致更深的认同危机。

导演王小帅在影片中没有试图声嘶力竭地发言，而是在一种生活实景中静静地记录，如同影片中景、近景的不断转换和昏暗的冷色调，保持一种冷峻观望的状态。在观望中，通过对青红面无表情的特写和长时间的沉默来表现 "青红们" 对现实境况的困惑和对未来的无尽迷茫。

1998 年，28 岁的年轻导演贾樟柯拍摄的《小武》在世界影坛引发了震动，影片获得了包括柏林电影节在内的十几个国际电影节奖项。这部描写普通小城镇边缘青年小武的影片，成了德国电影评论家乌利希·格雷戈尔口中的 "闪电般耀眼的希望之光"。

影片中的青年小武是一个小偷，他穿着大号的西服，木讷而少言。与王小帅镜头中的青红一样，他们都是身处中国社会转型期的边缘青年，都有着与自己年龄不相符的低落与沉默。影片用镜头注视着小武日常的生活，通过一个被抛弃、被遗忘的边缘青年 "面对坍塌，身处困境"[①] 的成长历

———————————

① 贾樟柯：《贾想》，第 25 页。

程，展现其面对艰难恶劣的环境与现实时的内心焦灼。该影片开始于一辆公共汽车中，小武冒充警察没有买票，而后他偷走了邻座的钱包。镜头从小武扒窃的手再到汽车外的街景，最终对准了汽车上摆放的领袖像。静止的权力象征与流动的街景、年轻的小偷形成一种强烈的对比，往日的生活和政治信仰在如今的中国已不复存在。视角回到改革浪潮中的中国——充满嘈杂的声响、混乱的街道，以及一种焦灼的生存状态：售票员对小武的行为采用缄默放纵的态度；公安局长明知小武犯法却只是试图规劝，以免以后不得不抓捕他，准则的执行者和违反者之间产生了带有回避矛盾的微妙关系；小武终日无所事事地游荡于街头，一方面无法抛弃自己人性中的亮点，他渴望感情并为之付出，自称"干手艺活儿的"，也想追求有尊严的生活；另一方面，作为一名惯偷，虽然他并非完全迫于生存压力，却也无法放弃这个非法的职业，只能一次次故技重施。在经历了友情的背叛、爱情的落空、亲情的抛弃后，小武只能一次次陷入"存在意义上虚无的命运流程"①，他无法确认自己的身份，无法获得认同。最终小武被逮捕，戴着手铐的他失去了自由，被暴露在路人的注视中。在贾樟柯的镜头下，蹲在路边、表情木讷的小武一脸的迷茫与失落。

正在历经改革开放的 1990 年代的中国，其经济、社会、文化处于剧烈的转型期，浮躁、混乱的气氛在社会中弥散，人际关系发生着巨大的变化，当金钱逐渐成为社会运转的基本动力时，"小武们"就成为这种社会现实的产物。在小武的成长中，感情的失去其实更像是被剥夺的，如贾樟柯自己所说，"与其说失去了感情，不如说失去了准则"②。人在社会中的关系难以维系，未来难以确认，贾樟柯通过小武的迷茫、困顿和萎靡的精神状态，表达着一代人面对现实社会时的焦灼。

娄烨《苏州河》里有着相似外表的"美人鱼"美美和中学生牡丹，《颐和园》里从边远小城到北大读书的余虹，王小帅《十七岁的单车》里从农村来到城市的小贵和生活在城市底层的小坚，以及路学长《长大成人》中的周青等，毫无例外地都属于被放置于中国社会特殊变革中的青年人，虽然他们在物质领域和思想领域逐渐丰富和开放，狂热的政治信仰在他们的思想领域被解构，但面对新的现实时，他们的精神和思想领域又异常空白。

---

① 〔法〕夏尔·戴松（Charles Tesson）："Le tempsd'aimer, le temps de sourir,"（法国）《电影手册》1999 年第 1 期。

② 贾樟柯：《贾想》，第 25 页。

这些影片没有对此进行道德上的说教，更没有试图提出某种解决的办法，而是更多地、纯粹地用镜头直接表现青年人在成长过程中的情感体验和生存状况。当它们把镜头对准这些被遗忘、被边缘化的青年群体时，这些青年人的现实状态就被完整地表现出来，即关于身份认同的困境、价值取向的迷茫以及面对社会残酷现实而产生的焦虑，这种状态在生存的空间中无法回避。

（二）成长叙事中的 "抵抗"

"第六代" 导演的青春电影在成长叙事中展现了典型的青年群体精神姿态——"抵抗"。处在青春期成长阶段的青年人本就具有叛逆性，而青春电影在表现变革时期的青年人成长时，则更加突出了青年人与 "他者" 的对抗，并相应地展现对 "自我认同" 的寻找。

从文化定位来看，这一时期的青春电影可以被看作青年亚文化的重要载体，其蕴含并体现着丰富的青年亚文化行为与实践。当涉及青年亚文化和 "抵抗" 一词时，便不得不提到英国伯明翰学派（Birmingham School）对于青年亚文化的研究，其中 "抵抗" 便是十分重要的关键词之一。伯明翰学派认为 "亚文化可能产生于经济混乱的地方，或产生于由于再发展引起的社会迁移的语境中"，社会产生持续的结构矛盾、阶级矛盾及文化矛盾，导致了青年亚文化的抵抗，即处于弱势、边缘的青年群体为了找到 "集体性解决办法"（collective solution）所形成某种特别的风格，以此对抗 "支配阶级和霸权"，抵制 "主导的价值和文化"。① 值得提及的是，伯明翰学派的研究有特定的理论背景，主要针对的是 "二战" 以后的欧美社会，其以工人阶级青年亚文化为主要研究对象，研究涵盖阶级、性别、种族、宗教、年龄等多个维度。而对青年亚文化的研究应 "被置入民族、政治、社会交叉作用的特定语境中去考察"②。本文的探讨将结合中国特定的社会、文化语境，对伯明翰学派的青年亚文化理论资源加以参考与借鉴，但并不局限在其理论框架内。

1. 对以父权为代表的传统权威的抵抗

在青少年的成长过程中无法脱离代际矛盾，弗洛伊德在《家族浪漫史》

---

① 胡疆锋、陆道夫：《抵抗・风格・收编——英国伯明翰学派亚文化理论关键词解读》，《南京社会科学》2006 年第 4 期。

② 马中红：《青年亚文化研究年度报告（2014）》，清华大学出版社，2015，第 14 页。

中就有如下心理分析："对于年幼的孩童来说，父母是他们心目中唯一的权威，也是他们所有信念的来源……随着智力的增长，孩童们逐渐认识到自己父母的真正'社会'地位，又在与他人父母相比时，便不禁开始怀疑自己早先赋予父母的那种无与伦比的崇高地位。这时每当他们在生活中遇到不如意的事，便会批评起自己的父母。"① 而在中国"君臣父子"的传统文化背景下，家庭结构中的父亲有着更加特殊的伦理地位和象征意义，父亲不仅代表着代际父权，而且代表着意识形态和价值观上的权威。福柯把权力视角转向微观角度，认为权力没有中心，而是存在各种力量的关系中，是各种关系的集合，所以"哪里有权力，哪里就有抵抗"②。在"第六代"导演的青春电影中，父权及其代表的权威存在于青年人的成长历程中，对这种权力的反叛及逃离则成了一种直接的抵抗形式。

《长大成人》是路学长于1995年拍摄完成的影片，如名字所示，该影片讲述的是一名热爱音乐的青年周青从"文革"时期到1990年代的成长历程。在该影片开头，他父亲一边说着"男不男女不女的，跟个流氓似的"，一边要给周青"剃头"，镜头从周青厌烦无奈的表情上一掠而过，继而通过插图的方式晃动地展现几幅"文革"时期丑陋的"剃鬼头"（"文革"时期人身攻击的一种方式）照片，周青的旁白讽刺道："我爸是个剃头的，技术堪称一流，这些是他早年带有朋克风格的'作品'。"镜头回到画面中时，周青已如照片中被剃头的人一样，顶着剃了一半的头发逃离家门。通过这个短短的片段，该影片便已昭示了周青与父亲之间的矛盾——周青对父亲的历史身份及其代表的传统权威充满不屑甚至厌烦。此后周青因为"玩音乐"更加惹恼了父亲，父亲要求周青退学并到母亲的单位去"接班"，在体制的规则内，借此沿承父辈一代的生活与价值观念；而周青面对父亲的要求，怒喊着"不去！我不去！我就不去"，此举激怒了父亲并换来了拳打脚踢，面对父亲的打骂，周青举起一把猎枪，镜头转换到周青的后面，猎枪从父亲面前闪过，对准了父亲最爱的鹦鹉，周青借此威胁父亲并再次逃走，最终周青因为乐队的解散而不得不答应父亲的要求，成了一名锅炉工人，开始了高强度的体力劳动，此时的周青用消极的工作情绪和追随"精神父亲"（影片中的英雄式人物朱赫来）的方式来消解和对抗父权。时间进入1980

---

① Sigmund Freud, "*Family Romance*" in *On sexuality*: *Three Essays on the Theory of Sexuality and other Works*, trans. Angela Richards, London: Penguin Books, 1991, p. 221.

② 〔法〕米歇尔·福柯：《必须保卫社会》，钱翰译，上海人民出版社，1999，第56页。

年代末期，当周青从国外回国，发现年过五旬的父亲背叛家庭，背叛母亲，并且与卖淫的年轻女孩儿在一起时，父亲与父权已经几乎消解，他进入了"无父"的压抑与困顿中，此时借助寻找"精神父亲"来获取新的精神归属再次成为他获得救赎与认同的方式。

《青红》中的父亲暴躁焦虑，因为自身的信仰崩塌，便试图通过掌控女儿回城来获得自我的救赎，他为了扼杀女儿青红与本地青年的恋爱，强硬地向她灌输价值观，监控青红，剥夺青红的自由与选择权，后者则用持续的沉默与消极来反抗父亲。最终青红的精神和身体受到了双重打击，陷入了彻底的沉默。

还有一些影片并未直接表现剧烈的抵制父权的冲突，而是通过展现父权的衰落和缺失来表达这种抵抗，隐喻权威的崩塌。如《苏州河》中牡丹的父亲，他通过改革开放后的倒买倒卖生意发了财，沉迷酒色，在一次次"钱色的交易"时送走牡丹，牡丹则选择出走与寻找爱情信仰来获得"自我认同"，并借此弥补父权的衰落与缺失。

2. 风格化的抵抗：音乐摇滚

青年亚文化是"沟通体系和表达与再现形式的文化"①，其"代表的对霸权的挑战，并不是直接由（青年）亚文化生产出来的，更确切地说，它是间接地表现在风格之中的"，反抗与矛盾的展现"都位于现象的表层，即符号层面"②。青年亚文化通过象征化、符号化的活动或行为如音乐、舞蹈、行动等，创造出独特的风格。霍尔在《仪式抵抗》中认为，青年亚文化群体正是依靠这种形式建立起了"认同"，并表达群体存在的集体性。③ 赫伯迪格也分析说，青年亚文化群体试图开创出一个能够被发现，并能够表达某种另类身份的认同空间，建构这种另类的认同，传达一种可被察觉到的差异——一种"他者"，并得以在象征层面上发起挑战。④ 综上所述，青年亚文化的抵抗并不是通过直接的方式对抗，而往往是风格化的。借助青年群体的特殊风格，可以解读青年群体关于抵抗的表达和自我认同的表述。

---

① 〔美〕迪克·赫伯迪格：《亚文化——风格的意义》，陆道夫、胡疆锋译，北京大学出版社，2009，第161页。

② 〔美〕迪克·赫伯迪格：《亚文化——风格的意义》，陆道夫、胡疆锋译，第161页。

③ 转引自胡疆锋、陆道夫《抵抗·风格·收编——英国伯明翰学派亚文化理论关键词解读》，《南京社会科学》2006年第4期。

④ 〔美〕迪克·赫伯迪格：《亚文化——风格的意义》，陆道夫、胡疆锋译，第110页。

改革开放后，摇滚乐、迪斯科（Discotheque，舞厅及一种电子音乐风格）传入中国，流行歌曲逐渐焕发生机，中国港台地区的流行歌曲便在此时进入了内地。在"第六代"导演的青春电影中，不乏这些音乐的出现。影片中的青年群体凭借富有激情的节奏感、大胆灵活的肢体动作和不安躁动的情绪，让音乐成为他们表达自我、建立认同的符号化的活动，并形成了一种风格化的抵抗。

贾樟柯的《站台》聚焦的时间是 1979 年到 1989 年，这段时间正是中国经历社会变化，处在改革开放初期的重要阶段，导演试图通过刻画 4 个县文工团青年演员的成长来表现 1980 年代的面貌和这一时期青年人的精神状态。《站台》是一首带有摇滚风格的作品，也是改革开放后内地受港台音乐影响而诞生的第一代原创流行歌曲中的一首，这首歌曲在 1980 年代风靡中国，歌曲用强烈的节奏反复唱着几句简单的歌词："孤独的站台，寂寞的等待""喧嚣的站台，寂寞的等待""我的心在等待，永远在等待"。贾樟柯选择《站台》这首歌曲的名字作为影片名称，并在影片中把这首歌与主人公相融合，表现青年人"寻找"与"期待"的群体姿态。

该影片开头是一场文工团的文艺演出，镜头采用模糊的远景方式展现着《火车向着韶山跑》这样的革命时期传统节目，演出片段后是演员回程前长时间的集体点名，在五分钟的时间里，无法得知主角是谁，因为个体的名字在集体的概念中失去了自我的独立意义，而后主演崔明亮、张军、尹瑞娟和钟萍才逐渐一一呈现，如贾樟柯自己所言，"这是一个由群体到个人的调度"①。汾阳地处内陆，落后而闭塞，演出的文艺作品落后于生活，直到喇叭裤、烫头、录音机、吉他来到了这个地方，这 4 个年轻人才开始接触更多的流行音乐。崔明亮迷上了吉他，音乐对他而言就如同找到了在生活中获取救赎与认同的抓手。在文工团进行私营承包改革后，为了适应市场，更为了挣脱身边的现实困境，他们讨论出了名为"轻音乐"（轻松的音乐）的演出类型，把文工团更名为"霹雳舞团"。他们在旧排演厅的领袖像下排演着探戈舞曲，在破窑洞中用录音机播放港台歌曲并随之跳舞，在旧城墙上边弹吉他边唱台湾的流行乐曲《小秘密》，在矿山模仿港台明星演唱歌曲，在临时搭建的蒙古包里面对着无动于衷的观众狂热地唱着《站台》……就这样开始了走穴的音乐演出。该影片中，一群年轻人在车上听着那首《站

---

① 贾樟柯：《贾想》，第 74 页。

台》，一辆火车经过，在"永远在等待"的歌声中，这些年轻人欢呼着、雀跃着，迎来了呼啸而过的火车。火车开向远方，而他们却在音乐停止的那一刻陷入了沉默，因为他们并不知道自己的远方和未来究竟在哪里。国家的命运、政治的形势与人的处境紧密相连，底层青年在社会的巨变中承受压抑，感到迷茫，同时也产生着一种对未知未来与外面世界的期望，他们试图用"出走"的方式去看看外面的世界，借助音乐创造一种不同于社会主流的"他者"风格。在偏僻的村庄漂泊演出期间，他们不断被现实冲击，虽然感受到的是更深的孤独与迷茫，但他们依然在狂热的歌曲及其与流行音乐的紧密关联中追求着属于他们的群体认同，体现他们对社会现实的反叛和对主流的抵抗。

《北京杂种》是"第六代"导演早期的一部影片，导演张元用半纪实的方式记录着先锋前卫的艺术家、摇滚歌手、自由撰稿人等社会边缘青年在改革开放大潮下的故事，同样有关"寻找自我"和音乐，但比《站台》更加直白而粗暴。该影片把摇滚乐作为主要线索和故事内容之一，其中近一半的情节是各种摇滚音乐和摇滚乐队的纪实表演。这些先锋艺术家有着较为超前的觉醒意识，但作为社会边缘的青年群体，却深陷于矛盾迷惘的生存困境中，他们把激烈、狂躁的摇滚乐作为一种表达自我与反抗的工具，展现着愤怒、躁动与对主流和中心的抵抗。

"第六代"导演的众多影片都把当时的流行音乐和摇滚作为一种符号来展现，青年群体从中表述自我，寻找认同，试图用摇滚音乐这种象征意义的抵抗形式在文化实践中"给自己创造出一个行为和决定的自由空间"①，释放一种被压抑的声音，借以构成社会多元文化形态的隐喻。

3. 对社会规则的抵抗

改革开放后，中国步入了前所未有的变革发展期，从计划经济向社会主义市场经济转型，并以快速的步伐追赶全球化进程。社会、政治、经济的变革给中国社会带来了快速的发展和巨大的经济效益，但如同一把双刃剑，也带来了一系列的社会问题，尤其是在城市化进程和市场经济的开放中产生的贫富分化、城乡差异以及社会资源分配失序和收入差距。

"第六代"导演的青春电影试图把边缘、底层青年人的成长放置于重

---

① Michel de Certeau, *The Practice of Everyday Life*, Berkeley: University of California Press, 1988, p. 3.

组、巨变的社会空间中，在人与社会的疏离和对抗中展现中国社会结构、利益格局、思想观念的深刻变化。

王小帅的《青红》和《十七岁的单车》都表现了人与社会、环境的冲突与对抗。《青红》中，青红一家从上海来到偏远的西南小镇，在改革开放后，他们迫切地希望回到上海。他们虽然在当地无法用上海话交流，但也拒绝使用当地的方言。在青红父母心中，青红是上海人，必须回到上海去，但青红认为她生长的乡下小镇才是自己的家，回到上海也只能成为亲友眼中的"外地人"。回城与留下的矛盾纠葛伴随着青红的成长，青红用与当地小根的爱情，用一种拒绝并藐视上海的态度试图抵抗并消弭城乡之间的差异，然而悲剧式的回城与小根的死则更加彰显中国社会变革中城乡的差异与对立。

王小帅的另一部影片《十七岁的单车》则更加鲜明地展现了城乡差异和贫富对立的社会图景，表现了底层、边缘青年在物欲城市中的挣扎与抵抗。该影片的情节围绕两个少年与一辆自行车而展开。从乡下来城市打工的小贵，在快递公司找到一份工作，用辛苦赚来的钱买了一辆自行车用以谋生，不料自行车却被盗窃。后来他发现这辆自行车被一个高中生小坚从二手市场买走了，便决定把这辆自行车偷回来。自行车在这两个少年的生活中都有着特别重要的意义。对于小贵来说，这辆车是谋生的"饭碗"，更是得以从乡下进入城市的通道；对于生活在城市底层、缺乏物质支持的小坚来说，自行车是他获得友情、爱情的必需品，更是证明尊严的标志。在两个人为了一辆自行车而产生的纠葛与斗争中，小贵有着渴望融入城市的执着与对于"被排斥"的抵抗，小坚带有虚荣的"尊严"则表现底层青年在物质社会中对于生活和社会规则的反叛与抗争。

贾樟柯的"故乡三部曲"——《小武》《站台》《任逍遥》，毫无例外都选择了以底层青年的生活轨迹作为表现内容，社会的变迁在他们的成长轨迹中留下了深刻的烙印。《任逍遥》是"故乡三部曲"的最后一部，该影片选择了中国传统的工业城市大同作为故事背景地，彼时这个充满破产的国有工厂的城市正遭受着市场经济进程中局部的崩塌。该影片处处充满破败的拆迁工地的城市图景。在街边的小店外，电视机前围满人群，人们正为中国加入"WTO"而欢呼，而他们身后的城市却发生着工厂爆炸、失业和社会生活的巨变。正是在这样的环境里诞生了小季和斌斌这样的青年，他们称自己为"混社会"的，即漫无目的地混迹在社会上。斌斌辞去了工厂按部就班的工作，面对一事无成的指责，他不屑地回应着"等着瞧吧，别小看我"。而小季同样没有工作，一次偶然的相遇，他认识了为推销产品而登台跳舞的"名模"巧巧，巧巧的特立独行和叛逆，让小季产生了迷恋，而巧巧是有钱有势的老板乔三的女人，抢夺巧巧便成了小季的挑战与目标。在经济窘困并不断遭到压制的情况下，小季和斌斌最终用一种粗暴的方式表达了他们的抗争，他们决定用自制炸弹去抢银行，最终小季在野外公路逃亡时被捕，而斌斌在派出所里唱起了《任逍遥》。金钱在社会中的至高影响力和破败颓废的城市图景相对比而产生一种强大的社会张力，青年群体找寻不到自己的位置，如同城市在往日的权力意识形态与社会主义市场经济的对撞中无法找寻到平衡点，"小季们"则用这种无畏的叛逆表达着对于现实社会中规则的抵抗。

（三）成长结局的生成

当个体进入青少年时期，也可以说是进入了人的心理"断乳期"，这个阶段正是身心发展的关键时期。这个时期往往伴随着人对自我、社会和世界逐渐确立新的认识，以及确立对自我的认同，只有解决上述问题才可能获得成长。"第六代"导演的青春电影把成长历程作为核心叙事，而成长的结局却并非走向成年世界后获得了健康、稳定的价值观和世界观，而往往是在虚妄的失败结局中告别了青春。

纵观"第六代"导演的创作，其影片中的成长结局多是对社会和生活的妥协，对理想的放弃。

《站台》中，当青年人坐上远行的车斗，在高昂的歌声中想向远方逃离，寻找价值和意义时，其走穴的生意却依然不景气，他们的新式"轻音乐"（流行音乐、摇滚歌曲）并没有什么市场。张军和钟萍因为没有结婚证件被抓到公安局，在压力和阻挠下，两人的感情面临结束的悲剧；崔明亮在矿山演出时偶遇了自己的表弟，表弟签着生死合同为矿山打黑工……无论家乡、县城，还是远方，现实都是残酷的，本想挣脱现实的他们，却发现自己依然被困在现实中。就这样，青年人最终回到了原点，在老家汾阳同大部分人一样过起了延续过往的生活。在该影片最后部分，崔明亮和尹瑞娟结了婚，在杂乱拥挤的小房间内，尹瑞娟哄着他们的儿子，而崔明亮则发呆地抽着烟，平凡的生活消解了一切追求与希望，青春已步入了一片死寂。

《颐和园》则通过余虹的成长历程和爱情故事来表达追求自由的主题。

从偏远小城考入北京大学的余虹，在 1980 年代末的北京经历了动荡的政治运动和青春爱情，在轰轰烈烈的青春对撞后，她选择了逃离，这正如主人公余虹所言："战争中你流尽鲜血，和平中你寸步难行。"在离开北京过上平常且平庸的生活后，她只能在痛苦中用感情折磨与性放纵的方式寻找一种自我平衡。该影片中，激情和希望最终被现实完全抹杀，一切归于昏暗。

除了放弃、消解与妥协，这些青春影片的结局还大多伴随成长的内心痛苦和外在伤痛。

《小武》中，小武有着真诚而善良的人性闪光点，他对感情有着执着的坚持，然而他不符合社会规范的成长和不为社会所容的行为，为自己带来了偏见和歧视，他被友情、爱情和亲情所伤害，最终被公安局长押解着在街道上行走，并随手将他铐在了电线杆上"当街示众"，让他失去了所有的尊严和希望。

《十七岁的单车》的结局同样充满了孤独和伤痛。小坚和小贵卷入了小混混们的追打中，最终在喧嚣混乱中，小贵拖着伤痕累累的身躯，扛着那辆堪比生命的单车，走在城市街头中。慢镜头中是路人冷漠的注视、残破的单车和一个遍体鳞伤的 17 岁少年。一切似乎都预示着"他似乎永远也无法融入这个城市中"。

《苏州河》中，马达一直寻找着牡丹，这不仅是对爱情的寻找，而且是对人与人之间纯粹感情的寻找，是现代社会下对精神的寻找。而影片的结局却是马达和牡丹双双死去，他们的死成为爱情死亡的象征，他们的青春成长通过死亡的结局被禁锢在了虚无之中。

戴锦华认为，这些青春电影"表达了青春的痛苦和其中诸多的尴尬和匮乏、挫败和伤痛。可以说是对'无限美好的青春'的神话的颠覆"[1]。"第六代"导演关注着中国社会底层和边缘的青年们，通过青年人的成长历程表现其生存境况，试图为这些人群的基本权利和生存空间而呼唤，然而镜头中屡见不鲜的悲观基调和放弃、妥协的成长结局也可以说体现了犬儒主义的倾向。如贝维斯所言："犬儒主义意味着一种玩世不恭、愤世嫉俗的倾向，即遁入孤独和内在之中，以缺乏本真为理由而放弃政见。现代犬儒主义是一种幻灭的处境，可能带着唯美主义和虚无主义的气质而重现江湖。

---

[1] 戴锦华：《电影批评》，北京大学出版社，2004，第 163 页。

犬儒主义背叛了崇高的价值。"①"第六代"导演的整体创作与社会现实紧密相连，而作品中成长结局的悲观虚无也呈现了社会时代的病症。

1990年代的语境呈现复杂的构成，中国在该时期社会、经济、政治、文化等领域都发生了转型，思想的转化也复杂多变。从1990年代中期开始，思想呈现多元化趋势，"经济进入全民经商模式，文化出现世俗骚动和个体化倾向……每个人、每种思想、每种活法都在这历史瞬间转换的舞台上，匆匆来尔后又迅速替换消逝"②。戴锦华在《昨日之岛：电影、学术与我》中如此表述："1995年后的观察，是这个社会涌动着焦虑、妒恨，乃至完全无名、无语的仇恨；这也是无助、绝望引发的社会暴力行为激增的时期。几乎不再是欲望的喜剧，而成为剥夺的悲剧，关于中国、关于当下、关于社会的性质与问题的基点和参数似乎都已改变。"③整体来看，虽然这个时期中国社会思想逐步开放多元，似乎每个人的物质追求、精神生活和个人理想都被赋予了无限可能性，但实际上，从1990年代开始，社会已快速地世俗化，高速的经济发展成为最重要的聚焦点。骚动的当下和不明朗的未来，如同《长大成人》的真正结局一样，被再三删改后已无法呈现。社会中的诸多问题与矛盾、价值观念和精神层面的冲撞也都被经济发展的浪潮所掩盖，对于个体尤其是边缘和底层的青年群体来说，幻灭和虚无的结局更容易在他们身上放大与夸张地体现出来。

四　消费时代的成长表达："新生代"导演青春电影的文化症候

"第六代"导演的青春电影从1980年代末到21世纪初期，经历了十余年的发展历程，却并没能在电影市场狂热发展的今天延续生命力。究其原因，一是"第六代"导演的影片本身在消费时代的今天具有局限性。这些影片过于个人化的叙事，带有忧郁痛苦的感情基调，传统叙事的"戏剧性"多被转化为艺术感强烈的精神状态碎片，这些因素都让作品与观众产生了过大的审美距离，且类型化的作品也产生了审美疲劳。二是来自青春电影自身的属性。青春电影反映的是一代人带有集体性的青春印记，并有时间

① 〔英〕贝维斯：《犬儒主义与后现代性》，胡继华译，上海人民出版社，2008，第8页。

② 王岳川：《中国镜像：90年代文化研究》，中央编译出版社，2001，第35页。

③ 戴锦华：《昨日之岛：电影、学术与我》，北京大学出版社，2005，第3页。

的滞后性。当下观影的主力人群是"80后""90后"，他们的青春处于21世纪前后，显然已与"第六代"导演的成长经历拉开了时代距离，无法产生感情的共鸣。三是随着21世纪的到来和社会的发展，中国再次发生了翻天覆地的变化，我们迎来了"全媒体"时代，消费主义不断高涨，社会环境的变化自然也带来了新转型的青春电影。

从2010年开始，"新生代"导演进入了青春电影阵营，并带来了新一轮青春电影热潮，使青春电影跻身于电影市场的主流行列。相对上一代（"第六代"）导演而言，这些导演的特点是他们基本上生于1980年代，多为跨界的非专业导演（多为演艺界人士，且具有影响力），如电影集团总裁管晓杰2011年至2012年拍摄的《青春期》三部曲，就采用网络付费观影模式，累计点击量超过10亿次；"80后"小说家郭敬明的《小时代》系列，累计票房收入超过10亿元；演员赵薇2013年的处女作《致我们终将逝去的青春》，票房收入高达7.26亿元；另有音乐人高晓松参与编剧、监制的《同桌的你》、"80后"作家九夜茴改编的《匆匆那年》等都掀起了观影热潮，并伴随着叫座不叫好的广泛争议。

这些影片会聚集明星偶像和青春靓丽的年轻演员，投资、拍摄、发行都采用标准化的商业模式进行运作，并严谨地针对目标观众群体（以"80后""90后"为主）量身定做，是一种商业片中逐利最为极致的产品，在商业市场中获得了巨大收益。如今，支撑消费主义文化的主流消费群体已经变成了青少年①，消费主义文化呈现低龄化、幼稚化的特点，以至于针对青年群体而量身定制的青春电影，在文化产业中占据越来越重要的位置。该部分内容聚焦"新生代"导演的青春电影，分析消费主义盛行之下青春影片所呈现的成长表达的文化症候，以下分为三个专题进行论述。

（一）成长主题中的校园怀旧

2013年，演员赵薇根据辛夷坞同名小说改编成作品，导演出了其处女作影片《致我们终将逝去的青春》，上映后获得超过7亿元的票房收入，成为同档期电影中票房收入最高的一匹"黑马"；一年后，歌手高晓松参与编剧、监制的电影《同桌的你》上映，在"五一"档期的激烈竞争中，票房收入达到4.5亿元；同年，由张一白导演、九夜茴同名小说改编的影片

---

① 张慧喻：《当代中国的文化想象与社会重构》，中山大学出版社，2014，第4页。

《匆匆那年》更是在贺岁档期收到了 5.78 亿元的票房，成为 2014 年 12 月的票房收入冠军。这一干影片的"好成绩"一再印证了这类青春电影是当下电影票房的"灵药"，这促使电影制作方不断"打造"出有着相似模式的青春电影：让青春成长围绕着"校园怀旧"的主旋律而展开，采用当下的视角去追忆或回忆往昔的上学时光。

1. 校园怀旧背后的消费逻辑

按照鲍德里亚的观点，"在消费社会，符号统治了全部的消费的行为，并借此统治了全世界"①。商品所代表的意义是符号意义，在消费时代，消费不只是经济而实用的过程，而且是涉及文化符号与象征意义的表达过程，并且可以作为一种操纵符号的系统性行为，人们产生的消费行为是不断由"被制造出的欲望"所诱发的。在消费语境下，青春电影作为消费产品，不仅通过影像满足了观众的情感和视觉的消费欲求，而且也通过运用营销策略，包装消费产品，制造消费欲求，从而促进消费的发生。目前，中国青春电影最常使用的营销策略便是"跨界品牌＋明星演员＋校园怀旧元素"。

第一，跨界品牌具有吸引消费者注意的作用。如《致我们终将逝去的青春》的导演赵薇是"80后""90后"熟知的明星演员，其跨界执导电影本身已成为一个社会娱乐话题，明星自身不仅具有品牌效应，而且能引发循环经济效应；《同桌的你》由知名歌手高晓松监制，这首青年人耳熟能详的旋律不时在影片中响起，还直接作为电影的名片，吸引了消费者的注意。

第二，选择青春偶像也是当下青春电影最重要、最传统的营销手段。近年来，几乎所有的中国青春电影都离不开偶像的存在，如《致我们终将逝去的青春》里，演员韩庚的戏份并不多，但作为当红的人气偶像却成为影片卖点之一；《匆匆那年》中，主演林更新、周冬雨也同样是颇具话题的"新生代"偶像。从消费性上看，偶像明星可以被视为商品化的存在，明星的身份作为一种可供消费的符号能带来相应的经济效应。偶像崇拜是青年亚文化最为外显的特征之一，青春电影选择青年人喜爱、崇拜的偶像、明星，便是要制造消费欲望，促进消费行为的产生。

除以上两点外，对校园怀旧元素的"打包贩卖"则是怀旧青春电影成功引导消费的核心所在。当下的青春电影中，与薄弱的、模式化的故事情节产生强烈对比的是大量利用影像技术呈现带有时代记忆的怀旧元素，这

---

① 王涵淑：《试析波德里亚的符号与象征》，《剑南文学》2012 年第 3 期。

些怀旧元素直接带来了感性的共鸣，如《致我们终将逝去的青春》中不断出现青砖瓦房的老式校园、红色的迎新条幅、字正腔圆的高音喇叭，还有"BP机"和铁饭盒，这些年代感十足的场景和物品直接将观众引入了怀旧的氛围中；《同桌的你》中用唯美的画面展现1990年代的校园场景，加之《爱》《同桌的你》《送给张二的歌》等怀旧歌曲，成功将观众拉回校园时代。现代社会的快速发展，导致"现代人就难以在瞬息即逝的生活表象背后寻找到意义、价值和信念的归宿，从而无法确切地把握生活或把握自我"①。当代人普遍面临着身份缺失与身份焦虑的困境，而对于尚未获得话语权的青年群体来说，他们更加急切地需要了解自我，确立身份，并寻找当下存在的意义，于是怀旧便成了选择之一。"把自己的过去同自己的现在和未来联系起来的诸种方式中，怀旧是一种颇具特殊性的方式，那是因为怀旧对于我们是谁、我们在做什么以及我们将往何处去之类的问题，大有深意……"② 怀旧也成了可以不断建构、维系和重建认同的手段之一。当下青春电影怀旧元素的运用迎合了观众渴望怀旧的心理特征，让观众在影像世界中产生了一种舒适感，怀旧风借此持续引导着大众的消费欲望。

近年来，中小投入的青春电影便是运用"跨界品牌＋明星演员＋校园怀旧元素"的营销策略，成功唤醒了观众的消费观念，从而引导了消费选择，使影片获得了票房收入上的成功。

2. 与现实割裂的怀旧热潮

《致我们终将逝去的青春》开始部分借用了主人公郑微梦中的一个童话故事，以从睡梦中到从梦中惊醒的方式，把时间拉回了20世纪90年代。主人公郑微醒来时正坐在极具时代特征的绿皮火车上，在盛夏的九月中赶赴大学读书。《同桌的你》也同样把时间拉回到了1990年代初期，讲述了主人公周小栀和林一从初中直至大学的青春成长经历，表现对校园生活和青春情感的怀念。《匆匆那年》也延续着前两部影片的校园怀旧主题，不断通过男主人公充满伤感的旁白来对比"当下"，间接突出了对校园和青春成长的追忆与怀念。

影片中已步入残酷社会的成年人回忆1990年代的成长故事，恰好迎合

---

① 赵静蓉：《在传统失落的世界里重返家园——论现代性视域下的怀旧情结》，《文艺理论与批评》2004年第4期。
② 〔美〕弗雷德·戴维斯：《怀旧与认同》，王力路、毛如雁译，载周宪主编《文学与认同：跨学科的反思》，中华书局，2008，第105页。

了目前青春电影观影的主力消费群体——已经步入社会的"80后"和开始逐渐步入社会的"90后"群体。这批正在告别青春并具有巨大消费能力的群体，愿意在影院里获得情绪上的"共鸣"，也正是这样的消费需求造成了校园怀旧题材青春电影的火爆。

nostalgia（怀旧）源于两个希腊词根 nostos（返乡）和 algia（痛苦），在17世纪末，瑞士医生霍菲尔首次把这两个希腊词根组合在一起，创造出"怀旧"一词，借以表达伴随着痛苦情绪的思乡之病。有学者认为怀旧就是现代人的一种无家可归的主观体验①，我们也可以把怀旧理解为对已不存在的精神家园的一种向往。怀旧连接着过去和现在、想象和日常，存在于有一定距离的两种关系中，代表着一种丧失和位移②。同时怀旧文化也是现代文化结构中的一种具体反映，在快速发展的现代社会，社会和文化结构不断变化，每个社会中的个体都面对着社会文化格局的变化、生活经验的变化和情感的变化，极易产生匮乏感和缺失感。这时，怀旧便作为一种抵抗社会现代性的方式出现了，怀旧"萌生于我们的生活和时代的连续和断裂的交替"③中，"通过对过去的简化和美化，以审美的方式来抵抗现代社会的快速变迁和断裂"④。

当下的青春电影利用校园中带有共性的成长故事制造移情的效果，让观影者置身于故事的讲述中，产生同样的怀旧情绪，激发青春记忆，并且可以短暂地逃离压力重重的现实生活，寻求现世安慰的心理慰藉，怀旧情绪可以转化为一种对自我同一性与连续性的弥补，弥补当下与过去的断裂。

值得关注的是，这些青春电影在表现校园怀旧时，既与中国的社会现实保持距离，又与当下中国青年群体的生存环境和文化语境相脱离，还不同于"第六代"导演对20世纪八九十年代的记录。校园怀旧只是把怀旧停留在审美层面的感官体验和情绪渲染中。在这些影片中看到的怀旧是大量运用有年代感的学校场景、有怀旧感的老物件、充满时代感的服装和发型，以及可以置于任何一个时代中的校园爱情。这些影片中校园怀旧的人物、故事都处于"架空"的状态，与社会现实和社会文化脱节。

---

① 赵静蓉：《怀旧——永恒的文化乡愁》，商务印书馆，2009，第2页。
② 〔美〕斯维特兰娜·博伊姆：《怀旧的未来》，杨德友译，译林出版社，2010，第3页。
③ 〔美〕弗雷德·戴维斯：《怀旧与认同》，王力路、毛如雁译，载周宪主编《文学与认同：跨学科的反思》，第119页。
④ 陶东风、周宪主编《文化研究》（第20辑），社会科学文献出版社，2014，第28页。

除此以外，这些影片为了形成校园青春时期与后校园时期的强烈反差与对比，还会刻意突出"后校园时期"情感的空虚与匮乏，继而更加强烈地衬托出校园青春的无限美好，如《致我们终将逝去的青春》中，该影片在怀旧大学时光时几乎全部运用了彩色的色调，而表现当下则刻意大量运用冷色调，表现意外的车祸和金钱导致的失败婚姻等，借以呈现过往情感的无限美好。《同桌的你》中，两个年轻人的成长由一场从恋爱到分手的情感经历牵动，在较为单薄的故事中，导演极力运用大量的视觉效果营造出美好的怀旧情怀；而"当下"的现实同样显得生硬而唐突，该影片结尾处两人因出国而分手，男主角林一的感情和生活狼狈至极，女主角周小栀则嫁给了自己并不爱的男人，该影片中男女主人公不断感叹"我们最后还是输给了现实"。在消极现实的对比落差中，怀旧不仅与现实渐行渐远，而且也成了逃避真实的梦境。

这种怀旧倾向正如博伊姆对怀旧的看法一样，是一种"修复型怀旧"。"修复型怀旧"强调怀旧中的"旧"，提出重建失去的家园和弥补记忆中的空缺，表现在对于过去的纪念碑的完整重建①。对于"修复型怀旧"而言，过去对"当下"存有的价值类似于一个完美的无须改变和反思的纪念碑。通过"修复型怀旧"，可以构建出一种乌托邦似的过往，过去的真实状况被完美遮蔽，失去了反思，而"当下"的精神匮乏和负面情绪在对比中显得更为不堪。这样的校园怀旧不仅容易将人导入一种情绪落差中，萌生消极情绪，而且容易让人沉迷于乌托邦的过往幻想中。当青春电影越来越把怀旧作为一种概念和卖点进行渲染和包装，以追求更高的票房收入时，我们就需要更加客观、清醒地看待青春电影怀旧热潮背后的负面效应。

（二）成长叙事的表达困境

福柯在探讨文学作品的历史意义时曾表示，重要的不是话语讲述的年代，而是讲述话语的年代。② 当我们衡量不同社会时期青春电影的意义及价值时，影片能否通过成长历程的表达来展现这个时代青年群体真实的精神和生存状态是极为重要的标准。随着消费市场欲望的日益膨胀，在电影市场商业化的大环境下，"新生代"导演拍摄的青春电影相较于"第六代"，

---

① 〔美〕斯维特兰娜·博伊姆：《怀旧的未来》，杨德友译，第 46~47 页。
② 〔法〕米歇尔·福柯：《规训与惩罚：监狱的诞生》，刘北成、杨远婴译，生活·读书·新知三联书店，1999，第 33 页。

在成长叙事上呈现了全新的转变，即在模式化的重复和保守中陷入了一种表达的困境。

近年来电影业蓬勃发展，截至 2015 年 12 月 3 日，全国电影票房收入首次突破 400 亿元大关，其中 59.2% 的票房收入是由国产影片创造的。国内银幕数已接近 3.1 万块，影院数量超过 6200 家，观影人次增长到 11.4 亿。[①] 在市场商业化的大环境下，"新生代" 导演创作的青春电影呈现了完全不同的姿态，与 "第六代" 关注底层、边缘青年不同，"新生代" 导演在如此庞大消费市场和电影商业产业链中，无法脱离商业意识，市场、票房收入、迎合主流观影人群，都成了制作青春电影的首要考虑要素，青春电影已经成为一种都市背景下的物质和文化消费的载体。"第六代" 导演镜头下的青春成长 "抵抗" 自然无法得以延续，在校园青春的商业化运作中，青年群体的 "抵抗" 已经走向世俗和庸常，并且陷入叙事的困境之中。

《致我们终将逝去的青春》《同桌的你》《匆匆那年》等影片都是借助放大青年群体成长中的叛逆、浮躁等特点，制造以爱情为主的情感冲突，在校园怀旧的背景下讲述两败俱伤的情感故事。如这些影片都通过 "打胎" 这一情节来展现成长的苦痛，惯用三角恋来展现情感历程中的冲突。虽然 "性启蒙"、爱情都是青春电影成长主题的组成元素，但当把诸如 "打胎" "三角恋" 等故事情节作为主要冲突来呈现并夸大时，这些影片在叙事内容上便不可避免地陷入庸俗化和模式化中。

这些青春影片用相似的叙事内容讲述着没有本质差别的爱情故事，欠缺对社会现实的体察，也没有真正通过青年人的成长展现 "80 后" "90 后" 的精神与生存状态。就其根本而言，正是因为缺乏青年人内在思想、精神上的成长上线，这些影片才会运用外在的情感冲突、意外来作为关键性情节串联成长历程，如《匆匆那年》中陈寻和方茴从初识到情愫暗生，到考大学时的插曲，再到大学期间和成熟之后的情感问题，在这样的成长历程中，并未真正展现内在精神思想的成长蜕变，只是截取每个时间阶段的片段，用情感冲突作为关键性情节串联起整个青春；《同桌的你》也同样如此，男女主人公从初中到大学毕业的每个阶段在该影片中以片段方式进行呈现，只有两个人的爱情线索，缺乏人物成长的稳定主线。这样碎片化、拼凑式的叙事手法造成了这些影片在叙事上的混乱和浅薄。

---

① 张慧瑜：《当代中国的文化想象与社会重构》，第 180 页。

自《致我们终将逝去的青春》在电影市场获得巨大成功后，校园怀旧和爱情便成了被市场检验并获得认可的主要叙事元素，被反复使用，导致了近年来青春电影叙事上的单调与重复。一味追求消费市场的认可，导致商业化思维泛滥，这已经严重制约了青春电影的叙事创新，制约着青春电影的发展。

（三）消费时代的"小时代"现象

《小时代》系列从早期同名小说到如今的电影，都获得了极大的关注，在创下超过 18 亿元票房收入奇迹的同时，也引发了极大的争议和社会讨论。以传统媒体、职业影评人为代表的主流文化认为，《小时代》电影情节空洞、人物扁平、内涵苍白，且宣扬泛滥的消费主义观念。而以"90 后"为代表的青年亚文化群体则表示，"这部电影很好地描述了他们当下的生活，正是击中心坎的佳作"[①]。该影片的高票房收入也从侧面传达了青少年群体对该影片的认同。正因为社会持续的关注、争议以及巨大的影响力，《小时代》影片不仅成了"新生代"导演青春电影的代表作品，而且成为一种"小时代"现象，独特地展现消费主义盛行之下的社会文化症候，并映射出当下青年群体的价值观转变。

《小时代》以上海本地的普通女孩林萧为第一人称进行叙事，以从学校到杂志社工作的成长经历为主线贯穿始末，讲述了顾里、唐宛如、林萧、南湘这四个从小一起成长、感情深厚却有着不同人生观和价值观的女孩所经历的亲情、友情、爱情的变化，展现都市青年的成长历程。《小时代》系列电影与同时期的青春电影不同，该系列影片没有架空社会文化背景，也并非采用怀旧的方式讲述爱情故事，而是把镜头对准快速发展的现代都市，用极度浮夸的方式描绘出物质世界的图景，并在庞大的时代背景下，试图借助四个女孩子的成长历程来展现属于青年人的"小时代"想象。

相较于传统影片以叙事内容为核心，《小时代》系列电影成了一个异端，这四部影片的故事依靠碎片化、拼贴化的形式拼凑而成，该系列影片中并没有经得起推敲的结构化剧情。《小时代》运用成熟的商业运作，叙事内容已成了包装的外壳，其核心是"贩卖"属于"90 后"青少年群体的情怀——青少年的群体想象。在主流文化批判《小时代》扭曲了青年人的精

---

① 马中红主编《青年亚文化研究年度报告（2013）》，清华大学出版社，2014，第 257 页。

神追求，"把物质本身作为人生追逐的目标，奉消费主义为圭臬，窄了格局，矮了思想"① 之外，还应该追问：《小时代》为何在青少年群体中能产生持续的影响和生命力，又为何让青少年群体有强烈的认同感？当《小时代》形成了"小时代"现象时，也在一定程度上反映了以"90后"为代表的青少年的精神面貌与群体诉求。

　　《小时代》影片描绘了上海这个日新月异的大都市极尽奢华和时尚的一面，《小时代》影片中的传媒集团的总经理奢侈到喝不同的饮料时要用不同品牌的杯子，其中一个重要情节是作为实习生的女主人公，林萧打碎了其中一只喝水的玻璃杯，其昂贵的价格让这个普通家庭出身的女孩手足无措，最终需要借钱来赔偿。而另一位女主演顾里则被描绘为一名"富二代"，一名大学生却身穿几十万的名牌，拥有上海静安寺著名的昂贵公寓。《小时代》影片对上层社会的消费行为进行了细致的描写，表达友谊的方式可以是赠送名牌服饰，爱情也与物质紧密联系，如《小时代》影片中喊出的口号是"没有物质的爱情就像一盘散沙"，上海被描绘成了"洒了金粉一样"的消费都市，在充满物质与消费的意象性空间中，《小时代》影片中连人物的存在和价值都是可以物化的。"物化是生活在资本主义社会中的每一个人的必然的、直接的现实"，物、事实、法则的力量压倒了人的主体性，人们只能服从却不能控制物的法则。② 事实上，随着中国现代化的深入推进，消费社会也已推进并深入影响中国社会，"新的消费类型；人为的商品废弃；时尚和风格的急速变化；广告、电视和媒体迄今为止以无与伦比的方式对社会的全面渗透……"③ 西方资本主义的消费社会图景正在中国社会中上演。而《小时代》则用浮夸而梦幻的表现方式投射出对种消费社会、物欲都市图景的想象。郭敬明曾表示：《小时代》本来就是为小众群体预设的，它们甚至不指向所有的"90后"年轻人，而是特别为那些15~24岁、来自二三线城市的观众量身打造。郭敬明还为《小时代》申辩，认为"《小时代》一定是有意义的，你可以多给点时间再去看它，到二三十年后，中国经济完全不一样的时候再去看它"④。《小时代》正是精准地抓住了当下社会

① 刘琼：《人民日报文艺点评：小时代和大时代》，《人民日报》2013年7月15日，第24版。
② 罗刚、王中忱主编《消费文化读本》，中国社会科学出版社，2003，第17页。
③ 〔美〕弗雷德里克·詹姆逊：《文化转向》，胡亚敏等译，中国社会科学出版社，2000，第19页。
④ http://ent.ifeng.com/movie/news/mainland/derail_2013_08/06/28327S21_0.shtml。

中不断凸显的消费文化风向，用梦幻的表达方式，满足了二、三线城市和大都市中最普通的"90后"群体对青春、对成长的极致想象，青年群体成长过程中渴望被尊重、被认同的需求是非常强烈的，而在当下的社会环境中，物质已经逐渐成为证明存在感、寻求主体性的一种方式。

结　语

值得关注的是，虽然进入21世纪后"第六代"导演"被禁"的压力已大大减弱，但经历了十余年的发展历程的"第六代"导演却并没有在电影市场狂热发展的今天延续其生命力，审查制度和消费时代商业化运作的压力以及美学风格的单调性都在制约着"第六代"导演的发展，使他们面临着"叫好不叫座"的尴尬困境。

近年来，我们迎来了全媒体时代，消费主义的影响力在中国社会不断增强，贯穿生产到消费的整体机制。2010年后，一批以"80后"的跨界导演为主的"新生代"导演群体以爆发的方式出现，引发了中国青春电影的热潮，这一时期青春电影市场几乎完全被"新生代"导演抢占，在"百亿"票房收入的中国电影市场，青春电影已成了重要的组成部分。青春电影利用市场化的商业运作模式引导观众消费，让观众在视听的感官盛宴中满足了消费欲望。青春电影产生的巨大利润也在不断刺激着青春电影市场的发展与繁荣，给予青春电影更多完善成熟的机会。但在消费主义的影响下，"新生代"导演创作的青春电影也凸显了诸多问题。在消费主义语境下，因一味迎合市场，青春电影中越来越多的作品沦为被市场快速催熟的复制品，大量青春电影的投入用在了华丽的包装、成熟的市场营销策略，以及精良的视觉化效果上，与这些形成鲜明对比的是叙事上的混乱拼凑、故事情节的模式化、校园怀旧的滥用，以及较低的艺术水准、缺乏深层次的情感关照，这些因素淡化了对青年群体成长历程中真实精神状态的抒写。作品外在形式与情感内容的割裂与失衡，导致了"叫座不叫好"的广泛争议，因此，近年来，中国青春电影繁荣发展的表象之下面临着严峻的问题与挑战。

艺术和商业之间的纠葛如何平衡？内容与形式如何在青春电影中得到协调统一？这些是中国青春电影面临的重要问题。在消费时代的今天，中国青春电影走向商业化和市场化已是必然，但这并不意味着青春电影只能浅显地榨取"青春"的价值，更不代表着对成长的抒写只是简单地为了获取商业利益；中国青春电影的长远发展，还需要认真审视存在的缺陷，不断完善和提高自身的艺术制作水平，回归到叙事内容上，注重青春成长叙事的艺术化与完整性，做到影像艺术和叙事艺术的统一。此外，中国青春电影如想获得更加广阔的发展空间，还需要把青春电影这一类型塑造得更加独特和成熟，唤醒电影内在的精神内核和人文关怀。"第六代"导演的作品中对社会底层及边缘青年的人文关怀和关注值得延续和发展，中国青春电影应聚焦当下各类青年群体真实的成长历程，深入挖掘青年群体的精神需求，在青春成长故事中展现青年人在时代中真实的生存和精神状态，让青春电影通过独特内在精神价值的提升走向真正的类型化。

从文学艺术角度来看，对青春的抒写是具有恒久特质的；对个体来讲，成长是每个人都要经历的人生历程。所以，青春电影对青年人的成长历程的展现、对青年群体文化倾向和生存价值的观照也具有长久的生命力。我们期待中国青春电影在未来实现真正的发展与繁荣，用影像记载一代又一代青年人的成长之路。

· 附录 ·

《从"第六代"的个体经验到消费时代的文化症候——1990 年代以来中国青春电影成长主题的文化透视》写作过程

徐　铮

一　论文写作缘起

中国电影市场进入 21 世纪后得到迅猛发展，青春电影尤为引人注目，总会掀起观影的热潮，但伴随而至的是"叫座不叫好"的广泛争议，这一现象引起了我的兴趣。在与陶老师和同门师兄弟的交流中，大家多次提及1990 年代以来的青春电影作品，希望我能够加以对比分析，这更加触发了我对中国青春电影发展历程的关注。

我认为青春电影能够关注和反映青年群体的生存状态和精神面貌，具有一定的现实意义，因此，我锁定了毕业论文的研究对象，希望通过对青春电影作品的解读和分析，透视社会文化现状和发展脉络。自此，我便开始了本篇论文的初步构思。

二　论文前期准备工作

（一）资料收集与研究范围的确定

初期准备阶段，我只确定了以中国青春电影为研究对象，而具体的研究范围和切入点还很模糊，首先要做的是梳理和筛选电影作品。我以时间轴为线索，广泛地观看以青年为表现主体的典型影片，比如，20 世纪三四十年代的《十字街头》《马路天使》《一江春水向东流》等，五六十年代的《战火中的青春》《青春之歌》等，80 年代的《小街》《大桥下面》《人生》《本命年》，90 年代后"第六代"导演的十余部代表影片以及近 5 年"新生代"导演的若干部影片，共计约 40 部影片。此外，我也阅读了相关的理论书籍，如《亚文化读本》、《消费文化读本》、《文化理论与通俗文化导论》、"青年亚文化报告"系列、《亚文化——风格的意义》、"文化研究"系列、《影像书写——大众文化的社会观察》、《当代中国的文化想象与社会重构》等。

观看、梳理并筛选这些电影作品是准备论文阶段耗时最多的部分，但正是得益于资料的收集和准备，我发现在准备阶段还有两个关键问题亟待解决。一是明确青春电影的概念，在以青年为主人公的电影中，其主题会呈现复杂性和多义性，如要将青春电影和爱情电影、伦理电影等其他类型电影区别开来，就要进行概念的界定。我综合了学术界的研究成果，结合前期的作品梳理，对青春电影做出狭义的定义：青春电影是以青少年和青年为主要表现对象，反映青年人的认知、情感、思想、行为以及生活状态，重点关注青年人的成长历程，展现青年人所特有的文化倾向和生存价值的电影类型。青春电影的主题是成长，但具体风格题材可以多种多样，这也把青春电影和其他类型电影区分开了。二是要明确和缩小研究范围，中国青春电影的发展跨度较大，每个阶段的文化语境都有明显差异，鉴于篇幅和自身水平的限制，我需要找寻切入点，细化研究对象。经过前期的整理与思考，我认为 20 世纪从 30 年代到 80 年代的青春电影讲述了革命叙事中的成长和启蒙叙事中的成长，但都是以民族、国家、集体为主的宏大叙事，并不完全具备个人化、人文化的创作视角，真正的核心和主体不是青年个体。而进入 1990 年代，思想领域逐渐多元开放，消费主义和物质主义的热潮开始兴起,青春电影在 1990 年代及 21 世纪前期得到了极大的发展,开启了全新的时代,青春电影书写青年人成长中的生存现实和生命状态,对青春故事的表达深入了青年人成长过程中的异态和非理性层面,并且在短期发展中呈现了显著的变化。在与陶老师讨论后,我最终明确地将 1990 年代以来中国青春电影的成长主题作为具体研究对象,详见下表。

作为重点分析对象的青春电影作品一览表

年份	作品	导演
1993	《北京杂种》	张元
1997	《长大成人》	路学长
1997	《小武》	贾樟柯
2000	《苏州河》	娄烨
2000	《站台》	贾樟柯
2001	《十七岁的单车》	王小帅
2002	《任逍遥》	贾樟柯
2005	《青红》	王小帅
2006	《颐和园》	娄烨
2013	《致青春》	赵薇
2013	《小时代 1》	郭敬明
2013	《小时代 2》	郭敬明
2014	《小时代 3》	郭敬明
2014	《匆匆那年》	张一白
2014	《同桌的你》	郭帆

(二) 写作构思和存在的问题

经过了前期资料的收集和研究范围的确定,我把论文标题初步拟为"1990 年代以来中国青春电影成长主题的文化透视"。我试图通过选取代表性的青春电影作品,将成长主题的研究置于我国 1990 年代至今不断变化发展的时代文化语境中,通过对电影主人公成长历程、模式的分析,解读社会文化形态的变迁。我对论文结构的初步设计如下。

第一章:对青春电影的概念进行界定,并对成长主题进行描述与定义,梳理中国青春电影从 20 世纪 30 年代至今的发展阶段和脉络,重点展现 1990 年代之后的发展历程。

第二章：聚焦 1990 年代初至 21 世纪初期"第六代"导演创作的青春电影作品。在特定的文化语境下，"第六代"导演的青春影像成了 1990 年代青春电影的绝对主体。作为新一代的电影人，他们对青春成长的叙述与关注，构成耐人寻味的文化现象。"第六代"导演脱离了宏大的历史叙事，转为以社会变革中的某些片段为切入点，用个体经验表达成长中出现的冲突与问题，展现个性化的成长记忆，较为真实地反映青年人在时代变迁中的生存和精神状态。

第三章：讨论消费时代的"新生代"导演所拍摄的"粉丝青春电影"，关注作品在成长表达中的文化症候，并以《小时代》为典型案例，分析消费时代的"小时代"现象。

随着论文框架雏形的形成，诸多问题也逐渐显露，如在梳理青春电影的发展脉络的同时要说清每个阶段的划分依据，对为何要重点考察 1990 年代之后的青春电影，也要有理有据地说明。如第二章还过于空泛和笼统，需要把成长主题放置于具体的历史语境和文本阐释中，如何切入主题并进行文化分析也还要更加细化。再如第三章与第二章存在割裂现象，没有能够更好地衔接并呈现青春电影变迁的特征。总之，此时的论文构思还不够成熟，我把这些问题和困惑与陶老师交流后，陶老师给了我详细的指导和建议。

第一，青春电影发展脉络的梳理要分析得稍微细致一些。如不同阶段的青春电影，只是呈现的成长方式有所不同，不可以过于狭义地进行界定或断然否定 1990 年代之前的青春电影，可以说青春电影的主题经历了革命叙事中的成长、启蒙叙事中的成长和消费主义叙事中的成长。如 1980 年代青春电影正好是处在改革开放时期，一方面是个性开始觉醒，另一方面则是国家发展、民族振兴以及"四化"建设正在蓬勃开展。这个宏大主题，与之前和之后都不同，都应该稍微展开分析。

第二，1990 年代和 21 世纪初期这两个阶段的青春电影发生了变化，分析时要体现各阶段的主要特征，也要交代清楚社会文化环境发生了哪些变化，更要说明为什么选择"第六代"为代表。如果只讲"第六代"导演的作品，建议在标题中干脆标明"第六代"。

第三，最后一章的观点不清楚，认识还不到位，需要进一步提炼。

    陶老师提示我要扎扎实实地进行文本和叙事分析，要想把电影文本分析、观众分析和社会文化环境分析很好地协调和融合起来，还需要花工夫去深入思考。

三　写作阶段

（一）论文提纲的拟定

    根据陶老师的提示和修改意见，我重新开始对中国青春电影进行梳理，并对选取的电影作品进行反复揣摩和分析，形成了新的思路和想法。我确定了论文的初步提纲和开题报告初稿。

    第一章　绪论
        第一节　青春电影的概念界定
        第二节　成长溯源、成长主题的定义
        第三节　中国青春电影的发展历程
    第二章　时代巨变下的个体经验："第六代"导演镜头中的青春
            成长
        第一节　个体成长的深层动因
          1. 自我认知的困惑
          2. 价值取向的迷茫
          3. 社会现实的焦虑
        第二节　成长过程中的对抗
          1. 与传统权威的对抗
          2. 与外部世界的对抗
        第三节　成长的获得与生成
    第三章　消费时代的"粉丝青春片"：新锐导演青春电影成长表达
            的文化症候
        第一节　"真空"中的成长历程
        第二节　成长叙事的表达困境
        第三节　消费时代的"小时代"现象

（二）开题报告的调整

    开题报告初稿提交后，陶老师对我的论文给出了整体评价：提纲和论文中有一些用词不确切，第二部分写得比较好，但第三部分依然思路凌乱。陶老师不仅对我的开题报告进行了细致的标注和修改，还恳切地为我提出了建议。

第一，需要对"第六代"导演的概念加以定义。寓言和非寓言的差别是什么？我认为寓言是高度象征性的，而非寓言则不是，"第六代"导演的作品则是写实的，他们选择写实的原因是什么？这些需要更详细的解释。

第二，对"第六代"青春电影的风格和主题的产生原因的解释，还是过于笼统，

"1990年代"和"'变革'、转折时期"的说法，都不够具体。这样的语境是大家而不只是"第六代"面临的，"第六代"风格的形成一定有其具体和特殊的因素。

第三，"外部社会"这个词需要改，逻辑上不能成立。"对抗"改为"抵抗"更加贴切。

第四，虚妄的、消解的结局能够叫成长么？成长的结局应该是某种成熟的世界观的获取，或者是一种完整的身份认同的建立。如果没有这样的结局，就是没有成长结果的成长过程，即一个没有结果的过程。这种情况本身就值得好好去分析。为什么如此？这种没有结果的成长叙事是否也是一种特殊的成长叙事类型？

第五，青春电影中涉及的怀旧和消费主义的大环境是什么关系？可以具体分析。

根据陶老师提出的建议，我再次查阅资料，梳理了"第六代"导演的风格和主题产生的原因，较为具体地阐释了1990年代"第六代"导演产生的文化语境，结合电影文本细读，重新思考了成长叙事中的"抵抗"。第三章将成长叙事中的校园怀旧作为重点，论述消费时代成长表达的特点。

经过较为慎重的思考，我重新调整了论文的结构和内容。

第一章 绪论
第一节 青春电影的概念定义
第二节 成长与成长主题的定义

第三节　中国青春电影的发展脉络

第二章　时代巨变下的个体经验："第六代"导演镜头中的青春
　　　　成长

第一节　个体成长的深层动因

第二节　成长叙事中的"抵抗"

　　1. 对以父权为代表的传统权威的抵抗

　　2. 风格化的抵抗：音乐摇滚

　　3. 对社会规则的抵抗

第三节　成长结局的生成

第三章　消费时代的成长表达："新生代"导演青春电影的文化
　　　　症候

第一节　成长主题中的校园怀旧

　　1. 校园怀旧背后的消费逻辑

　　2. 与现实割裂的怀旧热潮

第二节　成长叙事的表达困境

第三节　消费时代的"小时代"现象

（三）初稿写作及修改

　　经过开题报告的修改阶段，我便开始根据提纲进行论文初稿的写作。在写作过程中，我不断提醒自己记住陶老师提出的两点要求：一是脚踏实地回归到文本，扎实地进行叙事分析和电影文本分析，并将之与社会文化环境分析进行协调和融合；二是概念要明晰，不要轻易下大的结论性论断，要有理有据地进行解读。因前期资料收集相对充分，所以我比较顺利地重新梳理了青春电影从 20 世纪 30 年代至今的发展脉络，并选取了一些典型影片如《青春之歌》等进行了较为细致的分析。在对第二、三章主体论文的写作时，我以"第六代"导演和"新生代"导演的青春电影作品为核心，基于作品进行解读与分析，并着重探讨成长叙事所折射出的文化现象与问题。然而初稿写完后，我发现我的论文对值得深入探究的问题所做的挖掘还有所欠缺，有些段落的语言总是不顺畅，这也显示我的行文思路还处在混乱状态。我在递交论文初稿的时候，陶老师很快发现了我的问题并给出了相应的建议，概括起来主要包括以下几个方面。

　　1. 第二章的第三节探讨成长结局的生成。我总结出"第六代"导演的青春电影把成长历程作为核心叙事，其成长的结局却并非走向成年世界后获得了健康、稳定的价值观和世界观，而多是对社会和生活的妥协、对理想的放弃。

陶老师认为这些结局不是成长的结束，而是成长的虚妄，不能够说放弃理想变得犬儒也是成长。很多文学艺术作品都写到了成长的失败或虚妄，非常有意思，这是我们时代病症的表现。陶老师认为这种成长的失败值得很好地分析。

2. 第二章的第二节，我提出成长叙事中存在以摇滚乐为代表的风格化的抵抗。

陶老师提示我，这里面提到的杂交性——新兴的流行音乐与革命文化、传统文化的杂交，是一个有意味的剪接方式，应该再深入加以分析，要思考这种新兴流行音乐是否在抵抗革命文化或传统文化。

3. 第三章的开头，我想探讨从"第六代"导演到"新生代"导演的变迁。并且在这一章中，我提出转型后消费时代的青春电影缺少对社会现实的体察和对"80后""90后"精神生存状态的关切。

陶老师指出我的观点有些模棱两可，对过程的交代不是非常清楚，需要重新梳理更多的背景资料。陶老师认为我的判断存在片面性和武断性，认识还不到位，需要进一步结合文本和文化语境进行思考、提炼。

此外，陶老师也指出我的文章还存在很多语言和语句问题，需要进行反复的阅读，沉下心来对语言进行逐字逐句的修改。根据陶老师的建议，我认真进行了思考并对论文重新做了修改。我修改完善的方向是更好地将叙事分析、文化语境和理论依据进行融合，让文章的分析更深入、论据更充分、论证更稳固。比如，对于第二章谈到的风格化抵抗，我一边细致地整理出青春电影作品中与摇滚音乐相关的描述，一边对改革开放后的亚文化环境加以分析，并吸取和参考《仪式抵抗》《抵抗·风格·收编——英国伯明翰学派亚文化理论关键词解读》《亚文化——风格的意义》等书籍或论文的理论，综合思考后再进行详细的分析和解读。我也对文章中存在的其他问题进行了修改，对语言进行了完善。这样，经过一段时间的反复修改后，我基本完成了硕士毕业论文。

中国电影中的乡村教师形象研究
（1978～2015）

王 鹏[*]

一直以来，乡村教师都是一类特殊的社会群体。他们既是传递知识的教书匠，又是乡野社会的知识精英。草根性和边缘性兼具注定使其处于游离的尴尬境遇当中。当下，乡村教师不仅面临着生存环境恶劣、薪资水平低下、工作压力巨大等老问题，而且随着乡村城镇化和教师专业化的开展，他们又开始遇到身份认同危机和信任危机等新问题。作为一种为大众所广泛接受并喜爱的艺术形态，电影理应观照这种社会生存现实，以引起国家和民众对这一群体的关注。本文通过社会性别、启蒙和身体等视角对乡村教师形象进行多元解读，并以现当代文学作品和国外电影为参照，试图探讨改革开放以来中国电影中的乡村教师形象的塑造缺失和创作局限。

一 乡村教师形象的概念界定与文学和社会文化考察

改革开放以来，反映农村教育的艺术作品层出不穷，一大批乡村教师走进了社会大众的视野。这些乡村教师出身背景丰富多样，脾气秉性不尽相同，经历际遇天差地别，给人们留下了深刻的印象，其中有些乡村教师形象甚至成了无法超越的经典。不过，电影作品也好，文学作品也罢，大众对"乡村教师形象"这一概念始终是模糊的，因此，作为本文研究的对象与主体，"乡村教师形象"的概念极其重要，有必要对其进行理论上的界

---

* 王鹏，首都师范大学文学院物质文化研究方向 2014 级硕士研究生。指导教师：徐敏。

定和文学文本以及社会文化方面的考察。

（一）乡村教师形象的概念界定

根据授课所在区域的不同，教师可以分为乡村教师与城镇教师两大类，因此，若想明确"乡村教师形象"这一概念，自然先要弄清楚什么是教师形象。

关于教师形象，古今中外的很多教育家和学者都有自己的见解与想法。早在先秦时期，孔子就提出了"温而厉，威而不猛，恭而安"①的观点。他认为，作为老师既要温和也要严厉，既要有威仪又不能太凶猛，既要恭敬谦逊又要自然安详。不难看出，这是孔子对教师的外在形象的描述。而后的荀子又有了"师术有四，而博习不与焉。尊严而惮，可以为师；耆艾而信，可以为师；诵说而不陵不犯，可以为师；知微而论，可以为师"②的说法，对教师的道德品质和授业能力都提出了要求，这可以看作对教师内在形象的描述。而唐代散文家韩愈在《师说》中所提出的"师者，所以传道、授业、解惑也"③，则更是对教师形象进行了高度概括，直到今天依旧广为流传。而到了当下，受到社会发展、文化变迁和历史语境等多种因素的共同影响，对于教师形象这一概念又有了更多全新的解读和阐释。如冯铁山认为"所谓教师形象，就是教师在教育工作、生活实践中体现出来的思想、业务、作风、礼仪等综合素养的外在表现"④。而阮成武则认为教师形象"是一定历史条件文化背景下，人们对于教师职业、社会职能、职业特点和角色行为所形成的一种较为稳固而概括的总体评价与整体印象"⑤。学者李成学和罗茂全在《教师的素质与形象》一书中也提出了类似的观点。他们认为，"在特定时期和一定的环境之下，教师形象是社会公众对教师的外在行为所产生的影响而形成的一种概括印象"⑥。而卢旭对"教师形象"所做的定义则是"指一定的历史文化背景下，作为教师角色的个人和社会群体的个性

---

① 杨伯峻：《论语译注》，中华书局，1980，第 77 页。
② 蒋南华、罗书勤、杨寒清：《荀子全译》，贵州人民出版社，1995，第 290 页。
③ 孙昌武：《韩愈诗文选评》，上海古籍出版社，2002，第 45 页。
④ 冯铁山：《高师课程改革与未来中小学教师形象塑造》，《扬州大学学报》（高教研究版）2004 年第 3 期。
⑤ 阮成武：《论传统教师形象的现代重塑》，《教育科学研究》2003 年第 1 期。
⑥ 李成学、罗茂全：《教师的素质与形象》，四川教育出版社，2000，第 56 页。

特质和行为方式的表征，以及社会公众在这些表征的基础上对教师角色的期望、评价所形成的较为稳定和概括的整体印象"。①

同样，国外学者的观点也能为我们明白教师形象这一概念带来一些有益的启示。英国教育家洛克从教师的行为修养出发，认为"做教师的人应有良好的个人修养以及得当的行为举止"②。美国教育学家杜威的观点则更加全面一些。在《民主主义与教育》一书中，他提到"教师除了要掌握扎实的所教学科的基础知识外，还应该掌握与教育学、心理学相关的必要知识；教师要既懂得教材，又要懂得学生的需要"③。而日本学者平塚益德的观点也大抵相同。他认为教师的形象受到两个方面因素的影响：一是作为教师的人以及作为人的教师在社会上的地位如何；二是与教师的个人素质、教师的个人能力等因素有关④。

通过梳理中外学者关于教师形象的观点，我们不难发现，尽管受到专业背景、文化历史和社会环境等因素的影响，说法不尽相同，或全面概括，或单一具体，但不乏相似之处，即都是从整个教师职业群体切入，兼顾了教师的内在形象与外在形象两方面。教师的内在形象包括自身的专业素质、教学能力以及道德品质等，外在形象则包括衣着装扮和言行举止。此外，还将社会公众对教师群体的角色期待与认知摆在了突出位置。

由此，笔者试图对教师形象这一概念做出这样的理解：教师形象是指在一定的历史时期之内和一定的社会文化语境之下，社会公众基于整个教师群体在教育教学活动中所展现的专业知识素养、教育教学能力、思想道德品质（内在形象），以及衣着打扮和举止言行（外在形象）所做出的角色认知、评价与期待。

据此，关于乡村教师形象的概念，我们不妨这样理解：乡村教师形象属于教师形象的一种，指在一定的历史时期内和一定的社会文化语境之下，以乡村为地域范围，社会公众基于整个乡村教师群体在教育教学活动中所展现的专业知识素养、教育教学能力、思想道德品质（内在形象），以及衣着打扮和举止言行（外在形象）所做出的角色认知、评价与期待。

---

① 卢旭：《社会变迁中的教师形象》，硕士学位论文，华中师范大学，2006，第5页。
② 〔英〕约翰·洛克：《教育漫话》，傅任敢译，教育科学出版社，1999，第67页。
③ 〔美〕约翰·杜威：《民主主义与教育》，王承绪译，人民教育出版社，2001，第200页。
④ 〔日〕平塚益德：《世界教育辞典》，黄德诚等译，湖南教育出版社，1989，第217页。

（二）现当代文学作品中的乡村教师形象概述

相比于电影，文字作为民族文化的重要载体与基石，其历史悠久、深沉且厚重，所以早在导演们意识到要以镜头为语言拍摄乡村教师题材电影之前，文学家们就已经刻画出一个又一个经典的乡村教师形象，有些文学作品甚至被改编成了电影。基于此，笔者认为有必要在本文中对中国现当代文学作品中的乡村教师形象加以梳理和概述。

审视以教育为主题的中国现当代文学作品，可以发现以着力刻画乡村教师为主的作品确实占据了一些比重，具体作品如表1-1所示。

表1-1　现当代文学作品中的教师形象梳理

现代文学时期		
作家	作品	人物形象
鲁迅	《孤独者》	魏连殳
	《在酒楼上》	吕纬甫
	《白光》	陈士成
叶圣陶	《倪焕之》	倪焕之 & 蒋冰如
	《城中》	丁雨生
	《阿菊》	女教师
柔石	《二月》	萧涧秋
师陀	《春梦》	尤楚
	《贺文龙的文稿》	贺文龙
沙汀	《困兽记》	田畴 & 牛祚
王统照	《遗音》	"他"
庐隐	《彷徨》	秋心
当代文学时期		
宋晓村	《一个私塾先生》	李百祥
刘厚明	《山重山》	谢老师
阿城	《孩子王》	老杆儿
刘醒龙	《凤凰琴》	余校长
张庆国	《意外》	土豆
梁晓声	《山里的花儿》	女教师

施祥生	《天上有个太阳》	王校长
	《寻找徐老师》	老徐老师 & 小徐老师
刘慈欣	《乡村教师》	李宝库

通过表格可以看到，现代作家对乡村教师形象的刻画占了多数，造成这一现象的原因是时代背景、社会背景、地域背景和文化背景等因素的共同影响。但到了当代，中国乡村正慢慢走入现代化，乡村教师的构成日趋多元化，心理动向日趋复杂化，作家对乡村教师的关注度理应提升，可现实却似乎事与愿违，这应该引起作家的思考。不过要承认，抛开数量上的差异，无论现代还是当代，作家笔下的乡村教师形象着实风格各异，颇具特色。

1. 腐朽文明的守护者与抗争者

作为沟通学生心灵与外界的媒介，教师的重要性不言而喻。但任何事物都具有双面性。在沟通的过程中，教师既可以成为桥梁和纽带，打开学生的眼界和灵魂；同时也极有可能会成为阻碍和屏障，使学生止步不前，甚至退步落后。鲁迅小说《白光》中的陈士成和宋晓村小说《一个私塾先生》中的李百祥就是这样的乡村教师形象。

鲁迅小说《白光》主要讲述了带着七个学童的乡村私塾先生陈士成，十六次参加科举考试却从未考中，最终发疯死亡的悲剧故事。从少年到白头，十六次的科举考试让本就迂腐麻木的陈士成变得更加古怪刻板。在课堂上，陈士成教给孩子们的是封建伦理、道德纲常以及与科举考试相匹配的内容，孩子们上课的状态则是"一齐放开喉咙，吱的念起书来……拖了小辫子在眼前幌，幌得满房……"[1] 另外，"学而优则仕"的思想也在他的心中根深蒂固。在陈士成看来，读书就是为了科举和做官。然而，赤裸残酷的现实一再敲打他的美梦，直至彻底破碎。科举梦破灭了，他发疯了；寻找财宝的梦也破灭了，他和他所有的梦一起，永久沉溺在那片泛着"白光"的湖水中了。身份同样为私塾先生的李百祥，他的境遇虽并未如陈士成一般凄惨，然而在他对封建传统文化的极度守护之下，学生们却成了牺牲品。李百祥所处的时代已经废除了科举考试，各种新式教育方兴未艾，但封建文

---

① 颜熊主编《鲁迅短篇小说集》，湖南文艺出版社，1997，第 128 页。

化的烙印在他身上却依旧清晰可见。作为私塾先生，他对四书五经早已烂熟于心，甚至深入骨髓，中庸之道自然成为他的处世哲学，而长幼尊卑的封建等级秩序和守常思想也外化在他的教学活动和职业素养当中。他无视孩子的身心发展而任意进行体罚，恪守纲常思想而对参加教师研究班不屑一顾。由此可见等级秩序、守常思想等封建文化的糟粕对其影响之大、毒害之深。以陈士成和李百祥为代表的私塾先生们犹如浸润在黑色染缸之中，变革的勇气和力量被洗刷，而被中国的封建传统文化层层包裹与覆盖，并且还在洋洋得意地守护着，甚至最后为此付出生命的代价。如是这般，学生的梦和理想从何谈起？中国的光明和希望又从何谈起？

辛亥革命虽然终结了封建帝制，但半封建半殖民地的社会性质依旧没有改变。落后腐朽的封建文明主宰统治着国民麻木的神经，反帝、反封建、反殖民的艰巨任务还在进行中，因此，一批接受过新思潮洗礼并敢于同守旧反动势力进行抗争的进步青年乡村教师形象被塑造出来。他们深深明白"与其畏缩烦闷的过日，何妨堂堂正正的奋斗"①，所以便"用了'死罪犯打仗'的态度，在绝望之中杀出一条血路来"②。叶圣陶短篇小说《城中》的丁雨生便是如此。

丁雨生由于受到西方新思想的影响，所以决定回到家乡，同几位志同道合的伙伴一起开办男女同校、课堂学习与社会活动相结合的新式学校——宏毅中学，希望给这个古旧的城池"注射新鲜的血液，把那陈旧的挤出来，使它回复壮健的青春"③。然而这一想法却被以高菊翁、陆仲芳、王埂伯为代表的没落腐朽之流所阻挠，他们调动荷枪实弹的警察准备随时抓捕丁雨生，又恐吓丁雨生说其已被政府列入激烈派的名单之中，很有可能被军阀镇压。但丁雨生对此丝毫不以为意，内心充满了不耻与不屑，仍然昂首挺胸，继续与守旧势力和顽固派进行着无言却有力的反抗与斗争。

进入新时期，作家们对传统文化与文明的追思和拷问并没有停止。面对贫瘠的土地，乡村教师应该教些什么来启迪孩子的心智？面对闭塞的环境，乡村老师又该做些什么来启蒙孩子的灵魂？刘慈欣《乡村教师》中的李宝库给出了答案。

在这篇小说中，乡村教师李宝库不仅是低级文明的抗争者，更是先进文

---

① 《夏丏尊文集》，线装书局，2009，第107页。
② 《夏丏尊文集》，第107页。
③ 《叶圣陶集》第2卷，江苏教育出版社，1987，第212页。

明的传递者。作者用丰富的想象，将被愚昧笼罩的小山村和浩渺神秘的宇宙联系了起来。在落后的小山村里，李宝库是微小的存在。为了让下一代接受教育，他独自一人背负重任，忍受村民的不解，挨家挨户地拉娃入学并承诺垫付学费；因为贫穷，他无力抗争，只能任由心爱的人嫁作人妻，甚至还要看着她在愚昧中凄惨地死去。同样，在苍茫的宇宙中，人类文明也是微小的，面临随时被摧毁的危险。然而就是"教师"这样一种个体，"分布于这个种群的各个角落"，并"充当两代生命体之间知识传递的媒介"①；就是如神话一般的李老师，在生命弥留之际教给了孩子们牛顿力学三定律，并声嘶力竭地要求孩子们反复背诵牢牢记住。他将现代文明传递给了这个落后小山村的希望，让孩子们顺利通过碳基舰队的文明测试，最终拯救了地球文明。相比于新时期同类型、同主题的其他作品，刘慈欣的《乡村教师》着实达到了一个新的高度。一个渺小的乡村教师竟然拯救了人类和地球，乍听起来虽然荒唐，但细细琢磨便可以感受到一种难以言表的强烈震撼。在穷乡僻壤之中，正有无数的"李宝库"们走在知识拓荒和文明相传的路上。纵使前方困难重重，但他们依旧用蚍蜉撼树的勇气和飞蛾扑火的决绝播种着希望。

2. 乡村文化的启蒙者与建设者

新文化运动和五四运动的相继爆发带来了中西文化的剧烈碰撞。民主、科学、启蒙、立人……这些思想给辛亥革命后失意的知识分子们重新带来了希望与曙光，他们决计走上国民启蒙之路，而选择的起点则是中国封闭落后的农村。毋庸置疑，这样一群带有知识分子角色的乡村教师，自然成了乡村文化的启蒙者与建设者。叶圣陶小说《倪焕之》中的倪焕之和蒋冰如、《阿菊》中的女教师便是这一类乡村教帅的代表。

倪焕之最大的特点是对理想的执着。他喜欢理想，喜欢谈论理想，喜欢有理想的人，因此，通过启蒙和教育让孩子们成为有理想的人成了他最大的希望。因无法忍受第六小学校里的精明油滑的校长、如死的化身的同事和脾性顽劣的学生，倪焕之欣然答应蒋冰如的邀请，带着"救人"的启蒙观念，带着"树人"的理想抱负来到陶村。他深受把教育当嗜好的蒋冰如的影响，"把研究儿童的习性、把教育作为使生活有意义的手段"②。他认

---

① 韩松主编《2001 年度中国最佳科幻小说集》，四川人民出版社，2002，第 122 页。
② 刘宝玲：《中国现代小说中的教师形象研究》，硕士学位论文，山东师范大学，2008，第 11 页。

为教育可以塑造新的灵魂。"他相信中国总有好起来的一天；那就是全世界，也总有一天彼此不以枪炮相见，而以谅解与同情来代替。这自然在各个人懂得了怎样做个正当的人以后。养成正当的人，除了教育还有什么事业能够担当？一切的希望在教育。所以他不管别的，只愿对教育尽力。"①为了培养"做个正当的人"，倪焕之和蒋冰如在德、智、体、美等方面都进行了大胆的尝试。他们开垦农场，希望孩子们走出书本，明白学习与实践结合的重要性，从而获得更加直接的生活经验，以更好地运用于社会改造和国家建设，实现自己"教育救国"的理想；他们畅想改革灯会"那种粗犷浮俗的'白相人'风，使它醇化，优雅，富于艺术味"，并且在国庆日，"学校应当领导全镇的人举行比这灯会更完美盛大的提灯会；又想到其他的公众娱乐，像公园运动场等，学校应当为全镇的人预备，让他们休养精神，激发新机"②；他们彻底抛弃"忠君、尊孔、尚公"的封建制教育宗旨，试图打破森严的等级秩序，用人人生而平等的思想耐心地开导和感化孩子。尽管启蒙开化的过程充满艰辛坎坷，但倪焕之和蒋冰如这种"开源"式的授人以渔的教育方式还是在闭塞静谧的陶村中荡起了涟漪，使乡村文化从封建迈向现代有了希望和可能。除了《倪焕之》，叶圣陶另外一篇小说《阿菊》中的女教师在某种意义上来说也可以算是启蒙者。在这篇小说中，作者对女教师着墨不多，甚至连名字都没有赋予，但她对于从没有任何境遇、听闻和伴侣的小主人公阿菊来说，却是接触世界的第一道桥梁。叶圣陶评价女教师是"一个同情的互助的伴侣"③。当女教师感受到阿菊的懵懂、脆弱、敏感和无助时，她没有像旧时的私塾先生那样充满不快与厌烦，而是用"抚肩""携手"等动作，用"慈爱婉转""温颜附和""笑容含着优美的画意，语调即自然的音乐"④ 等神态来一点点消除小阿菊和这个陌生世界之间的距离。透过作者字里行间不尽温柔的描写，故事外的读者都可以充分感受到女教师在顾盼提携和举手投足之间流露出的尊重与关爱，更何况是小阿菊呢？

3. 乡村教育的坚守者与奉献者

20 世纪 80 年代初，中国农村迎来了土地制度的一次大转折——家庭联

---

① 乐齐主编《叶圣陶小说精品》，中国文联出版社，2000，第 28 页。

② 乐齐主编《叶圣陶小说精品》，第 73 页。

③ 任苏民主编《教育与人生——叶圣陶教育论著选读》，上海教育出版社，2004，第 47 页。

④ 乐齐主编《叶圣陶小说精品》，第 250 页。

产承包责任制。随着这项制度的推广实施，中国农村的面貌日新月异，生机勃勃。然而，从政治到经济，从文化到教育，长久存在的城乡二元对立的发展模式所带来的矛盾依旧明显，乡村教育现状和发展趋势都十分严峻。正是在这样的背景之下，当代的一些具有人文关怀的作家有感而发，一批鲜活生动、感人至深的乡村教师形象就此诞生。与现代作家相比，当代作家对乡村教师形象的塑造方式多是颂扬与讴歌，而被礼赞的品质则是乡村教师的默默坚守与奉献，如《寻找徐老师》中的老徐老师和小徐老师、《天上有个太阳》中的王校长和《凤凰琴》中的余校长等。

《寻找徐老师》主要写了徐氏父子为乡村教育默默奉献的故事。动乱年代，老徐老师无视周遭言论，毅然收下右派分子的孩子入学读书，并给予无微不至的关心和照顾；和平时期，老徐老师身体抱恙，临终前毅然决定中断自己的孩子的求学之路，只因他觉得村里的娃必须要读书，不能一辈子在牛和羊的屁股后面打转。父亲去世后，小徐老师默默扛起教书育人的重任，打理孩子们的生活，并且一次次地拒绝去城里教书的机会，只因为了父亲的遗愿，也为了那一双双求知的眼睛。最终，小徐老师在送孩子回家的途中被河水冲走。就这样，父子两代前赴后继，为乡村教育事业燃尽了生命。与徐氏父子类似，《天上有个太阳》中的王校长也为王家沟村的教育事业献出了生命。在这篇小说中，作者为王校长设计了学生家长、上级领导和村民等多重社会关系，故事情节更加丰富，王校长的人物形象由此也更加立体丰满。自知对母亲有诸多亏欠，但为了给学生筹钱而去变卖母亲的棺木；因为担心孩子们的学习，他拒绝去城里学校做教务处领导，甘愿放弃苦等了二十多年的民办教师转正名额；为了保护民办教师的尊严，他动之以情，晓之以理，说服了秀梅的父母同意孩子的工作和婚事。小说中的王校长如超人一般解决了所有的难题，却也积劳成疾，最终病逝。刘醒龙的作品《凤凰琴》同样讲述的是一群乡村教师扎根乡村教育事业的故事，但与上述两部作品不同的是，刘醒龙塑造了一群褪去了圣人光辉的小人物群像，如为了转正而曲意逢迎、不择手段的邓有梅；如一向质朴忠厚，却为了应付检查而弄虚作假的余校长；如正直坦荡、敢爱敢恨的孙四海；如事事认真、善良诚实的张英才……透过刘醒龙的作品，人们猛然发现，在环境闭塞与生活贫困的双重重压之下，乡村教师的生存处境竟如此艰难，而这样的主题在同类题材的小说中几乎都被"无私奉献"的宏大叙事主题掩盖了。所以，《凤凰琴》一经问世便引起了强烈反响，正是因为它还原了乡村教师最本真的生存状态，再现了乡村教师作为"人"的原始欲望和诉求。1994 年，《凤凰琴》经过改编被搬上电影荧幕，再次引起了社会大众对于乡村教师以及乡村教育现状的深刻忧思。笔者在下文中将继续对电影《凤凰琴》中的乡村教师形象进行深入分析，这里不再赘述。

（三）社会文化视野下的乡村教师形象概述

人具有社会属性，必然要与社会的方方面面产生千丝万缕的联系。随着时间的推移，包括经济结构、意识形态、伦理道德等在内的社会文化逐渐形成，并具有地域性、民族性、群体性和独特性的特点。与此同时，社会文化也在潜移默化之中对社会群体产生着广泛、深刻且巨大的影响，具有建构性。换言之，"人既是文化的创造者，也是由文化所创造，人是文化系统中的核心与融汇点"[1]。当下，高速发展的中国经济正渐渐打破原有的城乡二元机制，城镇化正在大步推进。在乡村城镇化的进程中，乡村教师的角色日益边缘化。而在社会大众对教师专业化的期待和关注之下，一系列的法律、政策和制度开始实行，乡村教师的精英地位开始动摇。于是，在由多重元素构成并且相互制约的中国乡土社会中，以乡村教师为代表的知识精英阶级与以土地为主宰的乡村社会文化之间正在进行一场微妙的博弈。乡村教师用知识滋润了贫瘠的土地，而日新月异的土地却在种种因素的影响下束缚了乡村教师的生存发展。

1. 乡村城镇化道路上的乡村教师

2014 年 3 月 16 日，由中共中央、国务院印发的《国家新型城镇化规划（2014 - 2020 年）》正式发布。该规划指出，我国正处于城镇化深入发展的关键时期。作为乡村社会必不可少的有机组成部分，城镇化的开展为乡村基础教育的布局带来了诸多机遇和挑战。而乡村教师作为教育事业的能动主体，其生存境遇和生活状态也在悄然发生改变，一种前所未有的怠惰感和疏离感将乡村教师紧紧围困。首先，乡村教师的职业倦怠感有所增强。有了政府和资金的扶持，城镇教育获得重点关注和快速发展，而"城镇化进程中的乡村教育呈现'凋敝'状态"[2]。贫穷落后的经济状况和恶劣闭塞的自然条件不仅难以吸引优秀教师前来任教，就连生于斯、长于斯的本土

---

[1] 畅广元编著《文学文化学》，辽宁人民出版社，2000，第 152 页。

[2] 肖正德：《城镇化进程中乡村教师生存境遇与改善策略》，《中国教育学刊》2011 年第 8 期。

教师也开始呈现流失趋势。于是，繁重的教学任务和巨大的教学压力只能由一小部分仍坚守于此的乡村教师承担起来。同样从事着教书育人的工作，有时甚至还要承受常人难以想象的心理压力，但城镇教师所享受的身份地位和福利待遇，对于乡村教师来说却是可望而不可即的。久而久之，看不到光明前景和发展出路的乡村教师便会对自己的职业以及乡村教育事业感到悲观并渐渐丧失信心，进而将这种负面情绪带入日常的教学活动中，最终导致教师厌教、学生厌学、教师更厌教的恶性循环圈的形成。另外，城镇化的深入发展让乡村教师受到了来自城市与乡村的双重夹击。一方面，乡村教师满怀对城市世界的期待，希望走进其中被接纳，从而获得一种"市民"的身份认同感，但因"缺乏必要的政策保障、资源支持与文化关怀"① 而被拒于千里之外；另一方面，对城市的心向往之也使乡村教师对乡土社会的热情锐减，他们在某种程度上已经开始不自觉地和乡村世界相背离了。于是，当下的乡村教师正以一种"中间人"的状态存在于城乡之间，"处于城市与乡村的双重边缘位置，无论在名义上还是现实中，乡村教师都不属于城市"②。换言之，"城镇化并没有消除乡村精英的时代焦虑与文化困境，反而使其有所加剧"③。

  2. 教师专业化道路上的乡村教师

  所谓教师专业化，即指教师在其职业历程当中通过严格、专业的系统训练和主动的终身学习，掌握教育专业的知识技能，并在工作实践中不断提高职业素养，逐渐成长为教育专业工作者的成长过程。1966 年，联合国教科文组织在《关于教师地位的建议》中把教师界定为："应把教育工作视为专门的职业，这种职业要求教师经过严格的、持续的学习，获得并保持专门的知识和特别的技术。"④ 教师专业化研究的序幕由此拉开，并日趋成为人们关注的焦点。进入 80 年代，由美国霍姆斯小组发表的《明天的教师》《明日之学校》等一系列与之相关的研究报告进入大众视野，声势浩大的教师专业化运动在世界范围内如火如荼地开展起来。为了尽快顺应世界发展趋

---

① 赵鑫：《新型城镇化进程中乡村教师乡土情感的缺失与重塑》，《西南大学学报》（社会科学版）2016 年第 2 期。

② 李森：《新型城镇化进程中我国乡村教育可持续发展的现实困境与战略选择》，《西南大学学报》（社会科学版）2015 年第 4 期。

③ 高小强：《乡村教师阶层分化及其社会文化后果》，《中国教育学刊》2011 年第 12 期。

④ 教育部师范教育司：《教师专业化的理论与实践》，人民教育出版社，2001，第 3 页。

势，中国也制定推行了与之相关的法律、政策及制度，以保障教师专业化进程的展开。1994 年，《中华人民共和国教师法》颁布实施，其中对教师职业进行了法律层面的确定和建构："教师是履行教育教学职责的专业人员"，以提高教师专业素养和技能为目标的改革、培训、考核、专家指导等活动也接踵而至，教师的学历资本变得愈发重要，并逐渐取代能力和品行而成为社会大众考量教师的核心标准。在教师专业化的大背景下，学历水平普遍较低的乡村教师遭遇了信任危机，即使被赋予了"国家干部"的身份并肩负起在农村"普及九年义务教育"的重任，也仍不能稳固他们的知识精英地位。为了提升自身的专业素养，他们不得不周旋于各种各样的培训、考核和指导之中，在高知权威面前也只能以失语者的角色存在。此外，乡村教师在竭力促进自身专业进步的同时，在乡村社会建设的过程中又扮演了缺席者的角色，呈现抽离其中的发展态势，因此，乡村教师在农村社会当中的总体地位大不如前。

二　电影中的乡村教师形象探究

与城市教师相比，中国的乡村教师颇具复杂性。这种复杂性表现在乡村教师的身份构成、所处的乡村语境、与现代文明的关系等方面。从电影的角度来看，乡村教师更具戏剧张力。当城市教师形象的塑造多半囿于爱生与敬业的宏大叙事主题时，观众难免会产生审美疲劳，电影人的创作热情与创作水准也难以保证，因此，当《凤凰琴》《孩子王》等优秀的文学文本出现后，乡村教师这个复杂又特殊的群体开始走进电影导演的视野当中，各种根据小说作品、真人事迹以及原创剧本等拍摄的电影日益增多，在某种程度上弥补了中国电影史上乡村教师题材电影的空白。

（一）中国乡村教师题材电影概述

关于乡村教师题材电影，目前并没有明确的概念。但显而易见，乡村教师必然要与乡村教育相关联，所以，乡村教师题材电影一定是包含在乡村教育题材电影这一大范围之内的。曾有学者对乡村教育题材电影的概念做出了如下界定："乡村教育题材电影是指以乡村教育为主要表现对象的影片，是以乡村作为主要叙事空间，以乡村自然环境和文化环境为背景，以乡村学校的教育为主题，集中反映乡村教育环境、教育资源、教育主体、教育观念等内容，塑造典型的教师形象和学生形象，通过对教育现象和教育问题的影像呈现来揭示教育本质的艺术作品。"① 基于此，笔者试图对乡村教师题材电影进行这样的定义：乡村教师题材电影，是指以乡村教师为主要表现对象的影片，是以乡村作为主要叙事空间，以乡村自然环境和文化环境为背景，以颂扬乡村教师的崇高品质为主题，集中反映乡村教师的日常工作和生存状况等内容，通过对乡村教师面临的问题与挑战的影像进行呈现，来书写和再现乡村教师形象的艺术作品。

　　笔者以"乡村教师""乡村教育"等为关键词，对 1978 年以来中国大陆拍摄的电影进行了搜集整理。具体影片及其拍摄情况如表 2－1 所示。

表 2－1　1978 年以来中国电影中的乡村教师形象梳理

片名	导演	上映时间（年）	备注
《清清溪流》	太纲	1984	
《孩子王》	陈凯歌	1987	1988 年第 8 届金鸡奖导演特别奖 1988 年第 41 届戛纳国际电影节教育贡献奖
《凤凰琴》	何群	1994	1994 年第 14 届金鸡奖最佳故事片奖 1994 年第 17 届百花奖最佳故事片奖
《一个都不能少》	张艺谋	1999	1999 年第 56 届威尼斯电影节金狮奖 1999 年第 19 届金鸡奖最佳故事片奖
《我的父亲母亲》	张艺谋	1999	2000 年第 50 届柏林电影节银熊奖 2000 年第 20 届金鸡奖最佳故事片奖
《草房子》	徐耿	2000	1998 年第 5 届中国电影华表奖优秀儿童片奖 1999 年第 19 届中国电影金鸡奖最佳儿童片奖
《美丽的大脚》	杨亚洲	2002	2002 年第 21 届金鸡奖最佳故事片奖
《烛光》	王冰	2004	
《大山深处的保尔》	史凤和	2005	
《考试》	蒲剑	2006	
《心灵渡口》	凌一文	2006	2006 年入选第 19 届上海国际电影节参展影片
《天那边》	韩延	2007	
《冯志远》	杨洪涛 裴军	2007	2010 年入围第 15 届洛杉矶国际家庭电影节
《我的教师生涯》	郑克洪	2007	2007 年第 31 届蒙特利尔国际电影节聚焦世界单元展映片

---

① 韩水：《新世纪中国大陆乡村教育题材电影的创作评述》，《戏剧之家》2016 年第 3 期。

续表

片名	导演	上映时间（年）	备注
《遥望南方的童年》	易寒	2007	2008 年第 15 届北京大学生电影节教育题材创作奖
《志愿者》	潘安子	2008	
《水凤凰》	宋海明	2008	2009 年入选第 22 批面向全国中小学生推荐优秀影片片目
《大饼的莎士比亚》	高则豪	2008	2010 年入围第 4 届科隆电影节
《代课老师》	卫晓莳 赵斐	2009	
《嫁给大山的女人》	胡明钢	2009	
《村学的冬天》	王旻极	2009	
《云上学堂》	孙沙	2009	
《新来的李老师》	王莉	2010	2010 年第 15 届洛杉矶国际家庭电影节最佳喜剧片奖
《支教老师》	卫晓莳	2010	
《西·望》	王旭峰	2010	2012 年第 1 届西部大学生电影节最佳影片、最佳导演等六项大奖
《麦积山的呼唤》	李佳伦	2011	第 11 届圣地亚哥国际儿童电影节最佳教育片奖 第 17 届洛杉矶国际家庭电影节最佳外语片奖
《蓝学校》	杜波 郭志荣	2011	2011 年第 28 届电影金鸡奖最佳儿童片、导演处女作奖提名
《乡村教师》	马建东	2011	
《美丽的山茶花》	杨琳	2011	
《一个老师的学校》	易莉	2012	
《飞扬的青春》	陶明喜	2012	
《万年烛光》	曹淑华 秦韵	2012	2013 年第 63 届柏林国际电影节中国优秀影片推介片
《旗》	梁明	2015	2015 年第 30 届中国电影金鸡奖最佳导演、最佳儿童片提名

　　通过对表格和相关数据进行分析，我们能够看到，1978 年以来，乡村教师题材电影的取材渠道日益丰富，内容类型逐渐多样，但在日益繁荣的中国电影市场当中，却从没有牢牢地占据过一席之地，影片的拍摄及上映数量很不稳定。

1. 剧烈的数量变化

改革开放以来，中国电影市场呈现一片欣欣向荣的繁盛景象，且变得日益开放与包容，商业片、娱乐片、主旋律影片等各种类型的电影进入社会大众的视野。然而，乡村教师题材电影似乎与这热闹的景象绝缘，守在角落一隅默默地、努力地生存着。37 年的时间，仅有 33 部上映，平均数量勉强可达到每年 1 部，这个数字着实有些悲凉。

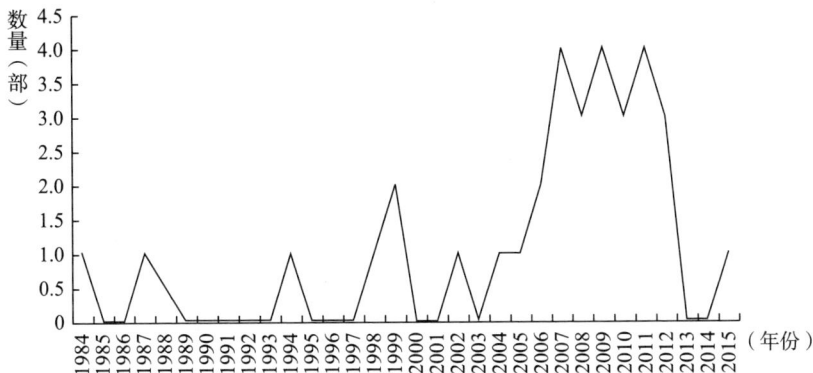

图 2 - 1　乡村教师题材电影上映时间与数量统计

从图 2 - 1 来看，乡村教师题材电影的阶段性特征十分明显，变化幅度和趋势也十分剧烈。1984 年到 2006 年，23 年的时间累计上映或播放 11 部，整体数量偏少，趋势比较平稳；而 2007 年到 2012 年，这一阶段是创作高峰期，6 年的时间累计有 21 部电影上映或播放，其中 2007 年、2009 年和 2011 年各有 4 部电影上映或播放，成为拐点；2013 年到 2015 年，受商业片冲击、大众观影心态、电影市场资本运作和播放载体及渠道等多方面因素的复杂影响，乡村教师题材电影的数量跌回谷底，3 年的时间仅仅上映了 1 部电影，总体呈现急速增长而后又迅速下降的走势。

2. 丰富的取材渠道

在筛选出的 20 多部影片中，尽管每一部影片都在围绕着乡村教师这一个特定的形象设计戏剧情节和矛盾冲突，但剧本的取材渠道还是比较丰富的，大概可分为三类。一是根据文学作品改编的电影，如何群导演的《凤凰琴》（根据刘醒龙小说《凤凰琴》改编）、陈凯歌导演的《孩子王》（根据阿城小说《孩子王》改编）、张艺谋导演的《一个都不能少》（根据施祥生小说《天上有个太阳》改编）和徐耿导演的《草房子》（根据曹文轩小说《草房子》改编）等。二是根据真人事迹改编的电影，如影片《冯志远》

就是根据教师冯志远在宁夏中宁县教书育人 42 年，培育出上万名学生以及到后来双目失明，昏倒在讲台上的感人事迹改编而成；又如《云上学堂》则是根据 2008 年度"感动中国"十大人物之一、四川大凉山甘洛县二坪村山村教师李桂林、陆建芬夫妇的真实故事改编创作；《我的教师生涯》中的乡村教师陈玉也有现实原型，即曾获全国"师德楷模"称号的湖北省当阳市庙前镇井岗小学退休教师郑琦；2008 年上映的《水凤凰》也是根据自幼身患残疾，来回跪地行走于水族山寨的山水之间达二十余年的乡村教师陆永康的动人事迹改编而成。三是根据原创剧本拍摄的电影，如《天那边》《麦积山的呼唤》《新来的李老师》《蓝学校》等。

3. 多元的内容题材

尽管乡村教师题材电影在中国电影市场占比甚微，在数量方面无法与其他类型的影片相抗衡，但因为取材渠道的丰富，乡村教师题材电影在内容主题方面展现了多元化的发展面貌。从电影中乡村教师的身份构成来看，可以进一步细化为乡村老师和支教老师两种题材。前者如《凤凰琴》《我的教师生涯》《水凤凰》等，后者如《冯志远》《新来的李老师》《麦积山的呼唤》等。从电影的内容来看，在聚集着各种矛盾冲突的乡村教师的背后，实际上也隐含着电影人不同的创作意图和现实诉求。从这个角度出发，乡村教师题材电影又可分为以下几种。一是颂扬高尚师德师风，如《冯志远》《水凤凰》等影片，其中的角色形象都高度浓缩了爱生如子、为人师表、兢兢业业的优秀教师品质。二是呼吁社会大众关注乡村教育资源的缺失，如影片《一个都不能少》就集中反映了乡村教师资源紧缺的问题，当校长有急事必须要离开学校时，竟然找不到一个老师来看管学生，无奈之下只能让还是孩子的魏敏芝来暂时顶替；又如影片《美丽的大脚》，导演也对农村贫瘠简陋的教育环境进行了全景和细节的呈现，令人感到震撼和辛酸。三是对支教群体的重新审视，以往的影片都在讲述支教群体给乡村的孩子们带来了什么，却往往忽视这一群体离开后又会带来什么，如在《麦积山的呼唤》中，最终留在麦积山小学任教的是本籍的大学毕业生秦聪聪，而外来的志愿者高飞还是飞回了自己的世界。影片并未站在圣人的立场上做出判断，而是让大众自己去感受与思考"外来支教者的另一种真实人生与乡村教育的尴尬状态"①。

---

① 张茜、孙姝彬：《新世纪西部教育题材电影的艺术探索》，《民族艺术研究》2013 年第 2 期。

（二）多重视角下电影中的乡村教师形象探究

电影在作为社会大众对乡村教师进行直接与感性认知的渠道的同时，也承担着对乡村教师形象进行导向和建构的任务。作为乡村教师题材电影的核心与灵魂，乡村教师应该是怎样的存在？如何塑造乡村教师？带着各自的价值取向和审美体验，电影创作者们给出了各种各样的答案，于是，我们看到了被建构的乡村教师，看到了艰难启蒙的乡村教师，看到了拥有沉重身体的乡村教师。

1. 社会性别视角下的乡村教师形象探究

我国教育部官方网站的统计数据显示，义务教育阶段，我国专任女教师占专任教师总数的比重分别是 2006 年的 51.02%，2007 年的 51.57%，2008 年的 52.24%，2009 年的 52.82%，2010 年的 54.68%，2011 年的 55.38%，2012 年的 56.25%，2013 年的 57.23%，2014 年的 58.48%，2015 年的 60.20%。详见表 2-2。

表 2-2　2006～2015 年义务教育阶段专任教师队伍性别结构

单位：人，%

年份	专任教师	女性教师	占比
2006	10438217	5325615	51.02
2007	10519963	5424909	51.57
2008	10566428	5519747	52.24
2009	9151456	4833895	52.82
2010	9142448	4999188	54.68
2011	9129378	5055721	55.38
2012	9089839	5112605	56.25
2013	9065623	5187940	57.23
2014	9122336	5334344	58.48
2015	9109542	5483983	60.20

数据来源：中华人民共和国教育部网站，http://www.moe.edu.cn/s78/A03/moe_560/jytjsj_2015/，访问时间：2016 年 11 月 7 日。

结合图 2-2、图 2-3 中的变化走势来看，尽管女教师数量在 2009 年有一次较为剧烈的下降过程，但总体来看，十年的时间里，女教师数量和占比均呈现上升趋势，总数量增加了 158368 人，占比增加了 18%，平均每年约增长 17596 人。

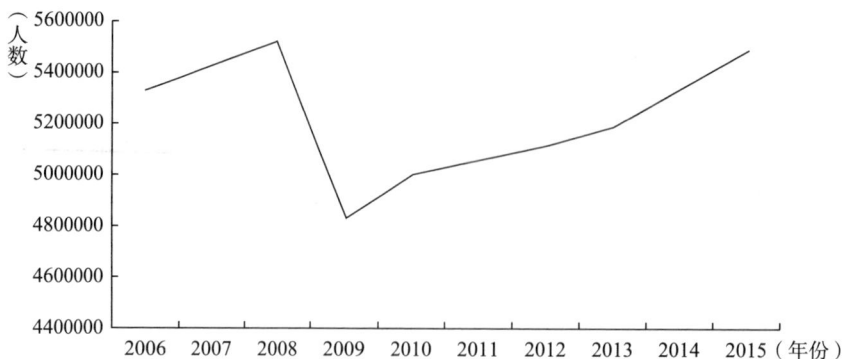

图 2 - 2　2006~2015 年义务教育阶段全国各级各类学校女教师数量变化走势

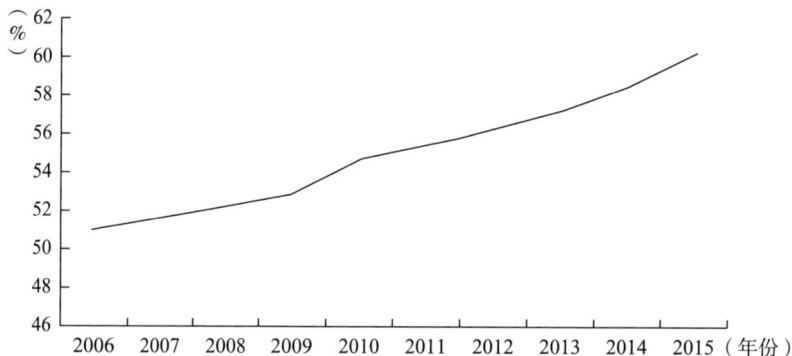

图 2 - 3　2006~2015 年义务教育阶段全国各级各类学校女教师占比变化走势

此外，经济合作与发展组织（OECD）的统计数据也表明，世界上大部分国家或地区的女性教师比例同样较高，尤其是幼儿园和小学阶段。OECD 在 2012 年发布的有关报告显示，OECD 国家的幼儿园女教师的比例普遍较高，许多国家的女教师比例达到了 90% 以上，爱尔兰女教师的比例更是接近 100%。在小学阶段，OECD 大部分成员国的女教师比例为 70%~80%，均值为 82%。捷克、斯洛文尼亚、西班牙、意大利、爱沙尼亚和巴西的小学女教师比例均大于 90%；在初中阶段，OECD 成员国的女教师比例均值为 68.1%[①]。

从以上罗列的种种数据来看，在全球范围内，女性已然成为教师职业的主体人群，教师队伍性别结构呈现失衡状态，且愈发严重。造成这一现

---

① 中国教育与研究院：《经济合作与发展组织——教育概览 2012》，教育科学出版社，2012，第 77 页。

象的一个重要原因，笔者认为，就是社会文化对女性的建构，即女性主义的重要研究成果之———社会性别理论。

社会性别，英文翻译为"gender"，是与生理性别（英文翻译为"sex"）相对的一个概念。后者强调两性在生物学角度上的生理构造等客观方面的差异，而前者则强调社会文化对两性的身份建构与角色期待。20世纪70年代初，英国社会学家安·奥克利的著作《生理性别与社会性别》问世，"社会性别"这一概念开始被广泛使用，并"被广泛用来描述一个特定社会中，由社会形成的男性或女性的群体特征、角色、活动及责任"[1]。换句话说，生理性别是物种进化对两性实然状态的客观打造，社会性别是社会文化对两性的应然状态的有机规训。这种有机的规训体现为社会文化可以指定与分配性别，即"社会性别着重于文化对两性的规范，社会性别的理论认为生理的差异不影响性别的建构，真正对性别划分起作用的是文化的规范，是长期以来的文化熏陶使我们有了男和女的概念"[2]。随着时间推移，社会地位、角色、服饰、行为等社会文化元素渐渐地成了区分性别的标志。正是在这样的文化建构之下，男性因其力量强大、善于理性思考等特点而常常被赋予领导、精英等宏大而重要的社会角色，而女性则因其温柔娇小、富于感性认知、具备先天的母性等特点而被认为适合从事教师、护士、售货员等社会职业，这种默认的秩序一旦被打破，人们便会觉得匪夷所思、难以接受，因此，女性也慢慢默认了社会文化对自身的种种限制，并在职业选择中渐渐失去自我判断与思考的能力，个体性与主体性消失殆尽，并渐渐地沦为社会的失语者与边缘人。一如戴锦华教授的这般慨叹："无论在中国的和世界的历史与文明之中都充满了女性的表象和关于女性的话语，但女性的真身与话语却成为一个永远的'在场的缺席者'。"[3] 接下来，笔者以电影《美丽的大脚》为例，试图分析其中的乡村女教师是如何被建构的。

《美丽的大脚》是由西安电影制片厂、中视传媒股份有限公司、西影股份有限公司于2003年联合出品的一部反映西部乡村教育的影片，由著名导演杨亚洲执导，倪萍、袁泉、孙海英主演，并一举获得中国电影金鸡奖最佳影片、最佳导演、最佳女主角、最佳女配角四项大奖。导演杨亚洲在电影中沿用了一贯以来的温情细腻的平民路线，运用多种镜头语言，在展现

---

① 沈奕斐：《被建构的女性——当代社会性别理论》，上海人民出版社，2005，第26～27页。
② 沈奕斐：《被建构的女性——当代社会性别理论》，第28页。
③ 戴锦华：《雾中风景：中国电影文化》，北京大学出版社，2002，第116页。

电影《美丽的大脚》剧照

西部贫瘠艰苦的生存环境和残酷落后的教育环境的同时，也书写了两位乡村女教师——张美丽和夏雨各自对自身价值命运的认知和成长历程。影片中，张美丽本来只是一位从外省嫁过来的普通农村妇女，但愚昧无知的丈夫因盗窃铁路道钉造成重大伤亡事故而被判处死刑，儿子也在不久后离开人世。历经种种打击之后，张美丽意识到了文化的重要性，所以她毅然决然地走上了乡村教育之路，将毕生心血奉献给了学校，将母爱的光辉播洒给了这片荒凉土地上的孩子们。为了能让北京来的志愿者夏雨好好教给孩子们知识，张美丽百依百顺，甚至有一丝讨好的意味，因此彻夜忙碌，辛辛苦苦打来珍贵如油的井水，自作主张地帮夏雨"洗"衣服，然而却好心办了坏事。在县城火车站，面对刘志鹏和孩子们的纷争，张美丽颇具勇气，以一句"他们是我的娃，你说我是谁"这种近乎刁蛮的语言进行了强硬的回击，保护了她的娃儿们。为了凑钱给孩子们买电脑，张美丽毫不犹豫地答应了赵面粉的无理要求，一口气喝下了一瓶白酒……于是就在这些故事情节中，一个真诚善良、乐观无私、任劳任怨、忘情投身于教育事业的乡村女教师形象被成功塑造了出来。作为这部电影的灵魂人物，张美丽"用自己的真情和爱心谱写了一首生命之歌，培育出了一朵最灿烂的人性之花"①。这成功触碰了人们最柔软的内心，赚足了观众的眼泪，所以，不能

---

① 史海玲：《从西方女性主义视角分析中外银幕中的女性教师形象》，硕士学位论文，首都师范大学，2008，第30页。

否认，这的确是一部集现实性、思想性、艺术性和观赏性于一身的优秀电影作品。此外，据张美丽的扮演者倪萍说，电影名字原来并不是《美丽的大脚》，但经过这样的改动，无疑"增强了影片的文化内涵，客观上凸显了女主角张美丽……强化了影片的票房号召力。因为大小脚问题会引人（甚至外国人）联想到中国妇女的命运与解放，甚至女性自我意识的觉醒等现代主题"①。但笔者认为，电影创作者们仅仅想通过片名的更改就试图对女性自我意识觉醒的现代主题来进行表达是远远不够的，反而在某些情节当中放大和强化了社会文化对女性的规训和制约。

首先是张美丽为电脑猛喝白酒这一情节。在准备英语课程时，张美丽笨拙的英语发音和随意的单词组合让夏雨有些担心她是否能够教好孩子们，为了不再闹出"千里召召"这样的笑话，夏雨提出了买电脑的建议。毋庸置疑，电脑的价格对于张美丽来说绝对是一个天文数字，但为了孩子们，她还是下定决心要把钱凑齐。她独自一人去乡里寻求帮助，拿到了从这个穷乡的行政费当中硬挤出来的三千块钱，而剩下的就只能自己想办法，所以便有了影片中张美丽豪饮一瓶白酒的小高潮。张美丽从王树那里知道了村里的大款赵面粉要给母亲办冥寿的消息，她很明白这是一次相当重要的筹钱机会，所以她带着妆容颇为滑稽的孩子们，笑意盈盈地去给赵面粉道喜。好话说尽，笑脸赔尽，阴险狡诈的赵面粉不为所动，却让张美丽一口气喝下一瓶白酒，以此作为买电脑的条件。此时，镜头中的张美丽没有片刻的犹豫与迟疑，接过白酒，用牙齿咬开瓶盖，在赵面粉诧异的表情、王树担忧的神态和夏雨心疼的眼神中一饮而尽。关于这一情节，导演和编剧的设计意图很简单，就是让作为女性的张美丽，去完成一个对女性来说近似于刁难的任务，以此来彰显张美丽为了孩子和教育事业而甘愿奉献牺牲的动人品质，而这恰恰也是电影的狭隘与世俗所在。社会性别理论认为，同生理性别相比，二者之间"最大的不同之处在于它的社会等级性和不平等性，区分男女两性的标准由于特定社会文化的限制而有了孰优孰劣之分，男性与女性的角色扮演和价值期待也渐趋定式和固化"②。在人们心中，女性与烟酒一类的消费品几乎处于半绝缘状态，猛灌、豪饮一瓶白酒的方式更是非男性莫属。也就是说，男性豪饮是一种符合社会文化期待的正常状

---

① 陈旭光：《"影响的焦虑"之偏离、自我的超越及其限度——关于〈美丽的大脚〉的几点观感》，《当代电影》2003年第2期。

② 毕媛媛：《性别视角下严歌苓小说的电影改编》，硕士学位论文，厦门大学，2014，第11页。

态，女性豪饮则会被视为挑战社会文化期待的异常举动。电影创作者们在这个情节当中，没有直接用语言和对话进行表述，而是仅仅通过对赵面粉、王树、夏雨三人复杂的表情进行特写，就默认了在喝酒这件事情上，张美丽的举动打破了人们一直以来对女性的角色扮演和价值期待，她在人们眼中仿佛成了一种异类般的存在。同时也在隐隐约约之中暗示了女性若想达到某种目的，获得一定成功，就必须付出一些所谓的超越性别之外的努力，可能要与男性付出的一样多，甚至多于男性。

另外便是对于张美丽强烈认同母亲这一身份的着力刻画。沈奕斐在《被建构的女性——当代社会性别理论》一书当中提到，"社会把养育儿童角色完全和母亲、女性等同起来，把母亲的身份看作是女性必然要承担的义务，是义不容辞的责任。即使社会在强调那些很好地养育和照顾了孩子的男性时，也会使用'母性'这个词。这进一步加强了认为妇女天生更加适合照顾孩子的陈旧和性别刻板印象，这种刻板印象强调和妇女一样照顾孩子的男性是在模仿女性而不是在做一个父亲应该做的事。这样的观点导致女性无法逃脱母亲的角色，没有做过母亲的女人被认为不是一个完整的女人，女人的价值被紧密地和母亲的身份结合起来，使得女性本身的独立性价值受到损害"[①]。张美丽便是如此。影片中，张美丽的孩子在七岁时就不幸离世。于她来说，丧子之痛是一个沉重的打击，而"母亲"这重身份在其未来生命中的永久缺席才是她内心最大的痛楚之所在。所以，当她得知夏雨自作主张去县医院打掉了孩子时，一向温柔朴实的她第一次对夏雨发了脾气："你们这些城里人都算是个啥女人嘛！做女人家怀娃是天大的事情，你咋说打掉就打掉呢！就跟上趟茅房似的……夏老师，我告诉你，我也当过母亲，有过娃，娃不在那几年，都不想活了，说句不要脸的话，我现在都想找个男人犯上个错误，再生上个娃，这能行吗？这不行了。你这好，好不容易怀上了个娃，你咋就打掉了呢？"而在照顾夏雨的时候，张美丽又主动提起了自己没有孩子的事情。在她看来，"没有娃，咋算是女人？"实际上，从夏雨趴在张美丽背上伤心地哭泣就可以感受到她心中对这个小生命的万般不舍，但此时的她其实已经对自己的婚姻有了不幸的预感，她无法确定目前这个生命的到来究竟意味着什么，唯有拿掉才算是比较合适的做法。但面对淳朴的张美丽，夏雨无从开口倾诉这一切。当然，即使了

① 沈奕斐：《被建构的女性——当代社会性别理论》，第214页。

解夏雨内心的痛苦与纠结，张美丽也并不能完全感同身受。她仅仅知道，无论发生什么，轻易草率地放弃孩子、放弃成为"母亲"的机会，对女性来说都是不可饶恕的错误。在张美丽的认知中，女人的一生注定要与孩子、"母亲"产生无法斩断的千丝万缕的联系，二者才是女性的最终归宿。换言之，只有孩子才能让女人成为女人，也只有"母亲"才能让女人变得完整，因此，在笔者看来，早年丧子的她把精力与心血转移到学生身上，不仅是希望孩子们学习一些文化知识，更是为了满足自己内心再度成为母亲的热望。为了孩子，她压抑自己对王树的感情；为了孩子，她拒绝夏雨安排的工作；为了孩子，她情愿永远留在破落的村子里。张美丽始终认为，自己没有孩子，这一生都是不成功的。而殊不知真正的失败，其实是在这样一种社会文化之中，张美丽根本没有"无法拥有和控制自己身体的女人，不能说自己是自由人；直到女人可以有意识地选择是否成为一个母亲"① 的观念，根本无法意识到自己的被建构。如夏雨所说，她从来没有为自己仔细打算过，为自己认真考虑过，为自己真正活过，其女性的独立价值和生命主体性更是早已被抹杀得一干二净。

2. 启蒙视角下的乡村教师形象探究

千百年来，封建纲常伦理的根深蒂固、知识与理性的极度匮乏导致国民安于为"奴"的状态之中却茫然无觉，因此，如何实现国民从一味俯首称臣的"奴"到具有主体意识的"人"的心态的现代化转型，便成了近代中国启蒙的首要问题。以康有为、梁启超为代表的第一代启蒙先驱感受到了知识与理性的力量，并且深知"欲使三年而立，必使全国四万万之民皆出于学，而后智开而才足"②，所以，启蒙与知识相结合成为一种必然，而知识的普及与落实手段——教育，则成为启蒙构想中的核心问题。自然而然，教育和国民之间的中介者——教师，开始担当起用"最直接的话语方式开启着'人'之为'人'的心灵事实与观念世界"③，并试图"直接唤醒'人'"的启蒙者的身份与角色。但是，近代中国的启蒙运动具有自身的独

---

① 黄华：《权力、身体与自我——福柯与女性主义文学批评》，北京大学出版社，2005，第114页。

② 璩鑫圭、童富勇编《中国近代教育史资料汇编·教育思想》，上海教育出版社，2007，第135页。

③ 刘宝玲：《中国现代小说中的教师形象研究》，硕士学位论文，山东师范大学，2008，第9～10页。

特性。西方启蒙运动倡导理性，希望可以运用理性，使"人类脱离自己所加之于自己的不成熟状态"①，旨在重新发现人，即"立人"；而在中国的启蒙语境之内，启蒙从一开始便被打上了"救亡"的烙印，旨在运用知识开启民智，拯救沉于混沌愚昧状态中的国民，而后再改变积习深重的文化心理，赋予每个国民以主体性和个体性，即先"救人"，再"立人"，因此，作为启蒙者的教师便需要承担起"救人"与"立人"的双重任务。

相比之下，无论旧时期还是新时期，乡村启蒙的道路和任务似乎都要来得更艰难一些。一方面，在"中国现代化的历程中，乡村遭遇不断的侵蚀，乡村原有的文化与教化日益衰落"②，经济结构、政治结构也随之日渐失衡，呈现出分崩离析之状，越来越多的人逃离乡村，涌入城市，进行着自身的都市化，却对农村问题日益冷漠甚至无视。另一方面，城乡之间长久以来的二元发展机制使二者之间在经济、文化、政治等方面的发展差距愈发呈现天壤之别的趋势，在积贫积弱的农村之中，愚昧无知成为农民的固定标签。正如费孝通先生所言，"中国的文字并不是在基层上发生。最早的文字就是庙堂性的，一直到目前还不是我们乡下人的东西"③，所以，教育成了少数精英的特权，而最需开化和启蒙的农民却被排除在教育体系之外。时至今日，中国已经历三次启蒙运动，但在广袤的乡野之上，诸如包办婚姻、女子缠足之类不能为法律破除的种种暴虐的习俗依旧存在，时间在这里仿佛静止一般，过去和现在之间并没有清晰的界限。所谓"民为邦本，本固邦宁"，晏阳初指出："农村建设就是固本工作。中国今日唯一出路是要把广大人力开发起来，把这衰老的民族振作起来，把这散漫的民众组织起来，把这无知无识的人民教育起来，方可成为一个现代有力的新国家。所以复兴民族，首当建设农村，首当建设农村的人。"④ 由此可见，乡村教师肩负的开化之大任和启蒙之重担不言而喻，因此，一些电影导演怀揣"向着农民烧心香"的虔诚，将这一主题纳入创作之中，启蒙者类型的乡村教师形象进入大众视野。接下来，笔者以电影《孩子王》和《我的教师生涯》为例，试图分析其中作为启蒙者的乡村教师形象。

---

① 江怡主编《理性与启蒙——后现代经典文选》，东方出版社，2004，第1页。
② 〔美〕费正清：《剑桥中国晚清史1800—1911》（上卷），中国社会科学院历史研究所编译室译，中国社会科学出版社，1993，第651页。
③ 费孝通：《乡土中国》，三联书店，1985，第20页。
④ 晏阳初：《晏阳初全集》（第2卷），湖南教育出版社，1991，第35页。

电影《孩子王》海报

拍摄于 1987 年的电影《孩子王》是中国第五代电影导演陈凯歌继《黄土地》和《大阅兵》之后的又一部力作，根据阿城的同名小说改编而成，荣获 1988 年第 8 届中国电影金鸡奖导演特别奖、第 41 届戛纳国际电影节教育贡献奖等多项殊荣，是陈凯歌倾注心血最多，也是他最喜欢的作品之一。影片主要讲述的是知青老杆儿临时被抽调到学校教书后所发生的一系列故事。十年动乱期间的云贵高原之上，群山环抱的一所极其破败简陋的学校奇缺老师。为此，队长调派已经插队了七年的知青——老杆儿去学校教书，当个"孩子王"。其他人得到消息后为老杆儿热热闹闹地送了行，老杆儿带着兴奋走向了学校。当他到校之后得知自己要教初三的学生时，他有些吃惊，焦虑瞬间涌上心头——他很担心自己的文化程度不高，无法胜任而辜负了孩子和家长。但慢慢地，他开始发现了荒唐之处：学校办公室的政治材料堆积如山，孩子们手中却连一本教材都没有；批判文章被当作课文周而复始地学了又学，学生们却并不认识在小学阶段就应该学会的生字，更不要说写出像样的作文了。无奈之下，老杆儿不再让孩子们抄课文，也不再教那些千篇一律的批判文章，而是从头教起。然而，大家不抄书了，班上一个叫王福的孩子却开始抄起了字典，甚至还想着初三毕业后到大队里劳动时可以抄更大的字典，抄更多的字。渐渐地，孩子王以他独一无二的教学方法让学生们对学习有了浓厚的兴趣，却与大纲要求的教学内容相违背。他只好被学校领导退回生产队里。离开以前，他教孩子们唱了一首自己填词的歌，并且在树桩上给王福留下了一句话：今后什么都不要抄，字典也不要抄。

如陈凯歌自己所言："我们对作品中可以产生内涵的一切是须臾不敢忘却的。"① 所以，不同于阿城在小说中试图表达自己对人和文化关系的思考与反省，他在影片中对很多细节进行了个人化的处理，融入了自己的理解和诠释，文化批判成为电影的主题。由此一来，电影中的老杆儿少了一丝对生命的谦卑与敬畏，多了一丝骄傲与超脱。他带着批判文化、"救救孩子"的使命，开始了在这片红土地上的启蒙之路。

首先是对僵化教学方式和空洞教学内容的改变。影片一开始，导演就用几组空镜头呈现了一个坐落于群山之中的学校，仅有一条蜿蜒曲折的土路与外界相连。斗转星移中，学校没有任何变化，看起来是那样的孤独与荒凉。而"导演有意透过大量门窗进行拍摄，使人感觉一进入学校就进入了条条框框的束缚中去"②，看起来又是那样的封闭与压抑。就在这样的死寂与沉闷中，顶着蓬乱的头发、带着些许的大智若愚的老杆儿出现了。上课之前，老杆儿的内心是充满焦虑的，只有小学学历的他害怕无法胜任教师工作。但很快，学生们上课没有教材、只抄一些政治批判文章、识字情况停留在小学阶段、对事情毫无独立思考能力的现实状况瓦解了老杆儿的焦虑感，他意识到了这种学习内容是在对孩子进行扼杀，这种教学方式与教育的基本职能是背道而驰的。所以，他有了从一开始怀疑"我怎么能教初三呢"到后来思考"我怎么教呢"的一种转变。思考过后，老杆儿决定放弃教材和生产队同学校制定的教学大纲，自己尝试着去摸索新的教学内容和教学方法，所以在他的课堂上颇有一些"反叛"的味道：学生们可以不用起立，可以不用把手背到后面，更可以说话，可以离开座位——他想通过这样的方式打破束缚在孩子们身体上的条条框框。但是，身体被束缚远没有灵魂被桎梏来得可悲与可怕。学生们的脑子里满是毫无意义的政治空话和阶级批判话语，写作文也只会抄报纸。老杆儿于是要求学生们写出自己对一件事的看法，无所谓技巧和字数，只要是最真实的"脑中所想"和"心中所思"就足够了。老杆儿这种大胆的举动慢慢打开了孩子们封闭的头脑和思维，他们的作文中开始出现了山、雾和白太阳等自然景色，出现了吃饭很多、力气很大、做工很辛苦的父亲等有血有肉的人物，更重要

① 陈凯歌：《我拍〈孩子王〉》，《南方文坛》1997年第1期。
② 周思：《阿城的〈孩子王〉——从小说到电影》，《剧作家》2010年第5期。

的是出现了温热的情感，以及孩子们自己对世界的认知。

另外是对学生王福抄字典行为的劝阻。电影中的王福虽家境贫寒，却相当懂事，求知欲强烈，所以他很渴望得到老杆儿的字典。无奈他在那场约定中输了，得不到字典的他只好一个字一个字地抄下来。来娣见状想把字典送给王福，却遭到了拒绝。在王福看来，抄下来可以记忆得更深刻，而且抄好之后等到毕业了拿到生产队里就可以接着抄更大的字典，抄到更多的字。王福说完这番话，镜头下的老杆儿和来娣不约而同地露出了不解、茫然又带有一丝无奈的复杂神情。影片最后，老杆儿带着字典离开了学校，并告诉王福什么都不要抄，字典也不要抄。关于字典的情节，陈凯歌对小说进行了不小的改动。小说中的老杆儿将字典留给了王福。显而易见，阿城是想借此表达自己对文化所寄予的一种希望。但陈凯歌却将这希望彻底粉碎了。毋庸置疑，字典是整部影片中极其重要的一个道具。它既是文化的承载，表现了某种文化的循环；同时也是糟粕文化的一种象征，而抄字典这种行为无疑表达着糟粕文化对孩子的桎梏与奴役。不难想象，如果王福一直抄下去，他仍是被束缚的，而且会越来越严重，甚至会成为一个只会抄而不会思考的麻木僵硬的模糊人物，这与机器毫无二致。实际上，老杆儿制止王福抄字典，是在表明自己对文化的一种背离的态度；而他留给王福的话，"实际上表达了对中国文化中某种毁灭自己的因素的反省和思考。从这一点说，老杆是一个清醒的叛道者"①。他希望把孩子们从这种桎梏与奴役当中解救出来，拥有独立的思考能力和判断能力；希望"王福这些作为未来希望的孩子们挣脱那特定时代已经遭到了践踏的文化的束缚，自由地走自己的路"②。

影片《我的教师生涯》拍摄于2007年，由郑克洪执导，梁家辉和秦海璐联袂出演，谱写了一曲平凡普通的乡村教师陈玉，跨越四十余年，执着地爱恋着乡村教育事业的温婉歌谣。尽管影片的整体基调稍显阴郁、冷淡，但导演别出心裁地将长江土家寨作为故事发生的背景。在这里，没有以往同类题材影片当中经常出现的干裂的土地、险峻的山路和枯竭的河流，取而代之的是苍翠的青山和清澈的小河。而主人公、乡村教师陈玉所在的小

---

① 陆建民：《"说一说中国文化这件事"——和陈凯歌谈〈孩子王〉》，《电影评介》1988年第6期。

② 杨引琴：《"被吸引"和"被包围"——浅析〈孩子王〉的改编》，《小说评论》2007年第S1期。

电影《我的教师生涯》海报

学校舍可谓依山傍水，甚至连学校的名字——"月亮湾"都颇具浪漫气息。于是，在这样一种富有文明和生机、充满诗情画意的风光之中，影片运用第一人称的角度和散文化的叙事手法，选取"大跃进"、"文革"、改革开放、新世纪等不同的历史时期，把陈玉经历的刻骨铭心的初恋、身不由己的下放劳改、朴实平淡的结婚生子，以及他对教育、爱和生命的执着探索和追寻娓娓道来。如影片中陈玉自己所言，他的一生似乎都与夏天纠缠不清，而时光有如村庄里静静流淌的河水，学生们如河边蓬勃生长的稻苗，陈玉见证、送别着他们的成长，而将自己蹒跚沧桑的身影以守望者的姿态永远留在了稻田之中。

如他的名字一样，陈玉"用行动践行了'比德于玉，温润而泽'的君子之道，涵容万物，惠泽四方"①。在他身上，为人师表、爱岗敬业、关爱学生等作为教师应该具备的基本品质都被一一呈现。比如学生们在第一节课上就用一个千古绝对给了陈玉一个下马威，而他在略感失落无奈之后，还是仔细研究了对联的出处，并认真地讲给学生听，渐渐消除和拉近了与孩子们之间的隔阂与距离。又如在"四清"时期，学生叶宝富因为照顾腿部残疾的父亲而不能来上学，陈玉就主动到家里帮他补课，当同事善意提醒他叶宝富的父亲可能有"历史问题"，不要走得太近时，他会气愤地喊出

---

① 毛伟霞：《〈我的教师生涯〉中的师道人格评析》，《电影文学》2010 年第 7 期。

"一个农民能有什么历史问题"。在他的心中，农民是淳朴的，孩子是干净的，而作为教师，自己只需要做到教书育人就问心无愧了，然而残酷的现实终究还是让陈玉付出了一定的代价。还有在"文革"时期，当陈玉听到学生张宏才读错了毛主席的诗词时，他不顾自己的"猪倌"身份而来纠正学生的错误。可屈服于宣传队长权威的张宏才，还是在文艺会演中坚持了错误的读法。在张宏才面临牢狱之灾之时，陈玉又提出"学生读错字，罪在老师"，意欲替张宏才顶罪。通过以上种种情节，我们足可以看到陈玉身上的无私奉献、明辨是非、坚强隐忍。不过，仅仅表现一个乡村教师高尚的道德情操和职业素养并非导演郑克洪的最终目的，如他在某次采访中所表达的那样，只是希望通过这部影片唤起人们对生命本身的关注，所以，导演有意设计了一些情节，以期凸显陈玉的"启蒙者"身份，从而唤起人们对生命的认知。

首先是对体罚行为的排斥与拒绝。刚刚走进月亮湾小学的校门，陈玉就看到了鼻梁上架着一副厚厚的眼镜的校长在用教鞭狠狠地抽打学生的掌心。这不难让人联想到封建时代的私塾先生教育学生的场景，而今却还在乡村学校之中继续上演，陈玉的脸上写满了心疼与不解，还有一丝愤怒。而学校里的另一位老师周敏，只是背着竹篓从后面匆匆走过，并没有进行劝说或制止。周围的孩子们也只是呆呆地靠在一旁，站着，看着，笑着，这与旧时代麻木不仁的看客又有何区别？体罚行为并没有因为陈玉的到来而停止，他心里暗自揣度大家对此已经习以为常了，同时也暗下决心要改变这种古老落后的教育方式，所以我们看到，在调皮的张宏才一再挑衅捉弄陈玉，甚至用弹弓往陈玉的白衬衫上打了一块泥巴时，已经忍无可忍的陈玉在冲进教室、扬起教鞭的那一刻，被孩子眼中的惊慌和恐惧惊醒了，最终还是把手放了下来。因为他深知，如果这一鞭打下去，也许会对学生有所震慑，可这样的自己与内心所鄙夷的校长其实并没有什么两样。在陈玉看来，孩子天性顽皮本就无可厚非，体罚所惩罚的仅仅是孩子的身体。若要孩子成长为一个健全的人，更需要的是灵魂上的转变，而这就需要教师来进行循循善诱的耐心启蒙与教导。

如果说校长手中的教鞭和陈玉带来的手风琴、照相机是一次古老和现代的对峙，那么，贯穿影片始终的歌曲《让我们荡起双桨》和孩子们背诵的《声律启蒙》就是一次理想和现实的碰撞。在陈玉来月亮湾小学以前，课堂被"云对雨，雪对风，晚照对晴空……"所充斥，无趣又死板，孩子们的眼神和声音也满是呆滞与敷衍。爱好音乐的陈玉意识到，孩子的世界不应该只有《声律启蒙》，更需要艺术的熏陶，所以他决定教孩子们唱歌。当宛如天籁的悠扬歌声在月亮湾的上空响起时，陈玉和孩子们陶醉其中，也感染了在教室门口驻足聆听的周敏，但这种美好很快就因为校长的到来而终止了。校长要求陈玉把每周三节的音乐课变成一节，利用腾出来的时间教给孩子们一些实用的东西，比如对联、状子、祭文等。在校长看来，孩子们既然上了学，学了知识，家长们就没有必要再去花钱请别人来做这些事了。陈玉劝说校长道："你不希望看到你的学生将来也就摆个摊子，给人家写个信函、状子什么的吧？"但冥顽不化的校长坚持己见："在乡下能够做到这一点就已经很不错了。"尽管遭到反对，陈玉却没有放弃，他弄来了几本音乐教材，利用课余时间继续着自己的教育理想。在这里，校长和陈玉形成了鲜明对比。前者的教育理想和教育目的具有很强的实用性和功利性，他很在意"乡下""农村"这样的生活空间，而类似音乐这样的艺术形式，在他眼中好似怪物一般，与乡野农村格格不入。换句话说，校长希望孩子们能够成为对家庭、对农村有用的小写的人，而无须成为一个全面发展的大写的人。与之相对，陈玉的教育理想和教育目的就充满了浪漫色彩和理想主义。他希望孩子们不仅会写对联和祭文，而且能够拥有更开阔的眼界和更丰富的内心。实际上，音乐教材、手风琴、歌曲《让我们荡起双桨》不单指音乐本身，更是一个个启蒙符号。它们寄寓着陈玉在文化知识层面上的审美理想，承载着他"立人"的启蒙信念，他希望并且坚信，音乐能让孩子们看到另一个世界，会带着他们走得更远。

除了拒绝体罚和教孩子们唱歌以外，陈玉对孩子们所进行的性教育更具启蒙意义。时至今日，很多老师仍然谈"性"色变，面对性教育问题支支吾吾，甚难启齿，因此，农民浓重的封建思想、匮乏的科学知识以及敏感特殊的时代背景使得启蒙之路异常艰辛，陈玉所面临的阻碍和压力可想而知。但他没有畏首畏尾，依旧坦荡自然地告诉孩子们处于青春期的男女生各自具备怎样的生理和心理特征。自然，这样大胆到近乎越轨的行为遭到了校长和家长的抵制。此时的陈玉仿佛孤胆英雄般仍做着最后的抗争："别人说农村愚昧无知，那我们做教师的就心安理得吗？学校给孩子们传授知识，是让他们认识自己，认识世界。连自己都不能认识自己，那我们还能谈什么别的呢？就是要当个农民，也要当个有知识、有文化的农民吧！"陈玉自始至终都不知道自己这么做究竟错在了哪里。他只知道，生而为人，无论在城市还是在乡村，如果对自己都没有一个客观全面的基础认知，那么其他任何一切都无从谈起；他只知道，若想改变农村的愚昧落后，乡村教师责无旁贷，要有勇气扫清一切或有形或无形的障碍，肩负起启蒙开化的重任；他只知道，作为教师，教书育人是基本职责所在，其中的原则性和纯粹性只有靠自己来坚守。

3. 身体视角下的乡村教师形象探究

艰苦的自然环境和落后的社会形态注定了每一位乡村教师都将面临许多已知或未知的坎坷与磨难。在众多的磨难当中，疾病无疑最具破坏性。因为这不仅会影响到乡村教师的职业发展，更重要的是，它关乎身体甚至生死。然而，在重新审视新时期的乡村教师电影之后，不难发现，疾病——这个人们在日常生活中往往避之不及的魔鬼，却在电影中得到了淋漓尽致的展现。如学者所言，"用肉眼看见的与用影像看见的就是不一样！尤其是司空见惯的事情，如果用肉眼目击的，天长日久，人们会以为那就是一种'自然'，就像每天看见太阳、树叶一样，仿佛生活就是这样；一旦当它们被拍摄下来，加在'现象'上面的'自然'的外衣就可能脱落，露出极其不自然的底色"①；而"疾病与教师的诡异性结合，经由电影镜像的煽情性表达往往散发出奇异的光芒"②。毫无疑问，疾病元素的注入，着实为乡村教师电影添加了一枚重量级的催泪炸弹，引得观众不胜唏嘘。从某种意义上来说，此时电影当中乡村教师的身体更趋向于能指意义上的身体，它成了讴歌教师崇高品质的载体。而与此同时，疾病成为彰显高尚师德、礼赞教师职业的手段，具有了工具性与隐喻性。接下来，笔者将以《冯志远》和《水凤凰》为例，试图分析电影中负载沉重身体的乡村教师形象。

影片《冯志远》拍摄于 2007 年，根据真人真事改编而成，由杨洪涛、裴军执导，张嘉译、王海燕主演。影片讲述了冯志远大学毕业后积极响应国家号召，放弃上海的工作机会，主动义务支援西部教育事业，在患有严重眼疾的情况下，仍然坚持工作，最终双目失明，为热爱的教育事业和西部土地奉献一生的故事，塑造了一位扎根西部四十余载、抱病坚守岗位、无私奉献的教师形象。影片一开始，导演就用特写镜头一一呈现了书本、放大镜、阅读辅助工具和拐杖。关于教师、关于疾病的种种符号直击眼帘，

① 崔卫平：《我们时代的叙事》，花城出版社，2008，第 59 页。
② 熊和平、刘志超：《电影艺术中教师的身体与命运》，《教育发展研究》2013 年第 24 期。

影片《冯志远》海报

一个有关盲人教师无私奉献的故事也在主人公的回忆之中徐徐展开。在鸣沙中学，校长了解到冯志远的病情后，建议他放假回上海探亲，找医院看一下，冯志远却略微无奈地婉拒了校长的心意。他表示自己的眼疾是先天性的，无法治愈，只能尽量避免用眼过度。然而，西部地区艰苦的生活条件只能允许他每天在昏暗的煤油灯下备课、批改作业，二者之间形成了一种无法调和的矛盾与悖论。于是，弓着背伏在书桌前，手拿放大镜，眯着双眼，鼻尖近乎触碰到书本，这样的镜头便彰显了冯志远抱病坚持工作的艰难与伟大。随着冯志远被调到关帝中学工作，他的眼疾愈发严重，终于在为学生讲解课文《岳阳楼记》的时候彻底失明。校长表示要对学生和家长负责，以他这样的状态是无法继续教书的，申请退休然后去养老院安度晚年是更为合适的做法。冯志远不再难为校长，只提出了把《岳阳楼记》给学生们讲完的要求。声情并茂的朗诵让师生为之动容，校长也感受到了冯志远的用心良苦，所以他特意为冯志远定做了一块带横线的黑板，以激励他带病坚守工作岗位的精神。然而随着年龄的增长，冯志远的身体每况愈下，最终不得不彻底告别心爱的三尺讲台和学生们。值得一提的是，在电影中，导演有意将冯志远讲解课文《海燕》与《岳阳楼记》的过程完整地呈现了出来，那翱翔于乌云和大海之间的高傲的海燕，那"不以物喜，不以己悲"的处世态度似乎便是对冯志远一生的写照。

影片《水凤凰》海报

与《冯志远》相类似，影片《水凤凰》也由真人事迹改编而成，是以贵州省黔南布依族苗族自治州三都水族自治县羊福民族小学教师陆永康为人物原型来拍摄的。电影于2008年上映，由宋海明执导，潘泰名、陈菲阳主演，并入选全国中小学影视教育工作协调委员会评选审定的《第22批向全国中小学生推荐优秀影片片目》。《水凤凰》是中国电影史上第一部以水族为题材拍摄的电影，而"水族在民歌中，常以'像凤凰羽毛一样美丽'来形容自己的家乡。因为凤凰是水族的图腾，水族人相信凤凰可以给他们带来吉祥好运，而陆永康就像水族人心目中的一只凤凰"①。在影片中，导演将原型的名字进行了谐音化，由"陆永康"变为"卢荣康"。卢荣康本是一个普通的水族青年，因自幼患小儿麻痹症导致双腿膝盖以下肌肉萎缩，在别人蹒跚学步时，他却要学会用双手与膝盖跪地行走。无奈村寨小学条件艰苦，乡村教师流失严重，卢荣康毅然答应了村支书的请求。他用木板、篮球皮、旧轮胎和铁丝等材料自制了一双两公斤重的"船鞋"绑在双膝上，再挂上一根木棍，从此开始了长达36年的跪行教书的教育生涯。面对学生寥寥无几的学校，他白天上课，晚上家访，每天跪走于崎岖不平的山路之上，把辍学的孩子劝回学校上课。导演宋海明坦言："这部电影不求歌颂，只求还原，'真实'是最大看点。"② 所以，影片当中出现了很多旨在表现卢

---

① 周静：《主旋律影片的一次成功探索》，《贵州日报》2009年2月11日，第7版。
② 周静：《主旋律影片的一次成功探索》，《贵州日报》2009年2月11日，第7版。

荣康教书之路异常艰难的肢体动作的特写镜头。比如他穿着自制的笨拙的船鞋，在炽热的太阳下吃力地跪地行走在坑坑洼洼的山路上，大汗淋漓；又如上课时，卢荣康要先把双手放在凳子上，再支撑起双腿跪到凳子上讲课；还有为了让孩子们去公社小学开阔视野，自己却无法及时跟上，只能在后面一步一挪地爬行追赶。毫无疑问，当这些镜头经过剪辑拼接，一帧一帧地呈现在观众眼前时，所带来的痛感与震撼不言自明。

无论是《冯志远》还是《水凤凰》，镜像之中拥有残缺身体的都是乡村教师本人，这可以被看作电影创作者对乡村教师高尚师德风范的一种直接讴歌。而除此之外，在一些电影当中，疾病从乡村教师转移到了他们的亲人身上。尽管乡村教师本人不再拥有病态的身体，却成了病态身体的承受者。这对乡村教师的教育事业来说无疑是一种障碍，但同时也成了侧面颂扬乡村教师无私奉献精神的工具。电影《凤凰琴》便是如此。

影片《凤凰琴》剧照

影片《凤凰琴》根据刘醒龙同名小说改编而成，是何群执导的一部关于乡村民办教师的剧情电影，由李保田、王学圻、剧雪等人主演，于1994年上映。曾荣获1993年广播电影电视部最佳故事片奖、1994年第14届金鸡奖最佳故事片奖、1994年第17届百花奖最佳故事片奖等重量级奖项。影片以高考落榜生张英子的视角，讲述了几位生活清贫的乡村民办教师，面对校舍破败、工资拖欠等种种艰苦境遇，仍能克服一切艰难险阻，兢兢业业地教书育人的故事。余校长是整个界岭小学的核心，他既要筹划学校的建设发展，又要照顾学生的饮食起居，还要调和其他教师之间的矛盾冲突。不仅如此，他更是爱人明爱芬的精神支柱。当年，刚生完孩子三天的明爱芬不惜趟过冰冷的河水去参加民办教师转正考试，最终却落下一身重病而瘫痪在床。与残障以及其他疾病不同，瘫痪病人几乎无法完全掌控自己的身体，甚至连最基本的生理需求和生存能力都需要他人的帮助，所以不难想象，妻子的病情对琐事缠身的余校长会造成多少阻碍，他又承受着怎样的重压和恐惧。影片结尾，几位教师终于等来了那一个心心念念的转正名额，而此时明爱芬也已病入膏肓，大家一致同意把名额给她。可转正手续尚未完成，明爱芬就撒手人寰了。她的离去使界岭小学的老师们有了顿悟和空前的团结，他们不再暗中较劲，而是一致同意把这唯一的名额让给他们中间最年轻也最有前途的张英子。整部影片看下来，明爱芬的镜头屈指可数，但为余校长高大形象的塑造增添了许多光辉。换言之，妻子的疾病与其说是对余校长造成了困扰，倒不如说成全了余校长的高尚，是凸显其伟大精神品质的点缀。

　　综合以上对三部影片的分析，我们看到，经由电影语言的改写，乡村教师不是沉重身体的拥有者，就是它的承受者。乡村，疾病，艰苦环境与病态身体的双重叠加，所带来的效果便是使这一类的乡村教师形象具有了浓重而崇高的悲剧色彩。导演们也意识到了这一点，大量与身体有关的近景特写镜头的运用无疑将这种悲剧性进行了无限放大。而"观众对影视作品的最初感知，往往是直接的、迅速的、感性的，是影像直扑眼帘的瞬间体验，很少带有理性思考的成分"①，身残志坚的乡村教师得以顺利地在某种高度上主宰观众的内心世界，由此达成价值观的认同与情感上的共鸣。无论是身患眼疾最终失明的冯志远，还是因小儿麻痹只能跪行教书的卢荣康，抑或是作为瘫痪病人家属的余校长，他们共同塑造了一种苦难之中的高尚师者姿态。与之相对应，造成身体沉重状态的关键要素——疾病，也已经失去了原本纯粹的意义，隐喻色彩颇为浓重，成了彰显乡村教师无私大爱、默默奉献等崇高品质的工具。在这类影片的叙事中，疾病会击垮乡村教师的身体，却让他们的灵魂变得更加坚强；疾病会影响乡村教师的教书育人，却不妨碍他们桃李满天下。另外，当疾病成为乡村教师身体的标签时，它会对身体形成一种强化，而乡村教师形象的主体性和人物活力也随之被削弱。在观看一般的乡村教师电影时，大众所关注的首先是乡村教师如何在艰难的环境中辛苦地教书，而后是他们的个人生活等。而这类电影无疑将身体推至最前面，大众的视线会先聚焦于乡村教师抱恙的身体上，然后关注他们在与自身疾病抗争的过程中能否肩负起重大的教育使命。如此一来，电影的内容容量几近饱和，乡村教师丰富的内心世界无从展现，

---

① 陈晓云：《视觉神话——影视文化的深层结构》，天津社会科学院出版社，2000，第7页。

只能被搁置一边。在笔者看来，此时的疾病已然是一种异化的存在，而通过梳理新时期以来的乡村教师电影可以发现，它们几乎都沿用了这样一种模式化的拍摄思路。教师作为一种国家形象，电影在对其进行塑造与刻画时将不可避免地带有主流话语的痕迹与烙印，这无可厚非。不过，教师的身体终将"作为艺术符号消融在时代、道义、意志、崇高等宏大概念中时，它所承载的只是主流电影美学中的某种叙事神话"①。诚如戴锦华教授所言，"重要的是讲述神话的年代，而不是神话所讲述的年代"②。在如今多元化的语境内，如何处理好疾病或残障与教师形象表达之间的关系，讲述并构建出符合当下审美体验的新神话，这是一个值得并需要电影创作者们好好思考的问题。

三　电影中乡村教师形象的塑造局限

纵观新时期乡村教师题材电影的发展历程，可以发现，2007 年成了重要的分水岭和时间节点。在此之前，尽管数量有限，甚至在某个时间段内连一部作品都没有，但以《孩子王》《一个都不能少》《凤凰琴》《美丽的大脚》等为代表的乡村教师电影却保证了艺术品质。这些电影不仅蜚声国内国际，而且其中塑造的老杆儿、魏敏芝等乡村教师形象至今仍存留于大众的记忆之中。而在 2007 年以后，乡村教师电影在数量上有了较大幅度的增长，质量方面却呈现直线下滑的趋势。娱乐片、商业片大潮汹涌而至，宣传力度不够，明星效应不足，这些因素势必会对乡村教师电影产生重大影响，但这些也仅仅作用于外部范围。究其内因，则在于电影创作者们仍然在用老套的叙述模式和脸谱化的人物讲着陈旧乏味的故事，使电影充满枯燥的道德说教意味。作为有生命形态和思想意识的独立个体，人物形象无疑是电影的核心所在，因此，在新的语境之下，乡村教师形象在塑造上的缺失问题更值得讨论，这不仅关系着乡村教师形象塑造的鲜活与否，也关系着乡村教师电影在人物塑造方面新的发展走向。

（一）作为人类灵魂工程师的乡村教师形象塑造的缺失

关于师者形象，古有韩愈"传道、授业、解惑"的精辟概括，今有人

---

① 熊和平、刘志超：《电影艺术中教师的身体与命运》，《教育发展研究》2013 年第 24 期。
② 戴锦华：《镜与世俗神话》，中国人民大学出版社，2004，第 294 页。

们"红烛"、"园丁"和"人类灵魂的工程师"的形象比喻。而审视1978年以来的电影，可以发现，绝大多数的乡村教师都完美地履行了"传道、授业、解惑"的职责，也用自己的辛苦坚守和默默奉献完成了"红烛"和"园丁"的使命，而唯独"人类灵魂的工程师"这一最重要的身份被忽视了。换言之，创作者们更多关注的是乡村教师所处的恶劣生存环境、自身的苦难命运和无私奉献的精神，却无视其在引导学生心灵、塑造独立人格方面的重要作用。在这样一种创作思路之下，一大批燃尽自己照亮别人的"红烛型"乡村教师稳坐于大银幕之上，而"人类灵魂的工程师"的批判型乡村教师却寥寥无几。

作为20世纪80年代乡村教师电影的代表，《孩子王》中通过刻画老杆儿这一形象，主要想表达的是对文化的质问与反思。尽管他的身上带有一丝批判意味，但整体看来仍稍显单薄。特殊的动乱年代导致孩子们只能学一些空洞且毫无意义的批判文章，所谓的作文也不过是报纸上时政评论的胡乱堆砌，言之无物。老杆儿意识到这种教育内容对孩子们的荼毒与戕害，所以他毅然放弃所谓的教学大纲，用自己的方式教孩子们从头学习。他要求孩子们写作文时字要清楚，内容要写眼之所见、耳之所听、心之所想。渐渐地，孩子们的作文开始有了自然的生命力和美感。不过，虽然老杆儿看起来大胆地背离传统的既定框架，教给了孩子们一些新鲜的知识，但其实依旧停留在"传道、授业、解惑"的层面上，并没有启发孩子们学会独立思考；甚至包括最具文化隐喻色彩的道具——字典，以及由此生发出的种种情节在内，导演也只是匆匆了事。最终，老杆儿被迫离开学校，只留给王福一句"今后什么都不要抄，字典也不要抄"的嘱咐，却没有说明不要抄字典的原因。老杆儿走了，孩子们却依旧茫然无措。如果说老杆儿的教师形象还算勉强具备一点"人类灵魂的工程师"这种属性的话，那么到了90年代，以《凤凰琴》和《一个都不能少》为代表的电影则让"红烛"般的乡村教师闪烁起了最耀眼的光芒。《凤凰琴》是第一部聚焦民办教师生存境遇的电影，创作者们的目的就是希望以此唤起社会和大众对这一边缘化的特殊群体的关注，所以便把叙述重点放在了民办乡村教师的命运上。镜头之下简陋破旧的校舍教室，台词当中一再被强化和突出的民办教师身份，无不诉说着他们办学的不易和生活的艰辛，讴歌着他们几十年如一日默默坚守、无私奉献的高尚精神。影片中，有教师们为了转正名额进行的各种明争暗斗，也有对孩子们在生活上给予无微不至的关怀和照顾，却偏偏没有多少教授孩子文化课的情节，更毋宁说对孩子进行人格教育了。从某种意义上说，"学生角色在影片中不是一个个活生生的生命体，而是为了凸显民办教师悲剧命运的陪衬"①。同样，张艺谋执导的《一个都不能少》在塑造了执着倔强甚至有些"一根筋"的代课教师魏敏芝的形象背后，所要表达的主题也是希望大家可以了解教师资源奇缺、儿童失学严重等残酷的当下农村教育现状，以期唤醒一种忧患意识。严格来说，只有13岁、刚刚小学毕业的魏敏芝并不能算作一名老师，只是因为全校唯一的老师有事离开，校长万般无奈之下只好让她来临时代课，而且重点是要看住所有的孩子，一定要"一个都不能少"，并承诺给予魏敏芝50块钱的代课费。刚开始，魏敏芝完全是为了那50块钱在苦苦坚持着，但慢慢地和孩子们相处过后，她开始有了责任感，有了爱。当她身无分文地出现在光怪陆离的城市当中时，她完全能够对张慧科可能正在经历的一切感同身受，因此更加坚定了要找到他的决心。影片结局可谓皆大欢喜，几乎所有人都被这个普通农村女孩儿身上的执着坚韧，以及她和孩子们之间质朴的感情所打动。同时，影片中魏敏芝那跑调的"我们的祖国是花园"的歌唱，还有被张艺谋形容为"蚂蚁搬大山"一样的进城寻找，事实上都是在"启示主流意识形态及处在城市小康社会的成人世界：山区众多上不起学的孩子并非像沐浴在阳光下的花朵，他们亟须爱与关怀"②。进入21世纪，电影创作者们仍旧原地踏步，对于乡村教师的形象认知依旧拘囿于"红烛"之中。以《美丽的大脚》为例，影片有所突破的地方在于出现了以志愿者夏雨和当地教师张美丽为代表的乡村文明与城市文明之间的冲突和碰撞。可让人惋惜的是，拥有文化知识、视野相对开阔的夏雨仅仅充当了张美丽的陪衬。在导演讲述的故事中，夏雨并没有带来先进的教育理念和教学方法，只是按部就班地给孩子们上课。如若说起她的贡献，则是提出买一台电脑可以有助于孩子们学习，而这也直接引出了张美丽克服种种困难到处筹借钱款，甚至甘愿豪饮一瓶白酒的行为，从侧面帮助树立起张美丽为了孩子而无所畏惧、无私奉献的崇高形象。除了这一情节，导演似乎觉得还欠缺些火候，所以在结尾，张美丽因意外而死去，甚至用"牺牲"更为贴切，加重悲剧色彩，其"红烛"形象也就此被人为地强行拔到了新的高度。

---

① 王梦莹：《教师题材电影不能缺失人生"船长"》，《文化月刊》2015年第3期。
② 峻冰：《百姓情怀与主流归趋——张艺谋"平民三部曲"的美学共性与实践启示》，《电影文学》2003年第10期。

　　而反观国外的教育电影，作为"人类灵魂的工程师"的教师形象被展现得淋漓尽致。在这当中，教师不仅要"传道、授业、解惑"，更要深入学生的心灵和灵魂，站在生命的高度上成为指引者和领路人。基于此，美国电影《死亡诗社》或许可以给我们带来诸多启示。

电影《死亡诗社》海报

　　《死亡诗社》上映于 1989 年，由彼得·威尔执导，罗宾·威廉姆斯、伊桑·霍克主演，并提名 1990 年第 62 届奥斯卡金像奖最佳电影，荣获奥斯卡金像奖最佳原创剧本奖。电影讲述了一个不拘泥于传统的老师基廷和一群渴望挣脱束缚的学生们之间的故事。威尔顿预科学院以其严格的管理和超高的升学率备受家长推崇，被视为开启成功之门的金钥匙；同时也因其多年奉行"传统、荣誉、纪律、卓越"四大信条而成为学生们心中不折不扣的地狱学校。重重禁锢之下，学生们本应拥有的创造力、活力、判断力被剥夺，却因基廷老师的到来而慢慢发生了改变。从整部影片来看，基廷老师主要是通过三堂课来完成对学生心智和灵魂的启发与引导的。第一课，他教给学生要及时行乐、把握当下，让自己的生命超越凡俗。新学期，潇洒自信的基廷老师吹着口哨走进教室，用特别的方式完成了自己的首次出场。这样的举动让学生们感到既陌生又新鲜。他没有急着讲解教材内容，而是带着大家去看楼下大厅陈列着的已故校友的照片，附耳倾听来自他们的声音。学生们懵懵懂懂，不知所以然。此时基廷老师引导说："照片上的那些男孩子们也曾和大多数的你们一样，他们自认为注定要成就大事，双眼充满了希望。可是现在这些男孩们已经化为了尘土。所以，要及时行乐，孩子们，让你的生命超越凡俗。"第二课，他教给学生要学会独立思考，不要轻易被他人左右。在某次课上，基廷老师请学生读了教科书中的一篇关于"如何理解诗"的导论，并在黑板上呈现了导论作者所谓的以数轴法分析诗歌创作的思路。正当大家等着他的精彩讲解时，基廷老师却话锋一转，竟将这篇著名导论称为"鬼话"，并提出了把这页内容撕掉的要求。他语惊四座，大家愣在原地。终于，一名学生率先撕掉了，其他人也纷纷响应起来。在一片撕书声中，基廷老师满怀真诚和热情，继续指引着学生们："在我的课堂上，你们将要学习独立思考。我们读诗写诗，是因为我们是人类的一员，而人类充满了热情。医药、法律、商业、工程，是生存的必需条件。而诗、美、浪漫、爱，这些才是我们生存的原因。"第三课，他教给学生要找到自己的步伐和信仰，走自己的路。课余时间，基廷老师带着大家在校园里散步。他让三个学生排成一列走路，步伐节奏很快就变得一致了，站在一旁的其他人也随之鼓起了掌。看到这种情景，基廷老师启发学生说："坚持与众不同的信仰很困难。但是你们必须坚信自己的信仰是独特的。诗人罗伯特·弗罗斯特说过，'一片树林里分出两条路，我选择走人迹更少的一条'。现在，我希望你们也找到自己的路，找到自己的步伐、步调，任何方向、任何东西都行。"基廷老师反常规、反传统的教学方式为长期生活在压抑与束缚之中的学生们带来了别样的精彩，激起了他们的热情、活力与创造力，而这同样也引起了校长的关注，学生尼尔的自杀更是成了他和学校及家长之间矛盾爆发的导火索。影片结尾，基廷老师被迫离开学校，他的学生们则用跳上桌子并在心中默念"船长，我的船长"这样"此时无声胜有声"的方式表达了自己的立场和态度，充满了震撼人心的力量和悲壮之感。

以基廷老师作为参照，我们可以清楚地看到差距所在。教育是培养人的活动，而且"绝非单纯的文化传递，教育之为教育，正是在于它是一种人格心灵的唤醒，这是教育核心所在"①，所以，教育影片应以表现教师用何种教育思想和教育方法去培养人与启发人为主。但很显然，我们的电影远远没有达到这一高度。当中国的导演们还在关注教育资源、教育环境这些外部因素时，国外的创作者们早已进入教育活动的更深层面，触及了教

---

① 《马克思恩格斯全集》（第三卷），人民出版社，1972，第248页。

育的核心——人。基廷老师告诉学生们要及时行乐、把握当下，这其实是在传递一种生活态度；他告诉学生们要独立思考，不被他人左右，这其实是在传授一种学习能力；他告诉学生们要找到独属于自己的坚定信仰，走自己的路，这其实是在传递一种生存方式。而在我们的影片中，乡村教师除了照本宣科地传授知识以外，何曾有过这样颇具批判色彩的思想？创作者们除了一再侧重表现乡村教师的爱岗敬业、爱生如子、任劳任怨等职业操守以外，何曾浓墨重彩地描绘过他们如何运用高超的教育艺术去实践人格教育？"知识改变命运"的信条一直被奉为圭臬，他们深信孩子们只要掌握了足够多的知识就可以走出大山，走出大山就意味着前途无量。但我们是否想过，大山之外的世界究竟是色彩缤纷的花园，还是险象环生的丛林？在这种教育理念之下培养出来的学生早已被各种金科玉律磨平棱角，他们其实除了拥有知识与技能之外，毫无判断能力、思考能力和创新能力，只是一味认同和屈服于现实的单向度的人。当他们和严重的困难、坎坷、挫折不期而遇时，知识和技能不仅可能无法派上用场，甚至反过来会造成自身的局限。他们在残酷的现实社会中依旧渺小无力，不堪一击。换言之，这样的教育在某种程度上已经变成了对人的桎梏和奴役，而没有批判思想的教师也就在无形之中成了现代文明异化人的隐形帮凶，而完整的教师形象也并没有从根本上树立起来。诚然，我国整体的乡村教育环境的确堪忧，知识和技能似乎更具实用性和有效性。而电影作为一种艺术形态，理应呈现乡村教育的生存与发展状态，反映乡村教育的真实状况，以唤起社会及公众的关注。但如果我们顾此失彼，只强化教育的工具属性而淡化其真正的价值所在，只注重教育的外在因素而忽略其内在核心，那么长此以往，社会大众势必会对这样的教师形象产生审美疲劳，而乡村教育影片的社会功能也将受到质疑。

（二）作为知识分子的乡村教师形象塑造的缺失

"知识分子"一词最早来自西方，泛指一群受过教育、对现状持批判态度和反抗精神的人。受到时代和文化语境的差异等多方面因素的影响，中国知识分子包含的群体相对更加广泛，并"不是专指人文知识分子，或者专门指智慧与良知的代表者，更不是指站在独立立场对现实社会进行批判的人，而是指所有读过书的人"①。根据这一界定，在以农耕文明为主导的

---

① 陈墨：《新中国电影中的知识分子的形象 1949—1976》，《电影新作》2006 年第 3 期。

乡村社会结构中，乡村教师因其以知识为工作内容、从事脑力劳动而无疑具备了知识分子的身份。与城市教师相比，二者之间最大的差别在于乡村教师作为田间乡野唯一的"文化人"，其自身叠加了多重角色——他们既是传播文化的教书匠，也是乡村传统礼俗仪式的传播者与执行者，偶尔甚至会充当一些伦理道义纠纷的调解者。从某种意义上说，知识赋予了乡村教师权力，确立了其在农民心中的文化精英地位。换言之，乡村教师作为乡村知识分子，在具备专业性的同时也拥有公共性。他们不仅要充分发挥自身的专业优势，肩负起教书育人的基本职责，完成教育领域内的各项工作，还要积极参与农村的政治、经济、文化等各项事业的建设，并以反思和批判为己任，审视农民日常的生存境遇和生命状态，针砭农村社会中的种种现实问题，以唤醒农民的生命力和创造力，真正担当起公共知识分子的重要使命。时至今日，作为文学作品中乡村教师经典形象的代表，叶圣陶先生笔下的倪焕之依旧熠熠生辉。在笔者看来，倪焕之的乡村教师形象之所以能够历久弥新，正是因为他在陶村的教育事业中展现了乡村知识分子的专业性和公共性的双重属性。在专业性方面，始终将"树人"作为教育目标和教育理想的倪焕之在智育方面独树一帜，他摒弃传统的"传授式"教育，大胆尝试"开源式"教育。他会亲自带领学生开垦农场，希望孩子们在下田劳作的过程中获得最直接且最合理的生活经验。此外，他在美育和德育等方面也进行了前所未有的创新。当木匠的儿子方裕与乡绅的儿子蒋华发生矛盾时，倪焕之没有进行体罚，而是打破封建等级观念，用"人人平等"的价值观对蒋华进行感化。在公共性方面，他看到了乡民贫瘠古板的精神世界，所以积极倡导改革灯会形式，醇化灯会内容，希望能让优雅且富于艺术趣味的灯会能够在乡民心中埋下种子，重新焕发新的生机。而在面临国家民族生死存亡之际，他深深意识到自身作为教师，更是作为知识分子，必须扛起"救亡"与"启蒙"的重任，于是他不再轻视那些愚昧的民众，而是走上演讲台，大声疾呼革新教育，"立人"救国。此时的倪焕之已然忘记台下的这些人曾经对教育事业的百般刁难和阻挠，只是觉得凡是人都有一种可塑性，觉悟不觉悟，只差在有没有人给讲说、给开导罢了。①

　　而回望中国教育电影的影像长廊，我们却遗憾地发现，除了陈凯歌在

---

① 叶圣陶：《倪焕之》，人民文学出版社，1982，第201~202页。

《孩子王》中塑造了一个对传统文化弊端进行反思并反抗的颇有知识分子担当的乡村教师老杆儿以外，几乎所有的创作者都将视野局限在了三尺讲台之上和教室、学校以内，围绕着最基本的教学活动展开叙事，使乡村教师故步自封于一个空间当中，辛勤培育祖国未来的"园丁"形象趋于固化和肤浅，作为知识分子的乡村教师的专业性得到了一再放大和强化，而更为重要的公共性则被置放于忽略甚至无视的境地中。当下，农村适龄儿童失学问题十分严重，这一现象在影片《冯志远》和《水凤凰》中也均有所体现。诚然，我们在影片中看到了两位乡村教师冯志远和卢荣康为了挽救失学儿童，在工作之余不辞辛劳地忙碌奔走，苦口婆心地好言相劝。尤其是身患小儿麻痹的卢荣康为了劝说学生家长，跪在滂沱大雨中动情地为孩子讲课，最终因体力不支昏倒在地，赚足观众眼泪。但在感动之余，我们不禁发问：两位乡村教师单枪匹马的规劝行为是解决这一问题的长久之计吗？作为乡村教师，作为知识分子，他们所能做、应该做的只有这么多吗？许纪霖先生曾指出知识分子应该"按照自身专业或职业优势对社会和人生中的重大问题做出主动思考与自觉行动"①。显然，创作者们并没有达到这样的高度，所以我们只能看到乡村教师满腔热血的行动和付出，而看不到他们客观理性的质疑和思考。这样一来，作为知识分子的乡村教师形象也就流于表面，倍显单薄浅显。

当下，随着现代文明的不断入侵和教师专业化如火如荼地进行，乡村教师的知识分子身份呈现式微之势。紧随现代化脚步汹涌而至的城镇化进程将乡村淹没于城市之中，在先进的城市教育体系面前，乡村教育几乎完败，这导致乡村教师陷入身份认同危机和信任危机之中。而教师专业化的开展也让乡村教师周旋于各种旨在提高自身专业素养的改革、培训、指导和考核之中而身心俱疲，在权威的理论和强势的专家学者面前更是呈现失语状态，乡村教师的自卑心理愈发严重。在中国青少年发展基金会组织于2013年公布的针对中西部乡村小学教师工作和生活状况的调查报告当中，乡村教师被形容为"边缘化的打工者"。所谓"边缘化"，指的是在长期的城乡二元机制的作用下，城市教师优越的中心地位让乡村教师望尘莫及，乡村教师微弱的专业技能也几乎不具备被城市接纳的可能；而同时为了追

---

① 许纪霖：《从特殊走向普遍：专业性时代的公共知识分子如何可能》，哲学在线，http://philosophyol.com，2004－7－7。

赶现代社会提出的专业化目标，乡村教师只能游离于乡村社会之外，"仿佛被迫从乡土文化的肌体中撕裂出来，其生存方式日益和传统的一切发生异化，导致了自身与本土文化的疏离，或者说与民族深厚文化根基的疏离"①。而"打工者"则更是在市场经济体制内对乡村教师进行的一种无情和颠覆性的话语解构。"边缘化的打工者"这一形容的出现，不得不让我们重新审视在现时语境之下，乡村教师究竟是怎样的一种生存状态；面对陌生而又强大的现代文明，他们又是怎样的一种心理状况。而作为反映现实的第七艺术，电影似乎并没有紧紧追随时代的步伐而发挥它应有的效用。在 1978 年以来的中国乡村教育电影当中，没有出现过位高权重的专家学者，但在代表了现代文明的城市志愿者和支教大学生面前，乡村教师在乡土社会中长久拥有的精英地位几乎在一瞬间就土崩瓦解。但令人遗憾的是，创作者们把目光要么锁定在乡村教师无私奉献的品质上，要么聚焦在志愿者和大学生在支教过程中面临的困难上，而乡村教师内心的矛盾挣扎和边缘化的境遇却无人问津。在电影《美丽的大脚》和《天那边》中，创作者们都展现了志愿者和当地乡村教师之间在教学工作和生活方式上的矛盾和冲突。在以志愿者为代表的现代城市文明面前，乡村教师感受到了前所未有的沮丧、尴尬和压力。但对于这种复杂的情绪和心境，创作者们只是蜻蜓点水般一带而过，并没有更多的叙述和表达，反而为了体现影片的主流价值观，乡村教师只能成为不情愿的妥协者，甚至最后将乡村教育的希望完全寄托在志愿者身上，自己则成了旁观者和"人为的"牺牲者。在两部影片的结尾，张美丽和罗老师都因意外而牺牲，志愿者夏雨和许萌萌也都做出了继续留在乡村支援教育事业的选择。结局近乎完美，既表达了对当地乡村教师的敬意，也唤起了大众对于乡村教育的关注。然而，志愿者能否留在乡村一辈子却是一个值得商榷的问题。乡村教育事业当中的种种有待解决的困难最终还是要依托于当地的乡村教师身上，而面对逐渐式微的知识分子和政治文化精英身份，乡村教师如何通过自身的努力和外界的支持进行重塑，这才应该是电影创作者们在当下所应着眼的关键之处，同时也是业已模式化的乡村教育电影的一条突围之路。

---

① 唐松林、丁璐：《论乡村教师作为乡村知识分子身份的式微》，《湖南师范大学教育科学学报》2013 年第 1 期。

结　语

　　春秋时期，世袭社会解体，平民拥有了接受教育的权利，以私塾先生为代表的乡村教师走上历史舞台。伴随着封建科举制度和国家选官制度的日趋规范与统一，民间社会逐渐形成了对"天地君亲师"的崇奉，"一种宏大的为师者尊的民族国家叙事被纳入到整个民族集体的历史记忆之中"①。然而，当近代教育制度开始建立，乡村教师的身份确认和社会地位遭遇危机，而在城乡二元发展机制的长期作用之下，危机的严重性进一步加剧。乡村教师悲苦的生存状态和乡村教育事业严重滞后的发展状况开始见诸新闻报道和文学作品，也慢慢走进电影人的创作视野当中。

　　本文在对乡村教师形象进行概念界定、文学文本和社会文化考察的基础之上，对1978年以来乡村教师电影的拍摄情况及特点进行了简要的梳理与总结，并从社会性别视角、启蒙视角和身体视角三个维度出发，对其中较有影响力的乡村教师形象进行了分析。通过解读与探究，笔者发现，无论是被建构的乡村女教师，还是担当教化使命的启蒙者，抑或是残缺病体的负担者，镜像之中的乡村教师在电影创作者们的苦情叙事策略下成为悲情的奉献者，进而成为唤起人们关注乡村教育现状的工具，所以呈现模式化、脸谱化的趋向，电影的主题层次随之也就变得浅淡化了。而具有批判反思精神和知识分子身份自觉的乡村教师形象的缺失也就成了这类电影的局限所在。

　　时至今日，在消费文化、现代文明和后现代文明等多重力量的交织蹂躏之下，中国的乡村教育所面临的问题已经不只是资源匮乏、水平落后等那么简单的外围情况，更多更复杂的核心问题层出不穷。而所有问题的解决最终都要取决于最活跃的生产要素——人，因此，从根本上来说，对乡村教师的塑造要抹去浓重的工具色彩，重新回归到"人"的层面之上。唯有站在更广阔的视野之中去关注乡村教师的生存境遇和内心动向，展现人性的多样和复杂，才能以真实的力量打动观众，从而打破局限，填补中国乡村教师银幕形象的空白。

---

　　① 阎光才：《教师"身份"的制度与文化根源及当下危机》，《北京师范大学学报》（社会科学版）2006年第4期。

·附录·

《中国电影中的乡村教师形象研究
（1978～2015）》写作过程

一 论文写作缘起

我的论文从选题到最终敲定，其中的过程颇为曲折。最初，徐敏老师试图从我的兴趣爱好和成长环境出发，启发我的思路，却无奈最终因自己一些比较倾向的关注点和选题范围太大或没有研究价值而被否定。后来，在一次和徐老师聊天时，他问到我毕业后打算从事什么职业，我回答说是老师。而在以前的交流中，我也和徐老师提到过平时喜欢看一些电影。于是，"电影中的教师形象"这一看起来范围仍然很大，但总算有些研究意义的题目，或者严格意义上来说应该是一个选题方向被确定下来。此后，我便着手查阅相关的电影视频资料和文献资料。经过一番查找和阅览，我发现在中外电影史中，教师题材电影的数量颇为庞大，分类也比较琐碎，作为硕士论文的研究选题，范围还是太大。我向徐老师说明了当时的资料梳理的进展情况，并且提到了自己的疑惑。徐老师指出，分类当中根据地域不同分为城市教师和乡村教师，而中外电影中城市教师的叙事模式大同小异，那么不妨将关注点聚焦在乡村教师上，而且是中国的乡村教师群体。在徐老师的引导下，我的思路开始渐渐明晰。在中国的话语体系和乡村语境当中，乡村教师一直都是一类特殊的群体。在乡村城镇化和教师专业化的时代背景下，他们渐渐游离于乡村之外，并不被城市社会所接纳。与此同时，乡村教师在原有的生存危机的基础上又开始遭遇严峻的信任危机和身份认同危机。总体来看，现实当中的乡村教师的生存状态不容乐观。那么作为第七种艺术形态的电影，是否对这样的现实有所观照呢？于是，我便试图站在文化研究的理论视角，对1978年以来中国电影中的乡村教师形象进行分析和解读，以期为今后同类题材电影的创作提供借鉴，同时使社会大众对乡村教师产生更为准确和深刻的认知。于是，围绕此选题，我开始了本论文的资料收集整理与初步构思的工作。

二 论文前期准备工作

（一）资料的收集与整理

确定了论文选题后，我开始观看相关电影，并着手查找理论著作和文献资料。在电影方面，1978 年以来，以乡村教师为主要表现对象的电影约为 33 部，数量较为可观。而以"中国电影中的乡村教师形象研究（1978～2015）"为题的研究还不多见，仅能检索出一篇期刊文献；若以"电影中的教师形象"或"乡村教师"为关键词在数据库中检索，我发现这些现有的研究多是从教育学、课程教学论或电影学等专业背景出发，从某种程度上说，这些研究对乡村教师形象的把握还是有限的，对乡村教师这一群体的认识还是片面的。基于查阅到的相关文献资料，我做了如下的分类整理工作。

1. 关于电影中乡村教师形象的研究

这类主题的直接研究成果较少，间接成果较多。如关于西部教育题材电影与当代乡村教育题材电影的研究：李阳《浅析中国当代教育题材电影》、张茜和孙姝彬《新世纪西部教育题材电影的艺术探索》、韩水《新世纪中国大陆乡村教育题材电影的创作评述》等；又如关于乡村知识分子和民办教师的研究：王敏《乡村知识分子的四张面孔——新中国电影中的乡村知识分子形象的身份观照》、王献玲《中国民办教师始末研究》等。

2. 关于影视作品中教师形象的研究

这类主题的研究成果较多。如关于教师形象及其变迁的研究：王颖《中国银幕上的经典教师形象》、周星《社会变迁与教师形象——银幕中的教师》、叶从容《论解构与建构中的银幕教师形象》、陈蕊《改革开放以来我国电影中的中小学教师形象变迁》等；又如关于以电影中女性教师形象和教师身体的研究：史海玲《从西方女性主义视角分析中外银幕中的女性教师形象——兼作对我国教师专业化历程的反思》、王睿《沉重的身体：近三十年来教育类电影中的身体现象研究》、熊和平与刘志超《电影艺术中教师的身体与命运》等。

3. 关于乡村教师与乡村教育的研究

这类主题的研究成果比较丰富。如关于乡村教师的知识分子和精英地位的研究：唐松林和丁璐《论乡村教师作为乡村知识分子身份的式微》、吴锦《乡村教师精英地位的瓦解及其重塑》等；如关于乡村教师的知识与文化研究：高小强和王成军《多元文化视野下乡村教师的文化生存》、唐松林和刘丹丹《知识的生命意蕴：兼论乡村教师的知识困境》等；再如关于乡村教师社会角色的研究：王勇《当代乡村教师的社会角色困境与公共性的建构》、佘君君和唐松林《生命哲学视域中的乡村教师研究》等。

4. 关于乡村教师和乡村教育的著作

主要有两部。一是唐松林的《重新发现乡村教师》，针对乡村教师发展面临的身份"边缘化"、话语权的缺失、情感空间的日趋狭窄等问题，作者提供了一种"内修于己，外王于世"的策略。二是钱理群、刘铁芳编写的《乡土中国与乡村教育》，收集了33篇有关乡村教育与乡村文化的学术文献，集中讨论了乡村教育的问题与出路、乡村教育的被遮蔽和现代化、乡村文化与教育重建三个问题。

（三）初拟的提纲与遇到的困难

在收集和整理完相关资料后，我便开始拟定论文写作计划，最初拟定的提纲如下：

绪论：包括研究的缘起、研究的意义、文献综述、研究的方法、研究的创新点。

第一章：对乡村教师形象进行理论考察，在对"教师形象"进行概念确定的基础上进一步对乡村教师形象的概念与内涵进行确定。

第二章：从起源发展、现状和分类构成三个层面对中国乡村教师题材电影进行概述和简要分析。

第三章：对电影中的乡村教师形象进行分类，而后概括总结其形象特点，在此基础上梳理出乡村教师形象的演变过程。

第四章：通过和国外电影中的乡村教师形象进行对比，总结出中外乡村教师形象的异同所在，并简析国外电影所带来的有益启示。

现在看来，这一提纲存在的问题非常明显——对乡村教师的形象考察不够全面；对乡村教师形象的分析不够深刻，缺少理论支撑；四个章节之间的紧密度不够高，一些小问题的论证范围太小，而一些又太大，结构失衡。在这个基础上，徐老师针对论文结构和内容给予了我如下修改意见：

第一，草拟提纲中的第一章还需要从文学文本方面对教师形象进行考察，对现当代文学中涉及的乡村教师形象进行整理和整体概括分析。

第二，第二章不必对乡村教师电影追本溯源，只需罗列数据来分析现状即可。

第三，文章的内容要贴合题目，第四章不必将国外电影作为重点研究对象，而只是作为对比对象，不可本末倒置。

三 写作阶段

（一）论文提纲的拟定

经过徐老师的深入浅出的分析和讲解，我按照老师的建议对论文提纲重新进行了调整。修改后的提纲如下：

绪论

第一章：乡村教师形象的概念界定与文学文本考察

　　第一节：乡村教师形象的概念界定

　　第二节：现当代文学作品中的乡村教师形象概述

第二章：电影中的乡村教师形象探究

　　第一节；中国乡村教师题材电影概述

　　第二节：多重视角下电影中的乡村教师形象探究

第三章：电影中乡村教师形象的塑造局限

　　第一节：作为人类灵魂工程师的乡村教师形象塑造的缺失

　　第二节：作为知识分子的乡村教师形象塑造的缺失

结语

（一）初稿写作及修改

在论文结构初步确定的情况下，我开始了论文写作，但没想到，从一开始就陷入了困惑当中。按照徐老师的建议，我将主要表现乡村教师的现当代文学作品进行了梳理和分析。然而预计四万字的论文，却在一小节里就写了八千字。另外，在第三章写作过程当中，论证乡村教师形象的塑造局限应该以怎样的形式进行，我苦苦思考很久，却仍没有找到有效的解决办法。于是，我及时找到徐老师进行沟通。徐老师提出，在对现当代文学作品中的乡村教师形象进行分析时，还可以更简洁明了一些，无须过于精细，提炼典型人物形象和典型特点即可。而在第三章中，可以将国外电影《死亡诗社》作为对比和参照，同时结合社会与时代语境，剖析电影中乡村教师形象的再现和现实中的乡村教师形象究竟相差在何处。徐老师的一番讲解让我豁然开朗，我终于一鼓作气，完成了论文的初稿。

在初稿基础上，徐老师提到，在第一章中添加"社会文化视野下的乡村教师形象概述"这一内容。这样，从理论到文学文本，再到社会文化，对乡村教师形象的考察更加充分严密，同时整体结构也更加完整合理，论述也就更具说服力。这样，我的论文最终结构如下：

绪论

第一章：乡村教师形象的概念界定与文学和社会文化考察

　　第一节：乡村教师形象的概念界定

　　第二节：现当代文学作品中的乡村教师形象概述

　　第三节：社会文化视野下的乡村教师形象概述

第二章：电影中的乡村教师形象探究

　　第一节：中国乡村教师题材电影概述

　　第二节：多重视角下电影中的乡村教师形象探究

第三章：电影中乡村教师形象的塑造局限

　　第一节：作为人类灵魂工程师的乡村教师形象塑造的缺失

　　第二节：作为知识分子的乡村教师形象塑造的缺失

结语

相比于初拟提纲，论文的最终结构还是进行了一定的调整，在论文初稿基本完成之后，王老师又对其中一些话语的表述和段落的增删进行了指导。基于此前的种种修改，我最终得出了研究结论：

无论是被建构的乡村女教师，还是担当教化使命的启蒙者，抑或是残缺病体的负担者，镜像之中的乡村教师在电影创作者们的苦情叙事策略下成为悲情的奉献者，进而成为唤起人们关注乡村教育现状的工具，所以呈现模式化、脸谱化的趋向，电影的主题层次随之也就变得浅淡化了。而具有批判反思精神和知识分子身份自觉的乡村教师形象的缺失也就成了这类电影的局限所在。

最终，在历经多次修改之后，我的论文得以定稿，并顺利通过答辩。

认同与抵抗：超级英雄粉丝文化研究

——以"美国队长"为例

陈　曦[*]

2012 年，漫威影业出品的电影《复仇者联盟》(*The Avengers*) 在全球再一次掀起超级英雄的热烈风潮。这部影片的全球票房是 15.19 亿美元，位居影史票房总榜第五。笔者当时的印象是，大街小巷贴满"复仇者联盟"成员的海报，无论是网络论坛还是身边的同龄朋友都在讨论这部影片。对超级英雄结成团体、各自施展共御外敌的情节，第一次以好莱坞的当代数字技术呈现，令观众们新奇不已。从《复仇者联盟》开始，漫威影业的超级英雄电影一部接一部地上映，均获得不俗的票房成绩。当时笔者对这类电影的风靡不以为意，以为不过是泛滥的大众文化产品的又一次胜利，甚至担忧大行其道的"爆米花电影"会不断败坏观众的品位，导致真正有艺术追求的作品无人问津，惨遭边缘化的厄运；更将会造成大众文化时代，艺术的"灵晕"一再被挤压终至消退。

然而，笔者在 2014 年国庆假期的百无聊赖中，感觉自己急需一些轻松的文娱产品来填补无所事事的时间。在朋友的一再强烈推荐下，笔者上网付费观看了电影《美国队长：第一复仇者》(*Captain America：The First Avenger*)。这部电影文本让笔者惊奇地发现，漫威超级英雄影片并非如印象中那样，是以模式化故事和数字特效串联起来，让人沉迷于短暂快感，过后即忘的"文化快消品"，而是它以固定手法刺激观众感官和情绪的同时，在人物塑造和情节发展中呈现的丰富细节，都让笔者产生以文化研究视角进行解读

---

　　*　陈曦，首都师范大学文学院文化研究方向 2014 级硕士研究生。指导教师：胡疆锋。

的灵感与冲动。

带着娱乐和学术双方面的兴趣，笔者开始补看已经上映的十部漫威超级英雄电影，同时在网络论坛上观察粉丝们，尤其是"美国队长"① 粉丝的动向——笔者发现，为数不少的超级英雄粉丝，也和其他粉丝一样，在默默建立自己的圈子，形成自己的话语体系，其中，由于"美国队长"在漫威超级英雄当中几乎有着最长的历史、最复杂的故事和最丰富的符号学含义，存在更多角度阐释的可能性，他的粉丝们在自己的微博客、轻博客以及一些公共论坛上反复挖掘文本的细节，对其进行各种形象分析，转发、评论相关资源，不间歇地表达自己对这位超级英雄偶像的感情，几乎成为一种日常活动。继而笔者恍然发现，他们对偶像美国队长的情感表达，显示了粉丝对超级英雄形象的文化认同；在他们开展粉丝活动的一些行为中，粉丝亚文化的抵抗性正在无声地显露。这一已具规模并正在发展的粉丝文化，在文化研究领域中，或许可以成为一个较为新鲜、生动、有趣的学术话题。

第一章　从漫画到电影："美国队长"及其
 粉丝的前世今生

超级英雄是美国漫画塑造的幻想英雄人物，他们身穿能代表其个性和超能力的紧身制服，顶着自己专属的英雄称号，依靠身负的特殊能力保护人民、与恶势力搏斗。"美国队长"（Captain America）隶属漫威漫画/电影公司（Marvel Comics/Studios），是具有代表性的大受欢迎的超级英雄。他是由编剧乔·西蒙（Joe Simon）和被称为"美国连环漫画之王"的漫画家杰克·科比（Jack Kirby）联合创造的，1941 年 3 月首次登场于《美国队长》漫画期刊第 1 期。本名史蒂夫·罗杰斯（Steve Rogers），是一个二战期间体弱多病的新兵，被美国政府的"超级士兵"计划选中，通过血清注射改造身体后获得远超常人的体能和力量，在二战中为美国和世界屡立奇功，被视为美国精神的象征。从 1941 年开始出版至今，美国队长连环漫画全球累计销

---

① 本文的研究中心是"美国队长"粉丝文化，因此"美国队长"这个词语在本文中多次出现，有的加上引号，有的未加引号。在本文中，加上引号的"'美国队长'"多表示抽象概念，或该人物在多个作品中的集合形象；不加引号的"美国队长"，则多为实指，或表示该人物在某一部作品中的单个形象。

量超过两亿册。借助当代电影工业全新的炫目形式，超级英雄从漫画书走到大银幕，重新焕发生机，逐渐形成了超级英雄类型电影及其衍生出的流行文化，收获大批超级英雄粉丝。从 2010 年开始，漫威重启美国队长系列电影，至 2016 年有三部系列影片上映，累计全球票房达 22.34 亿美元①。

"美国队长"在如今的美国甚至世界范围内，都堪称家喻户晓，他的标志性武器——红蓝相间的星盾也成为著名的文化符号。这当然首先要归功于从 2008 年开始，漫威影片不断创出的票房奇迹，而同样居功至伟的是"美国队长"的悠久历史：于 20 世纪 40 年代的漫画作品中诞生，至今已走过 75 年光阴。2016 年，漫威公司为庆祝这一旗下最古老的标志性超级英雄诞生 75 周年，特别制作了美国队长的纪录片和纪念雕像。75 年来，美国队长活跃在漫画期刊中，也被改编为动画片、电影、电视剧和电子游戏，在历史深度与流行广度上，几乎只有同时代出现的超人、蝙蝠侠等可以相提并论。虽然一度经历低潮和休眠，但他却从未被读者和观众彻底遗忘，并在 21 世纪重新成为美国和世界的超级英雄偶像。本文主要意在讨论时下正当走红、坐拥大批粉丝的漫威影业"美国队长"真人系列电影的粉丝及其文化，而要了解这一系列作品及其粉丝的来龙去脉，必须从漫画开始溯源。在漫长的历程中，漫画作品一直是这个超级英雄人物的最久远、最坚实的根基，因此，本文在梳理"美国队长"及其粉丝的前世今生中，将以漫画历史为主轴，同时把重点放在影响最广泛深远的电影作品上。

一　《美国队长》连环画及其读者的发展史

1. 诞生与流行

1939 年，第二次世界大战在欧洲爆发后，美国国内的纳粹党逐渐抬头，全国酝酿着战争情绪。美国犹太裔人士尤其关心战事发展，争取以各种方式在美国呼吁反抗纳粹。犹太裔漫画从业者乔·西蒙和杰克·科比结合自己的经历，采用流行的超级英雄元素，结合当时美国将战而未战的时代背景，率先打造出一个身为战时美利坚爱国者的超级英雄形象——"美国队长"。他名叫史蒂夫·罗杰斯，是一名来自纽约布鲁克林区、身体病弱的普

---

① 数据来自 IMDb：*Captain America：The First Avenger*（2011）http://www.imdb.com/title/tt0458339/business? ref_ = tt_dt_bus；*Captain America：The Winter Soldier*（2014）http://www.imdb.com/title/tt1843866/business? ref_ = tt_dt_bus；*Captain America：Civil War*（2016）http://www.imdb.com/title/tt3498820/business? ref_ = tt_dt_bus。

通美国青年①。为了参军报效祖国、保卫人民，他自愿接受政府的人体改造实验，获得了人类上限程度的力量，成为一名暗中打击纳粹分子的二等兵。他的外形既显示出当时流行的漫画超级英雄特征：身材高大、肌肉虬结、身着紧身衣（亦称为超级英雄制服）；也有自身的鲜明特色：他的紧身衣由美国国旗设计演变而来，以红、蓝为主色，加饰白色五角星，唯一的武器——盾牌也被绘以美国星条图案，整个形象成为一个充满暗示性的符号，象征着美国是人民坚实的护盾。两位作者还为美国队长安排了一位少年助手巴基·巴恩斯（Bucky Barnes），这一人物使青少年获得更强的战争参与感，在心理上自觉成为对抗"希特勒青年团"的后备力量。

1941年3月，《美国队长》漫画第1期出版，封面则直截了当，是美国队长铁拳重创希特勒的画面。封面把希特勒形象处理得颇有丑角意味，不难看出受到卓别林影片《大独裁者》的影响，《美国队长》对《大独裁者》反抗精神的承续也确实收获了民众的强烈响应。《美国队长》第1期出版后立即引起轰动，在卖出数百万册的同时，受到美国纳粹势力的疯狂攻击。当年12月，珍珠港事件爆发，美国全面参战。作为一部军队题材的爱国主义超级英雄漫画，《美国队长》成为人们抵抗专制暴政意愿的象征，不仅吸引了许多连环漫画的传统读者，还成为相当一部分美国在役军人难得的娱乐，更广泛地鼓舞了全美人民的战斗精神，举国上下都成为它的读者。当时《美国队长》每一期漫画都能卖出上百万册，销量一度超越《时代周刊》②。1941～1942年，杰克·科比以自己参军的真实经历为素材，绘制了35个美国队长的故事，数量不多，却是美国期刊连环漫画最优秀的作品之一③。这一时期《美国队长》漫画的主要情节则是他带着小助手巴基，与国内外纳粹分子斗争、保家卫国的故事。美国队长在二战时期以漫画形式书写了自己的传奇。

2. 退潮与消失

战争结束后，爱国主义和英雄主义的热潮逐渐冷却。战时流行的超级

---

① 乔·西蒙和杰克·科比出生于20世纪初期的纽约贫民区。家境贫寒并处在青少年结成帮派时常街头斗殴且种族冲突频发的环境中，这两个身材瘦小、争强好胜的男孩儿常常遭受霸凌，生活曾十分艰难。这段经历对"美国队长"的塑造尤为重要，使史蒂夫·罗杰斯不同于超人那样天生神力的流行超级英雄形象，而是带有更多普通人色彩和反霸凌的人文关怀意味，使读者获得更多共鸣。参见纪录片《美国队长：75年英雄不老》（Marvel's Captain America：75 Heroic Years）。

② 参见纪录片《美国队长：75年英雄不老》（Marvel's Captain America：75 Heroic Years），2016。

③ 洪佩奇：《美国连环漫画史》，译林出版社，2011，第414页。

英雄战争题材从希望之作变为战后的创痛记忆，不再受到热烈追捧，尤其是"美国队长"，失去了希特勒和纳粹这个一直的敌人，必须在时代背景和行业环境下做出相应调整。从此，《美国队长》的矛盾焦点从与法西斯的斗争转移到打击普通犯罪上，甚至把《美国队长》更名为《美国队长怪谈》(*Captain America's Weird Tales*)，盲目追随当时漫画界流行的恐怖、怪诞风格。老队长消失和风格转变消磨了人们对经典漫画的情感，也损耗了美国队长特殊的爱国主义精神品质和历史文化意义，不仅没能挽救《美国队长》的颓势，反而使它失去了更多读者，终于不得不在 1949 年 5 月休刊。

此时的美国又陷入冷战的紧张气氛中，一方面在国际上与苏联对抗，另一方面在国内清除"共产主义意识形态"，造成美国政府对共产主义的空前敏感和极端管控。1945 年《美亚》案后，共两千多万美国人在不同程度上受到杜鲁门政府"忠诚调查"。共产主义者一度成为美国队长的敌人，而连环漫画的主要读者——青少年群体却对政治斗争兴味索然，连环漫画的地位也在逐渐被电视节目取代。参议院勒令成立漫画行业的自检协会，对漫画创作进行相当严苛的监管，整个美国漫画产业陷入风雨飘摇之中。1954 年底至 1955 年初，全美国大约有 350 种连环漫画期刊停刊①，其间及时漫画公司更名为亚特拉斯漫画（Atlas Comics），试图在《历险者》(*Man's Adventure*)期刊复活美国队长漫画。或许是为了博人眼球、增加销量，"美国队长"的继任者竟一度成为反动骗子。这一次复活的《美国队长》处于这样一个文化乱世和漫画产业低潮中，显然生机不足，仅支撑两三期就再次停载。

3. 复活与发展

1954 年底，麦卡锡主义终于遭遇滑铁卢，风波逐渐平息。从 1956 年开始，美国连环漫画也逐渐复苏。以斯坦·李和杰克·科比为首的漫威漫画公司②开始了对超级英雄群像创作的摸索，1961 年《神奇四侠》(*Fantastic Four*)的大获成功，开启了漫威漫画的鼎盛时期，也增强了他们对英雄群像作品的信心。在接下来的两年中，斯坦·李创造了一系列全新超级英雄形象，如钢铁侠（Iron Man）、雷神托尔（Thor）、绿巨人（Hulk）、蚁人（Ant-Man）、黄蜂女（Wasp）、蜘蛛侠（Spider-Man）等，均受到青少年读者的广泛好评与拥护。这也进一步鼓励漫威的漫画制作人扩大创作、重启

---

① 洪佩奇：《美国连环漫画史》，译林出版社，2011，"概论"第 10 页。
② 漫威漫画公司的前身及时漫画 1961 年正式更名为"漫威漫画"并沿用至今。

一些老英雄角色。1963 年，斯坦·李和杰克·科比把这数位超级英雄集结起来，联合创作了《复仇者联盟》（*The Avengers*），这些超级英雄为击败邪神洛基（Loki）而通力合作，结成能量庞大的超级英雄团体。借由与复仇者的联动，"美国队长"角色再次复活。复仇者们在大西洋厚重的冰层下挖出了在任务中坠海、冰冻数十年的史蒂夫·罗杰斯。就像漫画家又重新挖出了这个沉寂十几年的老角色，人物画内、画外的命运在此时达成一致。

二 "美国队长"电影及其影迷的发展史

由于漫画的走红，"美国队长"故事很早就开始被改编为真人电影。但在漫威电影宇宙①系列开启前，改编电影都没有引起强烈反响。

1944 年，共和电影公司（Republic）拍摄了《美国队长》的连本黑白电影。这对共和电影公司来说，是最后一部超级英雄主题电影，也是成本最高昂的电影。1948 年，这部影片还在中国上映，译名为《无敌大探长》，是"美国队长"首次进入中国。

之后，《美国队长》的动画片和剧集被较为频繁地被搬上电视荧幕，在电影方面却一直沉寂。这部电影票房遭遇惨败，甚至没能在美国上映，1000 万美元成本仅在英国收回 1 万美元票房，被评论为影史最糟糕的作品之一。

两次相隔 45 年的尝试均惨淡收场，究其原因，除了制作比较粗劣，影片的精神内涵也与时代思潮相悖。1944 年，共和电影公司在二战炮火中打着爱国英雄的旗号，拍出的却是一名检控官的探案故事；而 1990 年的电影观众，无疑对一个陈腐、俗套的战争故事没有什么兴趣。直到 21 世纪，乘着超级英雄影片历史机遇的东风，漫威影业开启漫威电影宇宙，"美国队长"真人电影的命运才从失败中走出，收获了超乎想象的成功。

"美国队长"系列三部曲分别为：2011 年的《美国队长：第一复仇者》（*Captain America：The First Avenger*）、2014 年的《美国队长 2：冬日战士》（*Captain America：The Winter Soldier*）、2016 年的《美国队长 3：内战》（*Cap-*

---

① 漫威电影宇宙（Marvel Cinematic Universe，缩写为 MCU），是由漫威影业（Marvel Studios）基于漫威漫画出版物中的角色独立制作的一系列电影所构成的共同的架空世界。它像漫画中的漫威主宇宙一样，是由共同的元素、设定、表演和角色通过跨界作品所建立的。漫威电影宇宙独立于漫威宇宙（Earth－616）和终极宇宙（Earth－1610），编号为 Earth－19999。参见百度百科："漫威电影宇宙"，http://baike.baidu.com/link? url = nCUb9KShmS1_xqv6znmFUTwtd-FqB3JHyTwO22G4dAVxOgJd － WvmcQKosyi_Q5KUakgf4k05 － HbqdxYJCw9EYL87MSomfC6Hu6AP7X － ERPpLO8MBkEbtSQm3YduXTfCBjUv9VV － T7Rls_sZBZURDCbq。

tain America: Civil War)。三部电影各自独立成篇，又在情节上具有连续性。角色和故事线都与《复仇者联盟》系列电影相交织，故事情节主要取自漫画，分别收获全球票房 3.7 亿美元、7.14 亿美元和 11.5 亿美元①。

图 1　漫威拍摄的"美国队长"三部曲电影

《美国队长：第一复仇者》仍然是关于史蒂夫·罗杰斯如何在二战时期从一名普通的病弱青年成为超级英雄，与纳粹组织"九头蛇"（Hydra）对抗的经历。这是为了给 21 世纪的新观众讲清"美国队长"的来历，作为接下来《复仇者联盟》超级英雄集结的铺垫。虽然影片加入了美国政府试图制造超能力军队，失败后把仅存的成果包装成名为英雄实为演员的政治偶像这些新情节，具有比漫画更强的政治讽刺意味，并以现代特效呈现；但在大多数观众看来，它是一部平庸的超级英雄片，在题材上新瓶装旧酒，在视觉效果上作为好莱坞大片也表现平平，质量不及漫威自己的《钢铁侠》《雷神》，票房并不亮眼，也没有引发太高热度。

到了系列第二部《美国队长 2：冬日战士》，情况截然不同了。承接前情的《冬日战士》把美国队长的故事挖掘到了全新的深度，作为超级英雄类型片获得了空前一致的好评。导演罗素兄弟将这部电影作为"政治惊悚片"来打造，加入更多现实主义元素。片中政府机构神盾局不分敌我，把枪口对准每一个人的"洞察计划"，让人们不禁联想到后"9·11"时代的美国，政治上极度敏感、霸道，采取以"棱镜计划"为代表的不惜损害公众自由来维护国土安全的政策；以清洗人类为目标的邪恶组织"九头蛇"，

---

① 数据来自 IMDb：*Captain America: The First Avenger* (2011) http://www.imdb.com/title/tt0458339/business? ref_ = tt_dt_bus；*Captain America: The Winter Soldier* (2014) http://www.im-db.com/title/tt1843866/business? ref_ = tt_dt_bus；*Captain America: Civil War* (2016) ht-tp://www.imdb.com/title/tt3498820/business? ref_ = tt_dt_bus。

似乎也在影射神秘政治组织"光明会"。面对政府的沦落，美国队长不再是一个听从国家命令的士兵，而是为了人民的生命与自由，头顶通缉犯污名的孤军反抗者。这一关键性设定完成了美国队长在新世纪的转型，这样一个信念始终坚定、与人民站在一起的超级英雄，赢得了全世界观众的喜爱。此外，片中队长、黑寡妇和冬日战士等人健美如神祇般的身体，极具美感的硬派搏斗风格，以及史蒂夫和巴基之间戏剧化十足、浪漫感人的情谊也正中年轻观众的下怀。这一切不仅使影片获得了"史上最佳超级英雄片之一""漫威最佳影片"等赞誉，也收割了一大批以青少年为主，既不乏狂热，又有足够消费实力，善于并有时间，挪用创新的粉丝。

系列第三部《美国队长 3：内战》是"美队"系列电影的收官之作，带来了一场粉丝大狂欢。这部电影的阵容升级到了超越《复仇者联盟》的程度，共有十二名超级英雄角色登场。故事情节以漫威漫画《内战》（Civil War）为基础，展现了十二名超级英雄因"超级英雄注册法案"的分歧，分裂为分别以美国队长和钢铁侠为首的两个不同阵营，进行内部战斗的故事。《内战》电影的宣传策略是，号召观众选择加入自己支持的阵营。而网友，即粉丝或潜在的观众，则自然以自己的立场在网络上展开争论，保持连续热度。事实证明了这一策略的有效性。11.5 亿美元全球票房创造了影史第 12 的票房佳绩①。在影片上映前、热映期甚至下映后很长一段时间，推特、微博等国内外大型社交网络以及影评论坛上都充满双方粉丝的争执。

纵观"美国队长"的历史，他对美国甚至全世界的粉丝来说，不仅仅是第二次世界大战的时代产物，也不仅仅是伴随几代人成长的漫画玩伴，它近乎一个美式主旋律的精神图腾。伴随着时代变迁，当人们不再需要爱国英雄时，美国队长就暂时消隐了；当人们再次需要人格完美的精神领袖时，他又总会及时出现。

第二章　神话、国家与资本主义：粉丝情感与
"美国队长"的文化认同

"美国队长"七十多年间在美国本土一直拥有大量拥趸，经久不衰，更在 21 世纪借由电影工业的庞大力量把这个范围扩大到全世界。有电影院之

---

① 数据来自 Box Office Mojo：http://www.boxofficemojo.com/alltime/world/。

处，就有以"美国队长"为代表的超级英雄的粉丝。"美国队长"作为一名超级英雄偶像，获得如此广泛的接受和喜爱，原因何在？本章探讨粉丝对"美国队长"的情感与文化认同。

粉丝对偶像产生认同，进而发展出喜爱、崇拜等情感，看似是粉丝从单方面出发的心理活动，实则是一种偶像与粉丝之间的互动过程。即使偶像不是能自主活动或发声的真人，也不面向粉丝进行任何表达，互动依然存在——粉丝在文化工业生产的众多偶像中，根据何种特质能满足自己的情感需求来选择自己的偶像；同时，偶像自身的特质也在筛选自己的粉丝，把认同这一特质的粉丝聚集起来，因此，要文化地分析粉丝对超级英雄偶像的认同情感，需要从两个角度出发，一是被创造的超级英雄具有怎样的文化特质，二是粉丝为什么认同这样的文化特质。

要进行这样的探究，漫威影业的"美国队长"电影形象是一个很好的案例。这个电影超级英雄形象，首先继承了漫画作品的精髓，保留了 20 世纪 40 年代以神话英雄为蓝本创作的英雄的外形，以及"美国队长"在二战时期的历史精神；同时又在后"9·11"背景下融入 21 世纪的新时代精神。出身于军队、任职于政府，横跨美国与世界的两个重要历史时期，使"美国队长"形象带上了复杂的政治隐喻，充满了丰富的历史文化与时代精神内涵。这个在漫长历史中逐渐丰满复杂的超级英雄形象依托好莱坞世界一流电影工业打造的形式，成为美国输送到全世界的重要文化产品。不计其数的影迷粉丝选择"美国队长"作为自己的超级英雄偶像，也成为值得探究的重要文化现象。

一　神话原型

由于神话母题在土著中的复活，著名心理学家荣格认为，在人类的心灵组成中，有一部分称为"集体无意识"，它是一套潜在的精神系统，并非从个体意识中生成，而是通过人类世代的继承和遗传而来，是由原型这种先存的形式所构成的。[①]

古希腊文明是西方文明的源头，希腊神话就是古希腊人民所创造的反映自然世界、人类劳动和社会形态的幻想性故事，是西方文明最早期的民

---

① 〔瑞士〕荣格：《集体无意识的概念》，载《心理学与文学》，冯川、苏克译，生活·读书·新知三联书店，1987，第 96～97 页。

间文学形式之一。希腊神话不仅是希腊文学的土壤，而且对后来的欧美文学有着深远的影响。神话丰富了文学艺术，卓越的文学艺术又反过来赋予神话以新的生命。欧美文化正是在神话和文学艺术互相推移、促进的情况下发展起来的。① 希腊神话是白人新教神话的源头之一，这种神话母题中的英雄情结不断流传延续，而起源于美国连环漫画的超级英雄故事，正是希腊神话英雄主义传统在现代背景下的重新演绎。罗兰·巴特说："某些客体在一段时间当中成为神话表达方式的捕获物，然后它们就消失了，另外的客体占据了它们的位置，就上升为神话。"② 因此，超级英雄故事向来被称为美国的现代神话，超级英雄也就是美国的"现代神"。有些神话英雄甚至直接被搬上美国动漫的超级英雄舞台，如北欧神话中的雷神托尔、希腊神话英雄海格力斯等。多数超级英雄都有某些相似的特质，他们的塑造也大多依照神话英雄原型。"美国队长"作为其中的代表，无论形象设计还是故事结构编排，都合乎传统神话中类神的英雄人物模式。

1. 人物形象设计

"美国队长"的外在形象与古典神话英雄一脉相承。他的身材高大健美，身为凡人却拥有近于神祇的体格、力量和精神能量，近似于希腊神话中的半人半神的英雄形象。他不使用现代枪支作武器，而使用一面用特殊材质打造、形似古希腊兵器的圆盾，既合于不轻易伤害人命的人道主义英雄精神，也使它的整体形象带有明显的复古意味，而飞掷圆盾击倒敌人的姿态，也展现了希腊雕塑《掷铁饼者》般强健的力量美。其主要敌人纳粹组织"九头蛇"，与希腊神话英雄赫拉克勒斯打倒的怪兽同名，也暗示了"美国队长"蕴藏着赫拉克勒斯的原型。

在精神品质上，"美国队长"带有古典神话英雄半人半神的特征，既有神性，又有人性。一方面，他的人格像神一样光辉而崇高。他常常把自己的利益与生命放在他人之后，也是美国民族主义精神的代表。有些观众被吸引成为粉丝，正是因为这种神格特征。

另一方面，他并非完美无缺、不近人情的神，也有一些属于人的软肋与缺点。他来自 20 世纪 40 年代，与现代社会格格不入，有时显得迟钝、刻

---

① 陈彩芬、杨彩玉：《希腊神话对现代英语文化的影响》，《北京第二外国语学院学报》2005 年第 4 期。

② 〔法〕罗兰·巴特：《神话修辞术：批评与真实》，屠友祥、温晋仪译，上海人民出版社，2009，第 170 页。

板。为了坚持自己的信念，他会不自量力、一意孤行，不顾任何人的劝阻。身为咆哮突击队①和复仇者联盟的领导者，虽然大多数时间公正无私，却也会对自己的朋友有所偏袒。

神话由人类创造，反映人类改造自然的故事，它的素材来源于生活，神话中的英雄也可能从先民部族的首领身上汲取他们的特质。拥有人性的缺陷，同样也是神话英雄的重要特点。这些无伤大雅的人性缺陷反而让英雄形象获得了"诗艺的真实"，在心理上更拉近了粉丝与英雄偶像之间的距离。"美国队长"就是一个很好的例子：观众刚刚接触这个形象时，往往最先关注其易辨认的浅层特征，由此判断他是一个"高大全""伟光正"的爱国英雄；而随着剧情的不断推进，观众逐渐发现，这个看似"高大全"式的英雄也有缺陷、有人情味，像真实的人一样可爱，从而加深对这一英雄偶像的认同，这种不断深入的认同使观众可能逐渐转化为"美国队长"的粉丝。

2. 故事结构编排

在好莱坞电影中，故事结构非常重要，尤其对于故事结构相对固定的类型片而言，结构本身便传达了很多意义。约瑟夫·L. 汉德森考察了非洲部落、北美印第安人、希腊人和秘鲁印加人的诸多神话传说，把神话英雄的命运归纳为一种经典模式："英雄的身世奇妙却又卑微，他早年即具有超人的力量，他很快就名扬四方或迅速获得权力，他与邪恶势力搏斗凯旋而归；他由于骄傲自大而犯下罪过，他因为被出卖而失势，或者他通过一种'英雄式的'献身来结束自己的生命……强有力的'庇护神般的'人物或保护神的出现，使英雄早年的弱小得到补偿，保护神可以使他能够完成非常艰难的、在没有神助的情况下他无法完成的任务。"② 这种模式既出现在具有历史意义的神话里，也出现在现代人的英雄梦中③，深种在现代人心中的集体潜意识使他们能在类似的故事中迅速找到共鸣，因此，从数十年连载漫画资源中，提取最具"神话"色彩的部分，套用到这一成型的模式中，

---

① "咆哮突击队"（Howling Commandos）在漫威漫画中有三个版本：一是尼克·弗瑞带领的二战时期作战小队；二是一支超能力特工队伍；三是拥有前沿科技的秘密专家团队。参见 Comic Vine：http://comicvine. gamespot. com/howling-commandos/4060 - 32653/漫画电影宇宙中的咆哮突击队是二战时期由美国队长史蒂夫·罗杰斯组建的一支对抗纳粹的精英游击小队。此处沿用电影的设定。

② 〔瑞士〕荣格等：《潜意识与心灵成长》，张月译，译林出版社，2014，第102页。

③ 〔瑞士〕荣格等：《潜意识与心灵成长》，张月译，译林出版社，2014，第106页。

无须过多的创造力，就能轻易获得人们的认同感。这是漫威影业的"致胜公式"，也是好莱坞电影工业化成熟的表现。"美国队长"系列三部曲的情节就是在反复运用这一模式的基础上完成的。系列电影的第一部就完成了一位英雄从诞生到牺牲的经典流程，系列片后两部则演绎了英雄命运经典模式的其他支线。

电影情节与神话故事的相似性，在集体潜意识的作用下，让人们无须犹疑地感受到共鸣，进而产生对作品的认同、喜爱之情。当这样的作品还始终拥有后续故事时，那么对这个故事进行追随，保持共鸣体验的完整性，就是顺理成章的了。荣格及其追随者汉德森还认为，人们对英雄形象与故事的着迷，不仅是因为这触发了远古时代流传至今的集体潜意识，人们从内心深处就需要英雄的存在，英雄人物对人的心灵发展有重大作用；他们的理论进一步解释了其中的原因，以及为什么这种需要在青少年中特别常见：英雄"是更大的、更全面的人格，它为个体意识自我提供它所需要的力量。……英雄神话的基本功能在于，发展个体的自我意识——他对于自身的力量和弱点的认识，使他以这种自我意识去面对生活向他展现的艰巨任务，一旦个体通过了最初的考验，进入成年的生活阶段，英雄神话便丧失了其关联意义。英雄的象征性死亡仿佛变成了进入成年生活阶段所获到的成就"①。青少年通过将自我与英雄形象进行比较，认识到自己身为常人的弱点和缺陷；同时，面对生活中的困难，无所不能的英雄时刻激励着他们。当他们一旦对成人生活中的困境习以为常，能够凭自己的力量解决问题，那么这个英雄人物对他们而言就不是那么重要了。凭着形象、性格与命运诸多方面与神话原型的高度契合，在人们都难以察觉的潜意识层面，"美国队长"收获了大批观众，尤其是青少年观众的认同与喜爱。

二　国家象征

"美国队长"与其他著名超级英雄区别开来的一大特征就是，他的形象和故事中一直带有浓烈的美国元素。漫画家在20世纪30年代后期设计这个人物时的初衷是鼓舞美国人民作为正义一方勇敢加入世界大战，因此，"美国队长"在诞生之初，就是一个以提高国民凝聚力为目的的艺术形象。在一个国家中，"民族"概念最能迅速有效地激起人们对共同体的集体认同，

---

① 〔瑞士〕荣格等：《潜意识与心灵成长》，张月译，译林出版社，2014，第102页。

并使得他们愿意为共同体做出牺牲。为了达到这样的效果，一开始漫画家便通过美术设计和故事情节，把这一形象塑造成民族主义较为浪漫的表达形式。民族中的其他成员便自觉把"美国队长"的艺术形象和脑海中根深蒂固的民族主义联系起来，给予艺术形象以他们对民族主义的认同。后来，当"美国队长"带着民族主义光环，逐渐成为一个感召力强大的著名人物时，他就被纳入好莱坞电影产业，因为电影对金钱势力具有依赖性，它永远都会为统治阶级即资产阶级服务①，"美国队长"就无法逃脱"一切电影皆是意识形态的载体"的宿命。在影片借由好莱坞的成熟产业模式而行销世界时，也把这样的文化内涵输出给全世界，在文化霸权的作用下，"美国队长"作为霸权文化意识形态的载体，逐渐占据了越来越多读者与观众的思想。连其他国家的读者和观众，也会被"美国队长"的精神核心所吸引，甚至希望拥有自己的国家的"队长"。由此，"美国队长"作为国家象征，广泛获得了人们的认同。

1. 共同体象征

在超级英雄之外，"美国队长"的同样重要的身份是美国的爱国者，强烈的民族主义精神一直是"美国队长"的思想核心之一。这个形象在1939年被创造时，就是犹太裔美国漫画家为了激励全体美国人不要再瞻前顾后、偏安绥靖，勇敢作为正义的一方加入世界大战，为世界反法西斯做出与自己能力相符的贡献，因此，"美国队长"打击纳粹邪恶势力的行动，代表着美国的行动、美国人民的行动和美利坚民族的行动。乔·西蒙和杰克·科比要设计出一位身为美国爱国者的超级英雄，他如同美国的拟人形态，代表着美国的国家形象。于是，他们把诸多象征美利坚的符号汇合起来，造出了一个外形与身世皆趋近完美，又完全代表美国的爱国主义超级英雄。

从外形上看，他的体魄年轻、健美、雄壮，象征美国也是这样一个年轻、强健有力、正值巅峰状态的国家。从身世上看，他也是一个典型美国公民的代表——他既代表了美国社会主流的权力把持者，也代表了美国困顿不堪的边缘人。从性格与命运上看，他是一位勇于自我牺牲的忠诚的美利坚爱国者。加入军队通过"超级士兵"血清获得力量后，他一直战斗在欧洲战场第一线，最后为了保卫纽约人民，开着携带导弹的飞机坠入大西

---

① 〔法〕雷吉斯·迪布瓦：《好莱坞：电影与意识形态》，李丹丹、李昕晖译，商务印书馆，2014，第8页。

洋。美国队长毫不犹豫地以生命实践这种普遍的民族主义情怀，为保卫国家牺牲的壮举赢得了作品内的人民与作品外的观众的尊敬和认同。即使他们并非这种意义的亲历者，也仍能在社会历史建构的民族认同中被激起感情。这种认同情感最显著的例子是，2016 年新发行的《美国队长》漫画中，史蒂夫·罗杰斯的身份一度被新任执笔者改为"九头蛇"的卧底成员，这让几乎所有的美国队长的粉丝怒火中烧。

究其原因，本尼迪克特·安德森给出了以"想象的共同体"概念为核心的解释。"民族"（nation）概念天然地会在人们心中激发对国家、土地和同胞的强烈依恋之情，促使他们带着强烈的责任感和使命感，随时甘愿前赴后继为之献身。他认为，"民族"的想象能在人们心中召唤出一种强烈的历史宿命感。因为"民族"的想象属性就被融入肤色、性别、出身和出生的时代等所有我们无法选择的东西。因为这种连带关系无法选择，所以它们就戴上了一种公正无私的光圈，民族像家庭一样，不带有利害关系，被设想成属于无私的爱与团结的领域。另外，想象民族最重要的媒介是语言，有些民族的划分正是以是否使用同种语言为依据；而语言的起源难以考证，因而令人觉得它是"自然"产生的，这种特质也就被赋予了"民族"的概念。由此，人们感觉"民族"是某种本质上非常纯粹的事物，因此，"民族"可以要求成员牺牲，为之牺牲也被成员视为崇高的行为。① 因此，"美国队长"这样一个美利坚民族共同体的象征被赋予了崇高的意义，这种崇高不仅可以激起本民族接受者的情感，也能激起各个国家民族接受者的情感。

2. 意识形态载体

马克思的意识形态理论指出，每一个社会占统治地位的思想都是统治阶级的思想。在资本主义社会，资产阶级占有了社会中大部分生产资料，通过剥削无产阶级，不断积累资本、扩大生产，在阶级分化中，占据了统治地位。由此，资产阶级的思想成为资本主义社会的主导思想。② 连环漫画和电影作为极具传播优势的大众文化产品，是意识形态国家机器的一部分。

葛兰西在发展马克思意识形态学说的基础上，用"文化霸权"理论

---

① 参见〔美〕本尼迪克特·安德森《想象的共同体：民族主义的起源与散布》，吴叡人译，上海人民出版社，2011。

② 参见〔德〕马克思、恩格斯《德意志意识形态（节选本）》，中央编译局编译，人民出版社，2003。

来解释社会机制对认同的生产。他认为，权力阶级维护自己的统治地位，主要依靠两种方式：一是强制，使用暴力镇压或威胁被统治者，通过统治工具来执行；二是劝诱，在文化上潜移默化地使被统治阶级接受它的道德、政治和文化价值，它的实现是经由知识分子在市民社会内部创造民众乐见的大众文化形式。在葛兰西看来，后者无疑是更稳妥的统治方式。葛兰西强调，"霸权的生产、再生产以及转化都是市民社会的产物，大众文化和大众传媒是通过市民社会涵盖了文化生产和消费的种种机制，来为霸权的生产、再生产和转化服务的。市民社会的特征是他标榜的自由和民主，但教育、家庭、教会以及大众文化和大众传媒等等这一切自由民主的社会机制，无不是为霸权以文化和意识形态的形式畅行其道，洞开了方便之门"①。知识分子创造的文化产品在市民社会中作用于大众，使接受者产生对整体意识形态的认同，这种认同反过来也就投射到电影作品和角色上。

H. S. 康马杰也总结了"美国精神"的主要方面：强烈的爱国主义和身为美国人的优越感，对社会平等的向往，种族多元和白人至上主义，崇拜英雄等②。超级英雄类型片在思想意识上一直贯彻着美国精神的核心内涵，"美国队长"作为超级英雄中的美国象征，在其系列电影中处处展现着美国精神的内涵；作为行销世界的一部好莱坞类型系列电影，也通过文化霸权以妥协为方式的劝诱手段，潜移默化地塑造着大众的思想，由此获得更广泛、更强烈的文化认同。

首先，影片对美国整体形象的侧面渲染，体现出强烈的国家优越感和民族自信心。

其次，"美国队长"系列及其相关作品"复仇者联盟"系列、"神盾局特工"系列③中的队伍成员结构，清晰地体现了种族多元和白人至上观念。

---

① 陆扬、王毅：《文化研究导论》，复旦大学出版社，2006，第187页。
② 参见〔美〕H. S. 康马杰《美国精神》，杨静予等译，光明日报出版社，1988。
③ "神盾局"（S. H. I. E. L. D.）是"复仇者联盟"系列中的国家安全机构，由史蒂夫·罗杰斯二战时期的同事创建，在《美国队长：冬日战士》中是史蒂夫·罗杰斯的工作单位，局长尼克·弗瑞是"复仇者联盟"的召集人；《神盾局特工》是漫威公司制作的真人科幻动作剧集，是漫威电影宇宙的一部分，"美国队长""复仇者联盟"系列关系密切，可与之形成互文。

图2　截至《美国队长3：内战》，"漫威电影宇宙"已出场的超级英雄

《美国队长3：内战》中出现了三位戏份重要的黑人超级英雄①，其中"黑豹"（Black Panther）是第一位在主流美国漫画公司登场的非讽刺性黑人超级英雄，以他为主角的影片将在2018年被搬上银幕，这是漫威第一部以非裔为主角、讲述黑人故事的超级英雄片，漫威粉丝中的反种族主义者为此十分兴奋，纷纷表示支持：

> 我们可以感激吗？罗德、山姆和提恰拉都在《内战》中扮演了很重要的角色。罗德没有被忽略，他和托尼之间经常被忽略的友情在编剧这里被放大了；山姆还是对史蒂夫那么忠诚，但他在新的复仇者成员面前更像是史蒂夫那样的领导者了；提恰拉有时候特别固执，但他在电影中一直很冷静，还找到了自己的方向。我们可以为此感激片刻吗？
>
> ——粉丝"hey space boy"②

> 祝贺美国黑人，一部黑人导演、黑人演员的黑人超级英雄片。耶稣是真的存在。
>
> ——粉丝"HUSTLE IN A TRAP"③

---

① 他们是"猎鹰"山姆·威尔森（Sam Wilson）、"战争机器"詹姆斯·罗德（James Rhodes）和"黑豹"提恰拉（T'Challa）。

② 原文为英文，参见 Tumblr：http://heyspaceboy.tumblr.com/post/144020992282/can-we-just-appreciate-the-fact-that-we-had。

③ 原文为英文，参见 Tumblr：http://hustleinatrap.tumblr.com/post/147941436883/celebrate-black-america-a-black-superhero-movie。

　　尽管在《复仇者联盟》或《美国队长3：内战》这样的超级英雄群像电影中，少数族裔（主要是非裔）美国人占有不可忽略的一席之地，但实情并非像粉丝"hey space boy"所想的那样乐观。只要稍加留意影片中出现的所有超级英雄人物的面孔（面孔是一个最容易识别的种族符号），就能轻易发现，电影《美国队长3：内战》中的好莱坞白人中心主义没有被动摇。电影群像角色的种族设置表明，相对美国真正的族裔比例而言，欧裔白种人的主导和多数地位仍然十分明显。在文化霸权机制的作用下，以影片文本表现出来的种族多元化为手段，美国主流意识形态中的白人中心主义是以妥协维持领导地位，以折中求得更多认可。

　　最后，和其他好莱坞类型片一样，在以"美国队长"系列为代表的超级英雄电影中，对政府权力的限制倾向是一个重要元素。这种限制表现为讽刺性地"揭露"政府的无力，以制造监督和限制政府的舆论。政府将史蒂夫·罗杰斯包装为军事偶像"美国队长"是一段重要情节，这如同一出闹剧，在充满荒诞色彩的对比中完成了对政治作秀的戏仿：注射血清后的史蒂夫·罗杰斯本可依照他自己的愿望在战争中发挥超级士兵的作用，而政府高官并不信任他的作战能力，而是看中他完美的外表、见义勇为的著名事迹，把他打造成名义上的"战争英雄"、实际上的歌舞片演员。"战争英雄美国队长"的战斗场所是官方搭建的场景——舞台或摄影棚，充满男性气概的身体塞在马戏团小丑般的紧身演出服中，将"痛揍希特勒"这一本该带有庄重意味的事件转化为夸张滑稽的表演，数十名衣着暴露的妙龄女郎载歌载舞，合唱着极具20世纪40年代风格的表演主题曲《星条男》（*The Star Spangled Man*）①，歌词中极尽对"美国队长"的虚假吹捧，构成一派繁华热闹的假象，而台下的观众大多是少年、儿童和陪伴孩子的父母；这样的表演在全美巡回上演数十台，每台可为政府增加10%的国债收入。

　　由此可见，"美国队长"形象也不可避免地承载了"限制政府权力"这一美国主流意识形态，并且其意识形态载体的性质相当隐蔽，令观众难以察觉，直接跟着作品的思路将情感的矛头直指政府。这里我们仍然可以看出文化霸权潜移默化、无处不在的强大力量。受众误以为自己的认同情感是完全个人化、充满主体性的，但其中文化霸权强大的引导作用是不容忽视的。

---

　　①　除了曲风戏仿20世纪40年代流行歌曲外，歌名似乎也戏仿了美国国歌《星条旗之歌》（The Star Spangled Banner）。

图3 电影《美国队长：第一复仇者》中美国队长兜售战争债券的歌舞秀

三 当代精神偶像

结合"美国队长"从漫画到电影的发展脉络，清晰可见的是，这一超级英雄形象的诞生和发展总是与时代背景有着密切联系。其流行的基础，不仅在于永久性——这位超级英雄一以贯之的特征，神话色彩、国家象征和意识形态载体，引起集体潜意识中持久的文化认同；还在于时代性——这一人物形象总是随着时代思潮的变迁不断转变、丰富自己的精神内涵，能唤起当代观众的强烈情感。

21世纪以来对美国影响最重大、深远的无疑是世纪初的"9·11"事件。它使所有美国人陷入对恐怖主义暗中滋生的恐惧、人身安全难以保障的焦虑，以及对自我认同的深刻怀疑："当国家民族出现了危机，国家的安定与和谐便不复存在。在这种境况下，民族大众通常会将个体身份认同于民族身份……美国意识形态中一直以来有这样一种声音：美国是世界的'救世主'，美国的信仰已经得到了世界人民的认同……而9·11事件的发生打破了这一'神话'。在一定程度上，他们对自我身份表示出困惑，甚至一度丧失了自我身份。"① 2013年"棱镜计划"曝光，再一次掀开美国民众心中的"9·11"伤疤。奥巴马在对棱镜计划的监听方法进行辩护时称："你不能在拥有100%安全的情况下同时拥有100%隐私、100%便利。"② 实际上，民众既不能被保障

---

① 王建会：《后9·11时代美国的危机与救赎——评〈谍影重重〉的民族创伤叙事》，《电影评介》2012年第15期。

② 《BBC五问"棱镜门"：美国政府能"看见"什么？》，中国新闻网：http://www.chinanews.com/gj/2013/06 - 13/4924864.shtml。

安全，也无法顾全个人隐私，安全与自由注定不可兼得甚至皆不可得的事实再次强化了这些原本在逐渐淡出的负面情感。于是，在 2014 年上映的《美国队长 2：冬日战士》中，我们看到了这样一个超级英雄——代表民族身份已有七十余年，经历自我认同的疑惑后重新坚定了自己的身份，为捍卫民众的自由和安全，不惜牺牲个人的一切——他唤起观众内心夹杂着敬佩与期望的认同感几乎是必然的。在全球最大的轻博客网站、美国青少年使用最多的社交网络 Tumblr，《美国队长 2：冬日战士》中的史蒂夫·罗杰斯在神盾局发表的"自由宣言"演讲词被配上电影截图、频繁引用和转载，获得了数万热度（如此高的热度在 Tumblr 上是比较少见的）①。

第三章　粉丝力量大：消费与模仿

斯图亚特·霍尔认为，大众对文本的解码存有三种立场：第一是主导的，按照生产者的编码方式解读文本；第二是协商的，在与生产者的妥协、谈判中解读文本；第三是反抗的，从与生产者的对立角度去解读文本。② 本文第二章已经分析了好莱坞折射的意识形态的文化霸权如何引起人们的认同，从而使观众成为以"美国队长"为代表的超级英雄粉丝的拥趸。但霸权的生产者并不总是获得认同式的解读，有时它也会在意识形态方面引起反抗或协商式的解读。虽然认同式解读会大大促进受众从产生好感进入过度阐释阶段，继而成为粉丝，但在某种程度上拥有协商或反抗式解读立场的受众不一定就与粉丝身份无缘。很多受众会采用霍尔所说的"偏好式阅读"作为自己的解码方式，在大众文化产品中选择自己认同的部分，并通

---

① "宣言"原文："Attention all S. H. I. E. L. D. agents, this is Steve Rogers. You're heard a lot about me over the last few days. Some of you were even ordered to hurt me down. But I think it's time to tell the truth. S. H. I. E. L. D. is not what we thought it was. It's been taken over by HYDRA. Alexander Pierce is their leader. The S. T. R. I. K. E. and Insight crew are HYDRA as well. I don't know how many more, but I know they're in the building. They could be standing next to you. They almost have what they want. Absolute control. They shot Nick Fury. And it won't end there. If you can launch those helicarriers today, HYDRA will be able to kill anyone that stands in their way. Unless we stop them. I know I'm asking a lot. But the price of freedom is hi gh. It always has been. And it's a price I'm willing to pay. And if I'm the only one, then so be it. But I'm willing to bet I'm not. " 出自电影《美国队长 2：冬日战士》台词。

② 参见〔英〕斯图亚特·霍尔《编码，解码》，王广州译，载罗钢、刘象愚主编《文化研究读本》，中国社会科学出版社，2000，第 351 ~ 365 页。

过粉丝生产，把不认同的部分进行改造。德赛都扩展了传统意义上"消费"的内容，把这种粉丝实践也纳入消费范畴："消费，包括对艺术符号的消费以及日常生活中的其他消费，也是一种生产，是与通常理解的那种规范合理的、既扩张又集中的、喧闹的、引人瞩目的生产相对的、被称为'消费'的生产。"①

粉丝在追逐偶像、表达情感时的消费、模仿等一系列实践活动，体现了粉丝内部正在借助大众文化生产着自己的抵抗意义。这种抵抗意义更多表现为抵抗的愿望，粉丝文化的抵抗性无法挣脱消费社会的泥淖，粉丝实践的反抗体现的恰恰是无力反抗，他们内心真正的乌托邦，仍然没有机会变成现实。

一 流行偶像：被消费的完美身体

1. 完美身体榜样

有些喜爱美国队长的粉丝表示，电影传播的意识形态并不足以影响他们对现实事物的观点，他们认识到了电影中美国英雄神话的非真实性，并认为自己不像有些观众一样轻易被这种神话所捕捉。他们认为自己喜爱美国队长的最大原因在于，银幕上这个完美身体形象的吸引力，这种吸引是出于人的"生理必然性"，也就是存在于 DNA 序列中、来自人类进化史的先天反应。他们很少和明确认同超级英雄神话的粉丝一样，用逻辑清晰的语言，条分缕析地解释自己成为粉丝的原因，他们的粉丝情感经常被表达为比较单一而反复的对外形美的惊叹。

粉丝们在解释关于身体和欲望的情感时，倾向于将其归结为本能的经验则表明，相对于比较容易辨认的资本主义政治意识形态，文化建构中身体所承载的意识形态更容易被视为"天然的"。在当今以消费和欲望为主导的"看脸看身材的社会"，身体形象被视为人类价值的首要指标之一，身体的文化意义更高于生理意义。性欲作为一种社会意识，在植入流行叙事、商品品牌、名流和广告时起到关键性作用。② 在资本主义控制了消费者欲望，以实现自身利润增长的今天，商品拜物教大行其道，大众的被资本主义化的性欲使身体成为最受追逐的消费品之一。

① 陶东风主编《粉丝文化读本》，北京大学出版社，2009，第4页。
② 〔澳〕杰夫·刘易斯：《文化研究基础理论》，郭镇之等译，清华大学出版社，2012，第226页。

鲍德里亚说："在消费的全套装备中，有一种比其他一切都更美丽、更珍贵、更光彩夺目的物品……这就是身体……在广告、时尚、大众文化中的完全出场——人们给它套上的卫生保健学、营养学、医疗学的光环，时时萦绕心头的对青春、美貌、阳刚/阴柔之气的追求，以及附带的护理、饮食制度、健身实践和包裹着它的快感神话——今天的一切都证明身体变成了救赎物品。在这一心理和意识形态功能中它彻底取代了灵魂。"① 当粉丝对形体的热爱取代了对精神的热爱，银幕建构的美国队长如神祇般完美的肉体正是这样被健美产业所利用，成为粉丝试图紧紧抓住的救赎性消费品。

银幕上克里斯·埃文斯的健美身躯给当代青年带来的不仅是一个肉体榜样，还有在对比中愈加弱化的自我认同感。在健身文化铺天盖地的宣传下，媒体及健身从业者，以这类榜样为标准，给难以按社会流行观念控制身体的人冠上污名。美国队长的粉丝、笔者的健身教练毛帅说："人的一切活动不能脱离身体，身体必须保持高效率的工作，力量与肌肉的美只有通过身体才能得到。衰弱是耻辱。"在各种新媒体平台上，"你连体重都控制不了，怎么控制自己的人生？"成为热度数年不减的流行语。青年在生活中遭遇挫败的焦虑，被引导为身体不完美的焦虑，他们确实相信，自己遭遇挫败的根源在于缺乏对身体完全的掌控，像美国队长一样健美的肌肉，会给人生的方方面面带来改善，使他们有力量去抵抗那些不愿接受的社会规则。例如，反抗社会竞争机制对个体的碾压："不论你从事任何行业，良好的体格和身材都是你战斗力的重要来源。而你潜在的竞争对手此刻可能正在使用你两倍的配重进行锻炼。"②

相信健身可以解决问题的健身爱好者们没有注意到，美国队长或克里斯·埃文斯的成就并不来自体型。体型对于解决他们的焦虑并没有想象中的效果，健身也不能等同于健康和快乐。克里斯·埃文斯本人也曾坦言自己短时间内增肌数十磅的痛苦和不健康，以及银幕上的完美身材在日常生活中难以维持的事实。③

2. 情欲投射对象

在更多女粉丝的表达中，对完美身体的惊叹显得更加热情、饱含情欲

---

① 〔法〕鲍德里亚：《消费社会》，刘成富、全志刚译，南京大学出版社，2000，第139页。

② 参见知乎社区："你健身是为了什么？"网友"宋珂"的回答：https://www.zhihu.com/question/23162933。

③ 《"美国队长"是体育全才，为演美队练肌肉练到想吐》，新浪体育，2014年4月11日。http:/sports. sina. com. cn/o/2014 - 04 - 11/09407114008. shtml。

并具有明显的挪用特点。这些对偶像赞美性的描述大多热烈、夸张，是粉丝所使用的网络社交平台上生产的语言，基本也可以套用在任何以美形著称的偶像身上。如果一个主体要获得自由，那么，身体必将通过对差异和愉悦的文化表达被动员起来。这种性欲引发的快感追求，在消费社会也找到了发泄的途径。

偶像对于粉丝来说通常遥不可及，粉丝向偶像表达爱意的方式，除了在网络粉丝社群中生产文本来抒发情感，最直接的就是通过自己的消费，让偶像本人或"二次元"偶像的创造者获得实际的金钱收益。美国队长是一个漫画和电影中的虚构人物，当代粉丝也就常常移情于他的扮演者克里斯·埃文斯。粉丝购买性的消费主要可分为三种：第一是购买漫画或电影的周边产品；第二是粉丝社群内部生产的文化产品；第三是出于对扮演者的移情，试图与他们在现实生活中产生"真正的"联系而所做的消费，如为他们购买礼物，或为了和他们见面、接触、合影，购买昂贵的漫展（Comic-Cons）合影票等。最后一种最能体现偶像的身体成为重要的消费对象。购买漫展上明星合影票的粉丝在同明星合影时可以要求明星摆出他们喜欢的姿势，常常是拥抱、亲吻等亲密接触。这种最先由性欲引发的喜爱会扩展成更大的精神层面的满足。

一句网络流行语准确而生动地概括了粉丝通过消费与偶像创造关联、自我愉悦的过程："你我本无缘，全靠我花钱。就算花了钱，还是没有缘。就算没有缘，还是想花钱。"他们明白，消费产生的"粉丝—偶像"的联系只是一种想象性的自我满足的联系，除此之外不具备更多的现实意义。这样的合影票价格高达数百美元，有些粉丝为了获得更多与偶像接触的机会，会一场不落地参加这些活动，甚至从世界各地专程飞赴美国面见偶像，每次至少要花费数千美元。据《好莱坞报道者》称，克里斯·埃文斯周末参加一个见面会就能赚50多万美元，比他出演首部《美国队长》电影的片酬30万美元高出近一倍。这种高额消费一方面给粉丝带来不可比拟的满足感；另一方面，它带给偶像的收益无疑也显示了消费社会中粉丝的能量在转变为经济力量时，会有多么强大。

二　角色扮演：粉丝的自我想象

如本文第一章所述，对超级英雄粉丝来说，英雄偶像对心灵发展有着完善作用，帮助他们更新对自我的认识，用更适当的状态面对成年生活的窘境。通过扮演英雄以期获得英雄的品质，生产出一个带有英雄特质的"超我"，是粉丝完善自我、加强自我认同的一种方式：

> 美国队长……那些完美的人格不仅是我没有，正常的人都一样没有，并没有什么人能像他那样本心通透地遵循着自由、平等、正义并热爱着人类。而我呢，我这个有着英雄梦的小男孩，苦苦地表现得像一个英雄一样，努力地耐心、善良、慷慨、宽容，尽管心知肚明自己的内心并没有那么高尚。我固执地在扮演一个英雄，并且不能坦然接受自己内心深处那些明摆着的与此不匹配的东西。
>
> ——粉丝"陈铠楠"①

粉丝在扮演偶像的过程中，并不只是追求在内心的想象中接近偶像，他们通常还通过一些外部实践来增强自身与偶像之间有着紧密联系的心理暗示，进一步固化这种想象。杰姬·斯泰西研究女性观众对好莱坞女星的认同问题，把观众的认同过程分为两个方面：观看电影时的幻想——挚爱、爱慕、崇拜、超越、渴望与灵感；电影以外的实践——假扮、相像、模仿、复制②。斯泰西总结的这四种认同实践都处在一个相似的系统里，即通过寻求自我与偶像的相似之处，来获得幻想的快感。在斯泰西的研究中，女性观众购买好莱坞女星的服装、化妆品，做她们的发型，通过这些方式在外貌上接近偶像，或使他人认识到自己与偶像的相似之处，以加强自己与偶像之间的认同，来确认自己获得了与偶像某种积极意义上的类似特质，生产出自身与偶像相交融的一种新的身份，作为自己的身份认同模板。

对 ACG（Animation、Comic、Game）作品的粉丝来说，他们"假扮、相像、模仿、复制"的方式是"角色扮演"即"Cosplay"，这是一种广受瞩目、参与者众多的粉丝认同实践，已经形成了自己特定的文化体系，属于粉丝文化中重要的一部分。"角色扮演"是"cosplay"的流行译法，特指真人对 ACG（Animation、Comic、Game）作品角色的扮演游戏。Cosplay 玩家通常被称为"Coser"，Coser 通过自制或购买特定的服装和道具，用化妆、外型、行为、语言等表现方式在现实环境中重现动漫、游戏角色，以表达

---

① 参见知乎社区："你为什么喜欢美国队长？"http://www.zhihu.com/question/32208672。
② 〔英〕杰姬·斯泰西：《女性魅惑——一个认同的问题?》，贺玉高译，载陶东风主编《粉丝文化读本》，北京大学出版社，2009，第 171 页。

自己对这些角色的钟爱①。偶像在某种意义上是粉丝内心"超我"的表征，这种对"超我"认同的增强，恰恰显示了青少年 cosplay 爱好者对"自我"的不认同。在他们心中，"自我"是被种种社会规训扭曲的产物，只有在 ACG 的"乌托邦"中，个体才有可能自由而健全地发展，超级英雄偶像则是"ACG 乌托邦"中"健全发展的人"的代表，令粉丝心向往之。

1. 服装——人格特征的外显形式

"cosplay"的概念来自英文"costume play"，意味着服装（costume）是角色扮演中最重要的道具。比起妆容或其他道具，穿上属于扮演角色的服装，意味着"偶像"最大限度地从外观上覆盖了"扮演者"，"偶像"外观所代表的意义也被暂时地赋予了"扮演者"。一位刚刚接触 cosplay 的爱好者在解释 cosplay 的吸引力时，强调了服装在 cosplay 中对 coser 而言有着特殊意义：

> 你知道超人穿上超人服之前只是一个普通人吗？你知道 coser 穿上cos 服装之前也只是一个普通人吗？那一身 cos 服装，对于他们来说，就像超人的衣服，让他们成为他们想成为的人，让她们光芒万丈。而褪去服装，只是一个活在现实的学生，还要面对中考，面对高考，未来还要面对社会。cosplay 的时候，是唯一一次，会觉得自己"不那么普通"，也是唯一一次，可以成为梦想中的那个人。突然，我就明白了为什么这么多人喜欢 cosplay，因为，你可以成为任何人。这也是一个美梦啊。
>
> ——网友"廖晓橙"②

借由变装在两重身份之间切换这种覆盖最能让穿着它们的人感到自己与偶像融为一体，成为想象中完美的自我。很多电影演员都强调过戏服对他们饰演角色的重要作用。在《美国队长2：冬日战士》中扮演冬日战士的塞巴斯蒂安·斯坦说，他在试图进入角色时，戏服的作用非常大，当他穿上冬日战士的黑色杀手服，套上铁臂，站在镜子前，就自然地感觉到自己已经成为冬日战士。这在超级英雄题材影片中尤其突出，因为超级英雄的整体形象与他们身着的"制服"（superhero suit）样式关联太过密切。超级

---

① 马中红、邱天娇：《身份认同：Cosplay 亚文化的实践意义》，《青年研究》2011 年第 5 期。
② 参见知乎社区："Cosplay 到底哪里吸引人？"https://www.zhihu.com/question/21086856。

图 4　超人（克里斯托弗·里夫饰）

英雄往往有着"超级英雄"和"普通人"的双重身份，两个身份之间的切换，就是通过穿上或脱下制服来实现的。在这里，最好的范例是第一个诞生的超级英雄"超人"，此后所有的超级英雄身上无不带有他的影子。"超人"的双重身份最为显著：没有穿上"S"字母紧身衣的克拉克·肯特是一名堪萨斯州农场长大的普通记者，穿上紧身衣的克拉克·肯特就成为来自氪星的遗孤卡尔－艾尔、地球人的超级英雄——"超人"。制服的鲜明色彩进一步强化了受众对服装符号的感觉，久而久之，服装比服装下的人更能代表超级英雄。在《美国队长》漫画中，只要穿上国旗制服、拿起星盾，不只是史蒂夫·罗杰斯，山姆·威尔逊或巴基·巴恩斯也能成为美国队长①；蝙蝠侠的扮演者可以是迈克尔·基顿、克里斯蒂安·贝尔或本·阿弗莱克，只要穿上一身黑色蝙蝠装，他们都会成为观众心中的蝙蝠侠。

2. 跳出流行体系

资本主义消费社会已经成功创造并固化了一种服装的流行体系，人们日常生活中的服装几乎完全被这种流行体系所占领。制造这一体系是出于追求利润的目的，这与资本主义生产周期有关。在服装产业内，如果按照正常衣物"购买—耗损—再购买"的周期进行生产，那么如此缓慢的生产周期无疑

---

① 在漫威连载漫画《内战》中，史蒂夫·罗杰斯被刺杀死亡后，"冬日战士"巴基·巴恩斯和"猎鹰"山姆·威尔逊先后接过"美国队长"称号，穿上国旗制服、使用星盾。但由于史蒂夫·罗杰斯的队长形象过于深入人心，读者和观众心中的"队长"一直是史蒂夫·罗杰斯。

很难使生产者获得预期的利润。为了钝化购买者的计算意识，培养出消费
社会所需的不懂得计算的消费者，服装产业制造了时装的神话——他们给
服装罩上一层"意象的、理性的、意义的面纱"，"创造出一种真实物体的
虚像，来代替穿着消费的缓慢周期"①，也就是说，赋予服装意义，因此服
装的购买被偷换为意义的购买。消费者不断购买新服装的动因在于，通过
服装的穿着和搭配，将服装被赋予的积极意义融入自己的身体，从而不断
塑造出理想自我的多面的表象。

资本主义的时尚是这样一种等级制度：掌握时装行业顶端权力的设计师
设计出某种式样的服装，因设计师的地位高超而被赋予某种神圣的意义，比
如文本中的天蓝色，不是"深蓝色或海蓝色"，也不是真正天空的"天蓝
色"，而是"奥斯卡·德拉伦塔的天蓝色"，这个成名数十年的设计师及其
创立的高级时装品牌赋予天蓝色充满女性气息的高级感。随后是同一等级
上其他时装品牌的借鉴——"圣洛朗的天蓝色军服"，经由这个时装元素借
鉴的完成，天蓝色变成了"奥斯卡·德拉伦塔和伊夫·圣洛朗的天蓝色"，
被下一等级的诸多服装品牌竞相模仿，在时尚媒体的推介下成为流行，迅
速席卷从塔尖到塔底的整个时装行业。购买服装及其被生产的意义，成为
变相的资本积累，体系内原初的/最高等级的意义成为文化上最有价值的意
义，也往往是资本中最有价值（最昂贵）的意义。

在资本的作用下，流行的力量像龙卷风一样所向披靡，收割了一批又
一批时装消费者。时装成为一种流行文化产品，像其他由多个符号所组成
的文本那样接受大众的解读。大众在解读"时装文本"时，和解读其他文
本一样，会站在霍尔所说的三种解码立场上：主导性解读者成为时尚文化
坚定的追随者；协商性或反抗性的解读者或许更愿意寻求挣脱时尚影响力
的穿着方式，"时尚易逝，风格永存"成为其中一部分人的信条。很多消费者
难以站在主导性立场上解读出时装的文化意义，而只解读出了其中资本与等
级制度的意义，因此时尚越来越被同"拜金""炫富"等意味联系在一起。

爱好者们在进行 cosplay 时穿着的服装，并未被日常服装浩浩荡荡的流
行体系包括在内，因此带着短暂的抵抗意义，使他们暂时跳脱出了时装的
等级制度。但正像网友廖晓橙所说的："三个小女生，蹲在厕所对面的地上

---

① 〔法〕罗兰·巴特：《流行体系——符号学与服饰符码》，敖军译，上海人民出版社，2000，
"前言"第4页。

卸妆，互相讲着今天漫展的事情，互相看看对方的妆容笑，而卸完妆后默默地把自己一身华服换成日常服装，然后拿一个袋子小心翼翼地整理好，一言不发地走了。"① 漫展终究会有结束的时候，离开这个特定的狂欢情境，不适用于日常生活的"costume"也必须被封存。着装无时无刻不在暗示一个人的社会角色，而不符合社会规范的着装也就意味着穿它的人要面对被主流文化边缘化的窘况。此外，随着"cosplay"群体愈发壮大，它不得不面临被资本收编的必然命运——cosplay 的服装产业逐渐发展起来，引人赞叹的 cos 作品需要精致的妆容和行头，这就意味着 coser 们必须在这项活动中投入更多资金。在 cosplay 社群的内部，俨然发展出金钱主导的新的等级制度。通过 cosplay 来表达个性、反抗规则，注定只能是 coser 们一场短暂的美梦。

结　语

"美国队长"从 1941 年漫画期刊出版，到 2016 年电影三部曲结束，已经过七十五年。酝酿于大萧条时期盗匪丛生的背景下，诞生于二战前夕反纳粹主义的犹太裔漫画家手中，美国队长携带着战斗精神而生，在二战那个遥远而黑暗的时代点燃了读者们心中的火光。像传统神话中有着跌宕起伏命运的英雄一样，这部表现英雄的作品也在行业的风雨飘摇中历经低潮，保持着诞生之初漫画家和读者们赋予的品格，在电影工业中焕然重生。

七十五年来，美国队长总能激起受众的情感，在全世界获得大量粉丝，成为世界著名的大众文化产品。这固然是因为这一幻想中的人物寄托着人们的美好愿望，也不得不说，与神话、国家及资本主义意识形态建构的长久而深刻的文化认同有关。看似是粉丝依照自己的情感需求选择了偶像，而实际上，也是占统治地位的意识形态为他们捏造了可供使用的偶像。"美国队长"的人物形象设计和故事结构安排，被有意嵌入神话的一般模式，与古典神话英雄类似的性格和命运在集体潜意识作用下引起人们的普遍认同。"美国队长"的爱国军人身份，使其带上浓厚的共同体象征符号色彩，渗透在外形、品质和人生选择等方方面面的隐喻，引发人们不自觉地对他产生与民族主义有关的文化认同，从而巩固了个体与想象的共同体之间的

---

① 参见知乎社区："Cosplay 到底哪里吸引人？" https://www.zhihu.com/question/21086856。

联系。当"美国队长"被纳入好莱坞电影产业时，因为电影对金钱势力的依赖性，他就无法逃脱为统治阶级即资产阶级服务的宿命。在文化霸权的作用下，"美国队长"作为美国主流意识形态的载体，逐渐占据越来越多观众的思想。为了满足人们在后"9·11"时代的政治认同需要，"美国队长"来到现代后，又被赋予当代自由与安全维护者的新意义，这一意义为他赢得了更多处于自由与安全焦虑中的粉丝。粉丝对这一人物产生情感，来自一种文化认同，而这种文化认同与主流意识形态对其辐射范围内所有人的塑造密不可分——漫画家、漫画读者、电影创作人、电影观众乃至虚拟的人物超级英雄。

美国队长粉丝在追逐偶像、表达情感时的消费、模仿等一系列实践活动，体现了粉丝内部正在借助大众文化生产着自己的抵抗意义。这种抵抗意义更多表现为抵抗的愿望，抵抗的愿望反映出他们对现实的无奈。

银幕建构的美国队长如神祇般完美的肉体，一方面是粉丝们（更多的是男性粉丝）心中理想的身体榜样。由于在消费时代中，被物化的人的身体成为重要的消费对象，对比电视、电影中的完美肉体，身体焦虑也时刻缠绕在普通人心头，把他们内心对自我的各种不满具象化。由"美国队长"等超级英雄偶像引发的身体焦虑被健美产业所利用，"美国队长"从瘦弱男子变为肌肉壮汉这一肉眼可见的（尽管是银幕构造的虚幻的）转变可能成为粉丝试图紧紧抓住的救赎品。美国队长的宽阔肩膀和饱满肌肉形象化了粉丝们向往的男性气质。他们试图通过健身来强化与美化自己的身体，以获得力量去抵抗现实社会的挤压。另一方面，粉丝们（更多的是女性粉丝）也为这样的身体所惊叹，超级英雄偶像及其扮演者的肉体美引发了他们的情欲，在为偶像完美肉体甘心消费的过程中，他们内心与情欲有关的情感需求得到满足。这种借由偶像产生的单方面的满足，使他们无须向现实寻求人际交往来得到情感需求的满足，也可以说是对现实世界中人与人之间关系的失望和抵抗。

对"美国队长"感情上的认同，使粉丝们感受到偶像的卡里斯马气质，这种气质吸引他们在自我的塑造上向偶像靠拢，具体方式则是穿上偶像的服装，剪他的发型，通过 cosplay 来"假扮、相像、模仿、复制"他。如穿上美国队长的星条制服时，粉丝感觉自己更加获得了自己渴慕的超级英雄偶像的特质，更接近了理想的自我形象。同时，这些服装也包含着他们对时装体系的反抗。时装制造是一种为资本所主导的工业模式，其中充分蕴含着资本的等级制度意味，因此日常着装是阶级符号的象征。Coser们通过穿着自己喜爱的超级英雄人物的戏服，而摆脱了时装工业体系，抗拒把这种阶级符号加在自己身上。但他们终究无法逃脱这一席卷日常生活的等级制度，在短暂的狂欢后，这种抵抗注定要被封存起来。

从情感到行为，从认同到抵抗，本文已经探讨了一些引发笔者兴趣的日常超级英雄的粉丝文化现象。这些现象既包括国外的，也包括国内的。除此之外，结合当下国内的实际情况，中国粉丝对"美国队长"的狂热也足以引发我们对中国当代文化的一些思考。在我国的文化建设当中，警惕西方世界文化霸权一直是一个重要问题，而超级英雄电影在当代已经成为美国文化输出的重要手段之一。这折射出当代中国本土英雄偶像的匮乏问题——美国超级英雄偶像在中国电影市场高歌猛进，其中一个主要原因就是我们还缺乏自己的英雄偶像。本文第一章对"神话英雄"的分析中已经提到，我们自己的文化传统从来不乏那些身体和精神皆强大、以仁爱为先、埋头苦干或具有反抗精神的英雄人物，但他们在当代中国人心中大多只是童年听过的一段遥远而模糊的传说。在今天年轻人的意识中，本土英雄形象过于匮乏，这使众多青少年不得不到美国文化那里寻求一个他们喜闻乐见、有助于发展自我意识的英雄偶像。这其中固然有美国强大经济文化实力和好莱坞成熟产业的作用，但关键可能更在于，我们很少有新一代的创作者像"美国队长"的创作团队那样，积极发掘自己国家历史中（或许在很多人眼中已经过时）的本土英雄，在他们已有形象的基础上，增添当下的时代精神。我们最熟悉的"西游"和"孙悟空"题材被一次次翻拍，其中不乏经典而流行的成功之作（如周星驰的"大话西游"系列和动画电影《西游记之大圣归来》），但更多作品可能只是老调重弹或东拼西凑的产物（如2010年的浙版《西游记》、2011年的张纪中版《西游记》和2016年的贺岁片《西游记之三打白骨精》），受到观众的广泛差评。在我们充实而灿烂的历史文化宝库中，除了孙悟空，还有大量千姿百态的人物、丰富多彩的故事尚未呈现在大众视野中。这是一笔等待创作者去挖掘的巨大财富。只有善于创新，为我国的超级英雄粉丝创造出属于自己的英雄，才能从根本上抑制美国文化霸权的影响。

如今，漫威的"美国队长"电影已经告一段落，但"美国队长"的故事仍在漫画中，也在众多粉丝的心中继续。于文化研究而言，在这里探讨的超级英雄的粉丝文化现象也不过是九牛一毛。关于美国队长，关于超级英雄，关于他们的粉丝，关于中国文化的现状和未来，无数话题还在等待进入文化研究的视野。

·附录·

《认同与抵抗：超级英雄粉丝文化研究——以"美国队长"为例》写作过程

陈　曦

一　论文写作缘起

毕业在即，随着毕业论文答辩完成，相关工作告一段落，我得以有机会对自己的论文写作进行一些回顾和总结。这份毕业论文凝结着自己硕士研究生阶段部分学到的知识、进行的思考，尽管还存在许多问题，也尚算是对自己三年的学习有了一个满意的交代。

论文的选题其实来自我个人的兴趣。文化研究，尤其在中国，是一个仍在发展中的年轻学科，也是一个相对自由而包容的学科。不同于传统中文系的文艺理论研究、经典文本解读，文化研究可以容纳更多新鲜的文化产品、文化现象，容许我们从广阔的社会现实、细微的日常生活中去寻找自己感兴趣的研究对象。在这样宽松的学科背景的影响下，我不断尝试用书本中厚重的理论去解读生活中新鲜生动、真实可感的文化现象，发掘普通人与大众文化产品的互动关系中存在怎样的规律和原理：大众如何选择自己感兴趣的文化产品？大众文化产品又是凭借怎样的特点吸引着受众？这既是我在生活中愿意思考的问题，也是我在学术中可以研究的对象。在我的个人经历中，生活和学术第一次如此贴近，也一直在引发我探究的兴趣。

2015 年 10 月，在朋友的推荐下，我开始观看一套非常热门的"爆米花电影"系列——漫威超级英雄电影，开始是抱着打发时间、完成朋友布置的"任务"的心态，却一发不可收拾，因为我发现，超级英雄类型片并非我想象的那么单薄。在我的印象中，超级英雄电影情节简单、模式化，靠着炫目的色彩和"英雄梦"吸引青少年，大多没有什么内涵。但认真观看后我却发现，这些电影文本中也蕴含着一些文化研究乐于关注的问题：性别、种族、国家认同、文化认同等，其逐渐壮大的粉丝群体也在进行着自己的偶像模仿、文本盗猎、意义争夺、多角度阐释等活动。尤其是"美国队长"这个形象，因为丰富的政治内涵、反映的认同问题，成为其中我最感兴趣的一个人物，观看相关的衍生作品、观察粉丝在网络上的活动和反应是我那段时间热衷的娱乐，也无形中为论文写作进行了一些前期积累。

二 选题构思阶段

第二年年初的开题阶段，我开始尝试把围绕"超级英雄"形成的文化现象作为毕业论文的研究对象，并初步构思。起初，我想到了很多内容，试图使自己的研究事无巨细地包纳有关"超级英雄"的一切，从制作到美学，到粉丝，因为我都有过思考，很希望把自己的思考都写进去，而忽略了这样的写法容易使文章变得散乱、大而无当。我的导师胡老师对这一主题予以认可，也指出我"面面俱到"式的构思并非一个硕士论文的结构，建议我再聚焦、深挖其中一个方面，其中超级英雄粉丝文化就是一个值得挖掘的选题。参考老师的意见，结合自己近半年来的网络粉丝观察，我打算在论文中揭示超级英雄粉丝，尤其是我最熟悉的美国队长粉丝对超英偶像产生认同情感的机制，以及粉丝文化作为亚文化蕴含的抵抗性质，将自己的论文题目定为"认同与抵抗：超级英雄粉丝文化研究——以'美国队长'为例"，把研究对象定为"美国队长"粉丝，初步拟出四个部分：第一是整理作品和粉丝的相关历史；第二是探究粉丝的认同情感；第三是揭示粉丝亚文化的抵抗意义；第四是研究这个舶来偶像在中国发展的特殊性。当时我给自己制定的提纲如下：

绪论

    一、研究背景和对象

    二、研究方法和文献综述

    三、研究动因和研究意义

第1章 从漫画到电影："美国队长"及其粉丝成长历史

    一、"美国队长"的形象特征及其发展

      1.《美国队长》连环画

      2.《美国队长》系列电影

二、"美国队长"粉丝发展史

1. 动漫粉丝

2. 电影粉丝

第2章 粉丝情感与"美国队长"的文化认同

一、神话原型

1. "美国队长"形象建构的神话母题

2. 神话原型批评

二、国家象征

1. 二战英雄与共同体象征

2. 意识形态载体

3. 文化输出手段

三、当代转向

1. 后"9·11"时代政治偶像

2. 流行文化符号

第3章 "粉丝力量大"：消费、模仿与再造

一、衍生品消费

二、角色扮演（cosplay）

1. 服装风格：模糊阶级、打破秩序

2. 行为模仿：英雄世界的乌托邦想象

三、粉丝创作（fan fiction）

1. 解码与再创作：变异的英雄形象

2. 作品传播：个人话语体系建构

3. 作品接受：粉丝群体内部冲突

第4章 "美国队长"中国粉丝的认同与抵抗特征

一、认同的存在与隔膜

1. 中国本土神话原型

2. 同盟国反纳粹意识

3. 文化输出对象

二、抵抗特征的改变

1. 更改的社会语境

2. 变化的象征意义

3. 本土化的抵抗对象

（1）低质量的文化产品（"美国队长"与"手撕鬼子"）

（2）抹杀个人的集体主义（对个人英雄主义的向往）

结语

三　资料收集阶段

选题通过后，我开始根据自己拟定的论文提纲进行资料收集。首先是完善了理论储备，对于文中会应用到的集体无意识、文化霸权、资本主义意识形态、粉丝模仿与挪用等各种理论，我此前有大体上的了解，但并不十分确凿和精细，要熟练运用理论分析我的对象，就首先需要对理论进行夯实。其次是寻找作品的相关历史资料，因为美国队长电影来自的漫画改编，其漫画作品最初发行于1939年，拥有一段漫长的历史，作品和粉丝的经历是很重要的。但寻找美国粉丝历史的过程并不如我所想的那么顺利，无论是历史文献还是纪录片，多集中于对作品创作的讲述，而粉丝的情况都被草草带过，因此，我只能在文中对粉丝的历史进行与作品结合的简单描述，这也是论文的缺陷之一。再次，对粉丝在网络上发表的抒情文本进行了收集，并采访了个别粉丝是怎样"入坑"的，这帮助我进一步确认了粉丝迷恋这一超英偶像的原因所在，更加合理地在文章中揭示出超英粉丝的认同机制。最后，在此基础上，搜寻中美粉丝的不同之处。在这个部分，我遇到的困难最多，因为对英语国家的文化背景、美国国内政治文化现状缺乏细致的了解，对两国粉丝无法进行有深度的比较，若把差异集中在政治制度上，既过于空泛又缺乏说服力，因此权衡之后决定对这个部分有所保留，终于在写作过程中删去了这一部分。

四　写作和修改阶段

从2016年8月开始，我花费近3个月完成了自己的初稿。上一阶段中自己的想法大部分得到了实现：第一，详细梳理了美国队长漫画、电影作品及其粉丝的发展历史；第二，运用集体潜意识和文化霸权理论，通过对美国队长的意识形态分析，揭示出粉丝对这一偶像产生文化认同的原因；第三，调查粉丝在外形（形体和服饰）上模仿超级英雄偶像的心理机制，并揭示这些模仿行为对社会规范和制度的抵抗意义。我的成文主要结构如下：

摘要

ABSTRACT

目录

绪论

一、选题意义

二、国内外研究现状及存在问题

　1. 国内研究现状

　2. 国外研究现状

三、研究方法及创新点

第一章　从漫画到电影："美国队长"及其粉丝的前世今生

一、《美国队长》连环画及其读者的发展史

　1. 诞生与流行

　2. 退潮与消失

　3. 复活与发展

二、"美国队长"电影及其影迷的发展史

第二章　神话、国家与资本主义：粉丝情感与"美国队长"的文
　　　　化认同

一、神话原型

　1. 人物形象设计

　2. 故事结构编排

二、国家象征

　1. 共同体象征

　2. 意识形态载体

三、当代精神偶像

第三章　粉丝力量大：消费与模仿

一、流行偶像：被消费的完美身体

　1. 完美身体榜样

　2. 情欲投射对象

二、角色扮演：粉丝的自我想象

　1. 服装——人格特征的外显形式

　2. 跳出流行体系

结语

参考文献

附录："漫威电影宇宙"系列电影作品年表及票房统计

致谢

　　在初稿完成后，胡老师对我的文章基本予以认同，并提出了不少有建设性的意见。在老师长时间耐心的帮助下，我反复进行修改，大体做出如下改动：对引用的粉丝文本进行了更深入、详细的分析；对文章的整体逻辑加以完善；进一步平衡了文章结构，减轻了头重脚轻之感；增补了一些相关内容的彩图，使论文更生动、易懂、翔实；精确修改了注释、引用上的格式问题，使引用更加严谨；等等。最终在 2017 年年初基本完成了修改。修改后的论文有幸得到胡老师"扎实而具亮点"的评价，但我也十分清楚由于个人能力不足，文章难以尽善尽美，还存在一些难以忽视的缺陷。虽然硕士研究生生涯即将结束，但在今后的人生中，学习、思考、写作仍然会是一生的事业，毕业论文写作的经历也是我个人一段成长、进步的经历，我将会牢记此时的经验与教训，从中得到一生受用的养分，争取有机会在今后的人生中继续自己的学术道路。

意义生产：中国当代观念摄影的创作解读

钱子丹[*]

本文旨在探究中国当代观念摄影创作中的意义生产问题。尝试通过对观念摄影历史以及20世纪90年代以来中国摄影发展历史的梳理，并结合具体作品案例的分析来厘清导致意义生产逐渐成为中国观念摄影重要创作方式的原因。在历史上，大量摄影艺术流派都受到同时代绘画领域艺术思潮的启迪和影响，并且摄影一直试图在与绘画的比较中争取自身的艺术身份。在这个过程中，摄影几乎忽略了自身特性和对其独特艺术语言的探索，而将其发展寄托于一种绘画式的创作之中，因而其艺术身份也长期饱受质疑。随着时代的进步，科技使摄影的影像表现能力获得了空前的提高，但随之而来的却是机械对于创作者主体性和能动性的剥夺，摄影几乎成为按动快门即可为之的"艺术"。其作为一门艺术所应具有的人的技艺成分正在衰减，这个过程也正是摄影不断异化和其艺术身份面临新危机的过程。后现代主义艺术思潮的蔓延似乎为摄影破旧立新、摆脱尴尬局面提供了绝好的契机。然而后现代主义在思想上的"离经叛道"却与消费文化的"利欲熏心"不谋而合。在经济利益主导的艺术体制中，艺术投机主义和新艺术精英主义开始大行其道。作为一种后现代艺术，观念摄影试图摆脱已有的视觉美学规范而力图使作品不停留在传统的阐释向度之内，意义遂成为作品艺术价值的关键，于是对意义的生产便开始成为艺术创作与艺术评论共同的重心。

---

* 钱子丹，首都师范大学文学院文艺美学方向2013级硕士研究生。指导教师：邹华。

一 观念摄影的界定与溯源

自尼埃普斯（Joseph Nicéphore Nièpce，1765～1833）发明摄影术开始，摄影就从没停止过它与艺术身份的纠葛。摄影诞生伊始就遭到了各种非议，"德国的《莱比锡日报》曾载文称：'经我德意志官方彻底调查的结果，法国人所谓能摄取转眼消失的影像一事，只不过是一场绝对不可能的空梦而已。假如硬要这样做，那么就是一种冒渎神灵的行为……这是既荒谬又不可能的事。'"① 人们并没有意识到它的艺术潜质。即使是促成法国政府收购达盖尔式摄影法发明权的阿拉哥也只是意识到摄影术将为科学研究带来便利，并在艺术创作上起到辅助作用。但继之而来的却是一场旷日持久的关于艺术之名的争论。新古典主义绘画大师安格尔就曾对摄影怀有一种既羡慕又感到威胁的复杂感受。此后摄影从艺术创作的辅助工具开始，通过对传统绘画的僭越而逐步获取了艺术身份。戴维·奥克塔维厄斯·希尔（David Octavius Hill，1802～1870）和罗伯特·亚当森（Robert Adamson，1821～1848）的合作正是如此。当时画家希尔试图创作一幅巨幅的人物群像，于是他希望亚当森的摄影技巧能够为他提供所有独立的肖像以便作画。摄影术在这次创作中展现了卓越的再现能力，同时绘画也为它与艺术接壤提供了形式参照。不难发现，多数早期摄影家都有画家身份或绘画经历，这似乎并非偶然。"这就是要想让摄影摆脱科技工匠的羁绊，或者说让摄影成为艺术，必须有足够的艺术创造功底。而这样的功底在当时被普遍认为就是需要具备画家的素质，否则，摄影还只是一种科学的手段而已。"② 比如法国摄影家父子埃德尔伯特·库维利尔（Adalbert Cuvelier，1812～1871）和尤金·库维利尔（Eugene Cuvelier，1837～1900），画家的审美遭遇纸质负片的显影局限使得这对父子的摄影作品充溢着古典风景油画的艺术效果和审美旨趣。老库维利尔曾经如此谈道："许多人从来都没有学习过油画或素描，也完全不了解两者中的任何一门艺术，却幻想着只要能买得起达盖尔的印相设备，再带一本摄影须知，那么尼埃普斯和达盖尔的发明就能让他们制造奇迹。……'我并不是说为了成为一名优秀的摄影师，你必须先精通油画或素描，我的

---

① 李文方：《世界摄影史》，黑龙江人民出版社，2004，第10页。
② 林路：《摄影思想史》，浙江摄影出版社，2008，第7页。

意思是你首先应当是一位艺术家。你必须具有绘画的敏感度，知道它的效果和构成。'"① 他还指出，很多荒谬的照片之所以产生，正是由于作者没有认识到这一点。可见，一方面，此时的摄影仍只是西方传统绘画视觉思维的运用，缺乏独立艺术本体语言，其审美范式也没有产生与之对应的革新。后世的摄影思想和观念的革新却多基于某种先在的社会人文思想基础，而与人类视觉欣赏本能的关系日渐弱化，常常成为意识形态有意识的唱和或反叛。另一方面，后现代主义艺术的平民化运动正在推动一种"鲁莽而胆大妄为"的广泛性艺术参与。虽然人们有理由摧毁傲慢的艺术精英主义，但过于激进的情绪也会将"技艺的精英主义"推入墓穴。宝贵的个人艺术积淀能使作品不至于随某个艺术思潮或者运动而昙花一现。当代，在后现代主义艺术大潮的冲刷之下，艺术精英主义果真被荡涤干净了吗？事实上，精英主义从来没有真正退隐，它只是以另一种形式存在于后现代主义艺术中。

在摄影的艺术性得到承认之后，"高艺术摄影"和"画意摄影"便随之兴起。大体上，19世纪中叶的西方仍然坚守着传统美学的艺术风尚。在英国，一批年轻艺术家在画坛掀起了一场"拉斐尔前派"艺术运动。摄影家们开始从事模仿绘画的"高艺术摄影"。这类照片在布景陈设、服装道具的选用上都有很高的要求，此外多次叠印的后期制作也需要高超的技术，这使得整个创作过程足以媲美作为高艺术（High Art）的绘画，故而其迅速为艺术界所接受。19世纪70年代以后，"高艺术摄影"逐渐向"画意摄影"转变并为之取代。根据贝伊斯·高特（Berys Gault，1908～1941）关于艺术定义的"簇概念"，只要具备一部分艺术的属性，那么一种形式就可以被称为艺术。摄影正是借助人类在漫长的绘画艺术实践中形成的审美范式为自己完成了艺术加冕。

继"高艺术摄影"之后兴起的画意摄影，相比前者，更注重摄影家个性化的艺术表现而不再执着于与绘画保持一致。画意摄影在继承绘画高贵艺术血统的同时开始了对摄影本体语言的探索。它强调影调、线条、平衡等视觉审美要素并回避一切世俗与丑陋的内容；在创作技法上顺应了人们的审美惯性，抛弃了"高艺术摄影"中惯用的手法，转而通过影调与清晰度的控制和直接拍摄的方式来营造画意感。绘画的意味或者艺术性不在于摹写的精确，而在于如何摹写。但照片所呈现的几乎就是自然的本来面目。

---

① 林路：《摄影思想史》，浙江摄影出版社，2008，第7～8页。

"过于真实"使摄影长期处在技术与艺术的边界之上，这使画意摄影反而刻意回避技术进步带来的精确与清晰，并通过各种手段使照片获得朦胧感以增加绘画的意味。摄影家安东尼·弗朗西斯科·科罗迪特曾说道："只有真正的天才，才能将摄影术这样一个艺术样式提升到一个很高的水准。……摄影术会增加艺术品的味道，与此同时，艺术也会增进摄影术的味道。"①继画意摄影之后出现的"印象摄影"应验了科罗迪特的话。印象派摄影从印象派绘画中获得灵感从而成为画意摄影的延伸和超越。通过乔治·戴维森（George Davison，1854~1930）、罗伯特·德马奇（Robert De Marche，1859~1937）等摄影家的努力，伴随着嘲讽，印象派摄影仍然引起了不俗的反响。然而至此，摄影终究还是没有结束它与绘画之间的相互影响。当时摄影并不稳固的"艺术身份"——或者说一部分传统意义上的艺术性，在审美接受中仍需借助绘画的艺术体系。显而易见，摄影在视觉呈现上的艺术性流淌着绘画的血液。

19世纪中期以后的风景摄影和人物肖像摄影仍颇具绘画感。19世纪50年代以前的人物肖像摄影散发出的古典韵味基本上延续到了世纪末，但也明显发生了趣味与关注焦点的变化。纳达尔（Nader，1820~1910）通过半身肖像或特写的方式传神地展现了人物的精神面貌。他不刻意设计人物姿态，却使之更加自然，在简单的背景衬托之下，人物个性得到了传神的展现。"让我来告诉你们一些学不到的东西，例如对光的感受，例如对既有差别又有联系的光产生的效果的艺术鉴赏，再如对于自然的画面——你必须像一位艺术家一样再现表面的自然，从而达到这样或那样的效果。……对于拍摄主题精神的理解能力也是很难学会的……"②纳达尔认识到一种源自绘画却又经过摄影本体化了的艺术感知力在创作中的重要性与必要性，肖像摄影并非由照相机完成的肖像画。他与朱丽亚·玛格丽特·卡梅伦（Julia Margaret Cameron，1815~1879）等其他一些摄影家开创了写实主义肖像摄影流派，他们将传统肖像绘画的精髓内化到了创作中。与之对照的美国摄影家贝洛克（E. J. Bellocq，1873~1949）以一种桑塔格（Susan Sontag，1933~2004）所谓的"令人感到痛楚的观看"将不知名的底层妇女的肖像呈现给观众，相比传统肖像摄影，他的作品因在形式上融入了更多的纪实感而更符合当

---

① 林路：《摄影思想史》，浙江摄影出版社，2008，第40页。
② 林路：《摄影思想史》，浙江摄影出版社，2008，第26页。

代对于摄影作品在本体语言意义上的期待与理解。

相比工具，传统艺术创作更需要艺术家的禀赋学养和精湛技艺。作为机械装置，摄影却很难摆脱其工具印象。虽然早期的摄影需要精湛的操作技术，而一幅成功的照片更需要艺术观念的注入。《葱田》的拍摄者乔治·戴维森就坚定地认为艺术观念是决定性因素。复杂的技术操作与艺术观念的融合为画意摄影争取了艺术资格。技术进步不断凸显出摄影内在的悖论。在器材日新月异的今天，摄影的艺术身份不再理所当然地与绘画保持依附或参照关系。一方面，摄影只要与绘画保持某种关联，它就终将难以获得艺术身份上的平等。另一方面，技术的进步迫使摄影再次回到"再现"之路，否则它将成为一种剥夺了创作者主体性的高科技工具。"摄影家对这个世界的目击方式，应该完全不同于画家对这个世界虚幻的构想。"① 当绘画走上表现主义道路时，摄影才真正开始"目击"异化的工业社会。纪实摄影没有强烈的对形式美的表现意图。早期纪实摄影的拍摄手比较平实，却有足够的空间让多种形式美因素隐晦地融于其中，同时它的社会人文关照又将整个审美过程延伸到了图像之外。比如多萝西娅·兰格（Dorothea Lange，1895~1965）那张著名的《迁移的母亲》就是一幅兼具社会人文内涵和传统审美特征的肖像摄影作品。刘易斯·海因（Lewis. W. Hine，1874~1940）的《大街上的孩子》在一种典范式的构图与光影中透露着直击人心的社会关切。"摄影有其本身附加的现实主义，它这种内在的吸引力是其他图像形式里所没有的。"（*Photography Speaks*：150 *Photography on Their Art*）② 这种现实主义不仅为摄影提供了广阔的艺术表现舞台，同时也赋予了摄影表现深度内涵的可能。

光效摄影、物影摄影、抽象摄影和结构主义摄影等流派能够通过对抽象形式和几何构成的展示体现强烈的表现性。这些流派试图拓展摄影的艺术表现空间，但其尝试多游离于摄影艺术本体语言之外。这些流派的摄影家力求使摄影具有卓越的艺术表现能力。基于视觉艺术的共通性，绘画便容易成为直接参照和追赶对象。包括莫霍利·纳吉在内的很多摄影家都将照相机视同画笔与刻刀，尽管可能在他看来，作为工具的摄影有广阔的施展空间，但工具性毕竟暗示了一个最适合其发挥的领域。"钢铁发明的时

---

① 林路：《林路摄影文论集》，上海文化出版社，2012，第40页。
② 林路：《摄影思想史》，浙江摄影出版社，2008，第110页。

候，在建筑上它并没有立刻发展成独立表现的一种技术，那时候的人，把它拿来模仿石头……那些曲线、那些做出来的花样、结构都是石头桥型式。那时的人并没有掌握到新材料、新工具的真正特色与力量，它是依赖在原有的艺术基础上，以模仿为出发点的。"① 如果在摄影艺术身份的辩护中执拗于审美形式的表现与创造，那么摄影可能还将回到绘画艺术发展的脉络上来。法国著名摄影大师亨利·卡蒂埃·布列松（Henri Cartier-Bresson，1908～2004）对"决定性瞬间"理论的实践赋予了纪实摄影以丰富灵活且趣味盎然的表现形式。"生活中发生的每一个事件里，都有一个决定性的时刻，这个时刻来临时，环境中的元素会排列成最具意义的几何形态，而这种形态也最能显示这桩事件的完整面貌。"② 布列松的作品使摄影的纪实特性与构图的形式美水乳交融，而这种对生活中趣味瞬间的捕捉又体现出艺术家个人的技艺。这种技艺使影像的形式美和摄影的纪实特性相结合，照相机作为工具，服务于艺术创作。当摄影作为艺术家使用的工具而不是能够替代创作者技艺的机械时，它的艺术身份也就能得到确证。本雅明如此谈道："在一个世纪之内这个机器将会是画笔、调色板、色彩、灵巧、习惯、耐心、锐利的目光、笔触、颜料、透明色、诀窍、立体感、精工、逼真。"③而纪实摄影正是在一个新的时代印证了本雅明的预言。

二 中西观念摄影透视比较

很容易注意到，对中国观念摄影的欣赏与接受在很大程度上需要依赖阐释行为而非欣赏者的文化积淀与知识结构，这种现象是过度阐释在艺术接受过程中滋生的重要温床。"理解前结构"的缺失或者模糊在客观阐释对艺术接受过程的介入成为必要，并据此建立一种通行的"认识预期"。从中国观念摄影现状来看，无论是创作者、欣赏者还是第三方阐释者，都在尝试建立一个完整的西方意义上的后现代主义知识体系核心，并将艺术品生产的所有环节都纳入这个体系之中以期获得一种"标准语言"。而事实上，西方意义上的后现代主义理论并不确切地适用于中国当下的社会文化现状，

---

① 阮义忠：《摄影美学七问》，中国摄影出版社，1999，第138页。
② 阮义忠：《二十位人性见证者》，生活·读书·新知三联书店，2006，第188页。
③ 〔德〕瓦尔特·本雅明：《迎向灵光消逝的年代》，许绮玲、林志明译，广西师范大学出版社，2004，第132～133页。

这使得中国观念摄影从其思想根基到创作实践都仿佛是一种对西方模式的仿制。

如前文所述，观念摄影作为观念艺术的一种形式，是在西方后现代主义语境下产生的。后现代主义作为观念艺术，其产生的文化土壤，有其自身特有的历史继承性、自发性和必然性。而这些条件在中国是缺失的，取而代之的仅仅是一种在中国迈入后工业社会的过程中所呈现的与西方对应发展阶段在现象上的相似特征。这种特征缺乏深层的历史根基，因为后现代主义产生的根源并非仅后工业社会这个现实物质条件，它还有着更为深层和连续的思想文化传统。但中国所谓的后现代主义更像是一种危机与矛盾的集结和对诸多现象的称谓与概括。这种名不副实的"后现代主义"不仅没有纯正的血统，甚至也难以在当代中国复杂的文化语境中占据主流位置。中国当代观念摄影的创作正是由于缺乏这种必要的思想文化传统和产生后现代主义的严格历史语境而显得不伦不类。这种先天缺陷使得无论是观念还是形式与技法，中国观念摄影在很长的一段时间内都难以摆脱西方的影响。

当然也应该看到，全球化带来的意识形态壁垒的逐步消解和国际对话交流的深入，使国内外艺术价值观逐渐产生趋同的态势，具体艺术创作活动也呈现复杂的景观。中国当代艺术在借鉴中向全球化的艺术系统的融入具有客观的必然性和合理性。但也应该看到，这一系统无处不充斥着浓厚的西方色彩和话语权力。中国当代艺术作品在国际艺术品市场上的卖座在很大程度上是因为其浓厚的西方后现代主义意味。这究竟是艺术创作的自觉还是商业策略，仅从现象上难以判断。后现代艺术作品意义的开放性赋予了阐释行为极其广阔的空间，当它与这种商业策略的本质——意义消费相勾结时，作品的价值究竟取决于诚恳的艺术创作，还是取决于根据意义预设而进行的哗众取宠的形式建构，就变得难以判断了。

必须承认的是，在中国观念摄影产生以来短短的二十多年时间里，本土艺术家在实践中确实创作出了不少优秀的作品，并且在这个实践过程中创造了一些本土特色的表现手法。但相比西方，似乎我们没有以足够严肃的态度来面对一轮新兴的艺术思潮和一个新的视觉艺术门类，而是普遍在借助这个思潮和观念艺术的形式来凸显个体意识的存在和地位身份诉求。它更像是一种在当下中国独特社会语境下，对80年代前政治压抑和保守艺术规范的情绪发泄。它的观念性并不体现为后现代的思维方式，而只是试图建立一个与传统经典对立的创作范式，因此，中国观念摄影仍然缺乏深度。就其发展的全局来看，无论是观念本身还是创作手法，模仿的痕迹依然相当严重。这种模仿背后无疑有着相当复杂的动机。

或许很难保证艺术家个体的艺术立场不被消费社会所麻醉与同化。个体并不能清晰地意识到究竟是自己正在从后现代主义的社会历史语境中获取某种生存感受，并将之作为素材进行创作，还是将后现代主义理解为一个激进的、颠覆性的艺术思潮并据此进行艺术创作。缺乏这种认知容易导致一种单纯强调形式风格的创作理念。由之，创作手法和表现形式便知只是作为工具而视其适用性和对应性而取用，最终结果就成了模仿的顺理成章。另外，在消费社会，商业化早已渗透到社会各个领域。伴随艺术产业化而来的是艺术创作在商业思维和营销手段上的投机取巧。相比苦苦探索，借鉴与模仿无疑是一种高效的艺术品生产手段，于是新潮和经典之物都无法摆脱遭受揶揄和复制的命运。比如，当《九毛九》这件被认为是表现了消费社会的巨幅观念摄影作品在美国被人以高价拍得之后，国内一批观念摄影艺术家就竞相开始用巨幅创作。恐怕吸引他们"借鉴"的并不见得是这幅作品的形式，而很可能是它所售出的 209 万美元的高价。

中国观念摄影相比西方尚不成熟，尤其缺乏共通的评价标准。现行的做法往往是在创作、接受和批评等各个环节中都套用西方的标准敷衍了事。虽然有大批艺术家涌入观念摄影的创作行列，但作品却参差不齐，质量不增反降，甚至很多作品颇有欺世盗名之嫌。有些作品思想肤浅，形式怪异，试图通过形式的哗众取宠来掩盖思想内容的低俗浅薄；另一些作者则将"观念"理解为"想法的追新求异"，以至于创作出一些极其荒诞而不可理喻的作品。这些现象都说明一个问题，即缺乏对后现代主义和观念摄影的恰当理解，而只是将其注意力投注于形式和主题，并在此基础上追新逐异，最终坠入怪异荒诞的深渊，于是"观念摄影"常常成为无法置评的作品的避难所。这些作品非但没有遭到质疑，反而因其"观念摄影"之名披上了先锋的外衣，堂而皇之地接受阐释与朝拜。所谓的"无意义"实际上变成了"可以是任何意义"，旋即竟又摇身一变，成了"深刻而丰富的意义"。一时间，形式与意义的无关联性生发出巨大的意义空间，并成为各路竞相追捧的创作标杆。大量创作流于俗套的隐喻，所谓的批判性和思想亦不过是一些符号化的概念而被随意组合，于是艺术批评也就可以轻易地顺藤摸瓜。

三 摄影的异化

异化现象普遍存在于发达资本主义工业社会之中，并影响着社会生活的各个方面。摄影作为近代出现的技术产物，也无可避免地受到异化的影响。它的问世曾对绘画产生过巨大的冲击，甚至引发恐慌与排斥。即使是在摄影诞生半个世纪后，波德莱尔在《1859 年的沙龙：现代公众与摄影术》中如此写道："毫无疑问，这门工业，通过入侵艺术的领土，已经成为艺术的最不共戴天的敌人。……如果允许摄影在某些功能上补充艺术，在作为它的自然盟友的大众的愚蠢帮助下，摄影很快就会取代艺术，或索性毁掉艺术。"[1] 伴随资本主义工业化的发展，摄影经历过并正在经历一种与多方发生关联的错综复杂的异化过程。其间，摄影获得了艺术的身份，却又在现今面临着新的危机。如何化解这个危机以捍卫自己的艺术身份，使摄影必须重新寻找一个新的立足点。

在摄影冲击了肖像画领域之后，不少失业的肖像画家便开始研究如何基于传统绘画的审美体系来运用摄影进行艺术创作。早期摄影作品虽然证明了自己能够在传统绘画的审美框架中展现非凡的表现力，并创造出了具有独特时代韵味的作品，却忽略了对摄影自身特性的关注与探索。"摄影是不是一门艺术"转而成为"摄影能否以其表现力成为一门艺术"。摄影家们绞尽脑汁地将绘画作为参照，运用各种手段和形式来试图让摄影获得合法的艺术地位。摄影在写实领域尝试取代绘画，并不断尝试将绘画的形式因素运用于摄影之中。但影像技术的复制能力终究无法替代绘画中蕴含的人的技艺，因而也无法使它取代绘画。绘画式的摄影创作将其推向了对立面，并试图在这个对立面中来实现和确证自身。这可以被认为是一个在摄影发展初期短暂的主体性缺失的阶段。

"摄影所从事的就是篡夺画家的任务，提供精确地模仿现实的形象的任务。"[2] 肖像绘画被人像摄影所替代，民俗和社会重大事件的记录也开始由摄影来承担。这些领域中的摄影实践推动了对其艺术本体语言的探索和发现，并为现代意义上的纪实摄影奠定了基础。相反，画家们却开始抛弃古

---

① 顾铮编译《西方摄影文论选》，浙江摄影出版社，2003，第 11 页。
② 〔美〕苏珊·桑塔格：《论摄影》，艾红华、毛建雄译，湖南美术出版社，2004，第 110 页。

典主义绘画对形体和轮廓的精确表达和柔缓微妙的色彩表现，转而运用科学原理研究光色变化并创立了印象画派。受其启发的印象派摄影虽然取得了不俗的艺术成就，但仍未找到摄影根本的艺术特性。20世纪初，表现主义思潮在德国兴起，对摄影来说这是一个拓宽其表现领域的良机。"一方面使摄影得以此为支点，逐步脱离印象主义的束缚，另一方面强烈追求自我和心灵的主观表现，用极端的简单化、变形和强烈的黑白对比表达摄影家的感受。"① 兴起于意大利的未来主义推动了摄影进行现代主义的创作实践。现代主义对大规模机器生产的赞美，对科技飞速发展的歌颂恰好为作为技术产物的摄影提供了绝佳的施展空间，并且现代主义对旧有美学观念的颠覆又为摄影带来了摆脱"婢女"姿态的良机。整个未来主义艺术思潮从文学绘画开始向诸如雕塑、电影、音乐、戏剧乃至摄影等其他领域延伸发展。纵观摄影发展的历史，它与绘画艺术思潮更替的脉络如此一致，不难想见两者的共通性。但摄影独立艺术身份的要求具备不同于绘画的独特属性和与之相应的视觉经验模式。

面对超写实主义绘画令人叹为观止的技艺，摄影的精确性显得理所当然。面对竞争，摄影需要进一步拓宽其表现领域。"许多专业摄影家声称要做些与记录现实完全不同的事情。"② 摄影家们开始尝试在抽象表现领域有所作为，但"他们采取的这些态度也不可能复制绘画的那些观念。因为摄影在根本上绝不可能完全超越题材，而绘画却可以。摄影也绝不可能超越视觉本身，而这种超越在某种程度上却是现代主义绘画的终极目标"③。摄影的表现意味着对瞬间性、偶发性和复制性的抛弃。现代纪实摄影可谓摄影特性最理想的运用，也是最能体现摄影独特性的艺术表现方式。纪实摄影突破了传统绘画艺术的审美框架并创立了一种属于摄影独有的美学主张。它意味着在瞬间内对事件意义的认识和赋予，并将之与直觉式的视觉审美形式相结合。但是，"复制性不管再怎么忠实，总是却少'现在性'。摄影的特质是——'曾在彼方'，换句话它记录的是'已经发生过的事'，因此它顶多是'此时此地'的过去式的再现，而绝非此时此地"④，因此，一张

① 李文方：《世界摄影史》，黑龙江人民出版社，2004，第245页。
② 〔美〕苏珊·桑塔格：《论摄影》，艾红华、毛建雄译，湖南美术出版社，2004，第111页。
③ 〔美〕苏珊·桑塔格：《论摄影》，艾红华、毛建雄译，湖南美术出版社，2004，第111页。
④ 〔德〕瓦尔特·本雅明：《迎向灵光消逝的年代》，许绮玲等译，广西师范大学出版社，2004，第60页。

照片总是与某种人文历史感相联系，观赏者的审美情感也包含对历史的好奇与想象，更易触发个人经验的回忆。借由思维与情感的延伸，摄影获得了超越形式的审美广度与深度。观念摄影最初是作为记录工具而与观念艺术结合的，但很快就直接作为一种观念艺术表现形式而出现。瞬间性和偶发性不再重要，因为作品的内容就是对观念或其表达形式的直接呈现。在数码技术快速发展的今天，相机所记录的原始影像只是有待处理的素材，失去全面艺术特性参与的摄影逐渐沦为一种被"阉割"的工具。

数字技术的飞速发展不但弥补了传统摄影银盐成像在表现力上的不足，更改变了人们长久以来对摄影器材使用方式以及摄影工具性与艺术性的理解。随着数码摄影器材的普及，传统摄影从器材到观念的整个认识体系开始趋于瓦解，并被一种数码时代的摄影认识体系所替代。

借助数码相机，电脑和数字影像处理软件，摄影的操作更加简单，其表现力也大为增强。图像处理软件几乎完全替代了传统暗房技术。视觉刺激带来的直接愉悦替代了以往对于照片所蕴含的情感意味、历史文化以及形式表现等方面的感知和期待。百年来摄影一直努力摆脱工具印象，证明它具有艺术创作的非凡潜力。在纪实摄影的黄金时代，照相机机械性能的完善和摄影家个人技艺保持着平衡，传达着人文精神的追求，展现出摄影艺术本体语言的实现。而在数码时代，器材却僭越了创作工具的身份，蚕食了人的主体性空间。

"艺术就其本质而言，始终是这种退化倾向的反力，始终是反抗这种不良倾向的范例，是内心健康的思想。"① 卢卡奇认为资本主义商品社会的异化现象是一种极其不合理和危险的退化，而艺术应当担负起抗拒这种异化的责任。不幸的是，艺术本身也早已沦为商品拜物教的俘虏。在谈论艺术与消费主义的关系时，人们往往低估了消费社会强大的同化力量。在后现代主义的影响下，摄影艺术越来越不具有卢卡奇所要求的人道主义本质。同卢卡奇一样，马尔库塞也认为社会现实意味着压抑、剥削和现实功利性等，而艺术应当成为这种消极负面的、异化了的社会现实的异化，是对异化了的存在的某种有意识的超越。艺术的异化是对社会现实的自觉否定，这将意味着一种在艺术现实与社会现实之间划定距离的要求。但这与后现

---

① 〔匈〕乔治·卢卡奇：《审美特性》，燕宏远、李怀涛译，中国社会科学出版社，1991，第 134 页。

代主义企图消除艺术与生活边界的主张是相互矛盾的。作为后现代主义艺术的观念摄影，虽然将其观念的触角伸向社会现实生活，却时常以种种光怪陆离的形式来表现对异化问题的思考和批判。这种思考与批判背后的情绪是复杂的，一方面，异化的社会现实为批判提供了对象，另一方面，彻底的批判却又将否定后现代主义本身。事实上，很多观念摄影作品所传递的是一种对异化的社会现实的复杂情感，在这种情感中，否定的冲动和其本身对这种异化现实的依赖共存，并交融成一种暧昧的态度。有些作品摆出一副矫饰的批判姿态并靠着这幅姿态在当代艺术市场中牟取暴利，成为不折不扣的商品。大量作品的所谓批判性是通过其形式构成的阐释张力产生的。

　　艺术形式连接了艺术与社会现实。马尔库塞认为："实际和可能之间的紧张被变成一种不可解决的冲突；在这一冲突中，多亏有作为形式的作品和作为'幸福希望'的美，二者之间才得调和。在作品形式中，具体环境被置于既定现实显示自己实际面目的另一种向度之下。因而它诉说了有关它自身的真理；其语言不再是欺骗、无知和屈从的语言。"① 艺术作品通过其形式将社会现实引入视野并放置于"另一种向度之下"，以此来实现对异化现实的超越。然而在观念摄影中，形式不仅意味着作品呈现的视觉形式，更作为某种观念的表征。形式本身并不意在产生马尔库塞所谈论的作用，而往往作为展示的主体，因而观念摄影所谓的现实批判性的本质其实是艺术在消费社会中进一步的异化，而不是卢卡奇和马尔库塞意义上的艺术的人道主义本质的体现。

　　借助摄影，很多人不再需要经过长期专门训练就可以从事视觉艺术创作。摄影成为后现代主义向传统艺术精英主义发起攻势的有效武器。但随之而来的并不是艺术精英主义的消亡，而是艺术大众化浪潮引发的艺术范畴的扩充。"无论怎样声称摄影是与绘画同等的个人表现的形式，它的原创性事实上仍然摆脱不了与机器能力的联系：没有人可以否认，由于这些能力的稳步增长才使得许多照片中的知识性和形式美成为可能。"② 易于实现的拍摄使人们对影像的审美趣味发生了变化。人们开始对"好看"的照片表现出厌倦。人文纪实摄影在大众化的趋势下出现了模式化和概念化的趋势。相比之下，人们对绘画的欣赏却绝少仅仅关注内容。雷希特曾有一段

---

① 〔美〕马尔库塞：《单向度的人》，刘继译，上海译文出版社，1989，第57页。
② 〔美〕苏珊·桑塔格：《论摄影》，艾红华、毛建雄译，湖南美术出版社，2004，第140页。

精彩的评论，即提琴演奏家与钢琴演奏家的区别在于，提琴演奏家必须首先迅速地去定音而后演奏，而钢琴演奏家却只需要按动琴键就可以发出音调。画家在绘画过程中的描画与取色有如提琴演奏家的定音，而摄影师则像钢琴演奏家一样依赖于相机这个机械，并且这个机械又要受制于特定的法则。经典作品在大规模的效仿中迅速成为令人厌倦的惯用伎俩。"在摄影剥夺掉了传统观看方式的干燥外皮的同时，它却制造了另一种习惯性观看方式：既紧张又冷漠，既牵挂在心又超然独立；醉心于无价值的琐碎细节，纠缠在互相冲突的东西之中。但摄影的观看必须由新的震撼力来更新，无论是在主题还是在技术上，以便给人以突破平庸想象力的印象。"① 对此，后现代主义艺术思潮不可不谓一剂良药。而观念摄影现在已经成为化解当代摄影艺术身份危机的重要途径。

四　观念摄影与传统摄影的比较

关于本质的讨论往往是在特定文化中被建构的言说，并且关于本质的格言式的归纳又往往带有浓厚的个人主观色彩。比如莫霍利·纳吉认为摄影的本质在于它表现一个"客观的肖像"的无可匹敌的能力。很多摄影家都认为摄影是不是一门艺术的问题根本无关紧要，他们更关注摄影作为一种表现形式的丰富可能性。作为现代最重要的观看方式，摄影赋予了摄影者们极大的创作自信。当代摄影处在一个审时度势的发展过程中。在这个过程中，摄影的任何特性都无法成为定义其本质的依据。然而对普通人来说，他们欣赏艺术时需要一个范畴的确定性作为前提。任何艺术都希望获得公众的理解与接受。就摄影而言，较为合理而具有普遍意义的本质建构是培养一种宽容的观看品位所必需的。然而从现代主义开始，只有怀着颠覆传统的野心才能成就卓越的艺术。传统似乎变成了消极的参照和亟待破除的桎梏。这种观念在后现代主义艺术中则更为激进。同一种艺术形式在不同的艺术思潮中总是关于其本质的崭新阐释。这些观点的提出往往并非出于单纯探寻本质的目的，而是作为其思潮合法性的根基而被建构和设立的。

应该承认，摄影无论作为记录工具还是作为一门艺术，它都具有其特殊的性质。韦斯顿（Edward Weston，1886～1958）对波德莱尔所持有的

---

① 〔美〕苏珊·桑塔格：《论摄影》，艾红华、毛建雄译，湖南美术出版社，2004，第115页。

"摄影是绘画的死敌"的看法提出了停止纷争的折中提议，即让绘画把忠实反映现实的任务交给摄影去追求更高的艺术目标——抽象。即使如此，对现实的忠实反映也不会使摄影成为一门艺术，因此摄影仍需通过对事物的艺术化表现来展示其艺术性。在摄影视觉形式的表现性中，我们可以感受到摄影者的审美感悟、形式安排和高超技艺。与此同时，在"停火"协议提出之后，绘画并没有停止对精确复制能力的追求。而摄影也并没有将自己圈囿在现实主义的牢笼中，就此放弃对抽象表现的尝试。从表现力来看，摄影需要从客观现实中搜罗形象并借助对这些形象的安排来完成艺术表现，而绘画在形象的运用上则具有更大的自由。无论作为工具还是作为艺术，摄影都依赖其所记录的客观真实——尽管照片作为一种形象的综合，会由于某种"建构"而并不一定呈现绝对真实。由于摄影所捕捉的影像总是过去的瞬间，因此摄影终究不能摆脱与现实的紧密联系。它的艺术性体现在将客观真实的影像作为素材所进行的视觉审美和人文内涵的表达。它改变了人们对真实世界的观看方式，这是一种沉浸式的观看，因为对照片的观看实际上缩短了人们理解现实的距离，同时，影像对现实的美化也符合人们对现实的审美期待。

　　摄影通过摆布或者"引用"真实的影像，灵活地置身于工具与艺术之间。苏珊·桑塔格将真实性、欺骗性和掠夺性视为摄影的本质。"摄影的本质是，它是一种混合的观看形式，并且在有才能者的手中，是一种绝无差错的创造媒介。"① 一张照片就是一个凝固的瞬间，一个历史与时空的切片。在对传统摄影的观看中，静止的影像召唤着人们对这个凝固瞬间的趣味进行挖掘。影像的真实性与瞬间性暗示着它是对美的捕捉，而非对美的形式模仿。对偶然瞬间的捕捉是摄影最独特的表现形式。或许在某种意义上，正是摄影的瞬间性决定了我们能够开启"在人们司空见惯、不以为奇的事物中发现美的领悟力"②。人们在对照片的观看中形成了一系列期待定势。风光摄影使人期待一种既真实而又虚假的稍纵即逝的自然之美，纪实摄影总是被认为在传递信息的背后潜藏着某种厚重的人文意蕴，而抽象摄影则通过与绘画的比照而能够轻易地被识别为对形式构成的表现。

　　观念摄影最初是观念艺术的影像表现形式，摄影在创作中只是记录的

① 〔美〕苏珊·桑塔格：《论摄影》，黄灿然译，上海译文出版社，2008，第130页。
② 〔美〕苏珊·桑塔格：《论摄影》，艾红华、毛建雄译，湖南美术出版社，2004，第105页。

工具，纵然作品以照片的形式呈现，但其核心却不在摄影。这种影像偏离了传统摄影的创作模式，使传统摄影的艺术标准很难得以运用。在认为传统摄影的艺术标准已经趋于僵化的人看来，观念化对于摄影来说无疑是一次解放。摄影可以借行为艺术的东风挣脱单一的艺术标准而开启新的创作领域。传统摄影是对真实的运用，它对客观性、真实性的要求并非在创作过程中绝对地排除主观性。真实对于摄影而言，乃是相机以外的另一种媒介，相机就是从真实中摄取形象来进行艺术表达。一些摄影师在通过照片记录瞬间的艺术行为的这种形式中发现了新的创作可能。此后适合摄影表达的观念开始大量出现，传统摄影中的偶然性和瞬间性所带来的独特韵味开始丧失。通常，观念摄影或以观念艺术影像记录的形式出现，或以对各种影像素材进行重构的方式出现，再或通过荒诞的形式来表达后现代主义的艺术创作态度。除此之外，仍有一部分作品具有严肃的现实主义内涵，它们以观念摄影的形式承载了对社会现实的关切和批判。总的来说，观念摄影正不断冲击着人们对作为艺术的摄影的已有认识。

五　观念摄影的意义生产

当个人的主观态度、情感和观念取代了审美形式和人文意蕴的追求而成为观念摄影的表现主题之后，对作品的观看也就开始演变成一个对意义的搜寻和接受的过程。通常，这个意义的探索和发掘过程便是通过将影像素材视为符号，并从符号之间的相互关系中找到某种隐喻关系。当然，过于笼统地将观念摄影视为一种纯粹意义表达的图像策略并不确切，因为从很多被界定为观念摄影的作品中，我们依然能够发现很多从传统摄影乃至绘画继承而来的形式因素，因此，观念摄影在形式的运用上并不是对人类传统视觉审美经验的彻底脱离，而是将表达的重心集中到了意义上。传统的"观看"被"阅读和理解"所取代。从这个角度讲，观念摄影更像是一种"视觉寓言"，而其审美接受过程也更趋于理性。流淌着后现代主义的血液的观念摄影，以一种颠覆性态度，在实践上突破传统艺术体制框架，通过影像观看模式的改变来颠覆世人对传统摄影的审美惯性，因此，在特定时代语境和艺术体制中考察观念摄影的意义生产是很有必要的。

一种新的创作并不能自我宣称其艺术身份。某个时期特定的艺术体制却几乎决定了其艺术身份获取的可能性。艺术体制是特定时期内关于艺术的观念、知识系统和包括生产、传播、消费与评价在内的一整套社会机制。它将艺术品纳入一个相当复杂的关系场域之中。在这个场域中充斥着权利的争夺与勾结。比格尔（Peter Bürger，1936～）对艺术体制做出过这样的定义："艺术制度的概念即生产和分配机制，也指流行于某个特定时期，决定作品接受程度的艺术观念。"① 杜尚对艺术的哗众取宠的恶作剧通过意义阐释，摇身一变成为艺术史上具有深远影响的事件，这正体现出艺术体制对艺术身份获取的至关重要的作用。

杜尚的现成品艺术使艺术品与日用品的界限荡然无存，而其之名噪一时，正凸显了艺术体制的作用。阿瑟·丹托（Arthur Danto，1924～2014）指出，艺术身份需要在特定的历史文化情景中才能获得。这种情景包括了艺术理论的环境和对于艺术史的理解，而这两者便构成了他所谓的"艺术界"。被当作艺术品接受的作品不仅需要具备物质属性，更需要由其所属时代和文化中的普遍艺术观念与知识结构所形成的"语境"来为其赋予。《泉》的艺术品身份正是由20世纪后现代艺术思潮的语境所赋予的。据此，阿瑟·丹托认为在现代，很多艺术品的身份是由阐释所授予的。艺术品的实体仅仅起到物质载体的作用，物质形态并不与任何确定的意义构成稳固的关联，其之所以成为艺术品的根本依据，则是由阐释行为所决定的。由此，艺术品的意义也就被划分为作品的物质形象层面和该形象所指涉的深层观念。通过上述分析，阿瑟·丹托认为，正是由艺术家和批评家所组成的群体（即所谓的"艺术界"）通过阐释构建出特定历史时期的艺术思潮和观念，并赋予作品以艺术品资格。阐释生产了意义，而意义又进一步将作品与生活中的事物区分开来，因此，在后现代艺术中，由于古典主义的审美传统遭到颠覆，作品的艺术身份和价值就更依赖于通过艺术家和批评家群体的阐释所建构的观念语境，这就是他所谓的"阐释构成艺术"②。与丹托对特定时期的艺术思潮和理论氛围的强调所不同的是，乔治·迪基（George Dickie，1926～）在他的艺术体制理论中提出这样的观点："类别意义上的艺术品是：1. 人工制品；2. 代表某种社会制度（即艺术世界）的一个人或一些授予它具有欣赏对象资格的地位。"③ 在《何为艺术》一文中，迪基强调了社会体制在艺术品资格授予

① 〔德〕比格尔：《文学体制与现代化》，中国社会科学出版社，1998，第52页。
② 〔美〕阿瑟·丹托：《艺术的终结》，欧阳英译，江苏人民出版社，2001，第21页。
③ 〔美〕乔治·迪基：《何为艺术?》，载李普曼编《当代美学》，邓鹏译，光明日报出版社，1986。

上的作用。在这样一种外围机制的作用下，作品的美学属性将发生改变，而这正是当代艺术拓展其概念范围的重要基础。就古典主义时期的艺术而言，当作品传达出一种对传统审美经验和艺术规则的挑战，甚至在形式上已不具有美感之时，人们将开始关注作品本身和社会制度因素。从布迪厄（Pierre Bourdieu，1930~2002）的观点来看，在后现代艺术行为中，艺术品的价值不是由艺术家本身所创造的，而是由一种信仰空间对艺术家创造力之信仰的生产所赋予。作品要获得艺术价值，就需要在社会意义上被公众所认可并加以制度化。这时，由于公众又必须具备相应的审美素养和审美能力，但这种能力并不一定能够由身处某种艺术思潮中的公众自行获得，所以，以批评家为主导进行知识和观念传播的群体就显得尤为重要。

批评家、艺术史家、收藏家、教育机构乃至行政机构等构成了生产艺术品价值的制度性因素。他们之间的复杂关系构成了权力场域，而作品的价值生产就是通过这个权力场域所进行的。不仅如此，这个权力场域还参与塑造受众群体。如果没有在后现代主义语境下成长起来的艺术接受群体，后现代艺术也很难形成如今的浩大声势。费瑟斯通（Mike Featherstone，1946年生）认为，后现代主义在顺应自己发展的过程中，形成了一个对之感兴趣的新兴受众群体。他们进行后现代的生活实践，并且在文化媒介人和准知识分子创造的学说的指引下进行自我调整并完成与个体在宏观上的后现代氛围的一致化。接受行为在艺术权力场域中不再自由，后现代主义宣称的反推论和定理的立场却正是通过定义自身的价值来实现的。显而易见的是，任何对传统的颠覆行为本身更要求阐释的介入，而后现代主义长久以来对其所谓的"传统束缚"的挣脱已经为自身创造了一个巨大阐释空间并提供了阐释行为的合法性，因此，通过阐释进行的意义生产已经成了后现代艺术的重要特性。

首先，由于取消了继承性的艺术规则，对后现代主义摄影的审美接受也就失去了参照，因此，作品的意义生成需要阐释的介入，而审美接受行为则表现为对意义的关注。一般认为，后现代主义对追求真理的放弃使之表现出自我的多重化与碎片化，真实感和深度的丧失，以及距离与历史感的消失。自我的多重化和碎片化应和了摄影在后现代主义浪潮中在创作理念上的观念化转向。而真实感和深度的缺失直接摧毁了传统上人们对于照片的观看期待。照片的客观复制性在欣赏中不再被关注，与此同时，传统艺术所追求的深度也被一种艺术哲学的深度所替代。不仅如此，历史感的消失使得人们不能够再将经验作为鉴赏的辅助，而艺术品与日常的距离也完全由另一套哲学话语所界定。后现代主义使艺术发生了深刻的转向，这个转向改变了艺术生产和艺术欣赏两个环节的具体内容。

其次，后现代主义从现代人杂乱无章的现实生活经验出发，极力挣脱概念化而提倡个性化的表达。这就导致后现代主义通常持有一种反艺术、反文化的姿态并强调创造性与启发性，在创作上表现出随意性、无序性和边缘性。在后现代主义艺术作品对阐释的依赖上，我们不难认识到艺术行为与日常行为的边界从根本上讲是无法取消的，因此，后现代主义的非艺术化实际亦不过是一种在传统价值缺位之后对生活日常的意义生产和意义赋予行为。反艺术是为了建构一种属于后现代主义独有的寓言式的艺术创作和理解体系。然而即使我们这样去描述后现代主义艺术，作为一种态度，它并不能在具体的创作行为中为人们提供一种相对准确的有助于区分风格的参考。即使认为后现代主义艺术创作采取一种游戏的态度，但不同作品所表现出的游戏程度亦颇有差别。这意味着，态度决定了作品形式在多大程度上体现后现代主义的纯粹性。反映这种纯粹性的正是在后现代艺术表现出的对创造性和启发性的狂热追求。然而现实的情况却是，大量后现代主义艺术作品却试图将其标榜的创造性和启发性寄托在形式的标新立异之上。

中国当代观念摄影的开山之作《为无名山增高一米》是由马六明、苍鑫、左小祖咒等一批"东村"艺术家共同创作的。从传统摄影的审美标准来看，这幅照片只能算是中规中矩的合格影像记录，并且虽然这件作品是以照片为呈现形式，但如果考虑创作立意，则将其纳入观念摄影的范畴便显得未必恰切。然而这张照片却被当代中国艺术界竞相追捧并垂范后世。大量的评论为这幅照片赋予了丰富的意义。但在二十年后，苍鑫在采访中谈到当时的创作意图时表示，只是一个完成一件行为艺术作品的冲动。而左小祖咒在采访中也表示，当时通过该作品所试图表达的意义只是一种强烈的荒诞感。而荒诞之成为一种审美范畴，便是在后现代主义的思潮之中所实现的。荒诞感为想象力创造出巨大的驰骋空间并召唤着阐释。事实上，《为无名山增高一米》在当代艺术中的意义并非来自它本身所要传达的内容，而是由其作为一个空前的文化事件所占据的历史地位，以及它对当代艺术在何种方向上去发掘观念的启示性所赋予。荣荣从1996年开始拍摄的系列作品《废墟》，以黑白影像直接展示了现代生活中的各种废弃物或者残垣断壁。这些作品以饱满的画幅对废弃物进行直接的视觉呈现。在中国当代艺术语境中，这个系列作品被认为是借助废弃物这种带有强烈情绪暗示性的内容来隐喻伤痕和痛感，并通过这些废弃物来唤起观众强烈的时空感和历史纵深感，进而引发对社会变迁的思考。从整个系列来看，不难发现这个作品在某种程度上可谓一种"摄影的现成品艺术"。并且，任何单独的一幅《废墟》系列作品并不能产生这样的意义，如果作品以单幅形式而不是系列形式出现，则将被视为一张记录性照片而已，它的阐释路径是多重而不确定的。然而当这些照片以群组的方式进行展览时，这样一种集合式的展示方式便强化了单幅照片中的某个意义，它明确了意义指向并使单幅照片之间形成集合式的意义支撑。尽管作者的这种废墟审美与中国传统文化中借由废墟而生的时间美学观念有着千丝万缕的联系，然而其意义的使用和理解却又都不能脱离后现代主义艺术思潮的历史背景。只有在后现代主义艺术的氛围里，这类作品才比较容易与观众的审美趣味形成对接并完成意义的输送。这类作品不强调对现代摄影语言的运用，被摄物几乎是借由一种特定的社会文化语境而直接与某种意义构成"视觉寓言"。作为一种对于图像的"读解"，欣赏行为的目的实际上已经被迫转向了对意义的搜寻。

观念摄影是在摄影艺术内部的艺术理念和创作实践上的巨大转向。后现代主义为摄影的艺术探求提供了新的创作思路，但践行这条道路却又意味着摄影必须抛弃自身独特艺术语言成果的积累，这就要求它建立一个新的意义系统。而每一个与影像作品相对应的意义都要求一种恰当而不失深度且具有后现代主义色彩的阐释去介入。当代观念摄影已经弱化了对光影、色彩、构图等传统摄影语言领域的注重，如若不通过意义来体现思想深度的话，那么它的处境将十分尴尬。所谓"非艺术化"也只能作为后现代主义的一种激进态度或者理想来标榜。杜尚1962年在给朋友汉斯·里希特的信中称其本意是想用《泉》这样的现成品艺术来否定美，而新达达主义者们却没有理解到这个意图，将之直接视为美并大加赞赏。或许后世的艺术家们抱着艺术投机主义的心理，从杜尚的行为中发现了摆脱传统束缚的广阔创作空间。艺术观念不再具有严肃性，因而常常表现为某个颇具后现代主义颠覆意味的"念头"而已。讽刺的是，在后工业社会中很多所谓的艺术创作实际都包含着各方利益的功利行为，而并非"哲学之后的艺术"。观念摄影从一开始就在其自身的领域中表现出一种对传统艺术自律的反抗姿态，然而我们从观念摄影创作的现实景象出发却又不禁要问：果真它是在以无量的胸怀实践着后现代主义的宣言，还是在试图建立一种"后现代艺术的自律"呢？

六　观念摄影的意义生产模式

"观念摄影"常常被理解为一种以个体主观意识先行，通过对拍摄对象的选择、摆布和整合来对之进行表现的摄影艺术创作方式，因此，观念摄影被认为是艺术家个人观念的外化。然而在艺术创作实践中，艺术家将个人的思想观念、情感意趣通过作品进行外化是一种普遍的现象，因此，"观念的外化"并非观念摄影所独有。事实上，在任何艺术创作中，主观与客观都不能相互分离，观念需要借助客观事物来表现，而客观事物——即使作为现实再现的被摄物，也会体现出作者的独特视角、价值取向。另一种看法认为观念摄影"摆脱了浅层次无意味纠缠的探索过程，试图通过摄影的媒介，展现对人类生存状态的剖析"[①]。然而所谓的"意味"之深浅在具体的艺术接受实践中并无客观标准可循。当我们在后现代主义语境中再做关于这种标准的讨论时，那么深浅也就高下立判了。受这一认识影响，通过模式化的创作和各种符号的使用，一种评价标准就能逐渐建立起来。很多作品完成了通过将某种被摄物与特定意义进行符号化关联和定型，借此来喻示作品的观念深度。另一些作品则另辟蹊径，试图以观念或形式的标新立异和模棱两可来营造高深的表象。

观念摄影很少受制于客观现实内容本身。同时，由于观念摄影本身已经抛弃了对形式美的追求，因此其创作形态直接关系到作品的意义生成。从早期作为行为艺术的记录开始，中国观念摄影的创作方式呈现多元化的特征并且使其艺术语言得到丰富。虽然可以看出当代中国观念摄影在主题、方式和影像视觉特征上都对国外创作进行了不少借鉴，但从中亦不难发现一些作品尝试通过对本土文化元素的运用来拓展作品的意义空间。

（1）行为艺术摄影。这一创作模式可谓中国当代观念摄影的滥觞。像上文提到的《为无名山增高一米》就是此类作品的代表。此外，张洹在1997年又创作了一个异曲同工的作品——《为池塘增高水位》。张洹称该作品试图表达一种对人究竟能否改变世界的思考。直观地来看，这个作品本身所记

---

① 王传东、夏洪波：《观念摄影》，山东美术出版社，2009，第10页。

录的行为显然是荒诞的，然而当作品名称的文字和艺术家本人意图的解释参与进理解行为后，一种行为与文字之间逻辑关联的微妙感就被体现出来了。而在另一个层面上，也正是由于在作者创作观念的自我解释介入之后，荒诞不经的行为与平铺直叙的作品标题就通过后现代艺术语境形成了巨大阐释张力。作品旨趣的高度并不是来自思想的深度，而是来自一种浓厚的后现代主义艺术意味。这种意味更多的是由文字、行为和观念三者遵循后现代主义艺术精神和规则所共同构成的，并且这类作品的意义把握很难脱离与之对应的文字表述。庄辉的《公共浴室·女》这件作品通常被认为是对一种在现代都市中快速消亡的公共生活习惯的记录。庄辉本人在访谈中则称这件作品的立意是对集体时代的记忆。然而以行为艺术的形式进行拍摄似乎与观念的深化并无直接关联。偷拍到的模糊影像虽然提示了拍摄方式和现场条件，却并不能使作品观念和影像呈现之间产生稳固联系。整件作品的影响或许还是来自其行为艺术的性质和创作理念的先锋性在特定时代中所产生的影响。这种影响又将随着时间的推移而被赋予更丰富的意义，进而反过来深化原有主题。

（2）装置摄影。这种观念摄影方式以艺术家的观念为中心，将装置与摄影结合进行创作。陈劭雄的《街景》系列就是这一创作方式的典型。作者在广州街头拍下行人与车辆，随后将之沿着轮廓从照片中剪下并制作成立体的卡片，再将这些卡片以拼贴的方式制作成街景模型，最后将其置入实景中拍摄。当被问及这个作品的观念来源时，作者如此谈道："我的观念来源于一种平常的心态，我的摄影是与我的生活相平行的。把自己当成我拍摄的'街景'或'家景'里的一个小小的被拍摄对象。我和这些被我拍摄的事物一样，我只是活在被我拍摄的人群之中。我既在观察人群，也通过我的记录而让别人看到自己。作为普通事件的目击者，摄影是我提供的证词。"[1] 从这段话里可见作者并无玄之又玄的立意，而是用摄影的方式来表现一种关于生活中"个体—群体"相对关系的感知与对视角转换的理解。在被问及当前观念摄影创作中形式手法日新月异的现象时，作者谈道："照片成为第二现实之后，产生的观念全在于看照片的人。"[2] 事实上，很多作品实际只是从某个观念甚至念头出发，利用一些非传统的形式来创建一个

---

① 沈阳：《照片成为第二现实之后——陈劭雄访谈》，《中国摄影家》2008 年第 5 期。
② 沈阳：《照片成为第二现实之后——陈劭雄访谈》，《中国摄影家》2008 年第 5 期。

颇具后现代主义气息的意义阐释空间。影像中的任意元素都可以成为指向某个具体意义的线索。在作品中，人们能确认的只有形式本身和一种模糊的意义指向性，而最终意义将如何被具体化，则完全交由意义阐释者。装置摄影实际上是在创作中通过对实物的引入和强调，使之与图片形成某种相对关系，以此来扩充作品的意义阐释空间。在这种创作形式中，意义就不像传统摄影一样来自图片本身了。通常，实物与图片的关系有以下几种。

①通过实物的添加或者改造图片与实物之间的空间来达成延伸意义的目的。上述作品即属此类。

②通过图片对主场景的介入并与之形成主从关系或以小型图片的集合构成装置。代表作品：王友身的《紧急应征》。

③利用建筑空间和大型图片构成装置效果，使空间因素参与图片意义的构建。代表作品：王卫的作品《水下三十分之一秒》。

从这些作品中我们可以看到，装置摄影的意义生成过程颇具后现代主义意味。首先，其意义内容早已不同于传统艺术所普遍传达的精神内容。其次，作品的价值既不在于其技艺如何精湛，也不在于其思想内容如何深刻，而在于意义生成形式的新奇性。此外，摄影在整个艺术创作中常常处于一种附庸或者寄生的地位。

（3）造景与摆拍。在观念摄影的创作中经常通过营造场景的方法来制造非现实的生活景象，并借助人造景象的荒诞感来触发人们对现实的思考。相对而言，这类作品的观念性更为明确和易于把握。同时，其内容也更具严肃的现实社会意义。造景的方式使创作不再受制于现实本身，因而常常能够突破时空的限制而为意义表达创造更便利的条件。这种时空界限的打破通常是通过具有鲜明符号意义的事物的使用和其相互关系来实现的。

造景和摆拍的创作方式是对摄影客观记录和瞬间性这两个特质的"否定"。两者不再与真实世界或历史产生直接关联，而是在一个人工场景——符号体系中产生作用。摆拍"场面调度极尽复杂，演员的表演逼真得如同现实生活中抓拍下来一样。但是生活中抓拍下来的画面绝无如此严谨的古典绘画一般的构图，绝无这些面面俱到的细节，每一个道具都执行它特定的功能，为主体人物提供着语境"①。刘铮所拍摄的作品《革命》就很有代表性。刘铮通过对人物造型的设计、服装道具的运用构建出一系列关于中

---

① 邱志杰：《摄影之后的摄影》，中国人民大学出版社，2005，第77页。

国现代历史上历次革命战争的场景。这些场景让人感觉似乎是从宏大历史事件中截取的片段。影像中的服装道具和人物姿态的质感强烈并紧扣主题，营造出一种史诗般的效果。普通大众对这类作品的审美接受是有一定难度的。一方面是由于在作品中通过视觉形式与观念意涵所构成的阐释场域具有模糊性和开放性。另一方面，艺术家观念的高度个体化、碎片化和抽象化也更加剧了理解难度。但是，置景和摆拍则由于其表达的直接性和视觉上的传统性而相对地减弱了信息传递难度，因而更有利于观念的接受。

（4）模拟。所谓"模拟"，是从作品内容而不是从样式形态上所做的区分。在这类作品中也常常能看到摆拍和置景的运用，是典型的"后现代戏拟"。作品通常使用古典艺术作品的形式与内容，并大量运用夸张、篡改等手法将原作中的核心观念进行解构和运用，以此来与当代现实生活产生关联。王劲松在相互呼应的《过去》、《现在》和《将来》这三件作品的创作中就使用了大量人员和道具来完成对纪念碑式雕塑的戏拟。这组作品中的服装道具和人物的职业、姿态都具有鲜明的时代特征，并且作者为不同的时代选用了具有象征意味的土色、银色和金色这三种不同的颜色。构成任何一个作品的人物及道具都是一个关于这个时代的意义符号集束，而戏谑的成分则主要体现在了《现代》和《将来》两个作品中人物道具和纪念碑式雕塑之间的内容和形式冲突上。相比王轻松的作品，周俊辉对文艺复兴古典绘画名作的戏拟则体现出更为浓重的后现代意味。在艺术接受环节中，戏拟方式与作品主题之间的关系是否恰当，以及表现手法是否巧妙地关注，往往成为评价创作成功与否的关键。

（5）数字媒介的运用。随着数字图像技术的发展，摄影的创作方式发生了巨大的改变，有些创作甚至摆脱了相机。运用的普及使数字技术成了一种新的摄影语言。它拓宽了表现主题，提升了表现能力，带来了丰富的创作素材，更拓展了拼贴和挪用这两种后现代主义艺术惯用手法的施展空间。姚璐的《新山水》系列作品拍摄了北京各处工地上的覆盖着防尘布的渣土堆，并通过挪用宋代山水画的风格，将这些渣土堆通过图像处理软件合成为一幅山水画。宋元山水画的视觉审美愉悦和构成画面的渣土堆形成了巨大反差，将观看者的意识引向对城市环境问题的严肃思考。洪浩的作品《我的东西》是将大量日用品扫描后，再通过图像处理软件进行重新排布的方式来完成创作的。"我觉得需要思考：现在我们是以怎样的方式来生活，这样的方式是社会意识造就的，还是我们自身的需求，它对我们在价值判断的影响是什么，我们真正的需求是什么？"① 然而密集的物品陈列虽然可以通过几何形状的一致性与色彩的丰富性带来某种审美感受，并且被摄物本身在意指可能性上明显具有与消费主义关联的倾向（当然这也需要具有一定的理论视野方能把握），但正是这种形式的巨大视觉冲击力占据观看体验的主要方面，故而若非明确摆出作者的观念陈述，则一般观众便很难从中把握作者的观念，更遑论触发深度的思考。数码技术创造的视觉新鲜感造成了一种对观念摄影的肤浅理解，即倾向于认为"反摄影"的数码制作方式本身就是观念摄影的主要特征，由此带来的则是严重的观念空洞化现象。

如前文所述，在中国，后现代主义并不像其在西方社会那样有着深厚的思想文化根基和社会历史渊源，它更多地表现为伴随经济发展而产生的一系列阶段性危机和其在社会思想领域所产生的影响。事实上，很多表现后现代式荒诞的作品不仅缺乏西方式荒诞的表现和接受条件，而且作品本身亦并不具有让人普遍信服的意义和价值。它们的实质不过是一种召唤着多元意义阐释的开放性结构。而另一些作者则从开始就意图将作品处理成后现代主义的风格，于是便带着这样的意图去挖掘历史和当代社会现状，以期从中获得可供进行隐喻游戏的合适素材。总体上看，这类作品的创作基本形成了较为固定的题材。

（1）对"文革"的运用。对于视反传统和触碰禁区为其先锋性之表现的后现代艺术而言，"文革"绝对是一个不容错过的优质素材。观念摄影对于"文革题材"的运用不见得具有反思历史这样一种严肃的立意出发点，其更多的是试图通过对这一题材的运用来表现艺术家本人的先锋性。这类创作常常将"文革"时期的服装、人物姿态、宣传画、历史场景等作为符号运用于创作之中。这些符号或者被置于当代社会场景中而产生一种荒诞感，或者以象征或隐喻的方式与当代社会现象形成语义置换。这类作品要么通过"文革"符号与当代社会场景并置所形成的时间性和事件性冲突营造出戏剧性的荒诞感；要么用"文革"符号隐喻当下的社会现象，在一种交错的时空感中触发人们的思考。邱志杰的系列作品《好》就是这一类作品的典型。

（2）对"传统文化"的运用。这种符号运用通常表现为两种方式。第

① 艺术中国：http://art. china. cn/huodong/2014 - 12/03/content_7417168. htm。

一种是对中国传统文化元素的符号化使用，这种方式往往表现为对古典艺术作品的图式模仿。比如洪磊的作品就常常采用宋代宫廷绘画的图式进行创作，在艳丽的视觉图式中将死物和活物并置以营造清楚而又艳丽的感觉，并借此来使视觉形式与某种怀旧和伤逝之情产生意指关联。王劲松的《老栗夜宴图》模仿《韩熙载夜宴图》，保留原作场景，但用现代人物和道具置换原作中的古人及器物，使整个场景笼罩在现代都市奢靡腐化的狂欢氛围之中，借此来产生讽喻效果。另一种方式是对中西文化差异的利用。比如徐冰的作品《文化动物》就是用一种讽刺漫画式的手法来表现西方文化对中国文化的强暴。

（3）对"家庭"的运用。这类创作者通过"家庭"这个集体概念以小见大，反映处在时代转型期中的社会与国民的群体变化。这一类作品比较关注过去与现在的历史对接及其对作为社会基本单位的"家庭"的影响，并通过"集体照"这样一种颇具中国化符号意义的形式来进行表现。在"集体照"这种暗示着强烈集体意识的形式中，时代变迁所带来的巨大变化与这种相对稳固的意识之间产生了强烈的戏剧冲突效果。王劲松的《标准家庭》拍摄了200个标准的中国式三口之家。作为一种与传统中国家庭观念相悖的政策产物，三口之家几乎成了当前中国家庭的"标准"形态。集合式的作品能够突出普通中国家庭的精神面貌和审美趣味的高度一致性，也能够展现时代变迁在这些家庭形象上留下的痕迹。与之对应的是，作为一种"家庭"观念的延伸，"集体"在很长的一段历史时期内是被要求作为"大家庭"来理解和被接受的。庄辉的集体照系列实际上就是很多组不同职业身份人群的集体合影。这种百人合照所强调的是弱化个体，突出集体力量；强制取消个人主义的个体思想和行为对立，建立集体的亲和团结关系。在这种照片形式中，意识形态对群体的一致化要求和复杂的差异化个人关系共存展示出强烈的矛盾。通过以上述作品为例的大量以"家庭"为题材的作品，"家庭"这个概念在观念摄影创作中基本上已经形成了相对稳定的符号意义。

（4）对"消费文化"的运用。伴随后工业社会进程而来的是当代中国社会日益明显的后现代表征。城市已经从工业和生产中心逐渐转变为文化与消费中心。随着改革开放获得的惊人成就而来的是社会日益鲜明的消费文化特征。不少观念摄影创作者开始关注城市生活的日常，使这些社会问题成为重要的创作题材。从事这一类型创作的艺术家主要有陈劭雄、荣荣、赵半狄等人。在赵半狄的《下岗》这件作品中，作者将极富中国形象符号意味的玩具熊猫与作者本人扮演的下岗者形象一起构成一种公益广告式的形式。画面中的"下岗者"倚立在天桥栏杆边，玩具熊猫正在"递给"他一架望远镜。照片在左下角配有出自熊猫之口的配文。在这个作品中，熊猫和作为处在中国社会经济转型期的重要社会问题的"下岗"都具有鲜明的符号特征。通过具有直观叙事性的情景设计，这两个符号之间的相互作用产生了多元的阐释可能，我们既可以以熊猫的符号意义（中国）来进行解释，也可从熊猫的物质属性（玩具）的意义上来进行理解。这两种角度所指向的意义阐释却会反映出迥然不同的立场和思想深度。

从上述创作题材大类的分析中不难看出，当代观念摄影的创作具有很强的符号化特征，而符号也正是其进行意义生产的重要手段。一方面，我们基本上可以从不同的题材和创作形式中比较准确地把握作者的艺术态度、风格趣味乃至思想倾向。另一方面，大量作品中所使用的元素由于已经与特定的意义形成固定意指关系，因此欣赏者便可以比较容易地把握作品所建构的隐喻关系。

· 附录 ·

《意义生产：中国当代观念摄影的创作解读》写作过程

钱子丹

一 论文写作缘起

在研究生阶段的学习中，除了遵照邹老师的系统指导，试图对中西方美学理论体系建立起比较全面和尽可能深入的理解外，笔者也一直非常关注当代我国社会中的各种审美和大众文化现象。而在这些现象中，除了日常生活审美化以外，摄影艺术也一直是笔者长期关注的领域，加之曾有过多年业余摄影创作经历，并且在这个过程中深感艺术创作越来越"不接地气"，"创作"成为"制作"，艺术投机主义氛围也越来越浓重，于是便设想从审美的角度切入，将对当代中国摄影艺术的讨论锁定为论文的选题方向。邹老师也对这一试图将理论与当代审美实践相结合的想法予以肯定。方向既定，接下来就是如何选择当代中国摄影艺术中的某个问题或现象来进行理论与经验的结合。在对当代中国摄影艺术创作的各方向和基本面的研究分析后，笔者注意到，在观念摄影领域，普通大众实际上存在相当明显的审美接受障碍，而大量的创作本身也表现出空洞化、模式化以及对西方观念摄影的追随与模仿。伴随艺术品商业化的大趋势，作品的价值日益由其意义深度和在何种程度上实现了对传统的反叛来决定，而意义的生产也就成为一件作品实现其艺术价值的关键性因素。根据设想，通过对与观念摄影有关的历史的梳理，并结合相关的美学和文化理论，应该可以对意义生产这一现象做出具有一定价值的分析。据此，笔者便展开了本文的构思与资料的收集。

二 论文前期准备工作

（一）资料收集

意义生产之所以成为当代观念摄影创作的重要特征，其必然与观念摄影的特性存在某种紧密的关联。换言之，为什么意义生产现象较少见于纪实摄影或者风光摄影，而在观念摄影领域却被频繁运用？其必然在极大程度上满足了观念摄影创作的某种诉求。与此同时，我们通常认为，和所有视觉艺术作品一样，任何摄影作品中都包含着作者的观念性内容。那么，首要的工作就是对摄影历史进行必要的梳理，通过这种梳理，考察摄影获得艺术身份的过程，以及其与同样作为视觉艺术的绘画的关系，进而明确观念摄影作品与传统摄影艺术范畴内作品的关系与差别。为此，笔者开始寻找各种有关摄影历史的著作，由于本文的考察对象是在后现代艺术思潮影响下产生的观念摄影，因此在进行这类书籍的选择时，会倾向于出版年代较近且具有一定知名度的著作。这其中包括了著名摄影艺术理论家林路的《摄影思想史》，李文方的《世界摄影史》，佟树珩、袁毅平、胡志川等合著的《当代中国摄影艺术史》，同时也参考了罗森布拉姆所著的《世界摄影史》等著作。在这些主要著作中，林路和李文方的著作有更多关于中国当代观念摄影的叙述，通过对这两部著作的研读，从摄影史中梳理出观念因素是如何随着艺术思潮的发展而逐渐凸显，并在观念摄影创作中一跃成为形式背后决定作品价值的关键因素的部分原因。

　　某种文化艺术现象的成因往往是复杂的。意义生产也绝非在摄影从工具到艺术这样一个发展历程中自然形成的现象。它与复杂的经济文化意识形态和艺术思潮的更迭变迁有着紧密的关联。在后现代主义艺术的浪潮中，摄影裹挟着各种所谓的先锋性和使命感，勾结着消费文化并试图挣脱传统艺术法则与价值的"束缚"。同样，笔者从摄影史中进一步发现其与绘画艺术长期保持着一种若即若离的关系，它既不断尝试寻找自身独特的发展道路，却又在一段很长的历史时期内，执着于追求绘画的形式美与意蕴；而后又在各个著名绘画艺术思潮萌动的时刻亦步亦趋。摄影作为一种依靠机械装置实现创作的艺术，伴随着科技的发展，它的表现能力和表现可能性变得越来越依赖设备本身，而自古就作为艺术创作核心的"人的技艺"正在被设备所取代。事实上，异化现象贯穿了摄影从工具到艺术的整个发展历史，因此，要尽可能全面地描述意义生产现象的成因，还必须进行在消费文化与异化现象视野下的理论结合。基于上述认识，进行关于消费文化和异化现象的理论研究成了重要任务。于是，笔者一边进行着摄影史的梳理，一边开始研读与上述问题和现象相关的理论书籍，这其中包括费瑟斯通的著名的《消费文化与后现代主义》、斯图亚特·霍尔的《表征》、张法的《文艺与中国现代性》等。在阅读和思考的过程中，笔者突然意识到，艺术品并非以一种自发的方式来实现其价值，从大量时下常见的评论、炒作和包装行为来看，一件艺术品价值的产生甚至增值，在极大程度上受到某种"权力"的影响。从这个观点出发，笔者又进一步阅读了比格尔的《文学体制与现代化》、阿瑟·丹托的《艺术的终结》以及乔治·迪基的《何为艺术？》，从中产生了引入"艺术体制"和"信仰空间"等理论来做分析的想法。除了对摄影史和其他理论书籍的阅读，要想尽可能地说清问题，还少不了对摄影艺术身份及其在不同历史时期内的定位问题的研究。针对这个部分，笔者又阅读了诸如苏珊·桑塔格的《论摄影》、瓦尔特·本雅明的《迎向灵光消逝的年代》、罗兰·巴特《罗兰·巴尔特文集——明室：摄影札记》、乔纳森·弗里德《美学与摄影》等摄影理论书籍，以及纳尔逊·古德曼的《艺术语言》和鲁道夫·阿恩海姆的《艺术与视知觉》等涉及视觉艺术共同性的著作。

　　（二）写作思路与最初的困惑

　　本文写作的最初设想是通过对摄影历史的梳理，尽可能使摄影在其历史发展进程中表现出的异化现象得以全面呈现，在此基础上，通过相关理论的引入，厘清意义生产现象的历史成因和在当代艺术界的现状。据此，本文的基本机构应由以下四个主要板块组成。

1. 观念摄影的历史发展。在这一部分，计划是从摄影历史中梳理出观念摄影的发展脉络，并从中找出其与各摄影艺术分支乃至整个视觉艺术大门类之间的联系与差异。

2. 观念摄影的异化。这一部分中的"异化"一词将被以广义的角度来理解，主要讨论随着科技的发展，在摄影创作过程中，器材正不断取代人的主导地位。在大量创作领域中，从画面到主题，器材在越来越大的程度上决定着一幅作品的质量。

3. 摄影与消费文化。这部分意在讨论消费文化对观念摄影的影响。从观念主题到形式表现，观念摄影的创作越来越受到消费文化的影响。这种影响使对作品的审美趣味不断发生着变化，在"艺术体制"的作用下，"离经叛道""标新立异"不仅使作品实现了艺术价值，更获得了可观的经济利益。

4. 观念摄影的创作解读。这个部分将对中国当代观念摄影的知名作品进行讨论，从中归纳出一些常见的创作形式，突出创作的模式化特征，并提出笔者对问题的思考。

然而经过与导师的讨论，笔者意识到以这种方式做出的理论分析将由于缺乏事实依据的支撑而显得个人化、主观化。并且，上述的四个部分所下辖的内容还不够充分，并且它们之间尚缺乏紧密的联系，因此，经过研究，笔者决定在以下几个方面进行修改增补。

首先，必须在摄影发展史中明确"观念摄影"的准确含义，任何艺术都带有观念性，摄影亦是如此。观念摄影以外的创作分支也同样具有观念因素，事实上，观念摄影与它们的区别就在于，"观念"是否成为主要的表现对象。通过摄影与各大艺术思潮的关系，不难看出观念因素在摄影创作中呈现的不断凸显的过程。此外，摄影作为一门艺术而具有的自身独特艺术语言体系也极有必要纳入探讨，事实上，从大量观念摄影的创作中，我们可以看出其对摄影作为艺术的根本特性或者说它的艺术本体语言的抛弃和背离。

其次，所谓"异化"也并非仅有一种在广义上的理解。事实上，摄影艺术的创作在很长一段时间内都倒向了自己的对立面——绘画。直到摄影的技术因素与人的技艺达到某种平衡时，它才真正找到了自己的艺术本体语言并将其充分发挥，因此，摄影的异化是一个多层次、多角度的现象。

最后，既然本文的题目是对某种现象的"解读"，那么就必须对中国当代观念摄影的总体现状加以分析，从大量客观事实中提炼出其意义生产的基本形态，因此，不能简单地通过对个别著名作品进行分析就得出结论，需要通过对更多作品样本进行分析和归纳。并且，既然是"意义生产"，那么一定存在某种或某些"生产"的方式，这也是一个需要进行归纳的概念，因此，本文应该增加第四部分，在这个部分中，通过对大量作品案例的分析，完成对观念摄影"意义生产"方式的归纳与解读。

三 写作阶段

（一）论文提纲的拟定

根据上述与导师商定的修改意见，笔者开始了对相关理论著作的阅读并进行更多作品样本的搜集与分析工作。随着这项工作的推进，笔者意识到有必要对前述文章结构进行调整，作为"解读"，本文应该尽可能以客观的态度还原这一现象，因此，最终决定减少原先计划纳入的个人意见部分，而着力于问题的解析。这样，论文提纲拟定为如下三个部分。

第一章 观念摄影在中国
　　第一节 观念摄影的界定与溯源
　　第二节 中国观念摄影的发展脉络
　　第三节 中西观念摄影透视比较
第二章 作为艺术的观念摄影
　　第一节 摄影成为艺术的历史
　　第二节 摄影的异化与艺术身份危机
　　第三节 观念摄影与传统摄影的比较
第三章 观念摄影的阐释蔓延
　　第一节 观念摄影的意义生产
　　第二节 观念摄影的意义生产模式

将开题报告提交后，导师对报告进行了审阅修改，并提出了以下意见和在写作过程中的注意事项。

由于本文的论述过程涉及摄影史、摄影理论、视觉艺术、后现代理论以及消费文化等多个方面，因此论文的绪论部分一定要对全文意图阐述的问题及研究方法有扼要清楚的概述。

应该对后现代艺术在审美接受环节中体现出的权力关系和在消费文化大环境下应运而生的艺术投机主义现象予以足够篇幅的论述。

有关摄影历史的章节不应仅仅是一种缺乏明确目的性的知识梳理，应该在这个过程中体现出以下几点。

1. 厘清摄影在其发展历史中与绘画艺术的关系，这是影响了摄影发展道路的重要因素。

2. 观念因素在作为后现代主义艺术的观念摄影中成为主要表现对象的历史成因，又是什么原因使得摄影的发展日益呈现观念化的特征。

3. 应当通过对摄影历史的梳理，提炼出摄影的艺术本体语言和核心特征。如果没有这些或者抛弃了这些，那么摄影就缺乏了作为一个独立艺术门类的必要条件。

由于任何严肃的摄影艺术创作都会带有观念性内容，因此应该注意对"观念摄影"这一概念进行明确的界定。而且，应该注意到，在中国本土出现的观念摄影和源自西方正源的观念摄影存在什么样的共性和差异。在这样的分析中，应该十分注意社会文化语境的影响。

（二）初稿写作及修改

在结束开题工作之后，笔者便进入了论文初稿的写作阶段。由于在写作开题报告时就一些问题有了明确的认识，加上相关资料也比较丰富，因此，绪论和对观念摄影进行溯源的首章的写作还是比较顺利的。这个阶段相对而言稍有难度的地方是需要在史料中找出观念因素随着时代的发展而日益在创作中得以凸显的过程和原因，此外，进行中西观念摄影的对比也需要保持非常谨慎的态度，因为从表面上看，这是对一种源自西方的艺术形式的借鉴和引进，但其背后的动机却是复杂的，其社会历史背景也是复杂的。不仅如此，更应该注意到的是，是否有可能还原艺术家个体的真实创作动机。然而在一节中涵盖这些内容是有难度的，于是笔者决定在这一章中先从宏观上描摹出中西观念摄影的艺术形态，而将其后复杂的成因归到对作品文本的分析中。

关于第二章和第三章的写作，由于在准备阶段已经对自己搜集筛选过的当代观念摄影作品有过一定的分析，已经形成了一个比较全面的把握，因此，第三章分析观念摄影意义生产方式的写作思路还是比较清晰的。此时，难点在于涉及内容较多、理论分析难度相对更大的第二章。虽然已经有了明确的思路，但对于如何在长篇幅的分析中保持逻辑和论点的清晰，笔者尚没有十足的把握。于是笔者便与邹老师一同再次按计划对各分节欲讨论的问题的逻辑结构和理论运用进行了讨论和明确，并根据老师的建议增加了一些理论书籍的阅读。此外，老师一再强调在第三章的意义生产模式的分类论述中，一定要尽可能保持客观，切忌根据个人主观判断来下定论。根据以上的建议，笔者重新规划了第二章的论述结构并优化了逻辑关系，增加了第三章的作品分析内容。在经过多次修改增补后，论文基本成型。

于正"雷剧"的文化分析

时丽伟[*]

于正，原名余征，1978年生于浙江省嘉兴市。他于1997年考入上海戏剧学院，成为表演系的一名旁听生。虽然他学习的是表演专业，但他在学校的汇报演出和跑剧组的一些经历中，发现自己并不适合演戏。这时，于正为一些电视台的"真人秀"写脚本，却不断获得赞誉，这让他决定不再当演员而要成为一名"被赞誉"的编剧。1999年，于正跟随李惠民导演走上了编剧之路。2002年，他成为一名独立编剧，并且成立了个人工作室。

于正创作的电视剧以古装剧、民国剧为主，主要作品有《宫》系列（《宫锁心玉》《宫锁珠帘》《宫锁连城》），《美人》系列（《美人心计》《唐宫美人天下》《美人无泪》）以及改编武侠剧《新笑傲江湖》《新神雕侠侣》。虽然于正剧大多是古装剧，但他在创作时并没有被剧中年代所限制，而是以现代的方式自由表达男女主角的爱情。而且他在创作时，刻意放大主角的优点、缩小缺点，剧里主角们都是绝对完美的，让人充满幻想。正因如此，于正的电视剧往往被看作"古装偶像剧"。

于正的创作态度跟传统电视剧一本正经的创作态度截然相反，他善于利用大数据技术手段总结观众最喜欢的因素，然后杂糅成为具有争议性却又"吸睛"[①]的电视剧。这的确可以在短期时间内获得关注、赢得市场并收获巨额利润，正如他所说："这是我的时代。"与其说他是一个艺术工作者，不如说他更像是一个商人。跟传统的剧作者相比，于正最大的不同就是他

---

* 时丽伟，首都师范大学文学院文艺美学方向2013级硕士研究生，现为潞河中学附属学校语文教师。指导教师：黄应全。

① 网络用语，指吸引眼球，引人注意。

在创作之初就已经设想好了观众年龄以及观看效果，所以，于正 "雷剧" 在收视率方面的成功是必然的。

一 于正 "雷剧" 的发展轨迹

1. "雷剧" 概念的界定

从 2012 年开始，电视屏幕上出现的一些电视剧被广大观众称为 "雷剧"，其中包括宫廷 "雷剧"、神话 "雷剧"、抗日 "雷剧" 等。"雷剧" 已经成为当下影视界不可轻忽的一种现象，这种现象对观众的审美以及影视剧创作风气产生了很大的影响，正因如此，它成为一种值得研究的文化现象，对这一现象的正确认识和理解，有助于广大电视观众客观理性地去面对当下的影视热点。

"雷剧" 常见于网络用语及媒体评论，是网友对中国近些年来一些电视剧的戏称，并无十分明确的定义。"雷剧" 是作为 "正剧" 的对立面提出的，这里的 "正剧" 并不是指在悲剧与喜剧之后形成的第三种戏剧体裁，而是指影视评论里常常提到的 "历史正剧"。"华夏五千年的文明为电视剧的创作提供了丰富的素材，而历史正剧就是以艺术化的形式来讲述丰富多彩的故事，进而展现昔日历史的辉煌以及其中的不幸和沧桑。"[①] 较为典型的 "历史正剧" 有《雍正王朝》（1999 年）、《康熙王朝》（2001 年）、《汉武大帝》（2005 年）、《楚汉传奇》（2013 年）等。在 21 世纪的第一个十年里，"历史正剧" 受到广大观众的喜爱，收视率甚高。进入第二个十年，"历史正剧" 突然进入了集体低迷期，尽管有超强明星阵容来领衔出演，却成绩惨淡，效果不尽如人意。而与此同时，改编版历史剧甚至架空历史的 "狗血" 古装剧迅速崛起，获得了观众的青睐。我们所说的 "雷剧" 就在这样的背景下应运而生。"雷剧" 大多是指那些娱乐无底线、道德无节操的电视剧。这些电视剧为了能够最大限度地吸引观众的眼球，把剧情、台词、造型等设计得过于雷人，有把电视剧拍成荒诞剧的倾向，"这些电视剧剧情天马行空，情节严重注水，表演夸张出位，台词弱智劲爆，关系混乱不清，情色、暴力、追逐名利、违反伦常是其惯用元素，'雷人''狗血''搞笑'

---

① 刘喜玲：《以〈汉武大帝〉为例解析历史正剧的文化传播》，硕士学位论文，山西大学，2014。

是其常规标签，美丑不分、以丑为美是其特点"①。

在笔者看来，"雷剧"这一概念表达的关键点是某些电视剧对观众以往戏剧观赏惯例明显地偏离与颠覆。比如历史正剧《雍正王朝》，这一类型电视剧的剧作者是试图还原历史真实的，虽然也有虚构的情节，但从整体上来看，复现历史的逼真性仍然是其创作追求。而目前荧屏上热播的古装"雷剧"则是公然挑战观众的审美习惯，他们没有考虑甚至完全不屑于考虑历史真实的问题，只是借助历史年代和相关历史人物讲述现代人的情情爱爱，以戏谑、调侃的方式在历史的框架内自由行走。观众的审美习惯受到挑战，一时之间无法适应的这种情况，就是网络上大家常说的"雷"。"观众觉得雷，在于观众自身的因素，观众的期待视野会影响观众的读后感、观后感。按照接受美学的理论，读者基于个人先天和后天的知识教育以及文学阅读经验，在阅读之前会形成阅读的既有心理图式，被称为期待视野，包括文体期待、形象期待、意蕴期待。这三者都会影响接受效果。观众的期待视野影响了他们对雷剧的看法。"② 21世纪第一个十年里观众接触的电视剧，其创作态度是严肃的，情节设计符合历史规律及生活规律，台词风格符合剧中背景，演员塑造人物态度认真，力求还原历史人物原貌。而到了第二个十年，电视剧风格有了极大的转变，历史真正成了任人打扮的小姑娘。以"古为今用"的观念为引导拍出的电视剧如今堂而皇之、大摇大摆地出现在电视荧屏上，反而执着追求历史真实、拷问历史真面目的电视剧作品受到了冷落。这类电视剧的情节设计只求轰轰轰烈、一波三折，而不考虑其发展的合理性，人物台词力求新潮搞笑、吸引观众而不考虑其年代背景，演员表演方式大多浮夸跳脱而不沉稳。这些变化给电视机前的观众带来了不同以往的审美体验，甚至偏离、颠覆了以往的审美习惯，而正是这些电视剧审美的偏离和颠覆，在给观众们带来新奇体验的同时，也带来了观剧时的不适感。由此，观众以及众媒体称这些电视剧为"雷剧"。

然而，观众的审美也会逐渐发生变化。2015年年末出现的一部网络雷剧《太子妃升职记》，槽点多多却受到观众热捧，成为影视界的一匹黑马。该剧是一部穿越剧，讲述女主人公与皇上、王爷之间的爱恨情仇，与其他穿越剧不同的是，女主人公是21世纪的一名男性穿越而成的，而且剧中台

---

① 赵晖：《"雷剧"高收视率的文化悖论》，《光明日报》2014年2月17日。
② 金华：《〈笑傲江湖〉与雷剧》，《电影文学》2014年第9期。

词穿插着英文、网络语言,人物服装暴露"雷人",皇帝、王爷,包括皇后个个脚踩凉鞋。虽然这部网络剧在播出结束后很快就被广电总局禁播,但它在短暂的时间内引起的巨大轰动令人无法忽视它的存在。这部网络剧如此大雷特雷,观众却是一片叫好声,可见观众对于"雷剧"的审美接受度在放宽,也许一段时间后,今日我们所说的"雷剧"在今后的人们看来倒是再正常不过的了。

随着当前经济的高速发展,消费社会已经来临。人们越来越注重把精力放在物品色彩靓丽、瑰丽炫目的形式外观上,而不是其所代表的文化价值与内涵,美已经堕落为漂亮,这些缺乏现实意义的主观需要由此也促成了相应商业文化的繁荣。说到"雷剧",于正"雷剧"绝对是不可忽视的现象,在本文中,笔者仅借用"雷剧"一词对于正后期创作的具有极大争议性的宫斗剧、改编武侠剧进行分析,试图对这一文化现象做出客观的评价。

2. 于正创作的发展历程

为了更好地把握于正的创作风格,笔者现在简单地把于正参与创作的所有电视剧如下列出,试图以于正的现有作品来对他的创作历程进行阶段的划分,以便更好地掌握审美不断变迁的时代、观众的选择给一个编剧创作带来的影响,以及一个编剧是如何通过作品在影视界引起轩然大波的。

于正参与创作的电视剧见下表:

于正参与创作的电视剧一览表

首播时间	剧名	职务
2003 年	《带我飞,带我走》	编剧
2004 年	《荆轲传奇》	编剧
2005 年	《烟花三月》	编剧、总策划
2006 年	《我爱河东狮》	编剧
2006 年	《大清后宫》	编剧、总策划
2007 年	《楚留香传奇》	编剧
2008 年	《最后的格格》	编剧、总策划
2008 年	《胭脂雪》	编剧
2008 年	《一千滴眼泪》	编剧、监制、制片人
2009 年	《玫瑰江湖》	编剧、监制、制片人
2009 年	《锁清秋(天地不容)》	编剧、出品人、制片人
2009 年	《贤妻良母》	编剧、制片人

续表

首播时间	剧名	职务
2010 年	《美人心计》	编剧、制片人
2010 年	《大丫鬟》	制片人
2010 年	《欢喜婆婆俏媳妇》	编剧、制片人
2010 年	《国色天香》	制片人
2011 年	《宫锁心玉》	编剧、制片人
2011 年	《被遗弃的秘密》	制片人
2011 年	《唐宫美人天下》	编剧、制片人
2012 年	《宫锁珠帘》	编剧、制片人
2012 年	《赏金猎人》	制片人
2012 年	《倾城雪》	制片人
2012 年	《王的女人》	编剧、制片人
2012 年	《美人无泪》	制片人
2013 年	《新笑傲江湖》	编剧、制片人
2013 年	《陆贞传奇》	制片人
2013 年	《像火花像蝴蝶》	制片人、出品人
2014 年	《宫锁连城》	编剧、制片人
2014 年	《美人制造》	编剧、制片人
2014 年	《新神雕侠侣》	编剧、制片人
2015 年	《云中歌》	制片人

笔者在这里说的于正"雷剧"不仅仅是指由于正编剧的电视剧，由于他参与制片的电视剧也带有很强烈的"于正色彩"，所以，于正"雷剧"这个概念也包括他参与制片的电视剧。根据以上列出的于正剧，暂且将其分为三个阶段。

2003～2008 年这个阶段是他创作的初期。在这个阶段他正处于对观众心理、剧本创作的摸索期，这一点在电视剧《荆轲传奇》得到很好的体现。《荆轲传奇》是以荆轲为视点来展现战国时代末期的历史剧，虽然剧情也有商业化的成分，在戏中安排众多女性角色、情感纠葛来为历史剧增添光彩，但总体来说人文气息非常浓厚，有很多对战争与和平、善与恶的思考。但这部剧在当时的收视率是比较低的，在央视播过一次就再也没播过。于正曾在一个采访中说道，连他妈妈在家看电视都不看他编剧的《荆轲传奇》，

而偏爱一些所谓的 "狗血剧"。这一点引起了于正的反思，他开始思考怎么迎合大众的口味，使创作出来的电视剧让大家都爱看。在这之后，他就走上了以观众为中心的道路。在这段时间，他分别参与编剧了《烟花三月》《我爱河东狮》《大清后宫》《胭脂雪》等，这些剧的成功，给于正带来了在业内的好口碑与名气。而另一方面，他也感觉到编剧身份对剧本拍摄的无力掌控，为了让电视剧成品完全符合自己的思路，达到最好的市场效果，他产生了跨界的想法。

2008～2010 年是于正的上升期及转型期。2009 年的《锁清秋》是于正的转型之作，他首次担任制片人一职，把剧本拍摄的决定权牢牢掌握在自己手里，按照他的商业套路精心打造。"于正" 这个名字广为人知是在 2010 年《美人心计》热播之后，这也是于正第一次尝试和小说作家合作的电视剧。这部电视剧讲述的是西汉窦太后一生的爱情与权谋。剧中造型、场景华丽，明星云集，色彩鲜艳，一时之间火爆荧屏，同时也引发了一批以 "美人" "后宫" 为主题的跟风之作，如《倾世皇妃》等。

2011 年至今是于正从巅峰走向衰弱的时期。让于正达到事业巅峰状态的是在 2011 年播出的《宫锁心玉》，这同样是一部宫廷剧，不同的是，这部剧还迎合了当下人们热衷穿越剧的心理，在播出前期就有了潜在的群众基础。他还把台湾青春偶像剧《流星花园》的桥段挪用到这部古装穿越剧里，这种新的宫廷剧演绎形式引起了观众的好奇和热捧。他还凭借电视剧《宫锁心玉》获得了第 16 届亚洲电视大奖最佳编剧奖，成为中国编剧享誉海外的第一人。之后，他趁热打铁，借助《宫》的品牌效应创作出《宫锁珠帘》《宫锁连城》，以及两部网络剧《我为宫狂》《我为宫狂 2》，不过也就是从这些剧开始，于正剧开始被称为 "雷剧"。剧中台词现代化、无厘头，情节不符合逻辑，场景设置不真实（任何季节，凡浪漫情节必飘桃花雨）等都成为网友、观众批判的地方。之后，他创作的《美人无泪》《美人制造》更是将 "雷" 贯彻到底，收视率在观众的骂声中一片大好。直到 2015 年《云中歌》的播出，收视率出现下跌的情况，而当时同播的《琅琊榜》画面精致淡雅，剧中人物性格疏风朗月，演员演技高超，回归了电视艺术本该有的审美标准，好评不断。这两部剧不断被拿来对比，于正曾在微博里称，《云中歌》《琅琊榜》是两种不同类型的剧，受众群体不一致，不应拿来做比较。的确，大谈孰优孰劣是毫无意义的，观众审美需求的多元化促使了不同类型电视剧的生产，我们不能简单地评价一部电视剧的优劣，就像我们不能随意评判哪种审美是对、哪种审美是错一样。

3. 于正"雷剧"收视情况

对于电视剧市场来讲，于正"雷剧"已经成了一个绕不开的话题。于正创作的电视剧收视率几乎部部飘红，"金牌编剧于正"的称号已经成为高收视率的保证。比如2009年《美人心计》在安徽、山东、东南、河南、深圳五家卫视同时播出，在首播当天便迎来了开门红，之后的日子里更是一路狂奔，遥遥领先于其他同时段播出的电视剧，成了当之无愧的收视冠军，全国网收视率最高1.58%。2011年湖南卫视播放的《宫锁心玉》，全国网收视率最高达3.08%，播出首日收视率便达到1.99%，市场份额8.24%，并且连续16天在全国同时段收视称王，只要是接触互联网的人，肯定就知道这部电视剧有多火，随便打开一个娱乐网站，铺天盖地的都是关于《宫锁心玉》的花边；在微博里，关于《宫锁心玉》的讨论也是此起彼伏，包括收视率的捷报、花边、绯闻等。2012年年初，《宫锁珠帘》在湖南卫视金鹰剧场播出，横跨春节贺岁强档，从1月20日播出以后，收视率稳居全国同时段第一，2月5日时平均收视2.97%，单集破3%，收视份额11.92%，创历史新高。2013年湖南卫视播出的《新笑傲江湖》把原著中略写的东方不败这一角色由男性变成女性，并且还和令狐冲上演了一场轰轰烈烈的虐恋，而原著女主角任盈盈则变成了小三。虽然众网友纷纷表示被"雷"得"外焦里嫩"，但《新笑傲江湖》在播放期间全国同时段稳居第一。2014～2015年湖南卫视播放的《新神雕侠侣》也同样是在网友的骂声中全国网收视率最高达到2.01%。这些收视率的数据足以证明于正"雷剧"的强大杀伤力，于正"雷剧"一度几乎成为"中国古装剧"的代名词。

二 于正"雷剧"的风格特征

前一章我们从整体的角度对于正剧的概况和收视情况进行了简单介绍，本章则着重围绕于正"雷剧"之于"历史正剧"不同的风格特征来展开论述，主要从图像、情节、台词、题材、创作手法、剧作结构六个方面进行展开，这六个方面的合力形成了于正"雷剧"整体的播出效果。

1. 图像轰炸

很多观众调侃说，"于正的剧，很有调节视力的功效"。当然这不仅仅是帅哥、美女养眼可以解决的问题，而且是无论剧情发展到哪，满屏都不改色彩缤纷的画面，从场景布色到演员服装，于正对亮色的偏执让人咋舌，有网友说，"于正家里估计还得开家成衣铺，赤橙黄绿青蓝紫各色衣服都给备齐了"。

于正认为明亮唯美的画面是吸引观众的第一要素。他在一个采访中说道，《新笑傲江湖》后期的特技制作占到了总费用的四分之一。中国目前一部电视剧的制作，后期美术资费会达到二三百万元，而于正剧里后期美术会达到一千多万元。他认为随着时代的发展，视觉是越来越要紧的，在第一秒用唯美的画面抓住观众的眼球，再用靓丽的男女明星留住观众，然后才是戏剧魅力的体现时间。在他的剧里，特技是首要的，因为它对画面呈现的重要性无与伦比。电视剧《新笑傲江湖》为了追求水墨山水的境界，有些剧里的美景竟是后期做出来的，有些是真的去拍一些秀丽山水，后期做到画面里，用特技把文字所能表现出来的意境展现给大家。另外，油菜花田、桃花林、漫天飞舞的蒲公英等道具的使用为剧中人物表现浪漫情怀增添了光彩。比如《宫锁心玉》中，男主角八阿哥与女主角洛晴川感情达到高潮在宫里求婚的时候，剧中时间虽是冬季，但是，制作人于正还是设置了桃花林以及漫天纷飞的桃花雨来为男主角、女主角的感情增添气氛。

他曾在采访中多次说过："我就是外貌协会的。"于正"雷剧"里的演员都是精挑细选出来的，温文尔雅的帅哥、青春靓丽的美女是必备要素，"帅哥靓女"给观众带来了一场视觉盛宴，更是收视率的一大保障。比如电视剧《美人心计》，演员阵容非常强大，林心如、杨幂、王丽坤、罗晋、冯绍峰、何晟铭等，以其非凡的个性魅力，迎合了观众不同的欣赏口味和审美标准，剧里的每一个演员以及每一个角色都会得到相应观众群体的热捧。《宫锁心玉》里，杨幂、佟丽娅、郭羡妮、冯绍峰、何晟铭的倾情演出也达到甚至超越了《美人心计》所带来的轰动程度。他举例说："《宫锁心玉》里冯绍峰是花样美男，何晟铭就比较 man；杨幂美得明艳娇俏，佟丽娅就美得犀利。"[1] 他的作品里所有的路人角色也无一不美，各个年龄段的观众都能在电视剧中找到自己心仪的对象。不单单是这两部剧，他的其他剧里也是美女、帅哥云集。法国新浪潮旗手戈达尔说过，一张美丽的脸蛋就是最美丽的风景。于正剧中的特写和近景将画面重心集中在偶像演员胸部以上的发型、脸部妆容和面部表情上，因为这直接构成了于正剧"最美丽的风景"。作为观众凝视快感对象的男女演员的特写和近景一直在剧中反复出

---

① 艾未央:《于正：王的编剧》,《中学生》2014 年第 10 期。

现，增加了于正"雷剧"的唯美画面感。

于正对色彩学理论进行了深入的学习，在服装方面力改之前古装剧服装质感粗糙、颜色暗淡的弊端，大量地采用了艳丽的暖色调，融合了写实与浪漫的色彩，造型飘逸，很容易唤起观众的审美兴趣。于正剧服装用色的鲜艳甚至影响了相当大一部分古装剧，一时之间，电视荧屏上的古装剧都是色彩斑斓的。他在演员戏服上也做了很高的投资。中国目前一部电视剧的制作，服装资费会达到二三十万元，而于正剧里的服装资费高达三四百万元。而且他说，每部戏拍摄完成之后，戏服会封库，五年之内不会重复使用，五年之后会拿出来给群众演员用。

"社会心理学者罗伯特·莱文经过调查发现，一些人在一分钟内变换频道多达 22 次：他们看待空中的电波，就像一种无所不有的大杂烩，其中每一样都必定要尝一口，而不管这样做有多么无益。受众在每个频道上停留的平均时间越来越短，达到不假思索的地步。"① 于正剧里的一些技巧、经验是其他的电视剧创作可以吸取的，于正顺应时代潮流做出的改变使他成为这个时代的弄潮儿，然而时代是一直变化的，大众审美也是一直变化的，能不能一直留住观众按遥控器的手是最关键的。

2. 情节奇巧

于正在《荆轲传奇》收视低潮后进行过深刻的反思，并且对很多电视剧收视率的最高点进行了数据总结，经过反复研究，他找到了提高电视剧收视率的秘密武器。他认为，现代观众要的是快节奏的电视剧，剧集里必须要几分钟一个高潮才能留住观众。他的剧里每一集里面要有三件互相交错的小事，而市场上其他的电视剧可能两三集才讲一件事。另外，"于正将剧本进行切割处理，解除一环扣一环的套路，变成每三到四集就组成一个小关卡的模式，即便观众从中任意选取几集来观看，也不会影响收视的连贯性，更不必大费周折去联想前后剧情，从而达到'轻松看剧'的目的"②。而且，"取得高收视'雷剧'的矛盾设置、情节推进、人物安排、线索设置往往是经过仔细斟酌的，如于正审查《美人无泪》剧本时，对剧情反复推敲，'看了不下 30 遍，看得都快要吐了'"③。于正细致地研究观众的需求，有针对性地去选择题材，非常精心地去设置剧情，因此，于正"雷剧"虽

① 李法宝：《影视受众学》，中山大学出版社，2008，第 2 页。
② 姜中介：《于正：打怪升级，炮制雷剧》，《二十一世纪商业评论》2014 年第 25 期。
③ 张志坚：《"雷剧"盛行的反思》，《新闻知识》2014 年第 1 期。

然"雷",但在题材选择和剧情设置方面却有很多符合市场需求、电视剧创作规律的地方。

在《美人心计》《唐宫美人天下》中加入谍战因素。《美人心计》讲述的是汉文帝的皇后窦漪房的一生,以及后宫里女人们的权谋与争斗。为了让剧情更加吸引观众,剧中设计杜云汐改名为窦漪房,以间谍的身份潜入代国的情节,这就迎合了当时影视剧创作热门的"潜伏"题材。《唐宫美人天下》讲述的是唐高宗年间,江湖上的赏金猎人贺兰心儿为了救出自己的姐姐而化作宫女进宫,而后在宫里又连续侦破几次悬疑大案,最终成为辅佐武则天的得力助手。剧中悬疑案件扑朔迷离,一波未平一波又起,紧紧抓住了观众眼球。在另一部作品《美人制造》中,于正开始了"去电视化"的道路,将电视剧与游戏捆绑在了一起,电视播出后推出网络平台游戏,并且在电视剧剧情中也贯穿了电子游戏的闯关升级模式,让观众观剧时随着男女主角的爱恨纠葛来"打怪升级",电视剧有了游戏的感觉,节奏更加快速,几乎两三集就会讲一个全新的故事。《宫》系列作品也是桥段连续出现,高潮迭起,赚足了观众眼球。

《新笑傲江湖》《新神雕侠侣》为追求情节的奇巧、快节奏,对原著进行大幅度改编。于正版《新笑傲江湖》里改动最大的就是用大量篇幅把原著里略写的东方不败这一角色重新塑造了一番。他把东方不败直接设定成一位追求爱情、为爱痴狂的女性,并且还和男主角令狐冲来了一场轰轰烈烈的虐恋,而原著里的女主角任盈盈反而成为"小三"。《新神雕侠侣》对原著改编虽然不多,但他把原著里所有暗写的情节用浓重的笔墨大写特写了一番,比如李莫愁与陆展元之间的爱情纠葛。尤其是剧中还穿插着黄药师与梅超风、周伯通与瑛姑、洪七公与秋意浓、欧阳锋和自己嫂子这些江湖老前辈的爱情故事,吊足了观众的胃口。

于正"雷剧"过于追求情节的奇巧与现代性,必然会出现逻辑上的问题。比如,《宫锁心玉》里已成年的阿哥经常自由出入后宫,并且还和宫女打情骂俏,这显然违背了生活逻辑与历史逻辑。在《云中歌》里面也出现了同样的情况,作为男主角的皇帝刘弗陵与皇后举行大婚典礼之时,编剧为了达到煽情的效果,让女主角云歌失魂落魄地从典礼队伍中穿过,和皇帝擦肩而过,仿佛在这个皇宫里是没有任何规矩可言的,令观众瞠目结舌。另外,所有剧中男女主角表达爱意的方式与行动都非常直白、现代,封建社会"发乎情,止乎礼义"的思想约束找不到丝毫痕迹,于正"雷剧"根本上就是披着华丽古装的青春偶像剧。

3. 台词雷人

于正创作的部分古装剧台词中掺杂了大量现代的网络语言，人物表达感情的语言也有强烈的现代色彩，完全忽视了电视剧的历史背景，让网友直呼"天雷滚滚"。于正"雷剧"台词雷人的例子数不胜数，《宫锁心玉》中众宫女羡慕晴川获得八阿哥青睐，光天化日之下向晴川喊道："八福晋，请你告诉我怎样俘获一个男人的心……""老板""员工""大红大紫"等现代词汇在剧中频出不断。《美人制造》中这样的例子更是不胜枚举，"你长得好朴素""你看你长得男不男，女不女，跟闹着玩似的""装大人好，装大人妙，装大人呱呱叫"，甚至还出现了"萃取荷花精华"、具有"美白保湿"功效的"美白膏"。在改编武侠剧中，于正在台词方面也做出了大幅度的改编，《新神雕侠侣》里小龙女的形象一改原著里清冷、含蓄而变得活泼、娇嗔，台词上也奔放张扬了许多。比如小龙女："你一天想我几次？"杨过说："一天至少想200次。"小龙女道："才两百次啊，不够，我要三百次。"杨过说："我上午两百次，下午想你两百次，晚上想你两百次。"网友直呼"金庸老师已哭晕在厕所"。在编剧于正这里，台词的写作已经成为一种文字的游戏，他在乎的不是语言是否符合历史环境，而是能否给观众带来新奇的感受与共鸣，在他看来，什么都没有博得观众哈哈一笑来得重要。把现代的语言强行植入古装剧，虽能给观众带来一时的新奇感，但也成为影视评论者所诟病之处。

于正"雷剧"里的台词还会有逻辑上的"雷点"，比如《宫锁连城》中的台词，富察恒泰："在你心里，是他多一些，还是我多一些？"宋连城："当然是你多一些！"富察恒泰："原来我在你的心中，只是占据了一部分而已，剩下的居然全是江逸尘！"这样的台词频繁出现不仅让剧中女主角摸不着头脑，也让电视荧屏外的观众深感哭笑不得。

4. 题材类型化

于正是一个多产的编剧、制作人，每年电视都会播出两到三部于正参与创作的电视剧，但那么多的电视剧在带来超高收视率的同时，却并没有给观众带来多少新意，反而有题材类型化的倾向。

4.1 偏爱虐恋

于正创作的每一部戏几乎都是以感情戏为重，在他的剧里，爱情肯定是一波三折、历尽坎坷的，但最终都可以超越生死、超越一切障碍。在

《宫锁心玉》里,从21世纪穿越成清朝宫女的晴川和八阿哥的爱情不仅可以超越阶级的桎梏,甚至还可以跨越时空,最终八阿哥和晴川穿越到21世纪过上了美好的生活。《宫锁珠帘》里讲述的是清朝雍正年间宫女怜儿、十七王爷允礼以及雍正皇帝之间的恋爱故事,怜儿的道路充满了无数的荆棘,但最终也和雍正皇帝幸福地相守在一起。《宫锁连城》讲述的是清朝年间,孤女连城与少将军恒泰的坎坷爱情。两人不打不相识,暗生情愫。就在他们决定私订终身之时,遭到了恒泰母亲映月的横加阻拦。同时皇帝下旨公主醒黛下嫁恒泰,而连城则被接到府中担任婢女,遭到了公主的各种虐待。但在历经千帆之后,他们晚年再次遇见时安然相对、共度余生。《美人无泪》作为于正 "雷剧" 将虐恋发挥到了极致,不同于其他剧中 "三角恋" 的模式,这部剧展开的是一场声势浩大的 "八角恋":豪格喜欢翡翠,翡翠爱多铎,多铎深爱小玉儿,小玉儿喜欢多尔衮,多尔衮痴迷于大玉儿,大玉儿则痴情皇太极,皇太极深爱海兰珠,海兰珠心里却只有自己的初恋卓林。编剧如此煞费苦心地经营出这场虐恋,使大部分角色都 "无缝对接" 到感情这条线上来,可到最后没有一个人得到幸福,狠狠地虐了一把观众的心。

同样,《美人心计》《陆贞传奇》等于正剧的叙事也是以主人公的坎坷爱情为主线铺展开来,甚至在武侠剧《新笑傲江湖》《新神雕侠侣》中也以浓墨重彩的爱情消解了原著的政治隐喻和侠义精神。尽管于正剧中的皇太极、雍正皇帝、八阿哥等人物与历史记载的形象有着较大的出入,都被塑造成只爱美人不爱江山、专心致志谈恋爱的情圣,但也正因这些虚假的形象,他们才成为众多女性观众心中的完美男神,满足了那些向往浪漫、纯粹爱情的女性观众在现实中无法实现的美好意淫。

在利益至上的今天,人们对物质、欲望的追求使得爱情掺杂了许多杂质,男女之间的爱情往往会被物质羁绊住,人们在心里算计着自己的付出和回报是否对等,很少有人会全心全意、纯粹地去爱一个人。随着离婚、背叛这些婚姻的不幸越来越普遍,人们对爱情的安全感也大打折扣,那些被历代作家、诗人所赞美的最纯真、最璀璨的感情在现实面前也变得不堪一击。但人们对美好爱情的渴求却是亘古不变的,尽管于正 "雷剧" 中常常充满爱与恨、善与恶、美与丑的直接对立,这种直接对立也许显得非常不成熟,但它正满足了观众们最原初的审美欲望、最朴素的期待视野。

4.2 灰姑娘模式

仔细分析于正剧的代表作品《宫锁心玉》《宫锁珠帘》《宫锁连城》这

三部剧后，发现竟然都是一个模式——灰姑娘模式。《灰姑娘》这个童话，讲的是普通的平民姑娘如何在忍受层层磨难之后找到了王子的故事。这个故事有两个明显特征：（1）灰姑娘和王子地位悬殊，她和王子在一起就是跨越地位、权势的爱情神话；（2）善有善报，恶有恶报，灰姑娘和王子最终幸福快乐地在一起了。从全世界现有的优秀文化来看，灰姑娘模式是一种类型化并具有高度稳定性的模式，这个故事构成了世界各地电影、电视剧、小说以及其他叙事艺术中一个有普遍意义的情节模式。

《宫锁心玉》：从 21 世纪穿越到清朝的洛晴川，颠沛流离，流落到青楼、成衣店。一个偶然的机会，晴川进宫成为宫女并结识了八阿哥胤禩。八阿哥风流倜傥，却不太成熟，总以欺负太监、宫女为乐，这便引起了晴川的不满，她公然抵抗八阿哥。在洛晴川和八阿哥胤禩的对峙之中，两个人已经不知不觉喜欢上了对方。最终，八阿哥胤禩夺嫡失败，和晴川一起穿越到了 21 世纪，过上了幸福的生活。

《宫锁珠帘》：怜儿偶然结识十七王爷，互生情愫。但是，剧中人物往往扼不住命运的咽喉，怜儿进宫当了宫女，还得到皇帝的垂青，皇帝假扮太监来接近宫女怜儿，朝夕相处间，两人已互相爱上对方。最终，怜儿成为雍正皇帝的熹贵妃。

《宫锁连城》：连城与富察恒泰在出生之日身份互换，长大后两人偶然相遇并相知相爱。但两人的爱情遭遇各方阻击，连城不断遭到恒泰母亲、恒泰正妻——醒黛公主的虐待。所幸不屈的爱情将错乱的人生归入正轨，两个冤家到晚年再次遇见时安然相对、共度余生。

在这三部剧中，我们不难发现，有一些元素是一致的：三个故事中都有身世可怜的平民女孩（洛晴川、怜儿、连城）、富家公子（八阿哥胤禩、雍正皇帝、富察恒泰），以及深情款款的守护男、心如毒蝎的女二号。甚至还有着同样的故事起因（男女主角偶遇而渐渐相爱、爱情遭遇阻拦）和同样的故事结尾（平民女孩和富家公子幸福地生活在一起）……批评家指责于正剧"雷同""老套"，它的确给人这样的感觉。但是，于正剧之所以收视率一路狂飙，是因为它把握住了观众的心理模式，找到了这种类型剧的故事原型。剧中出身平凡的灰姑娘历经磨难，终于实现了自己的心愿，她们在一定程度上实现的不仅是剧中自己的心愿，也是观众的心愿。灰姑娘的故事一直印在人们心中，经过千百年来历久弥新的神化，于正剧不过是这个神话的延续。于正剧的表层结构往往精简和商标化到令人觉得肤浅，但它却成功地指向了那些希望获得感情慰藉的观众，并且提供了他们所需要的情感满足。

4.3 女性励志

从 20 世纪开始，女性意识逐渐觉醒，女性逐渐走入职场并在职场中承担了很大一部分的责任。这一点也很自然地在电视剧创作中体现出来，不仅出现了《杜拉拉升职记》《杜拉拉升职记之似水年华》等讲述现代职场生活的电视剧，甚至在古装剧里也出现了这样的"女强"电视剧。这些电视剧塑造了这样的女性形象：她们坚强，能力远远在男人之上，具有姣好的面容、宽阔的胸怀、非凡的智慧，在关键时刻可以成为男人的坚强后盾。这种电视剧融合了现代职场因素在里面，深深地受到广大女性观众的喜爱。在《美人心计》中，女主角窦漪房费尽心机帮助刘恒夺取帝位，她一生扶持了两代帝王，还扫平了各地叛乱；在后宫之中稳坐后位，妃嫔无人能够与之相斗。当然，除了女主角之外，慎儿、吕后、雪鸢、吕鱼等都有着很高的谋略与心机。虽然这部剧可能跟史实略有不符，但它展现了这样一种可能：古代女人也可以是有大智慧、大才能的人，男人有时甚至需要依靠女人才能成就一番事业。《陆贞传奇》的女主角是中国历史上著名的女官陆贞，讲述的是她在北齐王朝阴险诡谲的宫廷斗争之中，经历了各种磨难，从一个懵懂少女成长为一个传奇女相的故事，可谓一出古装职场的"攻心计"。该剧直接将职场潜规则穿插入电视剧中，让观众直呼过瘾，并赞誉"职场有风险，励志是王道"。另外，《宫锁心玉》《宫锁连城》等其他于正"雷剧"的女主角，虽然没有在"职业"上有很高的建树，但都一改古代女性的软弱卑微，具有现代职业女性聪明果敢的性格特点。

5. 创作手法：挪用与拼贴

于正在进行剧本创作时善于综合演绎观众爱看的经典桥段，如"灰姑娘""偷龙转凤"，甚至有网友讽刺地称"于正是电视界最好的裁缝"。熟悉于正剧的观众不难发现，在他不同的作品里经常出现相似的桥段，比如《宫锁心玉》里僖嫔和尚衣局的顾小春通奸，其目的是想用怀孕的方法重新得到皇上宠爱，这个桥段和《大清后宫》里祥嫔和戏子通奸，想用怀孕的方法重新得到皇上宠爱是一模一样的；《宫锁连城》《美人制造》里都出现了"摄魄术"，使宋连城、苏莲衣失去了本来的心性，但最终都被男主角爱情的力量唤醒。不仅如此，于正"雷剧"甚至还被网友指出好几部电视剧的整体架构都是抄袭之作。

《美人心计》在 2010 年播出后就被网友及影视评论者指出有抄袭《宫心计》的嫌疑。在《美人心计》剧情开篇就已有了《宫心计》的影子，窦漪房的父母卷入了宫廷斗争而被陷害致死，年幼的窦漪房和慎儿相依为命。而当她们长大后，窦漪房和《宫心计》刘三好的人物设定是一样的，她们都处事谨慎，为人聪明伶俐，经常巧妙地避过重重危险；王丽坤饰演的慎儿就像《宫心计》里的姚金玲，她工于心计，一心想往上爬。最终这对好姐妹反目成仇，并且两人和皇帝之间有一段三角关系。很多网友指出，该剧的架构和诸多细节都与《宫心计》如出一辙。对于这些质疑，于正表示："《美人心计》改编自 2001 年的热门网络小说《未央沉浮》，剧中所有的人物均有历史原型，跟《宫心计》没有可比性。电视剧不是完全原创的东西，TVB 的电视剧不也都写着'如有雷同，纯属巧合'么？而且《美人心计》是根据小说改的，小说出版的时候还没有《宫心计》呢。"①

如果《美人心计》与《宫心计》的相似是巧合的话，《宫锁心玉》和台湾青春偶像剧《流星花园》的雷同就是编剧于正有意为之了。八阿哥、九阿哥、十阿哥和四阿哥四个人和《流星花园》里 F4 的人物设定一样，他们折磨晴川的各种方法也雷同于《流星花园》中 F4 欺负杉菜的招数。女主角的人物设定也是一样的，她们在面对欺压时，常常高喊着"我绝对不能认输""我一定不会屈服的"之类的励志话语。除了人物设定和剧情方面的雷同，《宫锁心玉》里的台词也和《流星花园》相雷同，如八阿哥恐吓晴川的话："好消息是我非常佩服你的坚持，坏消息是从今以后我要加倍地对付你"，四阿哥："当你觉得痛苦的时候就仰望天空，这样眼泪就流不出来了"，这些都可以在《流星花园》里找到类似的台词。对于这些质疑，于正坦然承认受到了《流星花园》的影响，并且在采访中盛赞了《流星花园》的情节设置、人物设置的高明之处，但对于抄袭之说，于正依然持否认态度。

引起最大风波的就是《宫锁连城》（也称《宫》3）被指抄袭琼瑶的《梅花烙》一事了。琼瑶在写给国家新闻出版广电总局蔡赴朝局长和电视剧管理司李京盛司长的公开信中的附录里列出了于正抄袭的五条证据："1.《宫》3 剧本中主线——恒泰、连城、醒黛公主三人的主线发展情节，与《梅花烙》中皓祯、吟霜、兰馨公主等三位主人公之出身背景及三人之间发展出的主

---

① 王正昱：《〈美人心计〉被指抄袭〈宫心计〉》，《羊城晚报》2010 年 3 月 28 日，http://www.ycwb.com/ePaper/ycwb/html/2010－03/28/content_785242.htm。

从关系，可说是完全一致；2. 支线——将军府中的将军、福晋、侧福晋、庶出儿子等人物，除姓名改变外，人物关系亦与《梅花烙》一致；3. 主情节——连城与恒泰、醒黛公主 3 人的情感线，完全抄袭自 3 位主人公的主情节；4. 例——恒泰、醒黛洞房之夜并未圆房，而跑到连城处私会。醒黛公主污蔑连城为狐狸精，对她各种虐待，找来巫师前来做法等多处细节完全抄袭自《梅花烙》原著；5. 虽然《宫》3 增加了许多其他人物及情节来分散观众注意力，但对主线人物的抄袭痕迹太过明显。我方无法逐字对比，但凡看过《梅花烙》原著小说及电视剧者，极易察觉《宫》3（《宫锁连城之凤还巢》）的剽窃行为。"①

2015 年 3 月，编审于正、编剧周静、出品方等七名被告因《美人制造》被悬疑小说作家周浩晖以涉嫌抄袭自己的小说《邪恶催眠师》为由再次告上法庭。

随着琼瑶的胜诉，作家们也逐渐有了维权的意识。但目前法律体系的不完善，往往让一些编剧有漏洞可钻。编剧李亚玲曾在微博上声称和于正合作《大丫鬟》时，于正曾经确实让她抄袭："早在 2009 年合作《大丫鬟》时，于正就要求我把《胭脂雪》副线和《梅花烙》主线结合起来写成一部戏给他制作，被我拒绝。后来我另创作了《大丫鬟》给他。他说我这样自命清高成不了大事，还说抄袭只要不超过 20%，比如你把 20 集戏全抄了但只要扩充到 100 集，法院就不会追究。"② 这一事件也只是掀开了整个电视剧行业抄袭乱象的冰山一角，我国的电视剧行业飞速发展，更多的是停留在量的层面，编剧界中盛行的"扩充法"、"改朝换代法"、"国外改国内法"以及"多剧拼盘法"等都已然不是什么秘密。

6 剧作结构，重视观众参与

每一部于正"雷剧"的播出都会成为"现象级"电视剧，掀起网络上的热烈讨论，这一方面是因为网络时代自媒体的迅猛发展，另一方面则和于正的创作方式息息相关。于正"雷剧"的方方面面都具有一定的话题性，确保吸引网友的注意力。在故事情节的设置方面，善于拼贴观众喜爱的桥段或颠覆经典；于正"雷剧"演员的选定，前期会在网络上放出消息进行炒作，吊足观众胃口；他还会时不时地在微博发出角色的定妆照，甚至会

---

① 吴小宝：《琼瑶：有正义感的朋友，请拒绝看于正的〈宫锁连城〉》，苏北网，2014 年 4 月 16 日，http://news.jsnol.com/a/ent/2014/0416/11592.html。

② 《琼瑶起诉于正抄袭》，《中国总会计师》2014 年第 5 期。

有意无意地制造以丑为美的效果（比如《宫锁连城》里宋连城和《新神雕侠侣》小龙女的造型），引起观众的热议。

于正"雷剧"制造的话题为各种各样的观众提供了讨论平台，不管是肯定它，对其画面、情节大加赞赏的，还是一边观剧一边批判它"天雷滚滚"的，雷剧都以开放的姿态一一接受。它就像一个沉默的旋涡，用所有的力量把观众、网友、媒体都卷了进来。于正"雷剧"的目的就是将看电视剧这一行为演化成为一个观众广泛参与的社会文化活动，并且通过观众之间、媒体之间的发酵、传播，进一步增强观众参与的深度和广度，以此达到提高收视率的最终目的。在于正"雷剧"这里，电视剧作品已经不是由传统的不确定的意义与空白构成的"召唤结构"，而是成为供观众议论、拆解的一种批评性的"召唤结构"。电视剧的意义已经脱离它本身，成为大家在社交媒体上的谈资。

以2014年播出的《新神雕侠侣》为例，也许有些观众并不喜欢甚至没怎么注意这部剧，但经过网络飓风的席卷，微博里、朋友圈里到处都充斥着"小龙女变小笼包"这样的话题，甚至明星或身边朋友都在社交媒体上模仿小龙女的造型时，大家便再也不能无视它的存在。该剧播出时，电视荧屏与自媒体双屏互动非常活跃，几乎每一集都会有微博话题出现，比如#姑姑教你睡麻绳#、#全民COS小龙女#、#龙过甜蜜蜜#、#不一样的梅超风#、#萌系瑛姑#等，在微博上每周的话题投票结果可以出现在电视屏幕上。据统计，《新神雕侠侣》播出期间，微博上#神雕侠侣#主话题被阅读58亿次，讨论134万次，被提及3994万次，被搜索444万次；子话题98个，总阅读量244亿次，总讨论量283万次，成为2014～2015年度最具影响力、最具话题性的跨年大剧。

另外，弹幕这一技术手段的应用更加促进了电视剧播出时观众的参与程度。"弹幕"原意是军事用词，指用大量或少量火炮提供密集炮击，如今是指大量以字幕形式显示的评论同时出现的现象。网友可以一边观看电视剧，一边实时发送评论，弹幕可以给观众一种"实时互动"的错觉，虽然不同弹幕的发送时间有所区别，但其只会在视频中特定的一个时间点出现，因此在相同时刻发送的弹幕基本上也具有相同的主题，在参与评论时就会有与其他观众同时评论的错觉，"用网络集体吐槽狂欢替代传统的家庭观剧氛围，用网络的'在场'弥补了因屏幕限制无法共同观剧的孤独感……弹幕视频受欢迎的不仅仅是内容，其真正目的是在集体吐槽中找到围观、分享的心理认同感。弹幕功能让集体观剧超越了时间、空间限制,建立一种'不在场'的共时性关系,观者用风趣、睿智的评论,分享自己的情绪与笑点,并制造更多的笑点传达给其他观看视频的人"①。观剧在这里已经不是个人的欣赏行为,而变成一种社交性的活动。在 2015 年末播出的网络"雷剧"《太子妃升职记》,电视剧主创人员还会在固定时间里参与弹幕,并与观众一起互动,随机回复观众发出的弹幕内容,达到了刺激观众看剧的效果。虽然《太子妃升职记》不是于正的作品,笔者在这里只是借助这一现象来说明一个事实,观众参与观剧在这个网络时代已是大势所趋。

三 于正"雷剧"热播原因探究

每一部于正"雷剧"的播出都会招致骂声一片,于正本人也因"抄袭"被众网友及编剧界所排斥,甚至还累及剧中演员的声誉,比如经常担任于正"雷剧"女主角的袁姗姗在前两年就遭遇了热门微博话题"袁姗姗滚出娱乐圈"这样的尴尬局面。但是,随着骂声的增高,于正"雷剧"的收视率也随之攀高,成了影视界的一大怪象。究其原因,这个现象是由时代因素、制片方策略、观众心理这三方面的合力而形成的,本章也将从这三方面来展开论述。

1. 于正"雷剧"热播的时代背景

1.1 图像狂潮的冲击

图像时代,视觉文化以浅显、通俗的特性吸引了大众的注意力。传统的杂志已经被图片所占领,经典文学作品作为电视连续剧而不是文学原著为观众所了解,图像大有代替文字之势。在这个信息爆炸又绚丽缤纷的社会,电视剧作品也必然会有所改变。风格沉稳、需要细细品味的"正剧"已慢慢不能激起观众的兴趣了,逐渐被淡漠、遗忘。在以眼球经济为指挥棒的图像时代,紧紧吸引住大众的视线成为电视剧创作的首要任务。于正"雷剧"就是在这样的背景下应运而生,剧里大胆的用色、豪华的场景以及演员华丽服装、头饰等,都顺应了图像时代以及这个时代催生的观众追求审美、求新求异的心理。于正在横店专门有一个十几平方米的房间放他拍戏所用的各种金银首饰。2010 年的《美人心计》,为了追求一种纯粹与超凡

---

① 颜欢、曾一果:《新媒体环境下电视剧"传受关系"的转型》,《电视研究》2015 年第 1 期。

的美，于正不用任何花与色彩，只用金和银两种颜色，他让皇宫里出现的都
是金色，民间出现的都是银色。他说，林心如头上那个凤冠就是真金的。

不可否认，于正"雷剧"呈现在屏幕上的是一种更唯美的状态，这确
实让观众切身地感受到了视觉快感和愉悦。但是，就像大众传播媒介是一
把双刃剑一样，图像时代电视剧创作的转变也让我们感受到了一些隐患。
当我们终日沉溺于电视荧屏图像的诱惑之中时，在视觉欣赏的背后，是否
注意到这其中也潜藏着某些值得警醒的危机呢？一味地追逐视觉效果的冲
击，就会不自觉地远离了充满诗意的世界，这意味着某种传统的失落。当
观众欣赏陈乔恩女版东方不败的美貌时，未必还会记得金庸先生在原著里
对权力和欲望的隐喻；当观众对雍正皇帝的印象只是和宫女怜儿谈恋爱的
"小太监"时，那个历史上励精图治的皇帝形象从此淡远。

图像时代电视剧作品的直观以及华而不实的浮夸会在某种程度上增加
观众的惰性，甚至会弱化人们的想象力以及对文字的理解力。"生理学研究
表明，人的右脑控制视觉中枢，而左脑控制语言中枢……所以并不是每个
人都能迅速地用精美的语言把他看到的图像或从图像中感受到的'意味'
描绘或表达出来，尤其是连续的图像播放（如电影、电视等）往往会使我
们的视觉中枢处于高度紧张状态，而语言中枢得不到应有的锻炼。这会导
致现代人（包括学生）的语言越来越贫乏，阅读和表达能力越来越弱。我
们太依赖图像了，缺少时间去阅读、背诵、感受文字的魅力，去储存足够
的语言信息。"[1]

当然，我们不能一味地否定图像时代电视剧作品的这些转变。虽然它
们导致审美浅化、娱乐化现象的存在是客观事实，但对电视剧创作的历程
来讲，画面制作的进步不可忽视。只是当前还处于图像时代的初期阶段，
电视剧创作还很难处理好图像与内涵之间的关系。未来电视剧创作的发展
应将图像与内涵作为一个整体有效地结合，做到图文并重，因而现在单一
地谈论对于电视剧而言图像、内涵孰优孰劣，反倒是为时尚早了。

1.2 商业思维的渗透

电视剧行业在其发展的初期是隶属于全民所有制的单位，有着先天的优
势：政府的支持和充足的制作时间，完全不必考虑成本与利润的问题。随着
时代的发展，"在改革开放的全面推进和深入贯彻作用下，我国由计划经济向

---

① 杨松芳：《解析"读图时代"》，《沈阳师范大学学报》2006 年第 3 期。

市场经济体制转型……电视……被完全推向市场,靠市场求生存。电视媒体机构成了自负盈亏的经营主体,广告成为电视台最主要的收入来源……在媒介市场化的进程中,收视率成了与广告商交易的'通用货币'和电视媒体运作管理的重要指标"①。整个文化社会被商业思维所统治,电视台以及电视剧制作者为了追求利润的最大化,纷纷以收视率为终极追求,不顾一切地用各种方法争取观众。布尔迪厄曾说:"收视率是个隐匿的上帝,它统治着这个圈子,失去一个百分点的收视率在某种情况下无异于直接走向死亡。"②当整个电视行业都以收视率为终极目标追求时,电视媒体就逐渐丧失了它所应有的公共文化属性,摒弃了它所承担的文化使命、艺术精神和社会责任。尤其是近两年出现的各种"雷剧",它们不惜弄虚作假、竞相媚俗,甚至以低级恶搞、感官刺激或偷窥猎奇的故事情节来吸引观众眼球,这严重地背离了电视剧作为大众媒体所应有的文化传播和审美追求旨归。

商业思维的渗透不仅决定了整个电视剧市场的竞争状态,同时也影响到具体的电视剧作品。在消费社会的大旗下,物欲观念已经渗透到电视剧内容的方方面面。在于正"雷剧"中,金碧辉煌的亭台楼阁、华丽耀眼的服装、精致唯美的妆容都在一定程度上满足了处于消费社会中的观众对物质的追求与喜爱,使观众在浮夸的电视情节中得到了别致的体验。例如,在《宫锁心玉》中,晴川为了让顾小春的成衣店生意兴隆,于是设计在距今300多年以前的清朝大街上上演了一出清装时装秀,引得年轻女子蜂拥购买,一时之间成为京城爆款;《宫锁心玉》第16集中,晴川要帮助已经丧失人气的青楼女子紫烟重新赢得市场时说,"我一定会让你大红大紫的!"她不仅在花楼舞台设计上运用了现代的舞美技术,就连紫烟的出场方式也和我们今天在晚会上看到的明星吊威亚出场一样,让剧里清朝的百姓们大开了眼界,也让电视机前21世纪的观众感到十分新奇而哈哈一乐;更有甚者,在《美人制造》这部剧里,男主角竟是一位唐朝的整容医生兼美容师,面膜、化妆品、整容手术这些道具更是层出不穷,这种与当下大众消费热点相结合的电视剧自然而然地吸引了观众的注意力。

1.3 微时代媒介的变革

随着新媒体技术的迅速发展,在新媒体的传播语境下,我国电视剧的

---

① 张蓝姗:《收视率与电视艺术审美》,清华大学出版社,2014,第17~18页。
② 〔法〕皮埃尔·布尔迪厄:《关于电视》,许钧译,南京大学出版社,2011,第1页。

内容生产、传播方式发生了极大的变化，传统电视媒体的霸权地位即将被以互联网、移动终端等为主导的新媒体所占领，电视剧的叙事风格也相应地发生了变化。

新媒体时代的看剧方式完全打破了传统的在固定时间、固定地点看剧的模式，只要可以上网，任何地点、时间，都可以随意观看想看的电视剧。传统看剧要每天守候电视剧的更新才可以保障看剧的连贯性，而新媒体时代可以随时看剧。无论打发闲暇时间，还是利用平日上下班等候、乘坐公交和地铁时的碎片时间，观众都可以观看电视剧。电视剧从传统的"你播我看"进入了"我点播我看"的时代，观众对片头、片尾甚至不感兴趣的剧集可以忽略或设置"自动跳过"。

在新媒体时代，电视剧市场是青年人群的，同时也是全国人民的，但归根结底还是青年人群的。传统电视剧观众的主力是中老年人群，且以女性居多，学历程度偏低。然而，随着近年来网络视频技术的发展，其碎片化传播、实时互动的特性受到了广大青年网民的青睐，尤其是在成长过程中接触网络最多的"80后""90后"，他们接受网络速度快，已经成为电视剧市场的主要观众。尤其是新媒体社交功能的完善，使得网络观剧有了强烈的互动性，他们可以从已观剧的人们那里得到关于一部电视剧的观点、看法，也可以自己一边看一边在社交媒体上发表自己的看法。社交媒体的介入使电视剧所产生的话题成为大家在社交媒体上的谈资，对于电视剧来说，似乎观看已不是最重要的，有话题可以议论和批评才是它受人们青睐的关键所在。

收视行为的改变决定了电视剧的创作者必须改变电视剧作品的叙事风格、情节设置。"新媒体剧的收视空间和收视时间的碎片化，也导致受众与作品的审美距离被拉大，受众黏度下降，应对此种收视模式挑战的有效做法就是使剧情更加曲折离奇，以激发受众的好奇心与关注度。"① 电视剧的创作者必须在较短的时间里完成设计情节和释放情感，每一集的叙事都要做到简短而独立，并且构成整部电视剧的简短叙事。"于正剧"一般都会用三四集的时间解决一个矛盾，然后开始一个新矛盾，连环出现，不给观众喘息之机，提升他们观看的欲望，这一特点在《美人制造》中体现得尤为明显。短短三十集的电视剧却讲述了十个充满悲欢离合的故事："归来娶我

---

① 颜欢、曾一果：《新媒体环境下电视剧"传受关系"的转型》，《电视研究》2015年第1期。

可好""我不是美人""入心劫""不老传说""美人鱼""东方秀""半面妆""观音秀""鬼新娘""催眠术",综合了古装爱情、魔幻、悬疑、喜剧、美容、养生、武侠等看起来压根儿不搭调的元素,让观众们应接不暇。

虽然现在的电视剧也有着完美的画质、完整的叙述、曲折的剧情,但大部分的观众止于对视觉的冲击力以及对剧情的消遣,而放弃对其内在深度的解读和思索。观众更倾向于将观看电视剧作为一种消遣和娱乐,而不是精神食粮。这种倾向也直接影响着创作者的态度,电视剧创作逐渐适应网络受众的消遣需求,越来越简单化、肤浅化。

2. 于正"雷剧"营销策略

于正"雷剧"收视率爆红虽然与电视剧情节设置息息相关,但其营销策略也不可忽视,无论是作品的情节设计还是播放档期的选择等方面,都刻意地追求轰动效应。

首先,播出平台方面。于正"雷剧"无论是前期制作还是后期播出,大多数选择与湖南卫视合作。"中国湖南电视台是湖南省最权威的电视机构,1997 年 1 月 1 日,湖南电视台第一套节目正式通过亚洲 2 号卫星传送,频道呼号'湖南卫视'。"① 在电视剧营销方面,好的播出平台可以让收视率成效事半功倍。于正"雷剧"收视率的爆红,与全国强势平台湖南卫视的关系是密不可分的。2010 年,湖南卫视在中国品牌媒体百强评选中获得了中国最具品牌价值卫视奖,2013 年又获得中国全媒体卫视收视率榜单榜首的荣誉。湖南卫视青春活泼的风格吸引了强大的年轻观众群体。由湖南经视文化传播有限公司引路,于正工作室与湖南卫视之间构建了"经济链条",在电视剧的发行和宣传等方面进行强强联合。于正"雷剧"在一定程度上也暗合了湖南卫视主要的观众群体——"80 后""90 后",而且于正"雷剧"在播出时间上尽量选择暑期档或寒假档,这就为吸引年轻一代观众奠定了基础。它在湖南卫视播出的效果最好,也是最具有话题性的。以青年为主要收视群体的于正"雷剧"和湖南卫视一贯青春活泼的风格不谋而合,所以二者的强强联合得到了双赢的结果。

其次,电视剧的播出阶段。播出前,剪辑剧中的经典片段作预告片为电视剧的播出造势。以《宫锁心玉》的预告片为例。在当时电视上、网络

---

① 好搜百科,http://baike. so. com/doc/3328939 - 3505967. html? from = 187608&sid = 3505967& redirect = search。

上播出的预告片中，以英俊帅气的八阿哥和古灵精怪的晴川之间的搞笑情节为主，并且在后期制作时配以流行语和精心设计的字幕，轻易就可以激起观众的兴趣，这就为剧的热播做好了铺垫。

电视剧的演员也可以为于正"雷剧"的热播助力。在电视剧开拍之前，于正就会在个人微博放出待选演员扑朔迷离的消息，让网友们充满期待地猜测、讨论。比如《新笑傲江湖》令狐冲和东方不败的扮演者霍建华和陈乔恩是昔日恋人，于是剧内剧外，两人感情的传闻在网络上沸沸扬扬传播起来。于正还善于炮制荧幕情侣，吸引大众的注意力，有注意力的地方就有"注意力经济"。《宫锁心玉》播出时，男演员冯绍峰和女演员杨幂的"峰幂恋"就引起了观众的无限遐想。《陆贞传奇》时，男演员陈晓和女演员赵丽颖的感情问题又成了娱乐圈的热门消息。炒作荧幕情侣的优点是显而易见的，剧外的绯闻可以加深观众对剧中情侣的印象，又能够强化观众对于正"雷剧"的印象，同时也可以使明星们提升曝光率。另外，在电视剧播出前及播出中，电视剧全部主创人员也会参与话题营销、微博营销来增强电视剧的影响力。演员之间在微博里乐此不疲地就拍摄时的花絮或者电视剧中的情节进行互动，激起粉丝热情，达到拉动粉丝看剧的目的。

于正"雷剧"播出中还善于利用饥饿式营销吊足观众胃口，一般黄金时段的电视剧播放是每天两集、三集，而于正"雷剧"在湖南卫视经常以周播剧的形式播出，每周只在两天之内播出四集，如《新神雕侠侣》仅在周二、周三22：00播出两集等。这种"限量供应"的方式，让观众一直保持在饥饿的状态。观众这将近一周的等待更新的时间也是心理能量蓄积、发酵的过程。在这个过程中，观众会想象人物命运的归宿、猜测情节发展，渴望解开上一集留下的悬念，并且还会在社交媒体上发表看法，和其他观众的评论混同发酵。《宫锁心玉》在播出大结局的当日，粉丝们还乐此不疲地在贴吧、论坛回顾剧情，寻找剧中BUG，挖掘演员的八卦。自从湖南卫视宣传这部剧有三个版本的结局之后，关于"结局大猜想"之类的话题更是层出不穷。而男女主角们最后的命运究竟如何，是根据收视率和观众的呼声来决定的。这无疑又为于正"雷剧"创造了新的话题，也让大家将目光紧紧锁定在湖南卫视最后的播出上。这种心理能量的蓄积发酵过程使得观众心理产生相应的紧张感。在观看更新之后的剧集后，这种紧张感会得到宣泄，并产生观剧的快感。这种使观众不断蓄积心理能量、不断释放、不断得到快感的方式，便是用有限剧集供应带来的饥饿式传播效应。于正

"雷剧"作为饥饿式文本,剧中人物的命运感、叙事的悬念性,可以给观众带来强烈的追逐效应,以及收视的仪式感。

3. 于正"雷剧"观众心理分析

在节奏越来越快的城市生活中,人们也越来越难慢下来去品味生活。同时,日常生活中、电视荧屏里充斥的都是浓浓的娱乐风,长时间下来就滋长了人们的浮躁心理。电视剧创作与观众的审美心理的关系是互相促进、相辅相成的,研究电视剧创作的时候,对观众审美心理的探究是万万不可忽视的。

3.1 宣泄情感的心理

随着城市节奏的加快,人们的心理会出现某种焦虑的情绪,也就是现在常说的"负能量",网络时代的发展使得人们在平日里积攒的"负能量"可以以各种形式在网上匿名发泄出来。"吐槽"就是其中一种方式,在网络上多表现为牢骚、抱怨、抨击甚至谩骂。"吐槽"具有相当大程度的戏谑和玩笑的成分,通过娱乐的方式表达民间话语权,娱乐大众,缓解社会压力。"由于网络的发达和网友的匿名性,很容易形成一个自由甚至粗放的虚拟表达空间,人们在现实生活中被压抑的欲望、得不到表达的意见,统统汇集到网络中。匿名的网友们通过吐槽,发泄现实生活中的烦闷、无聊和压抑,重新寻找自信、自主和个性,久而久之便形成了吐槽文化。"①

我们经常可以看到,一些网络大 V 或者演艺界明星的微博下面充斥着各种"吐槽"的声音甚至污言秽语。比如,于正工作室的艺人袁姗姗,被网友骂"滚出娱乐圈",之后媒体在网络上发起对"厌恶袁姗姗原因"的调查,其中包括演技、相貌以及没有原因等几个选项,出乎意料的是,过半网友选择的竟是"没有原因,只是讨厌"。不得不说,线下的和谐社会和充满戾气的网络社会是共同存在的。于正"雷剧"的出现,尤其是剧里个别演员浮夸的造型与表演、过于离奇的情节、直白的台词,在某种程度上给人们提供了情绪发泄的突破口,他甚至还会故意制造话题让观众批评或"吐槽",让观众在有观剧参与感的同时还可以宣泄情绪。在这里不得不提的就是《新神雕侠侣》,当网络爆料台湾女星陈妍希出演"小龙女"时,大家都不禁汗颜,"那么胖的小龙女?"此剧播出之后,果然"不负众望",为广大网友和观众提供了无数的"槽点"。开播没几天,各大门户网站,例如

---

① 石岸书:《新版神雕请你来"吐槽"》,《出版人》2015 年第 1 期。

新浪、腾讯、网易等，都刊登或转载了暗带嘲讽的报道，直指新剧和陈妍希版小龙女的不搭之处。网友们兴高采烈而又满怀戏谑地"吐槽"，有的直言，"看了女主角我就不想看"；有的无奈表示，"简直是一部喜剧啊，看见姑姑飞出来的那一幕，简直要笑哭了"；有的则高呼"敢不敢不毁当年那么美的龙女？"不管喜不喜欢，陈妍希版小龙女已经迅速成为社交媒体和网络搜索的热门词汇，"被玩坏了的小龙女"甚至一度登上热门话题排行榜电视剧榜首的席位；正是凭借吐槽而来的人气，陈妍希出席"2014中国时尚权力榜"活动，并荣获"年度人气女演员"大奖；《新神雕侠侣》的全国收视率位居同时段第一。

据调查，很多人都是越雷越想看，越"吐槽"越快乐。国民浮躁的性格特点造成了很多行业只会一味追求商业价值而忽略内在的意义。于正"雷剧"从不在乎是否被"吐槽"，因为这也是一种关注的方式，只要有关注，就有收视率。

3.2 消遣娱乐的心理

由于新一代的观众在成长过程中长期受到的都是快餐文化的滋养，久而久之养成了"只养眼不养心"的审美习惯。即使是有追求的创作者想要在电视剧创作中抒发对现实和人生的思考，也一定要有观众喜欢的"外形和口感"。这些"80后""90后"观众，只要能开心地观看他们认为可以让自己开心的电视剧，他们就很满足了。

于正"雷剧"就为大众的视听消费制造这样的影像符号与快感。如今我国的古装剧，创作背景多是宫廷题材，但此类宫廷剧甚少讲述国家社稷之事，大多是后宫嫔妃斗争的琐事。而每一部于正"雷剧"都有消费女性影像的现象，女性身体成为一种独特的消费对象，如《美人心计》第3集中，云汐宽衣解带至半裸的镜头，以及第4集慎儿花瓣沐浴的镜头，都会引起观众的无穷联想；《云中歌》中云歌和霍成君等女性角色的服装通身紧窄，长可曳地，窈窕身段展现得淋漓尽致。在于正"雷剧"中，女性占据了绝大板块，起承转合的剧情是围绕女性铺展开来的，后宫嫔妃的尔虞我诈、各怀鬼胎，更是剧中精彩所在。于正"雷剧"中对女性的刻意捕捉，满足了观众窥视的欲望，后宫争斗的阴险诡谲，也成了观众的窥视对象。

而近年来，女性消费唱响了最强音，电视剧的观众主要是年轻女性观众，女性观众的审美和心理诉求不断增长，导致了"小鲜肉"这一群体的出现，彰示着电视荧屏已经走向了"男色时代"。女性从身体与物欲中解脱出来，释放视觉享受，"小鲜肉""老干部"等不同类型的男神用先天的优势与后天的努力满足了女性观众对白马王子的容貌与性格的幻想，开启了荧屏上"无肉不欢"的时代。比如《云中歌》中陆毅演的刘弗陵温文尔雅、杜淳演的孟珏深沉内敛、陈晓演的刘病已深情又腹黑，不同类型的帅哥几乎涵盖了所有女性所梦想的男性类型，剧中的唯美画面和帅哥、美女给观众带来了一场视觉狂欢。

3.3 逃避现实的心理

现在的青年人大多在大城市为了生活努力打拼，背负着来自房子、工作的各种压力，在快节奏的生活中不免会产生焦虑、紧张等不良情绪。这种"城市压力病"已经不仅仅是个别人群和个别城市的现象，而且是普遍的社会问题了。化解这种压力是艰难的，有时甚至是痛苦的。当人们无法化解心中的压力、不满于当下的生活时，常常会转入电视剧为观众打造的虚幻世界来麻痹自我，获得暂时的休憩，这便是逃避现实的一种心理，这是人类一种普遍的、正常的心理体验，同时也是对于正"雷剧"热潮的合理解释。于正"雷剧"里没有高楼大厦，没有繁重的工作，有的只是痴男怨女一波未平一波又起的美丽爱情。紧凑的情节、美妙的音乐使观众沉浸其中，他们因男女主角的笑容而幸福，因男女主角的眼泪而难过，一时之间忘却自身的压力与痛苦。于正"雷剧"在给观众放松心情、舒缓压力方面，可谓功不可没。

据研究发现，自我价值感较高的个体观看电视剧的时间较短，这些个体普遍对自我持较肯定的态度，对眼前现实较满意，因而较少在虚幻的影像中寄托自己的情感。虽然躲进电视剧世界有利于暂时缓解焦虑、紧张等不良情绪，但这并没从根本上解决问题，这只是一种逃避的方法。作为成年人，我们应该把主要精力用于克服眼前存在的困难上，无论是生活上的，还是工作上的、学习上的。只有这样，我们才可以征服困难、征服自己，从而对自己建立起信心，不依附于电视剧创造给我们的儿女情长，拥有较高的自我价值感。

四　于正"雷剧"的褒贬评价及社会内涵

1. 对于正"雷剧"的质疑

在当前电视剧市场上，"雷剧"的高收视率现象已经成为电视剧行业的一种奇怪的现象，电视剧必须要有"雷"点，只有这样，才会有观众的注意力。电视剧行业在这种现象下处于一种尴尬的境地：一方面，电视剧的高收视率就是电视剧的"黄金命脉"，只有高收视率，才会有高利润；另一方面，"雷剧"的爆红也决定了"正剧"的式微，部分"正剧"的制作者不甘于这种入不敷出的局面，在"雷剧"横行的大环境下，逐渐改变了自己的初衷，这直接导致电视剧行业处于一种畸形的状态。正因为如此，评论界里有很多质疑、抨击于正"雷剧"的声音。

这些质疑的声音也承认于正"雷剧"在某些方面是有过人之处的，比如剧情设置、对观众心理的把握等方面的成功经验，值得思考、总结。但他们更认为包括于正"雷剧"在内的"雷剧"使娱乐变成了愚乐，这些画面精美的电视剧就像一个圈套，观众只是猎物，对观众心理的揣摩、研究、分析成了他们"设局"的筹码，而真诚与尊重，在这里似乎是不存在的，过度重视利益让"雷剧"失去了道德底线。他们认为，在于正的作品中，存在消解、重构历史的现象，史实可以为了剧情的需要被随意篡改，人物形象从皇帝到将军，没有任何政治上的建树而只专注于谈恋爱，若观众们观看的都是由任意改编的虚假历史构成的娱乐幻象，这会给新一代的年轻观众带来什么样的影响呢？他们觉得观众浸淫在"雷剧"之中是无法建立正确的消费观和价值观的，更容易导致对现实问题的忽略与麻木。厚重的历史被以游戏、享乐为基础的消费心理解构，长此以往，必然会对以历史文化积淀为共同心理基础的民族身份认同产生消极的影响。

同时，"雷剧"盛行的现象也会加剧电视剧行业整体氛围的浮躁。很多导演、编剧没有抵挡住利益、市场的巨大诱惑，开始刻意地追求"雷剧"效果。《"雷剧"盛行的反思》中说道，"雷剧"思想肤浅、不合逻辑、庸俗媚俗，艺术水准、文化品位较低，其盛行会导致受众和题材过度消费，导致电视剧"弱智化"，对电视剧健康发展，对文化建设、社会发展有消极影响，应当加以引导、调控[①]。《"雷剧"高收视率的文化悖论》中也认为，"国产电视剧的创作已进入瓶颈期，是继续屈从于资本市场的权势，还是选择尊重艺术内在发展规律，这是摆在所有影视人眼前的问题。当文化被低俗文化引导，我们的文明也将面临空前的考验"[②]。

---

① 张志坚：《"雷剧"盛行的反思》，《新闻知识》2014 年第 1 期。
② 赵晖：《"雷剧"高收视率的文化悖论》，《光明日报》2014 年 2 月 17 日。

　　诚如这些学者所言，"雷剧" 对观众心理的揣摩及其 "观众第一" 的创作理念使电视剧更像是一件商品而不是艺术作品；一味强调视听快感、耳目愉悦，导致文化意蕴的消解，使电视剧欣赏的美感变成了快感；类型化争相炮制的 "雷剧" 更像是机械复制时代的产品，脱离了艺术事业。电视剧是一种大众文化消费品，其商品属性只是实现利益的属性，而不是其本质属性。电视剧作为艺术，必然还应承担着传承文化、启迪思想、激荡梦想的责任，如果抛弃其文化属性、艺术属性，而只追求消费性，那电视剧也就堕落为浅薄娱乐的消费品了。电视剧艺术需要俯身生活、潜心创作，更需要放低心态、摆脱浮躁，笔者期望中国的电视剧行业可以快速经过调整期的阵痛，进入更高层次的发展平台。

　　2. 对于正 "雷剧" 的肯定

　　于正 "雷剧" 的正面价值也是毋庸置疑的，它的出现带动了电视剧行业制作水平的提高，电视画面越来越精致养眼，其通俗的剧情也给观众茶余饭后带来了诸多谈资，丰富了人们庸碌的日常生活。《于正只看到 "剧"》有一段话说得很好："有人认为于正足够 crime（罪恶），我却觉得连 wrong（错误）都算不上，只能说略失道德。社会对一个事物的评价更需要多元观点的碰撞和最大限度的包容。"① 观众的需求是导致 "雷剧" 出现的直接原因，当然这和电视剧创作者刻意迎合观众也是分不开的，观众和电视剧创作者是互相影响、互相作用的。但观众必须要认识到一点："雷剧" 是故意扭曲历史事实，以夸张的手法来叙事，来吸引观众的注意力。它的上帝是观众，不仅让观众感到好奇，更重要的是为观众服务。大家没必要大肆批判于正 "雷剧" 现象，它的热播是时代发展的必然产物，是这个时代的观众审美意识的另一体现，于正 "雷剧" 所创下的高收视率绝不是一个偶然，它是有着诸多深层文化原因的。

　　另外，不同的文艺类型，其定位是各有差异的。对于正 "雷剧" 现象，不必过分担忧或带有情绪地批评，需有一种学理的阐释和合理的认知。担心 "雷剧" 会引发传统文化的误读，自然认为于正剧 "雷声阵阵" 而忧心忡忡。其实这种担心未免过于悲观，同诸多的类型电视剧，如前几年火爆荧屏的谍战剧一样，于正 "雷剧" 并不会长期流行，文艺市场有其自然的选择机制，电视剧的制作会随着观众的审美趣味与时代精神的变迁而变化。

---

　　① 王超：《于正只看到 "剧"》，《中国企业家》2013 年第 8 期。

文化多元化是需要鼓励的。大众的审美意识是创作的依据，不能见到俗的题材就"一棍子打死"。不管是于正"雷剧"，还是抗日"雷剧"、神话"雷剧"等，这些作品的艺术价值与社会价值也不能被轻易抹去，它们的出现自有其出现的必然性。"俗"也是一种价值，它不带有太多的意识形态，也不带有太多的官定价值观。放眼四海，不管任何时代，"俗"都是一种人性的本能，是人人都会喜欢的力量。要想让艺术价值高的电视剧渐渐取代"雷剧"，重新占领影视产业的高地，一味地打压"雷剧"制作者是无用的，这需要观众、创作团队以及国家政策的全力配合才能彻底改变"雷剧"泛滥的现象。

·附录·

《于正"雷剧"的文化研究》写作过程

时丽伟

一　论文写作缘起

这篇论文的写作缘起，要追溯到一篇偶然看到的微博文章。文章对于正"雷剧"怪象进行了简单阐释。在与黄老师交流后，老师建议我不要只把目光集中在对西方理论的阐释上，希望我能够扎扎实实地做一个中国文化现象的个案分析。得到老师的建议，加之一直以来对影视文化的兴趣，这样我便开始了本篇论文的资料收集与初步构思。

二　论文前期准备工作

（一）资料的收集

因为我是想以于正剧的变迁为切入点，这样我所面临的首要工作就是要将于正剧各时期的代表作品确定下来，通过初期的阅读思考与筛选比较，我最终把主要研究对象确定为《宫》系列、《美人》系列电视剧。之所以选择它们作为主要作品来研究于正"雷剧"的主要特征，是因为几乎每一部于正"雷剧"的播出都伴随着话题与热议。于正剧以其华美画面、明星阵容、情节起伏不断等特点吸引了大部分年轻一代的观众，收视率一路飘红，而口碑却形成两种截然不同的极端态势。虽然学术界不乏对于正剧具体个案的研究，但对于整个于正剧现象的全面研究尚处空白状态。

在确定了研究对象后，我开始对 2003～2015 年在电视平台播出的于正剧进行文本细读及分类工作。在细读的过程中，我发现于正"雷剧"的出现并不仅仅是独立存在的现象，它们往往是同整个社会文化密切相关的。它的热播是一个极其复杂的问题，包含了诸多的内部、外部因素。从外部因素来看，图像狂潮的冲击、微时代媒介的变革、观众宣泄情感的需要、消遣娱乐的需要等都合力催生着于正"雷剧"的热播，因此，在整理于正"雷剧"的同时，我也对与之类似的一些抗日"雷剧"、神话"雷剧"进行梳理，并且阅读了大量电视剧审美文化方面的资料。现在回顾起来，写作资料的收集与整理这一环节是论文准备工作中最耗费时间、工作量最大的，但也为后期的论文撰写准备了丰富的材料。

(二) 写作思路与最初的困惑

对材料进行大致梳理后，我对论文结构的初步设计如下。

1. 于正"雷剧"发展轨迹。随着当前经济的高速发展，消费社会已经来临。人们越来越注重把精力放在物品色彩靓丽、瑰丽炫目的形式外观上，而不是其所代表的文化价值与内涵，美已经堕落为漂亮，这些缺乏现实意义的主观需要由此也促成了相应商业文化的繁荣。

2. 风格特征。着重围绕于正"雷剧"之于"历史正剧"不同的风格特征来展开论述，主要从图像、情节、台词、题材、创作手法、剧作结构六个方面进行展开，这六方面的合力形成了于正"雷剧"整体的播出效果。

3. 热播原因探究。于正"雷剧"的收视率之攀高，成了影视界的一大怪象。究其原因，这个现象是由时代因素、制片方策略、观众心理这三方面的合力形成的。

4. 社会内涵。从当前电视剧产业发展的状况来讲，"雷剧"热具有某种历史必然性和审美合理性。我们要既承认于正"雷剧"所代表的文化现象有其存在的某种合理性和优势，又要正视它自身的诸多缺陷和问题，从而冷静地阐释和评价，对当下文化现象有更清晰、理性的认识。

论文思路逐渐显现，相应的问题与困惑也随之而来。首先，由于电视剧作品时间跨度之长与涉及的资料之众，我犹豫是只选择其中的几部剧，还是对 2003 年以来所有于正剧进行全面考察。选择其中的代表作品涉及内容较少，也比较容易操作，有利于深入挖掘。但这样一来又无法展现出当代电视剧审美流变，这也就降低了研究的价值与意义。如果将 2003 年以来所有于正剧都纳入考察范围，如何对于正"雷剧"进行选择又成了困扰我的问题。其次，对文章的于正"雷剧"所涉时间段的划分。最后，通过何种西方理论和方法反思当代中国电视剧审美的变迁。

黄老师在了解了我的思路以及困惑之后，对论文构思给出以下两点意见。

第一，任何一种西方文化研究理论的简单挪用都无法应对中国当代纷繁复杂的文化的现状，要从具体历史语境出发，从具体的文本阐释与文化分析中呈现影视文化变迁的特征，要把研究建立在大量的阅读资料和扎实的文本分析上，不能够只凭设想。

第二，还是要做一个整体上的考察，这样更能体现出变化，也更有价值，篇幅的大小也比较合适。在材料的选择上，要选择那些重要的、具有代表性的于正"雷剧"进行分析，不一定要面面俱到。

三　写作阶段

（一）论文提纲的拟定

带着老师给出的修改意见，我重新开始了对于正剧的文本细读，随着阅读的加深，我对材料的选择与文章的机构逐渐形成了一些新的想法。这样论文提纲初步拟定为：

一、绪论
　1. "雷剧"概念的界定
　2. 于正创作的发展历程
　3. 于正"雷剧"收视情况
二、于正"雷剧"的风格特征
　1. 图像轰炸
　2. 情节奇巧
　3. 台词雷人
　4. 题材类型化
　　4.1　偏爱虐恋
　　4.2　灰姑娘模式
　　4.3　女性励志
　5. 创作手法：挪用与拼贴

      6. 剧作结构：重视观众参与

三、于正"雷剧"热播原因探究

    1. 于正"雷剧"热播的时代背景

      1.1　图像狂潮的冲击

      1.2　商业思维的渗透

      1.3　微时代媒介的变革

    2. 于正"雷剧"营销策略

    3. 于正"雷剧"观众心理分析

      3.1　宣泄情感的心理

      3.2　消遣娱乐的心理

      3.3　逃避现实的心理

四、于正"雷剧"的褒贬评价及社会内涵

    1. 对于正"雷剧"的质疑

    2. 对于正"雷剧"的肯定

开题报告的调整

将开题报告初稿交给老师后，老师不仅对我的开题报告进行了细致的修改，也为我的论文提出了详细的修改建议。

1. 论文第一章要对雷剧的概念加以界定。

2. 于正"雷剧"的风格怎样概括才更加贴切？

3. 于正"雷剧"不同于其他电视剧的特征是什么？它是怎样让观众参与其中的？

4. 对于正"雷剧"的出现并不能单纯批判，从当前电视剧行业发展的状况来讲，"雷剧"热具有某种历史必然性和审美合理性。既要承认于正"雷剧"所代表的文化现象有其存在的某种合理性和优势，又要正视它自身的诸多缺陷和问题，从而冷静地阐释和评价，对当下文化现象有着更清晰、理性的认识。

结合黄老师的修改建议，我重新调整了开题报告内容，并开始重新查阅资料、梳理。

（二）初稿写作及修改

经过了开题报告阶段，我便开始了对论文初稿的写作。

因为之前对绪论部分的思考与材料准备工作做得比较充分，所以这部分的写作是比较顺利的。可是当初稿写到第一章的时候，我明显地感觉到写作过程滞涩，于是我一边重新翻看关于"雷剧"的文献，一边向黄老师请教如何界定。第二章在写到第六节"剧作结构：重视观众参与"时，黄老师在内容表述方面给了很多的指点。

黄老师在看过我的论文初稿后给出的点评，概括起来主要包括以下几个方面。

1. 第一章中对于"雷"和"雷剧"的概念界定。"雷剧"和其他电视剧的不同点在哪里？

2. 第二章中对风格特征的概括要精准。

3. 第四章中对于正"雷剧"的评价不要带有强烈个人情绪，尽量做到客观地陈述文艺界对它的评价。

根据老师的建议，我对论文重新进行了修改，增加了文章中文本分析的内容，并对个别代表性不强的例子进行了替换与删减。这样，在经历了数次的结构调整与内容增易后，论文修改稿的写作工作基本结束。

马尔库塞的《苏联的马克思主义》研究

韦晓文*

马尔库塞于 1958 年出版的《苏联的马克思主义——一种批判的分析》一书，是他在美国哥伦比亚大学俄国研究所和哈佛大学俄国研究中心任职期间取得的研究成果。马尔库塞在本书中运用"内在批判"的方法，对苏联的马克思主义进行考察，为我们展现出马尔库塞视野下的苏联马克思主义。马尔库塞在本书中分析了"苏联的马克思主义"的内涵，并对"苏联现实主义"和"过渡"思想着重做了分析。马尔库塞在书中先阐明经典马克思主义的理论，再分析苏联马克思主义的理论，揭示出苏联的马克思主义对经典马克思主义的偏离。《苏联的马克思主义》在马尔库塞的学术史上占有举足轻重的位置，它是马尔库塞"弗洛伊德式的马克思主义"思想阶段的著作之一，反映了工业文明的发展对人民欲望的压抑。马尔库塞的思想理论虽然一直在发展变化，但其思想内涵是一脉相承的。《苏联的马克思主义》是马尔库塞思想史中不可或缺的一环，表达了马尔库塞对苏联社会主义建设过程中出现的肯定性文化的批判。该书出版后，西方学界和苏联学界对此书呈现出不同的解读。

第 1 章 《苏联的马克思主义》的缘起

1.1 马尔库塞"苏马"观思想渊源

1.1.1 青年黑格尔学派的思想

马尔库塞对黑格尔哲学十分关注。他的博士论文便是以黑格尔哲学思

---

* 韦晓文，首都师范大学文学院文学理论方向 2013 级硕士研究生。指导教师：孙士聪。

想作为研究对象的。19 世纪 40 年代，马尔库塞着力于研究黑格尔，希望能够重新解释黑格尔思想以及黑格尔与马克思的关系，经由展示理性主义和实证主义的相互对立，进而在哲学上论说"社会批判理论"，马尔库塞的《理性与革命》被评为当代社会中对黑格尔进行研究的最重要的著作①。在黑格尔看来，所谓的现实并不等于在实际生活中所存在的一切，现实仅仅指的是从形式方面来说和理性原则保持一致性的一切②。马尔库塞认同黑格尔的观点，认为其理性概念是辩证和批判的。

　　1831 年黑格尔逝世后，其门徒开始分裂，分为左派和右派。"右派即老年黑格尔派坚持黑格尔的反动思想体系，左派即青年黑格尔派则从黑格尔的辩证方法中引出了无神论的和革命的结论。"③ 这其中的青年黑格尔派，以鲍威尔为代表，他们注重于抽象的理论批判，轻视实践，宣扬一种批判的批判。马尔库塞关于"苏联的马克思主义"的思想立场带有"青年黑格尔学派"的特点。青年黑格尔学派信奉"思想概念决定现实"，把黑格尔的理论当作一系列抽象观念，用这些抽象观念来观察当前的社会，把理论夸大为改造社会的力量。马尔库塞在其著作《理性与革命》中说道，马克思主义把正确的理论定义为指导以改造世界为目的的实践活动的一种意识④。"理论与实践每时每刻都是同步的，不断地分析变化的情况，同时不断地确定其概念。实现真理的条件是多样化的，但是，真理所保护的同样也是理论所保护的，这都是它们自身最根本的保护者。即使革命实践偏离了它正确的道路，理论仍将保留其真理。实践遵循真理，而不是相反。"⑤ 马尔库塞对"苏联的马克思主义"的观点就极度富于理想主义的色彩，他把其当作一种理论学说来考察，用理想化的马克思主义理论来批判苏联的社会实际，具有青年黑格尔学派的特点。

　　1.1.2　对马克思主义的阐释

　　西方马克思主义是现代西方国家中与列宁主义相对立，非正统马克思主义却又以马克思主义自称的一种思潮。西方马克思主义可以追溯到 20 世纪 20 年代，在一战结束后，中西欧的革命失败，而俄国十月革命却取得了

---

① 陈学明等：《二十世纪西方马克思主义哲学》，人民出版社，2012，第 189～190 页。
② 陈学明等：《二十世纪西方马克思主义哲学》，人民出版社，2012，第 216 页。
③ 徐崇温：《法兰克福学派述评》，生活·读书·新知三联书店，1980，第 121 页。
④ 〔美〕赫伯特·马尔库塞：《理性和革命：黑格尔和社会理论的兴起》，程志民等译，上海人民出版社，2007，第 271 页。
⑤ 〔美〕赫伯特·马尔库塞：《理性和革命：黑格尔和社会理论的兴起》，程志民等译，上海人民出版社，2007，第 272 页。

胜利。共产国际内部的"左"倾人物开始总结失败的原因，并试图对马克思主义进行自己的解释，主要以卢卡奇《历史与阶级意识》和柯尔施《马克思主义和哲学》为代表。20 世纪 30 年代到 60 年代末期，是西方马克思主义蓬勃成长的时期，这期间涌现出众多流派。

西方马克思主义流派众多，此中以法兰克福学派最具影响力和连续性。马尔库塞是法兰克福学派的著名代表人物。马尔库塞一向对马克思主义思想很感兴趣，在与霍克海默相识并进入法兰克福学派之后继续对马克思进行思考，并在社会批判理论方面加以着重探索。卢卡奇对马克思主义的经典阐释为马尔库塞的社会批判理论打下了底子。"追随于卢卡奇之后，马尔库塞首先把马克思主义理解成对物化的批判：即对社会秩序神秘外表的揭示，个人在其中系统地降格为各种经济范畴的化身。"[1] 苏联马克思主义反对西方哲学，经常剑指西方马克思主义哲学，马尔库塞作为西方马克思主义哲学家中的一员，自然会努力维护西方马克思主义的合理性，对苏联马克思主义的指责进行反驳，并指出他看到的苏联马克思主义的不足和缺陷，以证实自己的理念。马尔库塞对马克思主义的思想有着自己的理解和把握，马尔库塞一贯把马克思主义的解放目标当作坚持的原则，希望能够帮助工人阶级从商品生产社会下困窘的生活状况中摆脱出来[2]。

"西方马克思主义"一直试图把马克思主义和西方现代哲学的一些流派结合起来。马尔库塞曾试图将弗洛伊德思想与马克思主义思想结合起来，被称为弗洛伊德式的马克思主义。第二国际庸俗经济决定论认为，从资本主义过渡到社会主义，工人阶级意识形态的发展是伴随着资本主义的崩溃一同展开的，当时在革命道路过程中，资本主义矛盾十分尖锐，而被期望成为革命力量的无产阶级却转向沉默[3]。弗洛伊德主义的马克思主义认为这种情况的出现是由于人们在受外部统治压迫的同时，也在被意识形态所控制，意识形态被内置于人们的性格构造之中，严重滞后于经济实际。弗洛伊德主义的马克思主义把弗洛伊德的精神分析学与马克思主义结合在一起，用压抑与解放去分析社会主义革命。马尔库塞在分析苏联的马克思主义时，

---

[1] 〔美〕理查德·沃林：《海德格尔的弟子：阿伦特、勒维特、约纳斯和马尔库塞》，张国清、王大林译，江苏教育出版社，2005，第 154 页。

[2] 〔美〕理查德·沃林：《海德格尔的弟子：阿伦特、勒维特、约纳斯和马尔库塞》，张国清、王大林译，江苏教育出版社，2005，第 145～146 页。

[3] 徐崇温：《"西方马克思主义"论丛》，重庆出版社，1989，第 10 页。

也注意到了在苏联模式中，在政府和社会的控制下，人民的欲望受到压抑，苏联官方的意识形态被内化到人民的心理结构之中。他注意到了这种压抑并希望通过解放来改变这种局面。

1.1.3　海德格尔存在主义的继承

马尔库塞被称为"第一位海德格尔马克思主义者"。马尔库塞于1919年进入弗莱堡大学学习，1928~1932年，他在弗莱堡大学师从海德格尔学习哲学，海德格尔的踪迹微妙而悄然地印在了马尔库塞的成熟思想中①。海德格尔对马尔库塞的哲学思想影响很大，海德格尔的《存在与时间》出现在马尔库塞经历了德国革命感到无所适从的时刻，这给予了马尔库塞以启发和思路，也促使马尔库塞进入弗莱堡大学向海德格尔进行学习②。马尔库塞曾在文章中说，"《存在与时间》出版于魏玛共和国崩溃时期：当时世人普遍地感受到了纳粹政权的迫近和将要降临的灾难。然而，当时的主流哲学思潮没有反思这个情景。对我以及我的朋友们而言，海德格尔这部作品的出现是一个新的开端：我们把他的书（还有他的那些我们握有原稿的讲座）最终作为一个具体的哲学加以体验：他在书中谈论了实存，讨论我们的实存，讨论了焦虑、关心、无聊，等等"③。马尔库塞在海德格尔的指导下完成了博士论文写作，这也开启了其哲学世界。虽然后来由于政治上的分歧，马尔库塞与海德格尔分道扬镳，但马尔库塞在自己日后的哲学研究和社会批判理论研究中仍然保留着海德格尔的部分思想。海德格尔可以说是马尔库塞哲学生涯中的一个重要启蒙者，在马尔库塞的哲学思辨中，可以时常发现海德格尔的影子。《存在与时间》对马尔库塞关于苏联马克思主义的思考有着思想上的先导作用。"《存在与时间》一书中关于历史和历史性关系的论述对马尔库塞产生了深远的影响。历史被他看作是依赖于'历史性'而存在的；历史服务于或者隐藏着历史性，因此，对'作为历史理论的马克

---

① 〔美〕理查德·沃林：《海德格尔的弟子：阿伦特、勒维特、约纳斯和马尔库塞》，张国清、王大林译，江苏教育出版社，2005，第143页。

② 〔美〕赫伯特·马尔库塞：《理论与政治：一场讨论》，载《泰勒斯》第38期（1978—1979年冬季号），第125页。转引自〔美〕理查德·沃林《海德格尔的弟子：阿伦特、勒维特、约纳斯和马尔库塞》，张国清、王大林译，江苏教育出版社，2005，第182页。

③ 〔美〕理查德·沃林：《海德格尔的弟子：阿伦特、勒维特、约纳斯和马尔库塞》，张国清、王大林译，江苏教育出版社，2005，第182页。

思主义'应重新认识，应理解为一种'历史性'的理论"①。正是《存在与时间》带领着马尔库塞来到弗莱堡。马尔库塞把海德格尔存在主义当作"具体哲学"的体现。海德格尔谈论"危机"和"没落"等当时学院哲学避而不谈的人类实存问题，把它们当作哲学反思的合法对象，他认为，为了对此世进行哲学思考，我们首先必定居于此世之中，因此，海德格尔执着研究存在之在，探寻人类现实生活的本质所在。马尔库塞强调重视实际探索，注重关注日常的真实生活。在马尔库塞看来，海德格尔在力求转换西方哲学传统中内涵的乌托邦精神目标，使之冲着改变人类生存环境问题的实践方向②。马尔库塞认为哲学家们应该行动起来去改变世界，因为"历史必然性通过人的实践活动得以实现……理论的任务就在于根据必然知识来解放实践"③。马尔库塞对人类在实际生活过程中出现的本质性问题的探索表示赞同，然而苏联的马克思主义则存在回避人类实存问题的情况，引起了马尔库塞对其进行批判。

1.2 《苏联的马克思主义》写作背景

1.2.1 从事苏联情报工作，关注苏联研究领域

纳粹取得政权时期，马尔库塞就读于弗莱堡大学，师从海德格尔，十分注意将哲学与现实政治紧密相连。1941～1951 年，马尔库塞在美国国务院情报研究所工作，主要从事东欧方面情报研究，曾任东欧科代理主任。1952～1953 年，马尔库塞服务于美国哥伦比亚大学的俄国研究所。1954～1955 年，马尔库塞就职于哈佛大学俄国研究中心。在美国哥伦比亚大学俄国研究所和哈佛大学俄国研究中心期间，马尔库塞从事苏联方面情况研究。马尔库塞于 1958 年出版的《苏联的马克思主义——一种批判的分析》，就是他在此任职期间取得的研究成果。苏联问题可以说是 20 世纪马克思主义研究的中心问题之一。"革命仅仅在沙皇俄国这块穷乡僻壤里发生；发生在中欧的革命被证明只是过眼云烟。这一系列现象，也与正统马克思主义的期望背

① 李忠尚：《第三条道路？——马尔库塞和哈贝马斯的社会批判理论研究》，学苑出版社，1994，第 46 页。
② 〔美〕理查德·沃林：《海德格尔的弟子：阿伦特、勒维特、约纳斯和马尔库塞》，张国清、王大林译，江苏教育出版社，2005，第 157 页。
③ 〔美〕理查德·沃林：《海德格尔的弟子：阿伦特、勒维特、约纳斯和马尔库塞》，张国清、王大林译，江苏教育出版社，2005，第 157 页。

道而驰"①，这一状况引起了马尔库塞等哲学家的思考。比如，乔治·卢卡奇在一战后把热情和精力转移到了列宁及其同志的身上，卢卡奇认为1917年爆发的俄国革命能够将西方社会从西方文明中解救出来，布尔什维克主义的革命武装可以唤醒西方世界失落的精神②。卡尔·柯尔施也积极关注社会主义的实践，展开了对列宁主义思想的思考和讨论。俄国十月革命胜利后，开始了社会主义的建设工作。当时西方有很多知名学者抱着对苏联社会主义国家建设的极大兴趣和热情纷纷前往苏联，出现了一股去苏联的热潮。但是，在他们来到苏联之后，真实地看到苏联建设中的景象，纷纷感到失落，这种失落感引发了他们对苏联社会主义国家建设的思考和批判。苏联发展的现实状况以及当时学者们的普遍失落感驱使着他们去对苏联的马克思主义进行研究和反思。马尔库塞非常关注苏联的社会主义实践，他虽没去过苏联，但他在二战期间一直从事着对苏联的情报工作，对苏联的社会状况有着现实的把握和自己的理解。马尔库塞对苏联的社会形态展开讨论，进而对苏联模式的马克思主义开展批判。

小结：由于马尔库塞曾在美国的东欧情报局工作，对东欧的情况较为熟悉和了解，对苏联的信息和情形有一定的掌握，加上苏联布尔什维克革命的胜利对西方社会产生了一定震撼，马尔库塞作为西方社会中的积极分子对苏联领域的研究十分关注。正是在对苏联情况的关注和理解下，马尔库塞写下了《苏联的马克思主义》。

1.2.2 布尔什维克革命后列宁的领导和战后斯大林对苏联的建设

第一次世界大战给世界人民带来了深重的灾难，经济崩盘，人民伤亡惨重，人们开始发动工人革命进行反抗，一战在满目狼藉中被迫结束。第一次世界大战爆发后，俄国的社会矛盾日益尖锐，革命形势迅速趋于成熟。1917年俄历十月，列宁领导布尔什维克革命武装力量推翻了临时政府，取得了胜利，创立了苏维埃国家政权，苏俄成了世界上第一个社会主义国家。苏联历史上一共有七位领导人，《苏联的马克思主义》研究和成书于50年代赫鲁晓夫（1953~1964）任职期间，在此之前经历了列宁（1917~1922）对

---

① 〔美〕理查德·沃林：《海德格尔的弟子：阿伦特、勒维特、约纳斯和马尔库塞》，张国清、王大林译，江苏教育出版社，2005，第147页。

② 〔美〕理查德·沃林：《海德格尔的弟子：阿伦特、勒维特、约纳斯和马尔库塞》，张国清、王大林译，江苏教育出版社，2005，第149~150页。

苏俄的领导和斯大林（1922~1952）对苏联的建设。马尔库塞在《苏联的马克思主义》中对列宁主义和斯大林主义展开了主要分析。在十月革命取得胜利后，列宁开始了对苏俄的领导。对于苏维埃这样一个新建立的社会主义国家来说，百废待兴，列宁开始了他在经济、政治、文化等各个方面的领导。列宁在经典马克思主义的基础上，对马克思的理论和实践进行了一些特殊的解释和阐发，结合苏联国情，形成了列宁主义思想。在列宁主义的基础上，斯大林加强了国家权力建设，抓紧苏联社会的重建工作，形成了斯大林主义。"站在欧洲马克思主义立场来看，布尔什维克革命所带来的问题不比它所解决的问题少。"[①] 布尔什维克革命后，不仅是对苏俄，对西方许多国家也产生了震撼与影响。随着十月革命胜利后列宁对苏俄社会主义国家的领导和斯大林的社会重建工作，苏联形成了极富特色的国家政策。在苏联国家政策的影响下，苏联社会发生了一些变化，国家权力集中，人民受到控制，甚至西方的一些社会主义者也深受苏联政策影响，变成了苏联集权控制下的奴隶。

小结：马尔库塞对"苏联的马克思主义"的研究，主要是以布尔什维克革命胜利后，苏维埃作为第一个社会主义国家而建立为背景，以苏维埃国家领导人对苏维埃社会主义国家的领导与建设为内容，来分析马克思主义思想在苏联的阐释、调整和发展的。在马尔库塞看来，"苏联的马克思主义"具有苏联的特殊性，这其中列宁主义和斯大林主义的思想影响至关重要。

1.2.3 马尔库塞对德国革命的思考

马尔库塞对德国怀有复杂的情感态度。马尔库塞是美籍德裔哲学家，他出生于德国柏林一个富有的犹太人家庭，青年时期学习和成长于德国，他还曾参加过德国社会民主党的活动。1914年6月至1918年11月爆发了第一次世界大战，战后，德国受到了削弱，经济水平日益衰落。一战临近结束的时候，马尔库塞成为社会民主党的成员。1918~1919年德国革命失败，这给马尔库塞以现实的政治体验。社会民主党在一战后成了德国社会的执政党，1919年德国当局极力镇压起义活动，罗莎·卢森堡和卡尔·李卜克内西被处死标志着政府对起义的压制达到了高潮，这也是马尔库塞与社会

---

① 〔美〕理查德·沃林：《海德格尔的弟子：阿伦特、勒维特、约纳斯和马尔库塞》，张国清、王大林译，江苏教育出版社，2005，第147页。

民主道路相分离的分水岭，使他把马克思主义的社会变革学说作为自己的信仰①。德国社会民主党的政治立场与理论立场之间存在明显矛盾，马尔库塞亲身经历过德国革命的失败，这使得他对社会有了更深刻的思考，也推动着他进入弗莱堡大学开启学习哲学之路。1933年1月，希特勒上台成为德国首相，"为了消灭民主制度的最后残余，希特勒在两个月之内就熟练地玩转了魏玛宪政。从那时候起，针对犹太人和左翼人士（更不用说左翼犹太人了）学术先进性的所有怀疑都可以被冠冕堂皇地加以讨论"②。在希特勒政权下，马尔库塞作为一名左翼犹太人，处境十分艰难，因此便通过介绍进入了法兰克福学派并开始了流亡的生活。因为他们切身体会过法西斯的毒害，所以对法西斯痛恨至极，这也成了他们日后重点研究和批判的对象③。马尔库塞于希特勒政权时期离开德国，长居美国。1979年，马尔库塞在回德国参加讲座的过程中病逝。可以说马尔库塞对德国是有复杂的感情的，他对德国的政治革命和社会变化十分关切。在马尔库塞的作品中，对德国革命、纳粹和法西斯的讨论时常出现。德国与苏联在地缘上十分接近，德国不同阶段的政治状况与苏联的社会现实之间存在某些关联和对照，因此在《苏联的马克思主义》中，马尔库塞多次提到德国，以德国不同阶段的现实状况与苏联的政治理论和决策相对照，来分析苏联的马克思主义。

　　小结：马尔库塞出生于德国，青年时期在德国求学和工作。希特勒政权上台后，马尔库塞由于自己左翼犹太人的身份，不得不逃离德国。马尔库塞是亲身经历过德国革命的，对德国革命有着现实的把握和自己的理解。也正是德国的政治变化让马尔库塞对革命、对社会变革有了更深刻的思考。马尔库塞在对"苏联的马克思主义"展开分析的时候，经常结合着其对德国革命的看法和观点来做分析。"德国革命""德国法西斯希特勒政权""联邦德国"等内容在马尔库塞的《苏联的马克思主义》中频繁出现。

---

① 〔美〕理查德·沃林：《海德格尔的弟子：阿伦特、勒维特、约纳斯和马尔库塞》，张国清、王大林译，江苏教育出版社，2005，第143~145页。

② 〔美〕理查德·沃林：《海德格尔的弟子：阿伦特、勒维特、约纳斯和马尔库塞》，张国清、王大林译，江苏教育出版社，2005，第171页。

③ 徐崇温：《"西方马克思主义"》，天津人民出版社，1982，第306页。

第 2 章　马尔库塞在《苏联的马克思主义》中的观点

2.1　马尔库塞对"苏联的马克思主义"的界定

马尔库塞在《苏联的马克思主义》中主要把"苏联的马克思主义"作为一种学说来进行研究。在马尔库塞看来，苏联的马克思主义存在理论和政策上的分歧，在苏联的宣传和实践中存在不一致。苏联马克思主义的革命动力观与马克思主义的革命动力观相比也发生了转变。马尔库塞在书中还分析了列宁的"喘息"概念，以及苏联在资本主义总危机背景下谋求与资本主义相"共存"的理论观念。马尔库塞对过渡概念以及苏联现实主义进行了分析讨论，并且说明苏联的马克思主义不同于经典的马克思主义。

2.1.1　理论和政策的二向性

马尔库塞用"dichotomy"① 来形容苏联马克思主义的理论和实践两者的关系。在苏联的马克思主义中，理论是作为一种宣传工具而存在的，而政策在实际推行中与理论存在分歧和矛盾。马尔库塞认为苏联的理论与政策之间有二向性，苏联马克思主义的理论源于对马克思主义有策略地选留和解说，而苏联的实践却更加依赖于苏联的社会现实状况和政府发展需要，因此苏联的理论和政策之间处于一种紧张的状态。

马尔库塞认为苏联的理论和实践之间存在不一致性。在理论宣传方面，列宁主义和斯大林主义学说都否认了西方世界长期国际融合的可能。后斯大林主义时期也仍然保留了当代"资本主义矛盾加剧"的概念。苏联马克思主义同样断然否认了西方国家工人阶级结构伴随的变化，经典马克思主义的革命无产阶级概念成为苏联理论的一块柱石②。苏联马克思主义的理论宣言保存了传统马克思主义的一些基本因素，一部分马克思主义的概念在苏联的理论宣传中经久不变，与传统马克思主义的理论保持一致。但是，在苏联所做的决策中，却表现出了与理论宣传相悖的一面。马尔库塞说，

---

① Dichotomy，见 Herbert Marcuse, *Soviet Marxism: A Critical Analysis*, Random House, Inc, 1961, p. 24. 二向性，见〔美〕赫伯特·马尔库塞《苏联的马克思主义》，张翼星、万俊人译，中国人民大学出版社，2012，第 23 页。
② 〔美〕赫伯特·马尔库塞：《苏联的马克思主义》，张翼星、万俊人译，中国人民大学出版社，2012，第 23 页。

"苏联势力范围内所有建设社会主义的决定性政策，是以作为当前时期特征的结构变化，以西方世界革命无产阶级的衰退为基础的"①。也就是说，苏联的决策和实践依据的是苏联的现状，而当时的革命现状是资本主义社会不断发展，工人阶级的革命意识不断隐匿，他们渐渐温和地服从于资本主义社会提供的眼前的、直接的经济利益，革命无产阶级在不断地衰退。根据苏联的实际特征而做出的相关决策，与苏联理论上宣传的内容出现了不同。

苏联马克思主义在学说与政策上有鲜明的二向性。在理论上，苏联马克思主义提倡与资本主义相抗衡，主张革命无产阶级是主体，与经典马克思主义学说具有一致性；在实践中，苏联马克思主义的政策依据是革命无产阶级的衰退，与经典马克思主义学说不同。这种二向性就经常导致了苏联马克思主义的模糊性，列宁主义的含糊性表现得较为明显，在列宁的理论中，我们往往看不到其改变马克思主义学说而引入一些新的概念，但在其政策导向中却表现出与马克思主义学说不一致的地方。

2.1.2 革命动力观的改变

经典马克思主义主张革命无产阶级是主体，与苏联马克思主义承认革命无产阶级的衰退相对照，可以看出二者之间革命动力观的差异。

马克思认为，革命的动力是有阶级意识的无产阶级，无产阶级作为一个阶级而开展行动，是革命过程中的历史主体。列宁主义的革命动力观与马克思有所不同，列宁让农民也加入革命之中，认为农民是无产阶级的同盟者，并且强调党作为革命的动力。列宁学说指出共产党是工人阶级的先锋队。在马尔库塞看来，革命的动力从马克思学说中强调无产阶级的历史作用转为列宁强调作为无产阶级先锋队的党的历史地位，通过列宁的解释就把无产阶级由革命的主体变成了革命的客体。

"受过哲学训练的马克思主义者知道，从政治的观点来看，作为一种科学决定论，马克思主义思想有其潜在的弱点。马克思主义声称，资本主义发展过程有其必然规律，如果无产阶级所要做的仅仅是等待这些规律的显现，那么，政治激进主义就成了多余。工人们只需要坐等资本主义制度终极危机的显现，然后便可从这个缺口突破而出。最终，科学马克思主义反

---

① 〔美〕赫伯特·马尔库塞：《苏联的马克思主义》，张翼星、万俊人译，中国人民大学出版社，2012，第23页。

而成了赞成组织消极性和工人阶级惰性的一条捷径。"① 出于这样的思考，列宁在其著作《怎么办?》中提出工人阶级需要有职业的革命干部来领导，由革命的先锋队来带领处于困境中的工人阶级走好政治革命的道路。列宁对作为革命先锋队的党进行理论阐释，这对马克思主义的发展有非常重要的影响。马尔库塞是反对科学马克思主义的，认为正是从科学至上主义角度去确定马克思主义的方法论地位，致使人类实践活动或实践维度存在衰退的危险②，因此，我们对马克思主义应该坚持正确积极的理解。

按照列宁的解释，革命动力由无产阶级变成党是为了对抗改良主义。由于先进工业国家在经济生活方面给予了无产阶级一些所谓的让步，一部分无产阶级便开始满足于眼前的这种让步，对资本主义便不再热切地持有革命的愿望，而是希望通过改良的方式来更好地生存。列宁是坚决反对改良主义的，他看到了一些先进工业国家中部分无产阶级的温和改良态度，为了打破无产阶级改良主义，更好地领导本国人民进行革命和建设，列宁提出了先锋队的概念，把党作为领导无产阶级进行革命的先锋队。马尔库塞认为作为先锋队的党组织领导无产阶级进行革命，那么党就成了革命的主体，而无产阶级就由马克思所论述的革命的主体，变成了革命中被党所组织和领导的客体。

2.1.3　列宁的"喘息"概念

"Respite"③ 这个概念涉及了苏联马克思主义关于两种矛盾的分析。这两种矛盾是指帝国主义和帝国主义之间的矛盾与帝国主义和社会主义国家之间的矛盾。在苏联马克思主义这里，第二种矛盾主要表现为帝国主义与苏维埃国家之间的矛盾。按照经典马克思主义的观点，在这两种矛盾之中，帝国主义与社会主义国家的矛盾是主要矛盾，社会主义国家的首要任务便是要着力解决这一主要矛盾。但在列宁这里，他把这两种矛盾等量齐观，并且把帝国主义之间的矛盾看成具有决定性地位的矛盾。"喘息"这个概念便是从列宁对这两种矛盾的分析中得出的。在列宁看来，苏俄可以在帝国

---

① 〔美〕理查德·沃林：《海德格尔的弟子：阿伦特、勒维特、约纳斯和马尔库塞》，张国清、王大林译，江苏教育出版社，2005，第148页。

② 〔美〕理查德·沃林：《海德格尔的弟子：阿伦特、勒维特、约纳斯和马尔库塞》，张国清、王大林译，江苏教育出版社，2005，第151页。

③ Respite，见 Herbert Marcuse, *Soviet Marxism：A Critical Analysis*, Random House, Inc, 1961, p.48；喘息，见〔美〕赫伯特·马尔库塞《苏联的马克思主义》，张翼星、万俊人译，中国人民大学出版社，2012，第34页。

主义之间的矛盾斗争中获得喘息的时间和机会，来发展本国的工业化和经济，从而增强国家力量。

列宁从肯定帝国主义之间的矛盾具有决定性出发，把"喘息"定义为苏维埃国家得以生存的前提。这种"喘息"也就是苏俄可以利用帝国主义之间的矛盾，在帝国主义与帝国主义之间的紧张状态下，获得一定的空间来发展自己，发展工业化。列宁所说的"喘息"是想依赖于帝国主义之间的冲突，以求获得间隙，从而来挽救自己，而不是先解决帝国主义与苏俄之间的矛盾。列宁认为苏维埃国家要想与先进工业国家相抗衡，需要优先发展经济，发展工业化。要想获得恢复经济、发展工业化的时间，就必须依赖于帝国主义之间的矛盾，只有在帝国主义之间冲突加剧的时候，苏俄才可以有更多的时间和机会来缓冲和发展自己，所以列宁在分析两种矛盾时把帝国主义之间的矛盾放在了决定性的地位。列宁认为当苏俄获得了足够的喘息时间，到苏维埃国家的经济和文明足以与先进工业国家相抗衡的时候，那些原来存在于先进工业国家的无产阶级改良主义也会重新变成革命的力量而投身到革命中来。

2.1.4 总危机与"共存"

在苏联的马克思主义看来，苏联的建设和发展加剧了资本主义的总危机，同时苏联可以利用资本主义总危机来和资本主义保持"coexistence"[①]，在与资本主义的"共存"中获得稳定发展。在苏联的马克思主义看来，苏联的力量正在增长，苏联与西方力量可以在世界范围内保持一种"共存"状态，共同竞争和发展。

苏联马克思主义与马克思在论述资本主义的总危机时，对于导致资本主义总危机的原因以及社会主义和资本主义的关系有不同的描述。

在导致资本主义总危机出现的原因方面，马克思认为，资本主义本身存在固有的、不可调和的矛盾，是资本主义本身不可调和的矛盾导致了资本主义总危机的爆发。而在苏联马克思主义看来，资本主义总危机的爆发不只是资本主义自身矛盾运动的结果，苏维埃国家的建设和发展对资本主义总危机的到来起着重要作用，是苏维埃国家的建立和国家实力的增强加剧了这种总危机。

---

① Coexistence, 见 Herbert Marcuse, *Soviet Marxism：A Critical Analysis*, Random House, Inc, 1961, p. 3. 共存；见〔美〕赫伯特·马尔库塞《苏联的马克思主义》，张翼星、万俊人译，中国人民大学出版社，2012，第 12 页。

马克思的学说设想社会主义是伴随着资本主义总危机而出现的。苏联马克思主义不同于马克思的设想，提出了苏联社会主义的建设和发展可以与资本主义总危机保持一种共存和平行的状态①。苏联马克思主义认为社会主义与资本主义两种社会体系之间是长期共存的，苏维埃共和国与资本主义国家之间是共存的，这在理论和事实上形成了一种双重陈述。在资本主义总危机的整个历史时期中，资本主义存在部分的稳定，社会主义国家也可以在资本主义制度继续存在的时候获得自身稳定的发展。这种"共存"的概念影响了苏联的政策，特别是对外政策。正是由于"共存"，苏联采取了一种对外的"和平政策"，与资本主义制度的国家展开合作，避免与帝国主义国家之间的军事冲突，与其保持共存并获得发展。

马尔库塞在文中说道，共存是当今时代比较鲜明的特点，不同的工业文明在国际舞台上发生碰撞，它们本身都存在优势和弱点，在国际环境中呈现一种势均力敌的态势②。西方工业社会的发展与苏联的发展之间是相互作用的，它们同处于世界的大舞台上。在资本主义与社会主义两种制度之间的共处中，它们都存在自身体系的相对弱势：西方资本主义社会的弱点在于生产过剩的经常性危机；苏联虽然看到西方工业社会的危机所在，做出了对西方工业社会结构的重新调整和发展，但自身存在生产的不足。因而国际格局中，社会主义的建设保持着与资本主义发展的竞争。

2.2 马尔库塞关于"过渡"的分析

Transition③，"过渡"包含两种形态，即"the transition to socialism"和"the transition from socialism to communism"，即从资本主义向社会主义的过渡和从社会主义向共产主义的过渡。

马尔库塞认为我们无法确定一个非常精准的时间来标记两种社会制度

---

① 〔美〕赫伯特·马尔库塞：《苏联的马克思主义》，张翼星、万俊人译，中国人民大学出版社，2012，第 34 页。

② 〔美〕赫伯特·马尔库塞：《苏联的马克思主义》，张翼星、万俊人译，中国人民大学出版社，2012，第 4 页。

③ Transition，见 Herbert Marcuse, *Soviet Marxism: A Critical Analysis*, Random House, Inc, 1961, p.3；过渡，见〔美〕赫伯特·马尔库塞《苏联的马克思主义》，张翼星、万俊人译，中国人民大学出版社，2012，第 12 页。

之间的明确界点，在这两种制度的转变过程中暗含着一种潜在的趋势①。这种转变的潜在趋势就可以理解为过渡。任何一种新制度的产生都不是一蹴而就的。旧的社会制度中孕育着新制度产生的因素，新制度是从旧制度中来的，当新制度的因素不断积累，由量变到质变就产生了一种飞跃。也就是说，新旧制度的交替不是一下子完成的，需要有一个过渡的阶段来完成这种新制度和旧制度之间的转换和交替过程。"过渡"过程中包含着不同的阶段，其中每一个新的阶段都孕育在旧的阶段之中，通过不断的量变的积累，新阶段才能完成自身的质变。

2.2.1 "历史一致性"与"超越历史一致性"

马克思主义理论，用"historical coincidence"② 来形容工业无产阶级的革命行动和文明进步之间的客观联系。工业无产阶级是实现和推动社会发展、文明进步的力量，二者之间存在一致性。在从资本主义到社会主义的转化过程中，工业无产阶级发挥着至关重要的甚至不可替代的作用。正是工人无产阶级的革命行动推动着其向社会主义的过渡。但是，在马尔库塞看来，在资本主义的现实发展过程中，存在"surpass the historical coincidence"③ 的可能。即在资本主义的现实发展中，资产阶级有意识地给予无产阶级一些物质利益补偿，出现了资产阶级和无产阶级关系的缓和、冲突的淡化以及二者之间的阶级合作，无产阶级不去采取革命行动来抵抗和消灭资产阶级。这样，无产阶级便不再像马克思所描述的那样作为革命阶级而行动从而推进社会的发展进步，出现了超越历史一致性的现象。

马克思认为在资本主义向社会主义的过渡中，工业无产阶级是历史的主体，是革命的动力，正是无产阶级的革命行动，推动着社会的发展，促进着文明的进步。无产阶级的革命行动与文明的进步之间存在一致性，并且向社会主义的过渡有且只有一种形式，即"随着一切阶级的消灭，无产阶级革命也把无产阶级作为一个阶级来消灭，从而创造一种新的进步动力——自

---

① 〔美〕赫伯特·马尔库塞：《苏联的马克思主义》，张翼星、万俊人译，中国人民大学出版社，2012，第2页。

② Historical coincidence，见 Herbert Marcuse, *Soviet Marxism：A Critical Analysis*, Random House, Inc, 1961, p.3；历史一致性，见〔美〕赫伯特·马尔库塞《苏联的马克思主义》，张翼星、万俊人译，中国人民大学出版社，2012，第12页。

③ Surpass the historical coincidence，见 Herbert Marcuse, *Soviet Marxism：A Critical Analysis*, Random House, Inc, 1961, p.4；超越历史一致性，见〔美〕赫伯特·马尔库塞《苏联的马克思主义》，张翼星、万俊人译，中国人民大学出版社，2012，第12页。

由人的共同体，这种自由人按照全体成员合乎人道的生存的条件来组织他们的社会"①。也就是说，向社会主义的过渡是由工业无产阶级的革命行动来促进，并由工业无产阶级的自我革新、自我消化来完成的，在这种转变过程中，工业无产阶级是唯一的、不可替代的存在。

但是，马尔库塞指出，资本主义社会的发展中似乎暗含着与马克思所认为的"历史一致性"所不符的一面。在资本主义的实际发展中，存在这样一种境况，那就是资产阶级通过调和与无产阶级之间的矛盾，给予无产阶级一些经济上的让步，来缓和阶级之间的尖锐对立，从而弱化了无产阶级的对抗意识，导致无产阶级采取改良主义的暧昧态度，不再采取革命行动。这样就出现了与马克思所说的无产阶级革命行动与文明进步之间具有历史的一致性相左的一面，即资本主义社会发展中存在超越历史一致性的一面。

马尔库塞认为马克思和恩格斯在分析社会主义与之前的社会制度时，不是从制度方面来把它们进行对照，而总是习惯性地强调无产阶级的主体性地位。他们认为无产阶级是构成国家的主体，社会主义国家与资本主义国家的不同也正在于无产阶级的主体地位。

无产阶级曾是资本主义制度的一部分，在资本主义的统治下生活。只有当无产阶级自身具有了阶级意识，以阶级利益代替经济利益，作为有无产阶级意识的无产阶级而行动，它才能成为社会主义国家的无产阶级。当无产阶级处在资本主义制度的统治下，无产阶级还不够成熟的时候，一旦资本主义给予工人无产阶级一定的经济优惠和物质让步，无产阶级就有可能沉溺于这种眼前的生活水平的提高当中，从而丧失了其斗争意识，顺从于现有的资本主义社会。当资本主义面对经常性的经济危机，无产阶级自身的利益经常受到损害时，无产阶级的反抗意识会得以坚定和巩固。在尖锐而无法调和的阶级矛盾中，无产阶级意识到自身的历史任务和使命，从而坚定地同资本主义做斗争。

马克思认为阶级基础具有一致性，无论过渡过程中呈现如何多样化的具体形式，无产阶级在革命前后始终是历史的革命动力和革命的唯一执行者。社会主义革命就是无产阶级作为一个阶级来采取的直接的、有组织的行动。而在马尔库塞的眼中，这种历史一致性在现实面前崩塌。在从资本

---

① 〔美〕赫伯特·马尔库塞：《苏联的马克思主义》，张翼星、万俊人译，中国人民大学出版社，2012，第11页。

主义到社会主义的过渡过程中，无产阶级深受资本主义国家政策的影响，在与资本主义国家的暧昧关系中，无产阶级与文明进步之间的一致性受到质疑。

德国社会民主党理论家爱德华·伯恩斯坦与马尔库塞有相似的观点。伯恩斯坦热衷于对欧洲的工人阶级运动进行研究，在他看来，如果工人们在资本主义社会中得到了其经济的要求，那么他们对政治和革命的热情就会削弱①。资本主义给予工人阶级一定的物质待遇，工人阶级便满足于眼前的现实条件，在直接的现实利益面前止步不前，出现了与资本主义缓和相处的画面。工人阶级的革命和政治热情在这个时刻就被冲淡了，他们此时忘却了尖锐的矛盾，满足于现有生活状态，愿意保持这种现状。这样，无产阶级的动力作用便不同于马克思所描述的那样，出现了超越历史一致性的状况。

2.2.2　"对抗性"与"非对抗性"

苏联的马克思主义区分了"antagonistic contradictions"和"nonantagonistic contradictions"②。苏联马克思主义认为，随着社会主义建设的进行，苏联向共产主义的过渡将可以通过非对抗性的方式完成，苏联作为社会主义国家，向共产主义的过渡可以通过一种缓和、平稳的渐变来完成。

在从社会主义向共产主义的过渡过程中，苏联马克思主义主张建立一种新型的非对抗性关系。苏联马克思主义认为，从社会主义出发到共产主义不会爆发现存矛盾，共产主义的未来与现在的社会主义是非对抗性的。

苏联马克思主义认为对抗性矛盾是不可调和的，只有通过一种灾变性的爆发才能解决，而非对抗性矛盾可以通过政治控制而得到逐步解决，苏联马克思主义把对抗性矛盾当作阶级社会的特征，把非对抗性矛盾看作社会主义的特征③。在苏联马克思主义看来，在社会主义向共产主义的过渡不存在对抗性的矛盾，也不存在质变，因此不需要通过爆发性的对抗形式来解决。从社会主义向共产主义的过渡过程中，通过国家权力和政治控制的加强，非对抗性的矛盾可以得到调和、解决。

---

① 〔美〕理查德·沃林：《海德格尔的弟子：阿伦特、勒维特、约纳斯和马尔库塞》，张国清、王大林译，江苏教育出版社，2005，第146~147页。
② "Antagonistic contradictions" "nonantagonistic contradictions"，见 Herbert Marcuse, *Soviet Marxism: A Critical Analysis*, Random House, Inc, 1961, p.137；对抗性矛盾、非对抗性矛盾，见〔美〕赫伯特·马尔库塞《苏联的马克思主义》，张翼星、万俊人译，中国人民大学出版社，2012，第86页。
③ 〔美〕赫伯特·马尔库塞：《苏联的马克思主义》，张翼星、万俊人译，中国人民大学出版社，2012，第86页。

马尔库塞认为苏联的马克思主义为了维护国家的稳定性，排除了再次革命的可能，提出可以通过非对抗性的方式走向共产主义①。苏联的马克思主义强调苏维埃国家能够解决自己的内部矛盾，同时加强了对政治、军事、经济、文化、社会等方面的控制，认为通过这种压抑性的行政控制手段就可以调和矛盾，因此，人们不需要通过对抗性的革命手段就可以实现向共产主义的过渡。

在马克思的阐释中，共产主义社会是全体人类共同实现的共产主义。然而苏联马克思主义认为，从共产主义社会的第一阶段到第二阶段的过渡，是一国社会主义建设的下一个目标，即苏联的马克思主义认为其可以实现一国的共产主义建设。与马克思主义设想的社会主义会随着资本主义的总危机而产生不同，苏联的马克思主义强调社会主义与资本主义的共存。在苏联的马克思主义看来，正是苏联社会主义国家的建设在一定程度上影响了资本主义制度总危机的爆发，苏联社会主义国家的发展可以与资本主义的总危机在世界形势的格局中共存。苏联马克思主义认为，帝国主义之间的冲突是不可避免的，然而帝国主义与苏联之间的矛盾冲突不再是不可避免的，因此，苏联认为资本主义国家与社会主义国家之间的战争"可以凭借社会主义阵营力量的增长，和它对资本主义国家'爱好和平'民众的影响来加以防止"②。苏联马克思主义认为苏联阵营的加强，形成了苏联阵营与西方资本主义阵营之间在力量上的平衡，这种势均力敌的趋势，成了牵制双方战争的重要因素，双方力量的平衡可以有效地防止东、西方战争的爆发，形成一种非对抗性的态势。

苏联马克思主义认为从社会主义向共产主义的过渡，可以避免对抗性的战争和革命，而通过建立一种新型的非对抗性关系来实现和平的、非冲突性的过渡。

2.3 苏联现实主义

2.3.1 马尔库塞眼中的"苏联现实主义"

现实主义强调文学和艺术对自然的忠诚、对现实生活的忠实，现实主

---

① 〔美〕赫伯特·马尔库塞:《苏联的马克思主义》，张翼星、万俊人译，中国人民大学出版社，2012，第86页。

② 〔美〕赫伯特·马尔库塞:《苏联的马克思主义》，张翼星、万俊人译，中国人民大学出版社，2012，第92页。

义倡导客观地描绘自然和社会，以揭示现实生活的本质，这正是文学艺术的生命力所在。马尔库塞认为，"现实主义可以是——也已经是——艺术的一种高度批判的和进步的形式，以其思想的和理想化的表现，面对现实'本身'，现实主义坚持真理，反对隐瞒和歪曲。在这个意义上，现实主义以其实际的否定和暴露形式表现人类自由的理想，因而保持着超越，没有这种超越，艺术本身就会被取消"①。然而在马尔库塞看来，苏联的现实主义却是禁止超越的。当人的存在与其本质不一致的时候，本质与存在之间存在对抗，这种时候艺术就应该发挥其批判的功能，去追求自由和真理，去揭露和批判现实。而苏联的现实主义却反对这种追求和超越，苏联现实主义主张文学和艺术只反映现行制度规定内的领域，文学和艺术成了苏联国家控制下的政策宣传媒介和手段。苏联的现实主义是一种抑制艺术超越的现实主义，是一种要求艺术顺从政治控制的现实主义。

马尔库塞认为苏联的现实主义是不合理的。苏联现实主义为了努力地证实其合理性，用苏联的马克思主义作为有效约束力。在苏联，政府试图把苏联的马克思主义打造为一种公理，但凡是在苏联马克思主义涉及范围内的，即是正确、合理的。苏联的马克思主义规定是合理的东西，在苏联就是合理的。以苏联的马克思主义为评判标准，苏联现实主义貌似是合理的。但苏联的马克思主义本身是苏联官方意识形态的代表，在苏联的国有化并不是社会化，苏联强调的整体利益并不等同于个人的利益，在苏联马克思主义代表的官方意识形态下，个人的利益被削弱了。我们在苏联制度之外看是不合理的东西，在苏联制度内部却是合理的，苏联的马克思主义本身就存在不合理性。在马尔库塞看来，苏联现实主义的合理性表现为根本的不合理和对恐怖主义的遵从②。

马尔库塞认为苏联的现实主义具有巫术般的性质。苏联现实主义作为一种当代巫术，成为苏联科学计划和实践管理的一部分。苏联现实主义具有很强的严格性，它有自身预先建立的真理，如果现实与它的描述发生冲突，它便会无视现实的存在而对其建立的真理给予强行证实。这样，苏联的艺术就变成了并不反映社会主义现实本身的艺术。苏联马克思主义看到

① 〔美〕赫伯特·马尔库塞：《苏联的马克思主义》，张翼星、万俊人译，中国人民大学出版社，2012，第72页。
② 〔美〕赫伯特·马尔库塞：《苏联的马克思主义》，张翼星、万俊人译，中国人民大学出版社，2012，第49页。

了艺术的认识职能，为了稳定其统治，它把艺术的认识功能限定在苏联制度所容纳的范围之内，对制度之外的、不利于制度体系建设的内容，苏联现实主义是拒绝去认识的。另外，基于艺术的认识职能，苏联现实主义还为大家树立起了认识的导向标和榜样，突出其欲向大家宣传的内容。在艺术作品创作中，突出英雄和爱国者等光辉形象，教导人民去向这些高大的"典型"形象学习和靠拢。创立典型形象是苏联现实主义所大力倡导的。

苏联的现实主义把文学和艺术当作了政府进行行政管理的工具。苏联要求其文学、艺术等意识形态领域的建设要遵从苏联的现实主义，这样文学和艺术作为意识形态的领域的相对独立性就被削弱了。苏联的现实主义是苏联官方行政控制下的产物，文学、艺术被强行要求按照苏联的现实主义原则进行创作，这使得它们变成了一种虚假的意识，它们的形式和内容都变成了政府控制和指导下的结果。意识形态对社会进行独立批判和自由反抗的权利被剥夺，文学和艺术变成了官方的统治工具。这时的文学和艺术被政府操纵去宣传其命令和政策，具有加强行政管理的实用性作用。

马尔库塞认为，对苏维埃国家来说，"意识形态战线"上的斗争，就是一种为生存而进行的斗争①。在苏联，统治阶级的思想成了具有普遍有效性的统治思想，统治阶级以虚假的普遍利益取代个人利益，个人利益在所谓的普遍利益面前消失了。对于苏联马克思主义来说，艺术是一个政治问题，苏联的艺术必须是"现实主义"的，这样才能维护苏联马克思主义政治和思想体系的正统性，任何超越和危害其思想体系秩序的倾向都是应该受到驳斥的。

2.3.2 苏联的"社会主义现实主义"

马尔库塞对苏联的现实主义总体上是给予否定的，那么在苏联，现实主义的发展是什么样的呢？苏联所倡导的现实主义是社会主义现实主义。社会主义现实主义最早由高尔基等人倡导，在苏联文学界提出，后来又涉及电影、绘画等艺术领域。

苏联走上了与资本主义社会生活方式不同的社会主义道路，在这种崭新的历史转折背景下，作为意识形态的艺术创作也发生了一些转变。"当新政权渡过了最初的政治与经济危机之后，需要一种文化力量来维护它的意

---

① 〔美〕赫伯特·马尔库塞：《苏联的马克思主义》，张翼星、万俊人译，中国人民大学出版社，2012，第70页。

识形态统一性，这种文化力量在政治言路独白化的体制下，文学是最好的手段。"① 苏联的社会主义现实主义正是在苏联进入建设轨道的历史语境中出现的，苏联经过布尔什维克革命的胜利和列宁的领导进入斯大林的建设时期，新的政治、社会、历史条件，要求建立一种与之相适应的新型的文学创作方法，社会主义现实主义就是在斯大林主义的历史背景下提出的创作方法。"斯大林在与文艺界人士的一次谈话时提出，应当将整个苏联文学的创作统一于一种创作理论，这就是后来提出的'社会主义现实主义'。"② 苏联的文学活动在苏联政府的集权控制下进行，苏联的现实主义变成了斯大林主义意识形态作用下的产物。

在苏联"社会主义现实主义"的形成过程中，高尔基和卢那察尔斯基的理论阐释颇为重要。

高尔基十分关注社会主义的艺术建设工作，他对"社会主义现实主义"进行了论述，并且倡导在苏联文学界践行"社会主义现实主义"的艺术创作方法。高尔基认为新的社会主义的现实需要新的社会主义艺术方法，"社会主义现实主义"就是可行的艺术创作方法。在高尔基看来，"社会主义的新艺术最重要的是要有新生活的主题，创造新的主人公形象，也就是社会主义建设者的形象。苏维埃现实的宏伟性要求艺术有宏大的规模、史诗的广度、振奋人心的激情，或者说要把现实主义和浪漫主义在创作过程中有机统一起来"③。高尔基认为社会主义现实主义应当具有革命的浪漫主义精神，为人民描绘光明的未来前景，让人民看到前途和希望，鼓舞人心，给人民以前进的力量④。社会主义现实主义仍然是一种现实主义，艺术家应该深入社会主义的现实实践中去，积极地体验生活，深切地理解生活，去认识社会从而去改造社会。在社会主义现实主义的创作中，形式问题也非常重要，形式不能固定僵化，社会主义现实主义需要丰富多样的表现形式和灵活出色的技巧。高尔基对社会主义现实主义创作方法进行了阐释，并对之进行大力倡导，加之其在苏联文坛的重要位置，高尔基对社会主义现实

① 程正民、邱运华等：《20 世纪俄国马克思主义文艺理论研究》，北京大学出版社，2012，第307 页。

② 程正民、邱运华等：《20 世纪俄国马克思主义文艺理论研究》，北京大学出版社，2012，第305 页。

③ 程正民、邱运华等：《20 世纪俄国马克思主义文艺理论研究》，北京大学出版社，2012，第311～312 页。

④ 〔俄〕高尔基：《谈技艺》，《论文学》（续集），冰夷等译，人民文学出版社，1983，第300 页。

主义的形成起到了很重要的作用。

卢那察尔斯基在 1933 年发表了论文《社会主义现实主义》,以旧的现实主义为对照,阐释了苏联社会主义现实主义的新特点和新内涵。在卢那察尔斯基看来,苏联的社会主义现实主义应该是这样的。首先,社会主义现实主义描绘的是处于动态发展过程中的现实。社会主义现实主义用发展的眼光来看待现实,并试图去积极地参与现实和改造现实。其次,社会主义现实主义是有着浪漫主义内涵的现实主义。浪漫主义在社会主义现实主义这里并不是被排除在外的,相反,在卢那察尔斯基看来,在社会主义现实主义中应当包含浪漫主义的优良元素。在社会主义现实主义中,应该传达出积极参加现实的热情,体现出优秀的品质与精神。最后,卢那察尔斯基说社会主义现实主义并不是狭隘的教条,它有着丰富和多样化的表现力,它是有活力的。社会主义现实主义可以描绘广阔的生活内容,可以采取多种多样的创作方法,可以选择不同的形式体裁,可以尝试多样化的风格。卢那察尔斯基对社会主义现实主义有着自己的认同和理解,其理论阐释对社会主义现实主义的形成有着基础性的作用。

在 1934 年苏联作家第一次代表大会上,"社会主义现实主义"被作为苏联文学和苏联文学批评的基本方法加以确定。《苏联作家协会章程》在苏联作家第一次代表大会上得以通过,并对社会主义现实主义做出明确规定[1]。1953 年斯大林去世,苏联的国内政治形势发生改变,文学艺术界也出现了调整。时隔二十年,1954 年苏联作家协会举办了第二次代表大会,并对社会主义现实主义的理论思想进行了反思和讨论。之后,在苏联文艺界,"社会主义现实主义"理论也一直被争论和审视。直到 1989 年,《苏联作家协会章程》取消了"社会主义现实主义"的表述,"社会主义现实主义"由此成了一个历史名词[2]。

小结:从文学理论上来说,苏联的社会主义现实主义要求用发展的眼

---

[1] 《苏联作家协会章程》,"社会主义的现实主义,作为苏联文学与苏联文学批评的基本方法,要求艺术家从现实的革命发展中真实地、历史地和具体地去描写现实。同时艺术描写的真实性和历史具体性必须用社会主义精神从思想上改造和教育劳动人民的任务结合起来。社会主义的现实主义保证艺术创作有特殊的可能性去表现创造的主动性,选择各种各样的形式、风格和体裁"。见《苏联文学艺术问题》,曹保华等译,人民文学出版社,1953,第25 页。

[2] 程正民、邱运华等:《20 世纪俄国马克思主义文艺理论研究》,北京大学出版社,2012,第324 页。

光去描绘真实的现实，注重文学艺术改造思想、教育人民的功能，允许文学艺术采用丰富的表现技巧，是符合文学的创作规律的。但是，从苏联的社会历史来看，苏联所构建的"社会主义现实主义"仍然是作为苏联官方行政控制的工具和手段而出现的，苏联政府试图通过控制文学来控制人民的思想。马尔库塞看到了苏联政府推行苏联的现实主义从而对人民进行政治控制的一方面，对其予以否定和批判。但我们从另一方面来讲，"社会主义现实主义"在文学理论的层面上是顺应文学发展规律的，马尔库塞则对这一方面避而不谈。

2.4　苏联的马克思主义与经典的马克思主义

马尔库塞在批判苏联的马克思主义时，基本上是先阐明经典的马克思主义的相关理论，然后再分析在苏联的马克思主义中对这些理论是怎样呈现的。马尔库塞先为我们分析马克思主义的历史发展规律，然后再窥探苏联社会的内部结构，通过内在批判的方式，为我们揭示苏联的马克思主义不同于经典的马克思主义。虽然一些方面也保留了马克思的部分结论，但在实际应用中却不尽相同，在某种程度上，苏联的马克思主义是对经典马克思主义的一种背离。从苏联马克思主义对苏联艺术的论述、对苏维埃国家的论述、对"过渡"的看法等方面都可以见出苏联的马克思主义对经典马克思主义的偏离。

苏联的马克思主义经常套用经典马克思主义中的一些术语，这些术语的选择是依据其宣传和控制的需要，而不是对马克思主义的完全阐述和继承发展。正如马尔库塞所阐释的那样：苏联马克思主义的建立，是围绕少数经常重复并严格地列入正统经典的论述，把经典论述演变成一种可供人们奉行的公式，把它们描绘为即将可能实现的美好愿景，用这种公式对人们进行政治控制①。苏联的马克思主义为了推行自己的命令和宣传，总是选取马克思主义的一些经典论述，把它作为一种真理，让人们去按照这种公式进行实践活动。这种真理并不是被现实所证实的，而是被描述为处在一种可能实现的趋势之中的，人们带着对这种趋势的信仰和希望去实践。苏联的马克思主义就变成了苏联官方对人民加以控制和引导的一种实用性的工具。

---

① 〔美〕赫伯特·马尔库塞：《苏联的马克思主义》，张翼星、万俊人译，中国人民大学出版社，2012，第49页。

苏联马克思主义的学说有与马克思相一致的地方。比如，列宁同意马克思的观点，认为正是充分的、成熟的资本主义国家固有矛盾的大爆发导致了社会主义革命的出现①。列宁学说把列宁主义党的职能和任务定义为从阶级的真实利益出发，使直接的、主观的利益与阶级的真实利益相符合，把经济斗争调整为政治斗争，保证无产阶级的客观历史地位②，这都是与马克思学说相一致的。

苏联的马克思主义也有与马克思主义学说不同的结论。比如，在马克思主义学说中，认为社会主义一定会伴随着资本主义总危机而出现；然而在苏联马克思主义看来，社会主义的发展可以和资本主义总危机保持共存和平行的状态③。

在苏联的马克思主义中也存在既一致又矛盾的情况，比如前面提到的学说与政策的二向性。在理论上，苏联马克思主义提倡与资本主义相抗衡，主张革命无产阶级是主体，与经典马克思主义学说具有一致性；在实践中，苏联马克思主义的政策依据是革命无产阶级的衰退，与经典马克思主义学说不同。

马尔库塞认为苏联马克思主义对马克思主义的运用是相当微妙的。一方面，苏联马克思主义套用经典马克思主义的一些理论学说，加以自己的阐释之后，继续以经典马克思主义的名义去推广传播，来宣传自己的政策主张；另一方面，苏联马克思主义的一些理论学说完全否定经典马克思主义，与经典马克思主义背道而驰。这种看似杂乱无章的随意运用背后，正反映着苏联马克思主义对国家政治控制的把握。把有利于其政策宣传和行政控制的经典马克思主义理论转为己用，在对经典马克思主义圆滑地套用背后，是对自身政策理念的一种美化和解释，在一种更具说服力的表面宣传下，暗含着国家控制的政治意图。苏联出于对国家状况和国际格局的把握，把不符合自身宣传的经典马克思主义放到一边不加讨论而发展出自身的一种新理论并加以推广。无论是与马克思主义理论相符还是不相符，都

---

① 〔美〕赫伯特·马尔库塞：《苏联的马克思主义》，张翼星、万俊人译，中国人民大学出版社，2012，第25页。
② 〔美〕赫伯特·马尔库塞：《苏联的马克思主义》，张翼星、万俊人译，中国人民大学出版社，2012，第24页。
③ 〔美〕赫伯特·马尔库塞：《苏联的马克思主义》，张翼星、万俊人译，中国人民大学出版社，2012，第34页。

是出于苏联国家控制的需要。

2.5　马尔库塞在《苏联的马克思主义》1961 版前言中的阐述

马尔库塞的《苏联的马克思主义》于 1958 年出版，1961 年再次印刷。在 1958 年出版以后，苏联的社会主义建设继续发展，马尔库塞在 1961 年再次印刷版中结合苏联社会近几年的发展再次发声，写下了 1961 版序言，阐述了苏联社会发展中的一些新情况和新特点，并表明了自己对苏联马克思主义的社会批判分析。

马尔库塞在 1961 版序言中谈到苏联在过去几年中的发展和变化，马尔库塞说苏联的改革和自由化的趋势在继续，行政管理呈现分散化，军事条例的执行更具说服性，作家、艺术家和批评家的文学艺术创作也有了更大范围的自由。工人的工作日逐渐减少，人们可获得的消费品日益增长。

马尔库塞还提到苏联在"共存"思想上的一些发展变化。苏联仍然宣称需要和平共处，对和平抱有信心，并且承认避免战争的可能性。但帝国主义力量正在下降，导致帝国主义对外政策硬化，因此，苏联在巴黎会议的回绝，并不是对和平共处政策的抛弃，而是对国际力量变化和国际发展形势的一种适应。

马尔库塞在前言中谈到赫鲁晓夫在苏维埃共产党第二十一次会议上的讲话。赫鲁晓夫主要讲到了以下几个方面。资本主义总危机迅速加剧，美国的生产力水平已经达到了临界点，随着殖民体系的加速崩溃，资本主义的经济受到巨大影响。苏联政策依然指向用经济和社会的成就作为武器打败资本主义的目标。赫鲁晓夫在报告中重申了苏维埃共和国正处在转向共产主义的第二阶段，并声明逐渐减少的工作日以及人们对物质产品的满意度将会作为现实政策制定的方向和目标。

马尔库塞在序言中讨论了工业化晚期的技术控制。马尔库塞认为当自动化延伸到大量生产和分配的基础产业时，人们物质和精神需求的满足，便通过科学的工作组织发生。通过科学管理，可以强化人的态度和行为模式，社会利益被作为前提开始超越和支配个人。在先进的工业社会中，这种技术理性带来了人们生活水平的改善，让人们的生活越来越舒适。同时，在这种有形的利益背后，社会可以依靠经济机构的手段以及技术控制的力量，在后台执行更为严格的控制。马尔库塞认为，苏联在经济等各领域慢慢赶上西方的同时，也与西方一样出现了这种技术控制的趋势。先进的资本主义以及快速推进的社会主义之间的共存，不仅在工作效率、经济的内部增长以及国家的内在凝聚力上存在竞争，在技术进步能力方面也存在很大的角逐。技术的完善和进步意味着物质生产的自动化，自动化同时也逆转了空闲时间和工作时间的比率。

马尔库塞说自己在《苏联的马克思主义》中有相当一部分是在专门论述苏联发展中出现的一些基本矛盾，比如说解放和人性化的手段与维护统治、服从的需要，摧毁一切意识形态的理论被应用于建立一种新的意识形态。马尔库塞对这些矛盾进行了分析和批判，他认为批判性分析的任务是保持替代性的思维。马尔库塞希望通过对这些基本矛盾的揭示，来保持社会的否定性思维和替代性选择。

第3章　马尔库塞学术史中的《苏联的马克思主义》

《苏联的马克思主义》在马尔库塞的整个学术生涯中有着特殊而又重要的意义，我们可以从历时和共时的角度来分析它在马尔库塞学术史中所处的位置。从历时的角度来看，马尔库塞的学术思想一直在不断发展变化，但在发展变化中也隐含着延续性，其思想脉络是连贯的、有迹可循的。我们可以通过《苏联的马克思主义》捕捉到马尔库塞思想发展史的一些轨迹，本书在马尔库塞的整体创作中有着贯通发展的作用。从共时的角度来看，《苏联的马克思主义》一书属于马尔库塞"弗洛伊德式的马克思主义"思想阶段的重要作品，与其同时期的作品还有《爱欲与文明》《单向度的人》。三本书在思想、内容上前后勾连，互相辉映，对发达工业社会进行批判和分析。

3.1　《苏联的马克思主义》在马尔库塞整体理论著述中的位置

马尔库塞理论著述颇丰，我们将马尔库塞的主要理论作品按时间顺序梳理如下表。

马尔库塞主要作品年表

出版时间	著作名称
1928 年	《对历史唯物主义现象学的贡献》
1929 年	《论具体哲学》
1929 年	《论社会学方法的真理问题：卡尔·曼海姆：意识形态与乌托邦》

出版时间	著作名称
1930 年	《关于辩证法的问题》第一集
1930 年	《先验的马克思主义？》
1931 年	《历史现实性的问题》
1931 年	《关于辩证法的问题》第二集
1932 年	《黑格尔的本体论与历史性理论的基础》
1932 年	《历史唯物主义基础的新源泉》
1933 年	《论经济学劳动概念的基础哲学》
1934 年	《国家总体观反对自由主义》
1936 年	《论本质概念》
1937 年	《论文化的肯定特征》
1937 年	《批判理论的哲学》
1938 年	《对享乐主义的批判》
1941 年	《理性与革命》
1948 年	《论让·保尔·萨特的〈存在与虚无〉》
1955 年	《爱欲与文明》
1958 年	《苏联的马克思主义》
1964 年	《单向度的人》
1964 年	《发达工业社会中的社会主义前景》
1965 年	《文化与社会》
1966 年	《关于辩证法的否定概念》
1966 年	《关于辩证法的历史》
1968 年	《富裕社会的解放》
1969 年	《论解放》
1972 年	《反革命与造反》
1974 年	《论艺术和革命》
1977 年	《艺术的永恒性》
1978 年	《审美之维》

从马尔库塞的主要作品年表中，我们可以大致窥探出其思想发展轨迹，从而分析《苏联的马克思主义》在其整个学术生涯中所处的地位。马尔库

塞的《苏联的马克思主义》是其 20 世纪 50 年代思想的集中表现，在其思想史中有着重要的地位。《苏联的马克思主义》是马尔库塞的马克思主义思想不断调整、发展、深化的结果，是对苏联官方的马克思主义的一种专门批判。同时，本书也为马尔库塞日后的思想发展积累了素材，提供了思路，打下了基础。马尔库塞的学术思想层层递进而不断演变，《苏联的马克思主义》一书沟通了马尔库塞的整个思想史。

3.1.1 马尔库塞马克思主义思想观的新发展

马尔库塞一生的哲学思想中都贯穿着马克思主义的思想观，他一直致力于将马克思主义与某种哲学思想相结合。《苏联的马克思主义》是马尔库塞试图将弗洛伊德思想与马克思主义相结合的尝试之一。在这之前，马尔库塞曾经试图将黑格尔的理性思想与马克思主义思想观相融合，并且尝试过将海德格尔的历史性思想与马克思主义思想观相结合。这些都是马尔库塞结合本人的哲学理论，对马克思主义思想进行的综合阐释。《苏联的马克思主义》便是对马克思主义思想综合阐释的新发展。

在《苏联的马克思主义》之前的作品中，马尔库塞的哲学阐释主要分为三类，即对马克思哲学著作和思想的阐释与批判；将海德格尔思想理论进行适当阐释并结合马克思主义思想做出阐发；探讨黑格尔哲学思想，并试图将其与马克思主义思相结合来阐释问题。

马尔库塞在《论历史唯物主义的基础》中就对马克思主义哲学思想和著作展开了论述。在这本书中，马尔库塞对马克思的《1844 年经济学哲学手稿》进行了分析，这在马克思主义理论史上十分重要。马尔库塞认为马克思在《1844 年经济学哲学手稿》中阐释的思想是"历史唯物主义的基础"。

马尔库塞于 1928 年发表的《对历史唯物主义现象学的贡献》可以说是其学术生涯的首篇论文。该论文体现出了马尔库塞将海德格尔存在主义哲学思想与马克思主义相结合的尝试。探讨海德格尔的文章和出版于 1929 年的《论具体哲学》。《论具体哲学》分析了海德格尔的历史性思想，在海德格尔本体论的基础上更加强调具体实际和真实历史事实。

马尔库塞分析黑格尔思想的作品主要有《黑格尔的本体论与历史性理论的基础》和《理性与革命》。《黑格尔的本体论与历史性理论的基础》可以说是马尔库塞在思想上与海德格尔相分离的一个标志，在本文中马尔库塞讨论了海德格尔历史性的根基之不足，分析了黑格尔的本体论。马尔库塞在《理性与革命》中深入分析了黑格尔哲学理论，挖掘了欧洲哲学的理性渊源。

进入 50 年代，马尔库塞又开始了他的新尝试，即将弗洛伊德的压抑性理论与马克思主义相结合，呼吁爱欲革命，希望创建非压抑性文明社会。《苏联的马克思主义》就体现了这种尝试。在本书中，马尔库塞分析了苏联模式下的社会形态对人的欲望的控制和压抑，指出其不足。这种尝试是"批判理论对资本主义发展新阶段所作回答的一部分，这一新阶段的鲜明特征是社会问题和心理问题间的界限的消失"[①]。从对马克思主义的阐释来说，马尔库塞又为自己开辟了一条新路径。

3.1.2 马尔库塞对"苏联的马克思主义"的专门批判

《苏联的马克思主义》是对"苏联的马克思主义"的专门批判，展现了西方马克思主义者视野下的苏联建设，是西方马克思主义的思想体现，表现着其政治立场。虽然在马尔库塞之前的文章中也涉及过对苏联的一些探讨，比如在《理性与革命》中，马尔库塞谈到了苏联领导人列宁对辩证法的热衷等。但真正将苏联的官方马克思主义作为研究对象，进行专门研究的作品，那就要属《苏联的马克思主义》了。可以说本书是对苏联的马克思主义进行研究的一部非常重要的作品。

第一次世界大战带来了巨大灾难，使生灵涂炭，工人们开始组织革命进行反抗。世界范围内很多地方都发生着工业革命，而当时穷厄的俄国却率先取得了工人革命的胜利，成了第一个社会主义国家。苏联社会主义革命的胜利在世界范围内产生重要影响，人们纷纷对苏联的后续发展报以关注。作为一个新兴的社会主义国家，苏联领导人对苏联的建设变得至关重要，因此在苏联的发展过程中，呈现了一些特殊的状况。苏联马克思主义的崛起，对于西方的马克思主义者来说，形成了一种冲击，不同的社会制度，不同的理论体系，也存在一些不同的理论态度。马尔库塞站在西方马克思主义者的视角上来分析苏联的官方马克思主义，对苏联的政治和道德伦理进行了批判。但在批判的过程中，其理论手段并不严肃，对马克思主义理论的运用也在不停变化，往往用马尔库塞式的马克思主义理论来对苏联进行分析，以理论学说来批判理论学说，存在为批判而批判的情况。马尔库塞认为，苏联的领导者为了证明其观点，时而完全否认马克思主义的

[①] J. P. 安耐森：《从马尔库塞到马克思》，1971 年新维德—柏林版，第 143 页。转引自李忠尚《第三条道路？——马尔库塞和哈贝马斯的社会批判理论研究》，学苑出版社，1994，第 219 页。

一些观点，时而肯定马克思主义的一些观点，时而又在套用马克思主义的一些经典原话进行内容上的演绎后予以阐述，对马克思主义运用的标准符合自己的政治行动需要，这就造成了苏联马克思主义带有主观色彩而缺乏客观性。马尔库塞批判了苏联马克思主义的这些缺陷，认为苏联的马克思主义不是真正的马克思主义，而是一种与马克思主义相背离的"苏联的马克思主义"。当然，马尔库塞对苏联的批判存在一些合理之处，但在对苏联马克思主义的批判也暴露着其西方马克思主义者的政治立场，其对马克思主义的解读也并非完全客观。苏联的马克思主义在发展过程中虽然存在自身的瑕疵和不足之处，但马尔库塞的批判也是不全面的，甚至对无可厚非的内容进行了过度的解析和批判。例如，在马尔库塞分析苏联的现实主义的时候，并没有全面、客观地理解苏联的现实主义，只看到了苏联的现实主义成了政府控制人民的一种形式，而忽略了苏联现实主义自身的文学艺术发展规律和艺术追求中存在的合理性。苏联的马克思主义即使存在许多问题，我们也不应该去一味地指责和批判，应该对其进行全面的、系统的、客观的分析，不断综合考察、丰富判断，形成一种较为全面的评析。

3.1.3 为马尔库塞后期解放和发展思想做铺垫

《苏联的马克思主义》为马尔库塞之后的创作奠定了基调，有铺垫作用。马尔库塞之后的创作有两个较为明显的主题与《苏联的马克思主义》密不可分，即论述发达工业社会，呼吁革命和寻求解放。

马尔库塞在《苏联的马克思主义》一书中讨论了苏联为迅速发展经济，大力开展工业建设，试图在与西方发达社会共存的状态下，迅速赶超西方资本主义经济。在这种迅猛的经济发展势头下，人民的行动完全适应于国家经济政策的推行，自身的实际需求变得微不足道，苏联工业建设掩埋了作为单个人的需求。马尔库塞对发达工业社会的发展态势十分关注，对苏联工业化的探讨，为马尔库塞进一步批判西方发达工业社会奠定了基础。马尔库塞在探讨了苏联工业化的情形后，继续深入讨论了西方发达工业社会的意识形态和社会状况。例如，在1964年出版的《单向度的人》中，马尔库塞对西方发达工业社会展开了激烈的批判，分析了西方资本主义社会对人的意识和行动的控制。

马尔库塞为这种状况感到担忧，但同时他也对扭转这一状况抱有希望。马尔库塞提出了解决这一现状的建议，那就是呼吁革命和寻求解放。马尔库塞在之后发表的演讲《富裕社会的解放》中对丰裕社会做了分析①。在一个富裕的资本主义社会当中，私人的物质和文化需求高度集中于政府的领导之下，私人隐没于社会之中是一种社会形态的倒退，因此，马尔库塞呼吁发达资本主义社会的解放，以改变这种局面。在 1969 年发表的《论解放》中，马尔库塞讨论了当时的各种解放运动，提倡革命与解放。

马尔库塞在发表《苏联的马克思主义》后，继续深入批判现代工业社会，并设法寻求出路，希望通过开展革命来获得解放。《苏联的马克思主义》的创作，为马尔库塞后期解放和发展思想的演进做了铺垫。

3.2　文明与压抑：《苏联的马克思主义》与《爱欲与文明》、《单向度的人》

马尔库塞的作品《苏联的马克思主义》（1958）与《爱欲与文明》（1955）、《单向度的人》（1964）三部作品，不仅在时间上存在连续性，在思想内容上也联系紧密。马尔库塞的社会批判理论集中体现在他的《爱欲与文明》、《苏联的马克思主义》与《单向度的人》三部作品当中，这三部作品是马尔库塞"弗洛伊德式的马克思主义"思想阶段的代表性作品。

3.2.1　工业文明的发展

人类从农业文明走向工业文明，工业文明的推进不断改进着生产方式，调节着生产关系，促进着生产力的发展。新思想、新技术不断涌现，工业化的发展，机械化的生产，迅速解放了人们的双手。物质资料和商品快速增长，人们可以获得丰富的生活资料，享受生活的便利。社会财富增长，商业发展形成规模，人民的消费水平也显著改善。科学、商业、消费普遍得到了革新和发展。工业文明的发展确实便利了人们的生活，但在发达工业社会取得成就的同时，发达工业社会也出现了畸形，存在异化，甚至演变成一种控制的新形式，因此，让人们从催眠中醒来，形成一种对工业文明的清醒认识变得

---

① "丰裕社会是'一个资本主义社会'，是'一个经济和政治权力高度集中的资本主义社会'，是一个生产、分配、流通领域的自动化和协作已经并在日益扩大，私人所有权在生产手段上日益依赖于政府更积极和更大程度的干预的社会'，'是一个下层群众的物质和文化需要比以往任何时候都得到更大程度地满足的社会，但是他们的满足是和官僚机构以及控制官僚机构的各种力量的要求和利益相一致的'。同时'这是一个越来越浪费、越来越有计划地退化和破坏的社会，在这个社会的底层群众仍然生活在贫困和痛苦之中'。" Herbert Marcuse, *The new left and the 1960s*, New York：Routledge, 2005, p. 79. 转引自郑春生、李宏图《论马尔库塞对消费社会的批判》，《求索》2008 年第 3 期。

十分必要。马尔库塞看到了工业文明社会中人们变成了技术、商业等工业行为下的受控者,他在《苏联的马克思主义》和《爱欲与文明》、《单向度的人》等著作中阐释了这一问题,对发达的工业社会进行了分析。

在《爱欲与文明》中,马尔库塞说在发达工业社会中,现存的社会秩序看起来非常可靠、有保障,加强了人们对其有效性的信任,所以大部分人都成了现存秩序的代表,技术的进步为现存社会的巩固提供了基础,人们在发达工业文明中感受到了舒适和便利,便不再去考虑可能或应该存在的秩序是怎样的①。现代工业社会不断发展,技术成就也层出不穷,但工业文明的这些成就正在日益走偏,工业文明的进步和技术的发展变成了统治者进行政治控制的挡箭牌,这些取得的成就服务于统治者的利益,正是通过这种技术的、看起来对人民有益的生产,形成了对人民的一种新的统治方式,让人们服从于统治制度,与现存的统治保持和解②。

马尔库塞的《苏联的马克思主义》与《单向度的人》,分别出版于1958年和1964年,分别探讨了苏联模式的社会形态与西方发达工业社会形态。它们是所谓的马尔库塞"弗洛伊德式的马克思主义"思想阶段的重要作品。它们不仅在年代上具有相继性,在思想上也具有互文性。马尔库塞的社会批判理论主要表现为两个方面:一方面是对资本主义发达工业社会的种种弊端进行批判,以《单向度的人》为代表;另一方面是对苏联的某种僵化的社会主义模式和教条化的马克思主义进行批判性考察,以《苏联的马克思主义》为代表。二者之间存在一定的延续性,马尔库塞在讨论了苏联的社会发展和工业化模式后继续思考,发现西方和苏联社会都面临着工业化发展所带来的问题,进而对西方发达工业社会进行深入探究。这些是发达工业社会所普遍面临的问题,并无社会制度之分。苏联模式的社会形态与西方发达工业社会形态,它们在社会制度上虽然不同,但在发展工业社会的态度上存在一致之处。虽然两种社会形态在本质上不一样,但它们之间又存在千丝万缕的联系。苏联处在世界之中,处于与发达工业社会"共存"的格局中,发达工业社会时时危及苏联的安全,大力发展工业和科技就成了苏联保护自身安全的手段。就这样,不管是在资本主义制度的西

---

① 〔美〕赫伯特·马尔库塞:《爱欲与文明》,1966年政治序言部分,黄勇、薛民译,上海译文出版社,2012,第11页。

② 〔美〕赫伯特·马尔库塞:《爱欲与文明》,1961年标准版序言部分,黄勇、薛民译,上海译文出版社,2012,第1页。

方工业国家，还是社会主义制度的苏联，工业文明的发展都产生着重要的影响，政府主动参与到了工业文明发展的大局当中，试图占领这一阵地，发达的工业社会形势成了一种官方的控制形式。

3.2.2 社会对欲望的压抑

马尔库塞热衷于把马克思主义与西方的某种思潮结合在一起，进入 20 世纪 50 年代，马尔库塞开始尝试将马克思主义与弗洛伊德思想相结合。马尔库塞认为工业文明的发展伴随着社会对人的压抑，现代工业社会创造和建立着人的虚假需求，压抑并控制着人的欲望。马尔库塞对此持批判和超越的态度，并试图重新建立一种非压抑性的文明。

《爱欲与文明》是马尔库塞试图创立非压抑性文明的开端，马尔库塞随后发表的《苏联的马克思主义》和《单向度的人》则是对这种非压抑性文明理论的拓展。"他通过对弗洛伊德后期文明论的批判继承和创造发展，创立了非压抑性文明论，展开对工业文明的批判和新文明的重建。"[1]

在《爱欲与文明》中，马尔库塞将弗洛伊德的压抑性文明理论进行改造，并试图将马克思的社会批判理论与之联系起来，希望建立一种非压抑性的文明论[2]。马尔库塞在《爱欲与文明》中认为，在现代社会中，个人已经隐匿于国家之中。在整体高于自由个体的普遍社会里，合乎人性的自由个体受到压抑，特权的禁忌日益鲜明。人们认为为国家捐躯的就是英雄，并不会去思考这样是否值得。原本应为保护工人而设立的工会反而成了削弱工人力量的工具，"理智的技巧和能力具有了社会政治的意义"[3]。发达工业文明存在的种种技术和工具，成了保护政治行动的大伞，既维护了符合统治者利益的现有秩序，又有利于统治集团进一步加强控制。马尔库塞认为年轻人应该站起来抗议这种政治行径，"为反死亡、反文明的爱欲而生存和斗争"[4]，打破这个变态严格管理的社会。额外压抑呼吁爱欲解放，马尔库塞希望创建一种非压抑的文明社会。

在《单向度的人》中，马尔库塞认为现代的社会出现了批判的停顿，发达工业社会已经变成了一种没有反对派的社会。不论是社会还是思想，

---

[1] 裴德海编著《西方马克思主义教程》，安徽教育出版社，2007，第 122 页。
[2] 裴德海编著《西方马克思主义教程》，安徽教育出版社，2007，第 126 页。
[3] 〔美〕赫伯特·马尔库塞：《爱欲与文明》，1966 年政治序言部分，黄勇、薛民译，上海译文出版社，2012，第 14 页。
[4] 〔美〕赫伯特·马尔库塞：《爱欲与文明》，1966 年政治序言部分，黄勇、薛民译，上海译文出版社，2012，第 14 页。

都变成了没有批判能力的单向度的选择。社会的导向代替了个人的选择，在这种社会中个人受到压抑，进而与整个社会保持一致。马尔库塞在《单向度的人》中提到发达工业社会的消费是虚假的消费，在这种社会中，工厂在生产商品时不是日益适应消费者的需求而制造产品，而是生产出产品之后刺激消费者去购买。这种消费不是出于消费者真正的需求，而是被生产者生产出来的需要。传媒的宣传和推广也成了一种引导意识的行为，人们的消费方式和审美态度不是出于真正的自由选择，而变成一种被塑造的结果，人们看似同等享受看电视、看广告的权利，享受同样的物质消费而感到心满意足，却忽略了差异本身。技术进步和传播媒介形成了对私人空间的占领，人们日益满足于眼前的物质需要，在一种受控制的不自由的社会中过得舒舒服服。人的欲望被社会控制和压抑，在眼前的舒适中忘却了个人的欲望和自由。

马尔库塞在《苏联的马克思主义》中认为在新的国际结构中，苏联和西方社会各有优势和劣势，两种不同社会制度的工业文明发生碰撞，在世界的大背景中相互竞争、挑战和共存①。苏联官方持有一种与西方社会共存的态度，以获得保全和发展自身的喘息机会。苏联在建设过程中大力发展工业，希望能通过经济上的快速追赶，提高自身安全性。斯大林主义政策预兆的理论认为，"社会主义以资本主义为前提——或者至少以资本主义所取得的成就，即一种高度的工业化，高度的劳动生产率，高度发展的熟练的有纪律的工人力量为前提"②。苏联政府认为完全的工业化和合理化的经济是发展社会主义的前提条件，在一个落后的国家中应该优先发展工业化，社会化和个人的需要应该放到次要位置进行考虑。在苏联的建设中强调工业化的重要地位，把工业化的发展优先于社会化，强调高度集中，让人民高度认同政府政策，使个人服从于集体或者说集权经济的发展。这就压抑了人民的个性、欲望和需求，使人民丧失了自身的个体自由，成为单纯服从集权政策的木偶，人的欲望在集权中受到深深的抑制。只有直接生产者从下面进行主动选择和有效的控制，才会形成社会主义社会与资本主义社会两种社会制度本质的区别。然而苏联的控制乃是自上而下的，来自苏联官方对人民的压抑。为了赶上先进工业国家，苏联迅速发展工业化，跨越

---

① 〔美〕赫伯特·马尔库塞：《苏联的马克思主义》，张翼星、万俊人译，中国人民大学出版社，2012，第4页。

② 〔美〕赫伯特·马尔库塞：《苏联的马克思主义》，张翼星、万俊人译，中国人民大学出版社，2012，第25页。

了几个发展阶段，快速形成了一种生产机器。单纯强调高速度，使得这种生产机器缺乏成熟的机制和细致的打磨，其中充斥着苏联官方的极权统治和严密组织，工业化的发展形成了一种压抑和控制人的机制，其发展变得畸形。"技术的进步和大工业的发展包含对这一过程具有决定性影响的两种（对抗性）的趋势。一种是劳动的机械化与合理化，从物质的工作过程中，能够解放从未有过的大量个人精力（与时间），并使这种精力（与时间）可用于物质生产领域之外的人才能的自由发挥。还有一种是同样的机械化与合理化产生了千篇一律的统一性和对机器的严格服从，因为机器所要求的只是调节与反应，而不是自主性和自发性。"① 我们可以看到，技术的进步和大工业的发展是一把双刃剑，其发展呈现一种变异的形式。一方面，机械化使人解放出来，有精力和时间去从事生产以外的事；另一方面，机械化要求对机器的服从，人在生产过程中缺乏自发性。苏联官方的马克思主义理论包含着如下思想：不能有个人的自主性，整体的法则才是真正的法则。国家政策的制定和执行，政治和文化的发展"不是自由和自下而上发起的结果，而是利用一种发展的经济，由国家按照政治的需要进行调节的结果。可以证实坚持这种政策的决心是，政治与文化的自由化仍然融合于工作和闲暇时私人或公共的一种受压抑得到的改良"② 。这种自由化是一种受到压抑的自由，是人民受制于政府的意图，把其当成自身要求，坚决服从整体而隐匿个体而形成的"自由"。苏联政府"按照国内和国际水平上竞争效率的标准来实现工业化和合理化，以及使人发展成为物质和精神劳动前所未有的优秀运用工具，这就很可能产生经济的和政治的成果，即对各个特殊集团和个人的不同利益和意向的支配"③ 。苏联政府为了达到政策目的，压抑个人的欲望和利益，控制并支配人的行动，把人变成其实施政治行动的工具。

马尔库塞在《苏联的马克思主义》和《爱欲与文明》、《单向度的人》中阐释了发达工业文明发展下，来自官方和社会的对人欲望的压抑和控制。经济和技术的发展中已经渗透着统治者的官方的控制形式，人们在总的压

---

① 〔美〕赫伯特·马尔库塞：《苏联的马克思主义》，张翼星、万俊人译，中国人民大学出版社，2012，第48页。

② 〔美〕赫伯特·马尔库塞：《苏联的马克思主义》，张翼星、万俊人译，中国人民大学出版社，2012，第100页。

③ 〔美〕赫伯特·马尔库塞：《苏联的马克思主义》，张翼星、万俊人译，中国人民大学出版社，2012，第102页。

抑下，失去了自己的欲望，变成了政府控制下的工具。马尔库塞觉得这种压抑的文明是可怕的，需要人们觉醒来抵抗这种对欲望的压抑，因此马尔库塞呼唤爱欲的解放，希望创建一种非压抑性的文明来脱离困境。

3.2.3　《苏联的马克思主义》与《爱欲与文明》《单向度的人》的关系

马尔库塞的《苏联的马克思主义》与《爱欲与文明》、《单向度的人》三部作品发表于其集中进行社会批判并试图将弗洛伊德思想和马克思主义思想进行结合的同一时期。三部作品都对发达工业社会进行了分析和批判，认为现存的资本主义世界存在阻碍社会发展、文明进步的因素。《苏联的马克思主义》在两部著作之间起着承上启下的过渡作用，在时间上相互勾连，在思想内容上进行衔接。

《苏联的马克思主义》是对《爱欲与文明》提出的思想的继续谈论和阐发，是进一步将思想与现实相结合并对被社会所压抑的欲望的深入理解和分析。《爱欲与文明》树立了爱欲革命的思想旗帜，将弗洛伊德的思想与马克思主义结合起来，在论述工业文明社会中，人的欲望受到了控制和压抑。《苏联的马克思主义》进一步将《爱欲与文明》中的思想进行阐发，分析了苏联模式下的马克思主义，认为其形成了对人民的一种集权统治，人民的欲望淹没在苏联强调的国家和社会的利益面前。人们丧失了个体性，涌入社会需求的大潮中。苏联大力发展经济和工业化，甚至超越了几个阶段而大踏步前进，然而高速度的发展却不加思考和调整，对苏联的发展来说也形成了很多弊病。在这种工业化中，人民盲目服从于政府的要求，畸形的工业化和机械化对人形成了一种控制和压抑。

《苏联的马克思主义》与《单向度的人》可以说是在马尔库塞《爱欲与文明》阐释基础上的两翼。在这两部著作中，分别探讨了苏联模式下的社会形态和西方发达工业社会下的工业文明形态。二者可以说是从社会主义苏联和西方资本主义社会两个方面对《爱欲与文明》进行的进一步阐发。但二者之间存在前后呼应，虽然两者讨论的是不同的社会形态，但工业化发展过程中突出的文明压抑问题却是相通的。"《苏联的马克思主义》几近于马尔库塞后来的《单面人》的一个精确的理论副本，《单面人》有时几乎逐字复述了其早期研究。"①《苏联的马克思主义》可以说是《单向度的人》

---

① 〔荷〕马歇尔·范·林登：《西方马克思主义与苏联》，周穗明译，江苏人民出版社，2012，第170页。

的一个基础，马尔库塞在分析了苏联模式下的社会形态之后，试图对工业文明压抑进行更全面的阐发，他意识到对资本主义工业化压抑的阐释势在必行，便写下了《单向度的人》，对西方资本主义形态下的工业社会进行深刻讨论。

苏联在发展经济的时候压制了人的潜力和欲望，在单向度的资本社会中，工业文明的发展同样也存在对人的欲望的压制，苏联的马克思主义提出共存的概念，希望通过与资本主义社会的共处，来借机大力发展自身经济，这时在苏联的官方意识形态中只关注国家发展经济而忽视了个体利益。单向度的社会亦是如此，为了维护统治阶级自身的利益，为人民制造了统一的标准，人们要做的就是服从和执行这种单向度的标准。"西方与苏联社会之间的根本差别为一种强大的同化趋势所平衡。两种制度都显示了后期工业文明的共同特征——集中化和严密的组织代替了私人企业和自主；竞争成为有组织的和'合理化'的；经济上和政治上的官僚有着共同的法规；人民通过通信、娱乐和教育等'大众媒介'而协调起来。"① 西方与苏联社会在发展工业文明中呈现着共同的特征，它们有类似的组织形式，有将一切合理化的手段，统治阶级都为人民制造标准和条例，并通过各种并非真正服务于大众的"大众媒介"引导和控制着人们的思想。

马尔库塞在《苏联的马克思主义》与《爱欲与文明》《单向度的人》中不仅看到了社会对人的欲望的压抑，而且为爱欲受到压抑和控制的情况提供了解决方案和发展出路。《爱欲与文明》最早提出了要建立一种非压抑性的文明社会；《苏联的马克思主义》批判了苏联模式下的工业形态，认为其应该找到第三条道路；在《单向度的人》中，马尔库塞更是谈到了存在着展开替代性选择的机会。

第4章　对马尔库塞《苏联的马克思主义》的评价

4.1　《苏联的马克思主义》：对苏联社会主义建设中肯定性文化的批判

对肯定性文化的批判源于法兰克福学派，"肯定文化"的概念最早由霍

---

① 〔美〕赫伯特·马尔库塞：《苏联的马克思主义》，张翼星、万俊人译，中国人民大学出版社，2012，第46页。

克海默提出。之后，马尔库塞对肯定性文化的概念进行了深入的分析和探讨。马尔库塞在其 1937 年出版的《论文化的肯定特征》中阐述了肯定文化的特征。在 1978 年出版的《审美之维》中，马尔库塞继续重申肯定性文化的特性，并对其进行批判。马尔库塞细致讨论了肯定性的文化，认为对普遍性义务的认可是肯定性文化的深层属性，这种肯定性文化通过对人们内心的占据和把握，使人们对社会宣传的美好和价值进行向往和追求，并且无条件地服从和认可这种肯定性文化①。在马尔库塞看来，隐藏在肯定性文化背后的是人们默认于心却又无所知觉的对政府乃至社会提出的政策、规则、文化传播的无条件的理解与接受，在他们心中，这些文化是肯定、积极和美好向上的，是人们理所应当去赞同和支持的。但他们并没有理性地思考和批判现状，在现实的世界中，这些社会和文化现象不过是一种麻醉剂，让人们看不到现实生活中的问题，让人们丧失了否定性的评价，让人们沉迷于幻想无法自拔，不利于社会的发展和文化的进步。在内心美好幻境的憧憬下，他们把政府和社会提出的各种政策和规定当作生活过程中普遍的义务和准则，形成了一种不加质疑的肯定性文化。

马尔库塞对肯定性的文化是持批判态度的，他认为之前的社会发展过程中是存在否定性批判思维的，而现在我们要做的是警醒这种肯定性文化思维，恢复人们的否定性批判视野。谈到马尔库塞对肯定性文化的社会批判的具体事例，批评家们一般都会谈到《单向度的人》。在《单向度的人》一书中，马尔库塞对发达工业社会的意识形态进行了研究。马尔库塞认为，在发达的工业社会中人们丧失了反对意识，出现了批判的停顿，发达的工业社会呈现肯定性的文化特征，变成了一种没有反对派的单一向度的社会。在富裕和自由的掩盖下，人们积极地对政府和社会投来的技术和商品予以欢喜的肯定和接受，对被统治者创造出来的"虚假的需要"感到心满意足。而在之前的社会发展过程中，人们是有否定性的、批判性的思维的，马尔库塞试图唤醒人们的批评意识。

实际上，在《单向度的人》之前的《苏联的马克思主义》一书中，马尔库塞也曾对肯定性文化的社会进行了批判。不仅仅是西方的发达工业社会，在苏联新兴社会主义国家的建设过程中也存在肯定性的文化。如果说

---

① 〔美〕赫伯特·马尔库塞：《审美之维》，李小兵译，生活·读书·新知三联书店，1989，第 8 页。

《单向度的人》代表着马尔库塞对西方发达工业社会中肯定性文化的一种批判的话，《苏联的马克思主义》体现的就是马尔库塞对于苏联社会主义建设过程中肯定性文化的发现和批判。布尔什维克革命在苏联的成功，让世界的革命者感到欢欣鼓舞。他们看到了在一个国家通过暴力革命获得胜利的可能，但在希望之余，现实的种种斗争的落败，又让革命者感到失落。在西方社会中，无产阶级革命尝试的失败，让马尔库塞对暴力革命产生了质疑，转而去思考一种新的途径，即试图通过文化革命的方式来改变和拯救社会。从暴力革命转向文化革命，马尔库塞思考着现代肯定性文化给人们文化、意识和生活带来的弊端，希望重新去恢复否定性的文化，来更好地进行社会建设，用一种批判的眼光和努力去保持社会的活力和健康。在《苏联的马克思主义》中，马尔库塞谈到了在苏联社会主义国家建设过程中，也渗透着这种肯定性文化，人民对苏联政府的政策和要求持一种理解、认可和接受的态度，在国家发出号召的时候积极予以响应，认为政府的各项举措都是为了更好的价值和追求，他们在这种号令面前毫无条件地服从和实践，丧失了对社会建设中出现的不合理、不和谐因素的批判和质疑精神。马尔库塞对苏联建设中的肯定性文化予以批判，希望能恢复否定性精神。比如说，马尔库塞在《苏联的马克思主义》中提到了苏联强调工艺训练，即"把自由时间变成进行多种工艺训练的受教育时间，工作精神被固定在人的本能结构中"[1]。而工人们并没有意识到这种对其自由时间的剥夺，而是在自己的本能结构中认可和接受这种工艺训练的教育。因为在他们看来，这种受教育的训练是一种普遍的义务，是响应国家利益和更高价值追求的，他们无条件地投入自由时间变成受教育时间的实践中去，为着政府描绘的，并且其内心认可的一种更有价值的社会建设和国家发展。对自由时间变成受教育时间，工人们持肯定的态度，分明是一种负担，而工人们还把其当作一种享受。他们并没有质疑和批判这种占用个人自由时间的额外技能训练是对自身权利的一种占据和侵夺，是对其休息权和自由权的一种行政控制。马尔库塞批判这种肯定性文化下的无知觉和麻木，工人们应该在现实中学会思考，而不是沉溺于社会渲染的普遍义务和更高价值，他们应该意识到自己的权利和自由，去维护和争取自身的利益，社会的自由

---

[1]〔美〕赫伯特·马尔库塞：《苏联的马克思主义》，张翼星、万俊人译，中国人民大学出版社，2012，第102页。

不能够代替每一个人的自由，只有否定精神的恢复和批判意识的觉醒，才能够保障社会更健康地运转。

马尔库塞认为文学艺术应该与现实保持距离并进行超越，文学艺术应该保存艺术想象的空间，对现实进行深刻的反思甚至否定，这样才能保证文学艺术的社会批判性功能和深刻的思想价值内涵。然而，苏联对艺术进行行政控制，不允许艺术进行超越，自由的意识在这样的社会里就被淹没了①。在马尔库塞看来，在苏维埃国家的社会控制下，文化的否定性和批判性功能被剥夺和压制，文化呈现肯定性的特征。文学艺术被禁止超越现实，从而成为现实的无条件的肯定者和普及者。马尔库塞对苏维埃国家的这种肯定性的文化是持批判态度的，他认为苏维埃国家的这种肯定性文化让文学艺术丧失了本质和职能，丧失了艺术超越中的自由思想。

4.2 西方和苏联对《苏联的马克思主义》的解读反差

世界哲学大会原主席、美国普渡大学哲学系教授威廉·麦克布莱德曾与马尔库塞发生过交集。2013 年，世界哲学大会召开，并以"法兰克福学派的批判理论和美国马克思主义"为主题。威廉·麦克布莱德基于此次会议主题，在自己的学术追忆中，回忆了对法兰克福学派和美国马克思主义有着相当大影响的人物——马尔库塞。在对马尔库塞的作品进行评价时，威廉·麦克布莱德特别强调了《苏联的马克思主义》。他说道："还有一本是我认为非常值得阅读的书籍，它比《单向度的人》出版得早——这就是《苏联的马克思主义——一种批判的分析》。当时苏联马克思主义维护者批评这本书太消极，而西方自由民主支持者又认为这本书的批判精神不足。"②与《单向度的人》等一系列让马尔库塞备受关注的作品相比，《苏联的马克思主义》可能很少引起读者的关注，但此书在马尔库塞的学术研究中却是不可忽略的。马尔库塞在《苏联的马克思主义》中对苏联的批判，引起了不同的解读和评价，维护苏联马克思主义的学者们认为此书对苏联的批判是旧资本家对新社会的批判，认为这种批评过于消极。与此相反，在西方社会批判理论盛行的趋势下，西方自由民主支持者认为马尔库塞对于苏联马克思主义的

---

① 〔美〕赫伯特·马尔库塞：《苏联的马克思主义》，张翼星、万俊人译，中国人民大学出版社，2012，第 74 页。

② 〔美〕威廉·麦克布莱德：《马尔库塞与美国的马克思主义——来自麦克布莱德的学术追忆》，吴昕炜、张萌译，《中国社会科学报》2014 年 3 月 26 日，总第 576 期。

批判，相比其对西方社会的批判，显得批判性不足。

实际上，在《苏联的马克思主义》出版后不久，马尔库塞就注意到了这两种不同的解读。1958 年，马尔库塞的《苏联的马克思主义》出版，吸引了学界批判家们的目光，但是，西方学界和苏联学界对此书的评价和反映不尽相同。马尔库塞也发现了这种奇妙的反差，在 1961 年再次印刷的《苏联的马克思主义》复古版前言中，马尔库塞说道："The reception of this book was a strange one. In the Soviet Union, critics accused me of endeavoring 'to deprecate and distort communist morality,' to consider 'capitalist society as the triumph of individual freedom,' and to repeat 'the old bourgeois lie about socialism being a rigorous totalitarian system based on universal oppression.' In the United States, I am said to treat 'Soviet Marxism as a stage in mankind's struggle toward freedom and socialism' and to be more unambiguous in my 'critical analysis of Western life and society' than in my analysis of the Soviet Union."[1]

《苏联的马克思主义》一书出版后，西方和苏联学界对此书展开了讨论，并且产生了不同的解读。马尔库塞也发现了这一点，并且在 1961 年自由出版社的重印版前言中表述了这一现象的存在：苏联的批评家指责马尔库塞竭力去歪曲和反对共产主义道德，并把资本主义社会看作对个人自由的一种胜利，反复强调旧资产阶级总是喜欢把社会主义描述为一种基于普遍压迫的严格的集权主义系统。而美国批评家对马尔库塞此书的看法是，马尔库塞把苏联的马克思主义当作人类走向自由和社会主义的一种尝试阶段，美国批评家认为相对于马尔库塞对苏联社会的分析，马尔库塞对西方社会和生活的批判分析更加明确和严厉。马尔库塞看到了苏联和美国对其《苏联的马克思主义》评价的矛盾，进而谈道："I take these contradictions as suggesting that I have achieved a modicum of success in freeing myself from Cold War propaganda and in presenting a relatively objective analysis based on a reasoned interpretation of historical developments."[2] 他把这种分歧看作把自己从冷战的政治宣传中释放出来所取得的一些成功，马尔库塞认为自己对苏联的马克思主义所做的评价和讨论是基于对历史发展的理性阐释而呈现的相

---

① Herbert Marcuse, "*preface to the vintage edition*," *Soviet Marxism：A Critical Analysis*, Random House, Inc, 1961.

② Herbert Marcuse, "*preface to the vintage edition*," *Soviet Marxism：A Critical Analysis*, Random House, Inc, 1961.

对客观的分析。1945 年二战结束后不久，美国对苏联等社会主义国家开始实行遏制政策，从 1947 年开始，美国与苏联及其各自的盟友之间展开了冷战，开始了在经济、政治和外交等各个领域上的激烈对抗和竞争。以美国为首的资本主义阵营和以苏联为首的社会主义阵营处于长期的对峙状态。马尔库塞在 1941～1951 年受命于美国国家情报局，曾任东欧科代理主任。由于担任东欧情报科的工作，需要对东欧情报予以收集、总结和分析。在冷战中的美国与苏联两个超级大国不断相互争夺，因而与美国冷战的苏联便成为美国情报局东欧研究中的重中之重。美国与苏联处于对峙状态，而当时马尔库塞为美国情报局服务。但马尔库塞认为自己并没有受冷战思维左右，而是在冷战的政治宣传之外独立地思考苏联的马克思主义，并对苏联的社会进行马尔库塞所认为的相对客观、理性的阐释和批判。他认为美国和苏联社会对《苏联的马克思主义》这种解读的反差，恰恰印证了自己冷战思维之外的相对理性和客观的社会批判。

4.3 《苏联的马克思主义》的意义

马尔库塞对马克思主义和苏联社会主义十分关注，在《苏联的马克思主义》中，马尔库塞关于马克思主义以及苏联的马克思主义的论述，对我们理解马克思主义和苏联的社会主义建设都有一定的意义。

4.3.1 关于马克思主义

有很多学者批判马尔库塞并不是一个马克思主义者，认为他离马克思主义很远。但在《苏联的马克思主义》中我们可以看到，虽然马尔库塞对马克思主义的理解有时存在偏差和过度解读，但其对马克思主义观念的认同和坚持却没有变过。从马尔库塞在《苏联的马克思主义》一书中对马克思主义的一些态度和观点中，我们可以看到马尔库塞把马克思主义与现实社会紧密结合在一起，强调马克思主义哲学的实践性，分析马克思主义在当代语境下的新内涵，对马克思主义的特征予以创造性的自觉认识。

这也启示我们应该正视马克思主义，正视苏联的马克思主义，马克思主义并没有过时，马克思主义的深刻内涵有待我们进一步深刻挖掘。事物是不断运动、变化、发展的，理论需要与时俱进，适应实践的需要并被实践所检验。西方社会的情况也在不断发生着变化，马尔库塞在《苏联的马克思主义》中为我们提出了现代资本主义社会发展过程中所出现的一些新情况，反映的新问题，比如说在资本主义国家中，开始给无产阶级提供一定的物质和生活条件等，这些新现象、新变化和新问题可以引起我们的思考和行动，促使我们"把马克思列宁主义的基本原理同现代西方社会的这些情况密切地结合起来，这样，才能使马克思主义随着实践的发展而发展，而不是停滞不前"①。所以说，通过马尔库塞的《苏联的马克思主义》，我们可以看到一些新情况和新问题，从而让马克思主义理论与现代社会发展现实相紧密结合，与时俱进，不断发展。马克思主义思想的活力和魅力正在于其与现实紧密结合的创造性。"这对于我们破除对马克思主义的教条式的理解，破除附加到马克思主义名义下的错误观点方面具有借鉴意义。"② 同时，我们从《苏联的马克思主义》一书中也可以看到，马尔库塞针对马克思主义所存在的缺陷和问题，反思和总结错误，为以后对马克思主义的探索提供经验和教训。

4.3.2 关于苏联的马克思主义

我们也应该正视苏联的建设和理论，对其予以全面的看待，苏联的建设过程中虽然存在过快、过急、过度集中等弊病，但我们也应该看到苏联的建设和理论的另外一面，考虑到苏联的建设和理论中的现实性和合理性，对其予以理性分析和客观评价。我们在看待苏联的马克思主义，看待苏联模式的时候，应该本着客观的态度，褪去政治立场，全面地看待苏联的马克思主义和苏联模式。

马尔库塞对苏联社会主义的评判也有其意义和价值。我们应该看到，虽然马尔库塞对苏联马克思主义的论述存在缺陷和弊端，但确实在很多方面切中了苏联模式的要害，马尔库塞对苏联模式的分析中也存在一些中肯的论述。比如说，马尔库塞在《苏联的马克思主义》中描述了苏联建设过程中过分高度集中的管理，以及人民在政府控制下个人性的丧失，在超速的工业化建设过程中，个人被社会所淹没等现实问题。马尔库塞提出的苏联建设过程中存在的这些问题，可以让我们对苏联建设的缺陷和不足形成一种清醒的认识，在实践探索中总结经验教训。

同时，在对马尔库塞所提出的苏联模式问题反思的基础上，我们也可以看到，苏联的建设也存在一些可以学习和借鉴的地方。关于苏联的马克思主义的讨论，对今天的经济、政治建设是有一定参考性的，我们可以在

---

① 徐崇温：《"西方马克思主义"》，天津人民出版社，1982，第53页。
② 徐崇温：《"西方马克思主义"论丛》，重庆出版社，1989，第8页。

苏联的经历中汲取教训和经验，从而更好地进行经济、政治建设。比如说，马尔库塞在《苏联的马克思主义》中谈到了苏联的马克思主义对经济基础与上层建筑的关系的论述。苏联的马克思主义运用了恩格斯关于经济基础与上层建筑相互作用的命题，强调国家与经济之间的相互作用，为我们当代发展经济提供了一定的借鉴。经济基础决定上层建筑，上层建筑对经济基础具有反作用。当上层建筑适应生产力发展，与生产力发展方向相同时，可以促进经济的发展。国家作为一种政治上层建筑，也可以对经济基础产生反作用。苏联马克思主义认可经济规律是不可以被创造的，但国家可以认识、掌握经济规律，从而自觉地运用和利用经济规律来更好地进行经济建设。苏联马克思主义认为苏联国家可以认识并运用经济规律来指导经济，从而促进国家经济的发展。这对我们进行经济建设有一定的参考意义。

相比于马尔库塞的其他著作，《苏联的马克思主义》受到的关注较少。然而《苏联的马克思主义》在马尔库塞的整个学术思想轨迹中却又是不可忽略的一笔。马尔库塞在本书中对苏联的马克思主义和苏联的社会主义建设进行了深入的探索。他将苏联的马克思主义与马克思主义进行对照，为我们分析了苏联的马克思主义的基本观点，认为苏联的马克思主义背离了马克思主义的学说。在马克思主义中，强调理论与实践相结合，二者之间是辩证统一的关系。然而在马尔库塞看来，苏联的理论宣传却是与其政策实践相矛盾的。马克思主义强调工人阶级是革命的主体，而在马尔库塞看来，在苏联的马克思主义中革命动力观发生了转向，在列宁学说中工人阶级由革命的主体变成了革命的客体。我们可以看到马尔库塞思想的闪光点，同时也可以看到马尔库塞在对苏联马克思主义做分析的过程中，存在为了批判而抓住一面阐释却缺乏现实参考、综合分析的情况。

我们不能仅仅把《苏联的马克思主义》当成一本哲学著作来讨论，本书中也存在文学理论问题，需要我们去探讨和发现。马尔库塞对现实主义有着自己的理解，用自己的认识去分析苏联现实主义，着重于强调社会历史性而忽视了苏联现实主义在文学理论层面上符合文学发展规律的一面。马尔库塞认为在苏联工业文明发展过程中出现了对人民欲望的抑制，他批判了用行政控制来压抑个性的做法，并希望创立一种非压抑的文明社会来改变这种局面。《苏联的马克思主义》是马尔库塞尝试将弗洛伊德思想与马克思主义思想结合起来的一次努力，是马尔库塞对苏联马克思主义进行专门批判的一本专著，同时贯通马尔库塞思想轨迹，为马尔库塞后期的解放和革命思想做了铺垫。马尔库塞在《苏联的马克思主义》中表达了对苏联社会主义建设过程中出现的肯定性文化的批判，用对苏联模式的批判性分析来警醒肯定性文化的危害。《苏联的马克思主义》出版后，西方和苏联学界对马尔库塞的批判分析呈现不同的看法，马尔库塞把这种不同的解读看作自己思想的一种进步，一种能够从冷战思维中走出来理性思考问题的证明。

在《苏联的马克思主义》中，马尔库塞对苏联马克思主义的批判存在着缺陷和问题，同时也给我们提供了不同角度去思考马克思主义和分析苏联的马克思主义。除了本篇论文分析的内容外，马尔库塞在《苏联的马克思主义》中对苏联伦理学的论述也十分重要，限于篇幅，暂不讨论。

· 附录 ·

《马尔库塞的〈苏联的马克思主义〉研究》写作过程

韦晓文

一 论文写作缘起

孙士聪老师在我的毕业论文选题过程中给予我很多意见和参考。根据我的学术能力，以及平时阅读文艺学相关书籍的情况，孙老师建议我选择一本专著做专题研究。综合导师的意见和自己的思考，我最终确定学位论文的选题为《马尔库塞的〈苏联的马克思主义〉研究》。

马尔库塞的研究涉及领域十分广泛，我们从众多领域缩小到哲学范围，从哲学范围缩小到马克思主义哲学角度，从马克思主义哲学谈到马尔库塞对苏联的马克思主义的研究，可以发现在众多关于马尔库塞研究的文献资料中，涉及《苏联的马克思主义》研究的相对来说较少。虽然也有一些论文和著作谈到此书，但纵观国内外几乎还没有一本专著或者一篇论文把马尔库塞的《苏联的马克思主义》作为题目来做专门的研究。国内外对马尔库塞的专著《单向度的人》《爱欲与文明》等做相关研究的很多，但对《苏联的马克思主义》做专题研究的不多。整体上来看，国内外对马尔库塞的

《苏联的马克思主义》关注度低，即便有所涉及，也基本上只是出现在章节和段落之中，缺乏对此书做专门文本解读的研究文章。本文的创新点和特色就在于在国内外对马尔库塞著作《苏联的马克思主义》关注较少的情况下，专门提出对本书做文本专题研究。

马尔库塞的《苏联的马克思主义》为我们展示了马尔库塞视野下的"苏联的马克思主义"，对我们了解马尔库塞眼中的苏联马克思主义具有非常重要的价值，对本书进行研究是十分必要的。虽然本书被视为一本哲学著作，但其中也体现了马尔库塞的文学理论思想，尤其是关于现实主义的论述，反映了马尔库塞对现实主义文学艺术创作的关注，所以我选择本课题作为自己的学位论文选题。马尔库塞在本书中对"苏联模式的马克思主义"展开了深入的剖析。通过对本书的研究，我们可以梳理出马尔库塞眼中的苏联马克思主义理论的特征与内涵，马尔库塞对现实主义的理解和对苏联现实主义的批判，苏联的马克思主义与真正的马克思学说的关系等。《苏联的马克思主义》一书，为我们深入展开对当代马克思主义的研究提供了参考和借鉴。本选题的价值就在于通过对本书的研究，了解马尔库塞对苏联马克思主义的看法，对马尔库塞的阐释做出分析。

二 论文前期准备工作

为了使论文写作更加扎实和具有说服力，我搜集了很多关于本研究的文献资料。我通过国家图书馆、学校图书馆借阅了很多书籍，并做好读书笔记，为本研究打好基础，并通过中国知网、独秀等网络平台，下载并阅读了一些期刊对本文的研究情况。

经过查阅资料，我发现马尔库塞是一位多产的著述家，他的研究领域十分广泛，其理论涉及美学、哲学、文学理论、文化研究、政治学、社会学、心理学等各个方面，由此在他身上也出现了很多标签，比如美学家、社会学家、哲学家等，因此，关于马尔库塞的文献研究资料也是角度多面、内涵丰富、层出不穷的。

通过查阅中文参考文献和英文参考文献，我总结了国内外对马尔库塞《苏联的马克思主义》的研究情况。

（一）国外对马尔库塞《苏联的马克思主义》的研究情况

我查阅了一些国外对马尔库塞《苏联的马克思主义》的研究资料。H. L. Roberts 在其"Soviet Marxism：a Critical Analysis"一文中指出，马尔库塞的《苏联的马克思主义》采取内部批判的方法，假设马克思主义的理论在苏联政策的形成和执行过程中起着决定性的作用，苏联通过对马克思主义的理论的应用推动着苏联的国家和国际发展，苏联的马克思主义成为苏联政府推行政策的武器。D. Aleksandrowicz 在 "Marx, Stalin, Marcuse: Die Kritische Theorie in Ideengeschichtlicher Sicht" 中引用了马尔库塞在《苏联的马克思主义》里的观点，来论证社会批判理论的研究成果在于它对传统的权威性和语言的权威性等极权主义意识形态的破坏。在 Andrew Feenberg 和 William Leiss 编辑的 "The Essential Marcuse" 中举马尔库塞的《苏联的马克思主义》为例，认为法兰克福学派通过强调在苏联社会主义的视野中，包括政治自由在内的人的自由概念的中心性以及马克思主义思想的减少，来说明苏联的马克思主义正将马克思的人道主义和伦理观念转变为一种极权主义国家的专制主义。Carlin 在 "Occupy This: Is It Comeback Time for Herbert Marcuse" 中提到一个埃及出版商试图翻译马尔库塞的《苏联的马克思主义》，因为他观察到，当谈论到资本主义社会的替代选择时，马尔库塞的学说一直在发挥着作用。马尔库塞的儿子皮特·马尔库塞认为，他父亲的学说是社会兴趣点的试金石，是在社会变迁的背景下对社会现状的最好的理解。Bolton 在 "'Sex Pol' Ideology: The Influence of the Freudian-Marxian Synthesis on Politics and Society" 中提到马尔库塞的传记作者 Douglas Kellner 曾经写道，马尔库塞在美国政府工作了近十年后，回到了大学生活。他获得了洛克菲勒基金会资助去研究苏联马克思主义。马尔库塞研究苏联的马克思主义是受弗洛伊德的马克思主义的影响。Schafer, Gert 在 "Friedrich Engels: Builder of closed systems" 中提到，马尔库塞在《苏联的马克思主义》中写道，苏联马克思主义是由苏联官员解释，官方编纂成一种意识形态，从而推行其政策和实践的，这与黑格尔的辩证法是相违背的。G. A. Rauche 在 "Marcuse's concept of liberation in the light of his criticism of Western capitalism and Soviet Marxism" 中认为，在马尔库塞对西方资本主义和苏联的马克思主义的批判中体现了其自由解放的思想。苏联的社会革命还没有彻底完成，尽管其已经建立起了创造非压抑的共产主义的社会制度的理想。尽管与西方的动机不同，但苏联社会已经建立了一个国家的技术垄断，这和西方技术垄断的镇压操纵相似。正是针对这种实际情况，马尔库塞提出了他的解放思想，希望把社会和人民从这种垄断、压抑中解放出来。Douglas Kellner 在 "Marcuse's Critique of Bureaucratic Communism: Soviet Marxism" 中认为，马尔库塞的《苏联的马克思主义》是一种对苏联共产主义政治现象的解释，苏联马克思主义的思想学说背离了经典马克思主义。马尔库塞的研究结合马克思意识形态对苏联的政治进行分析和批判，研究使用了源文件、讲话和党的言论，以及马列主义的经典文本等参考资料。哲学和政治因素的相互联系使得马尔库塞的研究十分复杂且往往引起争议，因此，我们有必要对马尔库塞的《苏联的马克思主义》进行详细的讨论和剖析，然而这个任务在以前大多数的讨论中被忽视了。阿拉斯代尔·麦金泰尔在其专著《马尔库塞》第五章专门谈到了《苏联的马克思主义》。麦金太尔认为马尔库塞的《苏联的马克思主义》主要研究的是一种学说，而不是一种社会。马尔库塞认为苏联的马克思主义是为了适应苏联的现实发展的需要，与经典的马克思主义并不一致，因此马尔库塞在本书中主要进行了两项任务，即对苏联马克思主义的内在联系的重建以及对苏联马克思主义背离经典马克思主义的观点进行批判。

从国外对马尔库塞的《苏联的马克思主义》进行研究的文章来看，涉及马尔库塞的《苏联的马克思主义》的文章主要是认为苏联的马克思主义并不是真正的马克思主义，苏联的马克思主义是一种意识形态，是苏联政府的统治工具，是官方为了便于推行政策和实行统治而建构出来的，这些观点基本上属于西方马克思主义视野中的苏联的马克思主义。值得重视的是，国外对《苏联的马克思主义》进行分析的书评相对于中国较多，可以为我们提供一些不同的视角。

（二）国内对马尔库塞《苏联的马克思主义》的研究情况

在对马尔库塞的马克思哲学思想的研究中，马尔库塞的社会批判理论是经常会被提到的。马尔库塞的社会批判理论主要涉及对资本主义发达工业社会的批判和对苏联模式的批判两个方面。马尔库塞对苏联马克思主义的看法在其著作《苏联的马克思主义》中得到了系统阐发。下面我们来分析一下对马尔库塞《苏联的马克思主义》的研究情况。

国内关于马尔库塞的《苏联的马克思主义》的研究较早出现于20世纪80年代，徐崇温和薛民可以说是当时研究马尔库塞的两位重要代表人物。徐崇温在其著作《法兰克福学派述评》一书的第一章"法兰克福学派的来龙去脉"的第四小节"在美国和在西德"研究了马尔库塞的《苏联的马克思主义》。徐崇温认为"这本书是法兰克福学派的社会批判理论把矛头转向马克思主义的第一个集中表现，又是法兰克福学派在六十年代以后大肆宣扬马克思主义过时论的一个基础"。薛民在其《马尔库塞的思想评述》一文中认为马尔库塞在《苏联的马克思主义》中讨论了苏联的马克思主义对经典马克思主义的偏离，把批判矛头指向了苏联的马克思主义。他认为马尔库塞以历史条件的变化为借口，论述了马克思本人理论的过时。薛民在《马尔库塞研究（续一）》中专门提到了关于《苏联的马克思主义》的评论，从六个方面分析了苏联和东欧学者对马尔库塞《苏联的马克思主义》的批判焦点，并以阿拉斯代尔·麦金泰尔的批判为例，说明西方学者注重从方法论和逻辑结构两个方面来批判和揭露马尔库塞在《苏联的马克思主义》中的错误。我们看到对《苏联的马克思主义》的研究是作为对马尔库塞整体研究的一部分而出现的，并且都是以评论为主。

20世纪90年代至今，对马尔库塞的《苏联的马克思主义》的研究主要表现为，在法兰克福学派的背景下或者是在西方马克思主义视野下对苏联马克思主义的研究以及对马尔库塞的哲学思想理论的研究中，马尔库塞的《苏联的马克思主义》依然是作为例证的一部分而被提起。例如，李忠尚在《第三条道路？——马尔库塞和哈贝马斯的社会批判理论研究》中梳理并分析了马尔库塞的社会批判哲学思想。在本书第八章"第三条道路？"中，李忠尚多次引用了《苏联的马克思主义》的内容。马尔库塞认为马克思主义学说在苏联变成了人人必须接受的英国国教式的信条，这种实践是不合理的，是对"真正的马克思主义"的离经叛道。李忠尚认为在马尔库塞从政治和意识形态领域对"苏联的马克思主义"的批判背后隐藏着马尔库塞想在资本主义与社会主义之间进行"真正的第三选择"，表达了希望走第三条道路的政治理想。陈振明在《"西方马克思主义"眼中的苏联模式》中认为，西方马克思主义者经常用西方社会和苏联社会做对比，认为随着苏联工业化趋势的浪潮，苏联也变成了一个异化的社会，并举了马尔库塞的《苏联的马克思主义》作为论证，马尔库塞认为苏联社会的统治是由"新的合理性"和官僚主义制度构成的，新的合理性将技术理性应用到工业社会的组织之中，与此同时，统治管理权和生产资料的控制权都掌握在官僚手中，苏联并没有发展社会主义民主，没有让工人参加决策与管理，这与资本主义社会相似，国家承担了对人民的管理功能，使直接生产者与对生产过程的集体控制永久地分离。任暟在《马尔库塞的社会主义观辨析》的第二部分"马尔库塞对现实社会主义的批判"中提出，马尔库塞对社会主义模式的批判带有资产阶级的偏见，但同时也蕴含着对现实社会主义的深刻反思，对我们总结社会主义的经验教训具有借鉴意义。陈振明在其《评西方马克思主义者对"苏联马克思主义"的批判》一文的第一部分"西方马克思主义理论视野中的'苏联马克思主义'"中，提出了法兰克福学派对苏联马克思主义的批判，并举出了《苏联的马克思主义》作为例证。苏联的马克思主义变成了为现存王国辩护的工具，苏联的现实主义也并不是真正的现实主义，而是对现实主义的批判认知功能的否定和抹杀，苏联的意识形态与马克思的社会主义观不符，它表现为一种官方的意识形态。程魏在其专著《否定性思维：马尔库塞思想研究》的第四章中提到了《苏联的马克思主义》。程魏认为技术成为一种意识形态，即技术理性这种观点在《苏联的马克思主义》一书中得到了初步证实。程魏还指出了发达工业社会的状况对《苏联的马克思主义》成书的影响，并分析了《苏联的马克思主义》与《单向度的人》两本书所呈现的对发达工业社会意识形态所做的批判。杨立男在《西方马克思主义的社会主义观》中提到，马尔库塞的《苏联的马克思主义》认为苏联的领导集团把马克思主义变成了统治苏联人民的工具，苏联的马克思主义并不是真正的马克思主义。张振鹏在其《西方马克思社会批判理论研究综述》一文的第三部分"西方马克思社会批判理论研究的内容"的第七小点"对马克思主义的反思和重建"中提到了法兰克福学派对苏联马克思主义的批判，并举了《苏联的马克思主义》为例，马尔库塞认为苏联的马克思主义背离了马克思主义，进而演变成阶级统治的官方意识形态，马尔库塞对其进行了批判。杨礼银在《法兰克福学派的马克思主义观》的第三部分"马尔库塞的多维度的马克思主义"的第三小节"弗洛伊德式的马克思主义"的最后一段提到了马尔库塞在《苏联的马克思主义》中主要试图做两件事情，一是揭示苏联的马克思主义的非马克思主义性质，二是为马克思主义正名。

值得一提的是，由于马尔库塞的《苏联的马克思主义》中文版是于2012年出版的，所以在2012年以后的学位论文写作中开始渐渐有人提到《苏联的马克思主义》。例如复旦大学的李永虎在其2013年的博士学位论文《马尔库塞的乌托邦思想研究》第三章"马尔库塞对现代文明社会的批判"第一节"对苏联社会主义的批判"的第二小部分提到了《苏联的马克思主义》，阐释马尔库塞认为苏联的马克思主义不是真正的马克思主义，苏联社会的性质不是真正的社会主义，进而佐证马尔库塞对苏联社会主义的全面批判。华侨大学的储新兴在其2013年的硕士学位论文《马尔库塞的乌托邦社会主义思想研究》第三章"马尔库塞乌托邦社会主义思想的基本内容"第三节"马尔库塞对苏联社会主义的反思"中提到，"马尔库塞则对苏联社会的性质提出质疑和指责，他运用'乌托邦社会主义'这个'武器的批判'，判别苏联的社会主义实践是不是真正的社会主义，并写下了《苏联的马克思主义》一书"。中共中央党校的赵亮亮在其 2013 年的硕士学位论文《马尔库塞的社会主义观》一文中的第二章"马尔库塞社会主义观的基本内容"第二节"对官僚社会主义社会的批判理论"里提到了《苏联的马克思主义》，进而对苏联意识形态的双重特性和官僚主义的社会主义进行了分析。中国青年政治学院的龙玮在其 2014 年的硕士学位论文《马尔库塞的马克思主义》中，把马尔库塞的马克思主义分为人道主义的马克思主义，对苏联马克思主义的批判，以及对西方发达工业社会的批判三部分。在第三章"苏联的马克思主义批判"中以《苏联的马克思主义》为例证，讨论了马尔库塞对苏联的马克思主义的批判，通过文本研究的方式分析了《苏联的马克思主义》产生的背景，苏联政策如何偏离了"经典马克思主义"，马尔库塞对列宁主义和斯大林主义的批判，以及马尔库塞对苏联前途的估计四部分。虽然对马尔库塞的《苏联的马克思主义》进行了简要的研读，但作为其硕士学位论文的一个章节来阐释，作为马尔库塞的马克思主义的一部分内容来说明，并没有对《苏联的马克思主义》一书进行展开和讨论。黑龙江大学的王燕在其 2016 年的硕士学位论文《马尔库塞的社会主义理论研究——以〈苏联的马克思主义〉为例》中，把《苏联的马克思主义》作为马尔库塞社会主义理论的一部分，以其为例来研究马尔库塞的社会主义理论。在第二章"马尔库塞对苏联马克思主义的批判"中着重分析了《苏联的马克思主义》，认为马尔库塞运用苏联与西方社会之间的相互作用的批判视角，通过内在批判的方法对苏联的马克思主义进行批判。在该文中，作者把《苏联的马克思主义》一书中的四个章节分别作为四种社会主义的概念，来分析马尔库塞对社会主义理论的批判，并对马尔库塞的这种批判做出总结和评析。作者通过对《苏联的马克思主义》一书的分析为其后面对马尔库塞的总体革命和社会主义理论的阐释讨论做基础，来说明马尔库塞的社会主义理论的关注点。云南大学的何为在其 2016 年的硕士学位论文《马尔库塞社会批判理论研究》中，以《单向度的人》为主体来分析马尔库塞的社会批判理论。在该研究中，作者在零星的几个段落中提到了《苏联的马克思主义》，认为《苏联的马克思主义》是马尔库塞整个社会批判理论体系形成的铺垫部分。在冷战时期，马尔库塞开始意识到苏联模式的弊端，并对苏联模式的弊端进行了批判，认为正是苏联领导层的错误指导导致了这种僵化状态，同时马尔库塞又认为苏联仍然是具有发展潜力的，认为马克思主义必须走向开放和多元。

综合国内对马尔库塞的《苏联的马克思主义》的研究情况来看，对《苏联的马克思主义》的论述基本上分为两大类。第一类，马尔库塞是法兰克福学派的重要代表人物之一，同时也是西方马克思主义的组成成员之一，马尔库塞的理论往往被视为法兰克福学派或是西方马克思主义的重要观点的组成部分，所以其理论经常被作为例证而出现在关于法兰克福学派或者西方马克思主义的文章里面。《苏联的马克思主义》是马尔库塞社会批判理论的一部分，经常会在谈及其社会批判理论的文章中得到引证。第二类，马尔库塞本人的思想理论是十分丰富的，因此有很多学者试图去研究马尔库塞的整个理论系统，《苏联的马克思主义》是马尔库塞理论系统的构成要素之一，在学者需要引证的时候，《苏联的马克思主义》会被提及。但是，我们可以看到，《苏联的马克思主义》在这两类中都是作为行文的一部分而出现的，无论是论文还是著作，目前的学术研究中还没有对马尔库塞的《苏联的马克思主义》做专题文本细读研究的。

我们从关于马尔库塞《苏联的马克思主义》的已有研究成果中可以看出，对《苏联的马克思主义》的讨论主要涉及以下情形。

（1）探讨法兰克福学派或者西方马克思主义对马克思主义以及苏联马克思主义的态度。以马尔库塞的《苏联的马克思主义》来表明法兰克福学派是如何评价马克思思想，又是如何对苏联的马克思主义进行批判的；用马尔库塞的《苏联的马克思主义》来分析西方马克思主义者视野中的苏联的马克思主义是怎样的，西方马克思主义是如何建构自己的理论与苏联的马克思主义相抗衡的。

（2）《苏联的马克思主义》出现在系统梳理马尔库塞思想理论的文章中，作为马尔库塞某一思想理论的一部分而存在。基本上都是应用于分析马尔库塞的马克思主义哲学观、分析马克思主义的社会主义观等文章中，引用《苏联的马克思主义》来分析马尔库塞对苏联马克思主义的批判。

马尔库塞的哲学思想十分丰富，马尔库塞的马克思主义观是其中重要的组成部分。马尔库塞关于苏联马克思主义的观点是其马克思主义观的一部分。《苏联的马克思主义》集中体现了马尔库塞对苏联马克思主义的看法，对我们了解马尔库塞视野下的苏联马克思主义十分重要。整体来说，对《苏联马克思主义》的研究相对缺乏，在研究中基本上都是出现在章节或者段落中，还没有受到足够的重视。

在对马尔库塞思想理论的相关研究中，有一类是专门对马尔库塞的某本专著做专题研究的，这其中最受学者们关注的著作主要是《单向度的人》《爱欲与文明》《审美之维》。无论是国外学者还是国内学者，对马尔库塞的《苏联的马克思主义》一书的关注度显然没有对马尔库塞的其他著作的关注度高，我们要看到《苏联的马克思主义》在马尔库塞整个理论体系中的重要位置，挖掘其思想和内涵，重视其价值和意义。总而言之，对《苏联的马克思主义》的研究是可行和必要的。

国内外关于马尔库塞的《苏联的马克思主义》的研究为我进行本课题研究打下了基础，我准备在已有研究成果的基础上把之前零散的分析系统化，进而推进对马尔库塞《苏联的马克思主义》一书的研究，厘清马尔库塞"苏马"观的思想渊源以及《苏联的马克思主义》的成书背景；对《苏联的马克思主义》进行文本细读，分析马尔库塞眼中的苏联马克思主义是怎样的；讨论马尔库塞对苏联的马克思主义的批判都有哪些具体方面；分析马尔库塞的《苏联的马克思主义》的意义和价值。

在孙老师的指导下，我丰富了文献综述的相关内容，并做好了开题和论文提纲的准备工作。

三　写作阶段

（一）明确论文研究方法

在对马尔库塞的《苏联的马克思主义》进行研究的过程中，我决定采用三种基本研究方法，即文本细读研究、学术史研究和价值批判研究。

第一种是对马尔库塞的《苏联的马克思主义》做专题文本细读研究。总结马尔库塞在《苏联的马克思主义》中的主要观点及其理论阐释，把马尔库塞在《苏联的马克思主义》中所表达的态度梳理清楚。进入马尔库塞的语境，分析马尔库塞创作此书时处于怎样的历史发展阶段，马尔库塞自身在那个时代的思想逻辑是怎样的，做到历史性与逻辑性的统一。分析马尔库塞《苏联的马克思主义》的写作背景和其中所呈现的西方马克思主义者的"苏马"观；讨论《苏联的马克思主义》的主要内容，梳理马尔库塞的观点和思路。

第二种是学术史研究，把《苏联的马克思主义》放到马尔库塞的整个学术史当中去观察，从共时和历时两个角度，分析《苏联的马克思主义》在马尔库塞的学术创作中的地位和价值，探讨《苏联的马克思主义》在马尔库塞的理论著作中处于怎样的位置。先从共时的角度分析马尔库塞的三本著作——《苏联的马克思主义》与《爱欲与文明》、《单向度的人》之间的联系。《爱欲与文明》和《单向度的人》两本著作与《苏联的马克思主义》在时间上有连续性，在内容上有相关性，分析《苏联的马克思主义》在此三本著作当中的位置与意义。然后从历时的角度去讨论，把《苏联的马克思主义》放到马尔库塞的全部理论著作当中去，探讨《苏联的马克思主义》在其学术史当中的位置与意义。对《苏联的马克思主义》一书进行学术史研究，讨论《苏联的马克思主义》对马尔库塞来说具有怎样的意义。

第三种是价值批判研究，对马尔库塞《苏联的马克思主义》一书的价值进行批判，分析《苏联的马克思主义》在理论研究中的地位和意义。学界对马尔库塞的《苏联的马克思主义》存在一些评价，不同的领域有着各自的评价体系和观点。那么，我们对马尔库塞的《苏联的马克思主义》应该如何看待呢。本文试对《苏联的马克思主义》进行价值评判研究，对马尔库塞的《苏联的马克思主义》研究进行评述，分析其意义，讨论学界对《苏联的马克思主义》的评价，并对马尔库塞在《苏联的马克思主义》中所呈现的一些态度和倾向进行分析。

（二）完善论文结构

在论文的实际写作过程中，我发现当初开题过程中拟定的论文提纲存在一些问题，部分章节设定范围太大，在实际写作过程中存在困难。孙老师在询问我实际写作情况后，给予耐心指导，并为我指明了逻辑思路。在孙老师的建议下，我完善了论文结构。最终的论文结构如下：

第 1 章 《苏联的马克思主义》的缘起

　1.1 马尔库塞"苏马"观思想渊源

　　1.1.1 青年黑格尔学派的思想

　　1.1.2 对马克思主义的阐释

　　1.1.3 海德格尔存在主义的继承

　1.2 《苏联的马克思主义》写作背景

　　1.2.1 从事苏联情报工作，关注俄国研究领域

　　　1.2.2　布尔什维克革命后列宁的领导和战后斯大林对苏联
　　　　　的建设

　　　1.2.3　马尔库塞对德国革命的思考

　第2章　马尔库塞在《苏联的马克思主义》中的观点

　　2.1　马尔库塞对"苏联的马克思主义"的界定

　　　2.1.1　理论和政策的二向性

　　　2.1.2　革命动力观的改变

　　　2.1.3　列宁的"喘息"概念

　　　2.1.4　总危机与"共存"

　　2.2　马尔库塞关于"过渡"的分析

　　　2.2.1　"历史一致性"与"超越历史一致性"

　　　2.2.2　"对抗性"与"非对抗性"

　　2.3　苏联现实主义

　　　2.3.1　马尔库塞眼中的"苏联现实主义"

　　　2.3.2　苏联的"社会主义现实主义"

　　2.4　苏联的马克思主义与经典的马克思主义

　　2.5　马尔库塞在《苏联的马克思主义》1961版前言中的阐述

　第3章　马尔库塞学术史中的《苏联的马克思主义》

　　3.1　《苏联的马克思主义》在马尔库塞整体理论著述中的位置

　　　3.1.1　马尔库塞马克思主义思想观的新发展

　　　3.1.2　马尔库塞对"苏联的马克思主义"的专门批判

　　　3.1.3　为马尔库塞后期解放和发展思想作铺垫

　　3.2　文明与压抑：《苏联的马克思主义》与《爱欲与文明》、
　　　　《单向度的人》

　　　3.2.1　工业文明的发展

　　　3.2.2　社会对欲望的压抑

　　　3.2.3　《苏联的马克思主义》与《爱欲与文明》、《单向度
　　　　　的人》的关系

　第4章　对马尔库塞《苏联的马克思主义》的评价

　　4.1　《苏联的马克思主义》：对苏联社会主义建设中肯定性文
　　　　化的批判

　　4.2　西方和苏联对《苏联的马克思主义》的解读反差

4.3 《苏联的马克思主义》的意义

4.3.1 关于马克思主义

4.3.2 关于苏联的马克思主义

最终我把论文主要分为四个部分，分别讨论《苏联的马克思主义》一书创作的缘起、马尔库塞在《苏联的马克思主义》中所表达的观点、《苏联的马克思主义》在马尔库塞学术史中所处的位置以及对《苏联的马克思主义》的评价。

第一部分主要介绍马尔库塞的"苏马"观的思想渊源和《苏联的马克思主义》的写作背景。马尔库塞对"苏联的马克思主义"的态度和观念的形成有着深刻的思想渊源，其"苏马"观的形成深受青年黑格尔思想和其老师海德格尔的存在主义思想的影响，并且离不开对于马克思主义思想进行阐释的热潮。马尔库塞在写作《苏联的马克思主义》时，苏联取得了十月革命的胜利，经历了列宁对苏俄的领导和斯大林建设时期，这也是"苏联的马克思主义"思想形成的历史背景。马尔库塞关注到"苏联的马克思主义"，其中一个重要原因就是马尔库塞十分关注苏联现实，曾从事苏联情报工作。马尔库塞在《苏联的马克思主义》当中多次提到拿"德国"与苏联社会状况做对照，反复提到"德国革命""法西斯""希特勒""联邦德国"等关键词，可以看出他作为一个美籍德裔理论家对德国的热切关注。

第二部分主要梳理了马尔库塞在《苏联的马克思主义》中所表达的观点和思想。首先分析了马尔库塞对"苏联的马克思主义"的界定，马尔库塞认为"苏联的马克思主义"存在理论与政策的不一致性，"苏联的马克思主义"的革命动力观与马克思的革命动力学说对比，发生了转变。马尔库塞还分析了列宁的"喘息"概念，以及"苏联马克思主义"所倡导的总危机与"共存"的思想。马尔库塞关于"过渡"的分析认为，苏联在从资本主义到社会主义的过渡中提出超越历史一致性的看法，并且认为从社会主义向共产主义的过渡过程是非对抗性的，这种过渡是一种可能性的展开，在过渡过程中矛盾不会爆发。马尔库塞表达了对苏联现实主义的看法，认为苏联的现实主义是一种非现实主义的、苏联式的现实主义。马尔库塞在《苏联的马克思主义》中阐释"苏联的马克思主义"时，经常会把经典马克思主义与之做对照，我们可以从中看出马尔库塞对苏联的马克思主义与经典的马克思主义关系的理解。

第三部分主要分析《苏联的马克思主义》在马尔库塞整个学术生涯中所处的位置。采用共时分析和历时分析的方式讨论《苏联的马克思主义》在马尔库塞作品中的价值。首先分析《苏联的马克思主义》与马尔库塞同时期的作品之间的关系，然后讨论《苏联的马克思主义》在马尔库塞整体学术作品中所具有的地位。与《苏联的马克思主义》处于同一时期的作品有《爱欲与文明》和《单向度的人》，它们都属于马尔库塞将弗洛伊德的精神分析学说与马克思主义思想相结合的一种尝试。三部作品都分析了发达工业社会发展过程中存在的弊病，认为现代发达工业社会采用一种隐蔽的形式压抑着社会中单个人的欲望和需求，社会的需求淹没了个人的愿望，阻碍了社会的正常运作和健康发展。马尔库塞认为这一问题十分严重，因此他希望人们能看到社会对个人的压抑，并且希望通过创建一种非压抑的文明，让人们的爱欲得到解放。《苏联的马克思主义》是马尔库塞思想轨道上的一环，是马尔库塞马克思主义思想观的新发展，是马尔库塞对"苏联的马克思主义"的专门批判，为马尔库塞后期解放和发展思想做了铺垫。

第四部分是对马尔库塞《苏联的马克思主义》的评价。马尔库塞在《苏联的马克思主义》中对苏联的社会主义建设进行了分析，认为在苏联的社会主义建设过程中呈现否定性思维的消解和肯定性文化的盛行，马尔库塞对苏联社会主义建设过程中的肯定性文化进行了批判，希望人们能恢复替代性的、批判性的思维能力。在《苏联的马克思主义》出版发行后，西方学界与苏联学界对《苏联的马克思主义》予以关注并进行了不同的解读和批判，马尔库塞也意识到了这种评价的反差。马尔库塞在《苏联的马克思主义》中表达了对苏联模式的批判，他在其中表达的观点、态度和价值观，有偏颇之处，也存在令人警醒之处。我们应该正确地看待马克思主义和苏联模式，对其予以有根据的、全面的评价。同时对于马尔库塞提出的一些问题，我们也应该保持警惕，正视问题和不足，防微杜渐，从而更加全面地看待事情。

在完善论文内容的过程中，孙老师始终鼓励我要认真阅读《苏联的马克思主义》的英文原著，并尽可能地丰富英文参考文献，以更加全面地了解学界对《苏联的马克思主义》一书的研究情况。孙老师建议我把重点放在对《苏联的马克思主义》一书的文本细读上，在孙老师的指导下，我对论文的一些细节做了调整。

在初稿、二稿的反复琢磨下，我的学位论文得以最终定稿，并顺利完成毕业论文答辩。

"内在生命"的歌哭

——昌耀后期诗歌的生命体验与表达

万 冲*

  昌耀的诗歌创作历经半个世纪,从昌耀个人的生命史而言,从青年一直持续到晚年,生活空间则从青海高原辗转迁徙到西宁的街头;从所处的政治历史处境而言,他经历了"大跃进"、反右、"文革"和市场经济时代,先后遭受政治苦难和经济困厄。在短暂的生命历程中,屡次遭逢厄运,自我身份和生命价值总是与时代脱节,这似乎是命运对他的有意捉弄。而昌耀在诗歌写作中,始终坚持着对"我是谁,我从哪里来,我到哪里去"的生命之谜的追问,始终站立在个体生命的立场上,寻找着合适的语言和言说方式,表达着生命在不同的阶段和不同的历史处境的真实体验。

  本文以昌耀的"诗歌话语"为基础,研究昌耀的"经验与表达"的诗学方法,分析在不同社会历史语境中,昌耀的不同阶段的生命体验与诗歌文本结构之间的紧密联系,以及在不同的生命阶段和写作阶段转变过程中的"失语与换气"问题。本文以昌耀写于1989年的《哈拉库图》为分界,将昌耀的诗歌文本分为前后两期。在前期,昌耀以象征的方式将政治受难经验转化为献身政治理想和宗教修行的过程;后期,在市场经济时代,昌耀沦落为一个无产者,政治理想和宗教修行的意义纷纷失落,昌耀在人类学层面思考生命与命运的关系,将残酷的社会现实等生命困境视为不可摆脱的厄运和苦难,将自己与社会的紧张对抗关系转移到身体内部,转化为生

---

* 万冲,首都师范大学文学院文学理论方向2013级硕士研究生,现为中央民族大学文学与新闻传播学院博士研究生。指导教师:王光明。

存意志与苦难的近距离惨烈搏斗，在诗歌文本中，则形成了戏剧化结构。在整体的世界图景和生命价值理想失落之后，昌耀感受到生命在施虐—受虐之间的荒谬体验，在独特的寓言风格中表达了这种体验。在生命的最后时刻，昌耀敏锐地感受到了"内在生命"（德勒兹语），一个在生与死界限之间的纯粹赤裸的生命，这种独特的生命体验在"歌哭"中表达出来。本文从"歌哭"这一独特的表达形式出发，分析昌耀后期诗歌中醒目的"重复"结构的多重意味、"歌哭"的音调特性，辨识出昌耀生命晚期的多重生命体验。

在昌耀的诗歌中，生命、历史和语言紧密地联系在一起，它是一部个人的生命传记，亦是一部从个人生命角度对中国 20 世纪下半叶的政治、历史变迁的见证，也是承载了个体生命体验和集体经验、民族记忆的语言的磨难史。

昌耀成熟的晚期诗歌创造了"生气贯注的整体"的艺术效果，"言不孤立，托境方生"，昌耀因承受苦难而臻于博大、浑厚的生命境界，为诗歌语言注入了悲怆的音调和因持续地承受苦难而沉默的暗哑语调，也在语言中雕刻出了一张沟壑纵横的苦脸，语言的声音和图像结合在一起，使语言成了碑石，记录着生命的苦难和血泪，达到了雕刻和铭记的效果。在没有宗教信仰而有史传传统的汉文化中，拯救的希望不是来自来世和天堂，而在于沉重的承受与深深的铭记。昌耀以博大的胸襟和悲悯情怀，用独特的声音铭刻了 20 世纪下半叶中国大地上生命的苦难。

一 苦修者的赞美

1.1 苦修者的象征

昌耀前期的诗歌，将政治受难经验转化成为政治理想献身和宗教灵修的结构之中。象征是昌耀将生命经验组织进诗歌文本的主要诗学方法，也是昌耀认识世界、感知意义的方式。例如《城》：

城
——悼水坝工地上的五个浇筑工

那水坝的五个混凝土浇筑工
终于透过轰隆的烟水听清了黄河的报警，

抬头看时，峡门上饥饿的磐石已向头顶罩来。

那时，他们明白决无退路。

那时，五个水坝浇筑工同时张开双臂，

抱作一座森严的城……

——是怎样的动人心魄呀！

明日，西海马群

看到了那城上有一面不朽的旗——

光荣的战死者们

裹覆着带电的瀑布

在那儿

长眠……

——1982.12.22 初稿

将五个浇筑工人的劳动和死亡视为为社会主义建设事业献身的英雄行为，赋予劳动和死亡以神圣的意义。

"在近现代社会，占支配地位的象征场所转移到世俗领域，首先转移到国家—革命的历史之中……与循环、轮回的自然意象相反，革命在历史维度继承了一神教的时间象征。……革命通过自己的创世学和末世学，通过历史主义把时间全面神圣化与戏剧化，借此把人们的日常生活、劳动与死亡的卑微命运同解放的历史进程联系在一起。"[①] 在革命话语中，为了确立革命的合理性，常常需要建构一套新/旧、终结/开端的叙事，创造出一种历史进步论，而与之相适应的是，某个时间被确立为新的起点，并以此为始开启无限进步的时间神话。而在这一革命进程之中的人的劳动和牺牲，则被赋予了使这一进程得以实现的意义。

再如这首《赞美：在新的风景线》：

而我从驼峰想到浩天大漠中

那曾使万物骸觫的一声狼的长嗥

原不过是大自然本身固有的律动。

想到在常新的风景线

---

① 耿占春：《失去象征的世界——诗歌、经验与修辞》，北京大学出版社，2008，第5页。

　　　　永远有什么东西正被创造。

　　　　永远有什么东西正被毁灭①

昌耀将驼峰、狼嗥与大自然的律动以及宇宙中掌控着生命生灭的天道联系起来，展现了巨大的想象力。"天行健，君子以自强不息；地势坤，君子以厚德载物"，在日常生活、自然和宇宙秩序之间建立起广泛的连续。日常生活中的婚丧嫁娶等习俗，农耕生产中的气候节令，与宇宙的运行秩序紧密地联系着。人的入土不是生命的终结，而是重新参与自然生命的循环、宇宙掌控的生灭轮回之道的体现，因而生与死具有充分的象征意义。

　　昌耀的认知和感受方式，是将人类活动和自然现象衍生投射到宏大的理念和事物中。这种感发模式在很长时间内决定了昌耀诗歌写作的基本面貌。在昌耀的前期诗歌中，身处青海高原的山脉和大地之间，昌耀对青海高原宏伟形体的感受，对大地博大根性的领悟，对民族集体记忆的继承，对伟大的政治理想的信仰，为自己塑造出一副高大的英雄人格和恢宏的情感感知与表达结构。昌耀这一时期的诗意逻辑和语义生成的基础是象征。"在象征思想中，不是一个事物自身具有意义，而是一个事物与另一些事物的联系，表现为一个事物的意义。象征建立在某些已经基本固化的隐喻的基础之上，它是人们所说的'文化的语言'，是一种文化传统——宗教，习俗，民间信仰和某些集体记忆与经验模式——在其语言载体中给予事物间以普遍联系的意义网络。……意义在一个事物与另一事物的联系或者说是在非同质性的事物彼此之间的象征交换中生成。"②

　　象征的意义图式不仅是个人的修辞策略和认知方式，还有丰富的社会文化基础。耿占春老师认为："象征问题不但是诗歌语言内部的一个修辞学问题，也不仅是人的观念史或观念领域的问题。需要把象征作为一种更为基本的文化关怀。……象征不是偶然出现在诗歌的修辞行为中，它同时也是人类文化实践的潜在逻辑。象征从语言、诗歌修辞、叙述结构到文化的原始分类、仪式活动，从宗教领域到现代历史中革命意识形态及其现代社会的群体表征，形成了各不相同的象征图式。……就群体而言，象征过程关系到人们对秩序、真理的建构；对个人而言，象征过程关系到人们对意

---

① 昌耀：《赞美：在新的风景线》，《昌耀诗文总集》，青海人民出版社，2000，第220页。本文中引用的昌耀诗文，如不做特别说明，均出自此书。

② 耿占春：《失去象征的世界——诗歌、经验与修辞》，北京大学出版社，2008，第43页。

义、主体的独特关注。"① 象征具有这样一种功能，它参与了经验和意义的建构。如索绪尔所言，符号是可以任意的，然而象征有着感知上的根源。"象征是感知的图式化、程式化，它把可以感知到的对立和关系组织成为语义结构，或语义法则。……整个自然界以及它的结构、进而整个社会被纳入象征系统之中"②，形成一种共同体的象征图式。这种共同体的象征图式对个人经验有塑造和制约作用，使个人经验按照某种固定的方式得以表达；另外，个人经验也能突破共同的象征图式的限制，形成一种新的意义建构方式。1956 年，在社会主流的"大跃进"的社会历史语境之中，昌耀会按照革命实践的象征图式来组织、建构自己的经验，而在 1989 年，经济原则占据支配地位，原有的象征图式裂解之后，昌耀无法继续按照以往的象征图式来组织经验，因而创建了新的方式来表达独特的生命体验。象征图式对个人经验有一种塑造和制约的作用，使个人经验按照一定的象征图式来表述与展现自己，为个人感受性经验提供了一种展现表达的模式；另外，个人经验也能突破象征图式的限制，发出自己的声音，哪怕是以碎片化的方式分解共同体的象征图式，形成一种新的意义建构方式。

从某种意义上而言，诗歌写作是将个人经验按照一定的意义呈现出来。"诗歌是这样一种知识或认知方式：它在具有确定性的象征图式（比如传统的宗教、神话、习俗所建构的象征视域）与非确定性的、偶然的个人感受性之间寻求着意义建构方式。"③ 诗歌，既依赖于共同的象征图式及其提供的意义表述方式，又保持着对个人感受性的敏锐。诗歌话语在个人感受性和共同体的象征图式之间维持着一种平衡。

昌耀写于 1980 年的《慈航》，则超越了历史和政治象征模式，基于个人厚重的生命体验和博大的生命境界，在生命哲学的立场上建立诗性逻辑。

> 而他——
>
> 摘掉荆冠
>
> 从荒原踏来，
>
> 走向每一面帐幕。
>
> 他忘不了那雪山，那香炉，那孔雀翎。

---

① 耿占春：《失去象征的世界——诗歌、经验与修辞》，北京大学出版社，2008，第 2 页。
② 耿占春：《失去象征的世界——诗歌、经验与修辞》，第 10 页。
③ 耿占春：《失去象征的世界——诗歌、经验与修辞》，第 14 页。

他忘不了孔雀翎上那众多的眼睛。

他已属于那一片天空。

他已属于那一片热土。

他应是那里的一个没有王笏的侍臣。

而我，

展开状如兰花的五指

重又叩响虚空中的回声，

听一次失道者败北的消息，

也是同样地忘怀不了那一切。

是的，将永远、永远——

爱的繁衍与生殖

比死亡的戕残更古老、

更勇武百倍！

——《慈航》①

　　在《慈航》中，昌耀表现了广阔的胸襟和恢宏的气魄，歌颂生命的伟大和爱的巨大力量。昌耀用充沛的气血为生命注入了强大的支撑力量，使之在荒原上伫立起来。王光明老师认为"昌耀却很快摆脱了历史主义的想像（象）套路和僵硬的言说方式，以新的主题和语言重新解读了'荒原'与生命的关系。他1980年写的《慈航》同样具有自叙传的面貌，被置放于一个爱情故事的结构中，但它是一部生命与爱的史诗，对'荒原'与生命的关系作了富有震撼力的解读。《慈航》最值得重视之处，是它冲破了'归来'诗的结了意识形态硬茧的历史观，从生命史而不是社会史的立场重新认识了生与死、苦与乐的性质，揭示了'不朽的荒原'中生命存在的奥秘：'……在善恶的角力中／爱的繁衍与生殖／比死亡的戕残更古老、／更勇武百倍！'……《慈航》的意义是从生命的内部重新想像（象）了存在的性质，在满目'荒原'和'上帝死了'的时代，展现了牺牲与享有、苦行与欢乐的辩证，从而超越了当代历史主题的想像（象）'苦难'的模式，也与西方现代主义的

---

① 昌耀：《昌耀诗文总集》，青海人民出版社，2000，第128页。

'智性'想像（象）大异其趣。它的另一重意义是，通过与'地气'的连接，让诗歌语言有了生命的质感和地域的魅力。"① 文学批评家弗莱在批评著作《批评的剖析》中，论述了象征到总体阶段之后的状况，"当诗人和批评家由原型阶段过渡到总体释义阶段后，在他们所进入的阶段中，唯有宗教或其它范围内上和宗教一样无限的东西才可能形成一个外在的目标。如果诗的想象力只集中于人性和低于人性的现象时，就易陷入幽居恐怖症，诗人能追随宗教要比追随政治更为幸福，因为宗教的超验的和神谕的东西大大地解放了人们头脑中的想象力"②。昌耀的《慈航》就精神强度而言，达到了最高峰，表达了对生命的宗教般的虔诚，诗歌表意也从历史理性和政治情怀的立场，转变到生命哲学的立场。

1.2　失语与换气

当社会进入市场经济时代，整个社会遵从一种经济价值交换法则时，昌耀遭受了生命和写作的双重危机，陷入意义空白中。

意义空白

有一天你发现自己不复分辨梦与非梦的界限。
有一天你发现生死与否自己同样活着。
有一天你发现所有的论辩都在捉着一个迷藏。
有一天你发现语言一经说出无异于自设陷阱。
有一天你发现道德箴言成了嵌银描金的玩具。
有一天你发现你的呐喊阒寂无声空作姿态。
有一天你发现你的担忧不幸言中万劫不复。
有一天你发现苦乐众生只证明一种精神存在。
有一天你发现千古人物原在一个平面演示一台共时的戏剧。③

生命的价值理想遭受严重的挫折，写作失去了坚实的依托，写作赖以成立的象征图式已经逐渐失效了，颂歌和赞美性的语调不再具有正面效果，

---

① 王光明：《"归来"诗群与穆旦、昌耀等人的诗》，《南开学报》2007 年第 3 期。
② 〔加〕诺思洛普·弗莱：《批评的剖析》，陈慧、袁宪军等译，百花文艺出版社，2008，第 178～179 页。
③ 昌耀：《昌耀诗文总集》，青海人民出版社，2000，第 575 页。

将生活的痛苦转化为文本的愉悦的写作策略失效后，生命如何继续，写作如何继续？如何寻找写作的正义和语言的诗性，成为摆在诗人面前的重要问题。同样遭受苦难和写作良心谴责的德国诗人保罗·策兰感叹道，"生命是一次换气"。在这次"换气"中，生命从求美到求真，从赞颂到见证，语言成了对生命的真实处境的探测，对苦难的承受。

昌耀前期诗歌写作中形成的感知意义的结构图式在后期逐渐失效，无法再找到合适的表达对象。为了对抗意义的虚无，昌耀直接将命运作为生命思考的对象，将其作为转化的对立面，为生命赋予意义，在人类学的层次上思辨生命的奥义。因而这一时期的诗歌写作，多采用智慧的格言，为写作赋予意义和合理性，但也显示了这种写作的困难。这一时期的昌耀，主体或自我的经验是矛盾的、破碎的，对此生命体验的表达形式，具有对话体和寓言性质。本文将在第二章进行整体论述。

二　生命的戏剧与寓言

2.1　双重体验与戏剧结构

本雅明在论述卡夫卡的写作时，认为"卡夫卡的作品像一个圆心分得很开的椭圆；这两个圆心一个被神秘体验（尤其是传统的体验）支配着，一个被现代大城市居民的体验支配着"①。在昌耀后期的诗歌中，也可以明显地感受到这样的两种体验，一种是与民族记忆和集体经验紧密联系的崇高生命经验，而另一种则是在大街上流浪的生命体验，在经济时代沦为无产者的失败者体验。在昌耀生命晚年和后期的诗歌写作中，呈现了这两种经验的摩擦与冲突。昌耀在 20 世纪 90 年代之后的诗歌，记录了一个拥有集体经验和种族记忆的时代英雄，在市场经济时代处境中遭遇摩擦，生命在磕绊中的跌跌撞撞的起伏状态。

所谓"穷而后工"，步入困顿的生命晚期的昌耀，诗歌写作臻于成熟。从社会和时代的大环境看，市场经济时代的商品交换法则施展其巨大魔力，昌耀的社会理想破灭，成为一个穷人；从昌耀的个人遭遇来看，他遭受离婚、失恋、罹患癌症等重大的生命打击，爱的理想严重受挫。昌耀陷入一

---

① 〔德〕汉娜·阿伦特编《启迪：本雅明文选》，张旭东、王斑译，生活·读书·新知三联书店，2008，第 151 页。

种"内外交困"的状态。对惯于将普通事物提升至象征高度来看待的诗人昌耀而言，他在这些切身的苦难中，领悟到命运（苦难）的残酷本质——苦难犹如人的基因，内化于生命之中，决定着生命的展开过程。这种种变故预示着一种深刻的社会历史危机和个人危机。昌耀的生命和理想价值空间逐渐被压缩，并被强行推到"生存还是死亡"的边界线上挣扎。昌耀被迫退回到自我，将自己与时代的紧张的对抗关系，转移至身体内部，转化成生存意志与苦难展开的近距离的惨烈搏斗。

在生存意志与苦难的搏斗中，昌耀的生活成了一种悲剧，一方面是身处困境中的煎熬、挣扎、焦虑、失败与悲号，另一方面是不屈不挠的奋斗、抗争、忍受、希望与祈祷；在更为深刻的层面上，昌耀在生命本体意义上，遭受虚无与意义等方面的冲突与矛盾。这种生存悲剧内化到生命中，形成了生命的两重性：一方面，生命在苦难的压迫下显得无比渺小与卑微；另一方面，生命在对抗苦难的过程中，求得生存延续的强烈意志又无比强大。

> 命运啊，你总让一部分人终身不得安宁，
> 让他们流血不死，然后又让他们愈挫愈奋。
> 目的的意义似乎并不重要而贵在过程显示。
> 日子就是这样的魅力么？

生命的崇高与渺小、坚强与柔弱、"无限大"和"无限小"正是精神结构中的两极，它们之间形成一种张力，或者说构成一种生命中的高低势能，高低势能之间的流动、转换、循环促成了生命之力的运转。昌耀这一时期的诗歌写作，揭示了人的悲剧生存中这种矛盾分裂的精神结构和多重生命体验。

昌耀将这种内审中获得的认识，视为世界的普遍规律。他通过对自我的认识获得了对世界的认识。"意识用外在世界来确定内在，又用内在世界来确定外在，围绕处于中心的自我划出各种各样的大圆弧。"（阿伯特·盖尔彼语）这种内审的眼光向外投射出去，就成为一种灵视的眼光，能够直观出人和物的结构。"观看中的情感与观念，诗性观看中包含着情感和观念的作用。观看所开启的空间所具有的底色，就是其'基本情调'。而观念作为支配着观看的念头，乃是知性和理性的规定，它不仅使得观看的事物呈现出某种稳定的形式，也使得观看具有了象征的意味。在具有统一力量的

情感和观念的支配下，对事物或世界的观看总是返回来，成为对自身灵魂的观看。"① 随着昌耀的生命体验和人生体验的不断深入以及智慧的不断成熟，知性、感情和观念逐渐熔铸为一个整体的智慧，昌耀对事物观看的方式角度也逐渐深入，往往能在一个片段中窥见事物的整体，在一个精细的瞬间发现事物的矛盾和宏大之处。

昌耀精神结构之中，崇高/渺小的两面，决定了其独特的观看和言说方式。昌耀会从一个宏大的角度观察到包括自身在内的人物的渺小之处，而又以一种谦卑的感恩姿态承受生活施加的一切；又能够进入人和物的内部，发现包括自身在内的人物的顽强和伟大，这些生命宛如发出自身的光芒，保持着生命的不受侵犯的尊严。抒情主体独特的言说方式也体现在诗歌的结构和风格中。"从启开的窗口呼吸，骋目雪原的体香，相对于枯干涩燥的昨日，以及昨日之前更加久远的隐含了期待的日子，滋润的蠕动感已深入到每一关节的软骨和隆起的滑膜层，既是人体的，也是万象万物被滋润、被膨起的感受。复活的意识如此常思常新。"② "茫茫雪原在我眼中明亮新鲜纯洁，且温暖。"在这句话中，平常事物重新激发了诗人的强烈感情，与以前不同的是，之前的意象产生感情的方式不同，此时，昌耀眼中的事物，是经由内心心象意识观看到的，犹如心眼开启。经过人生经验的熔铸和磨炼，心之眼开启了，雪原这样平常的事物激活了内心形象的感觉。而在这句话中，一个有趣的现象是"我"的出现，以"我"为主体中心位置的观看，鲜明地确立了自我的观看位置。而在昌耀早期诗歌之中，虽然有很多观看的视角，但如此鲜明清晰的主体"我"之形象，一直是缺席的，要么淹没在庞杂的"我们"之中，要么并不明显地由我说出。在潜意识之中，一直是一个集体之眼，一双充满意识形态的眼睛，而后来，这种眼睛中的幻象逐渐消失。以一种辩证思维的方法来看待事物，因而能在细小的事物中观看到宏大的部分，这种转变是以此时的生命经验为基础的。

昌耀 90 年代的一些诗歌，诸如《从启开的窗口骋目雪原》《灵魂无蔽》《裸祖的桥》。这几首诗歌前半部分是叙述或描写，后半部分是议论，两种表述方式糅合在一起。前半部分采用一种平实的语调叙述事实，后半部分采用一种激昂的语调发表议论。在平实的叙述中，昌耀客观地记录着所观

① 王凌云：《中国当代新诗中的观看经验》，载包兆会主编《中国美学》第一辑，上海古籍出版社，2010，第 249 页。
② 昌耀：《从启开的窗口骋目雪原》，《昌耀诗文总集》，青海人民出版社，2000，第 649 页。

看到的人物景象，作为生活的记录者，同时也在观察到的人和事中发现了自己（昌耀后期的诗歌，描写底层人物，总抹不去自己的踪影，这些人物与自己具有相似性），在这个意义上，我们可以说昌耀同时也是他所记录的生活的见证者和承受者。昌耀谦卑真诚地记录下这些生活片段，好像接受一种必然性规律的演绎。然而，在叙述的结尾处，昌耀开始议论，平实语调转为激昂的争辩和坚决的判断。抒情主体身份从生活的承受者转化为生活的评判者，发表着自己对问题的看法，急于将生活片段抽象为一种真理知识，在对事实的无奈接受中，又牢牢掌握着命名生活的权利，争夺着自己生命的尊严。

上述昌耀的精神与肉体的冲突关系，抵抗和顺从，矛盾、分裂体验，呈现在诗歌中，则是戏剧化的对话结构。

灵语

我说：夜市的噪音远比白日甚嚣尘上。我喜欢夜，但讨厌噪音。

它说：我也是。

…………

我说：灵魂的居所远比吃饭重要，我需要的是惟一的伴侣。

它没有立刻回答。端详有顷忽神秘地小声问道：我现在有了一种安全感，你呢？[1]

寄情崇偶的天鹅之唱——《伤情》之三

我记得一个布道者的话：肉体只是生命的物质形式。只是人的诸种形体之一。

那么，还应有生命的纯精神存在形式？

但我正因精神追求而痛苦。我无罪的肉体已为痛苦所株连，那么，永生的精神于心何忍？

我的物质形式消亡了，但我为之殉情的她还依然活着，——一朵花将为恶所玷污。[2]

---

① 昌耀：《昌耀诗文总集》，青海人民出版社，2000，第603页。

② 昌耀：《昌耀诗文总集》，青海人民出版社，2000，第692页。

《灵语》中出现了"我"和"它"对话的结构，这两种声音相互对话，呈现了昌耀内心的分裂程度，犹如心灵的左右互搏。昌耀将生命与时代的冲突，转移到自己的身体内部，勘探到了灵魂内部的景观，呈现了一个焦灼的生命内部的摩擦，表现了内心中参差的旋律。如果说昌耀早期的生命体验是一种外倾型和朝上仰望的姿态，在诗歌写作中呈现的是高亢的赞美性的语调，那么，在后期的诗歌写作中，则是内审的生命姿势和书写姿态，呈现了灵魂内部的风景，呈现了一出灵魂的戏剧。

这种自我辩驳和自我否定的意识，更显著地体现在《秋之季，因亡蝶而萌生慨叹》中：

> 那每年一度呈现于人境的寒来暑往、斗转星移只不过是古今千篇一律运作不止的套式，催人老丑而已。……一切皆属过程。像肠胃要消化美食，像性爱不学而能，发臭的欲望被猥劣的根性一代一代复制，窳败的生活就像洞开的臭嘴让人嗒然若丧，难怪世间不谋而合流传下来这许多不同民族版本的"大洪水"传说以及"末日审判"预言。……死亡倒可能是一种解脱和净化。我的终点早已确定，处之坦然。但是有一种征象却是同样真切：幼婴在，人世将无穷尽，即便仍不免于痛苦；燧石存，火种也不会死灭，——而这一定理现今似乎成了一个只可意会而耻于言传的秘密。……树叶如同蝴蝶一齐飘失。蝴蝶如同树叶也一齐飘失。这个季节，诗人称作"悲秋"。（1997 年）

哀悼亡蝶的意愿被诗人断然否定了，生命的过程本质上是催人老丑的千篇一律的无意义过程，死亡倒是一种解脱和可供坦然接受的终点，可是接着又否定了这种悲观论调，肯定人类生生不息的繁衍过程。

这种犹疑徘徊的言说方式，语言中的重复和摇摆状态，内心的自否和辩驳，犹如一种反复进行的语言和心灵体操，帮助昌耀释放了面对生命困境时的焦灼和积郁。昌耀在诗歌文本和语言系统中，为自己的心灵塑造了一个颇具弹性而尺寸合适的空间，使自己得以在其中与苦难的命运争吵，与现实争吵，施展不能在社会现实中实现的生命意志。

2.2　生命怪圈和寓言

在昌耀后期的诗歌文本中，诗歌的寓言性质凸显出来。在《时间客店》

《戏水顽童》《挽一个树懒似的小人物并自挽》等诗歌中，虚拟了人物形象和精短的故事情节，而这类文本又笼罩在一层梦幻色彩之下，犹如一种梦呓语言，结合了心中的幻想和外在的景象，经由一种理念的组合后讲述出来，具有说理性质。虽然倾注了诗人浓郁的情感体验和形象鲜明的艺术形象创造，但在整体上，依然是在寓言的框架之下，表达一种荒诞的生存体验。

在开始论述前，先对这里运用的寓言概念进行简要的说明。就寓言的一般意义而言，寓言是一个修辞学概念，从亚里士多德的《修辞学》开始，人们就确定了"寓言"的基本品质："寓言"故事不代表其自身，而是指向自身之外的某个抽象物（道德寓意、生活教训等）。而在本文中运用的寓言概念来自本雅明。本雅明在《德国悲剧的起源》一书中写道："本书的目的就是要把那种不为人重视的'悲剧'体裁同一种一直被人曲解的、几乎被人遗忘的艺术形式的哲学内容联系起来，这种艺术形式便是'寓言'。"本雅明的寓言概念是作为一种反传统美学原则的风格学概念提出的。其寓言性的两个显著特征是：第一，关注资本主义上升时期市民社会颓败、衰落的废墟景象对社会结构和传统价值的体系的冲击；第二，这种冲击是这样实现的——它借助于一种独特视野所发现的衰落景象中的反常事件，这种反常事件在人们意识中产生一种强烈的震惊体验。震惊体验是对自成体系的集体经验的冲击，从而破坏原有观念世界及艺术世界的自足性和完满性。

在寓言世界中，作家把握荒诞反常的事件、某个瞬间的体验，产生一种震惊效果。这种震惊使人的记忆出现梗阻，绵延的经验之流出现断裂（其实质就是历史时间的断裂），经验的整一性从而被瓦解成混乱的现象碎片，并以震惊事件为中心进行重新组合。经验作为理性时代人类的集体意识，往往指向一个终极的实体（过去的黄金世界或未来的乌托邦），反映在对现实的态度上，就是指向共同性的礼仪、宗教习俗、大众节日，总之，指向一个总体性的象征世界和价值体系。寓言的震惊效果及其相伴随的个体体验瓦解了这种总体性，使艺术本身成了问题。也就是说，震惊体验使人对事物印象进入经验的机会减少了，阻止了经验给事物以线性的秩序。

象征与寓言恰恰相反。在象征世界中，语义完全包含在表达之中，即象征的艺术包含了一个完整的、自足的世界。象征意义的传导不是依靠象征性活动，而是借助于一种细致复杂的经验，使思想和感受统一在精神活动之中。并且，象征能否被解读，取决于时代认为这种经验能否和象征发生必然联系。

在传统的象征观念中，黑格尔的历史理性主义是其理论根基。在那里，世界是物质和精神的契合，它体现了一种内在经验的圆满的体系。其中，一切异质的、暂时的、此刻的东西，都被纳入了整体之中，一切历史的片断也被纳入了一个连续的体系、线性的时间中。在时代的集体记忆中，经验取代了体验，人们还从中引申出了历史理性、引申出了希望和乌托邦。自我意识似乎不成问题了，完全被历史所取代。作品的线性结构体现了历史的逻辑进程，思想观念借助于日常语言得到表达。①

昌耀前期的诗歌写作，其经验和表达意义的方式，依赖象征的表达方式，在象征的世界里得以成立。而在后期的诗歌写作中，象征世界所赖以成立的历史理性主义、乌托邦希望逐渐失效了。个人的瞬间体验不再能编织进集体经验和记忆之中而凸显出来，在艺术文本中占据了主要的位置。

寓言是在世界的整体意义失落之后的一种表意方法，生命的整体性亦不复存在。生命的经验碎片化，无法再被组织到宏大的意义结构之中，世界和生命的整体图景消失了。寓言通过讲述故事的方式表达一定的道理，表达瞬间体验，表现出人的一种普遍的荒谬和虚无处境。"世界到处都是既定的血与既定的杀机。承认或习惯于这一事实也许可以减轻内心煎熬的痛苦。这就是说，我们默认双料的自我既是潜在的罪人也是潜在的牺牲。不胜唏嘘。"（《挽一个树懒似的小人物并自挽》）②

"时间客店"在寓言的框架下，表达了人的意义缺失的荒谬的生存处境。在这个客店之中，人与人之间互不相闻，冷漠相对，那个总是怀着"时间开始"的理想却不得，想要修复时间的进程却不得。"时间开始了"，指一种新的历史或革命进程的重新启动，预设了生命的历程，从一种混乱走向秩序的过程，为片段性的经验片段赋予价值意义，使生命在时间的洪流的进程之中展开，使生命得以整合在历史意义之中。然而，修复时间，回到时间原点的努力不可得，这表明一种整体性的生命意义图景破碎了。"时间何异？机会何异？过客何异？客店何异？沉沦与得救又何异？从一扇门走进另一扇门，忽忽然而已。"这是昌耀描述的一副生存图景，流露着悲观的情调。生命的历史性时间的展开的进程被打碎了，生命的空间意义也破碎了，生命就是不连续的无意义的生命片段而已。正如鲁迅在《狂人日

---

① 上文中，对本雅明"寓言"概念的解读，以及寓言和象征的比较，主要参阅了张柠《白垩纪新文学备忘录》，中国人民大学出版社，2012。

② 昌耀：《昌耀诗文总集》，青海人民出版社，2000，第704页。

记》中对封建历史做出的判断一样，只是一部人吃人的历史而已。在昌耀《时间客店》的寓言之中，人只是在一扇门和另一扇门之间走动而已，犹如迷失在迷宫之中一样，解不出生命的谜团，生命处于一座不知出路的迷宫中，而世界成了一堆时间和空间的废墟。时间的线性秩序瓦解了，并且不可修复，仅仅是千篇一律的循环结构而已。在《时间客店》中，昌耀讲述了生命想回到时间秩序之中而不可得的故事，生命被抛出世界之后，生命个体在丧失了时间的救赎之后的孤独、绝望、茫然无措的体验，命名了人类的孤独荒诞的处境，以及每个个体生命承担的苦难的血和泪水。"但是，真实的泪水还停留在我的嘴角。"

昌耀这种荒谬的生存体验，体现在一种颠倒式的重复结构之中。例如，"树叶如同蝴蝶一齐飘失。蝴蝶如同树叶也一齐飘失。"人类的历史不过是叔本华所言的在欲望的满足与压抑之间的痛苦与快乐的过程。这种沉闷循环的生命形式犹如一个怪圈，将生命囚禁在内，昌耀的这种重复，一方面意味着陷入这种循环的怪圈的无奈，另一方面又表达了对这种循环的怪圈的反抗。在语句中将"树叶"和"蝴蝶"做了调换，企图加入自己的意志，做出一些反抗和对抗，发出自己的异议，也在某种意义上表达了某种赌气似的诅咒。

这种看似不合语法的句式应用，其实是诗人在为自己的心理体验和感觉逻辑寻找合适的句子。瓦雷里在《诗与抽象思维》中说："那些不同于普通话语的话语，即诗句，它们以奇怪的方式排列起来，除了符合它们将为自己制造的需要之外不符合任何需要；它们永远只谈论不在场的事物，或者内心深刻感受到的事物……"① 昌耀为这种不确定的生命体验、主体地位的迷失、人与人之间既是施动者又是受动者的状态，找到了独有的表达结构。

格非在《卡夫卡的钟摆》一文中，揭示了卡夫卡的"孩子气"对荒谬的经验世界的反抗。"卡夫卡的特有的寓言方式的讲诉方式几乎都是一个深刻的悖论。不是绝望，而是荒谬或让人无所适从，像地洞中老鼠的一样，不停地忙碌，最终精疲力竭、一无所获。尽管对于卡夫卡来说，失败的命运往往一开始就注定了，尽管这种荒谬的现实的铁幕坚实而沉重，但亦并非毫无缝隙。'孩子气'有时就是对抗这一铁幕的出其不意的方式之一。"②

---

① 〔法〕瓦莱里：《文艺杂谈》，段映虹译，百花文艺出版社，2002，第287页。
② 格非：《博尔赫斯的面孔》，译林出版社，2014，第128页。

在昌耀的诗歌文本中，也有一种类似的"孩子气"。在《诗人们只有自己起来救自己》中，昌耀发表了一个声明，为自己的一部尚未出版的诗集征集读者，对自己的一再延迟的诗集出版计划表示了愤怒和无奈，希望向读者征订可以解决诗集的出版经费问题。诗人遭遇的一个荒谬的现实是辛苦写就的诗集不能顺利出版，诗人主动寻求解决之道。在这份声明中，隐隐透露出一种自嘲的语气、赌气似的倔强、孩子气。以孩子的调皮与执拗来表达对荒谬的现实的一种对抗。这种孩子气，成为昌耀性格中的一个特征。而在昌耀的诗歌文本中，《戏水顽童》直接以顽童身份出现，面对尴尬处境，用戏水顽童的自嘲和淘气、玩游戏的行为消解现实。而这种孩子气的一个极端的演绎则是在《无以名之的忧怀》中，以一种执拗对抗荒谬的现实。这种孩子气是昌耀在晚期，在荒谬的现实面前，保持自己的力量之一。

这是昌耀的独有的幽默，"幽默依赖了一种主观的、然而严肃和崇高的心境，这种心境是在不情愿地跟一个与之极其抵牾的普通外在世界相冲突，既不能逃离这个世界，又不会让自己屈服这个世界"（叔本华语）。昌耀的诗歌中有一种喜剧成分，一种含泪的喜剧。在寓言体的诗歌中，是一个小人物对大事件的反抗，昌耀注定走不出这出生命的悲剧。昌耀的这种表达方式与其自身的生命体验是相同的。一个渺小的个体，一个受命运摆弄的个体，在强大的命运面前的无力感和荒谬感；但另外，个人同时又生活在中心之中，生活在自己的中心，有一种强大的力量。我想，这就是昌耀在《挽一个树懒似的小人物并自挽》中同时感受到的两种体验：一种是施加者的身份，自立在自我的中心；另一种又是受虐者，一个树懒似的小人物。树懒的艰辛运动在强大的命运的压迫下，展示出来的力量是微乎其微的，可以忽略不计。昌耀揭示了个体在这个世界上的绝望与荒谬感，以及在这种绝望和荒谬感中的反抗。

三 "内在生命"的歌哭

3.1 "内在生命"

在生命晚期，昌耀的理想与现实的矛盾升级到不可调和的地步，加之肺癌的疼痛折磨，昌耀的生命处境日益显出穷途之象。一种被逼至生命穷途的最低生活体验者和濒死者的声音屡屡在诗行间回荡。

一位朋友告诉我这样一件事：有个少年杀人犯——一个应看作降自"时间隧道"的不幸产儿，被献祭于罪恶、愚昧与野蛮的牺牲品。当临刑那天，从死囚牢内带出，与一批被判定徒刑的罪犯去公审大会场地听候宣判。到了一排囚车跟前，他站定，仰脸问询："叔叔，我上哪一部车？"还能上哪一部车呢，负责行刑的军警从押载死囚的刑车将他请上车去，而那一句还是十足孩子气的问语成为终古之创痛。那么，"诗"真的只是"到语言为止"了。①

这个即将被装上囚车押赴刑场的少年那一声带着惊恐的疑问："叔叔，我上哪一部车"，是生命在弥留之际，在穿越生与死之间的最后一道窄门和界限时，遗留给世界的最后一缕声音。法国哲学家德勒兹将这一濒死的生命称为"内在生命"或"赤裸生命"，在阐释这一概念时，德勒兹的论述稍显晦涩，好在举了一个例子。"什么是内在性？一种生命……没有人能够像查尔斯·狄更斯那样去描述一种生命，如果我们把不定冠词当做超验领域的一个索引的话。一个声名很臭的人，大家都报以蔑视的一个流氓，气息奄奄地躺在那里。那些照顾他的人突然对他仅存的一点微弱的生命迹象表现出一种渴望，一种尊敬甚至爱。每个人都为拯救他的生命而奔忙，甚至使这个罪孽深重之人在浑浑噩噩之中感觉到一股甜蜜的暖流涌进心田。但当恢复知觉的时候，那些救星却又变得冷冰冰的了，于是，他也便再度变得下流粗俗起来。在他的生与死之间有一个时刻，与死亡嬉戏的一个生命时刻……那是一种不再具有个性但却具有单一性的个体性：具有纯粹内在性的一种生活，中立的、超越善与恶的生活。他不再有名字，尽管他不可能被当成另一个人。一个单一的本质，一个生命……"② 所谓生命的内在性，是指生命从具体的形式之中脱胎出来，进入超越了善与恶的赤裸状态。它是生命迹象的最后之肯定。

在这一时刻，言说的主体隐匿了，"这个生命作为纯粹的内在性，超越了一切的主客体，是无行动地保有的纯粹的潜能。这一潜能是一种内在的运动、一种固执地逗留在自身内部的努力。所有的存在不仅坚持在它们自

① 昌耀：《语言》，《昌耀诗文总集》，青海人民出版社，2000，第712页。
② 〔法〕德勒兹：《内在性，一个生命》，载汪民安等主编《生产》第七辑《生命政治：福柯、阿甘本与埃斯波西托》，江苏人民出版社，2011，第158页。

己的存在中，而且还欲望着去这么做"①。这种潜能和内在运动在语言中展现出来。对这一内在性生命而言，生命的情状就蕴含在语言之中，在语言之外，空无一物。这就是昌耀在诗末感叹"'诗'真的是'到语言为止'"的缘由。这种语言，是对生命内核最直接的呈现。

　　同样的生命景象还出现在《裸祖的桥》中："无意间当我侧转过身子，发现数步之外一位黄袍僧人仰挺身子斜倚一间茅厕颓败的外墙，屹蹴在地。他何时来到这里？为何这样端视我们，就如我们对着大桥端视？他紧抿着嘴唇，元宝形僧冠下一双木然的眼睛毫无睐动之意。此时，有一股溶液从他下身腿裆袍角遮掩处均匀排出，流向坡沿，在一撮虚土前略被淤塞，而后奔涌直下，好似一种呕吐。好似一种嘲弄。好似一种禅机。……当然，我的说法也仍旧不错：裸祖是一种深潜的本愿。是缘于生存的意志，而不仅在于沟通或感应。"② 这种生命状态与之前寄于某种理想价值的生命和陷入理想与现实之间冲突的生命状态迥然有别。这类生命无法从价值评判中得到确认，而只是生命的内在性和潜能的显现，是生存意志的直接裸祖。

　　无论是即将被押上死刑囚车发出惊恐的疑问的少年，还是在低矮的断墙边裸呈出深潜的本愿的黄袍僧人；无论是在澡堂感叹天涯羁旅、渴望重回母体重新诞生的诗人，还是在面临死神时吟咏玫瑰的情人，都是正走在死亡的道路上，呈现生命火花的"内在生命"。这些走向生命旅途的终点，携带着生的使命，同时又奔向死亡的生命，将怎样表达内心的生命的体验？正如那个白烛的生命寓言所揭示的，一个少年被带入一座宫殿之中，被眼前的景象惊呆了。在空旷的大厅内，无数根白色的蜡烛，一根根树立着，有的刚被点燃，有的只剩短短的一截，它们无一例外，安静地燃烧着，一边发出光芒，一边流着泪。在这生命之泪里，混杂着悲伤、欢乐、忧惧、自怜、悲悯……帕斯卡尔怀着绝望和希望，流着泪说道："我赞赏那些一面流泪一面追求的人。"是啊，一个携带着生的使命却奔向死亡的生命的泪水中携带着怎样丰富的情绪和体验。尝试着以"歌哭"去破译这些情绪的密码，正是本文着力的重点。

3.2　歌哭：古老的抒情方式

　　哭，是人类不学而能的表达方式。自婴儿呱呱坠地，用第一声啼哭表

①　〔意〕阿甘本：《潜能》，王立秋、严和等译，漓江出版社，2015，第420页。
②　昌耀：《裸祖的桥》，《昌耀诗文总集》，青海人民出版社，2000，第648页。

达自己存在的信息，哭泣便伴随了人类一生。当婴儿还在母体的时候，已经通过听觉，感知着声响与寂静的更迭交替，感受到语言中的音乐性了。"胎儿对声响与寂静的更迭交替、对低沉或尖锐的音高是敏感的。也就是说，尽管还未出生，胎儿已经敏锐地感知了语言中存在的音乐性。很显然，这不从属于词语划分的层面上，更不从属于意义的划分了。这种节奏即韵律，回到胎儿对韵律的感知，在来到这个世界之前，在将自己暴露给这个世界之前，在学会看、触摸、品尝、自主行动，学会爱或者害怕之前；甚至在拥有快乐和痛苦之前；还有，在第一次为自己的肺部充满空气、发出第一声啼哭之前，人们已经在一种非常深沉的记忆之中——如此深沉以至于它被遗忘了——一切就这样发生了，人们听到了语言的某种东西：它的音乐性。"① 胎儿在母体之内，就被深深地打上了声音的节奏的痕迹，感受到声响中高低声响之间形成的声调和音调变化，在学会语言之前，就已经感受到生命的节奏与声音之间的应和。

昌耀在《小人国的大故事》中如是写道："听吧。故事是说一个馋嘴的小女孩偏以自己的一块雪糕作为代价从弟弟小男孩手里租来一个布娃娃玩耍，租期一个月。听吧，小男孩吃罢雪糕即刻毁约，从小女孩怀抱夺回所爱，小女孩初尚疑惑，继之忧戚可悯，嘴巴张大如一只飞落的空盘，而终觉绝望恐惧，于是朝向天宇放声嚎哭了。听吧，这样的嚎哭惊心动魄。这种样式的嚎哭是人类能够听懂并被普遍享有的最为可行的古老抒情方式了。谁曾传授或教唆？这是发生在小人国里的大故事。听吧，我们何曾走出过小人国。"②

用哭泣来表达惊恐、忧戚、恐惧等情绪体验，是人类不学而能的一项技艺。即使在后来人类学会了用语言来指陈事物、表达感情，但哭泣依然是人类表达感情最方便、最直接、最深入的表达方式。不因语言的表情功能而被取代。加第内在《言语和语言理论》中坚决为人类原始的表达情感的方式划出不可逾越的地盘："在感叹与言语之间存在着不可逾越的鸿沟，我们完全可以说感叹是对语言的否定，因为只有当我们不能或不愿说话时才使用感叹。"③ 人类的哭泣、感叹等表达情感的方式，具有不可替代性，

---

① 〔法〕菲利普·拉库-拉巴特：《缪斯的歌唱——关于音乐》，简燕宽译，新星出版社，2013，第35~36页。
② 昌耀：《小人国里的大故事》，《昌耀诗文总集》，青海人民出版社，2000，第353页。
③ 加第内：《言语和语言理论》，转引自〔德〕恩斯特·卡西尔《语言与神话》，于晓等译，生活·读书·新知三联书店，1986，第160页。

总有微妙的情感需要借助它们表达。

哭泣伴随了人的一生，婴儿以第一声啼哭宣告了生命的诞生，在哭声中走向黄泉。

哭泣，摆脱了对语言材料的依赖以及语法的纵组合和横组合规则的束缚，拥有了自由的形式，可以随着感情的强弱变化而即时提高或降低哭泣的音量，延长或缩短调式。

哭泣，能够随时开始，是对线性时间的打断。当身体的情绪膨胀积蓄时，需要找到宣泄的出口，哭泣便如风暴一样降临了。在这个哭泣开始的时刻，好像为自己重新开启了一个新的时间起点，随着情绪、随着泪水涌流而出，身体平静下来，哭声息止了，划定的时间终结了。当回望这个短暂的时间片断时，它是生命为这个世界引入的一个新的片段，一个不可压缩的片段，又转瞬即逝，犹如在生命之树上生长又飘零的落叶，携带着生命的讯息，在一个瞬间蕴含着整体，它是一个生命分裂出的另外一个生命，是方生方死。

哭泣是一个人公开的密语，一副透明的面具。在延续的哭腔中，一个人将丰富的情绪信息织入变化的节奏中。当哭泣以一种普遍的形式呈现时，它既是个人化的，又是具有普遍性的；既是自成一体的，又是易于理解的。哭泣既是一种伪装，也是一种裸呈。在这种一体两面的张力中，一个人在社会理解和个人的情绪表达之间找到了一种平衡。没有人会责备另一个人哭泣的权利，就像没有一个人会否认自己的这项权利。

在哭泣声中，好像整个世界都不存在了，自我成了世界的中心。在闭目的哭泣中，心底的生命之流不断上涌，从眼睛中流出，顺着脸颊，流入口中。眼睛、口的其他功能关闭了，成为自我和外界发生交流的最直接的开口，而整个身体成了一个平面，生命之流在这个内在的平面循环，自我成了哭泣的发出者和施动者。在这循环的生命之流中，生命成了一个盈满而自足的存在。

从心的生命之流到夺眶而出的泪水，再到回流入口中的苦水，泪水的形态史就是一部微型的生命片段的生命史，记录着生命遭受的磨难、悲伤与喜悦、喧嚣与沉默。哭泣一眼泪的行程需要经过如下过程：情绪郁积于心——哭而成声、流而成泪——情绪释放，获得短暂的安宁。这一过程与昌耀这一时期的生命体验同构。它的运转是以"一天"为单位的，这一天中的24小时可以区分为黎明、夜晚、白昼等三个时段，在这三个时间段内，生存意志与痛苦搏斗过程的惨烈程度不同。夜晚对昌耀来说总是异常难熬，所遭受的疼痛也最重，意志和痛苦搏斗的程度最为惨烈；黎明是昌耀遭受的痛苦达到极限之后获得的短暂的安宁和平静的瞬间；在白昼中，痛苦一点点累积，渐渐入侵身体之中，意志对其是无意识的防御，而不是有意识的抵抗，意志比较昏沉。黎明这个瞬间成为一个转换点，一个短暂的精神超越和和谐统一的瞬间，其他时间要么是一种麻木状态，要么是一种矛盾状态。昌耀的作息时间表，夜晚——梦境——矛盾中的清醒；白昼——睡眠——麻木；黎明——和谐与安宁。昌耀一天中的时间节奏和情绪节律变化及比率在诗歌作品中呈现出来。"恕我狂言：孕育一个降雪过程，必是以蒸蒸众民为孕妇，摄魂夺魄，使之焦虑、消渴、瞳子无光，极尽心力交瘁。而雪降的前夜，又必是使蒸蒸众民为之成为临盆的产妇，为难产受尽熬煎，而至终于感受到雪之既降时的大欢喜。……于是，我以一个男子而得分娩后的母亲才能有的幸福感受，心想，前此有过的种种磨难或不适对于生机总或是必需的吧，这个情债支付的人生也是永世的轮回吧。"① 昌耀将生命的受难经历得超脱的过程与大自然降雪—孕雪的过程类同起来，降雪—分娩—泪水—诗歌写作被置放在同一结构中，是承受和超越苦难的行为动作。从如下的两段表述中，我们可以发现昌耀将哭泣—泪水和诗歌写作联系起来的有力证据。"及至我走入社会，尤其在我有了几分阅历之后，每当内心郁郁不平无处诉解，也曾希图有一种欲哭的冲动，但泪泉却似乎干涸了。""随着岁月的递增，对世事的洞明、了悟，激情每会呈沉潜趋势，写作也会变得理由不足——固然内质涵容并不一定变得更单薄。在这种情况下，写作'不分行'的文字会是诗人更为方便、乐意的选择。但我仍要说，无论以何种诗的形式写作，我还是渴望激情——永不衰竭的激情，此于诗人不只意味着色彩、线条、旋律与主动投入，亦是精力、活力、青春健美的象征，而'了悟'或'世事洞明'既可能是智性成熟的果实，也有可能是意志蜕变的前因，导向冷漠、惰性、无可无不可。我希望自己尚未走到这样一个岔道口。"② 昌耀在这两段话中，表明了理性成熟之后，哭泣和写作同样艰难，激情和感动能力丧失，变得冷漠和惰性，写作和哭泣均丧失了理由。青年时期，激情充沛的时候，自我心中的热情和理想的抒发即写作的理由，在诗歌中，行与行之间分开，写下的每一行，都要在上下左右留下足够的空

---

① 昌耀：《降雪·孕雪》，《昌耀诗文总集》，青海人民出版社，2000，第562页。
② 昌耀：《昌耀诗文总集》，青海人民出版社，2000，第745页。

间，以便使眼前的文字、宏远的生命图景和高迈的价值联系起来，这样，心中蕴藏的激情和热情才能抒发出来。而在中年，激情受挫，一个人心中的幻觉在残酷的现实中逐渐消失之后，激情沉潜下来。而压之弥深，释放得也更为激烈。昌耀后期的诗歌多散文化，不分行写作，或许与这种心境的变化不无关系。

昌耀这一时期诗歌写作的触发动机是对最基本的生命之音的倾听与表达。如果说早期诗歌中昌耀感受到的是宏大事物的慷慨浩大之声，后来探听到的是自己身体内部参差的旋律，那么此时倾听到的则是生命中最微弱的声音了。这类声音径自是"语言的哭泣"，"被他忍心留在这里的线条与色彩将与这几尺见方的土地孤独地承受黑夜，随后，会有这方土地承受哭泣。是无名氏的哭泣。是情有所自的语言的哭泣"。这种语言的哭泣，是昌耀和周围的万物一道，作为一个普遍的生命体，用"是……"的姿态发出的持续而自适的声音，是生命从内部发出的照亮自己的声音。它是生命自诞生时划破寂静时空的第一次啼哭，是生命走向黄泉时遗留给世界的徘徊着的最后一缕声音，也是生命在漫长的岁月中持存着自身的依据。这是一种最初的言说，也是最后的言说，直接显现为"生之声"。它是对生命内核的直接言说，一经说出，就具有拯救的功能。生命的最核心的部分为这类语言注入了力量，催生了生命在语言中的显影，使语言的大地因素得以显现。"如果把词语称为口之花朵或口之花，那么，我们就倾听到语言之音的大地一般的涌现。……语言的发声者，语言的大地因素，被扣留在调音之中，后者使世界构造的诸地带一齐游戏而相互协调。"① 这类具有强大承受力的语言，在对苦难的直接命名中，用大地般的宽广和深厚托住了生命。

3.3　歌哭的音调：从自怜到悲悯

无以名之的忧怀——《伤情》之二

朋友迦檀如此对我诉说：是的，朋友，"天下熙熙，皆为利来；天下攘攘，皆为利往"……然而，我独要称道那些负重而行者是世道良心，其喑然的吁叹是对人间秩序的警示。滚滚红尘，恩恩怨怨，啼啼哭哭，消磨了古往今来多少白骨人的志气。

---

① 〔德〕海德格尔：《在通向语言的途中》，孙周兴译，商务印书馆，2005，第202~203页。

是的，朋友，我今天甚至为十字街头某时装店门口一个被店主剥净衣饰、赤裸裸临风玉立的女模特儿模型而感惊恐莫名了。……

是的，朋友，今天是我最为痛苦的日子：我的恋人告诉我，她或要被一个走江湖的药材商贩选作新妇。她说，她是那个江湖客历选到"第十八个"才被一眼看中的佳人。

是的，朋友，滚滚红尘于今为烈。我以一生的蕴积——至诚、痴心、才情、气质与漫长的期待以获取她的芳心，而那个走江湖的药材商仅须说一句"第十八个"她已受宠若惊。但我仍旧深深依恋着她，称她是"圣洁的偶像"。她本也就是圣洁的偶像，而金钱才是万恶之源。

啊，朋友，请将这一切——包括爱情、包括盛放银洋铜钿的皮囊、包括我不可自拔的痛苦……看作一个寓言故事。①

在这首诗歌结构中，昌耀将自己的失败的生命故事放置于一个寓言的结构之中，好像讲述着别人的故事。在时间的流传中或更大的秩序中，求得重新解释的机会，希望能将失败的现实反转为寓言。在这首诗歌中，昌耀是从个人际遇的角度来写历史的，即从一个独立的、自由的，但又对时代充满关注的个人角度来写历史，他把个人置于历史的遭遇和命运的鬼使神差般的力量之中，但最终，又把对历史的思考和叙述化为对个人良知的追问、对个人的生命立场的顽强坚守。

"在罗耀拉的《精神杂志》中，有一种关于眼泪的生动的代码：'A＝在公众面前流下的泪水（antes）；L＝在公众当中流下的眼泪（lacrima）；D＝在公众背后流下的眼泪（despues）；L—＝不多的几滴眼泪等等。"② 这段话区分了三种眼泪，在公众面前流下的泪水是为自己而流，不多的几滴眼泪是陷入深深的悲怆之中，无泪而流，表达对人类苦难的深深悲悯和同情。

愤激——自怜

在生命遭遇、面对不幸的命运时，出于一种本能，首先想到的是自哀自怜。让我们再次回到昌耀的《无以名之的忧怀》，在诗歌的开头，昌耀将自己的生命经验转化为一个故事，在这种客观化过程中，昌耀得以从一种

① 昌耀：《昌耀诗文总集》，青海人民出版社，2000，第689～690页。
② 〔美〕简·盖洛普：《通过身体思考》，杨莉馨译，江苏人民出版社，2005，第21页。

旁观者的角度去观察自己的苦难，"成功地把自己从那个让人惊悸的场域中给摘取出来，从而获得了难能可贵的安全感"①。通过像讲述别人的故事一样，讲述自己的生命经验，将其中最为核心的痛苦部分化解掉了。

这首诗歌中，前几句都是以"是的，朋友"开头，在最后一段中则以"啊，朋友"开头。闻一多先生认为，"感叹字是情绪的发泄，实字是情绪的形容、分析与解释。前者是冲动的，后者是理智的。由冲动的发泄情绪，到理智的形容、分析与解释情绪，歌者是由主观转入了客观的地位"②。最后，"啊"字引领诗人情绪的发泄，以愤激的哭诉表达了对现实的不满以及反转的强烈愿望，这种哭是指向自身的，表达了自爱和自怜。

在中国文化中，自古以来就有"悲秋"的传统，"中国语调有一种深入骨髓的悲凉，那是一种老年的、饱经沧桑的语调。这种腔调在季节上对应的是秋天——所谓'何处合成愁，离人心上秋'；在昼夜上对应的是黄昏——所谓'夕阳无限好，只是近黄昏'。少年中国在汉语中几乎是不存在的，至少我们已经无法追溯……这种腔调是哭泣前的禁止哭泣，是卡在喉咙处的哽咽：它合乎中庸之道——大哭合大笑都是反中庸的。……"③ 这种世事洞明的老年智慧和中庸的平和语调，缺少一种激烈的东西，对大苦难和生命的大悲痛缺乏宗教般的深层的悲悯，将其挡在视线之外，或溶解在宽厚的忍耐中。昌耀对此做出了一定限度的修改，为其注入了些许尖锐、决绝的部分。"树叶如同蝴蝶一齐飘失。蝴蝶如同树叶也一齐飘失。这个季节，诗人称作悲秋。"诗人坚守着使命，在凌厉的秋的肃杀中，保持敏锐的感受，"随时敏捷"，做出见证，而这种见证即意味着借助语言实现的精神抵抗。在这种坚定悲壮的语气中，透露出诗人昌耀见证的良知和勇气，不妥协的决绝姿态。

悲怆——悲悯

"被他忍心留在这里的线条与色彩将与这几尺见方的土地孤独地承受黑夜，随后，会有这方土地承受哭泣。是无名氏的哭泣。是情有所自的语言的哭泣。语言，出于人类生存本能需要而创造并被感应的音义编码。语言，其本质是示人理解及铭记于心。然而，有一类语言它径自就是善，自有着不可被轻侮、小觑的风仪或高致，惟在不期然之中被良知感受并铭记。……二人相拥相依着向前挪步：一会儿是母亲带领着小女孩，一会儿又好像是小

---

① 敬文东：《牲人盈天下》，广西师范大学出版社，2011，第327～328页。
② 闻一多：《神话与诗》，上海人民出版社，2006，第149页。
③ 敬文东：《牲人盈天下》，广西师范大学出版社，2011，第327～328页。

女孩带领着妈妈……看啊，那小女孩，那母亲，那赘物似的在双拐之间吊挂摆动的残肢，是感人至深的语言啊!"①

昌耀以贴近地面的谦卑姿态，承受着生命的苦难和血泪。"昌耀是个低姿态的人。要说低姿态，至此恐怕无法再低了；然而，那些喜欢在诗中俯临万物的人不会想到，姿态越低的，越接近大地，越接近事物之根；最大的空间和纵深，恰恰属于那些姿态最低的人。当昌耀一一认同那些似乎渺小不足道的事物时，他也使它们一一成为自己的一部分，成为支持他写作的隐秘而庞大的根系和气场。"②昌耀的低姿态，使他能发现生命的基本面、生命最核心的部分。这种哭泣的语言，是生命在苦难面前的一种不可言说的状态，同时又是一种最坚韧的状态，是生命最后的尊严。这种低姿态的哭泣，是一种顽强的承受，承受了命运和生命中的苦难，而又以感恩的姿态来承担着生命的悲剧性，而最终达到善的境界。

昌耀发现了语言中哭和善的部分，以一种平等的姿态与周围的人群和事物打成一片，含着泪水，用"泪水的语言"和悲怆的语调表达了对遭受苦难的普通生命个体的悲悯。正如钱钟书所言："最美丽的诗歌就是最绝望的，有些不朽的诗篇是纯粹的眼泪。"

四　结语

在昌耀的诗歌世界里，无论是前期还是后期的诗歌，描写高原的山脉和河流，或西宁街头的人物和街景，都贯注了昌耀生命的血气。昌耀的生命气息渗透到物质和世界中，持久地发出声音和光泽。"人是通过对其他事物的命名来传达其精神存在的。"③昌耀对自我生命的认识，与对世界和事物的认识统一起来，对自我的命名，同时也是对世界和物质的命名。此即道家所言的"反者，道之动"，"以生命本体内部的体验和感悟来把握生存世界，最终就会出现一个被理解的'现实'。在此，'少就是多'。"④昌耀在返回自我的途中，在对自己生命深层的认识与感悟中，达成了对自己所处的世界和与之共在的物质的认识。

---

① 昌耀:《昌耀诗文总集》，青海人民出版社，2000，第711页。
② 唐晓渡:《唐晓渡诗学论集》，中国社会科学出版社，2001，第294页。
③ 〔德〕本雅明:《写作与救赎》，李茂增、苏仲乐译，东方出版中心，2009，第50页。
④ 陈超:《打开诗的漂流瓶》，河北教育出版社，2014，第30～31页。

昌耀的诗歌创作历经半个世纪，从昌耀个人的生命史而言，从青年一直持续到晚年，而生活空间从青海高原辗转迁徙到西宁的街头；从昌耀所处的政治历史处境而言，经历了"大跃进"、反右、"文革"和市场经济时代，先后遭受政治苦难和经济困厄，在短暂的生命历程中，屡次遭逢厄运，自我身份和生命价值总是与时代脱节，这似乎是命运对他的有意捉弄。昌耀在诗歌写作中，始终坚持着对"我是谁，我从哪里来，我到哪里去"的生命谜团的追问。他始终站立在个体生命的立场上，寻找着合适的语言和言说方式，记录着生命在不同的阶段和不同的历史处境之下的真实的经验和体验。在昌耀的诗歌世界里，生命、历史和语言紧密地联系在一起。它是一部个人的生命传记，是20世纪下半叶中国政治、历史变迁的档案，也是承载了个体的生命体验和集体经验以及民族记忆的语言的磨难史。

在青年和壮年时期，身处青海高原的山脉和大地之间，昌耀以生命感觉与青海高原宏伟形体的感发，对大地博大根性的领悟，对民族原始记忆的继承，对伟大的政治理想的信仰，为自己塑造着一副高大的英雄人格和恢宏的情感感知与表达结构，这一时期的诗歌写作，是高昂的颂歌和坚贞的赞美语调，并奠定了伴随昌耀一生的沉厚的低音部和雄浑的音质。

而在晚年时期，昌耀避开了孔夫子"知天命"的告诫，走向平和的晚年生命境界，一种萨义德在研究音乐作品的晚期风格时提出的类型"适时"观念，而选择了晚期风格的第二种类型，即充满费解、古怪和晦涩的风格①，而这种风格是与昌耀生命避开平和的成熟进入一种真实的磨难的生命体验密切相关的。在一个英雄无用武之地的经济时代，在一个主角隐去的舞台上，昌耀的生命体验是疲倦的、焦灼的、矛盾的、分裂的。壮年时期高亢的颂歌和赞美语调失去了心理和情感基础，变得可疑起来。放弃赞美之后诗歌能做什么？"那里或许有一条更危险难行的'荨麻路'，即避开普遍象征的个人隐喻化的言说之路，在本应赞美的地方沉默，标志着一种深度的转向，用反讽的'水针'去缝合'因失去生命的终极依托而使自古建立起来的价值体系'裂开的阴影。"② 当诗人从颂歌之中解脱出来之后，所要做的是对人类的生存处境的探寻和见证，对真实的寻找。

在昌耀晚年的诗歌中，可以感受到一种大和小不协调的组合造成的喜

---

① 〔美〕萨义德：《论晚期风格——反本质的音乐与文学》，阎嘉译，生活·读书·新知三联书店，2009，第3~5页。

② 宋琳：《俄尔甫斯回头》，北京大学出版社，2014，第163页。

剧色彩，然而这是一种含泪的喜剧。犹如一个英雄，一个怀着宏大的情感感受结构的巨人，被塞入一个狭小逼仄的生活空间和世界中，生命力得不到施展。昌耀因出不起诗集的出版费用，而赌气似的公开刊出诗集来征订广告，最后愤慨地说道"诗人们只有自己起来救自己"，还是那个失去了战斗的对象，陷入无物之阵中的英雄，最终自命为"戏水顽童"以自嘲，"但那时，我本欲与宿命一决雌雄的壮志，一释郁积的大愿、爱情表白、直面精神围剿的那种堂·吉诃德的顽劣劲儿……（等等，）瞬刻间只剩下了顽童戏水的感觉。我似乎觉得河之干立候的母亲正忧心忡忡地召唤我回家。我感到两眼发热就要滴下泪水，但我却开心之极，躬身迅疾地洗涤净征衣尘垢与血污。我听见自己的心在窃窃私语：死亡？死亡又算得了什么？我只是一个戏水的孩子"①，都体现了诗人昌耀在这个时代真实而尴尬的真实处境，而有一种悲剧的意味。这种反讽的表达方式，其实质是诗人与这个时代的反讽关系的真实处境的表达。反讽，按照文学批评家布鲁克斯的揭示，是存在于诗歌中的一种普遍结构方式，所言非所指，反讽是现代诗从浪漫主义发展出来的一种特殊技艺或修辞策略，它包括戏仿、谐隐、内在戏剧化、寓言化、反词等。而克尔凯郭尔指出："反讽的修辞格具有一种亦为所有反讽的特色的性质，即某种高贵，这种高贵源于它愿被理解但不愿被直截了当地理解；结果是，这个修辞格不大瞧得起谁都能马上理解的直来直去的言谈。"② 这种在真实意图和文本的表面意图之间的距离，正好形成了一种缝隙和空间，是为诗人的高贵精神寻找的一个暂居的庇护所，一个容留的斜坡。反讽策略，避免了正面的颂歌效果失语之后而勉强为之的矫情之嫌，也遏制了诗人的高贵精神朝向消极的抱怨堕落的危机。反讽这种语言技艺探测出了生命在一个不适宜时代的真实处境，它追求的是精确而不是美化。正如保罗·策兰所言："这门语言尽管在表达上有不可或缺的复杂性，它孜孜以求的却是精确。它不美化，'不诗化'，它命名和确认，力图测量已有的和可能的领域。诚然，从某个特殊的观察角度，从自身生存的角度说话，关心整体轮廓和方位的，总还是一个'我'，而不是语言自身，不是作品中的文字。事实本身不是现成的，事实是要人去寻求和赢得的。"③ 这种真实，是诗人凭借自身的良知，从个人特殊的观察视角，从自身生存

---

① 昌耀：《戏水顽童》，《昌耀诗文总集》，青海人民出版社，2000，第632页。
② 〔丹〕克尔凯郭尔：《论反讽概念》，汤晨溪译，中国社会科学出版社，2005，第213页。
③ 保罗·策兰语，转引自宋琳《俄尔甫斯回头》，北京大学出版社，2014，第169页。

的角度去识别历史旋涡的变故以及个人在世界中的真实位置。伽达默尔在评述策兰诗歌的反讽技艺时，这样说道："这是一个反讽的绝好例子，它闪耀着不可理解的微光，提升了诗歌的表现能力……但这是谁的存在呢？想要正确地感知我们就必须这样理解：那些知道他们自己、接受自己，以及完全意识到自身限度之人的存在。成熟即是一切。"（王家新《在你的晚脸前》）① 齐泽克对理想自我和真实自我进行了区分，"想像（象）性认同是对这样一种意象的认同，在那里，我们自讨欢心；是对表现'我们想成为什么'这样一种意象的认同。符号性认同则是对某一位置的认同，从那里我们被人观察，从那里我们注视自己，以便令我们更可爱一些，更值得去爱"。② 昌耀早期的诗歌中，对高原形体的颂歌与赞美，塑造一个理想自我，而在反讽和怀疑中，则找到了自己在世界上的真实位置。

如果说在反讽的表达方式和语言技艺中，是以间接的方式表达真实的生命体验，来自一个已经确立了在世界上的真实位置的人的声音，那么，歌哭则是一种直接的方式，表达着生命承受苦难的沉重与悲怆。它来自一个普遍的赤裸生命。

昌耀后期的一些诗歌，诸如《挽一个树懒似的小人物并自挽》《秋之季，因亡蝶而萌生慨叹》，带来了复杂的阅读体验。一方面，笼罩着一层悲怆的基调，并且呈现一种视觉效果，在脑海中浮现起昌耀那半僵的棉桃似的欲哭无泪的脸。昌耀在语言中注入了悲怆的音调，因持续地承受苦难而无言沉默的暗哑语调，也雕刻出了一张沟壑纵横的苦脸，语言的声音和图像结合在一起。昌耀进入词语的感情，让语言发出一种独特的个人化的声音和印记，正如爱尔兰诗人希内所言："一个声音犹如一个指纹，具有连续不断的和独一无二的记号，能像指纹一样被记录下来加以鉴定。"③ 在昌耀的诗歌中，语言成了碑石，记录着生命的印记，达到了雕刻和铭记的效果。在没有宗教信仰而有史传传统的华夏文化中，拯救的希望不是来自来世和天堂。救赎的希望在于沉重地承受与深深地铭记。

梵高说："我作为一个苦难的人，不能离开一种比我更强大的力量。"

---

① 转引自王家新《阿多诺与策兰晚期诗歌》，《上海文化》2011年第4期。

② 〔斯洛文尼亚〕齐泽克：《意识形态的崇高客体》，季广茂译，中央编译出版社，2001，第145页。

③ 希内：《进入文字的感情》，选自潞潞主编《准则与尺度——外国著名诗人文论》，北京出版社，2002，第453页。

那种"比我更强大的力量"是一种语言的境遇，一种实际的不可改变的灵魂显像。"如果把词语称为口之花朵或口之花，那么，我们就倾听到语言之音的大地一般的涌现。从何处涌现出来？从道说中，从那种在其中发生着让世界显现这样一回事情的道说中。……这样，声音的发声者就不再单单被归为肉体器官方面的事情了。语言的发声者，语言的大地因素，被扣留在调音之中，后者被世界构造的诸地带一齐游戏而相互协调。"① 诗人在语言的道说中，倾听到语言的大地因素，一种强大的承受力量，一种大于苦难的力量。

"在恰好生在这个不幸年代的人们心中，相应地出现了心理分裂现象。不和谐的心理倾向大概始终潜藏在人性当中，现在它们发现可以为所欲为了。人们失去了方向，盲目地蜂拥到各条小路上去，以寻求逃避。较伟大的心灵超然物外，更伟大的心灵则试图将人生变成某种比我们所经历的尘世生活要高级的东西，并把新的精神进步的种子播撒在大地之上。"② 犹如"哀民生之多艰"的屈原，在艰难困苦中依然苦吟"安得广厦千万间，大庇天下寒士俱欢颜"的杜甫，昌耀用博大的胸襟和悲悯情怀，用他独特的歌声铭刻了 20 世纪中国大地上生命的苦难。

· 附录 ·

《"内在生命"的歌哭——昌耀后期诗歌的生命体验与表达》写作过程

万 冲

一 论文写作缘起

最初知道诗人昌耀，是博士后师兄张光昕应王老师之邀，做关于昌耀的 20 世纪 90 年代诗歌的研究报告。当时，在光昕师兄的启发下，基于自己阅读昌耀后期诗歌的感受和体验，我发现昌耀写于 90 年代之后的诗歌非常

---

① 〔德〕海德格尔：《在通向语言的途中》，孙周兴译，商务印书馆，2005，第 202～203 页。
② 〔英〕汤因比：《历史研究》，刘北成、郭小凌译，上海人民出版社，2005，第 193 页。

独特。和前期的诗歌相比，无论是文本形式，还是诗人的感受力和言说方式，90年代的诗歌都有巨大的变化。我感到好奇的是，昌耀90年代的诗风之变及其背后的内在机理到底是什么。这个论题酝酿了好长一段时间后，大概是在研一下学期4月，王老师问起我的论文选题计划，我说想做昌耀的诗歌研究。王老师进一步问道，在包括燎原的《昌耀评传》出版后，对昌耀的研究已经比较多了，我研究的创新之处在哪里。我说昌耀写于90年代的诗歌还较少有系统的研究。王老师对我的想法表示了认同，并认为昌耀90年代的诗代表着其诗歌创作的最高水准。在得到王老师的认可后，我开始了围绕着这个论题展开的文献收集工作。

二 论文前期准备工作

（一）资料的收集

首先找到的是《昌耀诗文总集》。这本厚达八百余页的书，由昌耀生前亲自编订，基本收录了昌耀的诗文、访谈和书信。与之同一时期出版的还有关于昌耀的研究评论资料《阵痛的灵魂》，以及后来燎原的《昌耀评传》。这几本书是研究昌耀的基本书目。在阅读昌耀诗文和评论文章的同时，我也积极关注近年来昌耀研究的进展。研究昌耀的几篇重要论文，有耿占春老师的《作为自传的昌耀诗歌——抒情作品的社会学分析》，王光明老师的《"归来"诗群与穆旦、昌耀等人的诗》，敬文东老师的《对一个口吃者的精神分析》，以及中央民族大学张光昕的硕士论文《昌耀诗歌的文本气质研究》等，这几篇文章的研究思路启发了我的研究写作。在阅读了这些研究昌耀的重要文献后，我发现学界对昌耀的综合性论述已经比较完备了，但有几个重要的问题依然没有得到解决，比如昌耀90年代文体形式转变，不分行的诗歌写作的原因和意义，晚期诗歌的语言风格等。我虽然锁定了自己论文研究的问题，但也意识到了问题的难度所在。

与此同时，我也阅读了与此相关的诗学论著，比如张闳老师的《黑暗中的声音》、耿占春老师的《失去象征的世界》等书籍，寻求方法论依据；阅读王光明老师的《现代汉诗的百年演变》，尤其是其中关于90年代的诗歌的论述，想在诗歌历史的脉络中思考昌耀的诗歌。

（二）写作思路与最初的困惑

我发现，研究昌耀90年代的诗歌，重点需要解决两个问题：一是找到合适贴切的角度去描述昌耀诗歌前后期的变迁过程；二是分析探讨昌耀后期诗歌写作的发生机制。

在阅读昌耀诗歌时，我感受到，昌耀诗歌的意义不仅仅体现在语言中，而且在语言背后隐含着丰富明晰的声音；各个生命阶段和写作时期，呈现的音调有非常显著的差异。我初步设想，是否可以从"声音"的角度去研究昌耀前后期诗歌表意的变迁过程。这种设想得到了王老师的肯定，老师也认为"声音"是分析昌耀诗歌的一个有效角度，也是一个重要的有价值的诗学命题。

至此，我拟定从"声音"的角度去研究昌耀前后期诗歌表意的变迁，并围绕着这个焦点和思路，进一步收集和阅读资料。后来发现这个计划难以实现，一是因为关于声音诗学的成系统的理论资料不是太多，二是因为才力所限。后来，我对论文的结构和主要写作内容做了调整，拓宽了研究思路，研究昌耀在不同的生命阶段和社会历史处境中，生命体验和表达方式的变迁过程。

三　写作阶段

(一) 论文提纲的拟定

这篇论文写作，最艰难的部分是确定论文的章节安排，其背后其实是对昌耀诗歌分期的理解。我在比较了现有研究中对昌耀诗歌分期的各种观点后，结合自己论文研究的思路和阅读昌耀诗歌的体验，经过深入思考，我将论文分为三部分：第一部分是"苦修者的赞美"；第二部分是"生命的戏剧与语言"；第三部分是"内在生命的歌哭"。划分这三部分的内在的依据和线索是，每一阶段的昌耀的生命体验和表达方式的差异。第一阶段，至《哈拉库图》，在此之前，在昌耀的生命的青年和壮年时期，身处青海高原的山脉和大地之间，昌耀以生命感觉与青海高原宏伟形体的感发，对大地博大根性的领悟，对民族原始记忆的继承，对伟大的政治理想的信仰，为自己塑造着一副高大的英雄人格和恢宏的情感感知与表达结构，这一时期的诗歌写作，是高昂的颂歌和坚贞的赞美语调。昌耀感受到的是宏大事物的慷慨浩大之声。第二阶段，昌耀遭遇了生命的劫难，在市场经济时代，沦为一个无产者，政治理想和宗教修行的意义纷纷失落，昌耀在人类学层面思考生命与命运的关系，将残酷的社会现实等生命困境视为不可摆脱的厄运和苦难，将自己与社会的紧张对抗关系转移至肉身之中，转化为生存意志与苦难的近距离惨烈搏斗，在诗歌文本中，则形成了戏剧化结构。在整体的世界图景和生命价值理想失落之后，昌耀感受到生命在施虐—受虐之间的荒谬体验，在独特的寓言风格中表达了这种体验。诗歌写作触发机制是探听自己身体内部参差的旋律。第三阶段，从 1994 年开始，在生命的最后时刻，昌耀敏锐地感受到了"内在生命"，一个在生与死界限之间的纯粹赤裸的生命，这种独特的生命体验用"歌哭"表达着生命承受苦难的沉重与悲怆。诗歌写作的触发机制是倾听生命中最微弱的声音。厘清了这三部分的脉络理清楚之后，后续的论文写作就有了一个清晰的方向和着力点。

（二）初稿写作和修改

确定好研究思路，锁定了研究的重难点之后，我就一边开始写作，一边阅读相关文献，思考着怎样突破写作的难点。

论文的重难点在于怎样论述昌耀晚期诗歌的风格。我从"歌哭"这一角度，去分析昌耀后期的生命体验和表达方式。"歌哭"，在古典诗学中已有广泛体现，中国古典诗歌有"长歌当哭"的传统。但如何运用这一分析角度去有效地分析昌耀的文本，描述昌耀晚期诗歌表达方式的独特性，依然是比较困难的。我感觉这是论文写作最大的一个瓶颈，即如何将这一现象上升为一定的理论认识。后来，虽然我收集了一些理论家论述"哭"的理论资料来作为立论的基础，但依然缺乏足够饱满的说服力。在克服这一写作难点的过程中，我加入了大量自己对"哭泣"的现象学理解和感受，丰富了这部分的内容。但这一问题的解决，因才力所限，而只能留待以后了。

老师的指导过程：

整个论文写作过程，从确定选题、拟定论文写作提纲、深入收集和阅读相关理论文献，到最后论文的修改定稿，王老师都一针见血地指出我研究的疏漏，给出了中肯可行的建议。

在写作的准备阶段，老师鼓励我将论文的写作中心锁定在声音的诗学上，这给了我极大的信心。在讨论一些具体的诗歌文本时，王老师指出，除了分析诗歌的文本形式和语言之外，也要结合诗人的生活经验和 90 年代的社会处境来理解昌耀的诗歌。这种思路，启发我以话语为基础去分析生命体验、社会处境和文本结构三者之间的关系，探析昌耀在不同生命阶段和社会处境中的生命体验和表达策略，而这构成了本文研究的基本方法论。诗人在写作、表达经验时，写作主体一方面受到表达媒介——语言的特征和规则的影响；另一方面，也受到具体的社会历史语境的制约。具体研究的过程，就是一个经验的还原与重构的过程，发现诗歌文本中表达经验的独特语言形式和结构，并以此为基础深入分析文本、生命体验、社会历史语境三者之间的对话关系。

在论文初稿写成后，王老师针对论文的结构和各部分内容，给出了详细精准的修改意见。王老师指出，论文第一部分，对象征理论引用过多，偏离了对昌耀诗歌文本的理解乃至整个论文的写作方向。在论文写作方法方面，王老师指出我的文章的感受和想象比较薄弱。经王老师提醒，我立马明白了自己论文写作的薄弱环节，即采用理性思辨的思路写成，过于理论化，而丧失了最原初的敏锐细致的感受，所以在修改的时候，我有意加入了自己阅读诗歌的感受和体验，丰富了文章的血肉。更为重要的是，王老师指出我论文写作一个潜在的薄弱地方，即过多纠结于文本的细节，削弱了昌耀诗歌的巨大魅力，未能感受和揭示出昌耀的博大生命境界。这可能是研究时遇到的一个普遍问题，在研究过程中，试图从语言着手，进入诗人的文本世界和经验世界。经由文字和语言作为媒介，去理解诗人的生命状态和情感强度，难免有削弱之嫌。于是，我在论文修改时，尤其注意了对这方面的补充，而最终有了文章的结语"生命的语言"这一部分，试图尽量去感受和理解昌耀倾注在语言背后的强烈的生命力度和情感强度。虽然完全理解之愿难以达成，而只是一个可望而不可即的理想，但于我自己而言，却实实在在从整体上提升了对昌耀诗歌写作和生命境界的理解。

应该说，经过这次学术训练，我初尝了一些做学术研究的甘苦，从最初锁定研究的问题，围绕此展开资料的收集和整理工作，一边思考，一边写作，到最后定稿，各种心情杂陈，如鱼饮水，冷暖自知。在硕士论文写作过程中，我初步积累了一些文学研究方法，获得了继续研究的勇气。

陆时雍的唐诗观与晚明诗学

丁　凌[*]

一　陆时雍的唐诗观

唐诗在明代的地位极高，明代诗论、诗歌创作在前、后"七子"的倡导下都表现出鲜明的尊唐特点，"诗必盛唐"是明代诗学的主流思想。在明代尊唐的诗学潮流下，陆时雍对唐诗的正面否定成为其诗论最为突出的特征。本章对《诗镜总论》中陆时雍对唐诗的正面批评进行概括，选取重要方面进行分析。

1. 唐诗的"追琢"与"自然"

现有论述多认为陆时雍崇尚自然，反对雕琢。《诗镜总论》中的确多次提到"真素""天然""自然之致"，但仔细分析，陆时雍并不排斥雕琢。

《诗镜总论》中从"想象""映带""追琢""写作"四个方面批评唐诗不如齐梁诗：

> 《赋得白云临浦》"疏叶临稽竹，轻鳞入郑船"，唐人无此想象。
> 《关山月》"晕逐连城璧，轮随出塞车"，唐人无此映带。
> 庾肩吾《经陈思王墓》"雁与云俱阵，沙将蓬共惊"，唐人无此追琢。

---

*　丁凌，首都师范大学文学院古代文论方向 2012 级硕士研究生。指导教师：王南。

　　梁简文《往虎窟山寺》"分花出黄鸟，挂石下新泉"，唐人无此写作。①

　　"想象"是创作中的艺术构思，"映带"体现出对章句的安排，"追琢"出自《诗经·大雅·棫朴》："追琢其章，金玉其相。""追琢"即"雕琢"。这几个词共同体现出诗人主动构思、安排章句、修饰辞藻的过程，也就是人工雕琢。对应《古诗镜》中对上述诗句的评价，可以看出陆时雍非常看重的"巧""奇""妙想""妙语"，也表现出对人工的推崇：

　　　　三四（"疏叶临嵇竹，轻鳞入郑船"）点化熔铸，巧夺天工。②
　　　　"晕逐连城璧，轮随出塞车"，此咏月常耳，而于关山为胜，谓之奇情巧思。③
　　　　"雁与云俱阵，沙将蓬共惊"，语极俊秀。鲍照"孤蓬坐振，惊沙自飞"，视之瞠然，何落霞孤鹜之足道。④
　　　　"分花出黄鸟，桂石下新泉"语，娟净可爱，更妙想入微。⑤

　　但是，陆时雍把"诗家最上一乘"的标准定为"真素"，又体现出对"自然"的提倡：绝去形容，独标真素，此诗家最上一乘。⑥现有论述大多据此得出陆时雍崇尚自然、反对雕琢的结论。袁震宇、刘明今的《中国文学批评通史·明代卷》虽然指出"'真素'指人固有的真精神，并非只提倡

---

①　（明）陆时雍撰，李子广评注《诗镜总论》，中华书局，2014，第 91 页。本文所引《诗镜总论》都为此版本。《诗镜总论》现在流行的版本为文渊阁《四库全书》本和丁福保的《历代诗话续编》本。2014 年，中华书局出版由李子广评注的《诗镜总论》，是最新版本。对比文渊阁《四库全书》本、丁福保《历代诗话续编》本、李子广评注本、文津阁《四库全书》本的 11 处异文发现，李子广评注本错漏最少，所以本文引文以李子广评注本为准。但李子广评注本第 206 页的"贪肉者，不贵味而贵臭"，文渊阁、文津阁《四库全书》本都为"食肉者"，丁福保《历代诗话续编》本为"贪肉者"。根据中国古代诗论以"味"喻诗的传统和《诗镜总论》文意，本文采用"食肉者"。
②　（明）陆时雍：《古诗镜》卷 26，载任文京、赵东岚点校《诗镜》，河北大学出版社，2010，第 283 页。本文所引《古诗镜》《唐诗镜》都出自此版本。
③　《古诗镜》卷 26，第 279 页。
④　《古诗镜》卷 20，第 222 页。
⑤　《古诗镜》卷 18，第 187 页。
⑥　《诗镜总论》，第 184 页。

淡雅朴质的风格"①，但没有说明"形容"和"真素"的关系，也就无法解释陆时雍如何看待唐诗的"追琢"与"自然"。

"形容"在文论中有两种意思。一种指事物的外在形象，如《系辞上》："圣人有以见天下之赜，而拟诸其形容，象其物宜，是故谓之象。"② 另一种指描绘事物的形象，描述事件的发展，如《四溟诗话》："《越裳操》止三句……及班固《白雉诗》，加之形容，古体变矣。"③ "形容"的两种含义在陆时雍的诗学观念中都有所体现，并且都得到了肯定。

在《诗镜总论》中，指事物外在形象的"形容"十分常见。陆时雍偏爱山水诗，如："'林壑敛暝色，云霞收夕霏'，语饶霁色，稍以椎链得之。'白云抱幽石，绿筱媚清涟'，不琢而工……'岩下云方合，花上露犹泫'，不绘而工。"④ 这些被陆时雍赞赏的诗句都是表现景物的外在形象。本节开篇引用的陆时雍非常欣赏的齐梁诗句也体现了这种"形容"。指描绘事物、叙述事件的"形容"也出现在陆时雍的论述中。《诗镜总论》中有多处关于如何写物、叙事的论述，如"物色在于点染"⑤ "情事在于犹夷"⑥，批评《孔雀东南飞》的叙事："焦仲卿诗有数病：大略繁絮不能举要，病一；粗丑不能出词，病二；颓顿不能整格，病三。"⑦

"形容"的两种含义都体现出"追琢"，肯定"形容"也就肯定了"追琢"，因此，陆时雍的"绝去形容，独标真素"并非从一开始就排斥"形容"、否定"追琢"，而是主张通过"形容"达到得意忘象、得意忘言的"自然"，即写景不局限于描摹物色，不必为求形似而精雕细刻；叙事只需情辞相合，意在表现"真素"。

再看陆时雍的"真素"，也反映他并非简单地排斥雕琢。

"真素"源于先秦老庄之论，在后世古代典籍中经常出现，意思大致可分为两类。一类指本性，如《世说新语》："殷仲堪既为荆州，值水，俭食，常五碗盘，外无余肴。饭粒脱落盘席间，辄拾以啖之。虽欲率物，亦缘其

---

① 袁震宇、刘明今：《中国文学批评通史·明代卷》，上海古籍出版社，2007，第558页。
② 《周易正义·系辞上》，载（清）阮元校刻《十三经注疏（附校勘记）》，中华书局，1980，第79页。
③ （明）谢榛著，宛平校点《四溟诗话》卷1，人民文学出版社，2012，第4页。
④ 《诗镜总论》，第60页。
⑤ 《诗镜总论》，第238页。
⑥ 《诗镜总论》，第238页。
⑦ 《诗镜总论》，第24页。

性真素。"① 另一类是形容真率自然，如《河岳英灵集》评阎防："防为人好名博雅，其警策语多真素。"② "真素"的两类意思在陆时雍的诗论中都表现为诗人的"本色""真情"。

　　道家"真素"之"素"常常和"朴"相关，受其影响，陆时雍论诗也经常提到"朴"。道家"雕琢复朴"③ "既雕既琢，复归于朴"④ 的观点被陆时雍在《诗镜总论》中引用。陆时雍赞扬司空曙的"兼葭有新雁，云雨不离猿"："已雕已琢，复归于朴。"⑤ 可见陆时雍的"真素"还指经过"追琢"又去除"追琢"，就像皎然所主张的"至丽而自然""至苦而无迹""至难而状易"⑥。这再次说明陆时雍的"绝去形容"不是简单地崇尚自然、反对雕琢。

　　陆时雍对"追琢"与"自然"的评判标准是"韵"：

　　　　诗之所贵者，色与韵而已矣。⑦

他用声音解释"韵"：

　　　　诗被于乐，声之也。声微而韵，悠然长逝者，声之所不得留也。一击而立尽者，瓦缶也。诗之饶韵者，其钲磬乎？⑧

　　"韵"于声的特点是悠然不绝，于诗是含蓄隽永。陆时雍虽然提倡"朴"，但反对直露浅率，他说：

　　　　古之为尚，非徒朴也，实以其精……以疏顽为古拙，以浅俚为玄

① （南朝宋）刘义庆著，（南朝梁）刘孝标注，余嘉锡笺疏《世说新语》，中华书局，2007，第51页。
② （唐）殷璠：《河岳英灵集》，载（唐）元结、殷璠等选《唐人选唐诗（十种）》，上海古籍出版社，1958，第114页。
③ 《庄子·应帝王》，载（清）郭庆藩撰，王孝鱼点校《庄子集释》，中华书局，2005，第306页。本文所引《庄子》都为此版本。
④ 《庄子·山木》，第675页。
⑤ 《诗镜总论》，第190页。
⑥ （唐）皎然著，李壮鹰校注《诗式校注》，人民文学出版社，2010，第26页。
⑦ 《诗镜总论》，第206页。
⑧ 《诗镜总论》，第53页。

澹，精彩不存，面目亦失之远矣。①

陆时雍把"诗道"归结为"情真"和"韵长"，"韵长"意味连绵不绝、朦胧隐约的言外之意，这势必和直露浅率相矛盾。陆时雍评价诗歌时也体现出这一观点。他肯定甄皇后《塘上行》"质朴"的特点，但并不认为这是首好诗："质朴少韵，其意固佳，病太直耳。"② 由此可知，不假思索的"朴"缺少"韵"，不是陆时雍提倡的"自然"。

陆时雍指出，"追琢"是到达"神韵"的重要途径。陆时雍赞扬杜审言的《和晋陵陆丞早春游望》："三、四精金百练。'云霞出海曙，梅柳渡江春。''曙''春'一字一句，古人琢意之妙。"③ "韵"需要通过"百炼"来实现，但"韵"最终体现为"自然"，所以陆时雍把"自然"作为比"追琢"更高的评价，并且像前代诗论家一样，主张最终要去除"追琢"的痕迹。

综上，"韵"是陆时雍对诗的最高评价标准，无论"追琢"还是"自然"，都必须围绕创造"韵"进行。陆时雍批评"唐人无此追琢"也是以"韵"为标准，认为唐诗的"追琢"不如六朝诗富含"神韵"。

陆时雍认为，唐人对"追琢"的"过求"造成唐诗"神韵"不足：

　　每事过求，则当前妙境，忽而不领。古人谓眼前景致，口头言语，便是诗家体料。④
　　诗之所以病者在过求之也，过求则真隐而伪行矣。⑤
　　唐人不琢不高，意必矜异，语必务奇，故缘饰盛而实趣衰，雕刻深而真气损，格力日降，音韵日沉矣。⑥

"过求"直接导致"真隐而伪行"，和强调"本色"的"真素"相悖。唐人"雕刻深而真气损"，而在陆时雍看来，"真"是"韵"的前提：

---

① 《诗镜总论》，第29页。
② 《古诗镜》卷4，第36页。
③ 《唐诗镜》卷3，第439页。
④ 《诗镜总论》，第169页。
⑤ 《诗镜总论》，第172页。
⑥ 《古诗镜》卷27，第293页。

精神聚而色泽生，此非雕琢之所能为也。①

物有天艳，精神色泽，溢自气表。②

"精神"来源于《淮南鸿烈·精神训》："故心者，形之主也；而神者，心之宝也。"③ 刘文典解释"精神"为："精者，人之气；神者，人之守也。"④ "精"和"神"都是就"人""心"的本来状态而论的。引申到诗学，"精神"强调"本色"和"真"。陆时雍的"物有天艳"就是指"本色"，"天艳"决定"精神"。"精神"的核心是"神"，也就是陆时雍崇尚的"神韵"，所以"真"才能产生"韵"。唐人因"过求"而导致"不真"，阻碍了"韵"的产生，因此陆时雍批评"唐人无此追琢"。

"过求"不仅使"真气损"，还不满足复归"自然"的要求。陆时雍认为杜甫、高适、岑参等唐代最负盛名的诗人都有"过求"的缺点，仔细分析可以找出他批评唐诗"无此追琢"的具体原因。

"好意"是陆时雍批评杜甫的重要原因，例如：

少陵之不真也为意使。⑤

子美之病，在于好奇。作意好奇，则于天然之致远矣。五七言古，穷工极巧，谓无遗恨。细观之，觉几回不得自在。⑥

善用意者，使有意无，隐然不见。造无为有，化有为无，自非神力不能。以少陵之才，能使其有而不能使其无耳。⑦

"意"指诗人的思想观点。注重锤炼"意"的诗人不仅有杜甫，中唐诗人大多表现出和杜甫相似的倾向："中唐人用意，好刻好苦，好异好详。"⑧ 崇尚"意"而不能"使有意无"导致杜诗及中唐诗"不得自在""于天然之致远矣"，所以对唐人对"意"的"过求"是陆时雍批评"唐人无此追琢"的

---

① 《诗镜总论》，第47页。
② 《诗镜总论》，第64页。
③ 刘文典撰，冯逸、乔华点校《淮南鸿烈集解》，中华书局，2011，第226页。
④ 《淮南鸿烈集解》，第218页。
⑤ 《诗镜总论》，第172页。
⑥ 《诗镜总论》，第156页。
⑦ 《诗镜总论》，第235页。
⑧ 《诗镜总论》，第174页。

原因之一。

除了"意"，字、句也是诗人"追琢"的对象。针对唐诗对字句的"过求"，陆时雍说：

> 诗以自然合道为宗，声色不动为美……诗即人之言也，言必字字而雕之，句句而绘之，即闻者骇矣。[1]

这一观点在陆时雍对高岑、元白的评价中得到体现。

陆时雍批评岑参以句子的精巧掩盖感情的不足："岑参好为巧句，真不足而巧济之，以此知其深浅矣。"[2] "琢句"过度使诗气韵局促，而"神韵"需要具备"拂拂如风，洋洋如水"的自得特点。陆时雍还批评唐人"琢句"过"巧"以致冷僻艰深："'一月月相似，一年年不同'，唐人如此琢句，争之小技间耳。"[3] "'鸟似五湖人'，语冷而尖，巧还伤雅，中唐身手于此见矣。"[4] 过分"琢句"使语句的"巧"替代了感情的"真"，导致诗人专注于雕刻"言内"而损害了"言外"的"神韵"："雕缋满肠，荆棘满手，以故意致细密，神韵不生。"[5] 相比汉魏诗，唐诗多佳句，诗人为求句子出众导致气韵局促，这成为陆时雍批评唐诗在"追琢"上不如六朝诗的又一个原因。

元、白崇尚语言通俗浅显，力求表达感情、观点详细透彻，呈现"意必尽言，言必尽兴"[6] 的语言特点。然而，陆时雍反对"尽"，认为"尽言""尽兴"造成语言繁杂、意兴浅率："尽言特烦，尽意则亵矣。"[7] 还指出唐诗不如古诗的原因之一就是"尽"："古人言简，而唐以好尽之。"[8]

陆时雍指出，由"追琢"复归"自然"的方法是"神情妙会"：

> 晋人五言绝，愈俚愈趣，愈浅愈深。齐梁人得之，愈藻愈真，愈

---

① 《唐诗镜》卷10，第533页。
② 《诗镜总论》，第130页。
③ 《唐诗镜》卷53，第1209页。
④ 《诗镜总论》，第181页。
⑤ 《古诗镜》卷12，第113页。
⑥ 《诗镜总论》，第228页。
⑦ 《诗镜总论》，第230页。
⑧ 《诗镜总论》，第134页。

华愈洁。此皆神情妙会，行乎其间。唐人苦意索之，去之愈远。"①

"神情妙会"是和苦吟式的"苦意索之"不同的"追琢"方式，在诗中体现为平易的语言风格。陆时雍评江总的《别袁昌州》："'黄鹄飞飞远，青山去去愁'，唐人不敢如此下句，避其易而平也。不知下语虽平，托兴实远，故知近之为远，浅之为深，平之为奇，易之为法者，方可言诗。"②唐人因为"苦意索之"，所以难以达到"神情妙会"，也就难以做到"绝去形容，独标真素"，因此陆时雍认为唐诗的"追琢"不如齐梁诗。

对"追琢"和"自然"的论述贯穿于陆时雍的唐诗评论，在评价唐诗的"情"与"意"、唐诗的"格"中都有所体现，后文分节论述。

2. 唐诗的"情"与"意"

《诗镜总论》中有一段集中对比"情"与"意"的文字：

> 夫一往而至者，情也；苦摹而出者，意也；若有若无者，情也；必然必不然者，意也。意死而情活，意迹而情神，意近而情远，意伪而情真。情意之分，古今所由判矣。少陵精矣刻矣，高矣卓矣，然而未齐于古人者，以意胜也。假令以《古诗十九首》与少陵作，便是首首皆意。假令以《石壕》诸什与古人作，便是首首皆情。此皆有神往神来，不知而自至之妙。太白则几及之矣。十五国风皆设为其然而实不必然之词，皆情也。晦翁说《诗》，皆以必然之意当之，失其旨矣。数千百年以来，愦愦于中而不觉者众也。③

这段论述常常被当作陆时雍尊"情"斥"意"的证据，袁震宇、刘明今的《中国文学批评通史·明代卷》，陈良运的《中国诗学批评史》都持这种观点，但事实并非如此简单。陆时雍描述"意"为"苦摹而出者"和"必然必不然者"，体现出"意"至少包括"作用"和"理"两种含义。

2.1 "情"与"理"

与唐代重"情"的诗观念的影响相关，明代诗人大多极不满意宋诗的"以意为主"。与明代的主流诗学思想一样，在"情"与"理"二者间，陆

---

① 《诗镜总论》，第57页。
② 《古诗镜》卷27，第290页。
③ 《诗镜总论》，第151页。

时雍强调"情"：

> 体物著情，寄怀感兴，诗之为用，如此已矣。[1]

　　陆时雍的唐诗评价中也体现出重"情"轻"理"的诗学观念。陆时雍从"多风"的角度肯定了初唐七律："初唐七律，简贵多风，不用事，不用意，一言两言，领趣自胜。"[2] 从刘勰的《文心雕龙·风骨》开始，"风"在诗论中体现为感情的丰沛。陆时雍赞赏初唐七律"多风"，是从"情"的角度，体现出陆时雍诗论重"情"的特点，与"以意为主"、求"理"趣的宋代诗论形成鲜明的对比。

　　在理学的影响下，"义理"是评价诗歌优劣的关键。关于李杜谁胜一筹的问题从宋代以来一直争论不休，重"理"的诗论家从义理的角度不断抬升杜甫的地位，陆时雍以"情"为依据，提出了不同的观点：

> 宋人抑太白而尊少陵，谓是道学作用。如此将置风人于何地？放浪诗酒，乃太白本行。忠君忧国之心，子美乃感辄发。其性既殊，所遭复异，奈何以此定诗优劣也？[3]

陆时雍把"道学"和"风人"分开，把诗从"道学"中划分出来。然后从诗人的性情和际遇入手，说明李白的"放浪诗酒"和杜甫的"忠君忧国"都是出自真情，不应以"理"为依据尊杜抑李。

　　陆时雍认为唐诗不如古诗的原因就是唐诗多"理"：

> 古人情深，而唐以意索之，一不得也。[4]

此处的"意"包含"理"。陆时雍对比唐诗和古诗的创作方式，具体说明唐代诗人的"以意索之"。如批评来鹏的《溽沱河》："此唐人多以意见撑持，

---

[1]　《诗镜总论》，第 122 页。
[2]　《诗镜总论》，第 114 页。
[3]　《诗镜总论》，第 162 页。
[4]　《诗镜总论》，第 134 页。

此非诗家正脉。"① "诗家正脉"即"体物著情，寄怀感兴"。来鹏的《浡沱河》咏怀汉代历史，全诗平铺直叙，针对历史事件发表议论，因此陆时雍批评此诗"以意见撑持"，用"理"取代了"情"。唐代陈子昂力主"兴寄"，唐代诗人又追求"骨气""骨力"，而"骨气""骨力"常表现为政治抱负。在此背景下，唐诗中难免出现对时事的议论，尤其是杜甫感叹时运、新乐府诗人揭露现实的诗更易出现议论、言"理"，所以陆时雍从主"情"的立场上认为唐诗不如古诗。

陆时雍如此看重"情"，和他以"韵"为核心的诗学主张有关。陆时雍概括"诗道"说：

> 诗之可以兴人者，以其情也，以其韵也……是故情欲其真，而韵欲其长也，二言足以尽诗道矣。②

陆时雍认为"情"可以产生"韵"，"理"却不能，因而特别注重"情"。陆时雍总结"情"和"理"的特点为：

> 若有若无者，情也；必然必不然者，意也。意死而情活，意迹而情神，意近而情远，意伪而情真。③

"情"的若有若无、虚无缥缈、遥远传神的特点都与"神韵"言近旨远的要求相符，这也是陆时雍特别看重"情"的原因。

然而，陆时雍虽然强调"情"，但不认为诗中绝对不能含有"理"。他说：

> 叙事议论，绝非诗家所需，以叙事则伤体，议论则费词也。然总贵不烦而至，如《棠棣》不废议论，《公刘》不无叙事。如后人以文体行之，则非也。戎昱"社稷依明主，安危托妇人"，"过因谗后重，恩合死前酬"，此亦议论之佳者矣。④

---

① 《唐诗镜》卷53，第1210页。
② 《诗镜总论》，第154页。
③ 《诗镜总论》，第151页。
④ 《诗镜总论》，第195页。

陆时雍从诗歌文体的角度反对在诗中进行叙事和议论；但从诗歌创作的事实出发，他不完全否定"理"。陆时雍评价戎昱的"社稷依明主，安危托妇人"为"怨而理"①，评价"过因谗后重，恩合死前酬"为"宛转沉痛，足匹少陵深衷料理语"②，赞扬这四句是因为诗人讲究构思安排，是"不烦而至"的议论佳句。由此可知，陆时雍并不认为议论、叙事和诗水火不容，而是指出诗与文的叙事、议论方式有别，"理"要以"情"为依托："是非之畛，理义之辨，必附性情而后见。"③ 此外，在诗中进行叙事、议论要有安排、节制，力求简练、深刻："事多而寡用之，意多而约出之，斯所贵于作者。"④

综上所述，"意"可以解释为"理"，在"情"与"理"二者间，陆时雍重"情"轻"理"，尤其反对以"理"为诗。探究陆时雍重"情"轻"理"的原因，除了和明代诗学思潮具有一致性，还因为"情"有助于产生"韵"，"理"却不行，而"韵"是陆时雍论诗的核心。唐人推崇的"凌云健笔意纵横"恰巧违背了陆时雍主"情"的评价标准，所以陆时雍批评唐诗"以意索之"，不如古诗。

2.2 "情"与"作用"

陆时雍论"意"还包括如何传情达意，也就是"作用"，即构思、安排篇章。在"作用"的层面上，陆时雍不否定"意"。

陆时雍认为"作用"是"情"的需要：

> 善言情者，吞吐深浅，欲露还藏，便觉此衷无限。⑤

诗人在抒情时要进行构思、安排，只有用心"作用"，才能恰当地表达感情，实现言近旨远的艺术价值。

陆时雍肯定了初唐七律的"作用"：

> 初唐七律，谓其不用意而自佳，故当绝胜。"云山一一看皆好，竹

---

① 《唐诗镜》卷34，第892页。
② 《唐诗镜》卷34，第893页。
③ （明）陆时雍：《诗镜原序》，文渊阁《四库全书》集部第1411册，上海古籍出版社，2003，第2页。
④ 《诗镜总论》，第114页。
⑤ 《诗镜总论》，第168页。

树萧萧画不成"，体气之贵，风味之佳，此殆非人力所与也。①

陆时雍认为初唐诗"绝胜"的原因是"不用意而自佳"。事实上，随着诗歌理论和创作的不断发展，初唐诗人并非"不用意"。"云山"二句出自初唐诗人苏颋的《扈从鄠杜间奉呈刑部尚书舅崔黄门马常侍》，《唐诗观澜集》称赞这两句说："浑雅之极，似不着力，而气格高甚。"② 可见，这两句诗是经"作用"而达到"自然"的典范之作。陆时雍肯定初唐七律的"作用"，一方面，因为初唐七律"作用"而不见"人力"，即前文所论的由"追琢"复归"自然"；另一方面，这种"作用"反映出"体气"，带来"风味"，即曲折含蓄地传达出"情"。

　　对于盛唐和中晚唐诗的"作用"，陆时雍认为过于直露，抒情不如古诗沉郁深婉：

　　　　古人作用盘礴，而唐以径出之，八不得也。③

从陆时雍对李杜的评价，可以看出他批评盛唐诗"作用"的原因：

　　　　太白七古，想落意外，局自变生，真所谓"驱走风云，鞭挞海岳"。其殆天授，非人力也。少陵《哀江头》《哀王孙》作法最古，然琢削磨砻，力尽此矣。④
　　　　有情可观，无迹可履，此古人落笔佳处。⑤（按，评李白《古风》）

陆时雍认为，相比杜甫，李白"作用"的长处是"想落意外，局自变生""有情可观，无迹可履"，也就是"作用"恰到好处地表达了"情"，达到了"但见情性，不睹文字"的"天然之致"。陆时雍认为杜甫的"作用"显出"琢削磨砻"之态，过于精致，超出了"情"的需要，也就不能使

① 《诗镜总论》，第157页。
② （清）李因培选评，凌应曾注《唐诗观澜集》，转引自陈伯海编《唐诗汇评》，浙江教育出版社，1995，第142页。
③ 《诗镜总论》，第134页。
④ 《诗镜总论》，第147页。
⑤ 《唐诗镜》卷17，第613页。

"意"隐藏在"情"之中。

在陆时雍看来，盛唐诗人的"作用"虽不及古人，但尚有可取之处，中晚唐的"苦吟"则人工痕迹明显，他说：

> 中唐人用意，好刻好苦，好异好详……盛唐人寄趣，在有无之间。可言处常留不尽，又似合于风人之旨，乃知盛唐人之地位故优也。①

陆时雍认为中唐诗人"作用"的症结在刻意"寻"意。第一，"意之所设，而情不与俱，不能强之使入"②。中唐人先立"意"，再根据"意"写诗，类似刘勰所说的"为文而造情"③，有宋人"以意为主"的趋势。陆时雍批评中唐诗的"作用"也是以"情"为核心，认为中唐诗失去了盛唐的"一往深情，寄言无限，随物感兴"④。第二，中唐诗人"苦吟"的"作用"方式犯了陆时雍反对的"死做"错误，追求新奇独特却流于怪异险僻，影响了"情"的传达。

综上所述，陆时雍的"意"包括"理"和"作用"两种含义。在"理"的层面上，陆时雍反对"以意为诗"，认为诗的意义是"吟咏情性"，且咏"情"才可能产生"韵"。但陆时雍不是完全禁止言"理"，而是要求言"理"不能代替咏"情"；"理"要和"情"融为一体，避免过多的叙述和议论。在"作用"的层面上，陆时雍指出"作用"是抒情的需要，经过用心布局、安排，可以使"情"更加曲折动人；"作用"最终要回归"天然"。在两个层面上，陆时雍都以"情"为中心来要求"意"。一言以蔽之，陆时雍对"情"与"意"的要求是"率真以布之，称情以出之，审意以道之，和气以行之，合则以轨之，去迹以神之"⑤。

3. 唐诗的"格"

陆时雍在评价唐诗时多次提到"格"。

"格"的本义，《说文解字》解释为"木长貌"⑥，后来引申出众多含义。

① 《诗镜总论》，第 174 页。
② （明）陆时雍：《诗镜原序》，文渊阁《四库全书》集部第 1411 册，上海古籍出版社，2003，第 2 页。
③ （梁）刘勰著，范文澜注《文心雕龙注》，人民文学出版社，2011，第 538 页。
④ 《诗镜总论》，第 203 页。
⑤ 《诗镜总论》，第 116 页。
⑥ （汉）许慎撰，（宋）徐铉等校定《说文解字》，中华书局，2009，第 119 页。

据《康熙字典》，"格"的义项和诗学有关的可分为两类。一类和"意"有关，成为诗学中"格力"观念的源头；另一类和法式、标准有关，在诗学中引申为诗的体式标准，即"格律"之"格"。陆时雍就是从"格力"和"格律"两方面论述唐诗的"格"。

3.1　格力

陆时雍在《诗镜总论》中对比唐诗和六朝诗：

> 江总《赠袁洗马》"露浸山扉月，霜开石路烟"，唐人无此洗发。①

《古诗镜》评价江总此句为：

> 意致格力，迥出常度。②

由此可知，"洗发"就是指"意致格力"。

"格"从唐代开始大量出现在诗学理论中。"格"在唐代最初指"意"，如王昌龄："格，意也。意高为之格高，意下为之下格"③，强调雄健激昂的感情基调，体现出"格"昂扬奋发的"力"。"格"还多指"体格"，如殷璠《河岳英灵集》："格高调逸，趣远情深，削尽常言，挟风雅之迹，浩然之气。"④皎然在《诗式》中大力推崇谢灵运的诗，指出"格高"是谢灵运诗的特点之一，并由对"格高"的推崇引发对"力"的追求："不由作意，气格自高，与《十九首》其流一也。"⑤"气格"直接体现出对阳刚、力量的追求，和"格力"非常相近。到晚唐司空图的《与李生论诗书》，"工右丞、韦苏州，澄澹精致，格在其中，岂妨于遒举哉？"⑥以"遒举"解释"格"，兼顾"澄澹精致"，几乎等同于陆时雍的"格力"。

---

① 《诗镜总论》，第91页。

② 《古诗镜》卷17，第288页。

③ （唐）王昌龄：《诗格》，载张伯伟《全唐五代诗格汇考》，江苏古籍出版社，2002，第148页。

④ （唐）殷璠：《河岳英灵集》，载（唐）元结、殷璠等选《唐人选唐诗（十种）》，上海古籍出版社，1958，第95页。

⑤ 《诗式校注》，第110页。

⑥ （唐）司空图：《与李生论诗书》，载（清）董诰等编《全唐文》卷807，中华书局，1983，第8485页。本文所引《全唐文》都为此版本，后文只注书名、页码。

宋元论"格"发展了唐代提倡"力"的倾向，标举刚健遒举的力量美，并多次使用"格力""气格"等词。如魏泰的《临汉隐居诗话》："孟郊诗蹇涩穷僻，琢削不假，真苦吟而成。观其句法、格力可见矣。"① 严羽的《沧浪诗话》概括"诗之法有五"，"格力"是其中之一；概括"诗之至有二"，其中之一就是体现"格力"的"沉着痛快"。

综上所述，"格"从唐代开始大量出现在诗学论著中，唐人论"格"从"意"和"体格"两个角度肯定了"高""清""逸""遒举"。"高""清""逸""遒举"则在不同程度反映出了"力"的内涵，由此产生"格力""气格"等审美理想。宋人发展了唐代论"格"重"力"的倾向，强调雄深雅健的风格，"格力"成为诗论中的固定术语。

"格力"在明代仍然带有强调"力"的特点，但受到理学主"静""正"的影响，明代诗人同时还热衷营造含蓄蕴藉、简省玄远的"言外之意"，明代诗论家把这种风格概括为"清"。在此背景下，陆时雍提倡的"格力"已超出唐人的内涵，是明代既提倡"力"又追求含蓄蕴藉的"清"。

儒、道两家都不乏对"清"的论述，都带有清高脱俗的人生追求，同时蕴含着清逸玄远的审美导向。从魏晋开始，"清"在用于赞美人物的同时逐渐和文学产生关联，从人物个性的"清"引申出文辞的清新典雅，诗学概念的"清"广泛出现。盛唐诗人直接继承了魏晋南北朝论"清"、尚"洁"和"力"的特点，"清"成为唐代诗人推崇的诗歌风格。到晚唐，"清"减少了格力的成分，体现出对道家超越功名、清虚守静思想的回归。

明代，"清"的内涵发生改变。在谢榛、胡应麟等人的论述中，为"清"再次加入雄健沉郁的要素，"清"和"格力"在"力"的层面再次交会。如胡应麟论"清"兼具雄大和清逸："诗最可贵者清……高、岑之悲壮，李、杜之雄大，其材不可概以清言，其格与调与思，则无不清者。……才大者格未尝不清，才清者格未必能大。"② 为"清"重新加入"格力"的刚健和沉郁，这在陆时雍论"清"中也有所体现。

和陆时雍同属晚明的诗论家钟惺、谭元春也标举"清"，他们对"清"的要求和陆时雍的"清"不谋而合："诗，清物也。其体好逸，劳则否；其地喜净，秽则否；其境取幽，杂则否；其为宜澹，浓则否；其游止贵旷，

① （宋）魏泰：《临汉隐居诗话》，载（清）何文焕辑《历代诗话》，中华书局，2011，第321页。
② （明）胡应麟：《诗薮》外编卷4，上海古籍出版社，1958，第185页。

拘则否。"① "夫茂先之诗，如钟鼓声中报晴，如大江海中扁舟泛泛，又如冠进贤不俗之人，有如数十百人持斧开山，声振州郡，而其实则幽人山行也。"②其中对道家清高玄远审美导向的回归也是陆时雍论"清"的重要内容。

通过对"格力"和"清"的内涵的梳理可以看出，随着二者的不断变化，"清"和"格力"时有交会，最终成为陆时雍论"格力"的理论基础。简而言之，一方面，"格"从唐代开始大量出现在诗学理论中，"格力"最初强调雄浑刚健。从宋代开始，在理学思想影响下，诗人的审美取向趋于内敛，"格力"逐渐向"清"靠近。另一方面，诗学中的"清"发源于道家的"清静无为"，体现出清高隐逸的道家思想特点。魏晋南北朝时期，"清"成为重要的诗学范畴，提倡清新明快、简洁俊逸，带有"力"的因素。在"清"的演变过程中，道家思想玄远、清逸的特点始终贯穿其中，明代谢榛、胡应麟等诗论家指出雄浑也是"清"的内涵，至此"清"和"格力"融为一体，因此，陆时雍的"格力"不是单独强调雄浑刚健，是融合了清逸和雄浑的"清"。

对"格力"的不同理解是造成陆时雍批评"唐人无此格力"的根本原因。

上文已经论述，唐人论"格力"强调博大雄浑，这种风格在唐代文论中更典型的概念是"风骨"，在诗论中也称为"骨力""骨气""气骨"。"风骨"源于魏晋，唐代陈子昂在《与东方左史虬修竹篇序》中大力提倡复兴"汉魏风骨"，强调政治"兴寄"。陈子昂的"风骨"论被后世唐人接受，"风骨"在唐代往往包含"立言见志"的政治寄托。与此不同，陆时雍的"格力"重"清"，"风骨"蕴含的政治寄托与"清"的隐逸出世相悖，这是陆时雍批评"唐人无此格力"的根本原因。

"风骨"多体现于初盛唐诗，中唐诗感情日渐收敛，用意精深："中唐诗近收敛，境敛而实，语敛而精。"③ 晚唐诗新巧精致："唐之晚年，诗人无复李、杜豪放之格，然亦务以精意相高。"④ 中晚唐出现了韦应物、柳宗元、温庭筠、李商隐等风格婉丽的诗人，较少包含初盛唐诗的"风骨"，但陆时雍仍然认为中晚唐诗缺少"格力"。

---

① （明）钟惺：《简远堂近诗序》，载李先耕、崔重庆标校《隐秀轩集》卷17，上海古籍出版社，1992，第249页。本文所引《隐秀轩集》都为此版本，下文只注书名和页码。

② （明）谭元春：《万茂先诗序》，载陈杏珍标校《谭元春集》卷23，上海古籍出版社，1998，第624页。

③ 《诗镜总论》，第179页。

④ （宋）欧阳修：《六一诗话》，载（清）何文焕辑《历代诗话》，中华书局，2011，第267页。

中唐诗仍然没有满足陆时雍对"格力"的要求，是因为"雕刻"：

> 江淹"风高暗绿凋残柳，雨驶芳红湿晚芙"，隋炀帝"绿潭桂楫浮青雀，果下金鞍跃紫骝"，直述景物，风味自成。唐人不琢不高，意必矜异，语必务奇，故缘饰盛而实趣衰，雕刻深而真气损，格力日降，音韵日沉矣。①
>
> 中唐反盛之风，攒意而取精，选言而取胜，所谓绮绣非珍，冰纨是贵，其致迥然异矣。然其病在雕刻太甚，元气不完，体格卑而声气亦降，故其诗往往不长于古而长于律，自有所由来矣。②

前文已论，"清"继承了道家哲学中的"自然"，作为诗学理想也崇尚自然。中唐"好刻好苦"的诗风不符合"清"天然无迹的要求，所以陆时雍认为中唐诗的"格力"不如六朝诗。

晚唐诗人延续了中唐作用精深的习惯，甚至更加强调推敲入微，如陆时雍所说："中晚唐声格相成，第晚唐日趋杪削。"③ 中唐诗尚且因为"雕琢"而与陆时雍的"格力"相悖，"日趋杪削"的晚唐诗自然"无此洗发"。此外，晚唐后期流行华美绚丽的风格，欧阳炯在《花间集序》说："镂玉雕琼，拟化工而回巧；裁花剪叶，夺春艳以争鲜。是以唱云谣则金母词清，挹霞醴则穆王心醉。名高白雪，声声而自合鸾歌；响遏青云，字字而偏谐凤律。"④ 这种浓艳的风尚显然不符合陆时雍崇尚的清新俊逸的"格力"。

3.2 格律

唐代格律诗盛行，陆时雍还从"格律"的角度对唐诗进行了评价：

> 诗至于宋，古之终而律之始也。体制一变，便觉声色俱开。谢康乐鬼斧默运，其梓庆之镰乎？颜延年代大匠断而伤其手也。寸草茎，能争三春色秀，乃知天然之趣远矣。⑤
>
> 诗自宋一大变，气变而韶，色变而丽，体变而整，句变而琢，于

---

① 《古诗镜》卷27，第293页。
② 《诗镜总论》，第179页。
③ 《唐诗镜》卷49，第1137页。
④ （后蜀）欧阳炯：《花间集序》，《全唐文》卷891，第9305~9306页。
⑤ 《诗镜总论》，第58页。

古渐远，于律渐开矣。①

受到齐梁以来讲究体格声调的影响，唐代诗人作古诗和格律诗都强调"追琢"。陆时雍比较"律"和"古"的体制差别，从"天然之趣"的角度对唐代的古诗和格律诗进行了评价。

陆时雍对唐代五言古诗颇为不满，指出唐代五言古诗的"八不得"。其中四项和他概括的格律诗"天然之致远矣"的问题一致：

> 古人法变，而唐以律格之，三不得也。
> 古人色真，而唐以巧绘之，四不得也。
> 古人气凝，而唐以佻乘之，六不得也。
> 古人言简，而唐以好尽之。七不得也。②

"古人法变，而唐以格律之"对应刘宋出现的"体变而整"。唐代延续齐梁的诗歌传统，作古诗也讲究声韵、体式："唐人沿袭六朝，自幼便为俳偶声韵所拘，故盛唐五言古，自李、杜、岑参、元结而外，多杂用律体，与初唐相类。"③古诗体式自由，陆时雍批评唐代以律行古导致格局窄小，破坏了五言古诗"卷舒自得"的"天然之致"："初唐以律行古，局缩不伸。"④

"古人色真，而唐以巧绘之"对应"色变而丽"。"色"指辞采，"丽"强调对偶工整、辞藻华丽。齐把"丽"发展为"艳"："诗丽于宋，艳于齐。物有天艳，精神色泽，溢自气表。"⑤陆时雍评价齐诗时又说："诗至于齐，情性既隐，声色大开。"⑥可知"艳"指"声色大开"。陆时雍不反对"丽色"和"声色大开"："有韵必有色，故色欲其韶。"⑦"诗之佳者，在声色臭味之俱备。"⑧唐代诗人以作格律诗的精思作五言古诗，又没有"神工巧铸，

---

① 《古诗镜》卷12，第112页。
② 《诗镜总论》，第134页。
③ （明）许学夷著，杜维沫校点《诗源辩体》卷17，人民文学出版社，1987，第177～178页。
④ 《唐诗镜》卷20，第669页。
⑤ 《诗镜总论》，第68页。
⑥ 《诗镜总论》，第71～72页
⑦ 《诗镜总论》，第154页。
⑧ 《诗镜总论》，第90页。

不知有对偶之烦"①。陆时雍认为唐人精思的"巧"致使真实的神情色泽遭到掩盖，所作五言古诗丧失了古诗原有的"神韵"和"天然之趣"。

"古人气凝，而唐以佻乘之"对应"气变而韶"。古人的"气凝"表现为温柔敦厚的中和尺度："苏李赠言，何温而戚也！多唏涕语，而无蹶蹙声，知古人之气厚矣。"② 齐梁诗人在探究诗歌的艺术美上煞费苦心，在"诗缘情而绮靡"的主张下，诗的气韵不再固守古诗的庄重、敦厚，变为追求精致华美。然而雕琢过细的齐梁诗显露出"佳句不乏，蒙气亦多"③ "意气恹恹"④ 等问题。唐人一扫齐梁积弊，雄浑劲健之"气"在唐诗中经常出现。然而，在陆时雍看来，唐代以"气"纵横的诗人难免"蹶张之病"，是缺乏"韵"的"疏顽"，并非值得提倡的"自然"。陆时雍批评唐人这种未加节制的"气"是"以佻乘之"。

"古人言简，而唐以好尽之"对应"句变而琢"。陆时雍认为唐代诗人为求"尽言""尽兴"，在遣词造句时雕刻苦吟，致使语言繁复，失去了诗的"天然之趣"，所以唐代五言古诗不如汉魏。关于这点见本章第一节。

除上述四点外，"以意索之"也是陆时雍批评唐代五言古诗的重要原因：

> 古人情深，而唐以意索之，一不得也。⑤

杜甫诗中多"意"，并且对中晚唐诗人产生影响，所以陆时雍以杜甫为重点，分析唐代五言古诗的"以意索之"。陆时雍论诗主"神韵"，"神韵"在五言古诗中体现得最为明显：

> 五言古非神韵绵绵，定当捉衿露肘。刘驾、曹邺以意撑持，虽不迫古，亦所谓"铁中铮铮，庸中姣姣"矣。善用意者，使有意如无，隐然不见。造无为有，化有为无，自非神力不能。以少陵之才，能使其有而不能使其无耳。⑥

---

① 《诗镜总论》，第64页。
② 《诗镜总论》，第13页。
③ 《诗镜总论》，第99页。
④ 《诗镜总论》，第103页。
⑤ 《诗镜总论》，第134页。
⑥ 《诗镜总论》，第235～236页。

这种观点，许学夷表达得更加直接："汉魏同者，情兴所至，以情为诗，故于古为近。魏人异者，情兴未至，以意为诗，故于古为远。同者乃风人之遗响，异者为唐古之先驱。"① 陆时雍不满于唐代诗人这种"以意撑持"的写诗方式，认为即使是唐人中的佼佼者也不及古人。但是，"意"的确有助于产生"神韵"，所以陆时雍不完全否定唐人的"以意索之"。陆时雍认为杜甫写"意"只做到了"造无为有"，没有"化有为无"，还带有"苦雕细琢"的痕迹，不如古诗"天真自在"。

　　综上，陆时雍认为唐代五言古诗不如汉魏，因为唐人或以"律"行"古"，或抒情节制不足，或"以意索之"，使五言古诗失去了"天然之趣"。

　　对七言古诗的"自然"，陆时雍提出了和五言古诗不同的要求：

　　　　七古纵横无所不可，五古须法度自闲。②

不同于五言古诗的平正典丽，七言古诗可以错综开阖。

　　陆时雍批评初唐七言古诗好作偶句，以致气韵拘谨："初唐七古多作偶语绝句，故情既不宣，势复不畅，虽以杨炯、骆宾王之才，而《帝京篇》《长安古意》终为提示所局。"③ "初唐七言古风，拘挛缠束，有气不舒，有意不展，又皆一切支应，语和畅披胸豁胆，一伸眉目于人前耶！"④ 对偶句是六朝诗人的流行倾向，也是律诗的体制要求。初唐七古限于对偶的句式而没有达到"纵横无所不可"的灵动自由，也就不符合陆时雍提倡的"自然"。

　　对于盛唐七言古诗，陆时雍格外推崇李白，认为李白的七言古诗不仅冠绝盛唐，还可为唐代七言古诗魁首：

　　　　太白其千古之雄乎？气骏而逸，法老而奇，音越而长，调高而卓。⑤
　　　　太白七古，想落意外，局自变生，真所谓"驱走风云，鞭挞海岳"。其殆天授，非人力也。⑥

---

① 《诗源辩体》卷 4，第 71~72 页。
② 《唐诗镜》卷 38，第 956 页。
③ 《唐诗镜》卷 13，第 569 页。
④ 《唐诗镜》卷 3，第 443 页。
⑤ 《诗镜总论》，第 145 页。
⑥ 《诗镜总论》，第 147 页。

太白七言乐府接西汉之体制，掩六代之才华，自傅玄以下，未睹其偶。至赠答歌行，如风卷云舒，惟意所向，气韵文体，种种振绝。[1]

乃其雄情逸调纵自天成，平平语俱度越一世。[2]

"老而奇"是称赞李白七言古诗法度古朴老练、开阖自在，格局千变万化，展现出自然风韵。"气骏而逸""音越而长""调高而卓""想落意外""雄情逸调纵自天成"形成李白气势飞扬、落笔天纵的风格，符合七言古诗气韵舒展、体式灵活的"天然之趣"要求。

陆时雍认为中唐的七言古诗有胜于初唐之处。中唐七古不再片面追求对偶，变得气韵流畅："中唐七古荡逸游行，纵横挥霍，骎骎乎大雅之章矣。"[3] 和盛唐相比，中唐诗人重视琢磨修饰，取意选言更加精致新奇，这形成中唐七古不同于盛唐的面貌："中唐反盛之风，攒意而取精，选言而取胜，所谓绮绣非珍，冰纨是贵，其致迥然异矣。"[4] 如本章第一节论述，陆时雍认为"追琢"最终需消除人工痕迹，复归"自然"；古诗对"自然"的要求更甚于格律诗，而中唐的"追琢"对七言古诗来说"雕刻太甚，元气不完"，所以中唐七言古诗的问题也是"天然之致"不足。

综上所述，陆时雍论古诗强调古体开阖自由的"天然之趣"，而唐代诗人以"律"行"古"的做法限制了古体的自由，又因"雕刻太甚"而没有"复归于朴"，所以陆时雍对唐代古诗的批评缘于唐诗"天然之趣"不足。

虽然在评价唐代古体诗时，陆时雍对"律"多有不满，但他并不否定格律诗。

律诗格律严明，是格律诗最具代表性的特点，陆时雍对"格律"的看法主要见于对律诗的评论。

第一，陆时雍认为格律诗要遵守格律规范。初唐律诗的体式尚未成熟，时常出现古律混杂的情况，陆时雍对此进行了批评："四杰律诗，多以古脉行之，故材气虽高，风华未烂。"[5] 律诗精微，以"古"行"律"在格律形

---

[1] 《唐诗镜》卷17，第607页。
[2] 《唐诗镜》卷19，第650页。
[3] 《唐诗镜》卷13，第569页。
[4] 《诗镜总论》，第179页。
[5] 《诗镜总论》，第108页。

式上不符合律诗的标准，所以陆时雍批评初唐律诗没有完全具备律诗华美的风貌。盛唐，律诗的体式标准已经确立，但盛唐诗人有时一意抒怀而不顾格律规范："盛唐以古行律，其体遂败。良马之妙，在折旋蚁封；豪士之奇，在规矩妙用。若恃一往，非善之善也。《对酒忆贺监》《宿五松山下荀媪家》《宿巫山下》《夜泊牛渚怀古》，清音秀骨，夫岂不佳？第非律体所宜耳。"① 李白的这四首诗都是古、律相间的形式，因为没有遵守格律规范，在陆时雍看来不是上佳的作品。陆时雍批评中唐七律同样有违反格律的问题："中唐七律，时见偃纵，故体格不严。"② 由此可见，陆时雍肯定"格律"的价值，要求格律诗遵守体制规范。

第二，遵守格律就要雕刻"作用"，陆时雍要求雕刻最终回归"自然"。陆时雍评价杜甫："少陵五言律，其法最多，颠倒纵横，出人意表。余谓万法总归一法，一法不如无法。水流自行，云生自起，更有何法可设？"③ 这里的"法"包括律诗必须遵守的准则，高明的"法"是化"有法"为"无法"。"无法"的关键是顺应感情自然生发，就如水流云生一样不待人力。

第三，陆时雍注意到格律带来的限制，指出格律诗并非适合所有诗人。高适的性格"莽而率"④，所以写法度灵活的七言古诗得心应手，却不擅长七律："高适七言古往来如意，声调激扬，至七言律便觉意格陨落，知律之束人多矣。"⑤ 因此，天性豪旷的诗人作格律诗难免为遵守体制而禁锢本性，难以表现"自然之趣"。

总之，无论古诗还是格律诗，陆时雍都崇尚"天然之趣"。古诗体式自由，原本比律诗容易实现"天然"，但唐代以"律"行"古"的做法损害了古诗的"自然"，遭到了陆时雍的批评。对于格律诗，陆时雍要求它符合体式规范，主张通过"追琢"实现既合律又不失"天然"。同时，陆时雍认识到格律对诗人的拘束限制，认为诗人应该根据性格特征选择诗体，不可因恪守格律而拘禁天性，否则诗中难成"天然之趣"。

---

① 《唐诗镜》卷 20，第 669 页。
② 《唐诗镜》卷 31，第 850 页。
③ 《诗镜总论》，第 159 页。
④ 《唐诗镜》卷 14，第 579 页。
⑤ 《唐诗镜》卷 13，第 579 页。

二 陆时雍的唐诗观和晚明诗学思想

1. 陆时雍的唐诗观与晚明"实用"诗论的异同

万历后期，皇帝深居不朝，党争不断，一部分诗人试图扭转明王朝每况愈下的政局，经世致用的文学观念又一次兴起。

在思想上，与当时流行的心学学派和注重自我、张扬个性的"性灵"说诗人群体不同，主张经世致用的文人重视个人的道德修养，主张回归程朱理学。在文学上，这部分诗人普遍主张"言道"和"忧时托志"，表现出注重"实用"的特点。如高攀龙："不善言道者，其文不工；工于文者，皆善言道者也。"① "圣人之道欲其存诸心，见诸行。文也者，其所存所行者也。"② 以诗言志、以诗救世是这些诗人的诗学主张。

陆时雍的唐诗观体现出晚明"实用"诗论的一些特点，也提出诗应该发挥弘道和济世的作用："石之有棱，水之有折，此处最为可观。人道谓之'廉隅'，诗道谓之'风格'，世衰道微，恃此乃能有立。东汉之末，节气辈生。唐之中叶，诗之骨干不顿，此砥世维风之一事也。"③ 陆时雍认为诗歌风格应该像人的秉性一样，具备刚直方正的格调，主张诗在社会和道德衰微时发挥救世济道的作用。在唐诗批评中，陆时雍批评中唐士风颓败，诗歌缺少骨力，认为中唐诗人没有在国运衰微之际起到拯救世道和诗道的作用，和晚明重实用的文学思想有相同之处。

然而，在诗歌的审美标准上，陆时雍的唐诗观与晚明重实用的文学思想存在明显分歧。晚明主张经世致用的诗人往往以是否具备政治寄托和美刺功能作为评判诗人的标准，陆时雍则概括"诗道"为："是故情欲其真，而韵欲其长也，二言足以尽诗道矣。"在这样的艺术理想下，对于同一个诗人，陆时雍和重实用的诗论家很可能做出不同的评价。如陈子龙称赞杜甫："有唐杜子美，当天宝之末，亲经乱离，其发为诗歌也，序时变，刺当涂，悲

---

① （明）高攀龙：《刘羽戢知新稿序》，《高子遗书》卷9下，文渊阁《四库全书》集部第1292册，第572页。

② （明）高攀龙：《去浮集序》，文渊阁《四库全书》集部第1292册。

③ 《诗镜总论》，第202页。

愤峭激，深切着明，无所隐忌，读之使人慷慨奋迅而不能止。"① 认为杜诗的过人之处是展现了社会现实，具有讽谏的作用，并且情感深刻真挚，能起到激荡人心的作用，满足力挽狂澜的现实需要。陆时雍却批评杜甫"苦意摹情，遇于悲而失雅"，认为《石壕吏》"酸楚殊甚"②，《垂老别》"语多诀别"③，《秋兴八首》"语气郑重，非其至佳之作"④。陈子龙把盛唐诗优于中晚唐诗的原因归结于"王业"："天宝之末，诗莫盛于李杜。方是时也，栖甫岷峨之巅，放白江湖之上，然李之辞愤而扬，杜之辞悲而思，不离乎风也，王业之再造也。大中而后，其诗弱于野，西归之音渺焉不作，王泽竭矣。"⑤ 把政治志向视为诗歌情感的源泉，把能否激发人兴国的理想、是否有助于政局作为评价诗的标准。陆时雍完全从诗歌艺术的角度探讨盛唐诗和中唐诗的区别："中唐人用意，好刻好苦，好异好详……盛唐人寄趣，在有无之间。可言处常留不尽，又似合于风人之旨，乃知盛唐人之地位故优也。"⑥ 批评中唐人重"意"而忽略了"情真"，"好详"而丧失了"韵长"，雕镂过度，没有回归"真素"。由此可见，陆时雍以"神韵"为宗旨的审美标准和晚明重实用的文学思想有很大不同。

陆时雍批评中唐诗没有起到经世致用的作用，事实上，中唐元稹、白居易、张籍、王建、李绅等诗人都强调诗的社会作用，但陆时雍对这些诗人、诗作的评价大多不高，这也说明陆时雍的唐诗批评标准不同于晚明以经世致用为核心的诗学思想。陆时雍对元白以实用为目的的诗的评价都不高。《唐诗镜》选白居易诗 188 首，大部分是闲适诗，还有一些感伤诗，只有 10 首是讽喻诗。白居易以《秦中吟》和《新乐府》组诗为讽喻诗的代表，自视为其诗歌的典范之作。但在《唐诗镜》中，《秦中吟》一首未选，《新乐府》只选了《五弦弹》一首，且陆时雍对这 10 首诗的评价都不高，尤其没有从经世致用的角度给予肯定。《唐诗镜》选元稹诗 65 首，其中含有政治寄托的诗 26 首，陆时雍也没有肯定它们的美刺价值。此外，陆时雍

---

① （明）陈子龙：《左伯子古诗序》，《安雅堂稿》卷 1，转引自吴文治主编《明诗话全编》，江苏古籍出版社，1997，第 10522 页。

② 《唐诗镜》卷 21，第 680 页。

③ 《唐诗镜》卷 21，第 681 页。

④ 《唐诗镜》卷 26，第 770 页。

⑤ （明）陈子龙：《方密之流寓草序》，《安雅堂稿》卷 1，转引自吴文治主编《明诗话全编》，第 10525 页。

⑥ 《诗镜总论》，第 174 页。

对元白的整体评价不高："元白言情，元粘白解；遣意铸词，元修白率，体裁冗塌则均耳。"① 而元白的这些特点恰是因为过分注重诗的实用目的。可见陆时雍不是以是否具备政治寄托、能否实现讽谏作为评价诗歌的标准。

反观陆时雍唐诗观中的经世致用思想，他评价中唐诗："唐之中叶，诗之骨干不顿。"②"声格之降，一往不复反矣。"③ 与其说注重诗的社会功用，不如说提倡刚健清朗的艺术风格。

晚明重实用的诗论家大多主张诗歌情感的典雅中正，这在陆时雍的唐诗观中也有体现，在下一节论述。

2. 陆时雍的唐诗观与晚明"情真"诗论的异同

明代诗论除少数重"理"轻"情"外，大多极重"情"。明代中后期，随着心学的兴起，形成了声势浩大的主"情"思潮，到万历后期达到顶峰。无论主张经世致用还是"性灵"，强调"情真"是晚明诗学思想的共同倾向。陆时雍"情欲其真""韵欲其长"的诗学观念也未出其外。

晚明的"情真"说分为两类。一类以重实用的诗人为代表，"真"包含道德约束，主张"中和"。另一类以重"性灵"的诗人为代表，"真"是诗人情感的任意挥洒，不受"理"或"道"的约束。

陆时雍要求"情真"符合"中和"的标准，但所论有自家特色。

陆时雍的"中和"包含两层含义。第一层含义是"乐而不淫，哀而不伤"的传统儒家标准。他赞美苏武、李陵诗："苏李赠言，何温而戚也！多唏涕语，而无蹶蹙声。"④ 延续了儒家"哀而不伤"的标准。批评杜甫也是从这一角度："杜少陵《怀李白》五古，其曲中之凄调乎？苦意摹情，遇于悲而失雅。《石壕吏》《垂老别》诸篇，穷工造景，逼于险而不括。二者皆非中和之则，论诗者当论其品。"⑤ 批评杜甫的这几首诗过于悲戚，没有把哀情控制在"中和"的界限内。为了对"情"加以节制，陆时雍甚至说："诗不患无情，而患情之肆。"⑥ 由此可见，陆时雍的"情真"与主张"性灵"的诗人标举纯粹的个性和鲜明的情感不同，"情真"必须以"中和"为准则。

---

① 《唐诗镜》卷 42，第 1014 页。
② 《诗镜总论》，第 202 页。
③ 《唐诗镜》卷 29，第 807 页。
④ 《诗镜总论》，第 13 页。
⑤ 《诗镜总论》，第 138 页。
⑥ 《诗镜总论》，第 141 页。

"中和"的第二层含义是婉转含蓄的审美理想。晚明主张经世致用的诗人倡导"中和"是以诗教、美刺为出发点，陆时雍虽然也提到："夫温柔悱恻，诗教也。恺悌以悦之，婉娈以入之，故诗之道行。"① 但侧重不在诗教的功效，而是诗教中所包含的和乐平易、委婉含蓄的抒情方式。正因如此，陆时雍论"中和"强调的不是"止乎礼义"的理学规范，而是含蓄隽永的艺术理想。陆时雍评价《古诗十九首》"首首皆情"，并且对《古诗十九首》虚实相济、深婉曲折的抒情方式非常欣赏："虚者实之，纤者直之，则感寤之意微，而陈肆之用广矣。夫微而能通，婉而可讯者，风之为道美也。"② 与此相对，他批评韦孟的《讽谏》"恺直有余，深婉不足"③，批评柳宗元的《登柳州城楼寄漳汀封连四州》"语气太直"④，都是针对抒情缺少蕴藉而发。

陆时雍论"情真"提倡"中和"，与他注重"神韵"的思想一致。

情以感兴为端，而以风味为美，咏事赋情得其大意而已，纤悉详密非所尚也。⑤

第一，在审美倾向上，"神韵"和"中和"有相似处。陆时雍认为："气太重，意太深，声太宏，色太厉，佳而不佳，反以此病。"⑥ "童心"说和"性灵"说强调情感初发时的纯粹真实和诗人个性的鲜明张扬，难免气重意深、声宏色厉；主张"童心"和"性灵"的诗人往往对"露""俗""浅"等倾向毫不避讳，和陆时雍"雍雍和雅""萧萧清远"的审美理想有较大差别。"中和"坚持"温柔敦厚"的艺术标准，"雅正"要求诗人无论内心感情多么强烈，抒发成诗时都要符合"乐而不淫，哀而不伤"的情感界限。这种对强烈感情的淡化处理，与陆时雍"情事在于犹夷"的审美倾向不谋而合，所以从"神韵"平和淡远的审美理想出发，陆时雍提倡"中和"。

第二，在表达方式上，"中和"提倡的含蓄隽永容易产生"神韵"，这

① 《诗镜总论》，第 49 页。
② 《诗镜总论》，第 11 页。
③ 《诗镜总论》，第 4 页。
④ 《唐诗镜》卷 37，第 954 页。
⑤ 《古诗镜》卷 8，第 72 页。
⑥ 《诗镜总论》，第 121 页。

也是陆时雍注重"中和"的原因。陆时雍论述了"情真"和含蓄的关系："古人善于言情，转意象于虚圆之中，故觉其味之长而言之美也。"① 吞吐曲折、时隐时现的抒情手法造就了情感的千回百转、含蓄沉郁，从而产生让人回味无穷的韵味。陆时雍认为，违背了这种含蓄隽永的"中和"之美也就违背了"真"：

> 诗之所云真者，一率性，一当情，一称物，彼有过刻以求真者，虽真亦伪矣。②
> 诗之所以病者，在过求之也，过求则真隐而伪行矣。③

"情"必须恰到好处地抒发才能表现出其中的真实含义，"过求"就会局限于推敲文字，无法表达感情的丰富内涵，也就失去了"真"。对此，陆时雍有明确的表述："诗贵真，诗之真趣，又在意似之间。"④ "《三百篇》赋物陈情，皆其然而不必然之词，所以意广象圆，机灵而感捷也。"⑤ "意似之间""必然不必然之词"都是追求超越实象的风神，这和"神韵"隐约无形、一唱三叹的特点相一致。

陆时雍总结说：

> 凡过饰则损真，好尽则伤雅。故诗道贵中和，诗归风雅。⑥

说明"中和"是"情真"的有力保障，同时"吞吐深浅，欲露还藏"的真情又是"神韵"产生的基础："诗以婉而深，婉则多风，直则寡致。"⑦ 所以陆时雍论"情真"注重"中和"。

综上所述，与晚明的主流诗学思想一样，陆时雍极重"情真"。不同于"最初一念"的直白浅露，陆时雍的"真"带有晚明重实用的诗人主张的"中和"的特点。重实用的诗人推崇"中和"是从诗教、美刺的角度出发，

---

① 《诗镜总论》，第 13 页。
② 《唐诗镜》卷 48，第 1112 页。
③ 《诗镜总论》，第 172 页。
④ 《诗镜总论》，第 209 页。
⑤ 《诗镜总论》，第 209 页。
⑥ 《古诗镜》卷 9，第 78 页。
⑦ 《古诗镜》卷 4，第 31 页。

要求诗发挥经世致用的社会作用；陆时雍是从艺术的角度出发，"中和"标举的"温柔敦厚"标准有助于形成"雍雍和雅""萧萧清远"的诗歌风味。为了实现"中和"的审美理想，诗人在表达强烈炽热的感情时必须采用曲折迂回的手法，这避免了偏重"童心""性灵"带来的浅露缺陷，增加了委婉含蓄的蕴藉美；同时使诗人的注意力从刻画实象转移到表现风神，为产生"文外之旨""言外之意""韵外之致"创造了可能。

三 陆时雍的"格调""神韵"辨析

关于陆时雍论诗主"格调"还是"神韵"，目前没有定论。张少康的《中国文学理论批评发展史》认为陆时雍是"由提倡格调逐渐向提倡神韵转化""变化了的复古主义"。王运熙、顾易生的《中国文学批评通史·明代卷》认为："陆时雍的《诗镜总论》初步完成了由格调说向神韵说的过渡。"霍松林的《中国诗论史》认为："陆时雍不承前后七子之说，也不附公安、竟陵之见，标举'情''韵'二字。"

本文认为，从本质来说，陆时雍的诗学主张接近王士禛的"神韵"说。

第一，明代的"格调"诗论以师古为基础，而陆时雍反对拟古，这是陆时雍和"格调"论者的显著区别。

《诗镜总论》一开篇就说：

> 诗有六义，《颂》简而奥，敻哉尚矣。《大雅》宏远，非周人莫为。《小雅》婉娈，能或庶几。《风》体优柔，近人可仿。然休戚各别，欲以汉魏之词，复兴古道，难以冀矣。西京崛起，别立词坛，方之于古觉意象蒙茸，规模逼窄，望湘累之不可得，况《三百》乎？[1]

像历代诗论家一样，陆时雍论诗首先远溯源流、标举风雅。但陆时雍此举，其旨仅在溯古、尊古，并没有像主张"格调"的诗人那样提倡师古、仿古。陆时雍还明确说，即使是时间距离《诗经》不远的西汉诗人，也无法重现古人的诗歌风貌。一开篇就断绝了拟古的意图，可以说是对"格调"诗论的反驳。

---

① 《诗镜总论》，第1页。

陆时雍指出优秀的诗作无法依靠模拟体制、声调来学习，且体制、声调所能展现的绝非诗之精粹：

> 前不启辙，后将何涉？前不示图，后将何摹？诗家惯开门面，前有门面，则后有涂辙矣。不见《雅》《颂》《风》《骚》，何人拟得？此真人所以无迹，至言所以无声也。①

这一思想源自道家"大音希声""知者不言，言者不知"思想。反映在诗论中，陆时雍指出主"格调"的诗人恪守"法式"，最多学到前人诗歌的外在形式，只到"言"的层面，而诗的"至言"无迹可求。这样就从根本上否定了"格调"诗论的师古主张。

第二，《诗镜总论》里有多处对"神韵""韵"的直接论述，从中可以看出陆时雍的诗学思想更接近王士禛的"神韵"说。

"神"是陆时雍非常关注的对象。陆时雍认为，若要达到"文之至"，"神"必不可少：

> 精神聚而色泽生，此非雕琢之所能为也。精神道宝，闪闪着地，文之至也。②

陆时雍的"精神道宝"沿用了《淮南鸿烈》的思想，把"神"作为最高级别的感情和思维。陆时雍对西晋诗评价不高，从中可以看出他对"神"的要求：

> 晋诗如丛采为花，绝少生韵。士衡病靡，太冲病憍，安仁病浮，二张病塞。语曰："情生于文，文生于情。"此言可以药晋人之病。③

从感情角度说，陆时雍指出西晋诗的问题是缺少真切的感情，只在形式上争奇斗艳，所以"少生韵"。从思维角度说，陆时雍认为"神"是专注凝一、自由灵活的思维状态。《庄子·刻意》说："纯素之道，唯神是守；守而

---

① 《诗镜总论》，第175页。
② 《诗镜总论》，第47页。
③ 《诗镜总论》，第47页。

勿失，与神为一。"①"纯素"要求不杂不亏、凝神专注。从思维的"神"出发，陆时雍对著名诗人陆机、左思、潘岳、张载、张协都进行了批评。陆时雍批评陆机不够"素"："诗缘情而绮靡，病所流于芜杂。"② 批评左思不够"纯"："左思气粗，每发一言，怒目掀唇，头颅俱动，时觉村气扑人。"③批评潘岳："敷布具饶，蕴藉绝少，谓诗家之口给可。"④ 批评张载、张协思维阻塞，不够自由深远。由此可知，陆时雍论"神"，强调感情的充沛真切、思维的专注纯素和灵活深远，带有重"情"和尚"远"的特点，这和王士祯"诗以达性，然须清远为尚"⑤ 的"神韵"说非常接近。

陆时雍在《诗镜总论》中专门用一段文字阐述"韵"：

> 诗被于乐，声之也。声微而韵，悠然长逝者，声之所不得留也。一击而立尽者，瓦缶也。诗之饶韵者，其钲磬乎？"相云日以远，衣带日以缓"，其韵古；"携手上河梁，游子暮何之"，其韵悠；"高台多悲风，朝日照北林"，其韵亮；"晨风飘歧路，零雨被秋草"，其韵矫；"采菊东篱下，悠然见南山"，其韵幽；"皇心美阳泽，万象咸光昭"，其韵韶；"扣枻新秋月，临流别友生"，其韵清；"野旷沙岸净，天高秋月明"，其韵洌；"天际识归舟，云中辨江树"，其韵远。凡情无奇而自佳，景不丽而自妙者，韵使之也。⑥

首先，陆时雍延续了《毛诗序》"情发于声，声成文谓之音"⑦ 的观点，不同的是《毛诗序》注重"音"，陆时雍注重"音"外的"韵"。诗"韵"具有的言外之意、隐约无形、一唱三叹等特点，和王士祯"神韵"说追求"韵外之致"的观点不谋而合。其次，"韵"的风格多种多样，陆时雍列举九种"韵"，其中"悠""幽""清""洌""远"是王士祯"神韵"说注重的"清远"风格；"亮""矫""韶"是明代"格调"诗论提倡的雄健风格，

---

① 《庄子·刻意》，载（清）郭庆藩撰，王孝鱼点校《庄子集释》，第546页。
② 《古诗镜》卷9，第74页。
③ 《古诗镜》卷9，第81页。
④ 《古诗镜》卷9，第80页。
⑤ （清）王士祯著，张宗柟纂集，夏闳校点《带经堂诗话》卷3，人民文学出版社，1963，第73页。
⑥ 《诗镜总论》，第53页。
⑦ 《毛诗正义》，载（清）阮元校刻《十三经注疏（附校勘记）》，第270页。

而王士禛的"神韵"说兼济雄健；"古"是"格调""神韵"两种思想都提倡的风格，因此，陆时雍对"韵"的主张已经从主"格调"过渡到主"神韵"。最后，陆时雍从"韵"的角度直接解读上述诗句，注重体会言辞之外的情韵，这种解读角度与重"格调"的诗人通过分析"体格声调"来体悟情感韵味的方式形成鲜明区分，与王士禛感悟式的评诗方法相一致。由此可见，陆时雍的诗学思想已经从主"格调"转变为主"神韵"。

《诗镜总论》中还直接出现了"神韵"一词：

> 诗之佳，拂拂如风，洋洋如水，一往神韵，行乎其间。①
>
> 五言古非神韵绵绵，定当捉衿露肘。……善用意者，使有意无，隐然不见。造无为有，化有为无，自非神力不能。②

"神韵"包括三方面意思。其一，"神韵"具有无象无形、飘忽不定、挥洒自由的特性，和王士禛推崇的"无迹可寻""不著一字，尽得风流"非常相近。其二，陆时雍主张用"意"时"使有意无，隐然不见。造无为有，化有为无"，也就是消除雕刻的痕迹，这与王士禛"神韵天然"的主张不谋而合。其三，陆时雍以"拂拂"、"洋洋"、连绵不尽来形容"神韵"，与王士禛"神韵"说崇尚悠远平淡的审美倾向相一致。

第三，"神韵"是陆时雍的审美标准和鉴赏方式的重要起点。

在批评标准上，不同于推崇"格调"的诗人讲究体制声调，陆时雍对"韵"的强调可谓达到了无以复加的程度，他说：

> 有韵则生，无韵则死；有韵则雅，无韵则俗；有韵则响，无韵则沈；有韵则远，无韵则局。物色在于点染，意态在于转折，情事在于犹夷，风致在于绰约，语气在于吞吐，体势在于游行，此则韵之所由生矣。③
>
> 有意无神，有声无韵，只死语耳。④

---

① 《诗镜总论》，第18页。
② 《诗镜总论》，第235页。
③ 《诗镜总论》，第238页。
④ 《古诗镜》卷18，第190页。

"物色""意态""情事"等"格调"诗论中非常重要的因素，在陆时雍的诗学思想中都变为塑造"韵"的材料。陆时雍把《诗经》当作典范之作，认为《诗经》的过人之处是"一叹三咏"，这种语言婉转、含义深刻的特点正是"神韵"的要素。由此可见，在审美标准上，不同于"格调"的重外在形态，陆时雍非常重视"神韵"。

以"神韵"为依据的审美标准贯穿于陆时雍的诗歌评论中。如陆时雍批评唐代五言绝句：

> 唐人五绝病浅，浅则一览便尽。①

司空图在《与李生论诗书》中说："近而不浮，远而不尽，然后可以言韵外之致耳。"② "一览便尽"就是指缺乏"言外之致"，也就是缺乏"神韵"。综上，从评诗标准来看，不同于提倡"格调"的诗人，陆时雍标举"神韵"的评诗准则与王士祯的"神韵"说相同。

在鉴赏方式上，陆时雍在进行诗歌批评时多从"神韵"切入。在评价韦应物时，陆时雍说：

> 韦苏州诗，有色有韵，吐秀含芳，不必渊明之深情，康乐之灵悟，而已自佳矣。"白日淇上没，空阔生远愁。寸心不可限，淇水长悠悠。""还应有恨谁能识，月白风清欲堕时。"此语可评其况。③

不强调韦应物诗的风格源流，而是注重诗本身的神采韵味。《唐诗镜》评价"白日淇上没"四句说："澹而远，气味极佳。"① 这种越过体格声调、直接把握诗歌风神的批评方式与王士祯相同。

第四，陆时雍偏爱风格清丽淡远、语气从容舒缓的诗作，表现出和王士祯的"神韵"说相同的审美倾向。

提倡"格调"的诗人以李、杜为楷模，陆时雍却极力抬高王维的地位：

---

① 《唐诗镜》卷1，第410页。
② （唐）司空图：《与李生论诗书》，载（清）董诰等编《全唐文》卷807，第8485页。
③ 《诗镜总论》，第206页。
④ 《唐诗镜》卷38，第825页。

王摩诘之清微，李太白之高妙，杜子美之雄浑，三者并称。①

陆时雍认为王维诗清淡微妙，在诗歌成就上应当与李、杜并称。由此可以看出陆时雍对"清"的风格十分推崇，在审美倾向上与王士祯的"神韵"说相一致。

第五，陆时雍的诗学观念不等同于王士祯的"神韵"说，而是带有调和"格调"论诗人、公安派、竟陵派的特点。

"格调"诗论主张学习、模仿前代诗歌的典范之作，虽然也强调"韵"，但有形的"体格声调"易于把握，无形的"兴象风神"难以言说，所以诗人大多把注意力集中在研究前人诗作的格律、声调、遣词用句等文字层面，弊端在于诗中缺少耐人寻味的"言外之意"。另外，对古人诗作一味求"形似"，束缚了个体情感的表达。针对这些问题，以"性灵"为旗帜的公安派和竟陵派对"格调"发起责难。陆时雍的诗学思想与"性灵""格调"两种诗学思想的对抗有关。

一方面，陆时雍不满于公安派拟古、泥古的诗学弊端，以"神韵"反对复古。另一方面，公安派的"好大好高"、竟陵派的"好奇好异"也遭到陆时雍的批评。陆时雍指出：

韵生于声，声出于格，故标格欲其高。②

首先，"声"和"格"产生"韵"，这种从"体制声调"上达"兴象风神"的方式带有明显的"格调"诗论色彩。讲究"声"和"格"也是对公安派"信心信口"的纠正。其次，陆时雍"格高""调逸"的标准和明代"格调"诗论一脉相承。同时，陆时雍也崇尚"清"，但陆时雍的"清"包含雄健深远的特点，也就是"标格欲其高"，对竟陵派的"僻涩"有所纠正。

综上所述，陆时雍的诗学思想在本质上已经从主"格调"转变为主"神韵"。但与王士祯的"神韵"说相比，陆时雍论"神韵"带有晚明文学思想的时代特点，具有调和明代尚"格调"的诗人、公安派和竟陵派的思想内涵。

---

① 《唐诗镜》卷21，第678页。
② 《诗镜总论》，第154页。

结　语

　　"诗必盛唐"虽然是明代诗学思想的主流，但并非所有诗论家都推崇盛唐诗，也并非所有诗论家都以唐诗为楷模。本章通过梳理这些不同于主流的诗学观点，进一步探究陆时雍批评唐诗的原因，并将陆时雍的唐诗批评和同时期的唐诗评论进行比较，考察陆时雍的唐诗观在明代诗学中的价值。

　　明初诗人大多延续元代的宗唐传统，但不同的诗人群体表现出不同的宗唐倾向。影响较大的是江左诗人群体、吴中诗人群体和江右诗人群体。

　　江左诗人群体以宋濂为代表，对盛唐诗的评价很高，但不独尊盛唐。宋濂以"风雅"为准则，称赞盛唐诗："高达夫、刘长卿、孟浩然、元次山之属，咸以兴寄相高，取法建安。"① 宋濂也肯定了初唐、中唐的一些诗人："张子寿、苏廷硕、张道济相继而兴，各以风雅为师。"② "至于大历之际，钱、郎远师沈、宋，而苗、崔、卢、耿、吉、李诸家，亦皆本伯玉而宗黄初，诗道于是为最盛。"③ 陆时雍批评中唐诗缺少刚健的骨力，与江左诗人以"风雅"为标准的唐诗评价有相似处。

　　吴中诗人群体偏爱冲和自然的风格，对唐诗的选择以"自然"为依据。王行在《唐律诗选序》中标举"自然"的选诗标准，认为晚唐诗不如盛唐诗："有盛唐人而语偶近乎晚唐者，晚唐人而语有似乎盛唐者。晚唐似盛唐取之，盛唐似晚唐不取，盖亦贵夫自然也。"④ 陆时雍评唐诗以"自然"为准绳，所提倡的"神韵"也侧重平和淡远的风格，与吴中诗人的主张相近。

　　江右诗人群体也提倡"自然"，欣赏韦应物，推崇李白和杜甫。陈谟赞扬唐律"圆美流转"⑤，表现出崇尚"自然"的特点。陈谟提倡"寂寥"和"春容"两种意境："称诗之轨范者，盖曰寂寥乎短章，春容乎大篇。短章

---

① （明）宋濂：《答章秀才论诗书》，载罗月霞主编《宋濂全集·潜溪后集》卷4，浙江古籍出版社，1999，第209页。

② （明）宋濂：《答章秀才论诗书》，载罗月霞主编《宋濂全集·潜溪后集》卷4，第209页。

③ （明）宋濂：《答章秀才论诗书》，载罗月霞主编《宋濂全集·潜溪后集》卷4，第209页。

④ （明）王行：《唐律诗选序》，《半轩集》卷6，文渊阁《四库丛书》集部第1231册，第357页。

⑤ （明）陈谟：《缙云应仲张西溪诗集序》，《海桑集》卷6，文渊阁《四库全书》集部第1232册，第611页。

贵清复缠绵，涵思深远，故曰寂寥。"① 兼重"寂寥""春容"，和明代诗人论"清"兼重清逸、刚健相一致，与陆时雍论"格力"的观点遥相呼应。

李东阳强调"格调"，对明代诗论影响深远，直接引发前、后"七子"的宗唐主张。《明史·文苑传序》概括了李东阳及其后的宗唐思想的演变：

> 弘、正之间，李东阳出入宋、元，溯流唐代，擅声馆阁。而李梦阳、何景明倡言复古，文自西京，诗自中唐而下，一切吐弃，操觚谈艺之士翕然宗之。明之诗文，于斯一变。迨嘉靖时，王慎中、唐顺之辈……诗仿初唐。李攀龙、王世贞辈……诗规盛唐。王、李之持论，大率与梦阳、景明相倡和也。归有光……力排李、何、王、李，而徐渭、汤显祖、袁宏道、钟惺之属，亦各争鸣一时，于是宗李、何、王、李者稍衰。至启、祯时，钱谦益、艾南英准北宋之矩矱，张溥、陈子龙撷东汉之芳华，又一变矣。②

从中可以看出，尊崇初、盛唐诗的观点虽然在前、后"七子"的倡导下声势浩大，但与此相异的唐诗观始终存在，陆时雍的唐诗观正属于异端一脉。

在前"七子"主持文坛时已经有诗人提出关于唐诗的不同评价，可分为两派。

一派与明初江左诗人群体的诗学思想相似，以"诗教"为目的，批评唐诗不足以起到教化作用。例如崔铣强调诗反映现实的作用，批评唐诗"浮丽"："诗之为用也风……唐人尚兴而失之浮丽。"③ 标举"诗教"的诗人强调诗的思想内容，为后代诗人超越"格调"的限制奠定了基础。

另一派延续江左诗人群体、吴中诗人群体重"自然"的诗学思想，强调"性情"。姜南直接对前"七子"模拟唐诗的做法提出批评："后之学诗者，不过曰'取材汉魏，效法于唐'而已，所谓性情者，未之讲也。"④ 唐顺之、王慎中、归有光等唐宋派诗人，提倡"性情""本色""性灵""独出胸臆"。陆时雍强调"情真"，力主"绝去故常，划除涂辙，得意一往"，也是对前、后"七子"固守唐诗格套的反拨，和这一时期强调"性情"的

---

① （明）陈谟：《郭生诗序》，《海桑集》卷6，第619页。
② 《明史·文苑一》，中华书局，1974，第7307~7308页。
③ （明）崔铣：《绝句博选序》，《洹词》卷10，文渊阁《四库全书》第1267册，第597页。
④ （明）姜南：《学诗之法》，《蓉塘诗话》卷12，转引自《明诗话全编》，第3450~3451页。

观点有共同处。

需要特别提到的是,陆时雍认为六朝诗胜于唐诗,而前"七子"时期就存在推崇六朝诗的现象。杨慎强调六朝诗是唐诗的源头:"乃知六代之作,其旨趣虽不足以影响大雅,而其体裁实景云、垂拱之先驱,天宝、开元之滥觞也。"① 前"七子"对李、杜的评价极高,杨慎指出李、杜的成就来源于学习六朝诗:"须溪徒知尊李杜,而不知《选》诗又李杜之所自出。"② 沈恺的观点和杨慎相似:"今夫论诗者,往往祖尚唐人……而六朝者,尤唐之所自出也。"③ 陆时雍也注意到六朝诗对唐诗的开启作用,并以更加极端的表述说明六朝诗优于唐诗,以求借此改变前、后"七子"以来诗坛上偏重唐诗"格调"、因袭模拟成风的现象,推动了"神韵"说的兴盛。

后"七子"从"法度"的层面落实了前"七子"的宗唐主张。但随着心学的兴起,个性情感被进一步肯定,"格调"诗论与自由抒情的矛盾更加尖锐,反对师法唐诗的呼声日益高涨。明代中后期,诗论家标举"性灵",在唐诗评价上体现为不再独尊盛唐,对初唐诗,特别是中晚唐诗的价值也给予肯定;"性灵"派诗人不主张学习唐诗的体格,而是提倡"直抒胸臆"。陆时雍重"情真""自然之致"、主"神韵"的唐诗观也体现出异于前、后"七子"尚"格调"的特点,和明代中后期强调"性灵"的诗学思想关系紧密。

公安派以"独抒性灵,不拘格套"著称,但一味强调"信心信腕",导致叫嚣、浅俗的诗风。其核心人物袁中道晚年对公安派的理论和创作进行了反思:"取汉魏三唐诗,细心研入,合而离,离而复合,不效七子诗,亦不肖袁氏少年未定诗,而宛然复传盛唐之神,则善矣。"④ 其中追求盛唐之"神"的观点和陆时雍重"神韵"的唐诗批评相通。

针对"格调"派模拟唐诗的外在体式,竟陵派也提倡抒写"性灵",但同时要求诗要节制内敛:"诗则了然于心,犹不敢了然于口;了然于口,犹

① (明)杨慎:《选诗外编序》,《升庵全集》卷2,商务印书馆,1937,第25页。

② (明)杨慎:《升庵诗话》卷12,载(清)丁福保辑《历代诗话续编》,中华书局,1983,第888页。

③ (明)沈恺:《六朝声偶集序》,载(清)黄宗羲编《明文海》卷216,中华书局,1987,第2182页。

④ (明)袁中道:《蔡不瑕诗序》,载袁中道著,钱伯城点校《珂雪斋集》卷3,上海古籍出版社,1989,第104页。

不敢了然于手者也。"① 竟陵派的诗学思想在唐诗评论上表现为注重体会诗中的神韵情趣，欣赏王维、孟浩然、储光羲、刘长卿的清远风格，以及李贺、孟郊、贾岛等诗人的险怪风格。

陆时雍的唐诗观兼具公安派和竟陵派在反对拟古上的积极意义。陆时雍以"情真"为评价唐诗的重要标准，体现出公安派和竟陵派重"性灵"、轻"格套"的特点，有助于摆脱拟古对抒情的束缚。同时，在"韵长"的艺术追求下，陆时雍提出"物色在于点染，意态在于转折，情事在于犹夷，风致在于绰约，语气在于吞吐，体势在于游行"② 的要求，有效避免了公安派浅率粗陋的弊端。陆时雍还强调"天然之趣"，避免了竟陵派险怪、孤僻的问题。在审美上，陆时雍像竟陵派一样提倡"清"的风格，但陆时雍论"清"不仅强调"淡远"，还提倡"格力"，与竟陵派偏重"幽深孤峭"相比，内涵更加丰富。

晚明还活跃着一批论诗重"实用"的诗人，他们从"雅正"的角度对唐诗进行了批评。张溥批评唐人过分放纵才情："唐人之失愚而野……愚而野，才士或所累也。"③ 体现出"文质彬彬"的儒家诗学标准。陈子龙以"忧时托志"为准则评价唐诗："初唐四家，极为靡沓；元和而后，亦无足观。所可法者，少陵之雄健低昂，供奉之清扬飘举，李颀之俊逸婉娈……要之体兼风雅，意主深劲，诗为工耳。"④ 陆时雍也认为诗应该在世道衰微时担负济世弘道的责任，但不排斥无关教化的诗作；陆时雍也提倡"中和"，却是从诗歌艺术性的角度。

综上所述，明初多样的诗学思想为明代的唐诗评论奠定了基础。后代重"诗教"的"实用"派诗人继承明初江右诗人群体"明道""风雅"的评诗标准，不独尊盛唐，甚至对部分唐诗进行了批评。重"性灵"的诗人发展了明初江左诗人群体、吴中诗人群体的"自然"论，欣赏唐诗中表现"性灵"的作品，反对模拟唐诗体式，提倡情感的自由抒发。在审美上，重"性灵"的诗人或是偏爱清虚淡远的风格，或是各种风格并重，与前、后

---

① （明）谭元春：《东坡诗选序》，载谭元春著，陈杏珍标校《谭元春集》下册，上海古籍出版社，1998，第597页。
② 《诗镜总论》，第238页。
③ （明）张溥：《宋九青诗序》近稿卷4，《续修四库全书》集部第1387册，第335页。
④ （明）陈子龙：《安雅堂稿》卷3《六子诗稿序》，《续修四库全书》集部第1387册，上海古籍出版社，1995，第697页。

"七子"崇尚盛唐的雄浑风格形成对比。陆时雍对唐诗的批评与这些诗学观点都有关联。"实用"派理论的不足是忽视诗的艺术价值,"性灵"派的不足是流于浅俗或乖僻,而陆时雍的唐诗观以"韵"为核心,将"实用"派要求的"中和"转化为含蓄沉郁的艺术追求,使"性灵"派推崇的"本色"在"韵"的节制下被表达得宛转绵长。所以,陆时雍的唐诗批评是针对前、后"七子"模拟唐诗的主张而发,集中了"实用"派和"性灵"派理论对"格调"的反拨,又比"实用"派和"性灵"派的理论更趋完备。陆时雍在批评唐诗时体现出主"情"尚"韵"、崇尚"自然"的特点,使明代的唐诗批评从"格调"转变为"神韵",为清代王士禛以"神韵"评唐诗的登场拉开了序幕。

·附录·

《陆时雍的唐诗观与晚明诗学》写作过程

丁 凌

一 论文写作缘起

一直以来,我就对唐诗感兴趣,选题时,导师告诉我:在宗唐之风盛行的明代,陆时雍对唐诗进行了集中的批评。这引起了我的好奇和兴趣。

最初只是想专注于《诗镜总论》,找到陆时雍批评唐诗的原因。随着阅读的深入,我发现陆时雍的唐诗观念与明代各派诗论主张都有关联,再加上对陆时雍接近"格调"派还是"神韵"派,现有研究没有定论,于是我将选题范围扩展到晚明诗学。这一想法得到了导师的支持。最终,论文从《诗镜总论》入手,分析陆时雍批评唐诗的原因,还原其唐诗观念;通过对比陆时雍的唐诗观与晚明诗论,阐明陆时雍的唐诗观在晚明的价值。

二 论文前期准备

1. 资料搜集

搜集资料的过程相对简单。关于陆时雍的研究成果不多,多散见于文学批评史、文学思想史中,另有 2 篇硕士毕业论文以陆时雍诗学观念为题,有 3 篇硕士毕业论文研究陆时雍的《诗镜》，还有为数不多的论文研究陆时雍的诗学思想、生平。我先逐一阅读了这些材料，概括各篇的主要观点，再找出各家观点的异同。异处作为论文的辨析重点；对于相同之处，先判断是否符合陆时雍原意，再判断前人论述是否完备，找出可进一步研究之处。

2. 思路的确定

陆时雍对唐诗的批评涉及方方面面，"声""色""情""意""味""韵"，各种概念层出不穷，从哪里入手是我遇到的最大困难。导师建议我从《诗镜总论》中批评唐诗不如六朝诗最为集中的一段入手，即"唐人无此境界""唐人无此想象""唐人无此景色"等，从中找出陆时雍诗歌审美的最高宗旨，探究他批评唐诗的深层内涵，并关注诗歌文体带来的诗观念。

通过分析并结合《诗镜总论》中的其他关键概念，我确定了第一章的写作思路，即从陆时雍批评唐诗的"追琢"与"自然"、"情"与"意"、唐诗的"格"三方面分析其唐诗观。

至于陆时雍唐诗观与明代诗学的关系，最初我想研究陆时雍唐诗观的形成原因，分为四部分：

一、江南地区诗学思想对陆时雍唐诗观的影响。包括心学和禅学的影响，前、后"七子"的影响，公安派和竟陵派的影响。

二、京城地区诗学思想对陆时雍唐诗观的影响。以宋濂和台阁体的影响为主。

三、明代小说、戏剧观念的影响。包括"俗"文学观念的影响和汤沈之争的影响。

四、陆时雍诗观念的个体影响。从陆时雍的家世、交游入手。

经过交流，导师指出明代有些诗人的活动范围与其出生地不一致，不能简单地以地域划分。另外，很难有直接证据说明陆时雍的唐诗观是受到某人的影响，不如改为对比陆时雍的唐诗观与晚明诗论的异同，因此，我将第二章改为对比陆时雍的唐诗观与晚明"实用"诗论及"情真"诗论的异同。

此外，导师提示，明代非议唐诗者不只陆时雍，可以统计引论，以说明陆时雍唐诗观的价值。我把这一点作为论文结语简述。

三　论文写作及修改

由于"格调"与"神韵"是明代，特别是晚明诗论中极其重要的范畴，其内涵的演变反映明代诗学思想的发展，所以我是从第三章开始写作的。

和其他同学一次性交给导师完整的初稿不同，我写好第三章后就交给了导师。导师指出，梳理概念内涵演变、论述其他诗人观点时应注意和陆时雍的联系，这一点在我之后的写作中得到了改进。出现一个诗学概念时，不能简单地取用教材上的常见解释，而要考察此概念在明代诗论中的含义，并注意与前代诗论的对比。这种写作要求和方法对我分析陆时雍批评唐诗的"格"有很大帮助。我通过查《说文解字》和《康熙字典》，发现"格"在诗论中包括"格力"和"格律"两种含义。在分析"格力"时，通过梳理其内涵演变，发现陆时雍所说的"格力"不同于唐人，是明代的"清"；再通过梳理"清"的演变，对比陆时雍的"清"与唐人的"格力"，找出陆时雍批评唐诗"格力"的原因。

初稿全部完成后，我又按照导师的要求完善章节之间的逻辑关系，删除重复或相近的内容，扩充部分应进一步阐述的内容，几经修改最终完成。

《诗源辩体》陶诗批评研究

许　可*

在明代诗论史上，许学夷的《诗源辩体》上溯先秦两汉，下称隋唐五代，详论古今诗体正变，细评历朝诗人造诣，为后世诗论的发展做出了较大的贡献。在明代陶诗批评史上，《诗源辩体》首次以"自为一源"评价陶诗体制、语言，并从艺术特色、思想境界等角度全面、深度地解析陶诗。而从许学夷的辩体思想出发，《诗源辩体》三十一则陶论又可分为艺术特色、思想境界、对唐启蒙三大类。

一　许学夷生平、《诗源辩体》版本内容及理论渊源概述

本章主要考察《诗源辩体》著者许学夷生平、《诗源辩体》一书版本，并探究许学夷辩体思想的理论渊源，探讨其辩体思想的主要特点。

1. 许学夷生平及《诗源辩体》版本内容

1.1　许学夷生平概述

许学夷，字伯清，明南直隶江阴（今属江苏）人，生于嘉靖四十二年（1563），卒于崇祯六年（1633）。年少时曾作"三论"[①]，揭露科举、皇权、官场弊端，并选择放弃科考，"杜门绝轨"[②]。

---

* 许可，首都师范大学文学院古代文论方向 2013 级硕士研究生，现为北京出版集团人文社科事业部编辑。指导教师：贾奋然。

① （明）许学夷著，杜维沫校点《诗源辩体》，人民文学出版社，1987，第 432 页。
② （明）许学夷著，杜维沫校点《诗源辩体》，第 433 页。

像大多数晚明才子一样，许学夷负气多傲，曾有"宁为跖，不挟贵而骄；宁为丐，不羞贱而谄"①之言。他生性疏略，不理生产，毕生都专注于文史学问，曾删辑《左传》《国语》《国策》《太史》诸书，手录参订，计数百卷，十年而功始毕。《诗源辩体》是他历时二十年创作，又历时二十年更定之书，承载了他毕生的心血。

1.2 《诗源辩体》版本概述

《诗源辩体》成书至今，共有五个版本。

第一，许学夷初刻本。据作者自序，初刻本刻于明万历四十一年（1613），其时作者五十一岁，"诸友咸乐助之，乃先梓小论七百五十则"②。此时刊行的刻本是《诗源辩体》的初稿，许学夷称之为"稍成"③。之所以选择在未加系统修订之时进行刊刻，当与明末文坛盛行的剽窃之风有关。《诗源辩体》初稿完成之时，许学夷曾在自序中提及："时湖海诸公已有窃为几说者。"④恽毓龄版《诗源辩体》跋中也有言佐证："（许氏）晚年恐身后有窃《化书》为己物者，徇诸友请，酿金先梓小论十六卷。"⑤《诗源辩体》初稿包括诗论十六卷，分别为：论三百篇、论楚骚、论汉魏、论晋诗两卷、论宋诗、论齐梁、论陈隋、论初唐、论盛唐两卷、论中唐三卷、论晚唐附论五代，以及总论，共计七百五十则。现有缩微文献藏于中国国家图书馆。

第二，陈所学刻本。初刻本成书后的二十年间，许学夷对又此书"修饰者十之五，增益者十之三，诸家之诗，既先以体分，而又各以调相附，详其音切，正其讹谬"⑥。直至崇祯五年（1632），他将诗论部分修订为前、后两集，共三十八卷，九百五十六则。前集三十六卷，论先秦至晚唐诗歌，后集纂要两卷，论宋、元、明诗歌。诗选内容则非常庞大，"自唐溯周，手录四千四百七十五首，自宋迄明，手录六千三百六十二首"⑦。然而，许学夷并未能看到这一版《诗源辩体》刊行于世，成书的第二年，他便耗尽心力，悄然辞世。这一版《诗源辩体》是在崇祯十五年（1642）作者身后九载，由其婿陈所学修订刊刻的。遗憾的是，由于选诗数量众多，陈刻本未能收

---

① （明）许学夷著，杜维沫校点《诗源辩体》，第 433 页。
② （明）许学夷著，杜维沫校点《诗源辩体》，"自序"第 2 页。
③ （明）许学夷著，杜维沫校点《诗源辩体》，"自序"第 2 页。
④ （明）许学夷著，杜维沫校点《诗源辩体》，"自序"第 2 页。
⑤ （明）许学夷著，杜维沫校点《诗源辩体》，第 438 页。
⑥ （明）许学夷著，杜维沫校点《诗源辩体》，第 2 页。
⑦ （明）许学夷著，杜维沫校点《诗源辩体》，第 436 页。

录诗选，只抽刻了三十八卷诗论。时至今日，《诗源辩体》诗选部分已再难得见。

第三，恽毓龄排印本。1922 年，第三版《诗源辩体》由学者恽毓龄重刊。恽毓龄在后跋中提到，自己于 1921 年夏天"得先生三十八卷本于扬州书客"①，是年秋，他又购得《诗源辩体》十六卷本与《伯清诗集》一卷，但许氏所编诗选部分已然遗失。恽毓龄大感许氏于不辰之时成书之不易，故"取三十八卷本并十六卷后所附《伯清诗集》一卷，又搜辑江上诗钞各遗诗，写成一卷"②，于上海以仿宋聚珍字重刊印行。

第四，杜维沫校点本。1984 年，杜维沫先生完成了对《诗源辩体》的校点。他以恽氏之排印本做底本，并用初刻本、陈刻本校勘，加以标点，收录底本所附序、跋及《许伯清传》，但未收录《伯清诗稿》与《许伯清遗诗辑补》。杜版《诗源辩体》于 1987 年由人民文学出版社在北京出版，也就是我们如今最常见的版本。

第五，北大图书馆馆藏稿本。天津古籍出版社于 1996 年出版北京大学图书馆所藏《诗源辩体》稿本。此稿本现存三十六卷，成书时间晚于十六卷初刻，早于三十八卷陈刻本。关于此本内容与价值，汪祚民先生曾有《〈诗源辩体〉稿本的学术价值》③ 一文，专门进行研究。

2. 许学夷辨体观念的理论渊源和主要特点

《诗源辩体》以"审其源流，识其正变"④ 为主要辨体思想。通过梳理历代诗论中的"源流正变"观念，我们可以总结出许学夷辨体思想的三个主要特色：其一，以时间为序"代分以举其纲"；其二，旁引诸家诗论"人判而理其目"；其三，跳出"源流正变"的诗歌理论体系，定义陶诗"自为一源"的地位。

2.1 许学夷辨体观念的理论渊源

《诗源辩体》一书，以"源流正变"思想为论诗主导。许学夷认为，《诗经》是诗体的源头，后代诸诗均是《诗经》之流。自《诗经》开始，去古愈远，则诗体变化愈大，古体诗至梁陈而亡，律诗至唐末而亡。这种思想主

① （明）许学夷著，杜维沫校点《诗源辩体》，第 438 页。
② （明）许学夷著，杜维沫校点《诗源辩体》，第 438～439 页。
③ 汪祚民：《〈诗源辩体〉稿本的学术价值》，《文献》2005 年第 3 期。
④ （明）许学夷著，杜维沫校点《诗源辩体》，第 1 页。

要承袭于严羽的诗体源流论及胡应麟的"诗之格以代降"① 论。然而追根溯源，《毛诗大序》和《诗谱序》才是诗歌"源流正变"思想的滥觞。

"治世之音安以乐""乱世之音怨以怒""亡国之音哀以思"，《毛诗大序》此论体现了对诗歌与时世关系的考察。随着时代的变迁，政治的兴衰，诗歌的主题与情感也发生着变化。作者将展现"主文而谲谏，言之者无罪，闻之者足以戒"情状的诗歌称为"风"，此乃"安以乐"，是六义之风的本义；又将记录"达于事变而怀其旧俗"的诗歌称为"变风"，此乃政治由盛转衰、"风"变为"怨以怒"的结果。

《毛诗大序》以安乐之诗为正，怨怒之诗为变，二者随着王道的兴衰而交替转换，可见"正风"与"变风"之间存在逻辑上的承接关系。这种关系就理论渊源而言，就是《诗源辩体》论诗以时代为序、以近古为正思想的起源。

东汉末年，郑玄以博通古今经学之才作《诗谱》，其序言概括了《诗经》产生的政治背景，梳理了诗对社会"清浊"② 的反馈。在这里需要注意的是，《诗谱序》中"正经""变雅"③ 的观念在继承《毛诗大序》"文学之道，'与政相通'"④ 理论的基础上，进一步从时代变化的角度探索了文学演化的轨迹。

《诗谱序》中，郑玄举例论述了《诗经》不同主题的时代背景差异，并从理论的角度提出"欲知源流清浊之所处，则循其上下而省之"，指出了纵观历史、探索源流对诗歌发展的重要意义。较之《毛诗大序》对"变风"的概论，《诗谱序》以时代和诗作并行论之，为后世的"源流正变"诗歌理论体系的确立奠定了基础。

从东汉末至魏晋，有关诗歌"源流正变"思想的研究逐渐深入。这一时期提及诗歌"源流正变"理论的著作，主要包括刘勰的《文心雕龙》和钟嵘的《诗品》。

《文心雕龙》上承《毛诗序》《诗谱序》，下启严羽、明代诸家，清晰

---

① （明）胡应麟：《诗薮》，上海古籍出版社，1958，第 1 页。
② （东汉）郑玄：《诗谱叙（序）》，载（清）严可均辑《全上古三代秦汉三国六朝文》第 1 册，中华书局，1958，第 926 页。
③ （东汉）郑玄：《诗谱叙（序）》，载（清）严可均辑《全上古三代秦汉三国六朝文》第 1 册，中华书局，1958，第 926 页。
④ 顾易生、蒋凡著，王运熙、顾易生主编《中国文学批评通史·先秦两汉卷》，上海古籍出版社，1996，第 650 页。

地勾勒出了诗歌发展体系的轮廓。其《时序》篇以时代为线索，谈论文学的发展变化，即"时运交移，质文代变"①。在内容上，《时序》篇首先谈到了哲学、统治者态度对文学发展史的重要影响，如"自中朝贵玄，江左称盛，因谈余气，流成文体。是以世极迍邅，而辞意夷泰，诗必柱下之旨归，赋乃漆园之义疏"②论及思想领域变化对文学风尚的作用；"魏武以相王之尊，雅爱诗章；文帝以副君之重，妙善辞赋"③，以魏国皇族重视文学，则文学繁荣兴盛为例，揭示统治集团态度对文学的巨大作用。同时，《时序》篇还注重政治兴衰对文学的影响，即"歌谣文理，与世推移，风动于上，而波震于下者"④。刘勰在文中对《诗经》至南朝齐千余年间文学随政治生活的发展变化做出梳理，譬如虞舜时"政阜民暇"⑤，故创作诗歌时"心乐而声泰"⑥；周文王推行德政，《周南》便"勤而不怨"⑦；幽王、厉王昏庸无能，故《大雅》之《板》《荡》诗作便饱含愤怒之情。刘勰这种强调文学受政治影响的论文之法，当与《诗谱序》"欲知源流清浊之所处，则循其上下而省之"⑧ 的思想一脉相承。

《文心雕龙·明诗》篇是刘勰论诗歌的专篇。相较《时序》篇对政治影响文学的诸多论述，《明诗》篇将一部分视角转向对历代诗歌艺术特色的辨析。诗评部分分为四节：第一评先秦四言诗和《楚辞》；第二评汉代五言诗；第三评建安、正始中五言诗的发展；第四评两晋、宋初五言诗。《明诗》篇从葛天氏乐辞、黄帝歌辞、尧舜禹间诗歌论至周代四言《诗经》、战国《楚辞》、两汉五言、汉末建安五言、晋五言、刘宋五言，简述每个时期的代表性诗人、诗作的风格。不仅如此，刘勰还在后文总结了四、五言诗各自的艺术特征："四言正体，则雅润为本；五言流调，则清丽居宗。"⑨ 辨别不同诗体艺术特征的倾向已十分明朗。

《文心雕龙》的诗歌理论对许学夷的影响并非不深，但这种影响应与

---

① （南朝梁）刘勰著，范文澜注《文心雕龙注》，人民文学出版社，1958，第 671 页。
② （南朝梁）刘勰著，范文澜注《文心雕龙注》，人民文学出版社，1958，第 675 页。
③ （南朝梁）刘勰著，范文澜注《文心雕龙注》，第 673 页。
④ （南朝梁）刘勰著，范文澜注《文心雕龙注》，第 671 页。
⑤ （南朝梁）刘勰著，范文澜注《文心雕龙注》，第 671 页。
⑥ （南朝梁）刘勰著，范文澜注《文心雕龙注》，第 671 页。
⑦ （南朝梁）刘勰著，范文澜注《文心雕龙注》，第 671 页。
⑧ （东汉）郑玄：《诗谱叙（序）》，载（清）严可均辑《全上古三代秦汉三国六朝文》，中华书局，1958，第 926 页。
⑨ （南朝梁）刘勰著，范文澜注《文心雕龙注》，第 67 页。

《毛诗大序》《诗谱序》一样，是潜移默化的，并未被《诗源辩体》大量旁引、点评。最先以"博引"形式出现在《诗源辩体》诗论中的，是南朝梁钟嵘的《诗品》。

《诗源辩体》对诗人风格、地位的品评，有很多承袭自《诗品》。譬如论班固《咏史》诗时，许学夷引钟嵘"质木无文"① 之评，称"是也"②；论曹丕、刘桢、王粲诗歌高下时，许学夷称"子桓五言，在公幹、仲宣之亚。钟嵘《诗品》以公幹、仲宣处上品，子桓居中品，得之"③；在论潘岳、陆机诗风差异时，许学夷以钟嵘"陆才如海，潘才如江"④ 之语为是，言"安仁体制既亡，气格亦降，察其才力，实在士衡之下"⑤。诸如此类的正面引用在《诗源辩体》中多达 11 处。

南朝是中国文论繁荣壮大的时期，"源流正变"理论中，以近古为正的论诗框架在这一时段被确立下来。其后数百年间，这一思想潜移默化地影响着唐、宋诸公，至《沧浪诗话》的出现，再一次被丰富完善。

南宋严羽的《沧浪诗话》，是对许学夷辨体理论影响最大的诗论之一。严羽发展、继承前人"源流正变"的论诗思想，作《诗体》一章，探讨历代诗歌体制风格。其论将四言、五言、杂言诗承接而论，梳理了诗歌发展脉络，所论翔实有序，与《诗源辩体》最终"代分以举其纲"⑥ 的格局已大同小异。

具体到论述方式，许学夷亦多学严羽。如许称"诗有源流，体有正变""学者审其源流，识其正变，始可与言诗矣"⑦。这与严羽以禅喻诗，言"禅家者流，乘有大小，宗有南北，道有邪正；学者须从最上乘，具正法眼，悟第一义。若小乘禅，声闻辟支果，皆非正也"⑧ 的说法便十分相近；又如严羽称汉魏晋盛唐诗为"第一义"，许学夷亦以"古诗以汉魏为正""律诗以初、盛唐为正"⑨，又评汉魏五言为"千古五言之宗"⑩，评盛唐五、七言律

---

① （明）许学夷著，杜维沫校点《诗源辩体》，第 64 页。
② （明）许学夷著，杜维沫校点《诗源辩体》，第 64 页。
③ （明）许学夷著，杜维沫校点《诗源辩体》，第 75 页。
④ （明）许学夷著，杜维沫校点《诗源辩体》，第 93 页。
⑤ （明）许学夷著，杜维沫校点《诗源辩体》，第 93 页。
⑥ （明）许学夷著，杜维沫校点《诗源辩体》，"自序"第 1 页。
⑦ （明）许学夷著，杜维沫校点《诗源辩体》，第 1 页。
⑧ （南宋）严羽著，郭绍虞校释《沧浪诗话校释》，人民文学出版社，1983，第 11 页。
⑨ （明）许学夷著，杜维沫校点《诗源辩体》，第 1 页。
⑩ （明）许学夷著，杜维沫校点《诗源辩体》，第 44 页。

"体多浑圆，语多活泼，而气象风格自在，多入于圣矣"①；再如许学夷述历代诗歌正变，以源流为正、派为变的思想亦当出自严羽"以汉魏晋盛唐为师，不作开元天宝以下人物"之论。

严羽详论诗体，细作诗评，建立了"诗体流变"与"诗宗汉魏盛唐"的理论框架。至明朝中叶，随着《文章辨体》《文体明辨》《诗薮》等作品陆续梓行，文人们开始从发展史的角度，将作家、作品放在随代而降的诗歌发展体系中做评点。许学夷辨体思想的另一个主要渊源——诗体"随代而降"的理论逐渐成型。

中国古代诗论历经元朝低谷，至明而复兴。这一时期，台阁体、复古派、唐宋派、公安派分别推崇不同时代的诗风诗体，涉及诗歌"源流正变"观的诗论大量出现。而这些"源流正变"辨体观中，对许学夷影响最大的，当属被《诗源辩体》引用多达 90 余处的《诗薮》。

《诗薮》的作者胡应麟对诗歌发展史有着相当深刻的认识。他称"诗之体以代变""诗之格以代降"②，详论诗体变化与时代发展的内在联系。同时，他还细致划分了诗体代降中的各个衔接点。这种划分方式在《诗源辩体》中被更加直观地展现出来。以五言古诗为例，胡应麟称："五言盛于汉，畅于魏，衰于晋、宋，亡于齐、梁。"③ 许学夷则论述得更加细致，称魏诗"体多敷叙，而语多构结，渐见作用之迹……乃五言之初变"④，太康诗"体渐俳偶，语渐雕刻，而古体遂淆矣。此五言之再变也"⑤，元嘉诗"体尽俳偶，语尽雕刻，而古体遂亡矣。此五言之三变也"⑥，永明诗"声渐入律，语渐绮靡，而古声渐亡矣。此五言之四变也"⑦，梁简文及庾肩吾诸子"声尽入律，语尽绮靡，而古声尽亡矣。此五言之五变也"⑧。

"源流正变"的辨体思想最初源于《毛诗序》"变风、变雅"⑨ 之论，东汉、南北朝时期先后有文人发展其说。南宋严羽承袭并建立诗体流变框

---

① （明）许学夷著，杜维沫校点《诗源辩体》，第 155 页。
② （明）胡应麟：《诗薮》，上海古籍出版社，1958，第 1 页。
③ （明）胡应麟：《诗薮》，第 22 页。
④ （明）许学夷著，杜维沫校点《诗源辩体》，第 71 页。
⑤ （明）许学夷著，杜维沫校点《诗源辩体》，第 87 页。
⑥ （明）许学夷著，杜维沫校点《诗源辩体》，第 108 页。
⑦ （明）许学夷著，杜维沫校点《诗源辩体》，第 121 页。
⑧ （明）许学夷著，杜维沫校点《诗源辩体》，第 128 页。
⑨ 郭绍虞主编《中国历代文论选》（一卷本），上海古籍出版社，2001，第 30 页。

架，明胡应麟丰富其论，用"诗之格以代降"的论诗方法评《诗经》至明嘉靖间诗。许学夷集前人所成，细致划分诗歌的"源流正变"，上溯先秦《诗经》，下至晚唐五代，以朝代为序，分纲目三十六卷，作诗论九百五十六则，称："统而论之，以《三百篇》为源，汉、魏、六朝、唐人为流，至元和而其派各出。析而论之：古诗以汉魏为正，太康、元嘉、永明为变，至梁陈而古诗尽亡；律诗以初、盛唐为正，大历、元和、开成为变，至唐末而律诗尽敝。"①

2.2 许学夷辨体观念的主要特点

在中国文学理论批评史上，许学夷的诗歌理论常被视为严羽、明复古派的衍生，这可能是因为他承袭了严羽、胡应麟"源流正变"诗歌理论体系的缘故。事实上，无论是他对"源流正变"体系的完善、他的论诗方法，还是他对诗人风格的定位，都不乏精彩独到之处。

第一，《诗源辩体》以时代发展为线索，评述诗歌体裁形式与艺术风格，划分诗歌的"源流正变"。

"源流正变"说出自《毛诗序》"变风变雅"，由郑玄《诗谱序》、刘勰《文心雕龙》、钟嵘《诗品序》、严羽《沧浪诗话》、胡应麟《诗薮》先后继承发展。许学夷承袭以上诸说，以"源流正变"为论诗思想。同时，他又从诗歌发展史的角度出发，详论了古今诗作的体制与风格，细评了古今诗人的思想与造诣。就《诗源辩体》一书而言，它既是一种对前人观点的承袭，也是对"源流正变"理论的丰富与完善。

第二，《诗源辩体》旁引诸家诗论，并进行批评辩论。

通过旁引前人诗论来陈述自己的观点，是许学夷"审其源流，识其正变"辨体观念的又一特点。《诗源辩体》题目中的"辩体"二字，多被理解为单纯辨别诗歌文本的体裁形式与艺术风格。譬如杜维沫称："所谓辩体，主要是从体裁形式和艺术风格方面论述历代诗歌之发展衍变。"② 但事实上，《诗源辩体》中的评诗方法，包含"辨"诗歌体制风格与"辩"诗论正误两层含义。

"辩"的确有辨析、区分的意思。《诗源辩体》卷一总论称："诗自《三百篇》以迄于唐，其源流可寻而正变可考也。学者审其源流，识其正变，始

---

① （明）许学夷著，杜维沫校点《诗源辩体》，第 1 页。
② （明）许学夷著，杜维沫校点《诗源辩体》，第 446 页。

可与言诗矣。"① 因知许学夷要分析诗歌源流，考察诗歌正变。题目中"辩论"之"辩"，可作"辨"字通假，包含辨析诗歌体裁形式、艺术风格的含义。

"辩"也有辩驳、辩论的意思。许学夷《诗源辩体自序》提出，以"中庸"思想论诗，寻求不偏不倚，是辨别诗体的基本要求。就历代诗论来说，论诗多由齐、梁论起，未能溯及诗歌源头；就明代文人来说，徐祯卿等复古派于诗追溯、模仿太过，公安、竟陵等重情派于诗又偏离章法规矩，均需纠正反拨。是以，"辩"字又可译为反驳批判前人诗论。

故而，从整部《诗源辩体》的内容来看，所谓"辩体"，指的是从诗歌历史发展变化的角度，通过对诗歌本身体制风格的辨析和对历代文人诗论正误的辩论，追溯诗歌源流，明晰诗体正变。

第三，许学夷通过对陶诗做特别定位，完善自己的诗歌理论体系。

《诗源辩体》一书以时代为序，以周、楚、汉、魏、晋、宋、齐、梁、陈、唐、宋、元、明等国号为卷名，这是明中后期诗论常用的分卷方法，《艺苑卮言》《诗薮》均是如此。然而，在这三十八卷诗论中，许学夷却单有一卷，只评点了一位诗人的作品，这就是卷六论晋。其中诗论共三十一则，体制、语言、思想靡不详论，所论的作家，只陶渊明一人。

将陶诗单独列为一卷，是因为许学夷对陶诗做的特别的定位："五言自汉魏至六朝，皆自一源流出，而其体渐降。惟陶靖节不宗古体，不习新语，而真率自然，则自为一源也。"② 许学夷认为陶诗的体制、语言、思想均超越时代，不能放在随代而降的诗歌体系中讨论，因而他将陶诗定义为"自为一源"。

那么，在许学夷看来，陶渊明的诗歌究竟有何与众不同之处？从明末文坛的实际情况出发，许学夷以陶诗"自为一源"的观点又是否包含深意？笔者认为，只有找出这两个问题的答案，才能理解许学夷对陶诗的特别定位，从而进一步明晰许学夷"源流正变"的辩体思想。

二 《诗源辩体》陶诗批评的主要内涵：自为一源（上）

本章首先梳理《诗源辩体》之前的陶诗批评，分析许学夷陶论对前人的继承；接着探讨许学夷陶诗"自为一源"说的合理性与片面性；继而分

---

① （明）许学夷著，杜维沫校点《诗源辩体》，第1页。
② （明）许学夷著，杜维沫校点《诗源辩体》，第98页。

析《诗源辩体》对陶诗艺术特色的评价，探究许学夷钟爱陶诗、以陶诗"自为一源"的思想渊源。

1. 《诗源辩体》之前的陶诗批评概述

陶诗批评自颜延之《陶徵士诔》至许学夷《诗源辩体》，历经 1200 余年发展变化。从发展趋势来看：陶诗批评由南北朝的乏人问津，到唐代的全面开展，由宋代之高潮跌落至金元低谷，又从明代开始向上攀升。从批评内容来看：其一，陶诗高洁、达观的思想境界历来为人称颂；其二，对陶诗艺术特色的探讨主要开展于唐朝，兴盛于宋、明两朝；其三，有关陶诗"已兆唐体"的评述较早出自北宋陈师道，经两宋的补充论述，至明代，陶诗对唐元、白、韦、柳及宋苏轼等诗人的启蒙意义已成共识。

南北朝时期，文人属文作诗多崇尚华丽绮靡，陶渊明高尚豁达的人格虽得到众多文人的好评，但因诗风冲淡质朴，故而诗歌的艺术价值很少被人注意。这一时期的陶诗批评主要包括颜延之《陶徵士诔》①、沈约《宋书·隐逸传》②、萧统《陶渊明集序》③、钟嵘《诗品》④、李善《文选》⑤。《诗源辩体》引颜延之"文取旨达"说、钟嵘"源于应璩"说，认为两家均看轻了陶诗的价值，所谓"晋宋以还，初不知尚"⑥。而导致陶诗在六朝中不受重视的原因，《诗源辩体》对此做出辨析，认为除却诗风不合世俗之外，陶渊明写其所欲言，不与人争胜的性格也是根源之一。

时至唐朝，陶诗逐渐走入人们的视野，高适、岑参、李白、杜甫、韦应物、柳宗元、白居易等大诗人纷纷咏陶。但因唐人长于写诗抒情，短于批评论理，故而很少以诗论形式来分析陶诗文本特色，陶诗批评的发展主

---

① 北京大学北京师范大学中文系，北京大学中文系文学史教研室编《陶渊明资料汇编》（上册），中华书局，2003，第 1 页。

② 北京大学北京师范大学中文系，北京大学中文系文学史教研室编《陶渊明资料汇编》（上册），第 3~6 页。

③ 北京大学北京师范大学中文系，北京大学中文系文学史教研室编《陶渊明资料汇编》（上册），第 8~9 页。

④ 北京大学北京师范大学中文系，北京大学中文系文学史教研室编《陶渊明资料汇编》（上册），第 9 页。

⑤ 北京大学北京师范大学中文系，北京大学中文系文学史教研室编《陶渊明资料汇编》（上册），第 14 页。

⑥ （明）许学夷著，杜维沫校点《诗源辩体》，第 101 页。

要出现在和陶诗作中。杜甫有《遣兴五首》，其三批陶诗过于质朴①；白居易慕陶渊明其人、其诗，尝有《效陶潜体诗十六首》②。

唐人评陶的诗作在内容上已开始关注陶诗与众不同的艺术特色。《诗源辩体》就曾引杜甫"为人性僻耽佳句"之言，评陶、谢不应并称。又在论及陶诗对后世诗风的启蒙时，许学夷数次提到了元、白、韦、柳。他认为，陶诗开创的真率自然的诗风，为唐代众多优秀诗人继承发展，开辟了诗歌领域的一个新天地。

两宋是陶诗批评的高潮，宋人作诗多喜平易自然，陶诗备受青睐。宋人重理，故陶诗艺术特色的批评逐渐深入、全面。北宋时期论陶的代表人物苏轼对陶诗评价极高，称："渊明作诗不多，然其诗质而实绮，癯而实腴，自曹、刘、李、杜诸人，皆莫及也。"③ 他有《和陶诗》"一百九篇"④，又常作题陶诗、书陶诗后，称自己是陶渊明的知音。

至南宋，文人们普遍认同陶诗乃六朝中一等好诗，一众诗人均无法与之相比。如严羽在《沧浪诗话》中称："谢所以不及陶者，康乐之诗精工，渊明之诗质而自然耳。"⑤ 刘克庄将陶渊明看作六朝第一诗人，称："陶公如天地之间有醴泉庆云，是惟无出，出则为祥瑞。"⑥ 这一时期，文人对陶诗的艺术特色做出了较高评价，且常与其思想境界并论。《诗源辩体》论陶、谢之艺术特色差异，当源于《沧浪诗话》；而许学夷以陶诗不出自汉魏、"自为一源"的观点，与真德秀"渊明之作，自为一编"之语也十分相近。

金元时期的战乱，使陶诗批评进入低谷期，论陶诗文不多，但文人们对陶渊明的敬慕之情依然不减。这一时期的陶诗批评数量较少，且主要是承袭前人之言，新意寥寥。

---

① 北京大学北京师范大学中文系，北京大学中文系文学史教研室编《陶渊明资料汇编》（上册），第 18 页。
② 北京大学北京师范大学中文系，北京大学中文系文学史教研室编《陶渊明资料汇编》（上册），第 20 页。
③ 北京大学北京师范大学中文系，北京大学中文系文学史教研室编《陶渊明资料汇编》（上册），第 35 页。
④ 北京大学北京师范大学中文系，北京大学中文系文学史教研室编《陶渊明资料汇编》（上册），第 35 页。
⑤ 北京大学北京师范大学中文系，北京大学中文系文学史教研室编《陶渊明资料汇编》（上册），第 107 页。
⑥ 北京大学北京师范大学中文系，北京大学中文系文学史教研室编《陶渊明资料汇编》（上册），第 107 页。

明代陶诗批评是陶诗批评史中常被忽略的一个阶段。从发展趋势上看，这一阶段的批评成果主要承袭宋代，是陶诗批评在金、元低谷到清代高潮之间的过渡；从批评内容上看，陶诗思想论持续繁荣，陶诗艺术特色论沉寂于明初，开展于明中，繁荣于明末，陶诗启蒙唐体论则在继承两宋的基础上缓慢发展。

明初，以重臣为首的文论家们便关注陶诗的思想境界。开国文臣宋濂、方孝孺等人，从"原道、宗经、复古"的思想出发，评陶诗"动合于道"①；其后，受明成祖高压文化政策的影响，台阁诗人杨士奇、杨荣推崇典雅醇正的诗歌，评陶诗"冲和雅澹""得性情之正"②；景泰至弘治初年，心学萌芽并发展，从李贤到薛瑄再到陈献章，愈发重视陶诗之"真情"，称陶诗乃"出于肺腑者"③。

至弘治后期，复古派兴起，许多文人开始探讨陶诗的艺术特色。李梦阳、何景明等前"七子"尊汉、魏、盛唐诗，轻六朝诗歌，以格调论为基础，言陶诗诗法屡弱，称"诗弱于陶"④。

其后近百年间，经复古派、吴中士人、唐宋派、公安派、竟陵派等批评理论的先后丰富，学界对陶诗艺术特色与思想境界的探索迅速发展、繁荣。至明末许学夷创作《诗源辩体》之前，明代文人对陶诗的探索已经历了思想境界之"动合于道"说、"情感"说、"本色"说、真情真我说；艺术特色之"诗弱于陶"说、"源流匪远"说。而许学夷在其《诗源辩体》中有选择地继承和革新了这些理论。

以许学夷所推崇的明代复古派为例，前、后"七子"等人在论陶时，多将陶渊明与六朝文人等同，除何景明著名的"诗弱于陶"⑤说之外，尚有

---

① 北京大学北京师范大学中文系，北京大学中文系文学史教研室编《陶渊明资料汇编》（上册），中华书局，2003，第132页。

② （清）永瑢、纪昀等编纂《文渊阁四库全书》集部第1232卷，上海古籍出版社，2003，第712页。

③ 北京大学北京师范大学中文系，北京大学中文系文学史教研室编《陶渊明资料汇编》（上册），中华书局，2003，第134页。

④ 北京大学北京师范大学中文系，北京大学中文系文学史教研室编《陶渊明资料汇编》（上册），第136页。

⑤ 北京大学北京师范大学中文系，北京大学中文系文学史教研室编《陶渊明资料汇编》（上册），第136页。

王世贞称陶诗"不得入汉魏"①，胡应麟称陶诗"意调虽新，源流匪远"②等。然而，复古派在贬低陶诗艺术价值的同时，又无法忽视它的地位。他们盛赞陶诗冲淡自然的诗风与高洁的思想境界，如王世贞赞陶诗"清悠澹永，托旨冲淡"③，胡应麟称陶诗"介晋、宋之间，品格位置，可谓天然，无容更议"④。

这样的评说实际上是矛盾的。针对这样的困境，许学夷提出了"陶靖节不宗古体，不习新语，而真率自然，则自为一源"⑤的观点。他在吸取前人论陶经验的基础上，从体制、语言、思想等多个方面分析陶诗与晋宋诗歌的差异，将陶诗单独拉出六朝诗歌之外，为后人开辟出了一个全新的论陶领域。

就陶诗在诗歌发展史中的地位而言，许学夷所说的"自为一源"似应理解为陶诗不处在"随代而降"的诗歌理论体系之中。他认为，相较两汉，魏之五言在体制、语言、思想上已经开始发生变化，所谓"体多敷叙，而语多构结""情兴未至，始着意为之"⑥。陶渊明同时代的人，则更是混淆了古诗诗体，作诗以俳偶之体为美，以雕刻之语为尚，更慢慢地将真情实感与诗作分离。而身处晋宋之际的陶诗却是例外。在许学夷看来，陶诗的审美价值是很高的，这种审美价值大部分并非承自汉魏五言，同时也不应被淹没于六朝诗作洪流之中，所谓"五言自汉魏至六朝，皆自一源流出，而其体渐降。惟陶靖节不宗古体，不习新语，而真率自然，则自为一源也"⑦。

2. 许学夷的陶诗"自为一源"说

许学夷认为，陶诗真率自然，与魏、六朝俳偶敷叙的诗作有所不同，且陶诗为后世开辟了新的诗风，故他将陶诗定义为"自为一源"。

关于陶诗在诗歌史上的地位，历朝历代均有评述，其中较早较完善

① 北京大学北京师范大学中文系，北京大学中文系文学史教研室编《陶渊明资料汇编》（上册），第144页。
② （明）胡应麟：《诗薮》，上海古籍出版社，1958，第35页。
③ 北京大学北京师范大学中文系，北京大学中文系文学史教研室编《陶渊明资料汇编》（上册），中华书局，2003，第144页。
④ 北京大学北京师范大学中文系，北京大学中文系文学史教研室编《陶渊明资料汇编》（上册），第163页。
⑤ （明）许学夷著，杜维沫校点《诗源辩体》，第98页。
⑥ （明）许学夷著，杜维沫校点《诗源辩体》，第71页。
⑦ （明）许学夷著，杜维沫校点《诗源辩体》，第98页。

的，当属南朝梁钟嵘的《诗品》："文体省净，殆无长语。笃意真古，辞兴婉惬。……古今隐逸诗人之宗也。"① 对陶诗体制、语言、思想的评价已相当准确。然而，这段评价较为简短，并未对陶诗艺术价值做深入阐释，且"隐逸诗人之宗"一说偏重于对诗风的定位，不如"自为一源"更能体现陶诗的内在特点。

许学夷《诗源辩体》卷六论陶五言诗艺术特色：

> 五言自汉魏至六朝，皆自一源流出，而其体渐降。惟陶靖节不宗古体，不习新语，而真率自然，则自为一源也。然已兆唐体矣。（下流至元次山、韦应物、柳子厚、白乐天五言古）②

"五言自汉魏至六朝，皆自一源流出，而其体渐降"是许学夷对《诗源辩体》"源流正变"诗歌理论体系的概述，他指出，陶诗真率自然的诗风开启了唐代诗歌新的领域，并将这种不同古今，启蒙后世的艺术价值，概括为"自为一源"。

许学夷指出，陶诗的"自为一源"体现为"不宗古"。陶诗只是陶渊明为抒发内心情怀而作，并不模仿前人的诗意，陶诗中偶尔出现的引用，也是陶渊明将古诗、古文融会至自己的情思之中，借古抒怀而已。

许学夷又提出，以陶诗"自为一源"，在于它"不习新"。晋宋诗歌与陶诗的根本差异，就在于前者是欣赏自然，后者是参与自然。晋宋诗人用意琢磨，力求绮靡工整，但始终带有刻意的、雕琢的痕迹，所谓"泉石是娱，烟霞是托"。而陶渊明所写的是生活中的点点滴滴，平凡而真实，寄托了作者真挚的情感，达到了"超然物表，遇境成趣"的境界。

许学夷还认为，陶诗之所以能被定义为"源"，在于它为后世开辟了一条新的艺术道路。其风格被元结、白居易、韦应物、柳宗元、苏轼等大作家继承、发扬，成了中国诗歌史上流传不息的一脉。正是从这一点来看，陶诗具有"诗之源"的地位。

陶诗"自为一源"说为后世开辟了论陶的新道路。但事实上，许学夷所谓陶诗之"自为一源"，并非完全认为陶渊明在创作诗歌时对前人没有继

---

① （南朝梁）钟嵘著，陈延杰注《诗品注》，人民文学出版社，1961，第41页。

② （明）许学夷著，杜维沫校点《诗源辩体》，第98页。

承。许学夷曾数次论及陶渊明对诗歌文化的喜爱与承袭，如辨陶诗与兰亭、颜谢差异时，称渊明"所好实在诗文"①；评陶《拟古》诗时，称"略借引喻"②；论陶诗与晋人诗之差异时，称陶诗见趣老子③，都是对陶诗依凭前人、前文的肯定。

是以，笔者认为，许学夷所谓陶诗"自为一源"只是相对而言，相较于谢灵运等人"上承汉、魏、太康"④，诗写得愈发敷叙"构结"，陶渊明继承的则是先秦、两汉古诗完纯、自然、浑然天成的一面。

从诗歌发展史的角度来说，许学夷所谓的陶诗"自为一源"，是相对于魏、六朝的"流变"之诗而言，并非指陶诗的艺术特色与思想境界对前代没有继承。相反，陶渊明正是在继承古诗之美的基础上，凭着自己对生活的领悟、对诗歌创作的喜爱，开拓出一个"真率自然，倾倒所有"⑤的创作领域，并对后世产生深远、积极的影响。许学夷所谓"自为一源"，意义便在于此。

3. 辨陶诗"自为一源"的艺术特色

在《诗源辩体》陶诗批评中，对陶诗体制、语言等艺术特色的辨析是许学夷阐释陶诗独特诗风的主要方法。所谓陶诗"自为一源"，即诗风不同于魏、六朝，同时启蒙唐体。许学夷认为，陶诗体制完纯、语言真率自然，在同时代诗歌中别具一格。

3.1 辨陶诗完纯可法的体制

首先，关于陶的四言诗，许学夷用"章法本风雅""语自己出""性情溢出"概括：

> 陶靖节（初名渊明，后改名潜，字元亮，谥靖节）四言，章法虽本《风》《雅》，而语自己出，初不欲范古求工耳。然他人规规摹仿，而性情反窒。靖节无一语盗袭，而性情溢出矣。⑥

---

① （明）许学夷著，杜维沫校点《诗源辩体》，第100页。
② （明）许学夷著，杜维沫校点《诗源辩体》，第104页。
③ （明）许学夷著，杜维沫校点《诗源辩体》，第105页。
④ （明）许学夷著，杜维沫校点《诗源辩体》，第99页。
⑤ （明）许学夷著，杜维沫校点《诗源辩体》，第101页。
⑥ （明）许学夷著，杜维沫校点《诗源辩体》，第98页。

许学夷认为，陶渊明的四言诗体制本于《诗经》之"风""雅"，揭示了陶之四言与《诗经》一样具有简约完纯的体制，不似魏晋五言自国风、汉五言流出，却"体多敷叙"①。

许学夷又指出，陶四言诗的语言有自己的特色，并不模仿前人。《诗源辩体自序》曾论"拟前人体制"与"拟前人词意"的本质区别："夫体制、声调，诗之矩也，曰词与意，贵作者自运焉。窃词与意，斯谓之袭；法其体制，仿其声调，未可谓之袭也。"② 许学夷指出，陶诗的语言独具特色，真情实感跃然纸上，从语言、思想角度辨析了陶诗的优点，揭示了陶四言诗的独创性。

接着，许学夷从体制角度辨析谢灵运、陶渊明诗歌的差异，揭示了陶五言诗不同于晋、宋的艺术特色。《诗源辩体》卷六第四：

> 康乐诗，上承汉、魏、太康，其脉似正，而文体破碎，殆非可法。靖节诗，真率自然，自为一源，虽若小偏，而文体完纯，实有可取。康乐譬吾儒之有荀、杨，靖节犹孔门视伯夷也。③

北宋蔡绦《西清诗话》有言："渊明意趣真古，清淡之宗，诗家视渊明，犹孔门视伯夷也。"④ 许学夷化用之，比较陶、谢诗体差异。关于谢诗，许学夷论元嘉诗风时曾有提及，他评谢诗"体尽俳偶，语尽雕刻"⑤，又称古诗的体制至谢灵运诸公而亡。

谢诗处随代而降的诗体系统中，处五言古诗败亡的年代，从六朝而言虽是正统，但已全然不具备"托物兴寄，体制玲珑"⑥的特点。陶诗的风格品与六朝相悖，但体制完整纯粹，大大超越六朝水平，更值得学习欣赏。

3.2 辨陶诗真率自然的语言

晋诗寡味，宋诗雕刻，真率自然的语言是许学夷称陶诗"自为一源"的又一出发点，也是陶诗最为人称道的艺术特色。

---

① （明）许学夷著，杜维沫校点《诗源辩体》，第71页。
② （明）许学夷著，杜维沫校点《诗源辩体》，"自序"第1页。
③ （明）许学夷著，杜维沫校点《诗源辩体》，第99页。
④ 北京大学北京师范大学中文系，北京大学中文系文学史教研室编《陶渊明资料汇编》（上册），中华书局，2003，第53页。
⑤ （明）许学夷著，杜维沫校点《诗源辩体》，第108页。
⑥ （明）许学夷著，杜维沫校点《诗源辩体》，第44页。

《诗源辩体》卷六第七曰：

> 或问："以《兰亭》诸诗较靖节，靖节自是当家，然靖节未可谓无意为诗。"曰：渡江后以清谈胜，而诗实非所长，故《兰亭》诸诗仅尔。若靖节，则所好实在诗文，而其意但欲写胸中之妙耳，不欲效颜、谢刻意求工也。故谓靖节造语极工，琢之使无痕迹既非；谓靖节全无意于为诗，亦非也。①

东晋一朝清谈之风盛行，文人热衷品评，不善作诗。与他们相比，陶渊明将自己的情感倾注在诗歌创作之中，所以他的诗歌水平才高于东晋诸人。从这一点来看，他作诗是"有意"的。宋初文人尚俳偶雕刻，将诗歌当作争名逐利的工具。与他们相较，陶渊明的诗歌是他生活所见的抒发，不假雕饰。从这一点来看，他作诗又是"无意"的。许学夷通过对比陶诗与兰亭诗、陶诗与颜谢诗艺术特色的差异，辨析了陶诗"但欲写胸中之妙"的语言风格。

《诗源辩体》卷六第八曰：

> 靖节诗，句法天成而语意透彻，有似《孟子》一书。谓《孟子》全无意于为文，不可；谓孟子为文琢之使无痕迹，又岂足以知圣贤哉！以此论靖节，尤易晓也。②

许学夷这则诗论，从诗歌语言风格出发评价陶诗与《孟子》的相同点，解释"有意"与"无意"的内涵。"句法天成"说明陶诗未曾雕琢，与颜、谢的俳偶绮靡不同；"语意透彻"指出渊明以诗说情见理，与兰亭"理过其辞，淡乎寡味"③之诗不同。

《诗源辩体》卷六第九辨叶梦得之陶诗"倾倒所有"说：

> 叶少蕴云："诗本触物寓兴，吟咏性情，但能输（书）写胸中所欲言，无有不佳。而世人多役于组织雕镂，故语言虽工而淡然无味，与

---

① （明）许学夷著，杜维沫校点《诗源辩体》，第100页。
② （明）许学夷著，杜维沫校点《诗源辩体》，第100页。
③ （明）王世贞：《艺苑卮言》，载丁福保辑《历代诗话续编》，中华书局，2006，第993页。

人意了不相关。尝观渊明《告俨等疏》云：'少学琴书，偶爱闲静，开卷有得，便欣然忘食。见树木交荫，时鸟变声，亦复欢然有喜。常言五六月中北窗下卧，遇凉风暂至，自谓是羲皇上人。'此其平生真意。及读其诗'孟夏草木长'云云，直是倾倒所有，借书于手，初不自知语言文字也。此其所以不可及。"愚按：少蕴此论，于靖节最得其实。靖节平生为诗，皆是倾倒所有，学者于此有得，斯知所以学靖节矣。①

叶梦得抒发读文、读诗之感，形象生动地指出陶渊明喜居衡门，属文作诗皆随心所欲，但抒胸臆。"倾倒所有"，则是以通感方式揭示陶诗看似平淡、实则难以模仿的诗风。"学者于此有得，斯知所以学靖节"，点明了学陶诗应学其"倾倒所有"的思想。

《诗源辩体》卷六第十辨颜延之之陶诗"文取指达"说：

> 晋、宋间诗以俳偶雕刻为工，靖节则真率自然，倾倒所有，当时人初不知尚也。颜延之作《靖节诔》云："学非称师，文取指（旨通指）达。"延之意或少之，不知正是靖节妙境。②

这是许学夷对陶诗语言特色的细致阐释。与陶诗同时代的晋、宋诗歌多崇尚俳偶雕刻，陶诗自然质朴的语言难以得到欣赏。颜延之又评陶诗"文取旨达"，言诗歌语言通达明了，或称陶能以诗文抒发自己的情感。然颜延之本人的诗作亦以"雕刻求新"③ 甚至"艰涩深晦"④ 为好，故可知其对陶诗并不推崇。"延之意或少之，不知正是靖节妙境"是指颜氏的不认同正是陶诗的精妙所在。后世宗陶者多言颜延之对陶诗评价过低，许学夷则从字面意义的角度，细致贴切地指出了"文取指达"妙在何处。

《诗源辩体》卷六第十一：

> 靖节诗真率自然，倾倒所有，晋宋以还，初不知尚；虽靖节亦不过写其所欲言，亦非有意胜人耳。至唐王摩诘、元次山、韦应物、柳

① （明）许学夷著，杜维沫校点《诗源辩体》，第100~101页。
② （明）许学夷著，杜维沫校点《诗源辩体》，第101页。
③ （明）许学夷著，杜维沫校点《诗源辩体》，第113页。
④ （明）许学夷著，杜维沫校点《诗源辩体》，第113页。

子厚、白乐天，宋苏子瞻诸公，并宗尚之，后人始多得其旨趣矣。①

这则诗论辨陶诗地位从六朝至唐宋的变化。陶诗虽"真率自然，倾倒所有"，但与晋宋诗风相去甚远，故六朝评陶、和陶者甚少。许学夷指出，唐宋诸家"并宗尚之"，陶诗知名度逐渐提高，后代学者才领会到陶诗与众不同的妙处。"非有意胜人"指出陶渊明将作诗当作抒发情感的方式，而非争名逐利的工具。这就区别了他和晋宋诸公的诗风，决定了他真率自然、"自为一源"的语言特色。

《诗源辩体》卷六第十二：

> 靖节诗直写己怀，自然成文，中惟"饥来驱我去""相知何必旧""天道幽且远"二三篇，语近质野耳。陈后山云："渊明之诗，切于事情，但不文耳。"岂以颜谢雕刻为文、靖节自然反为不文耶？此见远出于苏、黄诸子之下矣。②

陈师道《后山诗话》论陶诗与鲍照诗特点，称"鲍照之诗华而不弱；渊明之诗，切于事情，但不文耳"③。许学夷指出，陶诗直抒胸臆，多浑然天成，仅有两三篇朴实多于文采，略显粗野。"远出于苏、黄诸子之下"指陈师道未能领悟陶诗平淡语言里的自然真挚的情感。

《诗源辩体》卷六第十三：

> 靖节诗皆是写其所欲言，故集中并无重复之语，观田家诸诗可见。今或以庸言套语为自然，则易于重复矣，非所以学靖节也。④

"无重复之语"是许学夷对陶诗语言特色的细致阐述。陶渊明作诗，因"写其所欲言"而文体完纯的特色，前论已经涉及。而许学夷犹能看到陶诗因直抒胸臆而成就的另一处特色：不为庸言套语。他从诗歌内容角度，指出

---

① （明）许学夷著，杜维沫校点《诗源辩体》，第101页。
② （明）许学夷著，杜维沫校点《诗源辩体》，第101页。
③ 北京大学北京师范大学中文系，北京大学中文系文学史教研室编《陶渊明资料汇编》（上册），中华书局，2003，第42页。
④ （明）许学夷著，杜维沫校点《诗源辩体》，第101~102页。

陶田园诗看似皆写田间生活，却篇篇新颖独特，不曾重复言说。

《诗源辩体》卷六第十四：

> 靖节诗不为冗语，惟意尽便了，故集中长篇甚少，此韦、柳所不及也。①

"不为冗语"是陶诗语言又一特色，许学夷评陶诗多短篇少长篇，指出这是因为陶渊明作诗以写情达意为先，故造语简洁明了，不作多余无用之言。又以陶诗对比韦应物、柳宗元如"饮水嚼蜡"②的长篇五言，称"韦柳不及"，揭示出陶诗因不为冗语而真率自然的语言特色。

三 《诗源辩体》陶诗批评的主要内涵：自为一源（下）

本章主要从《诗源辩体》评陶诗思想境界与评陶诗对后世启蒙两方面出发，梳理许学夷的陶诗批评，探究许学夷钟爱陶诗、以陶诗"自为一源"的思想渊源。

1. 辨陶诗"自为一源"的思想境界

"自为一源"是对陶诗不同于晋宋、启蒙唐宋诗风的概括。许学夷通过分析陶诗自然的用韵、平淡真率的用语，揭示陶诗自然真诚的情感；通过点评陶渊明述史诗作不以忠悃自居、陶诗田园诗意趣超远，非晋宋诸公可比，揭示陶诗达观超脱的境界；通过分析后世文人学陶而不似的原因，揭示陶诗高超独特的风格。

1.1 辨陶诗情感之自然真诚

《诗源辩体》卷六第五：

> 钟嵘谓："渊明诗，（前人以渊明为字，故直称渊明）其源出于应璩，又协左思风力。"叶少蕴尝辨之矣。愚按：太冲诗浑朴，与靖节略相类。又太冲常用鱼、虞二韵，（鱼、虞古为一韵）靖节亦常用之，其

---

① （明）许学夷著，杜维沫校点《诗源辩体》，第 102 页。
② （明）许学夷著，杜维沫校点《诗源辩体》，第 240 页。

声气又相类。应璩有《百一诗》，亦用此韵，中有云"前者隳官去，有人适我闾。田家无所有，酌醴焚枯鱼。"又《三叟诗》简朴无文，中具问答，亦与靖节口语相近，嵘盖得之于骊黄间耳。要知靖节为诗，但欲写胸中之妙，何尝依仿前人哉。山谷谓："渊明为诗，直寄焉耳。"斯得之矣。①

钟嵘《诗品》将诗人分为三品，按源流关系列之：《楚辞》—李陵—曹丕—应璩—陶渊明，远溯至战国《楚辞》，直承于三国魏的应璩，又融会了左思的风力，是钟嵘对陶渊明的定位。

许学夷引钟嵘语，认为应璩、左思、陶渊明三人在诗歌气韵上的确存在着相似性，在诗歌音韵的使用上也有重合，但他同时提出，陶渊明作诗"但欲写胸中之妙"，不会去效法前人的用韵、用语。

《诗源辩体》卷六第六辩王世贞"陶诗之语雕琢"说：

> 靖节诗，初读之觉甚平易，及其下笔，不得一语仿佛，乃是其才高趣远使然，初非琢磨所至也。王元美云："渊明托旨冲淡，造语有极工者，乃大入思来，琢之使无痕迹耳。"此唐人淘洗造诣之功，非所以论汉、魏、晋人，尤非所以论靖节也。朱子云："渊明诗，平淡出于自然。"斯得之矣。②

王世贞称，陶渊明通过刻意琢磨使诗风接近冲淡自然。许学夷指出，"琢之使无痕迹"是唐代诗人造诣为诗的成就，而陶渊明的诗歌皆出于情感的自然发生，而并非因其善于琢磨文字，揭示了陶诗情感的自然、真诚。

《诗源辩体》卷六第十七辨陶诗以气为主：

> 或问："汉魏与靖节诗皆本乎情之真，而体有不同，何也？"曰：汉魏近古，兴寄深，故其体委婉；靖节去古渐远，直是直写己怀，固当以气为主耳。《扪虱清话》云："文章以气为主，气韵不足，虽有辞藻，要非佳作也。昨读渊明诗，颇似枯淡而有味。"（已上六句皆《扪虱》语）③

---

① （明）许学夷著，杜维沫校点《诗源辩体》，第99页。
② （明）许学夷著，杜维沫校点《诗源辩体》，第99页。
③ （明）许学夷著，杜维沫校点《诗源辩体》，第103页。

此论通过比较陶诗与汉魏诗，赞陶诗气韵充沛浑成。许学夷站在"源流正变"的诗歌发展体系中，认为汉魏五言乃《诗经》之流，深于兴寄，称其用语"委婉悠圆"①，意在言外；至晋宋之时，诗体代降，诗风几变，古体渐渐消亡。陶诗以直写己怀而"自为一源"，用语真率自然，意在言内，是以需要充沛真挚的情感和鲜明强大的人格精神，即陈善《扪虱新话》中所言"以气为主"。陶诗浑成的气格，便是陶渊明固穷守拙、不与世俗同流合污的思想境界和人生旨趣。许学夷认为，陶渊明将真挚的情感与高尚的品格通过真率自然、不假雕饰的语言表达出来，这便是陶诗与汉魏诗的区别。

《诗源辩体》卷六第十八，辨陶诗中的"见理之言"：

> 或问予："子尝言元和诸公以议论为诗，故为大变，若靖节'大钧无私力''颜生称为仁'等篇，亦颇涉议论，与元和诸公宁有异耶？"曰：靖节诗乃是见理之言，盖出于自然，而非以智力得之，非若元和诸公骋聪明、构奇巧，而皆以文为诗也。②

在许学夷看来，"见理之言""出于自然"与"以文为诗""聪明""奇巧"，是陶诗与元和诗的差异。前者即陶诗"道理精明、世事透彻"之言，它以陶渊明丰富的人生经历和"倾倒所有"的作诗情感为基础，特点是语言简洁自然、尽兴。后者出现在唐代元和年间（806～820），由韩愈等人首先提倡，是唐古文运动在文学领域的体现。韩愈倡导将秦汉散文的句法、章法和议论方式运用到诗歌创作中，以达到驱散萎靡诗风、振兴古文、恢复儒家道统的目的。

《诗源辩体》卷六第十九，辨陶诗"无迹可求"的诗风：

> 作诗出于智力者，亦可以智力求；出于自然者，无迹可求也。故今人学灵运者多相类，学靖节者百无一焉。③

许学夷言谢诗出于"智力"，陶诗出于"自然"，此说法盖本于严羽："谢所

---

① （明）许学夷著，杜维沫校点《诗源辩体》，第45页。
② （明）许学夷著，杜维沫校点《诗源辩体》，第103页。
③ （明）许学夷著，杜维沫校点《诗源辩体》，第103页。

以不及陶者，康乐之诗精工，渊明之诗质而自然耳。"① 谢灵运和大多数六朝诗人一样，崇尚俳偶雕刻，凡作诗必"字字摹仿，不遗余力"②；陶渊明作诗只为写情达意，不与人争胜，故其诗不加藻饰，不尚琢磨，即所谓"出于自然"。而"无迹可求"是严羽对盛唐诗歌的评价：

> 诗者，吟咏情性也。盛唐诸人惟在兴趣，羚羊挂角，无迹可求。③

严羽所谓"无迹可求"，是以禅喻诗，提倡作诗要有透彻之悟。他以批判宋代"以文为诗"为目的，赞盛唐诗有别材别趣，能跳脱出书本、道理，赋予诗歌言外之意。而许学夷所谓"无迹可求"，是对严羽之论的变相继承。谢诗追求字斟句酌，专注于文本功夫。学诗者但须通过反复地琢磨雕刻，即便不能似谢诗句句为佳，也当形似。陶诗本就随意而起，随意而终，是浑然天成的"言有尽而意无穷"。

许学夷通过辨别陶诗、谢诗作诗方法的差异，阐释了陶诗真率自然的诗风的由来，揭示了陶诗自然真诚的创作情感。

《诗源辩体》卷六第二十，辨陶诗"性僻耽佳句"说：

> 靖节与灵运诗，本不当并称。东坡云"陶谢之超然"，但谓其意趣超远耳。子美诗云："为人性僻耽佳句，语不惊人死不休。焉得思如陶谢手，令渠述作与同游。"岂以靖节亦为"性僻耽佳句"者乎？④

此论辨陶、谢诗的差异。苏轼《书黄子思诗集后》赞陶渊明、谢灵运之诗兼具"意境之萧散超逸与语句的自然超脱"⑤。许学夷认同此论，并提出陶诗、谢诗均有意趣超远的优点，只是一源于直写己怀，一源于"雕刻极矣，遂生转想，反乎自然"⑥。而针对杜甫《江上值水如海势聊短述》以陶谢并称，喻二人之诗多有佳句，许学夷则提出异议。《诗源辩体》卷六称"靖节

---

① （南宋）严羽著，郭绍虞校释《沧浪诗话校释》，第151页。
② （明）许学夷著，杜维沫校点《诗源辩体》，第110页。
③ （南宋）严羽著，郭绍虞校释《沧浪诗话校释》，第26页。
④ （明）许学夷著，杜维沫校点《诗源辩体》，第103~104页。
⑤ 郭绍虞主编《中国历代文论选》（一卷本），上海古籍出版社，2001，第182页。
⑥ （明）许学夷著，杜维沫校点《诗源辩体》，第109页。

诗，语皆自然，初未可以句摘"①；卷七又称"五言至灵运，始多佳句"
"五言至灵运，雕刻极矣，反乎自然。……观其以'池塘生春草'为佳句，
则可知矣"②。可见许学夷认为"佳句"的定义一是可以句摘，二是雕刻至
极，故陶诗不可以"佳句"称。此论通过对杜甫之陶谢"性僻耽佳句"说
的辨析，论证了陶诗不似谢诗专注雕刻，从侧面阐释了陶诗境界的高远。

1.2　辨陶诗境界之达观超脱

有关陶渊明述史诗的思想内涵，自南朝《诗品》之"古今隐逸诗人之
宗"起，便有诸多论述。这些论述基本分为两派：一派以《宋书·隐逸传》
中陶渊明"以曾祖晋世宰辅，耻复屈身后代"为据，认为陶诗历史内容以
忠于晋氏、暗讽刘裕篡权、抒发忠君爱国的愤世之情为目的。譬如南宋汤汉
称陶渊明"每寄情于首阳、易水之间""不事异代"，常以述史诗歌自放情怀，
抒忠愤之感，将陶渊明塑造成时时感怀晋朝，却壮志难伸的英雄形象。

另一派源自苏轼对陶的评价："渊明作《述史》九章，《夷齐》《箕子》，
盖有感而云。"③后世以此为基准，认为述史之作与田园诗在感发上并无本质
差别，均是随性而发、达观见理之言，但求抒发悼国伤时之意，意尽便罢。

《诗源辩体》卷六第二十一则至第二十三则，许学夷通过对陶述史之作
的分析，从陶渊明达观超脱的思想境界出发，同意苏轼等人的观点，指出
陶渊明作诗未尝模拟前人，未尝为名利、忠悃所累。

《诗源辩体》卷六第二十一：

> 靖节《拟古》九首，略借引喻，而实写己怀，绝无摹拟之迹，非其
> 识见超越、才力有余，不克至此。后人学陶者，于其平直处仅得一二，
> 至此百不得一矣。（尝疑《拟古》或诸家所为，但晋宋无此等人）④

许学夷此论的目的，在于揭示陶渊明超越常人的学识、见地和才力。"略借
引喻"是指陶渊明运用比兴之法抒写情怀。如《拟古》其一开篇曰："荣荣

---

①　（明）许学夷著，杜维沫校点《诗源辩体》，第 105 页。
②　（明）许学夷著，杜维沫校点《诗源辩体》，第 109 页。
③　北京大学北京师范大学中文系，北京大学中文系文学史教研室编《陶渊明资料汇编》（上
　　册），中华书局，2003，第 27 页。
④　（明）许学夷著，杜维沫校点，《诗源辩体》，第 104 页。

窗下兰，密密堂前柳"①，逯钦立《陶渊明集》注曰："当作于宋武帝永初元年前后。""窗下兰，盖以庭兰喻本人才德。""堂前柳，陶宅前有五柳树，此引以起兴。又据《晋书》，陶侃尝课诸营种柳，则此堂前柳，盖在隐喻曾祖勋德名望。"②"实写己怀，绝无摹拟之迹"，是指陶诗乃自创。许学夷指出，古诗寄意遥深，而陶渊明写诗直抒己怀，虽亦有起兴，但不刻意模拟古诗的词句和意蕴。正因陶渊明"识见超越、才力有余"，才能作出这种发于比兴、直抒胸臆的诗歌，这也正是后人学陶而不得的原因。

《诗源辩体》卷六第二十二，辨陶诗以"拟古"为题的内涵：

> 先儒谓靖节退归后所作，多悼国伤时托讽之语，然不欲显斥，故以《拟古》等目名其题云。愚按：此论靖节甚当，不然，则靖节亦有意与作者争衡耳。且如士衡诸公《拟古》，皆各有所拟；靖节《拟古》，何尝有所拟哉？斯可见矣。③

陶渊明以诗抒情，不以之追名逐利，故将一些抒悼国伤时情怀的诗歌命名为《拟古》。且陶《拟古》诗并非效仿古人的诗歌而来，其内涵不在模拟，而在抒怀。许学夷由此揭示了陶诗达观超脱、不与人争胜的境界。

《诗源辩体》卷六第二十三，辨陶述史诗作中蕴含的思想感情：

> 靖节诗，惟《拟古》及《述酒》一篇中有悼国伤时之语，其他不过写其常情耳，未尝沾沾以忠悃自居也。赵凡夫云："凡论诗不得兼道义，兼则诗道终不发矣。如谈屈、宋、陶、杜，动引忠诚悃款以实之，遂令尘腐宿气浡然而起。且诗句何足以概诸公？即稍露心腹，不过偶然，政不在此时诵其德业也。"（已上十句皆凡夫语）④

"论诗不得兼道义"是明赵宦光的观点，他认为陶渊明深谙此道，不会将忠诚悃款之情大量写入诗中。许学夷则从陶渊明"不以忠悃自居"的思想境界出发，提出托讽情怀只是陶渊明生活中的一小部分，不能因此认定陶渊

① （东晋）陶渊明著，逯钦立校注《陶渊明集》，中华书局，1979，第109页。
② （东晋）陶渊明著，逯钦立校注《陶渊明集》，第109页。
③ （明）许学夷著，杜维沫校点《诗源辩体》，第104页。
④ （明）许学夷著，杜维沫校点《诗源辩体》，第104页

明的述史诗均为托讽。

《诗源辩体》卷六第二十四，以苏轼"句摘"陶诗为例，论陶诗之达观超脱：

> 靖节诗，语皆自然，初未可以句摘，即如东坡所称"暧暧远人村，依依墟里烟。狗吠深巷中，鸡鸣桑树颠。""平畴交远风，良苗亦怀新。""采菊东篱下，悠然见南山"等句，亦不过爱其意趣超远耳。非若灵运诸公，用意琢磨，可称佳句也。①

苏轼作陶诗题跋曰：

> 陶靖节云："平畴交远风，良苗亦怀新。"非古之耦耕植仗者，不能道此语；非余之世农，亦不能识此妙悟。②
>
> "采菊东篱下，悠然见南山。"因采菊而见山，境与意会，此句最有妙处。③

苏轼以"妙悟""意会"评陶诗，的确如许学夷所说，是从思想境界而非从篇章句法而言。许学夷认为，从诗歌体制的角度而言，浑然天成的诗作寄托了诗人气韵，不可句摘，只有经过锤炼琢磨的诗句方能称"佳句"。而陶诗以其"真率自然"的语言，写就"文体完纯"的诗歌，故不能以"佳句"称之。这一阐释，建立在陶诗意趣超远的思想境界之上，是对陶渊明作诗理念的整体把握，体现出许学夷对陶诗的透彻领悟。

《诗源辩体》卷六第二十五，辨靖节"非本相"之诗的成因：

> 靖节《岁暮》诗云"市朝悽旧人，骤骥感悲泉。"《三良》师云"弹冠乘通津，但惧时我遗。"此正晋、宋间语，靖节耳目所濡，故不觉出诸口耳，非有意为之也。又"世短意常多，斯人乐久生"二句，

---

① （明）许学夷著，杜维沫校点《诗源辩体》，第105页。
② 北京大学北京师范大学中文系，北京大学中文系文学史教研室编《陶渊明资料汇编》（上册），第28页。
③ 北京大学北京师范大学中文系，北京大学中文系文学史教研室编《陶渊明资料汇编》（上册），第29页。

亦非本相。①

　　晋宋间，譬如嵇康"人生譬朝露，世变多百罗"②，潘岳"荏苒冬春谢，寒暑忽流易"③，谢灵运"短生旅长世，恒觉白日欹"④ 等句，皆发生命短暂之叹。陶渊明亦受时代风气影响，诗作中偶尔会有悲伤难抒之言。许学夷认为，陶诗之叹不同于晋宋诸公，乃"无意为之"，这便是从陶诗达观超脱的思想境界出发做出的辨析。

　　《诗源辩体》卷六第二十六，辨陶渊明诗句的真伪：

　　　　靖节诗有《王抚军座送客》一首，句法工炼，与靖节不类，疑晋宋诸家所为。又《五月旦作》，意虽类陶，而语不类。《饮酒》末篇，语意俱类。至"若复不快饮，空负头上巾"，又疑附会。盖葛巾漉酒，乃一时乘兴所为，非有意也。⑤

以《于王抚军座送客》"句法工炼"、《五月旦作和戴主簿》"语不类"而称其并非陶渊明所作，是从艺术特色出发辨陶诗真伪。关于《饮酒》末篇的"乘兴所为"，则是从思想境界角度进行考量，认为当是陶渊明醉后之笔。盖陶诗浑然天成，语言句法难以模仿，容易分辨；而思想感情则受耳目、醉酒等多方面因素影响，不能因其"不似本相"而妄加揣度。"非有意也"则是从陶诗整体上"识见超越""意趣高远"思想境界来论。

　　《诗源辩体》卷六第二十七则至第二十九则，以陶诗对比晋、宋诗，综合论述其思想境界。第二十七则辨陶诗与晋诗之思想差异：

　　　　晋人贵玄虚、尚黄老，故其言皆放诞无实。陶靖节见趣虽亦老子，而其诗无玄虚放诞之语。中如"纵浪大化中，不喜亦不惧。应尽便须尽，无复独多虑。""中觞纵遥情，忘彼千载忧。且极今朝乐，明日非所求。""寒暑有代谢，人道每如兹。达人解其会，逝将不复疑。""所

---

①　（明）许学夷著，杜维沫校点《诗源辩体》，第105页。
②　逯钦立辑校《先秦汉魏晋南北朝诗》，中华书局，1988，第489页。
③　逯钦立辑校《先秦汉魏晋南北朝诗》，第635页。
④　逯钦立辑校《先秦汉魏晋南北朝诗》，第1149页。
⑤　（明）许学夷著，杜维沫校点《诗源辩体》，第105页。

以贵我身，岂不在一生。一生复能几，倏如流电惊。""客养千金躯，
临化消其宝。裸葬何必恶，人当解意表。""孰若当世士，冰炭满怀抱。
百年归丘陇，用此空名道。""鼓舟无须臾，引我不得住。前途当几许，
未知止泊处。""家为逆旅舍，我如当去客。去去欲何之，南山有旧宅"
等句，皆达人超世、见理安分之言，非玄虚放诞者比也。①

许学夷指出，东晋文坛盛行"清谈"之风，以不论国计民生，但辩老庄、
周易为风流高雅。其弊端在于不作诗文、不切实务，即所谓"清谈误国"。
而陶渊明以诗遣怀，诗中对世事道理的透彻的领悟，建立在他达观超脱的
思想境界之上。虽亦有老庄之言，其内蕴却非晋人诗作可比。

《诗源辩体》卷六第二十八，辨陶渊明之达与晋人之达的差异：

> 晋人作达，未必能达。靖节悲欢忧喜出于自然，所以为达。蔡宽
> 夫云："柳子厚之贬，其忧悲憔悴之叹发于诗者，特为酸楚，卒以愤
> 死，未为达理。白乐天似能脱屣轩冕者，然荣辱得失之际，锱铢较量，
> 而自矜其达，每诗未尝不着此意，是岂真能忘之者哉？亦力胜之耳。
> 惟渊明则不然。观其《咏贫士》、《责子》与其他所作，当忧则忧，当喜
> 则喜，忽然忧乐两忘，则随所遇而皆适，未尝有择于其间，所谓超世遗
> 物者。"②

前人有关陶渊明与柳宗元、白居易思想差异的论述，除却许学夷所引蔡
启《蔡宽夫诗话》中的《子厚乐天渊明诗》外，尚有陈善《拟渊明作诗》·

> 山谷尝谓：白乐天、柳子厚俱效陶渊明作诗，而惟柳子厚诗为近。
> 然以予观之，子厚语近而气不近，乐天气近而语不近，子厚气凄怆，
> 乐天语散缓，虽各得其一，要于渊明诗未能尽似也。③

蔡启从思想感情的角度，指出柳宗元、白居易诗没有陶诗那种达观超脱的

---

① （明）许学夷著，杜维沫校点《诗源辩体》，第 105～106 页。
② （明）许学夷著，杜维沫校点《诗源辩体》，第 106 页。
③ 北京大学北京师范大学中文系，北京大学中文系文学史教研室编《陶渊明资料汇编》（上
   册），中华书局，2003，第 61～62 页。

境界。陈善则从思想、风格两方面论述，称柳宗元缺少陶渊明之达观，白居易缺少陶渊明之简洁自然。许学夷则发展其论，指出东晋诗人多以"清谈"为诗，意在辩论争衡，不在诗中赋予真情实感；"靖节悲欢忧喜出于自然，所以为达"，认识到陶渊明的倾倒所有，自然抒发，从而揭示陶诗达观出于自然的思想境界。

《诗源辩体》卷六第二十九，辨陶渊明与晋、宋间谢灵运辈思想境界之差异：

> 晋、宋间谢灵运辈，纵情丘壑，动逾旬朔，人相尚以为高，乃其心则未尝无累者。（灵运尝求入远公社，远公察其心杂，拒之）惟陶靖节超然物表，遇境成趣，不必泉石是娱、烟霞是托耳。其诗如"暖暖远人村，依依墟里烟。狗吠深巷中，鸡鸣桑树颠。""春秋多佳日，登高赋新诗。过门更相呼，有酒斟酌之。""平畴交远风，良苗亦怀新。虽未量岁功，即事多所欣。""孟夏草木长，绕屋树扶疏。众鸟欣有托，吾亦爱吾庐。""蔼蔼堂前林，中夏贮清阴。凯风因时来，回飙开我襟。""春秫作美酒，酒熟吾自斟。弱子戏我侧，学语未成音。""蕤宾五月中，清朝起南飔。不驶亦不迟，飘飘吹我衣。""日入群动息，归鸟趋林鸣。啸傲东轩下，聊复得此生"等句，皆遇境成趣，趣境两忘，岂尝有所择哉。本传谓其"任真自得"，信然。①

许学夷从作诗思想的角度，指出谢灵运辈为名望高低所累，纵情山水却又限于山水。而陶诗"遇境成趣，趣境两忘"，随处可见的景色，都能成为他诗中的意象，抒发他即时的情怀。但无论是意象还是情感，对于陶渊明来说，都只存在于相遇的一瞬间，随心而来，亦随心而去。

1.3　辨陶诗风格之不易模仿

许学夷还通过论述明人学习陶诗而不似、他本人学习陶诗而不似的经历，辨析陶诗不易学的原因，即模仿陶诗需要过人的才力与超远思想境界的融合，而后世学者大多缺少真才实学与自然超脱的思想内蕴，侧面揭示陶诗独特的风格。

许学夷《诗源辩体》卷六第三十，辨后人学陶诗而不似之因：

---

① （明）许学夷著，杜维沫校点《诗源辩体》，第106～107页。

> 靖节诗平淡自然，本非有所造诣。但后之学者天分不足，风气亦漓，欲学平淡，必从峥嵘豪荡得之，乃不至于卑弱耳。东坡《与侄书》云："大凡为文，当使气象峥嵘，采色绚烂，渐老渐熟，乃造平淡。"故东坡为诗，尝学退之，晚年寓惠州，和靖节，始有相类者。今人才力绵弱，不能自励，辄自托于靖节，此非欺人，适自欺也。①

"平淡自然，本非有所造诣"，是许学夷对陶诗的定位。通过分析苏轼《与侄书》对学陶诗的记述，许学夷指出欲学陶诗，应先学得峥嵘绚丽的诗风，气韵才不会萎弱。当年龄增长，人生阅历渐渐丰富，诗歌气韵足够饱满浑成时，自己就能创造出平淡自然的诗风。继而指出，以苏轼之才高，晚年和陶诗"始有相类"。故学陶诗，一要才高，二要讲求从峥嵘到平淡、不断进步的学习方法。

许学夷《诗源辩体》卷六第三十一，论作者本人的学陶经历：

> 靖节诗甚不易学，不失之浅易，则伤于过巧。予少时初学靖节，终岁得百余篇，率浅易无足采录；今间一为之，又不免类白、苏矣，（白、苏学陶而失之巧）因遂绝笔不复为也。②

从自身学陶经历出发，许学夷揭示了众学子学陶而不似的原因。他称自己年少时模仿陶诗，所作数量众多，虽能得陶诗真率，却缺乏自然而然的作诗情感。年长后偶尔为之，风格又与白居易、苏轼类似。句后有小字，称"白、苏学陶而失之巧"，即他认为自己在不经意中运用了唐人之"淘洗浩诣"之法，同白、苏一样流于技巧作用，失去了陶诗超脱的境界。许学夷通过论述自己模仿陶诗的经历，提出"靖节诗甚不易学"的观点，侧面揭示学陶诗应同时具备自然真诚的情感和达观超脱的思想内蕴。

2. 评陶诗对唐、宋诗人的启蒙

《诗源辩体》称陶诗"自为一源也，然已兆唐体"③，其后有小字注曰："下流至元次山、韦应物、柳子厚、白乐天五言古。"许学夷指出，陶诗的

---

① （明）许学夷著，杜维沫校点《诗源辩体》，第107页。
② （明）许学夷著，杜维沫校点《诗源辩体》，第107页。
③ （明）许学夷著，杜维沫校点《诗源辩体》，第98页。

"自为一源"，不仅在于其诗风不同魏、六朝，顺流而下，更有元、白、韦、柳并宗之，从而开启了唐诗冲淡自然的诗歌领域。

《诗源辩体》卷六第十五：

> 靖节诗不可及者，有一等直写己怀，不事雕饰，故其语圆而气足；有一等见得道理精明、世事透彻，故其语简而意尽。昭明不能多录，惜哉！①

"直写己怀，不事雕饰，故其语圆而气足"，指《归园田居》一类诗作，陶渊明将日常生活经历诉诸笔端，不曾锻炼淘洗，故语言浑融自然，内容充实，情感真挚；"道理精明、世事透彻，故其语简而意尽"指《读山海经》《述酒》一类诗作，陶渊明将书中所读、心中所想撰写成诗，又因其"识见超越"②，故能把复杂的道理讲得清晰易懂，使语言简洁、含义明了。两种不同的语言风格，都寄托着陶渊明从生活中体验、体悟到的自然而然的情感。而这两种不同的语言风格，又为后世两派作家研习、继承、发展，最终形成了中国诗歌史上冲淡自然的一派。

《诗源辩体》卷六第十六，细论唐、宋诸公对陶诗不同风格的继承：

> 靖节诗有三种。如"少无适俗韵"、"昔欲居南村"、"春秋多佳日"、"先师有遗训"、"衰荣无定在"、"道丧向千载"、"故人赏我趣"、"孟夏草木长"、"蔼蔼堂前林"、"薤宾五月中"、"穷居寡人用"、"运生会归尽"等篇，皆快心自得而有奇趣，乃次山、白、苏之所自出也。如"寝迹衡门下"、"草庐寄穷巷"、"靡靡秋已夕"、"山泽久见招"、"结庐在人境"、"秋菊有佳色"、"万族各有托"、"凄厉岁云暮"等篇，皆萧散冲淡而有远韵，乃韦、柳之所自出也。③

许学夷首先指出，唐元结、白居易，宋苏轼有关无拘束、充满奇妙情趣的诗作源于陶渊明，并举"少无适俗韵"等诗说明。

---

① （明）许学夷著，杜维沫校点《诗源辩体》，第102页。
② （明）许学夷著，杜维沫校点《诗源辩体》，第104页。
③ （明）许学夷著，杜维沫校点《诗源辩体》，第102页。

2.1. 评元结、白居易、苏轼对陶诗的继承

关于元结对陶的继承，《诗源辩体》卷十七曾论：

> 元结五言古，声体尽纯，在李、杜、岑参外另成一家。……其他意在匠心，故多游戏自得而有奇趣。盖上源渊明，下开白、苏之门户矣。惜调多一律耳。①

许学夷称陶诗"文体完纯"、元诗"声体尽纯"，则两者皆诗体纯粹；称陶诗"快心自得而有奇趣"、元诗"意在匠心，故多游戏自得而有奇趣"，则是从诗歌思想境界角度评价。元结《夜宴石鱼湖》有"醉人疑舫影，呼指递相惊：何故有双鱼，随吾酒舫行"② 之言，与陶《移居》其二中"春秋多佳日，登高赋新诗。过门更相呼，有酒斟酌之"③ 之语均为快心自得所作，写日常生活所见，既真率自然又饱含奇趣，这正是许学夷所称"上源渊明"者。

关于白居易与陶的承袭关系，许学夷《诗源辩体》卷二十八有论：

> 白乐天五言古，其源出于渊明，但以其才大而限于时，故终成大变；其叙事详明，议论痛快，此皆以文为诗，实开宋人之门户耳。又全集冗漫者多，断不可读。④

白居易有《效陶潜体诗十六首》称："先生去已久，纸墨有遗文，篇篇劝我饮，此外无所云。我从老大来，窃慕其为人，其他不可及，且效醉昏昏。"⑤ 写自己对陶渊明的仰慕，语言浅白自然，与陶"先师有遗训，忧道不忧贫"⑥ 语颇类，故《诗源辩体》将白居易归为陶诗"快心自得"一流。

关于苏轼对陶的效法，许学夷在论陶诗时曾言：

> 东坡《与侄书》云："大凡为文，当使气象峥嵘，采色绚烂，渐老

---

① （明）许学夷著，杜维沫校点《诗源辩体》，第176页。
② （清）永瑢、纪昀等编纂《文渊阁四库全书》，集部第1071卷，第530页。
③ （东晋）陶渊明著，逯钦立校注《陶渊明集》，中华书局，1979，第57页。
④ （明）许学夷著，杜维沫校点《诗源辩体》，第271页。
⑤ 北京大学北京师范大学中文系、北京大学中文系文学史教研室编《陶渊明资料汇编》（上册），中华书局，2003，第20页。
⑥ （东晋）陶渊明著，逯钦立校注《陶渊明集》，中华书局，1979，第77页。

渐熟，乃造平淡。"故东坡为诗，尝学退之；晚年寓惠州，和靖节，始
有相类者。①

许学夷指出，苏轼学陶，有一个循序渐进的过程。而当屡次被贬，人生经历足
够充沛之时，"乃造平淡"，与陶诗"始有相类"。此论揭示了苏轼学陶是学陶渊
明高明的思想境界，即"倾倒所有"又蕴之于自然平淡的气韵，故能与之相类。

2.2　评韦应物、柳宗元对陶诗的继承

《诗源辩体》评陶诗"萧散冲淡而有远韵，乃韦、柳之所自出"，指出
唐韦应物、柳宗元所作之闲散舒适、冲和淡泊、有高远风韵的诗作，乃源
于陶诗。并以陶《与从弟敬远》《饮酒》等说理诗为例说明。

许学夷《诗源辩体》卷二十三：

> 唐人五言古，气象宏远，惟韦应物、柳子厚。其源出于渊明，以
> 萧散冲淡为主。然要其归，乃唐体之小偏，亦犹孔门视伯夷也。②

"孔门视伯夷"，出自北宋蔡绦《西清诗话》："渊明意趣真古，清淡之宗，
诗家视渊明，犹孔门视伯夷也。"③ 许学夷曾以之评陶诗。唐人五言古诗气
象峥嵘，韦、柳独树一帜的萧散冲淡之韵，很容易令人联想到数百年前陶
渊明超远淡泊的意趣。是以在历代诗歌、诗论史上，除却谢灵运，韦应物
和柳宗元是与陶渊明并称最多的诗人。

韦应物对陶渊明的继承主要体现在悠远深沉的思想意蕴上：

> 牧人本无术，命至苟复迁。离念积岁序，归途眇山川。郡斋有佳
> 月，园林含清泉。同心不在宴，樽酒徒盈前。览君陈迹游，词意俱凄
> 妍。忽忽已终日，将酬不能宣。泯税况重叠，公门极熬煎。责逋甘首
> 免，岁晏当归田。勿厌守穷辙，慎为名所牵。④

① （明）许学夷著，杜维沫校点《诗源辩体》，第107页。
② （明）许学夷著，杜维沫校点《诗源辩体》，第239页。
③ 北京大学北京师范大学中文系，北京大学中文系文学史教研室编《陶渊明资料汇编》（上
册），中华书局，2003，第53页。
④ （唐）韦应物著，陶敏、王友胜校注《韦应物集校注》，上海古籍出版社，1998，第27～
328页。

许学夷指出，陶诗中与韦诗颇类者，有"寝迹衡门下"：

> 寝迹衡门下，邈与世相绝。顾盼莫谁知，荆扉昼常闭。凄凄岁暮风，翳翳经日雪。倾耳无希声，在目皓已洁。劲气侵襟袖，箪瓢谢屡设。萧索空宇中，了无一可悦。历览千载书，时时见遗烈。高操非所攀，谬得固穷节。平津苟不由，栖迟讵为拙？①

韦应物这首诗的主题实际上类似陶的田园诗，却没有陶渊明"久在樊笼里，复得返自然"的达然超世之感。"徒""凄""熬煎""慎"等修辞，使整首诗都弥散出忧郁深沉的气息，颇似陶《与从弟敬远》。是以许学夷指出，韦应物有关萧散冲淡的诗作，当源于陶诗。

关于柳宗元诗歌的萧散冲淡，有《夏初雨后寻愚溪》与陶诗诗意颇相似：

> 悠悠雨初霁，独绕清溪曲。引杖试荒泉，解带围新竹。沉吟亦何事，寂寞固所欲。幸此息营营，啸歌静炎燠。②

陶渊明《饮酒》：

> 秋菊有佳色，裛露掇其英。泛此忘忧物，远我遗世情。一觞虽独进，杯尽壶自倾。日入群动息，归鸟趋林鸣。啸傲东轩下，聊复得此生。③

许学夷将陶渊明这首《饮酒》归纳为"有远韵"，又指出柳宗元的诗作承袭了这种远韵。陶诗写秋日风光正好，赏菊饮酒，观归鸟入林；柳诗则写初夏雨停后天光明亮，独步溪边，自娱自乐。虽是不同的景色，却都是抒发闲散舒适、冲和淡泊的心情，充满耐人寻味的高远风韵。

许学夷用《诗源辩体》一整卷的篇幅专论陶诗，他对陶诗体制特点、语言风格、思想境界与后世影响的分析细致且透彻，为后人读陶、拟陶、辨陶提供了宝贵的经验。

---

① （东晋）陶渊明著，逯钦立校注《陶渊明集》，中华书局，1979，第78页。
② （唐）柳宗元：《柳河东集》，上海古籍出版社，2008，第722页。
③ （东晋）陶渊明著，逯钦立校注《陶渊明集》，中华书局，1979，第90页。

四 《诗源辩体》陶诗批评的历史价值

本章主要辨析许学夷陶诗批评对明末文坛的反拨意义，同时论述《诗源辩体》对清代陶诗批评的启蒙。通过考察《诗源辩体》陶诗批评的时代意义、未来贡献，揭示其在陶诗批评史上的价值。

1. 陶诗"自为一源"说在明末文坛的意义

从整个陶诗批评史上看，许学夷的陶诗"自为一源"说揭示了陶诗不同于晋宋、启蒙唐体的意义，对前代陶论有继承也有创新，值得后人学习、研究。从明末文坛角度观之，陶诗"自为一源"说，则有着更深一层的意义，即纠正时弊，开辟新的文学创作道路。

明复古派所倡导的论诗方法是诗必汉、魏、盛唐。王世贞《艺苑卮言》以"源流正变"诗歌体系评古今诗人，认为古诗自汉魏至六朝渐降，律诗自盛唐至两宋渐降。是以，他轻视陶诗的艺术价值，以陶诗过于自然质朴为由，贬其"不得入汉魏果中，是未妆严佛阶级语"[1]。胡应麟《诗薮》虽承认陶诗"开千古平淡之宗"[2] 的地位，却称："陶、孟、韦、柳之为古诗也，其源浅，其流狭，其调弱，其格偏。"[3]

许学夷的《诗源辩体》，在论诗方法上基本承袭复古派，但在论陶诗时，却提出了完全不同的观点：

> 五言自汉魏至六朝，皆自一源流出，而其体渐降。惟陶靖节不宗古体，不习新语，而真率自然，则自为一源也。[4]

他提出，陶诗不应被放在汉魏降至六朝的诗歌发展体系中，六朝俳偶雕刻、渐失古意的诗歌，不能与陶相提并论。这种观点，在明代复古派中是没有过的。许学夷身处明末复古派声势渐衰的时期，他既大体继承了复古派的论诗思想，又能带着对复古派理论的反思看陶诗，是以，他的陶诗批评更

---

① （明）王世贞：《艺苑卮言》，载丁福保辑《历代诗话续编》，中华书局，2006，第 994 页。
② （明）胡应麟：《诗薮》，上海古籍出版社，1958，第 35 页。
③ （明）胡应麟：《诗薮》，第 28 页。
④ （明）许学夷著，杜维沫校点《诗源辩体》，第 98 页。

加理性、中立。在《诗源辩体》中，许学夷多次论及以陶诗"自为一源"区别于晋、宋的原因：

> 康乐诗，上承汉、魏、太康，其脉似正，而文体破碎，殆非可法。靖节诗，真率自然，自为一源，虽若小偏，而文体完纯，实有可取。①
>
> 晋、宋间诗以俳偶雕刻为工；靖节则真率自然，倾倒所有。②
>
> 士衡诸公《拟古》，皆各有所拟；靖节《拟古》，何尝有所拟哉？③
>
> 靖节诗，语皆自然，初未可以句摘……非若灵运诸公，用意琢磨，可称佳句也。④

许学夷指出，陶诗的体制较谢诗完纯，语言较晋宋诗自然质朴，思想较晋、宋间人超脱真诚，整体呈现了一种真率自然的状态，这种审美类型与晋宋之绮靡雕刻有着本质的区别。虽然尚不能走出复古派"诗宗汉、魏、盛唐"的圈子，但许学夷已开始意识到复古派论诗的弊病，并成功地寻到了一个突破口。从这个角度来说，许学夷陶诗"自为一源"说的提出，有着突破复古派"源流正变"理论体系的价值。

万历前期，复古派"后七子"相继离世，重情思潮兴起。万历后期，公安派"三袁"、江盈科等人以反复古为目的登上文坛，称："古有古之时，今有今之时，袭古人语言之迹，而冒以为古，是处严冬而袭夏之葛者也。"⑤提倡创作通俗易懂的诗歌。但是，公安派信手拈来，但求展现真情的创作倾向因尚未成熟而从之者众，逐渐流于浅显俚俗。

针对公安派这种不加选择、不加思考、不加节制的抒情方式，许学夷通过陶论加以批判：

> 靖节诗皆是写其所欲言，故集中并无重复之语，观田家诸诗可见。今或以庸言套语为自然，则易于重复矣，非所以学靖节也。⑥

---

① （明）许学夷著，杜维沫校点《诗源辩体》，第99页。
② （明）许学夷著，杜维沫校点《诗源辩体》，第101页。
③ （明）许学夷著，杜维沫校点《诗源辩体》，第104页。
④ （明）许学夷著，杜维沫校点《诗源辩体》，第105页。
⑤ （明）袁宏道著，钱伯城笺校《袁宏道集笺校》卷十八，上海古籍出版社，2008，第709页。
⑥ （明）许学夷著，杜维沫校点《诗源辩体》，第101～102页。

许学夷认为，陶诗抒写的是自己的真情实感，仰看则有"悠然见南山"①，俯视则有"草盛豆苗稀"②，真实而自然。"今人"则似指同样崇尚"自然通俗"诗风的公安派诸人，其诗看似"自然"，但因缺少作诗的旨趣，一味追求语言的通俗易懂，故流于"庸言套语"。

许学夷以陶诗"自为一源"，意在通过论陶纠正公安派"背古师心"的创作倾向，突破复古派"源流正变"的僵化理论，以期在二者之间寻求"中庸"之道，消除诗坛经年的弊病。

陶诗"自为一源"说的意义还体现在对脚踏实地、勇于创新诗观念的倡导。

明朝文学跟风的现象并不是晚明才有的。开国之初，文人入仕新朝，文臣宋濂、方孝孺，台阁诗人杨士奇等重臣以"鸣国家之盛"为目的，创作了一批雍容典雅、"得性情之正"③的诗歌。在他们的影响下，润色鸿业之诗一时成风，逐渐使文坛浸润在重辞藻、轻真情的思潮之中；随之而来的"土木之变"放松了政治对文学的约束，追求抒情、拟古的复古派迅速兴起，规模之大，"彬彬然盈乎域中"④。他们因消除明初萎靡文风的流弊而起，却因尺寸古法造成文坛模拟之风的二次盛行，所谓"流弊蹈而使人厌"⑤；嘉靖年间，复古派"后七子"声名鹊起，他们反对的文风之一，就是"前七子"蹈袭者的模拟之风。然而，当这次复古思潮发展到万历后期时，已然成为僵硬拟古、束缚文人思想的流毒；公安派继而出现，举起反复古、重真情的旗号，提倡张扬个性，展现真我，一时从之者众。但很快，真情流于浅俗，反复古思潮矫枉过正，朝着平庸俚俗的方向走去；竟陵派随即站出来，反对复古派的思想僵硬、公安派的不受约束，提倡创作高而厚的诗歌，但又将诗歌带向了幽深与孤僻的角落。

纵观明朝的诗论史，一种思潮的出现总是由于另一种思潮的流弊成风。至明末文坛，这种现象伴随着禅学、宗教、心学等各种思想的活跃而愈演愈烈，文人们不停地追赶着主流思潮，但又不能领悟到其中的精髓，其结果，就是性情滞涩，诗思贫乏，慢慢被新的思潮淘汰。许学夷身处多种思

---

① （东晋）陶渊明著，逯钦立校注《陶渊明集》，中华书局，1979，第89页。
② （东晋）陶渊明著，逯钦立校注《陶渊明集》，中华书局，1979，第42页。
③ （清）永瑢、纪昀等编纂《文渊阁四库全书》，集部第1232卷，第712页。
④ 罗宗强：《明代文学思想史》，中华书局，2013，第280页。
⑤ 罗宗强：《明代文学思想史》，第494页。

潮混杂、蹈袭之风盛行的时代，他希望通过对陶诗"自为一源"的论述，为文人开辟出一条新的创作道路：

> 他人规规摹仿，而性情反窒。靖节无一语盗袭，而性情溢出矣。①
>
> 要知靖节为诗，但欲写胸中之妙，何尝依仿前人哉。②
>
> 靖节《拟古》九首，略借引喻，而实写己怀，绝无摹拟之迹，非其识见超越、才力有余，不克至此。后人学陶者，于其平直处仅得一二，至此百不得一矣。③
>
> 作诗出于智力者，亦可以智力求；出于自然者，无迹可求也。故今人学灵运者多相类，学靖节者百无一焉。④

这条道路，从许学夷的陶诗批评内容来看，要求真挚的创作情感、自然晓畅的创作语言、高超的创作才力、高远的创作思想。而要达到这四项要求，首先需要摒弃盲从前人的意识。

许学夷的这种反对文学跟风的思想意识，在他的陶诗"自为一源"说中并未以理论的形式展现出来，但隐藏在字里行间的，是他对明末诗坛流弊的认识与反拨，更是他对后世学子能尽早醒悟的殷殷期盼。所谓"自为一源"，当可作为文人属文作诗的基本要求和最高目标，被学习、传承。

2. 《诗源辩体》陶诗批评对清代的启蒙

"自为一源"说，首先是清人对许氏陶诗批评理论最为重视的部分。乔亿《剑溪诗话》曰："陶诗混然元古，在六朝中自为一格。"⑤ "元古"与"六朝中自为一格"就是对许学夷"不宗古体，不习新语"的继承；浦起龙《诗学源流》曰："今以诗之体与其源流论之。……独靖节高风逸韵，直超建安而上之。"⑥ 这显然是许学夷"溯其源流，考其正变"思想的余波，而

---

① （明）许学夷著，杜维沫校点《诗源辩体》，第98页。
② （明）许学夷著，杜维沫校点《诗源辩体》，第99页。
③ （明）许学夷著，杜维沫校点《诗源辩体》，第104页。
④ （明）许学夷著，杜维沫校点《诗源辩体》，第103页。
⑤ 北京大学北京师范大学中文系，北京大学中文系文学史教研室编《陶渊明资料汇编》（上册），第196页。
⑥ 北京大学北京师范大学中文系，北京大学中文系文学史教研室编《陶渊明资料汇编》（上册），第201页。

陶诗"独超建安"之说，亦来自许学夷之汉魏诗体渐降，陶诗"文体完纯""自为一源"的说法；李重华《贞一斋诗说》提出："西晋诗当以阮籍作主，潘、左之辈辅之。若陶公高古，不可以时代论。"① 这与《诗源辩体》评陶诗"达人超世、见理安分之言，非玄虚放诞者比"的内蕴十分相近；潘德舆《说诗牙慧》称："《三百篇》，诗之昆仑也；《离骚》、汉、魏、子建、子美，诗之河海也；陶渊明，诗之彭蠡具区也；其余六朝及有唐诸公，下逮宋、元、明、国朝诸家，诗之支川别派也。沿洄于支川别派而得一彭蠡具区，则叹观止矣。"② 将陶诗和《诗经》《离骚》、汉魏、曹植、杜甫之作放在同一层次，喻陶诗为源，其余皆为支流。可见，潘氏显然研习过许学夷的"《三百篇》为源，汉、魏、六朝、唐人为流"、陶诗"自为一源"之论，又根据自己的诗学观点做出了修改。

其次，关于许学夷陶诗"已兆唐体"的理论，清人亦多有继承。承袭其论，做出比较系统梳理的是沈德潜，《说诗晬语》曰："陶诗胸次浩然，其中有一段渊深朴茂不可到处。唐人祖述者，王右丞有其清腴，孟山人有其闲远，储太祝有其朴实，韦左司有其冲和，柳仪曹有其峻洁；皆学焉而得其性之所近。"③ 其实陶诗对唐人的影响在许学夷之前便多有论述，不能以之推论这段话本于《诗源辩体》。沈德潜对许学夷的继承，体现为"唐人祖述"之言。所谓"祖述"，即以之为祖、以之为源，可沈德潜所论的，就是许学夷所辨的陶诗"真率自然""已兆唐体"。此外，贺贻孙曾有"唐人近陶者，如储、王、孟、韦、柳诸人，各有一二"④ 之说，吴瞻泰也有过"古诗自汉而下，定以靖节为宗，柳子厚、韦苏州、白香山、苏子瞻，皆善学陶"⑤ 之论，或明显或隐晦，都是对许学夷"陶诗兆唐体"说的继承。

最后，许氏陶诗批评对清人的启蒙，还体现在"陶诗未尝模拟古诗""靖节诗甚不易学"等方面。贺贻孙《诗筏》论五言诗平远一派，称陶诗未

① 北京大学北京师范大学中文系，北京大学中文系文学史教研室编《陶渊明资料汇编》（上册），第206页。
② 北京大学北京师范大学中文系，北京大学中文系文学史教研室编《陶渊明资料汇编》（上册），第234页。
③ 北京大学北京师范大学中文系，北京大学中文系文学史教研室编《陶渊明资料汇编》（上册），第199页。
④ 北京大学北京师范大学中文系，北京大学中文系文学史教研室编《陶渊明资料汇编》（上册），第192页。
⑤ 北京大学北京师范大学中文系，北京大学中文系文学史教研室编《陶渊明资料汇编》（上册），第194页。

尝模拟:"彭泽诗自有妙悟,悠然有会,率尔成篇,取适己怀而已。何尝以古诗某篇最佳,而斤斤焉学之,以吾诗某篇必可传,而勤勤焉为之。"① 此论当出自《诗源辩体》论陶第二十一则:"靖节拟古九首,略借引喻,而实写己怀,绝无摹拟之迹,非其识见超越、才力有余,不克至此。"。关于陶诗"甚不易学"说,乔亿称:"太白诗多有似《国风》、《楚骚》、汉、魏、六朝诸家者,独无一篇似陶;子美间有陶句,亦无全篇似之者,虽李、杜之不为陶,不足为病,而陶之难拟可见也。"② 其论从李杜唯有似陶之诗的角度论陶诗难拟,和许学夷以苏论言陶难学的角度不同。但观点都是"陶诗不易学",而此说前人少有论及,故乔亿之言很可能承袭许氏而来。

总之,清人对许学夷陶诗批评的继承体现在多方面,主要包括陶诗"自为一源"、陶诗"已兆唐体"、陶诗"未尝模拟古诗"、陶诗"甚不易学"等。但由于《诗源辩体》在成书之初未能受到广泛关注,许学夷在明末清初亦非诗论名家,故清代学者对《诗源辩体》诗学思想的继承并不十分广泛。许学夷这个名字也像陶渊明一样,在数百年后才渐渐得到关注、研究。

· 附录 ·

《〈诗源辩体〉陶诗批评研究》写作过程

许　可

一　论文写作缘起

《〈诗源辩体〉陶诗批评研究》从动笔到终稿校对完成,我用了一年的时间。大学毕业论文,我写的也是陶渊明,但因当时读书太少,题目又太大,还涉及哲学层面,故越写越含糊,越写越不敢往下写。研究生入学前夕,我和贾老师交流了我的文学兴趣,贾老师指导我说,如果喜欢陶渊明,

---

① 北京大学北京师范大学中文系,北京大学中文系文学史教研室编《陶渊明资料汇编》(上册),第192~193页。
② 北京大学北京师范大学中文系,北京大学中文系文学史教研室编《陶渊明资料汇编》(上册),第197页。

不妨硕士毕业论文也写他。

研二上学期论文定题之前，我曾翻阅《陶渊明资料汇编》一书，被后世文人的评陶、和陶诗论吸引，正式确定了毕业论文的大范围。贾老师对我的选题给予了很大的支持，但同时也提醒我，关于历代陶渊明接受，很多论文、著作都进行过研究，做出新意并不容易。思考良久后，怀着对陶渊明的喜爱，我最终还是迈出了这一步。

二　论文前期准备工作

（一）资料的收集

最初选择资料时，我只是凭喜好摘取了鲍照、钟嵘、苏轼等人的论陶和陶诗研读，并希望从中选择一人，做陶渊明接受的个案研究。却在偶然间看到了王明辉博士的毕业论文——《陶渊明研究史论略》，这篇论文对晋、宋至清代的陶渊明接受做了系统解析。这种梳理式的论文结构让我很心动，于是我立刻向贾老师请教。贾老师提出，王明辉的论文提供了一个很好的思路，但因为他的论文篇幅有限，对各个朝代的陶渊明接受研究得还不够深入，所以我不妨只选取一个朝代，在论文深度上下下功夫。

随后便是查阅各种论文资料。就个人而言，我比较倾向做南北朝时期的陶渊明接受研究，一是因为那是最接近陶渊明的年代，那时的陶渊明，尚未经后世批判至"源流匪浅"、褒奖至"六朝第一人"；二是因为我十分喜欢鲍照的那首《学陶彭泽体》。遗憾的是，早在 2012 年，李娜学姐的《南北朝陶渊明接受史》就已经对这一时期的陶论做出了系统解析。

此后，在陆续发现南北朝、唐、宋陶诗批评研究论文已足够丰富、完备的情况下，贾老师提出，可以尝试做一下明代的陶渊明接受研究，从明初到明末，系统梳理，提出各阶段、各流派的评陶特色。这一题目不仅具有创新性，如能扎实做好，更能稍稍弥补明代陶渊明批评研究的断层。

以陶渊明接受为研究对象，以明代不同时期评陶特色的变化发展为切入点，这就需要熟悉明史、明代文学思想和明代陶渊明批评。请教贾老师、翻阅图书馆藏书后，我选择了《明史》《明代文学思想史》与《陶渊明资料汇编》三部书作为研究基础，配合《陶渊明集》进行反复研读。

在资料收集、浏览过程中，我陆续选取的研究对象有明前期宋濂、方孝孺、杨士奇、杨荣、李贤、陈献章等人；明中期的前、后"七子"、吴中士人、杨慎、归有光等；明后期屠隆、公安派、竟陵派、许学夷等。除陶论之外，我还收集了这些文人的生平经历、文学思想，打算添加到论文中。

资料的收集一向是最吃力的内容，要打通明代陶渊明接受史，就要先了解明代的历史与各时期的文学思想，同时要对各时期引领文坛的风气做研究。由于资料篇数过于庞大，准备时间较短，我甚至没有精力去收集一些明代"非主流"的陶渊明接受内容，失去了了解、学习的机会，十分遗憾。

（二）写作思路与最初的困惑

2014 年 11 月，我将收集到的资料分类整理，为论文开题做准备，其时论文的框架如下。

1. 明代前期，以文臣宋濂为首的一批儒生深受朝廷器重，其原道、宗经、复古的思想是明初文学思想的主流。宋濂言陶诗"和而节，质而文，风雅之亚也"，是从儒家雅正平和的角度出发，给予陶诗的极高的评价。永乐至正统年间，以杨士奇、杨荣为首的台阁体诗人赞陶诗"得性情之正"；景泰至弘治初年，李贤、薛瑄等一众统领文坛的馆阁文臣遍和陶诗。

2. 明代中期，论陶主流包括前后"七子"、吴中士人、杨慎与唐宋派。弘治后期至嘉靖初年，经历"土木之变"后的明朝由盛转衰，商业发展造成的贫富悬殊与接连不断的天灾使得大一统政权呈现颓势，文学的多元化发展由此而来。在百余年的时间里，各家各派纷纷站在自己的角度上阐发议论，陶学发展经历了前七子"诗弱于陶"之说、文徵明《桃源图》之解、杨慎"读书不求甚解"之论、归有光《陶庵记》之赏、王世贞"大人思来"之评等各种各样的探讨，亦趋蓬勃。

3. 明代后期，后五子、黄文焕等大家纷纷为陶诗作注、作评，冲孝夷更言陶诗"语自己出"，陶渊明接受进入高潮。嘉靖后期，政治败坏，朝廷对文人的思想束缚一松再松，以屠隆等人为首的"重情说"由此兴起，称陶渊明"得诗人之质"。其后，以公安派为首的万历末文人提倡作诗要独抒性灵，称陶诗乃"真性情之作"。竟陵派钟惺、谭元春则以学习"古人之精神"为思想基础，提倡"幽情单绪，孤行静寄"。明末许学夷的《诗源辩体》，站在历史发展的角度领悟陶诗真谛，给予了陶诗"真率自然""自为一源"的评价。

在拟定论文大体思路的同时，我的困惑也逐渐浮现。

首先，我不确定自己选取主流作家以体现一个时代陶渊明接受的做法是否可取。分时段来看，明初以原道、宗经为主的陶论尚可体现大多数文人对陶渊明的看法，但至明中期，何景明有"诗弱于陶"说，批评陶诗羸弱不及古诗，可李东阳亦有"陶诗质厚近古"说，赞扬陶诗似古诗淳厚。如此迥异的陶诗批评同时出现在复古派文人笔下，难道仅因为李东阳的陶论不多，就可以忽略吗？

第二，在单独分析某位作家对陶渊明的评价时，我往往因为时间、精力有限而难以深挖，仅从作家传记、作家的陶渊明批评，以及作家的一两篇诗作就确定了其对陶渊明的看法，流于草率。

第三，明代前期，我以宋濂等重臣的"原道宗经"说、台阁诗人的"性情之正"说、馆阁文臣的"真情"说作为三个小节，组成第一章"明代前期陶渊明接受"的内容。这样的划分尚算清晰，也可体现陶渊明接受的发展曲线。但从第二章开始，我所研究的陶渊明接受仅从某位作家自身出发，譬如李梦阳、何景明、文徵明、王世贞、胡应麟等，未免零散。

贾老师在看过我的开题报告草稿，并细心聆听了我的思路与困惑后，对论文构思给出如下意见：

第一，梳理明代陶渊明接受史工程较大，如无法兼顾某一时期的所有陶论，当选取最重要、对后世影响最大的内容进行解析，通过细致阐述这一流派的论陶思想观照明代陶渊明接受的发展史。

第二，就现在的情况来看，如全部梳理完明代的陶渊明接受，确实无法十分透彻地辨析每位作家的生平经历对其评陶理论的影响，但不妨尽力做做看。

第三，最好不要以作家为单位，应按照第一章"开国文臣""台阁诗人""馆阁文臣"的形式，选取一个时期的一批诗人的评陶特色，对明代陶渊明接受进行梳理，方能体现接受史的发展曲线。

三 写作阶段

（一）论文提纲的拟定

得到贾老师的修改意见后，我在原开题报告草稿的基础上再次回归文本资料，一方面通过细读《明史》与《明代文学思想史》，了解明代每一时期主导文坛的作家生平与思想；另一方面通过检索《四库全书》电子版，对主流作家的陶论进行摘抄整理。

2015年3月，我结合开题报告草稿，将明代陶渊明接受分成明代开国至弘治初年、弘治中期至万历年间、嘉靖后期至万历末年三个时段进行梳理式研究。论文开题报告的提纲如下：

绪论：明代以前陶渊明接受史与明代陶渊明接受史概述
第一章　明前期馆阁文臣为主的陶渊明接受
　　第一节　冲淡质朴，儒家高贤——开国文臣的陶渊明接受
　　第二节　冲和雅澹，性情之正——永乐至正统年间台阁诗人
　　　　　　的陶渊明接受
　　第三节　真情为诗，守拙田园——景泰至弘治初年馆阁文臣
　　　　　　的陶渊明接受
第二章　明中期多元思想下的陶渊明接受
　　第一节　诗风萎弱，品性高洁——弘治后期至嘉靖初年复古
　　　　　　派的陶渊明接受
　　第二节　独抒情怀，弃仕归隐——弘治前后吴中士人的陶渊
　　　　　　明接受
　　第三节　诗出胸臆，忧时自溺——嘉靖年间唐宋派的陶渊明
　　　　　　接受
　　第四节　意平源浅，隐逸居士——嘉靖至万历年间复古派的
　　　　　　陶渊明接受
第三章　明后期"重情"说影响下的陶渊明接受
　　第一节　自抒怀抱，寂静禅心——嘉靖后期至万历初年反复
　　　　　　古士人的陶渊明接受
　　第二节　平淡浅易，真情真我——万历后期公安派的陶渊明
　　　　　　接受
　　第三节　清逸幽厚，旷达闲远——万历末年竟陵派的陶渊明
　　　　　　接受
结语　明代陶渊明接受研究的启迪
　　第一节　明代陶渊明接受的特点
　　第二节　明代陶渊明接受对后世的影响
　　开题报告的调整

　　开题报告会上，老师们提出《明代陶渊明接受史》这个题目更适合博士
研究生来做，作为硕士毕业论文可能会有些力不从心，且"接受"属于西方

文论词汇，不妨改成"批评"。会后贾老师单独找我谈了这个选题，不仅对我的开题报告进行了细致的修改，也为我的论文提出了详细的修改建议。

按照我们原先的设想，整篇论文写下来要超过 10 万字，时间未必充足，且明代陶渊明接受涉及明前期宋濂等人的"原道宗经"说、台阁体诗人的"得性情之正"说、李贤等人的"真情"说；明中期"前七子"的"诗弱于陶"说、吴中士人的"真诚发抒"说、唐宋派的"本色"说、"后七子"的"源流匪远"说；明后期屠隆等人的"禅意"说、公安派的"真情真我"说、竟陵派的"高厚"说等，内容过多，的确难以在短期内收集整理完成，且就算能勉强收集完成，文章也将流于浅显，难以进行深入透彻的分析。

经过数日的考虑，我和贾老师商议，舍弃对明代陶渊明接受史的梳理，将明代诗论家许学夷《诗源辩体》中的陶诗批评作为个案，做深入研究。

贾老师希望我选择《诗源辩体》作为个案来研究明代陶诗批评，主要是从我先期对明代陶诗批评的了解，以及此书中的评陶内容出发。

从 2014 年 10 月到 2015 年 3 月，我曾对明代陶渊明接受进行了近半年的资料收集、分析、整理，可以说已能大致清晰地梳理出明代陶渊明接受史的脉络，这对我研究一位明末诗人的陶论会是很好的铺垫。

《诗源辩体》一书由文人许学夷穷毕生精力撰写而成。书中历数《诗经》以来古今诗歌优劣，并溯其源，实际包含着折中前、后"七子"复古思想与公安派、竟陵派反复古思想的意味。

此书中的陶诗批评有一整卷篇幅，包含三十一则诗论，从陶诗源流正变到其语言、思想特色，靡不详评。许学夷通过引用陶诗、对比陶诗与同时期诗歌优劣、详述陶诗对后世启蒙等方式定义了陶诗"自为一源""真率自然"的特色，给予了陶诗相当高的评价，这在明代是少有的。

许学夷"溯其源流，考其正变"的评诗方法源于复古派，其论也多引复古派王世贞、胡应麟等人之论以证，在这种情况下，他摒弃前、后"七子""诗弱于陶""陶诗源流匪浅"的论断，正视陶诗的价值，除受到晚明崇陶风气的影响，也当有自己独特的看法。

在听取了贾老师的建议后，我又将《诗源辩体》卷六评陶的内容通读了两遍，发现仅从一个作家入手深钻的确比同时研究十数位作家的陶论收获更多，许学夷的论陶思想独特新颖，引人深思，他对陶诗的某些见解，我从未在前人陶论中读到过，这让我有了深究的兴趣。

在确定以《诗源辩体》一书为研究对象后，我开始结合贾老师的修改建议，重新调整开题报告内容，重新查阅资料，同时对书中的三十一则陶论做细读，依照诗论内容进行分类。

（二）初稿写作及修改

2015 年 5 月，在推翻开题报告内容、重新拟定毕业论文题目后，我开始撰写论文初稿。因为对明代陶诗批评了解得相对充分，文章的绪论与"许学夷辨体观念的理论渊源""《诗源辩体》之前的陶诗批评概述"这三部分的写作比较顺利。然而，关于《诗源辩体》陶诗批评的中心与三十一则陶论的分类，一直没能确定。

第四遍推翻自己的陶论分类后，我将论文的初稿草稿传给了贾老师，并打电话向她寻求帮助。贾老师提出，许学夷最与众不同的论陶思想应该是陶诗"自为一源"，她希望我能再去细读文本，同时翻阅许学夷的《伯清诗稿》，结合时代特征，进一步了解许学夷对陶诗的特殊情感。

细读文本五六遍后，我发现许学夷对陶诗的评价之高，远胜于他在书中对魏晋六朝的其他诗人的评价，这不仅在于《诗源辩体》全书唯有陶渊明一人被单列一卷，更在于许学夷对陶五言诗"不宗古体，不习新语，而真率自然，则自为一源"的细致分析。卷六诗论三十一则，除第一、第二则论陶四言诗外，余下每一则都是围绕此句而发出的评论。

在确定了许学夷陶论的主要内涵后，我开始将其陶论中涉及援引的内容全部抄录下来，包括陶诗、各家陶论等，并找到原书、原话进行解析。同时，我还数次前往坐落于文津街的国家图书馆古籍馆，借阅《伯清诗稿》进行抄录、研读。

通过研读这些资料，我进一步了解了许学夷辨体思想、评陶思想的来源，也加深了自己对历代，尤其是明代陶诗批评史的了解。这一点在写作中一直潜移默化地帮助着我，让我能站在更客观、更全面的角度分析许学夷其人、其论。

2015 年 12 月，我将论文初稿交给了贾老师。老师对我的论文进行了十分细致的修改完善，修改意见概括如下：

第一，绪论内容需要充实。要在概括前人论文的基础上论述它的核心观点，不要只述不评。"综上可见……"之后的内容很重要，要体现自己论文的创新性。因为这篇论文的创新点较多，一定要论得充分，凡是前人没有研究过的都要详论。

第二，在论许学夷陶诗"自为一源"说的正误时，可将其说分别放到汉魏、六朝、六朝之后的语境中，分别做阐释，并从许学夷和我自己的角度分段来说。许学夷所谓陶诗的"自为一源"，应该是指陶诗"出于原创不法汉魏""真率不同六朝""自然开唐宋韦柳之风"，而并非真的没有源头。而作为当代的批评者，我也可以站在今人的立场上，分析陶诗的源究竟在哪里。

第三，许学夷对陶渊明的评价，与他个人的生平经历及他对陶诗的喜爱有着怎样的关系？可进行详述。同时，陶诗"自为一源"说作为许学夷对复古派"源流正变"说的突破口，对当时诗坛的弊端起到了什么样的引导作用？可以根据许学夷所处的文学时代细论。

根据贾老师的建议，我用半年的时间对论文进行了二稿、三稿、四稿、五稿的修改，每次修改后，贾老师都会再从头到尾细看一遍。就这样，我将《诗源辩体》陶诗批评的主要内涵从一章扩大到了两章；将论陶诗体制、语言、启蒙、思想境界的分类方法转变成了艺术特色、思想境界、对唐启蒙三个小节；同时单辟出一节论许学夷的陶诗"自为一源"说。

2016 年 4 月，我的毕业论文正式修订完成，提交机审。

《十八家诗钞》与曾国藩诗学研究

刘高宇[*]

本文是我的硕士学位论文的主要内容，原文有绪论和结语部分及主要参考论著目录等。绪论部分，主要介绍《十八家诗钞》概况、研究现状及其存在的问题。论文主体部分共三章：第一章论述《十八家诗钞》与曾国藩"含雄奇于淡远之中"的审美理想；第二章讨论《十八家诗钞》中古体诗入选问题；第三章分析《十八家诗钞》中近体诗的入选问题。

第一章 《十八家诗钞》与曾国藩"含雄奇于淡远之中"的审美理想

在曾国藩看来，文章的气质分阳刚、阴柔。充盈在文章中的遒劲之气与温厚之气都是曾国藩激赏的，义气与仁气融于韩、柳、欧、曾的文章中，成为曾国藩案头必备。不仅文章要择其雄伟与美好完美融合的，诗歌也要选择那些"含雄奇于淡远之中"的佳作，尤其是李、杜、苏、黄的诗歌。曾国藩对选本是甚为推崇的，他在为学途中将《文选》奉为圭臬，熟读此书。咸丰八年十二月十三日，他在《谕纪泽》中说："尔明春将胡刻《文选》细读一遍，一则含英咀华……；一则吾熟读此书，可常常教尔也。"① 本章节将结合《十八家诗钞》对曾国藩"含雄奇于淡远之中"的审美理想进行探讨。

---

* 刘高宇，首都师范大学文学院古代文论方向 2013 级硕士研究生，现为北京大学附属小学语文教师。指导教师：陶礼天。

① （清）曾国藩著，李瀚章编撰，李鸿章校刊《曾文正公家训》（咸丰八年十二月十三日，《谕纪泽》），中国书店出版社，2011，第 8 页。

第一节　曾国藩"含雄奇于淡远之中"的审美理想的提出

先秦时期对"阴柔阳刚"的哲学范畴开始形成较为系统的轮廓，之后这一范畴不断从非审美领域向审美领域渗透。《易经·系辞上》第一次提出了"一阴一阳谓之道"的原则。汉代以后，"阴柔阳刚"开始向审美范畴渗透。曹丕以阳刚、阴柔划分文学风格，在《典论·论文》中提出"文以气为主，气之清浊有体，不可力强而致"。气之清浊大体对应风格之阳刚、阴柔。南朝刘勰在《文心雕龙》中丰富和发展了阳刚阴柔说的意蕴和内涵，郭绍虞认为"文家刚柔之论，实始于刘勰"。《文心雕龙·熔裁》认为"刚柔以立本"是对作品情理与文采的要求，《文心雕龙·体性》："风趣刚柔，宁或改其气。"诗歌发展到唐代进入鼎盛时期，风骨与兴寄成为诗歌创作的自觉追求，阳刚阴柔在这一时期又得到了丰富和发展。从文学发展的规律上看，盛唐诗歌创作和诗歌理论偏向于阳刚，到了晚唐则偏向于阴柔。宋诗在唐诗之外自成一格，在诗歌史上与唐诗不分伯仲，宋词也开创出豪放派与婉约派的新纪元。宋诗大家苏轼有"清雄"这一通达的文艺思想。在苏轼的书论、画论、诗论、文论中都出现过"清雄"的概念。[1]　"清"与"雄"实为一对互相对立的风格概念，它们相当典型地代表着"阴柔"与"阳刚"这两种风格范畴。[2] 及至清代，对"阴柔阳刚"的美学理想进行系统论述的是桐城派姚鼐。而曾国藩"含雄奇于淡远之中"的审美理想直接来源于姚鼐的"阴阳刚柔"的美学理论。

对曾国藩诗文创作和诗歌思想阶段的划分，多数学者都以其1853年组建湘军为界分为前后两个时期。前期身在学馆，位居翰林院，官场顺遂，师从唐鉴学习理学，着力诗文，力求立功、立德、立言，也取得了与雄心较为匹配的地位。在诗歌创作和诗歌批评上，他崇尚师法经典，推崇阳刚雄奇的诗风，对诗人的人格修养有很高的要求，在创作和鉴赏中倾向于效法杜甫、韩愈、黄庭坚等人。后期组建湘军，半生戎马，公文书牍之际也不废诗文，尤偏好古文，于古文创作和理论皆有成绩。后期对于诗歌的主张也发生了明显的变化，从推崇雄奇、阳刚的风格转向淡远、闲适的诗风，憧憬陶渊明、白居易、苏轼等人的诗作；还提出了"机神""工律"等鉴赏

---

[1]　谭玉良：《苏轼研究》，电子科技大学出版社，2002，第261页。
[2]　莫砺锋：《苏轼的艺术气质与文艺思想》，《中国韵文学刊》2008年第2期。

标准，而"含雄奇于淡远之中"也成为曾国藩审美理想的至臻境界。

在辛酉（1861）六月的日记中，曾国藩记载了自己仔细观摩刘墉《清爱堂帖》之后的顿悟。除了将自己的心得记录下来之外，曾国藩还将自己的感受与门下四大弟子之一的张裕钊分享。雄直之气和坚韧之质运乎柔和渊懿之中，也就是曾国藩所提倡的"含雄奇于淡远之中"。其实，在论述这个审美理想时，曾国藩更多的是在谈书法，但同时，如他自己所讲："作文然，作诗然，作字亦然。"也将自己的这个发现延伸至作诗文，"大抵作字及作诗古文，胸中须有一段奇气盘结于中，而达之于笔墨者，却须遏抑掩蔽，不令过露，乃为深至"①。诗、书、画有相通之处，在他现存的文字记载中，作诗、作文、作字、做人的境界其实是一体的，流露出他对学问和人生的感悟，也说明了他通达的文艺观。

曾国藩将作字与作诗文联系起来，指出弥漫于它们之中的雄奇、淡远融于一体才是作字、作诗文的佳境。

不难看出，曾国藩论诗、论文、论字都将"含雄奇于淡远之中"作为衡量风格特征是否得体的美学标准，这符合他历经宦海沉浮之后的性格转变、探索古文诗歌发展规律的准确把握。显而易见，他将"雄奇""淡远"与"阳刚""阴柔"相提并论，认为这两两相对的范畴是两种截然不同的诗歌风格，但它们并不是非此即彼，而是可以和谐地融为一体的。曾国藩尤为喜爱昌黎之文、渊明之诗，并且要求兄弟子侄、弟子门人反复阅读、模仿。曾国藩的"含雄奇于淡远之中"，正是他对古文、诗歌的"阳刚"与"阴柔"的美学理想的升华。

第二节　姚鼐"阴阳刚柔"说对曾国藩诗学的影响

曾国藩继承发展了以姚鼐为代表的桐城派古文理论、诗歌理论，这是目前学界的共识；而他本人也多次表明私淑桐城的衣钵关系。姚鼐是桐城派的创始人之一，提出义理、考证、辞章三者合一的主张，为桐城派古文理论奠定了基础。在诗歌方面，姚鼐也有一系列相似的观点，诗论、文论通于道。在《复鲁絜非书》中，他明确提出了自己所欣赏的"阴阳刚柔"的诗文风格。

---

① （清）曾国藩著，李翰章编撰，李鸿章校刊《曾文正公全集》（《求阙斋日记类抄》卷下，辛酉六月），中国书店出版社，2011，第325页。

我们不妨理顺姚鼐的阴阳刚柔说，以求更好地理解曾国藩对其学说的吸收和借鉴。

其一，姚鼐肯定了自《周易》以来形成的阴阳二分的说法，认为阴阳刚柔是天地之道、自然之理。其二，姚鼐虽然认为文章有阴阳刚柔，但他本人对阳刚之文更加偏爱。其三，姚鼐即便偏爱阳刚多于阴柔，但也认为阴阳之道可以偏胜，不可以偏废。

曾国藩对姚鼐学术思想、古文理论、诗歌理论多有继承和拓展。曾国藩自述文章可分为阳刚和阴柔二途，并且自信即使文章体制、内容的变化再过一百代也不会超越这两种气质。他所论及的"阳刚""阴柔"的审美风格是孕育"含雄奇于淡远之中"的母体。

曾国藩传承了姚鼐提出的"阴阳刚柔"的理论，并且有自己的进一步发展。阳刚的文章充盈着浩瀚的气势，阴柔的文章蕴含着美不胜收的意味。在提出"文章之道，分阳刚和阴柔之美"之后的第三年，即同治二年（1863），他进一步阐释了"阴柔""阳刚"之说，认为"文章阳刚之美，莫要于慎、涌、直、怪四字，阴柔之美，莫要于忧、茹、远、洁四字"[1]。同治四年（1865）六月十九日《谕纪泽》中，他提到"气势、识度、情韵、趣味四者，偶思邵子四象之说可以分配"[2]。具体说来，曾国藩将姚鼐的阳刚、阴柔二端，分为太阳、少阴、少阳、太阴四象。曾国藩的古文"四象"之分，显然有先秦的阴阳学说以及邵子（邵雍）之学的影响。而最直接的影响应该是来源于姚鼐的"阴阳刚柔"说。

文论如此，诗论亦然。与文论不同的是，曾国藩论诗在"四属"之外别增"机神"一属。总体来说，"四象"说的提出是曾国藩古文理论不断成熟的结果，而诗文一体的观念使得他对诗歌创作和鉴赏也提出了相同的要求。

其实，早在咸丰十年（1860），曾国藩对古文八字诀已胸有成竹，并加工润色。在完善"古文四象"说之前就已经有了古文"八境"的雏形："往年余思古文有八字诀，曰雄、直、怪、丽、淡、远、茹、雅。近于茹字似更有所得。而音响、节奏，须一'和'字为主，因将'淡'字改作'和'字。"[3]

---

① （清）曾国藩著，李翰章编撰，李鸿章校刊《曾文正公全集》，（同治二年九月），第316页。
② （清）曾国藩著，李翰章编撰，李鸿章校刊《曾文正公家训》（同治四年六月十九），中国书店出版社，2011，第52页
③ （清）曾国藩著，李翰章编撰，李鸿章校刊《曾文正公全集》（《求阙斋日记类钞》），中国书店出版社，2011，第316页。

同治二年（1863）论及"文章阳刚之美，莫要于'慎、涌、直、怪'四字，阴柔之美，莫要于'忧、茹、远、洁'四字"①。同治四年（1865），"八境说"最终定型，并"将此八言者各作十六字赞之"②。

八境中，前四境属于阳刚之美，后四境属于阴柔之美。此八境是曾国藩针对古文之美提出的，同样适用于诗歌。这八字是对古文、诗歌风格的细化，以一字喻心中至境，足以见出他对诗文的把握细致入微。

"含雄奇于淡远之中"的审美理想的形成是一个融合的过程。承袭姚鼐阴阳刚柔说而来，继而于"八境"有心得，论述"四象"。在顿悟了作字、作文、作诗都应有雄奇和淡远的意境后，最终提出"含雄奇于淡远之中"，这成为曾国藩的论诗观念之一。

作为湘乡派的领袖、宋诗派的砥柱人物，曾国藩也将政治上的热情投射到文学思想上，企图以阳刚之气、雄奇之气发为"古今不朽之文"，力挽文坛、诗坛的低迷之势。正是种种错综复杂的原因交织，使得曾国藩对阳刚之气甚为服膺。曾国藩初论文章以"阳刚之气""阴柔之气"两分，通籍之初以至道光年间着力于诗歌创作，偏好阳刚之气，诗论亦然。咸丰以后，注意力和文学趣味逐渐转移到古文的创作和理论研究，诗歌建设更偏向于鉴赏和品评。

随着文学观和哲学观的日益成熟，曾国藩意识到阴阳二分的方法已经不足以支撑起他对具有气势、情韵、趣味、识度的作品的认识，因此，他将古文、诗歌的阴阳二分发展为"雄、直、怪、丽、茹、远、洁、适"八境，再升华为"太阳、太阴、少阳、少阴"四象，曾国藩对古文、诗歌的理想范式不断进行修正和细化。后期诗学观念的发展使得曾国藩摆脱了对雄健阳刚诗风的执拗偏爱，转而向闲适阴柔之趣味探索。"含雄奇于淡远之中"审美理想的提出是曾国藩熔铸苦心孤诣的古文理论、用功极深的作字之法、身心合一的作诗、立人智慧的融会贯通。

第三节 "含雄奇于淡远之中"的审美理想在《十八家诗钞》中的体现

《诗钞》是曾国藩于咸丰初年（1851）编选的，但构思于在京任职期间，

---

① （清）曾国藩著，李翰章编撰，李鸿章校刊《曾文正公全集》，第316页。

② （清）曾国藩著，李翰章编撰，李鸿章校刊《曾文正公全集》，第316页。

"五七古学杜、韩，五七律学杜"①，"此外古诗学苏、黄，律诗学义山"②，道光二十五年（1845）《致诸弟》中曾国藩如是说。曾国藩前期对诗歌创作和批评充满热情，对充满阳刚雄壮的诗歌推崇备至，诗歌创作实践也是以雄健之风表达自己的理想和抱负。对《诗钞》的编选也是择取了李、杜、苏、黄的古近体诗歌，诗风偏向阳刚、雄壮。

及至咸丰初年丰富完善《十八家诗钞》，则在杜、韩、苏、黄、李之外，新增了曹植、阮籍、谢灵运、鲍照、谢朓、王维、孟浩然、白居易、杜牧、陆游、元好问等十三家，明显地突破了宋诗派的取法范围，显示了他的鉴赏风格由阳刚、雄奇向阴柔、闲适的转向。这个选本可以视为对他前期诗学取法门径的总结，更应该看作他中后期诗学观念发展与变化的开始。③"含雄奇于淡远之中"的审美理想的提出，更是对其不断变化发展的诗学观的恰如其分之总结。

前文梳理了"含雄奇于淡远之中"的理论和现实来源，审视《十八家诗钞》所选诗歌，按照曾国藩对诗歌风格的划分，韩愈的一部分诗可以列入阳刚中的"气势"类，韩愈的另一部分诗与苏轼的诗可以列入阳刚中的"趣味"类，杜甫、李商隐的诗可以列入阴柔中的"情韵"类，陶渊明的诗则可以列入阴柔中的"识度"类。除此之外，曹植的诗可以列入阴柔中的"情韵"一类，阮籍的诗列入阴柔的"识度"一类，谢灵运的诗列入"工律"一类，鲍照的诗列入阳刚的"气势"类，谢朓的诗列入"工律"一类。由此可见，曾国藩经过推敲之后选编的诗歌定本兼有"雄奇""淡远"的诗风。

在曾国藩的诗学观中，与"雄奇""淡远"的审美风格最接近甚至吻合的就是阳刚与阴柔，曾国藩对"雄奇"的要求是在诗歌中有阳刚之气，能够体现诗人的沉雄风骨，格调高昂，声调铿锵有力，情感充沛，它对应的是一种飞动刚健的阳刚之美；"淡远"暗含一种虚静，是诗歌中的闲适之气，思想的深邃高远，对世俗生活的超越，对应的是一种安详隽永的阴柔之美。

纵览古文"八境说"的发展轨迹，曾国藩始终认同的是雄奇之气中的"雄、直、怪"三境，阴柔之美中的"茹、远、洁"三境。前文有述，曾国

---

① （清）曾国藩著，李翰章编撰，李鸿章校刊《曾文正公家书》（《致诸弟》，道光二十五年三月初五），中国书店出版社，2011，第68页。
② （清）曾国藩著，李翰章编撰，李鸿章校刊《曾文正公家书》，第68页。
③ （清）曾国藩著，王澧华校点《曾国藩诗文集·序》，上海古籍出版社，2005，"前言"第9~10页。

藩对古文八境的论述几经变化，但上述雄奇三境和阴柔三境是他一直推崇的。"雄"传达气宇轩昂、舍我其谁的霸道，它体现了不断发展的创新精神、沉郁顿挫的文字和文章结构，以及扣之有芒的锋芒。《诗钞》诸家中，韩愈、鲍照的诗歌在此气势中。"直"以山河之势写飞动之姿，强调的是一种动感之美。"怪"表达一种奇异怪诞之趣，强调不同于平常的审美风格。李太白诗的豪放不羁、杜甫诗歌的雄浑厚重、王昌龄诗的飘逸动感之美，韩愈诗歌的飞动奇崛，尽显阳刚之气、动感之姿。

经过以上分析，我们不妨在下文中详细探讨"雄奇"与"淡远"的追求在《诗钞》中的具体体现。试以《诗钞》所选"元嘉三大家"之一的鲍照为例，探析曾国藩对雄奇风格的赞赏。鲍照五言诗和七言诗各有成就，曾国藩在《诗钞》中选其五言诗131首，《宋书》本传中评论鲍照"文辞赡逸，尝为古乐府，文甚遒丽"。《诗钞》选录的诗歌基本涵盖了鲍照大部分的诗歌题材，写战争和军旅历程的边塞诗尤其多，如《代东武吟》《代出自蓟北门行》《代苦热行》《扶风歌》等。这些诗歌都是鲍照着力创作边塞诗并对此类诗歌的发展有贡献的证明。

鲍照的边塞诗名篇《代出自蓟北门行》原本是一首歌唱燕赵佳人的艳歌，但在鲍照的笔下反倒充盈着慷慨之气，这一题材的诗歌被钟嵘《诗品》称为"五言之警策"[1]。曾国藩将此诗归于"气势"一类，褒扬诗中的阳刚雄奇之气，又论及此诗与《从军行》同，"兼言燕蓟风物，此则并及忠节矣"[2]。鲍照的边塞诗对唐代边塞诗有启蒙和先导的作用，在边塞题材的开发和扩展上有里程碑式的意义。除了边塞题材之外，《诗钞》还涵盖其关注现实生活的《拟古》《见卖玉器者》等诗；乡愁和赠答诗《上浔阳还都道中作》《梦归乡》《日落望江赠荀丞》《吴兴黄浦亭庾中郎别》等；咏物咏史诗；山水诗等。值得关注的是，《诗钞》选鲍照婚恋题材的诗歌若干，但《吴歌》三首、《采菱歌》七首、《幽兰》五首、《中兴歌》等仿南朝乐府民歌的爱情诗却没有选录。从《诗钞》全书来看，并没有单独收录乐府，所以鲍照的诗歌不收录乐府一体也并不为奇。至于爱情诗的落选，则能看出曾国藩对这一题材的有意识过滤。

鲍照现存诗歌204首，涉及男女、夫妻关系的各体诗歌有60多首，而

---

① （梁）钟嵘撰，曹旭笺注《诗品笺注》，人民文学出版社，2009，第211页。
② （梁）钟嵘撰，曹旭笺注《诗品笺注》，第211页。

曾国藩在《诗钞》中选有涉及婚恋题材的诗歌，如《采桑》《夜听妓》《代白头吟》等作，独于仿民间的诗歌未加收录。联系钟嵘在《诗品》中所说鲍诗"颇伤清雅之调，故言险俗者，多以附照"①，以及萧子显在《南齐书·文学传论》中对其爱情诗的指责，显而易见，曾国藩不选其爱情诗与儒家正统的"雅"诗观念是相一致的——即使这些爱情诗的思想内容是健康积极的，是对普通百姓日常生活的描写。但从整体上看，这些诗篇与曾国藩所论"雄奇""淡远"的审美理想不能吻合。虽然曾国藩也有选了这一题材的诗歌，但毕竟是寥寥几首，并没有在数量上占有优势。

除了雄奇之风的诗歌，曾国藩还将有淡远之风的诗歌选入。若从《诗钞》中选一个"淡远"的代表，恐怕非陶渊明诗莫属了。

陶渊明被称为"古今隐逸诗人之宗"，有《陶渊明集》。现存诗歌125首，其中五言古诗115首，《诗钞》选114首。在这114首五古中，被曾国藩归为阴柔中的"识度"类的诗歌有31首，占了入选诗歌的四分之一。曾国藩再将"识度"分为"闳括之度"和"含蓄之度"，认为有"识"就有"度"，"度"来自"识"，《史记》中的序赞、欧阳修的文章和陶潜的诗歌是对"识度"最好的注解和解说。

唐浩明认为"识度"就是见识、气度，指作品中所表现出来的意旨和作者的胸襟。② 用曾国藩自己的话说是"纪泽于陶诗之识度不能领会，试取《饮酒》二十首、《拟古》九首、《归园田居》五首、《咏贫士》七首等篇，反复读之，若能窥其胸襟之广大，寄托之遥深，则知此公圣贤豪杰，皆已升堂入室"③。曾国藩给纪泽开出的书单是陶渊明的数篇组诗，这些组诗在陶诗中占有重要的地位。林传甲在《中国文学史》中论述南北朝至隋文体部分时，论及陶渊明文体为淡远，"晋征士陶潜文体之淡远"，认为陶潜有高趣，不慕荣利，有气节。诗文达观，得老庄之旨趣，诗赋闲雅淡远，如鹤鸣于九皋之上。④ 曾国藩体味到了陶渊明的见识、器度，认为陶潜已经可以与古代的圣贤豪杰相提并论。无论是其闳括之度还是含蓄之度，曾国藩都给予了高度的评价，并将陶诗作为自己晚年的案头之书，尤为珍爱。

① （梁）钟嵘撰，曹旭笺注《诗品笺注》，人民文学出版社，2009，第175页。
② 唐浩明：《唐浩明评点曾国藩语录》（上册），华夏出版社，2005，第538页。
③ （清）曾国藩著，李翰章编撰，李鸿章校刊《曾文正公家训》（同治四年七月初三），中国书店出版社，2011，第52页。
④ 林传甲：《林传甲中国文学史》，吉林人民出版社，2013，第129页。

其实无论是雄奇还是淡远，都是曾国藩的刻意而为之。如果说雄奇之气的提倡是因为他受姚鼐的影响以及希望挽救诗坛靡弱之风，那么淡远与闲适趣味的偏好则是他对自己内在的规范。曾国藩对古文的爱好更多的原因是经世致用，那么他对诗歌的喜好可以算是"长吟以自娱"①，以诗颐养性情。诗歌让曾国藩在百忙的军务、政务中脱身出来，有一片精神的净土释放巨大的压力。建立在绞杀太平天国之上的军功，守护清朝贵族的天下而不受信任的巨大焦虑，像一把尖刀架在曾国藩的脑后；尤其是以军功、诗文名满天下之后，他对人生的领悟因受黄老之道的感染而愈发倾向于"一以柔道行之"②。这种人生观反映到诗歌上便是偏向阴柔、淡远的一面，提倡冲淡、闲适的诗风，在《十八家诗钞》中李杜、苏黄之外增阮籍、陶渊明、谢灵运、谢朓等，并在不同的场合多次论及对闲适诗风的推举。从一心建功立业的热血青年到看透世态炎凉的高位重臣，曾国藩的人生观和文学观在历练中达到炉火纯青的境界，对诗歌的态度也从单一地崇尚阳刚雄健发展到顿悟"含雄奇于淡远之中"才是真正的艺术至境。

第二章 《十八家诗钞》古体诗选录与曾国藩的古体诗观

第一节 古体诗入选概述

《十八家诗钞》以诗体分类，按照入选诗人时代编次。本文在论述时也仿照曾国藩的分体方法，以五言古体和七言古体分体概括。

（一）五言古诗

曾国藩喜好并且擅长作古体诗，现存诗 318 首，五古最多，达 90 首。

"古诗"不同于"古体"。秦惠民在《中国古代诗体通论》中说："有因格律宽严之异，体式特点之殊，而以'律'、'古'之别而称今昔之作的，如唐人习以唐以前声律未协之作称为'古诗'、'往体'或者'古风'，而称唐代形成的有严密格律限制的诗为'今体'或'律体'。所以说，'古诗'虽其实早存，其名早立，而其性则直至'今体诗'成立以后才有科学

---

① （清）曾国藩著，李翰章编撰，李鸿章校刊《曾文正公全集》（《求阙斋日记类钞》卷下，同治元年三月），中国书店出版社，2011，第 321 页。

② （清）欧阳兆熊、金安清撰，谢兴尧点校《水窗春呓》（卷上），中华书局，1984，第 17 页。

的说明。"①

一般来说，唐代之前的诗，往往都称为古体诗，另外还有相当一部分唐朝或之后的诗作故意依古体而不依今体，也属于古体诗。现在我们说的古体，包括律体形成以前的作品和后世模拟古体的作品。《十八家诗钞》所选的古体诗，既有魏晋六朝古体诗，也有唐宋的古体诗。

顾名思义，《十八家诗钞》是在古往今来的诗人中选十八家，古体诗和近体诗共6599首。从五古、七古的数量分别上来看，五古九家1530首，七古六家988首，共选古体诗2518首。其中，魏晋六朝五古565首，唐五古965首；唐七古495首，宋七古493首。五古选诗范围上起魏晋，下迄中唐，不录宋代五古；七古取唐代四家、宋代两家。仅仅从数量上来看，曾国藩对五古的推崇甚于七古。《诗钞》选取了盛唐李白、杜甫，中唐韩愈的五古；于七古则取盛唐李白、杜甫，中唐韩愈、白居易，宋代苏轼、黄庭坚。曾国藩在古体的选择上突破了"古体宗汉魏、近体宗盛唐"的苑囿，扩大了古体诗的选诗范围。

曾国藩自述选五古九家，声调铿锵。从这九家来看，曹植诗是建安诗歌的代表，"骨气奇高"；阮籍《咏怀诗》有"阮旨遥深"的意味；陶渊明诗"看似寻常最奇崛，成如容易却艰辛"；谢灵运诗充满自信豪气，无愧于"才高八斗"的美誉；鲍参军诗歌俊逸；谢朓诗如李白所说"蓬莱文章建安骨，中间小谢又清发"，清新之气充盈其间；李杜五古包蕴盛唐气象；韩愈诗奔放怪奇，兼有平淡的特点。无论是"建安风骨"的曹植诗还是唐诗新变的韩愈诗，曾国藩都为他们树起了高耸的丰碑，得到了他的高度认可。

曾国藩曾对五言诗有过以下论述："五言诗，若能学到陶潜、谢朓一种冲淡之味、和谐之音，天下之至乐，人间之奇福也。"② 对五言诗的高标，曾国藩心中是有自己的典范的。他将陶诗、谢朓五古视作楷模，提倡冲淡之味、和谐之音，与他当时身处的环境和人生经历是有关的。至于唐诗五古，曾国藩选的唐诗古体诗在数量上占有绝对优势，但只于全唐诗人中取李杜、韩愈三家，不难看出曾国藩对唐诗新变的取舍态度。无论是汉魏以来的自然浑成、有陶谢冲淡境界的古风，还是唐代以来铺张扬厉、逐渐散文化的唐代诗风，曾国藩都给予了肯定，但两相对比取其重，虽然李、杜

---

① 秦惠民：《中国古代诗体通论》，华中科技大学出版社，2001，第163页。
② 钟叔河编《曾国藩教子书》，岳麓书社，1987，第70页。

五古追求的是汉魏风骨，完全不受格律限制，但曾国藩看重唐以前的五古甚于唐、宋五古，这是显而易见的。

（二）七言古诗

律诗产生以后，自然将原有的诗歌形态分为两个部分——"古体诗"和"近体诗"。二者在体制和规范上存在明显的不同。唐代以后，律诗发展迅速并且成就辉煌，同时古体诗也在并行发展，成就突出。唐人作古体诗和近体诗，但此时的古体诗复古意味较浓厚，有别于魏晋五古。正如王尧衢在《古唐诗合解》中认同的"乃唐之古诗，与汉魏晋不同"。①

有唐一代，在李白、杜甫、韩愈、白居易等人的创作中，七言古诗发挥了艺术上的优越性，有了开拓性的发展。曾国藩自述于韩愈、苏轼七古用力颇深，由此可见，他对唐、宋七古都极为推崇。《诗钞》七古取唐代李白、杜甫、韩愈、白居易四家，宋代苏轼、黄庭坚二家。其中，李白七古157首，杜甫146首，韩愈78首，白居易114首，唐代共取495首；苏轼七古328首，黄庭坚165首，宋代共取493首。七古选诗范围不出唐、宋苑囿，而师法李、杜、韩、苏、黄是曾国藩坚持的学诗方法。宋代以苏黄七古为盛，曾国藩选苏诗又多出黄诗近一倍，曾国藩的宗苏倾向是极为明显的。

相对于五古来说，七古长篇最讲变化，也最见才力，所以郑珍在《守拙斋诗钞序》中认为七古的创作相对于其他体诗，对诗人的要求是比较高的，这也是由七古的写作特点决定的。方东树在《昭昧詹言》中对七古的写作也有相似的看法。显然，曾国藩对七古以才气为主，以古文之法写七律也是持相同态度的。他于七古只取盛唐三家、宋代两家，魏晋六朝古体诗与唐宋古体诗并无优劣、高下的分别，尤其在近体诗主导的唐代诗坛，更是面临着古体诗与近体诗并存的局面。唐代古体诗反倒因为格律不受对偶或声律的限制等原因，更容易创造出气象开阔、雄壮豪迈的诗歌意境，因而在唐代诗人的笔下，复古与创新兼存，宋人七古擅长变化。

通过以上对古体诗的分析，我们可以得出以下结论。

从其作品的统计和时代分布中可以看到：魏晋六朝五古565首，占所选五古总数的37%；唐代五古共965首，占所选五古总数的63%。唐代七古495首，宋代七古493首，唐、宋七古平分秋色。从表面看，唐代的五古、

---

① （清）王尧衢注，单小青、詹福瑞点校《唐诗合解笺注》（凡例篇），河北大学出版社，2000，第10页。

七古在数量上拔得头筹，远远多于魏晋六朝古体和宋代古体。曾国藩审视前代古体之作，将唐代的古体诗推上了很高的位置。《诗钞》选唐代古体诗人李白、杜甫、韩愈、白居易，共选诗1460首，相对于魏晋六朝的565首和宋代苏黄的493首，数目庞大。从选入的唐、宋七古诗歌看，曾国藩选诗宽泛，但总体以杜甫、韩愈、苏轼、黄庭坚为宗；而选录魏晋六朝诗人充分体现了曾国藩的诗学趣味之所在。

不同的诗人，入选《诗钞》的诗歌数量也有区别。所选五言古诗从魏晋到晚唐：曹植55首、阮籍82首、陶渊明114首、谢灵运65首、鲍照131首、谢朓118首、李白560首、杜甫263首、韩愈142首。七言古诗只取唐宋六家，统计如下：李白157首、杜甫146首、韩愈78首、白居易114首、苏轼328首、黄庭坚165首。从入选的绝对数量上来看，唐以前五古选入数量最多的是鲍照，131首；五古数量最少的是曹植，55首。唐代三家入选最多的是李白，560首；最少的是韩愈，142首。七古数量最多的是苏轼，328首；最少的是韩愈，78首。不同诗人的诗歌产量是不同的，我们在看到这些数据的时候应该想到，这些数字是相对来说的，即诗人现存诗歌总数与入选总数是相对的。以上各家虽然诗歌数量有差别，但总体说来，曾国藩是将他们的绝大部分或者全部的诗歌依体选入。从这个意义上看，诗歌数量便不再重要，重要的是入选诗人的定位。从以上各家来看，他们都是彼时或者后世认定的代表诗人，可见曾国藩对他们是绝对推崇的。

无论是唐以前的古诗，还是唐宋古诗，《诗钞》取其时最有影响力的人物，在各体的创作和文学史发展中的地位不可撼动者；所取诗歌则是该诗人在文学史上的经典之作。由此可见，曾国藩力求于一朝一代中取最有影响力的诗人，勾勒出该时代的独特风貌。《诗钞》于古体诗只选魏晋至晚唐的大家，不取宋以后至清朝的诗作，他不求完整描绘出诗歌史的发展，仅仅将一时一代最能代表其时代风貌的诗歌选入。尤其是从编定时选择诗人的先后顺序看，在李、杜、韩、苏、黄之后又增曹、阮、谢、鲍、谢、王、孟、白、杜、陆、元，不限定于他一贯推崇的几家，将选诗范围扩大，转向更丰富的诗歌天地。仅以五古为例，收汉、魏、晋、宋诸家，又取李、杜、韩等人五言古诗，初步勾画出五古诗歌史，在博通古今的诗歌史观的指导下，难以用单独推崇汉、魏、唐、宋来限定其诗学思想。

第二节 《十八家诗钞》与曾国藩的古体诗观

（一）魏晋六朝诗歌与曾国藩的古体诗观

《诗钞》中体现出了魏晋六朝五古的重要地位。在《诗钞》的编选和后续的完善过程中，伴随着自己诗歌观念的成熟，他对古体诗的趣味发生了微妙的偏向。

论述曾国藩《诗钞》对五古的选录问题，无法回避当时的文论家如何看待五古，以古论古的方法是真实还原历史情境的最优选择。此时期最重要的批评著作、总集当属刘勰《文心雕龙》、钟嵘《诗品》和萧统的《昭明文选》，他们都对五言古诗做出了较为客观的评价，《诗钞》所选诸人在他们那里亦占有一席之地，因此不妨以他们的诗歌批评为参照来审视、印证曾国藩对古诗的看法。

刘勰在《文心雕龙·明诗》中赞叹汉代五言"直而不野，婉转附物，怊怅切情，实五言之冠冕也"[1]，建安诗歌"慷慨以任气，磊落以使才"[2]，给予汉魏五言古诗很高的评价，认为五古不论是风格还是文辞都值得称颂；之后钟嵘在《诗品》中指出"五言居文词之要，是众作之有滋味者也，故云会于流俗"[3]，与刘勰相比，他对五言诗有了更为深刻的认识。二人论述五言诗的精到观点可以作为本文论述的理论支撑。《诗钞》所选魏晋六朝六家诗人中，刘勰在《文心雕龙》中明确提到的有两家，《文心雕龙·明诗》中论述五言诗的诗歌创作盛况，提及曹植和阮籍；没有直接论说而模糊提及的是谢灵运[4]；至于陶渊明、鲍照、谢朓，则都没有论及。《文心雕龙》作为"体大而虑周"的文学理论专著，对陶潜、鲍照、谢朓的忽视在学界存在广泛争议，尚未有明确定论。

而钟嵘在《诗品》中对以上六家都有明确提及并做出了细致的评点。

---

① （梁）刘勰撰，范文澜注《文心雕龙注》，人民文学出版社，1958，第66页。
② （梁）刘勰撰，范文澜注《文心雕龙注》，第66页。
③ （梁）钟嵘撰，曹旭笺注《诗品笺注》，人民文学出版社，2009，第23页。
④ 《文心雕龙·明诗》中论及"宋初文咏，体有因革，庄老告退，而山水方滋……"，此处提到山水诗的兴起，虽然并没有直接提及谢灵运，但我们联系刘宋时代的历史背景不难发现，宋初诗人改变了山水诗依附于玄言诗的地位，使山水得以从玄言中解放出来成为独立的审美对象。这样的开创是谢灵运完成的，刘勰不可能不知道这一文学巨变。况且限于骈文的体例，刘勰虽然没有直接提到谢灵运的名号，但他对于山水诗的出现是赞同的。《文心雕龙》全书不提颜、谢等，因为全书对刘宋作家不做具体评述。我们可以推断，此处就是代指谢灵运。

至于在诗品的评定上，曹植、阮籍、谢灵运被列为上品诗人，陶渊明、鲍照、谢朓被列为中品诗人。分品之后各有评语。《昭明文选》选诗歌 432 首，其中五言诗占了 90% 以上，共 396 首。《文选》选以上六家诗歌数量不一，但六家全部入选，这有类于钟嵘而异于刘勰，可见萧统对六家的评价也是不低的。曾国藩对《文选》情有独钟，"吾之嗜好，于五古则喜读《文选》……"①，试想钟爱读《文选》的他是否在编选《诗钞》的时候受到了其影响呢？我们不妨以《十八家诗钞》为中心，通过对比以上选、评对诗人诗作的具体评价，以三个问题为落脚点，探析曾国藩对于魏晋六朝古诗的态度：首先，选曹植为《十八家诗钞》第一人的问题；其次，曾国藩选录陶渊明诗歌的问题；最后，太康及永嘉诗人在《十八家诗钞》中的缺席问题。

其一，选曹植为《诗钞》第一人。从《诗钞》的选入范围来看，选第一人为曹植，下至南朝谢朓。《诗品》《文选》所论范围、时间跨度略长于《诗钞》。《诗品》论诗始于汉《古诗十九首》、李陵、班婕好；《文选》选录苏李诗、班婕好诗，与钟嵘观点相合。所不同的是，《诗钞》并没有将曹植以前的诗歌选入，而是将曹植作为《诗钞》的第一人，这一点似乎让人匪夷所思。

刘勰以及后代诗论家对汉五言诗也多有赞誉。曾国藩将《诗钞》的起点定位在曹植，而不取曹植以前的五古，甚至在诗体上也不取四言诗。这意味着在五言古诗的第一人问题上，曾国藩有自己的考虑。王士祯《古诗选》、姚鼐以及桐城派另一人物方东树《昭昧詹言》等，选诗、论诗都将五古的源头选定在汉末古诗、《古诗十九首》，他们都推崇汉魏古诗，而曾国藩将曹植列为五古第一人。刘勰、钟嵘、萧统的选评对曹植的评价都是很高的，这一点曾国藩与三家观点一致。而在这三家之中，钟嵘将曹植放在了他最欣赏的诗人的地位上，在这一点上，曾国藩与钟嵘《诗品》的看法是一致的。明代胡应麟在《诗薮·内编》中言："魏氏而下，文逐运移，格以人变。若子桓、仲宣、士衡、安仁、景阳、灵运、以词胜者也；公幹、太冲、越石、明远、以气胜者也；兼备二者，惟独陈思。然古诗之妙，不可复睹矣。"② 胡应麟对曹植诗歌的文辞胜和气骨胜远高出同时代的诗人，

---

① （清）曾国藩著，李翰章编撰，李鸿章校刊《曾文正公全集》（《曾文正公家书》道光二十三年六月初六日），中国书店出版社，2011，第 43 页。

② （明）胡应麟：《诗薮》，上海古籍出版社，1958，第 25 页。

成为兼而有之的妙作是极为肯定的，这也是较为符合诗歌史的标准的。

曹植的五古现存 55 首①，占现存诗歌总数的 73%，这说明曹植对五古的创作是颇为着力的。曾国藩将曹植作为《十八家诗钞》古体诗的第一人，而且现存 55 首五古全部入选。将曹植五古置于《十八家诗钞》的首位，有别于其他诗歌选本将李陵诗、《古诗十九首》等放在诗选的首篇，这表明曾国藩对曹植诗歌的肯定。曹植的五言诗有自己鲜明的个性，做到了健康的情思和艺术形式的高度统一，情感和艺术技巧的成熟奠定了他的五言诗的地位。以他为代表的建安五言诗确定了五言诗的地位，结束了五古自发、自然的创作阶段。钟嵘《诗品》称赞他"骨气奇高，词彩华茂。情兼雅怨，体被文质"②，这几个词精练准确地概括了曹植的诗歌风貌，也确切描述了钟嵘诗学理想的核心。这一核心包括两组美学范畴。一是感情内容上的雅怨，即源出于《诗经》的"雅"和源出于《楚辞》的"怨"。"雅"是雅正，代表典雅和高层次、高品位的美学原则；"怨"是怨诽，代表了汉魏以来以悲为美的思想。二是体制风格上的文与质、风力与丹彩、骨气与词采的结合。③

结合曾国藩《诗钞》的编选目的，作为子侄的学诗门径，不难看出曹植五言诗的创作技艺和情感的可操作性。汉魏五古"词理意兴，无迹可求""气象混沌，难以句摘"④，严羽对汉魏诗可读但不可法的认识是符合真实情形的，甚至方东树也指出学得不好会熟滥可厌⑤，所以《诗钞》并没有选入曹植以前的五古，因为难学。曹植重视艺术形式，但基本上保持了汉乐府民歌和《古诗十九首》自然质朴的特点，词采华茂而不显雕琢。⑥ 曾国藩对曹植诗歌的观点继承了钟嵘《诗品》对曹植的评价标准，认为诗歌的思想内容要情兼雅怨，在形式和风格上能够做到骨气与文采相结合，最终达到文质彬彬的圣境。

其二，曾国藩对陶诗的态度问题。《十八家诗钞》选陶诗共 114 首，曾国藩对陶渊明的人品及诗品都是极为推崇的。刘勰论五言诗的发展并没有提到陶潜，钟嵘将陶潜列入中品诗人之列，而萧统选录陶潜诗歌八首（另

---

① （魏）曹植著，赵幼文校注《曹植集校注》，人民文学出版社，1984。
② （梁）钟嵘著，曹旭集注《诗品集注》，上海古籍出版社，1994，第 97 页。
③ （梁）钟嵘撰，曹旭笺注《诗品笺注》，人民文学出版社，2009，第 61 页。
④ （宋）严羽撰，郭绍虞校释《沧浪诗话校释》，人民文学出版社，1961，第 148、151 页。
⑤ （清）方东树撰，汪绍楹校点《昭昧詹言》（卷二），人民文学出版社，1961，第 51 页。
⑥ 袁世硕、张可礼主编《中国文学史》（上），中国人民大学出版社，2006，第 172 页。

有一篇《归去来兮辞》），以上三家对陶诗的接受代表了唐之前陶诗接受的三种状态。陶渊明在宋代苏轼那里的接受达到了顶峰，而曾国藩对陶诗的接受受到苏轼的影响是极大的。从曾国藩对陶诗的态度可以看出曾国藩对苏轼的推崇。

刘勰《文心雕龙》不论陶诗。学界对刘勰不论陶诗的原因众说纷纭，尚未有定论。大体上讲可以将原因归结为三类。第一种观点认为刘勰限于体例要求，没有提及陶诗。《文心雕龙》论各家约止于宋初，不同于钟嵘的盖棺定论"今所寓言，不录存者"，这可能限制了刘勰的论诗范围。第二种观点认为刘勰受当时诗风的影响不论陶诗。陶渊明的诗歌平淡自然，不讲究华美的辞藻，这与当时的诗风是不相容的，所以不受南朝一般文人的重视。第三种观点认为刘勰的诗学理想、偏爱的诗歌风格将陶诗的淡远之风拒之门外。刘勰虽大力批判"习华随侈"的不健康的风气，但重视形式美，强调修辞手段。通过上述对比，我们可以看出：《文心雕龙》与《十八家诗钞》的交集是曹植和阮籍，其他四家因选定体例与外部的客观限制而没能论及，但这不代表刘勰本人对他们的诗歌是否定的。对这个问题，我们也应该站在刘勰的写作目的上考察并做出合理的推断。基于以上分析，我认为刘勰对曹植、阮籍和谢灵运的诗歌是持肯定态度的，而对陶渊明诗歌作何评价尚未有定论。

钟嵘和萧统对陶诗的品评使得大众对陶渊明的认知经历了从"隐士"到"诗人"身份的转变。钟嵘把他列入中品，论其诗"风华清靡""古朴平淡"，对其"隐逸诗人之宗"的地位做了定位。后世很多诗论家对钟嵘的这种品评颇为不满，认为陶诗应该列于上品。钱钟书通过考证，证明了陶诗中品的地位并不是讹误，并且在《谈艺录》中给出了合理的解释。虽然相对于前人不论陶诗的观点有新的发现，但时风与诗风造成了钟嵘品评的局限，钱钟书给出的这个解释是合情而且合理的。相对于刘勰不论陶诗，钟嵘对陶渊明的发现已经是前进了一大步。

萧统对陶诗评价较高，《文选》录入他九首（篇）作品①。萧统还为他整理了作品集，作了《陶渊明传》和《陶渊明集序》。在《集序》中，萧统对陶渊明及陶诗有不同于钟嵘的评价："其文章不群，辞彩精拔，跌宕昭彰，独超众类，抑扬爽朗，莫之与京。横素波而傍流，干青云而直上。……

---

① 这九篇作品分别为：陶渊明诗七题八首，《归去来兮辞》一篇。

余爱嗜其文，不能释手；尚想其德，恨不同时。……"①相对于钟嵘的评价，已经明确而笃定地表露了对陶渊明其人格和诗风的欣赏。钟嵘和萧统对陶诗的品评和整理无疑促进了其传播，扩大了影响。

以上分析了以刘勰、钟嵘和萧统为代表的魏晋六朝诗歌理论对陶渊明的接受，而之后对陶渊明的接受也经历了漫长的时间。李剑锋在《元前陶渊明接受史》中将元以前对陶渊明的接受分为奠基期、发展期和高潮期三个时期。他认为魏晋南北朝是陶渊明接受史的奠基期，隋唐五代是陶渊明接受史的发展期，两宋是陶渊明接受史的高潮期。在所有诗人中，苏轼对陶渊明有全面而深入的接受，他把陶诗推到了诗美理想的典范地位和无人能及的诗史巅峰，从而牢固奠定了陶诗在中国诗史上的独特地位，开辟了陶渊明接受史的辉煌时代。②而苏轼以其文坛领袖的地位对同时代以及后世人对陶的接受产生了深远影响，曾国藩就是其中一个。曾国藩的《十八家诗钞》几乎将陶诗全部选入，他也在很多场合论及对陶渊明诗歌的看重。在后世陶渊明诗歌接受史上，自成风格且影响较大的是王维、孟浩然的山水田园诗，白居易的闲适诗和以苏轼、黄庭坚为代表的"学陶诗"。《诗钞》对以上诸位都有选录，说明曾国藩对以上各家此类诗歌的喜好，也说明了曾国藩对陶渊明的推崇。

咸丰八年（1858）之后，曾国藩的诗学观念发生了明显转向，向往闲适、淡远的诗风成为他此后主要的诗歌风尚。他所标榜的李、杜、苏、黄诸人对陶渊明皆有很高的评价，而众人之中，苏轼尤其推崇陶渊明。苏轼诗歌兼采各家，重视两种相互对立的风格的融合，以至于有学者评其诗"清远雄丽""清雄绝俗"③，苏轼的主导诗风是雄放，但他非常注重平衡阳刚之美与阴柔之美，其刚柔相济的作品比比皆是，曾国藩对苏轼诗歌的喜爱与他的诗学观是契合的。苏轼是陶渊明接受史上里程碑式的人物，他的和陶诗有一百多首，他认为陶渊明的诗歌，"自曹、刘、鲍、谢、李、杜诸人，皆莫能及也"④，将陶渊明的诗歌视为自己精神的源泉。苏轼认为像

---

① 郁沅、张明高编选《魏晋南北朝文论选》（陶渊明集序），人民文学出版社，1999，第335页。

② 李剑锋：《元前陶渊明接受史》，齐鲁书社，2002，第12~15页。

③ 程千帆、莫砺锋：《苏轼的风格论》，《成都大学学报》（社会科学版）1986年第1期。

④ （宋）苏辙著，郑麦选注《苏辙散文精选》，东方出版中心，1999，第203~206页。

"苏、季（李）之天成，曹、刘之自得，陶、谢之超然"① 已经是昨日黄花，当世已经很难再出现这样自然朴素的美学境界了。然而他又怀着赶超唐人的意识着力于诗歌，力追李、杜诸人在"丽"之外的"清"，于是他将目光停在了陶渊明的身上。他欣赏陶诗"质而实绮，癯而实腴"，同时对他的高尚的道德操守也深表敬佩。曾国藩受苏轼的影响而偏爱陶诗也在情理之中。由此，我们不难发现，无论是对陶渊明还是苏轼，曾国藩都是极力赞美甚至模仿的。曾国藩对陶诗的收录明显表现了受苏轼影响而学陶的诗学偏好以及后期诗学观念的转向。曾国藩对陶渊明的接受，也构成了陶渊明接受史的一部分。

其三，总览《十八家诗钞》，建安风骨、正始之音、元嘉诗坛、永明诗风、唐宋的各体名家都有代表诗人进入诗选，唯独太康诗坛、永嘉诗坛无人入围。曾国藩对太康诗人的"遗忘"暗含了他对太康诗风的否定。

太康诗坛成就最高的当属三张、二陆、两潘和一左，永嘉诗坛以郭璞、刘琨为代表。如果说建安诗坛取曹植、正始诗歌取阮籍，继之而来的太康、永嘉诗坛代不乏人，为何以上诸人都没能进入《十八家诗钞》的范围呢？"骨气奇高"的曹植诗和"遥深"的阮籍《咏怀诗》在《诗钞》中地位颇高，太康、永嘉诗人在曾国藩的所有现存诗文集、札记中全无影踪。曾国藩遍读诗书，没有理由对这一段文学史避而不谈。如果非要推测个中缘由，我们不妨大胆假设曾国藩是刻意避开了太康、永嘉诗人。"采缛于正始，力柔于建安"②，刘勰在《文心雕龙·时序》篇中将太康诗风概括为"结藻清英，流韵绮靡"③，通过与建安、正始诗歌的对比反衬出太康诗风的特色。此时期的诗歌离现实主义的抒情诗歌已经很远了，逐渐走上了贵轻绮、尚华丽的形式主义的道路。在一定程度上，这个过渡时期启蒙了永嘉诗风，格律和形式的萌芽就此种下，但"诗缘情"的传统被片面重视的艺术技巧所取代，便也失去了诗歌赖以生长的根基。永嘉诗坛盛行玄谈，诗歌清淡寡味，并不能与曾国藩的积极入世的人生态度契合。钟嵘总结永嘉诗坛说："永嘉时，贵黄、老，尚虚谈，于时篇什，理过其辞，淡乎寡味……建安风力尽矣。"④

---

① （宋）苏轼撰，孔凡礼点校《苏轼文集》，中华书局，1986，第 2124 页。
② （梁）刘勰著，范文澜注《文心雕龙注》，人民文学出版社，1958，第 67 页。
③ （梁）刘勰著，范文澜注《文心雕龙注》，第 674 页。
④ （梁）钟嵘撰，曹旭笺注《诗品笺注》，人民文学出版社，2009，"序"第 15 页。

脱离了源头活水的太康、永嘉诗坛并没有得到曾国藩的青睐，它们欠缺曾国藩所欣赏的雄奇之气骨，也没有丰富而蕴藉的或浓烈或淡远的情感。太康、永嘉诗人在《诗钞》中的缺席应是曾国藩深思熟虑的选择。

以上讨论的三个问题，即关于曹植诗歌作为《十八家诗钞》第一人的问题，关于陶渊明诗歌的入选问题，关于太康诗人的缺席问题，涉及曾国藩对魏晋六朝古体诗的取舍问题。选曹植为《诗钞》第一人，肯定曹植五言诗的成就，也认同钟嵘论曹植诗"骨气奇高，词彩华茂"的评价标准。这说明曾国藩认为优秀古诗应该是骨气兼备的。关于陶渊明诗歌的入选问题，相对于刘勰、钟嵘和萧统从忽略到发现再到重视的动态过程，曾国藩以苏轼为契机，把陶诗看作他心中最优秀的诗歌。通过陶诗的入选，我们也认识到曾国藩对苏轼的推崇。最后一个问题是太康、永嘉诗坛的诗人的缺席问题。在这个问题上，曾国藩接受了刘勰、钟嵘等当时批评家的观点，对此时的诗歌评价不高，甚至以不选来表达对失去风雅和骨气的诗风的抵制。

（二）唐宋诗歌与曾国藩古体诗观

《十八家诗钞》选五古止于韩愈，不取宋人五古。五言诗到唐代陈子昂扛起复古大旗，倡导汉魏风骨，反对"兴寄都绝"的齐梁诗风，走的是通过复古而振兴的道路；李白的古诗有汉魏古诗的面目。相对于李白来说，杜甫在复古之外另辟蹊径，增强了五古反映社会现实的功能，以律诗之法入古诗，提升了古诗的审美功能。杜甫变革了五古题材，使之成为适应性最强的诗体；在艺术方面则于传统的比、兴之外引入"赋"的手法。① 杜甫是以"变"来达到古体诗的新境界。而《十八家诗钞》五古除了选入曾国藩多次赞赏的魏晋六朝六家之外，于唐代则选择李、杜、韩三家古诗。这体现了曾国藩古体诗以魏晋六朝古诗为诗学正宗，但在汉魏正体之外，学习由李、杜、韩三家开启的变体的诗学门径。

曾国藩受当时宗宋的时代思潮以及姚鼐的影响，读诗、作诗学杜甫、韩愈、苏轼、黄庭坚，尤其推崇黄庭坚。但于宋人五古却不录，似乎让人费解。曾国藩在《日记》中曾提到，通过朗诵曹氏父子以及阮籍的诗歌，对五言古诗的至高之境有了新的体悟。除此之外，他还认为五言诗应该具有冲淡和谐的境界。

联系他所推崇的"含雄奇于淡远之中"的审美理想，可见，曾国藩认

---

① 莫砺锋：《论初盛唐的五言古诗》，《唐代文学研究》1992 年第 00 期。

为五言古诗或应该具备比兴之美，或应有雄直之气，或应达到冲淡和谐的境界，但宋诗五古并没有达到此种艺术境界。即使像苏、黄这种大家的五古，曾国藩也并没有选入《十八家诗钞》。曾国藩所推崇的比兴之体与汉魏诗歌崇尚的比兴风气相类，雄直之气也近似建安诗歌的慷慨之音。曾国藩主张以汉魏为骨，以六朝为肉，骨肉均衡才是合理的。比兴之体的代表曹、阮、陈、张、李、杜诸人，喷薄之势的代表曹、鲍、杜、韩诸人，以及陶潜、谢朓的冲淡和谐之境，这三种曾国藩所推崇的五古境界都没有论及宋人。他所推举的高古浑厚、冲淡和谐之五古是魏晋以至中唐韩愈的诗作。

作为姚鼐的弟子，桐城派方东树在《昭昧詹言》中对五言古诗也有论及。而曾国藩的后辈、同光体代表陈衍在《石遗室诗话》也对五古有论述。我们不妨通过对比曾国藩与方东树、陈衍对五古的看法，进一步探析《十八家诗钞》不选宋五古的原因。

《昭昧詹言》专论五言古诗，首卷通论五古，卷二及以下论及汉魏以及阮、陶、谢、鲍、谢、杜甫、韩愈、黄庭坚。在选择的诗人上，曾国藩与方东树基本一致，但方东树论及五古的时候选择了黄庭坚，这是与曾国藩不同的地方。方东树在唐代五古之后专评杜甫、韩愈和黄庭坚三家，可见他一方面强调"学古"，又有兼取唐宋的折中态度；另一方面他鼓励新变，鼓励在"汉魏正体"之外，标示一条由黄山谷至韩昌黎，至杜工部，由下而上溯的学诗途径。

陈衍在《宋诗精华录》中将宋诗分为初、盛、中、晚四个时期，注重艺术上的比较和分析。在此书序文中，他就明确说明自己所认可的宋诗应该是"以兴味高妙为主"，而不是江西诗派一流专以造作盘空硬语为工以及徐仲车、薛浪语之类枯涩如土木的诗篇。① 他选盛宋五古21首，相对于近体诗和七古而言，明显对宋五古诗评价不高。但他在《石遗室诗话》中又论及宋人短章也有可称赞之处。其实陈衍对宋人五言古诗的结论来自类比标准的不同。陈衍论宋人五古是相对于唐代来说的，这个结论并不是以汉魏五古作为标准的。

汪辟疆在《读常见书斋小记》中论五言古诗的四境界："五言古诗有四境界：汉魏一也，六朝二也，唐三也，宋四也。汉魏间古诗意味最高，最难学，则学仅得其皮也，神采不可企。六朝人五言古辞采过缛。唐人有汉

---

① （清）陈衍评选，曹旭校点《宋诗精华录》，江西人民出版社，1984，"前言"第4页。

魏六朝格调，而神采不同，亦意境高尔。宋人则意境尤高，格老气苍，又善出新意、故五言古诗惟唐宋人尚可学，至汉魏六朝则惟有涵咏其味而已。"①《十八家诗钞》对五古的三个境界的作品皆有选抄，唯独对宋人五古不着一字。相对于曾国藩来说，方东树和陈衍对宋人五古的不同态度表现出不同的诗学观。曾国藩以汉魏五古作为论诗标准，以冲淡和谐之境为至境。即使唐五古相对于汉魏六朝已经属于变体，但相对高古雄壮的汉魏古诗，唐代变体仍不乏古意。但是，相对于曾国藩标榜的汉魏古诗，宋五古已经不可同日而语了。

第三章 《十八家诗钞》近体诗选录与曾国藩的近体诗观

第一节 近体诗入选概述

《十八家诗钞》选近体诗共 4081 首，其中五律 943 首、七律 1864 首、七绝 1274 首，不录五绝。所选近体诗中，按照朝代先后以诗体不同分别择取：五律只选唐代诗作共四家，取王维 104 首、孟浩然 138 首、李白 100 首、杜甫 601 首，共取唐代五律 943 首；七律选唐、宋、元诗人七家，其中唐代杜甫 150 首、李商隐 117 首、杜牧 55 首，宋代四家之苏东坡 540 首、黄庭坚 286 首、陆游 554 首，元代元好问七律 162 首。绝句取唐、宋四家，唐代取李白 79 首、杜甫 105 首，共 184 首；宋代取苏东坡 438 首、陆游 652 首，共 1090 首。绝句只取七绝一体，不录五绝。

（一）入选律诗概述

《十八家诗钞》选唐、宋、元律诗诗人共十家，分别录其五律和七律。

首先，我们看入选五言律诗。五律取盛唐四人之作共 943 首，不取宋人五律。诗歌发展到唐代，迎来了全盛期，唐诗各体兼备，闪耀文坛的大诗人辈出，而所作诗篇更是名篇璀璨，流传后世者众多。诗莫盛于唐，唐诗莫盛于律，在唐代以至之后的诗歌史上，唐代律诗成为后世诗人难以望其项背的巨擘。五律和七律在唐代诗坛是创作的主流，也是众多诗人名篇的

---

① 汪辟疆：《读常见书斋小记》，载朱东润主编《中华文史论丛》（1980 年第三辑，总第十五辑），上海古籍出版社，1980，第 289 页。

依傍，"五言律体，兆自梁、陈……五言律体，极盛于唐"①。

《十八家诗钞》选取唐代的五律四家共 943 首，其中，王维 104 首、孟浩然 138 首、李白 100 首、杜甫 601 首。在四家所选诗歌中，杜甫诗数量最多，远胜于其他三家。唐代七律取三家共 322 首，分别是杜甫 150 首、李商隐 117 首和杜牧 55 首，杜甫的七律仍然占据鳌头。关于律诗的发展轨迹，前文已经大致描述。五律发展到盛唐，进入极其辉煌的时代，王、孟、李、杜四家诗都被曾国藩选入《十八家诗钞》，四人在五律诗歌上的成就不分伯仲。后代世人对四人评议略有差别，有四家并列者，有李、杜高于王、孟者，有王高于孟、杜高于李者。这几种评价隐约中将杜甫列于高位，在三家之上。李白的五律自然飘逸，平仄和对仗浑然天成，他的学识和才华充盈于五律的创作。李、杜之外，王、孟的五律最好。王维不似李杜，他的五律充满禅意，一时独步。孟浩然五律被誉为"盛唐最上乘"，兼有阳刚和阴柔之美的诗篇，对李白等人影响深远。

曾国藩于五律选当代学界公认的盛唐四家，尤其是杜甫 601 首五律的入选，体现了曾国藩对盛唐五律的极大肯定，他认为盛唐五律是学诗、品诗之人的案头必备。对文学史上公认的五律大家的认同，也体现了曾国藩的教子理念："学诗应专学一体，专学一家"。

至于宋代五律，《十八家诗钞》并无选录。五言律诗发展到宋代面临的困境是学唐而不能、推陈出新而不得。曾国藩在《十八家诗钞》中并没有将苏、黄、陆的五律选入，他更加看重的是宋人的七律，认为宋人七律相对于五律来说，更能代表宋人近体诗的成就。

其次，论述七言律诗。七律的体制在初唐时期尚未发展完备，大量写作和创作高潮晚于五律，这导致五言、七言律诗在唐代的发展出现了不平衡。直到开元年间，七律的创作才开始迎来创作高峰，并出现了许多优秀的诗人、诗作。盛唐七律的创作冲破了初唐的应制之作，崔曙、崔颢、王维、李白、高适、岑参等人七律的出现，在题材和风格上较初唐都有了很大的扩展和延伸：题材更加贴近日常生活；风格上沿袭古意的王维、李白、高适、岑参诸人将这一风格发扬到新的高度；开疆辟土的杜甫开创了雄浑顿挫、浅近通俗、傲峭健拔的七律诗风。

相比较而言，曾国藩在盛唐诗人中只录杜甫一人，而不选王维、李白

---

① （明）胡应麟：《诗薮》（内篇），上海古籍出版社，1958，第58页。

等。其实，初唐甚至盛唐诗坛，七律创作的相对数量是较少的。仅仅从数量上看，促成七律定型的沈佺期、宋之问等人的诗作就是极少的。七律对众诗人来说，比五律陌生，一是其发展相对较慢，晚于五律；二是诗体的格律要求严格，情感的注入和字句的凝练对诗人要求更高。

杜甫现存七律 151 首[①]，《诗钞》选其七律 150 首，曾国藩对其律诗的推崇可见一斑。杜甫性格谨慎刻苦，胸襟博大，长于律诗，被后代学者称作"七律圣手"。七律一体在杜甫之前或因题材，或因格律，或因诗人才性一直未能获得完全发展的机会，与其他诗体相比也未能受到足够的重视，因此，直到杜甫的横空出世，七律才达到了它创作上的顶峰。杜甫之后，晚唐以至宋、元、明、清，七律一体大量创作并讨论不绝，也从侧面反映了杜甫七律的开创性地位。

不妨再看杜甫之后的中晚唐七律的发展。中唐前期的大历年间，七律的发展并未沿袭杜甫一脉；至元稹、白居易崇尚杜诗，杜甫一脉才后继有人。但曾国藩于中唐七律并未选入诗人，对影响较大的元白体诗歌，曾国藩持"慎取"的态度，原因在于其体"滑俗"，不宜入选。姚鼐在编选《今体诗钞》之际只录白居易写景寄友之作十首，力避其"浅俗"。此种重视清新雅正的选诗标准对曾国藩深有影响。

真正继承并发扬杜甫诗风的是晚唐诗人，尤得其真传的是李商隐。在晚唐众诗人中，李商隐、杜牧成就相对较高，人称"小李杜"。二人都深受杜甫影响，各得其阳刚和阴柔之美：李商隐诗得杜甫诗阴柔之美，杜牧得其拗峭之势。李商隐、杜牧分别学习了杜甫七律的优长之处，并形成了自己特有的诗风。曾国藩选晚唐成就较高的李商隐、杜牧七律诗自然在情理之中。

宋代的律诗以七律的创作尤为突出，宋诗之有苏、黄，犹唐诗之有李、杜。从《十八家诗钞》对七律的选录情况看，曾国藩对宋诗中的三大家苏、黄、陆尤有眷顾，七律选苏轼 540 首、黄庭坚 286 首、陆游 554 首，共 1380 首。曾自述七律应多学黄庭坚，《诗钞》选黄庭坚七律 286 首，超出杜甫接近一倍。选陆游七律 554 首，在所选唐宋七律诗人中数量最多，他对陆游的七律也是极为推崇的。如此鸿篇，三家诗人无论是个体选入还是选诗总数都远超唐七律，甚至把杜甫也落在了后面，足见曾国藩对宋诗七律的推崇。

---

① （清）浦起龙：《读杜心解》（目录），中华书局，1961。

（二）入选绝句概述

《十八家诗钞》选唐宋四家绝句。唐代绝句中，李白79首、杜甫105首；宋人绝句录苏轼438首、陆游652首。不录五绝一体。除了古体和律体，绝句在唐代也颇为流行。宋代诗歌继起于唐代，又多有因革。

曾国藩推重陆游的七绝，选其绝句652首，可说是《十八家诗钞》之最。曾国藩说"七绝专读陆游"①，此言恰当。曾国藩对各种诗体都有选录，却不录五绝一体。他自己对五绝的创作也并没有热情，现存诗歌仅有一首五绝。严羽有论"七言律诗难于五言律诗"，但绝句的创制恰好相反，许多诗论家都认为五言绝句难于七言绝句。绝句篇幅极短小，四句短制，或五言或七言，仅二十或二十八字，且要求委婉含蓄，言尽意长，所以写作起来困难很大：律诗难于古诗，七言律诗难于五言律诗，绝句难于律诗，五言绝句难于七言绝句。五绝只二十字，所谓"搦管半生，望之生畏"②，所以《十八家诗钞》在五绝诗体方面，没有选定收录对象。

通过以上对律诗和绝句的分析，我们可以得出以下结论。

第一，从数量上来看，杜甫五律以601首居此诗体首位，陆游七律以554首居七律一体之冠，七绝一体的桂冠仍然是陆游，以652首的庞大数目遥遥领先。其中，杜甫的五律、七律和七绝全都有大量诗歌入选，前文有述，于杜甫选五古263首、七古146首，堪称《诗钞》中所选诗体最全面的，诸体兼备；而陆游的七律和七绝的数量也是惊人的，竟然多达1206首，选诗数量居十八家诗人之首。不难看出，曾国藩对杜甫的极力推崇与用力之深。他在《求阙斋日记类钞》中多次论及对杜诗的看法，在论及学诗门径时交代要"五律专读杜甫，七律专读黄庭坚，七绝专读陆游"③，《诗钞》的选诗数量印证了他于近体诗宗尚杜甫、陆游的学诗主张。

第二，从朝代的择取上分析，选唐代各体诗共1449首，宋代2470首，元代162首。唐代取盛唐诗人王维、孟浩然、李白、杜甫，晚唐李商隐、杜牧；宋代取北宋苏轼、黄庭坚和南宋陆游三家；元代取元好问一家。与古

---

① （清）曾国藩著，李瀚章编撰，李鸿章校刊《曾文正公全集》（求阙斋日记类抄·同治元年三月），中国书店出版社，2011，第321页。

② （清）潘德舆：《养一斋诗话》，见郭绍虞编选、富寿荪校点《清诗话续编》，上海古籍出版社，1983，第2030页。

③ （清）曾国藩著，李瀚章编撰，李鸿章校刊《曾文正公全集》（《求阙斋日记类钞》），中国书店出版社，2011，第321页。

体诗的入选一样，近体诗仍然坚持只取一时一代之大家，例如文学史上公认的李白、杜甫，曾国藩一直视为诗文典范的苏轼、黄庭坚。近体诗所选诗人以唐代居多，宋代次之，元代也有涉及。曾国藩对近体诗在唐、宋、元的选录分布上均衡考虑，唐、宋近体诗平分秋色。

第三，从诗体的选择上看，五律仅仅取唐代四人共 943 首，不取宋代五律；七律取唐、宋、元七家共 1864 首；七绝选唐宋四家共 1274 首；近体诗不取五绝。七律占入选近体诗的 46%，相比五律的 23% 和七绝的 31%，有绝对的数量上的优势。唐诗七律，三家共 322 首；而宋代三家的七律则达到了 1380 首，占七律总数的 74%；并且择取元代元好问的七律 162 首。由此可见，曾国藩在近体诗的择取上偏好七律。值得注意的是，宋代五律虽不及唐人，但也有可提者，但曾国藩未加抄录。五绝一体也没有诗人入选。这种舍弃一体之作的做法，体现了曾国藩因个人偏好而选诗的最初目的。

第二节　从杜甫入选看曾国藩的律诗观

（一）以杜甫为代表的唐宋诗人与《十八家诗钞》

杜甫在"集大成"的唐朝写作了"集大成"的诗歌。在他留给后世的1400 多首诗歌中，五律有 630 首之多，七律有 151 首。总览《十八家诗钞》对杜甫近体诗的选录，五律取 601 首，而七律取 150 首，几乎全部入选。曾国藩选择了李商隐、杜牧、苏轼、黄庭坚、陆游等人的近体诗入《十八家诗钞》，而这些近体诗人都多少受到了杜甫的影响。胡应麟在《诗薮》中论及杜甫对后世诗人的泽被时说："凡唐末、宋、元人，不皆学杜，其体则杜集咸备。"[1] 他们都吸收了杜甫的诗歌营养，并各有建树。下文将以杜甫为中心，分两个小部分探讨入选的唐代诸诗人与杜甫、宋代诗人与杜甫之间的关系，共同探讨曾国藩对杜甫近体诗的推崇。

1. 入选唐代诗人与杜甫

在家书中，曾国藩经常语重心长地告诫儿子读诗要专读一家。众多诗家中，继往开来的大诗人非杜甫莫属，熔铸大家风范的《杜集》也就成了曾国藩给后人的必读书目。杜甫各体兼长、风格多变，集前人之大成，开后来之先河，其集不可不读。

《诗钞》选杜甫五律 601 首、七律 150 首、七绝 105 首，在唐代入选

---

① （明）胡应麟：《诗薮》（内编卷四，近体上，五言），上海古籍出版社，1958，第 72 页。

的近体诗中各体均稳占鳌头。无论在选诗数量上还是选诗题材上，都远胜于其他诸家，甚至后世推重的李白也被抛在后面。被称作"诗圣"的杜甫写作了有"诗史"之称的诗篇，为自己在文坛上开拓了一片广阔的天地。他的诗像灯塔指引着后代诗人。杜甫的律诗自成一家，兼有气象和规模，境界变化万端，后人多学其诗并各有境界。杜甫像是同心圆的圆心，以他为圆点层层叠叠地衍生出众多的大诗人，如《诗钞》中曾国藩认为近体诗应该读的唐宋诸家有韩愈、白居易、李商隐、杜牧、苏轼、黄庭坚、陆游。

杜甫在盛唐时便有诗名，但安史之乱的动荡对社会民生的破坏没能给他的扬名创造有利的环境，此时他的各体诗歌并没有达到应有的高度，加之时代风尚等因素，盛唐的杜甫并未名满天下。中唐时期政治形势的回暖、思想多元的存在以及盛唐诗歌的反哺，元白诗派和韩孟诗派对杜甫的力推使得他诗名远播，被推上了诗坛的高位。晚唐时期以李商隐、杜牧的尊杜为代表。曾国藩选入的唐代诗人中，对杜甫的诗文继承最为后世称道的是李商隐和杜牧的律诗。

白居易在安史之乱之后的中唐时代，逐渐认识到诗歌的社会作用以及诗歌对现实的意义。他在《与元九书》中阐述了自己的诗歌创作观念，本着《诗经》与"六艺"的标准和诗歌为政教服务的要求，评述了历代诗歌的发展，在《诗经》以外，他最推崇的诗人是杜甫。白居易的诗友元稹在对杜甫的接受上是重要的一环。元、白二人以杜诗中浅显通俗的七律为标榜，但流露出滑易的倾向。对杜诗中闲适诗风的欣赏、现实主义精神的继承也是曾国藩诗歌中的重要方面。

杜牧称许"杜诗韩文"。杜甫自称"穷儒"，韩愈倡导"穷而后工"。从唐代文学史看，杜甫和韩愈是诗文新变的两家领头人。曾国藩喜好韩诗韩文，除了在书信往来中有评价之外，他还自述在公事之暇、夜半时分诵读韩诗以娱乐消遣。

李商隐在继承杜甫七律沉郁顿挫的基础上另辟新路，大胆创新，在晚唐独树一帜，也衣被后来者。杜甫律诗之沉郁顿挫在李商隐手里得到了更好的发扬光大，李商隐的七律也学到了杜甫小巧纤丽的一面。风格以外，李商隐在题材上也较杜甫有所扩大，艺术风格和表达手法上也独辟蹊径。

在曾国藩所选杜甫之后的近体诗大家中，各自与杜甫有剪不断理还乱的关系。杜甫诗歌中的现实主义的精神、沉郁顿挫的风格、平易浅显的闲适诗，都在后世诗人的笔下有了归宿并得到升华。所谓的众体兼备给了后来者取之不尽的养料，杜甫就像一口甘泉，其诗如细流"随风潜入夜，润物细无声"，给了曾国藩等后来人生根发芽的营养。

2. 入选宋代诗人与杜甫

宋诗相对于唐诗来说自成风格。唐诗像一座大山横亘在宋代诗人面前，宋人在这座大山里发现了取之不尽的宝物。不断向唐人索取给宋人带来了诗歌创作的源泉，但他们也想在这些财富的基础上创造自己的财富，于是宋代诗人在北宋早期都是学习和模仿唐诗。当自身的财富积累到一定的程度，宋诗有了初步的面貌时，他们便另辟蹊径，寻找适合自己的新道路。宋诗对唐诗的推陈出新体现在诗歌风格的平淡和诗歌体裁的生活化上。苏轼和黄庭坚被看作宋诗的代表。苏黄二人把杜甫当作取法的对象，推崇盛唐诗。杜甫之"一祖三宗"中"一祖"的地位确定于以黄庭坚为首的江西诗派。黄庭坚、苏轼和陆游是杜甫在宋代收获的拥护者。

五代到宋初，杜甫是受到冷落的。宋初西昆体、晚唐体学晚唐诗风，这一风气弥漫了宋初的半个世纪。杨忆《西昆酬唱集》收集彼时模仿之作247 首，但文学成就不高。时间带来了王禹偁。王禹偁推举李白、杜甫、韩愈、白居易，特别是杜甫。北宋中期的大诗人欧阳修，奠定了宋诗的基础。作为诗论家，他爱好韩愈，轻视杜甫，在李、杜之间他认为李白优于杜甫。"杜甫于白得其一节，而精强过之。至于天才自放，非甫可到也"，欧阳修在《李白杜甫诗优劣说》中将杜甫置于李白之下，被人认为处于启蒙时期而不能全面、客观地看待李杜优劣的问题。苏、黄之后，宋诗才有了面貌。苏轼、黄庭坚是曾国藩所推崇的大诗人，曾国藩在《酬儿弟四首》其三中表明了对苏、黄的推崇。

曾国藩将杜韩、苏黄视为论诗的宗向，在书信往来和教子书中多次提及对苏黄二人的向往。苏黄二人常被比作李杜，二人也在诗歌创作和论诗主张上把杜甫推举到心中最重要的位置。苏轼和黄庭坚作为北宋诗坛的翘楚，对杜甫的师法和开拓达到了众多诗人中的巅峰，并扩大了这种影响。苏黄二人对以李杜为代表的盛唐诗推崇备至，都将杜甫作为学诗的典范，并且认为他是唐代最杰出的大诗人。苏黄二人崇杜的态度是一致的。他们都认同杜甫的高尚人格，这是诗品之外的工夫。苏轼甚至还提出了"忠君说"。黄庭坚在论及杜甫的忠君爱国思想之时可谓发自内心，他不仅对老杜的忠义气节高度赞扬，还认为他的诗歌可与《诗经》的正风、正雅比肩。

黄庭坚论诗注重诗人的人格和学问修养，在对待杜甫的态度上体现得尤其明显。在诗歌的艺术技巧上，杜甫也是苏轼、黄庭坚二人效法的范本。苏轼给杜甫戴上"集大成"的桂冠。黄庭坚对杜甫的艺术技巧深入研究，自己身体力行地用杜诗指导写作。元遗山在《杜诗学引》中指出："先东岩君有言：近世唯山谷最知子美。"① 黄庭坚对杜甫晚期的近体诗给予了高度评价，这主要是着眼于其遣使奇字硬句、运用险韵拗体，致力于总结杜甫的句法经验，推崇他风华落尽的晚年诗，追寻他的"无意于文而意已成"的浑成境界。杜甫在北宋诗坛的典范地位最终由苏轼、黄庭坚二人确定下来。

北宋以苏、黄对杜甫的接受为典范，南宋时期学杜的大家则首推陆游。曾国藩在《诗钞》中选陆游近体诗最多，陆游学杜甫也是世人公认的。袁行霈在《中国诗歌艺术研究》一书中说："追溯陆游诗歌的艺术渊源，当然首先要追溯到杜甫。陆游不但推崇杜甫的诗歌艺术，而且敬重杜甫的伟大人格。他认为学杜不可在字句上模仿，必须在精神上与他相通。"② 从体裁上看，陆游学习杜甫主要是学习他的律诗。③

陆游是南宋最有成就的诗人。他早年师从"江西诗派"曾几，又私淑吕本中。而刘克庄将曾几与吕本中相提并论，将二人视作黄庭坚以后江西诗派的南北二宗。由此推断，陆游经由江西诗派曾、吕等人间接受到杜甫的影响。陆游与杜甫在近体诗的创制，尤其是七律的写作上有相似的艺术特点，继承了杜甫并有所创新。

以上所选诸家是曾国藩独步道、咸诗坛的法宝，潜心研究诸家杰出诗作，使得曾国藩突破了当时学唐还是学宋的束缚，取各家所长补自身所短。以上各家在自成风格的学诗道路上，都受到了杜甫的影响。《十八家诗钞》所选唐宋诗人大多受到杜甫的影响，而曾国藩在选诗数量和范围上都体现了对杜甫诗歌的推崇，下文将对曾国藩崇杜意识进行探讨。

（二）曾国藩的崇杜意识

曾国藩的崇杜意识集中体现在《十八家诗钞》对杜诗的选录上。《诗钞》成书并没有序文，主体部分只有为数不多的评语。我们也可以在各体诗歌的选与不选、诗人的录与不录、诗篇的取与不取、所取篇目的多寡以及少量评语等方面探求曾国藩的选择标准及原因。咸丰年间以李、杜、苏、

---

① （金）元好问：《元好问集》，三晋出版社，2008，第186页。
② 袁行霈：《中国诗歌艺术研究》，北京大学出版社，2009，第407～408页。
③ 袁行霈：《中国诗歌艺术研究》，第410页。

黄为宗向，之后因人存诗。杜甫各体诗都入《诗钞》，在《诗钞》中是选入诗歌最多的诗人。上文通过论述近体诗的入选情况以及曾国藩所选各家所受到的杜甫诗歌的影响，说明曾国藩对杜甫的推崇是有迹可循的，他的崇杜意识甚为明显。

曾国藩对杜诗的好尚，受到时代风气的影响。明末清初掀起了杜诗学的高潮，杜诗研究成果丰硕。乾嘉、道咸时期仍有人用力于杜诗研究。道咸诗坛，曾国藩以高位引领"宋诗派"诗风，杜甫仍然是宗向所在。

姚鼐对杜甫推崇备至，曾国藩作为桐城诗派的后继者之一，他的崇杜也多少受到了姚鼐的影响。姚鼐选近体诗而成的《五七言今体诗钞》对杜甫五律、七律推崇备至。至于杜甫七律，姚鼐在《五七言今体诗钞·序目》也有论说："杜公七律，含天地之元气，包古今之正变，不可以律缚，亦不可以盛唐限者。"① 桐城派以文论诗，以杜诗作为源头，认为诗、书、画、古文四者是相通的。姚鼐在《五七言今体诗钞》和《批点杜工部诗集》中，对杜诗的研究进行了集中阐述。姚鼐编选《今体诗钞》的初衷之一也是反对王士祯《古诗选》仅标举盛唐之音，说他选诗"不及杜公，此是其自度才力有堪以为大家"，于是在《今体诗钞》突出杜甫五言和七言近体的地位，在数量上体现明显。

曾国藩崇杜的原因之一还可能是他自己所说的"诗之为道也广矣。嗜好趋向，各视性之所近"②。从学问性情上看，曾国藩并不是一个聪敏之人，但于学问、政事颇为用功。"吾于五七古学杜、韩，五七律学杜……我之门径如此，诸弟或从我行，或别寻门径，随人性之所近而为之可耳。"③ 无论是古体还是近体，杜甫都是他标榜的对象。此处的"随人性"，可以理解为诗情与他的个性契合，也可以解读为学诗之法与他的性情契合。曾国藩崇杜的原因大致如此。曾国藩的崇杜表现有三：其一，《十八家诗钞》的杜诗编选；其二，诗歌学杜；其三，学诗方法也以杜甫为宗。以下具体论述曾国藩崇杜的三个表现。

其一，《十八家诗钞》的杜诗编选。选律诗一体不出唐宋范围。五律一

① （清）姚鼐：《今体诗钞》，上海古籍出版社，1986，第2页。
② （清）曾国藩著，李翰章编撰，李鸿章校刊《曾文正公全集》（文集卷三，《圣哲画像记》），中国书店出版社，2011，第305页。
③ （清）曾国藩著，李翰章编撰，李鸿章校刊《曾文正公家书》（卷二，道光二十五年三月初五日），中国书店出版社，2011，第68页。

体选盛唐四家，杜甫最多，这与曾国藩常说的"五律专读杜甫可也"是一致的。他说陶渊明的五古、杜甫的五言律诗、陆游的七言绝句是他所钟爱的，三人诗歌中所体现的高雅淡泊的情怀是拿江山也不换的。曾国藩喜读《杜集》，常说近体诗应向杜甫学习。通过上文对古体诗和近体诗的分析，不难看出，虽然如陈衍等诗论家多认为"湘乡文字总涪陵"，步趋山谷，但实际上曾国藩并不是独取一家，他在阅读对象的选择上有专读和参照的分别。钱仲联在《梦苕庵诗话》中总结曾国藩的学诗门径时有论："曾诗早年五古学《选》体，七古学韩，旁及苏黄；近体学杜，参以义山、遗山。自谓短于七律。同、光以后，自课五古，专读陶潜、谢朓二家；七古专读韩愈、苏轼两家；五律专读杜，七律专读黄；七绝专读陆游。然于山谷尤有深契，诗字多宗之。"① 这样以一家或者多家为宗、博览约取的学诗方法无疑是聪明的选择。在他现存的日记记载中，我们还是能看到他对各体诗的阅读对象，但从阅读和学习的广泛程度和深入程度上看，首推杜甫。

其二，诗歌学杜。曾国藩的诗歌创作大部分是在前期，后期忙于政事以致偏废诗文，没能达到他自己设置的期望，多有自责。他留下诗歌三百多首。曾国藩创作了一些现实主义的诗歌，揭露了当时社会尖锐的阶级矛盾，这样的情感和题材的诗歌以五古《里胥》最为典型。这首五言长诗，效仿的对象是杜甫的《石壕吏》。人物的设定为石壕吏、老翁和老姬，诗歌内容围绕抓丁入伍之事，描写了当时征兵政策所造成的社会惨剧。这首诗作于曾国藩身为秀才之时，诗歌中的真情流露也许是他对百姓疾苦的感同身受吧。

除了主题的相似，他还在诗歌创作中化用杜甫诗句。在《反长歌行》中写道："柏梁铜爵安在哉？盗跖唐尧俱朽矣。"此处脱胎于杜甫"儒术于我何有哉？孔丘盗跖俱尘埃"，用典和对仗都如出一辙。除此之外，《酬九弟四首》之二："岂谓戈铤照京口，翻然玉帛答倭奴。"相似的悲愤和情势给了他创作的灵感，词句模仿杜甫《诸将》"岂谓尽烦回纥马，翻然远救朔方兵"，这在一定程度上是对当局者软弱政策不满的发泄。在情感的共鸣上，曾国藩与杜甫可谓异代知己。在《与吴竹庄》的书信中，他说："……往在壬寅、葵卯之间，鄙人好读《通幽》《思元》《显志》等赋，以谓人事之推移、世态之炎凉、天道之反覆莫测，此三赋者，殆足尽之。既而读杜

---

① 钱仲联：《梦苕庵诗话》，载张寅彭主编、校点《民国诗话丛编》（第六册），上海书店出版社，2002，第226页。

子美《可叹》一篇，则二百余言中已赅括三赋之妙，故此诗于杜集中最为笨拙，而鄙人爱之最不释也。"① 子美一篇《可叹》便道尽人世沧桑，是曾国藩所欣赏的"拙"。他曾在日记中说最可学的古诗之一是"杜之拙"。

唐浩明认为，杜甫的诗用"拙"字来概括，"拙"当作"厚重"解。厚重往往给人以笨拙之感，这就是曾氏所说的"拙"。我们常说王维的诗空灵，这"灵"就恰恰与"拙"相对应。我们读杜诗："国破山河在，城春草木深。感时花溅泪，恨别鸟惊心。烽火连三月，家书抵万金。白头搔更短，浑欲不胜簪。"国破家亡，这种沉痛有多厚重！② 每每论到人事变迁、世态炎凉，曾国藩就向杜甫诗歌求助，除了杜诗的"拙"之外，还有杜诗的悲壮苍凉。

曾国藩尝说于杜诗中读到一种闲适静谧，但他在日记、书信、诗作中看重的往往是杜诗中有厚度的情感。可以说，曾国藩在杜甫诗歌里读到了人生百态，经过纸笔等中介，流淌在书中的文字让他与老杜有了隔空的对话，好似诗歌中的事情他都感同身受。在《谕纪泽》家书中，他说："不特写字宜模仿古人间架，即作文亦宜模仿古人间架……尔以后作文作诗赋，均宜心有模仿……"以上读杜、写读、论杜之文，可以看作曾国藩对此种模仿的行动吧。

其三，学诗方法也以杜甫为宗。杜甫在《戏为六绝句》中对魏晋六朝诗歌、有争议的诗人、诗歌风格以及如何对待文学遗产等问题有所阐述，集中体现了杜甫的诗学观。曾国藩也在不同的场合对这些问题有所论述。不妨以《戏为六绝句》为参考，分析曾国藩在这些问题上与杜甫的不谋而合所体现的崇杜意识。

学界关于《戏为六绝句》的研究成果丰硕，各家对这六首诗的解读各有侧重。总体来讲，《戏为六绝句》通过戏说的方式，严肃讨论了杜甫对彼时诗坛"尔曹"的退步观点的批评，提出了自己的诗歌思想：其一，提倡风雅，重视比兴；其二，对古今文学营养兼收并蓄，不存偏见；其三，提倡雄浑的诗境，注重风骨和神韵。杜甫在前代文学面前虚心求教，"不薄今人爱古人""转益多师是汝师"，对前代文学不存偏见。这样的学诗方法对曾国藩产生了深刻的影响。

以杜甫与曾国藩对《文选》的态度为例。杜甫对南朝文学并没有轻视，

---

① （清）曾国藩著，李瀚章编撰，李鸿章校刊《曾文正公全集》（书札一，卷八，《与吴竹庄》），中国书店出版社，2011，第247页。

② 唐浩明：《唐浩明评点曾国藩日记》，岳麓书社，2014，第244页。

而是有恭敬的求教之心。杜甫自己熟读《文选》，在他的作品中有很多学《文选》的痕迹；不仅如此，他在指导儿子读书时也说要"熟精文选理"。而曾国藩自己也是以《文选》为案头必备，常常读此书到深夜，并且在教导儿子作诗文时，也以《文选》为必读之书："《文选》纵不能全读，其中诗数本则须全卷熟读，不可删减一字，余文亦以多读为妙。"① 在这一点上，曾国藩步趋杜甫。除此之外，杜甫对鲍照、阴铿、庾信等人的尊崇也众所周知，曾国藩对杜甫认同的汉魏古诗及以上几人的诗文也持赞赏态度。曾国藩在读书、论学上学习杜甫的转益多师。

除了学习杜甫的转益多师，曾国藩对杜甫也有自己的深刻认识。他认为杜甫内在的学养和外在的文学技能，都可以用"器识"二字来概括。在《黄仙桥前辈时序》中，曾国藩阐述了对"器""识"的理解，并且说杜甫的器识十倍于他的文字。他将器识作为一个人建功立业的前提，而建功立业不能达到，又祈求文学有所造诣，这又是舍本逐末了。曾国藩身后，同治十一年三月十二日，内阁奉上谕："大学士，两江总督曾国藩学问纯粹，器识宏深，秉性忠诚，持躬清正……"器识是器量与见识的意思。这是对曾氏一生功业的肯定，是对其人品和文学成就的高度赞扬。在日记中，他有大段的文字对"器识"提出了自己的看法，并且将杜甫的器识扩而大之。

在富贵贫贱、大悲大喜面前面不改色，这样的承受能力大概叫作"器"；足智多谋，有大担当，大概可以叫作"识"。曾国藩认为器识是君子顶天立地做大事必备的素质，至于语言文学，相对器识来说，是偶尔为之的末技。他在文中认为以杜甫的器识专注于文章小道，是可惜的。这从侧面显示出曾国藩不仅对杜甫的诗歌本身褒扬有加，对他的人格修养以及忧国之思亦深为认同。这一段中器识的提出是有前提的，他说当时的同侪，不讲器识，不能建功立业，只是埋头故纸堆。其实这是对这种压抑气氛的控诉，也是对自己无力挽救当时社会风气的无奈。这种观念的种子其实在道光年间就已经种下了。

受唐鉴的影响，他认为义理之学的重要性在文章之学、诗词小道之上。唐鉴将义理之学与文章之学结合得水乳交融，暗合了桐城派、宋诗派的"道艺一源""人与文一"说。曾国藩对杜甫之"器识"的欣赏是对此说的

---

① （清）曾国藩著，李翰章编撰，李鸿章校刊《曾文正公全集》（书札，卷十五，《复邓寅阶》咸丰十一年四月十二四日），中国书店出版社，2011，第60页。

赞同。曾国藩认为杜甫之诗文与其器识相比，相差十倍不止，由此可见，曾国藩从头到尾由衷地推崇杜甫。

· 附录 ·

《〈十八家诗钞〉与曾国藩诗学研究》写作过程

刘高宇

一 论文选题缘起

2013 年 9 月，我进入首都师范大学文学院，跟随陶礼天教授学习。读研期间，陶老师一直引导我们结合中国文学批评史的学习，在泛览自己感兴趣的古代文学理论批评文献的过程中，寻找自己的学术方向，找到自己的学术研究点。面临论文选择的时候，我是迷茫的。毕业论文选题之初，陶老师给我推荐了陈衍《石遗室诗话》的诗论研究方向，但我深知这个题目不是我能挖掘得透彻的，遂转而求其他题目。机缘巧合之下，陶老师推荐我读读曾国藩的《曾国藩全集》，可以把其中涉及的诗歌理论作为研究的方向，并建议我是否考虑从选本批评角度研究曾国藩的《十八家诗钞》。我对曾国藩是佩服的，对他的文章尤为欣赏。在这样的引导下，我最终选择了曾国藩的唯一一部诗歌选集《十八家诗钞》，作为我研究曾国藩诗论的落脚点。

2016 年夏，我顺利通过毕业论文答辩，并承蒙陶老师及各位答辩委员厚爱，此论文被评为优秀毕业论文。2017 年春，我已经在北京大学附属小学工作九个月，陶老师一直关注我在学术道路上的发展，鼓励我把论文的研写过程记录下来，回忆写作过程中的点点滴滴的体会，这才有了这篇个案研究之作的呈现。

二 论文前期准备

（一）题目可挖掘的广度和深度之思考

曾国藩的文章创作是道、咸诗坛的一杆大旗，亦是学界重点关注的领域，但关于他的诗歌创作及诗学思想的研究，则略显冷寂。曾国藩的古文接踵桐城派，独辟湘乡一派；其诗歌创作，前期重视经世致用，后期返回追求诗歌的审美之路。《十八家诗钞》和《经史百家杂钞》是曾国藩的诗歌和文章选本，对这两部选集背后所传递的文学思想，学界早有关注，并且收获颇丰。相较古文理论，对曾国藩诗歌理论的研究显得冷清了一些。

其实，曾国藩为后世留下了丰富的诗歌作品，而且屡次在书信、序引、识跋中阐明自己的诗学主张，编选《十八家诗钞》，更是曾国藩诗歌美学的体现：一来作为教子读本；二来梳理古诗源流；三来纠正姚鼐的偏颇、过失；四来彰显他的审美偏好，传播自己的诗学主张。曾氏诗歌创作与审美理念的体系化奠定了他在晚清诗坛的地位，同时也应验了他"惟古文、各体诗自学有进境，将来此事当有所成就"（《致温弟、沅弟》，道光二十年三月初十日）这颇为自负的宣言。

所以，对曾国藩诗学思想的研究是极其有价值的，而他编选的《十八家诗钞》可以作为研究的立足点。

（二）交流

陶老师在研二下学期给研究生开设了"《文心雕龙》与中古诗学研究"，我们经常趁着下课的间隙跟导师讨论论文的选题方向和原始材料的积累问题，以求在老师这里得到更多的帮助。陶老师不吝赐教，在课间、来学校上课的路上，都会抽空给我们发送有帮助的材料，推荐阅读书目。

在选定曾国藩诗论这一方向之后，陶老师建议我先从曾国藩这个人入手，获得他的第一手资料，所以我买了《曾国藩全集》来看，同时也买了《曾国藩教子书》《曾国藩家书》等。实在看不进去的时候，我就翻阅唐浩明先生评点曾国藩的书籍——《曾国藩》三部曲以及其他有关曾国藩的传记。

我的文字功底和文学素养相对来说比较薄弱，老师便给我推荐了书目，让我加强理论知识的学习，站在前辈的肩膀以期能看得更远。初期推荐了与诗学史相关的书籍，如霍松林先生主编的《中国诗论史》，郭绍虞先生的《中国文学批评史》等。后来增补了其他书目，如《诗人玉屑》《苕溪渔隐丛话》等。

（三）资料准备

选题之初，我参考了陶老师建议的参考书目，以打牢研究的基础。霍松林先生主编的《中国诗论史》、郭绍虞先生的《中国文学批评史》对我帮助很大。《诗人玉屑》、《苕溪渔隐丛话》、《清诗话》、《清诗话续编》、陈师道《后山诗话》、陈衍评选《宋诗精华录》、叶燮《原诗》、方东树《昭昧詹言》、王士禛《渔洋诗话》、赵翼《瓯北诗话》、沈德潜《说诗晬语》、翁方纲《石洲诗话》、胡应麟《诗薮》、刘熙载《艺概》、钱仲联《梦苕庵诗话》、秦惠民《中国古代诗体通论》、孙琴安《唐五律精评》等诗评、诗论作为案头必备。

资料的搜集是为了更好地理解原典。陶老师在他的书橱里拿出他大学时代版本的《十八家诗钞》，我照着买来作为参考。又购得《曾国藩全集》，搜集曾国藩生平、交游、诗文往来等方面的资料，以求完整地了解原始资料。

除此之外，另有论文可以参考。彭靖的《曾国藩的诗论和诗》、饶怀民和王晓天的《曾国藩研究述评》、龙建春的《曾国藩诗论发微》、王澧华的《渗透整合互补互济：试论曾国藩诗学观、古文观的形成、发展与变化》、吴淑钿的《近代宋诗派的诗体论》、黄伟的《曾国藩诗学理论平议》、翔云的《曾国藩诗文作家论》、代亮的《曾国藩诗文思想研究》、彭昊的《论曾国藩诗歌中的道家人生观》等。

三　设计与构思

（一）研究现状简析

曾国藩（1811～1872）有《曾文正公全集》传世。从一位身居高位的"词臣"，到情势所逼、弃文从武、建立一生功名的大吏，诗歌从来都是流淌在他血液中的因子。他的诗歌创作、诗歌理论虽不如其散文和文论声名远播，但也能与文章平分秋色。他一生著作甚多，所述、所作、所录皆有独到见解，在道、咸文坛独领风骚。

由于外界环境的更迭变化与曾国藩自身性格、学养的复杂性和多样性等，学界的研究视角和评价标准随时间的推移发生过多次变化。即便如此，国内外对其进行的研究主要集中在古文和实学上，侧重于历史、军事、经济、管理、教育等方向。而对《十八家诗钞》的研究所涉并不多，并未见专著有细致研究，大部分散见于古文理论、诗学理论的论述中。其中，涉及《十八家诗钞》及曾国藩诗论的研究成果，可分类概括为三个方面：一是对《十八家诗钞》与曾国藩诗歌批评思想的研究；二是通过《十八家诗钞》看曾国藩的阅读思想；三是以《诗钞》佐证文学史现象。

作为曾国藩的唯一诗歌选本，《十八家诗钞》对研究曾国藩的诗歌理论、诗歌史观等具有重要的价值。我们可以透过《十八家诗钞》的编选全面了解他的诗学观。系统讨论《十八家诗钞》的古、近体诗入选情况，尤其是古、近体诗所选之诗、所选之人及其时代分布，厘清编选偏好、选诗标准等，有助于更好地理解曾国藩的诗学思想以及审美取向。

（二）设想

本文根据前辈学者的学术著作和曾国藩研究的相关资料，在前人研究的基础上，着力于分类探讨、综合分析。初步确定了论文主体内容，共分为三个部分，把论文从一个面和两个点来论述，不做大论，只提出我最感兴趣的两个点来论述，在论述中力求把问题说清楚、讲明白，这也切合硕士生论文小中见大、从小处入手、以点带面的写作方法，因此，本文的基本思路是在厘清《十八家诗钞》文本的前提下，进而总结分析，汇总讨论《十八家诗钞》在曾国藩文学思想中的价值。

绪论部分主要是对前人研究成果和存在问题的综述。除去绪论以外，论文拟分三章。

首先从整体上谈曾国藩诗学研究，以《十八家诗钞》为例。第一章主要是厘清《十八家诗钞》的版本形成、流传情况；《诗钞》编选的诗人、入选的诗作，其风格、内容、诗歌体裁；作者的编选背景，包括编选《诗钞》原因、选此十八家入《诗钞》的原因，择诗人、诗作的标准等。曾国藩的诗歌，律诗学杜甫，古诗学陶、苏、韩，其诗文实践在一定程度上反映其诗学观，对其诗文创作的分析也是必不可少的；诗文互渗的创作倾向是曾国藩文学理念的重要方面，因此，有必要对此加以阐释、分析。

第二章讨论阮籍《咏怀诗》入《十八家诗钞》体现的曾国藩诗学观，具体分析《咏怀诗》的阐释史和接受史。到有清一代，作为延续桐城派的中流砥柱，曾国藩对《咏怀诗》的选本进行了圈点，其他桐城派的代表作家，如姚范《援鹑堂诗话》的考评、刘大櫆《历朝诗约选》、方东树《昭昧詹言》等，也论述到了《咏怀诗》的选本、考评、圈点、诗话品鉴等内容。熟悉这些情况后，我试图在此基础上探讨曾国藩选阮籍《咏怀诗》所体现的诗学观。曾国藩及上述诸人对于阮籍《咏怀诗》的接受，透露出以曾国藩为代表的桐城派古文家"以阮籍替代陆机、张华等的魏晋古诗史观、含蓄迷离的审美情趣及章法多变的诗歌结构观"。在此基础上，探讨六朝诗学对曾国藩诗学观的影响。

第三章分析韩愈诗歌入《十八家诗钞》所体现的曾国藩诗学观。具体分析韩愈入选诗体、诗歌内容、诗歌风格，结合韩愈的古文理论和古文创作、诗歌理论和诗歌创作，在此基础上重点探讨曾国藩对韩愈的师法和传承，分析以韩愈为代表的唐代诗学对曾国藩诗学的影响。

（三）导师的指导

在这个阶段，陶老师就论文的框架和问题导向给予了方向性指导。回想起来，主要有下述一些指导要点。

首先，第一章要交代《十八家诗钞》的概况，厘清编写缘由，探求曾国藩的古文思想与诗歌思想之间的互渗关系。其次，分两章梳理曾国藩古体诗和律诗的创作情况，对比所选之诗歌，以求更清晰明了地理解他的诗体观。再次，要求以朝代为界，统计魏晋六朝、唐、宋、元的诗歌入选概况，尤其是各朝诗论中对入选诗人、作品的评价，探讨曾国藩对这些诗论的批判性继承与发展。最后，大要便是两个问题的选取，也就是构成论文主体部分的第二章和第三章：第二章论述《诗钞》古体诗的选录与曾国藩的古体诗观，以陶渊明诗歌的入选为例；第三章论述《诗钞》近体诗的选录与曾国藩的近体诗观，以苏轼、杜甫的诗歌为例。

总之，就是要求通过这样面—点—面的研究与论述，以求全面看待曾国藩的诗歌理论。

（四）研究提纲的修改、确定

经过陶老师的指导，论文的框架大致确定之后，我便开始了边记笔记边梳理思路的过程。我针对老师的建议做了如下修改。

除绪论外，论文共三章。绪论部分，主要是介绍《十八家诗钞》概况、研究现状及其存在的问题。

第一章论述《十八家诗钞》与曾国藩"含雄奇于淡远之中"的审美理想。《圣哲画像记》可以看作曾国藩的治学指南，他在文中记述丁视作榜样的先哲前辈，表达了对桐城姚鼐的敬意。曾国藩作诗、作文受桐城姚鼐等先贤浸染，提倡阳刚之诗文。姚鼐的阴阳刚柔说对曾国藩影响颇大，以至于曾国藩在其之后提出了"雄奇""淡远"的诗学范畴，将"含雄奇于淡远之中"的审美理想作为鉴赏品评诗歌的标准。

第二章讨论《十八家诗钞》中古体诗入选问题。第一节概论古体诗的入选情况。从诗体方面看，五言古诗和七言古诗所选诗人、选诗数量、时代分布都有明显差别，去取之间的慎重选择体现了曾国藩对汉魏六朝五古"骨"与"气"的推崇，与前文的"含雄奇于淡远之中"的诗学思想相照应。第二节着重讨论曾国藩对五言古诗的取舍问题。通过对比、论述《十八家诗钞》所选与《文心雕龙》《诗品》《文选》所评、所选，探讨曾国藩对汉魏六朝、唐代五古的"取"，并分析曾国藩对宋五古的"舍"。

第三章分析《十八家诗钞》中近体诗的入选问题。第一节总论近体诗入《十八家诗钞》的概况，以理顺曾国藩对唐、宋、元律诗和绝句的去取问题。第二节以杜甫为中心，论述所选诗人与杜甫的关系，在此基础之上论述曾国藩对杜甫的推崇。《十八家诗钞》选杜甫诗歌最多、诗体最全，唐宋近体诗所选各家大都与杜甫有千丝万缕的联系，他们的近体诗创作受到了杜甫的影响。曾国藩多次在日记、书信中论及对杜甫诗歌的赞赏，并且在自身的创作中也效仿杜诗，曾国藩选录杜甫诗歌体现了他崇杜的诗学偏好。

四　写作阶段

（一）研究思路的困惑

厘清了思路之后，我下笔如有神助。虽然每一章的结构和内容已然十分清晰了，但仍有一些问题困扰着我。

第一章中，"含雄奇于淡远之中"的审美理想是曾国藩作诗、作文、作字、做人的高度浓缩。仅这一条就能窥见曾国藩诗文一体的诗学观，但如何能把这一条体现出来，难住了我。

第二章中，古体诗的入选是以诗体的形式展现，还是仅以某一家或几家的诗作来呈现，也让我纠结万分。一来，我的学力尚不足以把诗体论述清楚；二来，用一家或几家能否把曾国藩编选的全部古体诗的共性体现出来？这让我犯了难。

第三章，原本我想写的是以韩愈为代表的唐代诗人、唐代诗论对曾国藩的影响，但这个题目远非我在一章以内能阐明的。开题之后，这一章调整为《十八家诗钞》近体诗选录与曾国藩的近体诗观，那么这一章的内容，一方面要与上一章的内容有结构上的相似，另一方面还要有内容上的衔接，并且要落实到某一个或几个诗人。

总之，每一章的写作都是困难重重。

（二）导师的指导

回忆陶老师在答辩会结束时的总结：高宇之前的论文框架没有落实到"点"上，虽然架子是搭出来了，但论文内容该怎么填充，她还是有些迷茫；针对她的性格特点和资料收集的情况，我建议她从浩如烟海的资料中找到她自己喜欢的问题，并且踏实下来认真研究，拿曾国藩的崇杜意识来说，从《十八家诗钞》的选录数量和古近体诗的内容来看，不难看出杜甫在《十八家诗钞》中的重要地位，但这显然是不够的，那么从曾国藩的其他现存资料记录中寻找、论证就显得尤为重要，尤其是他自身的诗歌创作和亲友间的书信往来。

（三）研究思路的调整

陶老师每次都能在看似不经意的谈话中启发我，让我在蜘蛛网一样的思路中抽丝剥茧，提出最有利于论文进行下去的新思路。经过老师指点迷津，我对每一章困惑的部分都做了调整。

其实在《曾国藩全集》中，如果用心做了笔记便不难发现，曾国藩多次在与亲友的信件中谈到"雄奇""淡远"，甚至在《圣哲画像记》中就有清楚记录。通过查阅笔记，我把一条主线牵出来：桐城派的学养让他对姚鼐的诗文理论有继承更有发展，"含雄奇于淡远"的诗歌理想正是由此而来。《十八家诗钞》中对鲍照、陶渊明诗歌的选录便是最佳的注解。

调整第二章和第三章的内容。仿照曾国藩按诗体选抄的体例，分别论述古体诗、近体诗的入选与其诗体观。并且保留诗论的部分，古体诗部分择取《文心雕龙》《文选》《诗品》中所论及的诗人，与《诗钞》中的诗人进行比较，通过分析其选、评缘由，探求曾国藩的古体诗观。我选取了自己非常感兴趣的三点进行论述：其一，选曹植为《十八家诗钞》第一人的问题；其二，曾国藩选录陶渊明诗歌的问题；其三，太康及永嘉诗人在《十八家诗钞》中的缺席问题。

于近体诗则选择了杜甫为落脚点，着重论述《十八家诗钞》所选近体诗各家与杜甫之间的渊源，以及曾国藩所透露出来的崇杜意识。尤其是老师点拨的"崇杜意识"这一节，我打算从三个方面论述：其一，曾国藩的诗歌创作学杜；其二，曾国藩的学诗方法学杜；其三，曾国藩对杜甫"器识"的推崇。

最终，我在2015年4月撰写完成我的硕士学位论文《〈十八家诗钞〉与曾国藩诗学研究》，并进行修改，定稿。

五 自我总结

曾国藩说："无所为而成者极少，有所为有所利而成者居半，有所激有所逼而成者居半。"我以为这句话用在我身上再合适不过了。入学的时候，我本不是一个自信能够在学业上有一定创见的人，是陶老师一直在鼓励我，给我信心，让我相信我能够在毕业的时候拿出合格的毕业论文。在论文从无到有的过程中，陶老师付出的心血远非我现在所写的这么简单，每一次调整的背后都是陶老师对我的殷切期盼。我自知离导师的要求还相差甚远，但经过三年的学术训练，与研一时候的一知半解相比，我是有进步的。我的进步离不开陶老师对学生认真负责的管理方法和治学态度，对此我深表佩服和无限感激。一日为师，终生为师，从陶老师身上耳濡目染得来的这些都是我日后的财富。

毕业离校之后，我颇感念在师大跟随陶老师学习的三年时间。现在我自己做了老师，对陶老师的敬业精神和为师之道更加佩服。谢谢老师们和同学们对我论文的帮助。

徐复观与李泽厚礼乐观之比较

张学炳*

徐复观和李泽厚都是对儒家进行过重新阐释的现代学术大家，二人在古代思想史、哲学、美学等领域有很多相似的研究课题，"礼乐"便是其中的一个重要环节。在二人的学术研究中，有些基本的线索是相似的，比如关于原始宗教的相关论述，关于孔子的人性自觉重要意义的分析，关于儒家道德既有人间性、世俗性又有宗教神圣性意义的阐述等。同时，两人在关于"礼乐"的论述中引用了大量相同的材料。

基于以上对两人极为相似的研究线索的探讨，本文以高度凝练的相对概念的形式将二人礼乐观的差异呈现了出来。这些凝练的概念是从两人对"礼乐"的详尽论述中提炼出来的，本文以此形式对"礼"的起源、"礼"的流变以及孔门之"礼"，对"乐"的起源、"乐"的内涵以及"乐"之"和"，加之"礼"和"乐"之间的关系、孔门"礼乐"之基的"仁"以及"礼乐"塑造的人性结构进行细致的分析和比较。通过对徐复观和李泽厚礼乐观的比较，我们可以看出徐复观的礼乐观是沿着宗教人文化和内在人格化的线索发展的，而李泽厚从原始人类的物质生产活动和精神活动出发，用"积淀""人化"等概念，探讨"礼乐"的形成、分化以及对人性建构的重要意义。

心性哲学与实践哲学的不同是徐复观和李泽厚礼乐观有差异的根本原因。徐复观从心性哲学的基点出发，往往将问题的根源归结为人固有的内

---

* 张学炳：首都师范大学文学院文艺美学方向 2012 级硕士研究生，现为首都师范大学文学院博士研究生。指导教师：王德胜。

在人格世界的道德心、良心。例如，徐复观在《中国思想史论集》中说："中国文化最基本的特性，可以说是'心的文化'……中国文化认为人生价值的根源即是在人的自己的'心'。"[1] 在徐复观的解释中，"心"首先是人的生理构造的一部分，他又将自己关于"心"的论述与西方唯心论的观点撇清关系。徐复观根据《易传》"形而上者谓之道，形而下者谓之器"[2]，引申出他自己的"形而中者谓之心"[3] 的观点，将"心"的文化、"心"的哲学称为"形而中学"。在徐复观看来，"心"虽然有人的生理构造的因素在，但"心"的本性得以表现出来却是要减少生理作用的干扰。虽然"心"是价值的根源和道德、艺术的主体，但他又认为主体非主观，"心"是客观的，这里的客观也就是徐复观所强调的道德的先验性、普遍性和永恒性。而李泽厚以实践哲学的高度，将"礼乐"的根源追溯到人类的物质生产活动以及人类的精神活动，与此相随的是理性和社会性在感性和自然性中的积淀，以及由动物性到人性的"人化"。由此看来，人类的人性情感和道德不是先验存在的，而是在历史的长河中积淀起来的。李泽厚用人类总体的工艺社会结构和文化心理结构的概念来表述人类生产力的积累提升与文明的积淀发展，因此，徐复观是从个体心性人格的微观角度看问题，而李泽厚的视野则在人类的整个历史、社会、文化之上。

徐复观极力推崇宋儒的治学成果，而将清代汉学批判得一无是处。李泽厚则揭示了宋明理学的内在矛盾："一方面，纯粹理论上肯定了感性自然的生存发展，并不要求本体与现象世界的分离，另（一）方面实际又要求禁锢、压制甚至否定人的感性自然要求……这个重大矛盾。"[4] 李泽厚对宋明理学的评价实际也可以用在徐复观身上。徐复观在批判汉儒的论点中往往带有情绪化的色彩，同时其视野封闭在个体心性的论述中，忽略了悠远广阔的社会历史背景，从而出现了一些奇怪的论调："受成见私欲之累轻的，本心呈现的时候多；成见与私欲多的，本心呈现的机会少。穷人与体力劳动者的道德，往往较富人与知识分子为高。"[5] 相较徐复观而言，李泽厚运用

---

[1] 徐复观：《中国思想史论集》，上海书店出版社，2004，第211页。

[2] （魏）王弼、（晋）韩康伯注，（唐）孔颖达疏《周易正义》卷七，（清）阮元校刻《十三经注疏》，中华书局，1980，全册第83页。

[3] 徐复观：《中国思想史论集》，第212页。

[4] 李泽厚：《中国古代思想史论》，人民出版社，1985，第239页。

[5] 徐复观：《中国思想史论集》，第216页。

马克思主义唯物史观克服了新儒学研究的局限性（传统儒学对道德的先验预设从而表现出来的对"礼乐"的心性化倾向），显现出了礼乐传统的物质基础，其分析更为缜密、切实。

一　"礼"的起源、流变与实质

"礼乐"常作为一个整体出现，但无论是在古人还是今人的论述中，"礼"与"乐"二者都存在巨大差异，所以对"礼"与"乐"区分开来加以论述是十分必要的。从徐复观和李泽厚关于"礼"的起源、历史流变和孔门之"礼"的论述中，可以得出，在徐复观看来，"礼"源于宗教祭祀，其产生的标志是宗教祭祀中人文观念的出现，春秋时期的"礼"成为一切人文、道德观念的象征，到孔子而内在心灵化。而李泽厚认为"礼"起源于原始人类的巫术图腾活动，在这种迷狂的活动中，人类的自然性、感性逐渐积淀了社会性、理性的内容，"礼"从与"乐""舞"混沌一体的状态中逐渐分化出来，这是社会理性不断积淀的结果。徐复观所说的人文化、内在化实则是道德化，只是这个道德化的过程经历了从外在的"天""天命"中寻求道德的根源到从人的内在心性中寻求道德的根源。所以，徐复观所论述的"礼"的一系列演变过程实际是道德的形成过程。相较之下，李泽厚从原始人类制作装饰品、撒红粉和狂热的图腾活动等最初的精神活动中，探寻人性产生的根源和社会理性积淀的机制，在这里，"礼"包括道德观念，但比道德观念的内涵和外延更加丰富。

（一）"礼"的起源：宗教祭祀与图腾巫术

宗教祭祀与图腾巫术分别是徐复观与李泽厚对于"礼"的起源的把握。徐复观将宗教祭祀认定为殷人祭祀其先人，并且与神明进行交流的仪式，认为周代沿袭殷"礼"，其"礼"也是作为宗教的祭祀而存在的。而图腾巫术在李泽厚笔下要更为久远，他认为"礼"萌芽于原始人的物质生产活动以及图腾巫术等精神活动。将"礼"的起源追溯到宗教祭祀，强调的是仪节、观念和道德的开始，是人自觉的开始；而将"礼"的起源探寻到原始的图腾巫术活动中，则突出"人化"和文化心理结构积淀的开始。

徐复观从字源入手，他说："在谈到春秋时代的人文精神以前，应先考查一下关于礼的问题。许氏《说文》'礼，履也，所以祀神致福也。从示从丰，丰亦声'。徐灏《说文解字注笺》'礼之名起于事神，引伸（申）为凡礼仪之礼……丰本古礼字'。"① 因此，他认为"礼"起源于祭祀仪式，"礼"字来自"丰"字，在对"礼"的起源的探讨中认可对于"礼"的"所以祀神致福也"和"起于事神"的解释。徐复观又在驳斥日本东京大学所编的《中国思想史》关于"礼"的起源的解释中，将"礼"解读为"交接会通之道"②，说明"礼"出现在最早的祭神仪式中，是希望通过某种仪式能与神接触、交流。

而李泽厚将"礼"的起源追溯到原始人类的巫术图腾活动中，巫术图腾的前身是原始人类制作贝壳装饰品、撒红粉末等初级的精神活动。他从考古学的史料出发，分析了原始人类在尸体旁撒红粉末，将砾石、贝壳做成装饰品等精神性活动，认为这是将人的观念和幻想外化和凝聚在装饰品、红粉末这些物质对象上，是想象中的"人的对象化"与"自然的人化"。红色在原始人类的想象当中已经不是动物性生理感应中的红色，它们已经被赋予了符号象征的意义，而这种意义是人类独有的观念的意义。在对象一方（红色、装饰品），自然形式里积淀了社会内容；在主体一方（人类），官能感受中积淀了观念性的想象理解。③ 原始人群的这些最初的精神性举动开始有了社会性的巫术礼仪的符号意义，作为"礼"的起源的图腾巫术活动与这些制作贝壳作为装饰等原始活动是一脉相承的，它们都是人类社会上层建筑的开始，也是人类社会意识形态的萌芽。

与李泽厚从原始人类的早期精神活动中考察"礼"的起源不同，徐复观从早期宗教祭祀入手，用思想史和字源学的方法，考证得出殷代重鬼神，其祭祀鬼神的仪节就是"礼"。但他又发现《商书》中有关于祭祀的记载，却无"礼"字，甲骨文的"豐"字，是行礼之器的意思。徐复观又引王国维《观堂集林》中的《释礼》，以甲骨文"象二玉在器之形"说明"礼"字是由代表"行礼之器"的"豐"字发展而来的，但"礼"字拓宽了"豐"的词意，将祭祀的行为仪式也囊括了进来。他认为"礼"字由"豐"字而来，在行礼器具的原意上加入了祭祀者的行为仪节。徐复观在由"豐"到"礼"的推断中认为，殷人虽然已经有祭祀的仪节，但他们重视的是祭祀的目的——致福，而非仪节本身。他又根据《礼记》"殷人尊神，率民以事神，先鬼而后礼……

① 徐复观：《中国人性论史·先秦篇》，上海三联书店，2001，第36页。
② 徐复观：《中国人性论史·先秦篇》，第40页。
③ 李泽厚：《美学三书》，安徽文艺出版社，1999，第11页。

周人尊礼尚施，事鬼敬神而远之，近人而忠焉"①，得出殷代有"礼"的事实，无"礼"的观念的结论。所谓"礼"的观念，就是重视祭祀活动中仪节本身的意义，也就是人文的观念、道德的观念。

徐复观认为"礼"出自殷代的宗教祭祀，而李泽厚将"礼"的起源追溯到更为久远的原始时期，将其看作一种原始先民进行的巫术礼仪图腾活动。李泽厚基于考古发现和人类学研究中对原始部落的考察，认为这种原始巫术礼仪活动往往是燃起火种、打着火把进行的带有某种神秘色彩的活动。他用神秘、严肃、狂热、神圣等词语描述这种混沌一体的原始巫术活动，认为这种图腾歌舞是以"祭礼"为核心的载歌载舞的巫术活动。李泽厚又将这种图腾巫术看作人类祈雨的游戏，他用甲骨卜辞中的"舞"来解释巫术礼仪的"巫"，"它们与祈雨或祈雨的舞蹈活动有关"②。对巫舞求雨十分重视的农耕华夏民族，"巫舞和巫术活动由求雨而并及其他种种祭祀活动，发展出一整套极为繁复的仪文礼节的形式规范，这便是'巫术礼仪'"③。这套"巫术礼仪"在主观上沟通天人，客观上维系氏族。李泽厚在远古神话中推想原始时代巫术礼仪和图腾活动的面目，他认为无论是伏羲、女娲的龙蛇形象，还是东方集团的凤鸟图腾标志，这些夸张的神话形象都是氏族部落共同观念体系的代表，它们是幻想的对象、观念的产物和巫术礼仪的图腾，这也是山顶洞人撒红粉活动（原始巫术礼仪）的延续发展和进一步符号化。原始先民的认识、感情等社会意识的成分熔铸在了这些符号形式里面，这就使得这些形象系统已经远远超出了模拟符号的内涵，它们将社会理性的内容成分、价值体系积淀在了自然的形式之内，把人的理性成分积淀在了感性的自然中。这是在原始巫术图腾的歌舞之中展现了人的自然性与社会性融合交叉的初期阶段。游戏的本欲和官能感受等这些动物性的因素就在图腾巫术的活动之中与社会理性的要求规范彼此融会贯通。虽然原始先民在直接的物质生产活动中也进行着"人化"的过程，但李泽厚认为在图腾巫术活动中，"人化"的过程要更为强烈、直接和有效。狂烈的巫术图腾活动是原始歌舞（乐）和巫术礼仪（礼）合而为一的混沌统一体，这种混沌体后来逐步分化，巫术礼仪成为"礼"——政刑典章，原始歌舞成为"乐"——

① （汉）郑玄注，（唐）孔颖达等正义《礼记正义》卷五十四，（清）阮元校刻《十三经注疏》，中华书局，1980，全册第 1642 页。
② 李泽厚：《历史本体论·己卯五说》，生活·读书·新知三联书店，2003，第 162 页。
③ 李泽厚：《历史本体论·己卯五说》，第 163 页。

文学艺术。①

在《历史本体论·己卯五说》中，李泽厚又提出了"礼源于俗"②的观点，即宗教性道德（礼）源于社会性道德（俗）。他在对从中国上古到宋明漫长历史的"礼教"的考察中，引用"上古之时，礼源于俗"③的观点，认为民间经验性的习俗规范是中国礼制的来源。这种礼制又是具有神圣性、普遍性的，它来源于远古至上古的氏族群体的巫术礼仪。周公将"源于俗"的上古礼制制度化，孔子用"仁"重新解释"礼"从而将其心灵化，宋明理学又将其哲学化。这一系列过程最终将远古图腾礼仪活动的某种宗教性的神圣成分保留了下来，这也是在漫长历史中华夏传统社会的伦理道德规范能够数千年来绵延不绝的一个重要原因，这种数千年来的生活规范、行为准则就是"礼教"，李泽厚将"礼教"视为中国的宗教性道德，"礼源于俗"是对"礼"起源于远古巫术礼仪的具体表述。

从"礼"的起源的历史阶段来说，徐复观将"礼"的起源定在殷代，而李泽厚推断出"礼"起源的时间要在更为久远的远古神话时期。对史料选取的不同是造成二人推断"礼"起源年代不同的重要原因和表现。徐复观基本采用《尚书》《说文解字》《礼记》《左传》《周易》中的史料来论证"礼"的起源。而李泽厚则运用考古学的发现、远古神话、民俗学对少数民族的调查等材料，来探讨"礼"的起源，因而将"礼"的源头推及更为久远的年代。对二人在"礼"的起源的考察中所用的方法来说，徐复观采用训诂考据的字源学方法，根据思想史脉络的推论，来探寻"礼"的起源；李泽厚用考古学、文化人类学的方法和实践哲学的角度，引用材料翔实，时间更早，对"礼"的起源的论述更具理论性与科学性。徐复观关于"礼"的起源的论述则较为简单，与李泽厚相比，徐复观仅从殷代开始分析，一些论断几近推测。

就二人关于"礼"的起源的表述来看，徐复观在论述中强调"礼"的仪节与"礼"的观念的区别，并着重强调"礼"的观念的重要性，他的逻辑线索在于"礼"的人文化过程，而"礼"的观念的出现是"礼"的人文化开始的标志。李泽厚则从人与动物的区别出发，强调在"礼"的起源中感性与理性、自然性与社会性的交融，他的逻辑线索在于原始先民文化心

---

① 李泽厚：《美学三书》，安徽文艺出版社，1999，第20页。
② 李泽厚：《历史本体论·己卯五说》，生活·读书·新知三联书店，2003，第52页。
③ 李泽厚：《历史本体论·己卯五说》，第55页。

理结构的建构过程，也就是"人化"的过程。所以，总体来说，徐复观所论述的"礼"的起源是"礼"字的起源和"礼"的观念的起源，而李泽厚关于"礼"的起源则是礼制仪节的起源。"礼"的观念也就是人的观念，即人的自主的观念，这是从人本身的人心出发，来寻求"礼"的起源。而礼仪制度的起源为原始巫术图腾活动，再往前追溯则到了原始人类制作贝壳装饰品、撒红粉等最初的精神活动，正是这些活动将原始人群组织规范了起来，为后来周公"制礼作乐"奠定了基础。这两种关于"礼"的起源的不同论述，其根本原因还在于心性哲学和实践哲学的区别。

（二）"礼"的流变：宗教人文化与巫术理性化

宗教人文化与巫术理性化分别是徐复观和李泽厚关于"礼"的流变的不同认识。徐复观认为"礼"的观念（人文的观念）在周代初期开始萌芽，在西周末期变得显著，在春秋时期大为流行。李泽厚将"礼"的历史演变过程视为原始巫术礼仪的理性化过程，原始巫术礼仪不断理性化，其间周公将其制度化，孔子又将其心灵化。徐复观认为宗教人文化完成的标志是孔子发现人固有的内在人格世界，并从中寻求道德的根源，而李泽厚将周公"制礼作乐"视为巫术礼仪理性化完成的标志。

徐复观将"礼"的人文化开始的时间定为周初，大致相当于李泽厚所讲的巫史文化时期的后期。他认为在宗教气氛依然浓厚的周初，宗教活动中开始出现了人文因素，"礼"的观念①开始彰显。李泽厚笔下的巫史文化时期同样具有浓厚的宗教色彩，这种浓厚的宗教色彩体现在宗教礼器的美学风格上，以饕餮为突出代表的宗教礼器青铜纹饰体现了早期宗法制社会统治者的威严、力量和意志②。周公"制礼作乐"标志着原始巫术礼仪理性化的完成。

在徐复观看来，宗教人文化并非将宗教完全取消，"而系将宗教也加以人文化，使其成为人文化的宗教"③。宗教最终弱化并保存在了生活习惯上，也就是日常生活的仪节。这里徐复观区分了宗教意义和宗教仪式，"春秋时代说明礼的内容时，已没有一点宗教的意味"④。这是说"礼"已经与祭

---

① 周初由"敬"而来的合理的人文规范和制度——"彝"的人文观念。
② 李泽厚：《美学三书》，安徽文艺出版社，1999，第42页。
③ 徐复观：《中国人性论史·先秦篇》，上海三联书店，2001，第44页。
④ 徐复观：《中国人性论史·先秦篇》，第41页。

祀、宗教无关，而宗教的习惯保留在了"仪"（祭祀仪节与"彝"的威仪的意义）中。李泽厚则并不认同宗教的影响只是保留在了生活习惯的仪式上，他认为在巫术礼仪理性化之后，宗教因素积淀在"德""礼"之中，宗教下贯、积淀到了人际道德上，使道德具有了宗教的神圣性，道德成了天经地义，这一传统由积淀而潜意识化，成为影响后人的文化传统。徐复观虽然也认同传统道德具有宗教的神圣性、普遍性和永恒性，但这种传统道德具有的宗教的神圣性、普遍性与永恒性并非来自宗教本身，而是来自个体内在人格世界中的道德良心，这一道德良心在徐复观看来有宗教般的特性。

徐复观认为起源于殷代"豐"字的"礼"到了周初开始有了人文因素。随后他又探寻了周初文献中的"礼"字，认为周初继承殷代的祭祀仪节，在周公开始看重祭祀仪节本身意义的同时，"礼"的观念开始彰显。虽然宗教的氛围在周代初期依然是十分浓重的，但人文因素开始出现在宗教的活动之中。徐复观又从《左传》的相关材料中得出，春秋时期认定的周公所制之周礼，其内容已经远远超越了祭祀的礼节本身，而包囊了个体言行原则、人际交往规范以及社会政治制度等。周初，在浓郁的宗教氛围之外，已经有由"敬"的个体观念的自觉伴随而来的一些人际交往的合理的规则与礼制，这些与祭祀无关的人际交往仪节规范则是用人文观念的"彝"① 来表示的，这就是徐复观考证得出的"彝"的观念。他认为，春秋时期所称颂的周公"制礼作乐"中的礼制实际就是指"彝"的观念，"彝"的观念在"礼"的人文化的历程中起到了关键性的作用。到了《诗经》的时代，宗教进一步失去其高高在上的地位，祭祀中的宗教意义也不断消解，而道德人文的意义不断提升。"把由（宗庙）常器引伸（申）而来的周初的抽象的'彝'的观念，吸收在原始的礼的观念之中。"② 徐复观将这一系列的演变解读为宗教逐步向人文的转变。徐复观将春秋时期称作以"礼"为中心的人文世纪，"礼"在当时包含了道德、人伦、日常规范等内容，其范围涵盖了当时几乎所有的道德观念。所以徐复观认为"礼"在当时是一切道德的归依。"礼"的内容与作用也被提到了无与伦比的高度，"礼"成了当时的时代精神。春秋时期以"礼"为中心的人文精神的发展，将宗教人文化，

---

① 据徐复观考证，西周金文出现的"彝"字，都指实物的宗教常器，后来引申为一种人文观念，即抽象的"彝"。

② 徐复观：《中国人性论史·先秦篇》，上海三联书店，2001，第39页。

由此而来的人文化的宗教取代了人格神的宗教。道德法则化的天取代了之前宗教性质的天，"礼"成了天的道德法则特点的归宿和依附，也成了宗教人文化之后的归依。到了孔子，又将"礼"置于个体心性的"仁"上，孔子开辟的内在人格世界，从动物性的血肉、欲望沉浸下去，便是生命根源处"仁"代表的无限深广的道德理性，将客观世界和人在客观世界的成就融于内在人格世界之中，并赋予其意义和价值。①

　　而李泽厚通过考古学的史料和实践哲学的方法，运用"积淀""文化心理结构""人化"等概念，分析了"礼"的历史演变过程。李泽厚从分析原始人类的石器工具和砾石、贝壳等做成的装饰品入手，认为石器工具是"将人作为超生物存在的社会生活外化和凝冻在物质生产工具上"②，而装饰品是"将人的观念和幻想外化和凝冻在这些所谓'装饰品'的物质对象上"③，因此，作为物质生产的制作石器工具的行为和作为上层建筑精神活动的制作贝壳装饰品、撒红粉等活动，分别是从物质和观念意识两方面对原始人类的文化心理结构进行培育。接着他又从流传下来的以龙、蛇、凤、鸟为形象的远古神话入手，来解读龙飞凤舞的狂烈的全民性巫术礼仪活动，认为这种与氏族部落的命运兴衰紧密相连的巫术礼仪、原始图腾和符号形象在新石器前期的母系社会还是比较祥和安稳的，巫术礼仪的图腾形象在这个时候也逐渐趋于简单化、抽象化。而之后父系家长制的社会制度取代了母系氏族的社会制度，华夏历史也进入了一个血雨腥风的野蛮杀伐和战争的历史阶段。此时，巫术礼仪的符号形象内涵逐步理性化，陶器纹饰的美学风格也由前期的自由、活泼、舒展、轻快变为这一时期的严峻、狞厉、封闭、僵硬。到了殷周时期，社会阶级开始了分化，而青铜纹饰的制定规范者是"巫""尹""史"，这些宗教人物成了现实政治的辅助。以牛头纹为代表的饕餮青铜纹饰既是对其他部落或族群恐吓的标记，又是对自己族群安全守卫的代表。这些饕餮纹饰在恐怖狞厉的形式之内积淀着厚重的社会理性的成分，纹饰中展现着厚重的历史力量，而其风格也进一步向神秘深重迈进。到了周初"制礼作乐"的时代，周公将上古祭祀祖先和沟通神灵的巫术礼仪进行了全面的理性化。春秋战国时期，原始社会渐渐地从神秘的宗教和巫术中解放了出来，远古宗教在这个时期不断地得到弱化并最

①　徐复观：《中国人性论史·先秦篇》，上海三联书店，2001，第62页。
②　李泽厚：《美学三书》，安徽文艺出版社，1999，第10页。
③　李泽厚：《美学三书》，第10页。

终得以理性化。在这个理性主义高涨的时期，群体精神领域逐渐摒弃原始巫术礼仪与宗教的传统观念，并开始建立和奠定华夏族群独特的文化心理结构。孔子将传统礼制建立在亲子之爱上，他以"仁"释"礼"，重视普遍日常的心理基础，也就是将礼仪制度予以实践理性的心理学解释。

下面用两张表格来明了地展示徐复观和李泽厚关于"礼"的历史演变过程的论述。

"礼"在徐复观阐释下的历史演变过程大致如下表。

徐复观之"礼"的历史演进过程一览表

时期	内容	特征
殷代	殷代重鬼神，"礼"是殷人祭祀鬼神的仪节。从字源来讲，"礼"字是从"豊"来的，是在祭祀之"礼"的器具的基础上加入了动作仪节的意思。殷代虽然有祭祀仪节，但无"礼"的观念。	宗教活动有"礼"的行为仪节，但还没有"礼"的观念。
周初	周初沿用殷代的祭祀仪节，周公将仪节本身的意义重视了起来，"礼"的观念开始彰显，周初的宗教气氛依然浓厚，但人文因素开始在宗教活动当中出现。周初由宗庙常器引申而来的"彝"是非祭祀的人文观念，"彝"的观念中包含"周初由敬而来的合理的人文规范和制度"①，春秋时期所讲的周公"制礼作乐"，实际是指"彝"的人文观念。	人文因素出现在宗教活动之中。"彝"的人文观念出现。
《诗经》时代	此时宗教地位下降，"礼"的宗教意义也下降了，祭祀中的道德人文意义得到了提升。周初抽象的"彝"的观念吸收在了原始的"礼"的观念之中。《诗经》时代末期所称的"礼"是原始的"礼"加上抽象的"彝"的新观念下的"礼"，后人称这种加入了"彝"的观念的"礼"为周公所作。"礼"中扩充进了"彝"的人文含义，这意味着由宗教向人文的转变。	"礼"吸收了"彝"的观念，这是宗教向人文的转移。
春秋时期（刘康公②）	春秋时期"礼"的范围之中包含了仁义、忠信、人伦等道德意义，几乎包含了所有的道德观念，成了一切道德的归属和依附。"礼"从内容与作用上被提到了无与伦比的高度，成了时代精神的表征。之前的天命的作用转移到了"礼"之上，以"礼"为中心的人文精神的发展将宗教人文化，人文化的宗教替代了人格神的宗教。道德法则化的"天"也替代了原来宗教性质的"天"，"礼"成了原来宗教性的"天"在道德化和人文化后的象征。	"礼"是一切道德和人文化的宗教的归依。但此时道德的根源还是从天地法则中寻求。

---

① 徐复观：《中国人性论史·先秦篇》，上海三联书店，2001，第38页。

② 在《中国人性论史·先秦篇》中，徐复观论述了刘康公和孔子关于"天命"和"性"的不同认识，认为刘康公依然是从"天"寻找道德的根源，而孔子是从人心寻找道德的根源。

续表

时期	内容	特征
孔子时代	孔子将"礼"放在了内心的"仁"上，从而赋予了"礼"新的意义，而"仁"就是内在人格世界的代表。"礼"的内涵的变化是客观的人文世界向内在的人格世界的转变。"礼"立基于生命根源处的"仁"，代表的是"无限深，无限广的一片道德理性"①。"克己复礼"是从根源上提出来的实现"仁"的方法和功夫，也就是突破和超越个体生理感官情欲对道德心性的隔绝与限制，从而使个体达到完全与"礼"相和谐的境地，也就是"天下归仁"的境界。即发现并进入自己无限深广的仁德之内，浑然与物、天地同体，徐复观称之为真正的人性的自觉。	将"礼"放在内心的"仁"上，这是从个体自身寻求道德的根源，也是客观的人文世界向内在人格世界的转变。

李泽厚论述的"礼"的历史演变过程如下表所示。

李泽厚之"礼"的历史演进过程一览表

时期	内容	特征
原始萌芽时期	原始人类制作装饰品等早期的精神活动是人类社会意识形态和上层建筑的开始，这些最初的社会意识形态活动逐步开始有社会性的巫术礼仪的符号意义。原始人类已经能够将动物性的对形象、色彩等形式的生理反应超越开来，色彩等符号在远古先民的头脑中被赋予了人类社会的标志、象征与幻想的内涵。这样原始巫术礼仪真正开始了，它包含了审美、艺术、宗教等内容，原始社会巫术礼仪性质的远古图腾活动便是它的成熟形态。	社会理性的内容开始在自然形式里积淀，感性也开始积淀理性的内容，自然的人化开始发生。
龙凤图腾时期	李泽厚从神人合一的远古神话中推想远古巫术礼仪和图腾活动的面目，以蛇、鸟为原型的东方集团的夸张凤鸟形象和伏羲、女娲的龙蛇形象等这些夸张神话形象都是原始人类幻想的对象和观念的产物。后世诗、乐、舞、神话完全杂糅未分化的混沌统一一体的形态就是这狂烈的巫术礼仪活动，这是一种原始人类群体性的想象与观念。从陶器纹饰来看，从动物纹饰到抽象的几何纹饰是由内容到形式的积淀过程，巫术礼仪的图腾形象逐渐简化、抽象化它的含义加强了。这是原始人类用贝壳作为装饰的精神活动的延续发展和进一步符号化。	巫术礼仪的图腾形象逐渐抽象化。"内容积淀为形式，想象、观念积淀为感受。"②制作贝壳等装饰品、撒红粉活动进一步符号化。

① 徐复观：《中国人性论史·先秦篇》，上海三联书店，2001，第62页。
② 李泽厚：《美学三书》，安徽文艺出版社，1999，第25页。

时期	内容	特征
英祖崇拜时期①	从烛龙、女娲到黄帝、蚩尤，再到后羿、尧舜，图腾神话由混沌一体的世纪迈入了英雄崇拜和祖先崇拜时期，有巫术礼仪意义的原始神话不断得到人文化和理性化。陶器纹饰在新石器晚期的抽象几何纹饰与早期比起来，具有了恐惧与神秘感，前期纹饰风格的自由、活泼、舒展、轻快变为了这一时期的严峻、狞厉、封闭、僵硬，其美学风格已经向青铜纹饰的特征靠拢。这也是母系氏族制度让位于父系家长制，华夏社会进入了战争、杀戮的黄帝、尧舜时代。	原始神话不断人间化、理性化。陶器纹饰有着向青铜纹饰过渡的特征。
巫史文化时期	先期的宗法制的社会得到确立，"在上层建筑和意识形态领域，以'礼'为旗号，以祖先祭祀为核心，具有浓厚宗教性质的巫史文化开始了"②。原始群体的图腾巫术活动在统治者的利用下变为了加强他们统治的工具，这一变化也改变了巫师的职能（由宗教职能变为政治职能）。占卜在此时具有重要的政治意义，为统治者服务的巫术通过神秘浓烈的图腾活动来传扬统治者的祯祥和意志。饕餮纹饰是这一时期青铜纹饰的典型，通过宗教礼器外在形象的展示，这些纹饰代表和体现了早期宗法制社会统治者的意志力量、威严权力，这种带有恐怖、威吓形象的饕餮纹饰是在想象和观念中将其统治与威信体现了出来。	具有浓厚宗教性质的巫史文化开始了，狰狞的形象符号之中凝聚着具有深厚内涵的情感和想象的力量。
理性主义时期	春秋战国时期是解体和解放的时期，原始社会在此时渐渐地从神秘的宗教和巫术中解放出来，恐怖野蛮时代用于祭祀的青铜礼器失去其原来的恐怖、威吓的意味与神秘光环，远古宗教在这个时期不断地得到弱化并最终得以理性化。随之而来的是一个理性主义的时期，在群体精神领域逐渐摒弃原始巫术礼仪与宗教的传统观念，并开始建立和奠定华夏族群独特的文化心理结构。孔子将传统礼制建立在亲子之爱上，他以"仁"释"礼"，重视普遍日常的心理基础，也就是将礼仪制度予以实践理性的心理学解释，将服从于神的"礼"彻底扭转为服从于人。	孔子用"仁"重新去解释"礼"，将"礼"的基础确定为亲子之爱，将"礼"服从于神变为服从于人。

通过对两个表的比较，我们可以看出，徐复观关于"礼"的演变路径是：殷代的礼器"豊"加入祭祀仪节而为殷"礼"，周初沿袭殷代祭祀仪节的周"礼"与代表人文规范、典章制度的"彝"并存，但区分明显，春秋时期的"礼"吸收周初"彝"的观念与内容进而成为新的"礼"，春秋时期"礼"成为宗教人文化后一切道德的归依，到孔子又将"礼"安放在内在人格世界中。而李泽厚认为巫术礼仪的理性化是"礼"的历史演变过程。

---

① 英雄崇拜和祖先崇拜的时期。
② 李泽厚：《美学三书》，安徽文艺出版社，1999，第39页。

巫术礼仪有两个传统，大传统是巫术礼仪经周公"制礼作乐"的理性化过程，把"巫"的独特内涵保留在了中国文化大传统之中，并成了其核心；小传统就是巫术礼仪发展为巫、祝、卜、史等职务，最后逐渐流于民间，形成傩文化的小传统。

徐复观将影响宗教人文化的具体因素归结为以下几点。

（1）政治权威的陨落：周厉、幽时期，周天子权威坠落，导致人文精神的激荡，在此之下宗教性的"天"演变为道德法则性的"天"。"命"渐渐被予以"数"的内容，使其中的盲目性能为人所把握得到，周王室衰落，诸侯兴起，人世间的社会政治极大地影响和左右了宗教的形态，在周王室日益衰微的历史背景之下，周天子再也不是至高无上的了，相应地，原来有宗教人格神地位的天帝也不再是至高无上的，而是不断地人间化、人文化。宗教原有的权威性受到不断削弱的另一个因素和标志是春秋时期出现的众神，这些神灵也逐步地进入了人文的统摄之下。

（2）宗教中的人民性：宗教与政治紧密相关，华夏先民的宗教中早早就凸显着人民性，神的性格表现为人民性和道德性，这其实是一体两面的性质。宗教中的道德性体现为宗教中的人民性，宗教人文化后，神依人而行，必须接受人文的规范，因此，祭祀是为了人而不是为了神灵，神灵也就相应地成了人的附庸。

（3）历史的世界：鲁叔孙豹以立德、立功、立言为三不朽，代替了宗教的永生需求[①]。宗教中对彼岸世界以及生命永生的追求被历史的世界代替了，因此，立德、立功、立言是在历史中将生命的意义加以延续，这是人文精神的延续，而不是虚幻的不朽灵魂的延续，这是生命在历史的拓展中获得了非凡的意义，从而在一定意义上得到了不朽。

而李泽厚在论述巫术礼仪理性化的过程中也将其影响因素概括为以下几点。

（1）理性化中的数字因素：巫术礼仪直接为群体的人间事务而存在，因此有非常具体的现实目的性。人的主动性和情感因素在巫术礼仪中十分突出。在巫术礼仪中，卜、筮的世俗性、实用性十分明确和强烈，其特点是服务于人事，它有一套复杂的技巧规范，其中的数字演算过程与程式十分突出。巫术礼仪是通过"数"而走向理性化的。巫术礼仪中作为工具的

---

① 徐复观：《中国人性论史·先秦篇》，上海三联书店，2001，第49页。

自然对象及各种活动，在理性化过程中演化为符号性的系统。人在神秘的数字演算之中，其主观能动性是十分强烈的，因而在卜、筮之中没有出现独立的人格神，原始先民的巫术礼仪活动经过神秘的数字演算而走上了理性化的道路。

（2）理性化中的历史因素：巫术礼仪的卜、筮活动突出了对君王活动的关注和记录，因此将一大批十分珍贵的重大政治事件、军事行动和其他方面的重大活动保存了下来，神意在这里被经验的记录和保存逐渐抹去，由"巫"而"史"的重大历史转移是巫术礼仪理性化过程中的一个十分重要的表现，因此，在史官那里，对历史事件和历史经验的记录代替了原来巫师对神秘事件的解释，"史"是"巫"的延续继承和理性化的体现。

（3）理性化中的军事因素：祭祀和军事是上古君王担负的关乎氏族兴衰的大事，而战争把人的高度冷静、理性充分发挥了出来，在战争中原始先民不应该也不可以再像其在狂热的巫术图腾活动中那样受情感与迷信的影响。"先知者，不可取于鬼神……必取于人。"① 这就让原始先民的巫术礼仪图腾活动中的非理性因素不断消退，逐渐走向理性化。

（4）理性化中的政治因素（"巫君合一"的直接理性化）：李泽厚推断"巫"最早与原始族群祈雨的舞蹈有关，巫术活动由求雨以及其他的祭祀行为发展出了系统的、繁杂的礼仪规范的行动制度，这便是巫术礼仪。这套巫术礼仪是原始族群在主观上与神灵进行沟通的活动与制度，在客观上也起到了维系、巩固氏族稳定的作用。在"巫"的漫长的历史演变过程中，由"巫"变为"君"是其历史事实，政治上的领袖同时也是宗教上最大的"巫"，由王来沟通神界与人世的原属于"巫"的活动，因此神权被王权凌驾，通神界与人间的"巫"逐渐依附于王，"巫"的通神与人的特质成为君王某种体制化、道德化的行为和品格而被日益直接理性化。"巫"经由"巫君合一""政教合一"的途径直接理性化，李泽厚称之为中国思想大传统的根本特色。

巫术礼仪符号意义的不断变化，文化心理结构的不断积淀，巫术礼仪符号纹饰美学风格的不断转变，是李泽厚论述"礼"的历史变迁的线索。而在徐复观所论述的宗教人文化之中也有三条线索：一是宗教的不断弱化，到彻底转化在人文之内；二是人的自觉意识的出现，到彻底摆脱宗教的束

① 李泽厚：《历史本体论·己卯五说》，生活·读书·新知三联书店，2003，第171~172页。

缚；三是人际道德的被发现并由从天命之中寻求道德的根源，发展到从人自身寻求道德的根源。在徐复观和李泽厚关于"礼"的人文化和理性化的几点影响因素中，我们可以看出其中对历史因素和君王因素的论述是十分相近的。

徐复观和李泽厚关于宗教人文化和巫术礼仪理性化论述的起点和终点都是相异的。宗教人文化的起点在周初，而完成在孔子；巫术礼仪理性化的开始在远古时期，其完成则在周初。在"由巫而史"的理性化的历史发展脉络中，周公"制礼作乐"这个重大事件完成了巫史传统的理性化过程。"'德'和'礼'是这一理性化完成形态的标志。"① "德"② 是与氏族重大活动相关的非成文法规，"'制礼作乐'的'德政'分为内外两个方面：'敬'与'礼'"③。"敬"是"德"的内在化。"敬"是源于上古"巫术礼仪"的恐惧、敬畏、崇敬等心理因素和情感，李泽厚在这里引用徐复观对"敬"的解释："周初所强调的敬的观念，与宗教的虔敬近似而实不同，周初所强调的敬，是人的精神由散漫而集中，并消解自己的官能欲望，于自己所负的责任之前，凸显出自己主体的积极性与理性作用。"④ "德"最先是巫师在祭祀祖先的巫术礼仪活动之中所具有的品质，后来演变成为原始族群的巫术礼仪的要求与规范。"德"由巫在祭祀祖先的巫术礼仪活动中的要求和规范的含义，渐渐地转变为人们对君王的品行的要求，它最终成为个体的心性道德的含义。"德"在外在方面演化为"礼"。"礼"是巫和君事神的巫术活动及其中的制度规范，在祖先祭祀中因为与祖先的血缘亲疏的不同就会产生等级秩序的差异，从而体现为祭祀中的仪式、姿态、服饰等形式规范上的"礼数"的不同。"礼"作为巫术活动中的规范，既是严格要求的各种行为姿态的仪文细节，又是具有神圣意义的道理，"礼"便成了"理"。小到个人起居饮食、应对进退等都被给予了明确的规范要求，这就是"礼数"。从徐复观和李泽厚关于"礼"的演变的历史脉络和细枝末节中可以看出，徐复观重视的是道德的发现过程，其首要条件是人从宗教中解脱出来，从而有了人的自觉，这一自觉的标志就是忧患意识和"敬"的观念的产生。李泽厚在论述巫术礼仪理性化的过程中强调的是积淀着厚重历

---

① 李泽厚：《历史本体论·己卯五说》，生活·读书·新知三联书店，2003，第172页。
② 周初君王的一系列征战、祭祀等重要行为动作称为"德"。
③ 李泽厚：《历史本体论·己卯五说》，第173页。
④ 李泽厚：《历史本体论·己卯五说》，第174页。用徐复观关于"敬"的观点做例证。

史理性的社会制度与道德规范。

徐复观在考察"礼"的流变的过程中，将文字的训诂考据和思想史的发展脉络相结合。而李泽厚从实践哲学的高度统摄"礼"的历史流变。二人得出的结论有诸多相似之处，但更多的则是差异性。宗教人文化的过程也包含理性化的因素，巫术理性化的过程也有人文化的成分。但徐复观所讲的理性指的是道德理性，他说："礼乐的意义包罗广大……使情欲与理性能得到和谐统一，以建立生活行为的'中道'。更使情欲向理性升进，转变原始性的生命，以成为'成己成物'的道德理性的生命，由此道德理性的生命以担承自己，担承人类的命运。"① 李泽厚所讲的理性是一种实践理性，实践理性是在物质生产和精神活动的长期实践过程中建立起来的，它囊括了人的道德观念、行为准则、意志信仰等。而徐复观笔下的道德理性常被用"天命""天理"来指称其先验性、普遍性和永恒性，它不是"建立"起来的，徐复观用"发现"二字来表明它是固有存在的。

理性化囊括了人文化，原始巫术礼仪大概就是原始宗教的早期形式。宗教的理性化包括了宗教的人文化，因为宗教在理性化过程中逐渐弱化、剔除宗教神秘的、不为人所把握与主宰的因素，而用人的因素、人间性、实用性代替神秘因素和神秘性。即使是在"神人合一"的情形下，依然突出的是人的主动性。这也就势必将人的观念、道德逐渐凸显，也就是宗教人文化的过程。宗教人文化突出的是人文观念、人文道德因素的强化，不在于何种观念、何种道德；而巫术理性化强调社会理性积淀的因素和"人化"的过程，以及"巫君合一"中人的主动性与主导性。徐复观所说的宗教人文化是"礼"的概念与意义扩充变化的过程，是宗教因素逐渐弱化至消失，人文观念、道德因素从无到有逐渐强化的过程，直至春秋时期"礼"囊括了一切道德的因素。人文化也是李泽厚所阐释的巫术礼仪的演变规律之一，但他用"积淀"的概念去论述人文化，将人文化纳入了理性化之中。

上文提到，李泽厚也在"礼"的流变过程中将人文化视为其中的规律性特征，但这与徐复观所说的人文化区别在何处呢？李泽厚所讲述的人文化在概念范畴上要比徐复观所说的人文化更为宽泛，因为徐复观所讲的人文化是道德观念化，人文只是道德的外在形式。在人文化、理性化的论述中，二人的一些观点有着貌合神离的差别。徐复观和李泽厚都认识到了

① 徐复观：《中国思想史论集》，上海书店出版社，2004，第208页。

"礼"在培育人性或是形成文化心理结构上的重大意义。徐复观认为春秋时期的"礼"，其作用在于规范人与人及人与事的关系，到了孔子，才发挥了"礼"在人性中的巨大作用，这是因为之前的"礼"只是"天命"的表征，还未能从人的内在生命中探寻人性。李泽厚则认为"礼"在其未分化的混沌时期就在培育着人性。如此迥异的认识在于二人对于"人性"的不同定义，本文第三章将着重论述这一问题。

（三）孔门之"礼"：内在人格化与内在理性化

徐复观与李泽厚对孔子维护周礼的历史事实有着相同的认识，都认为孔子对"礼"做出了新的解释，将"礼"立基于"仁"，且都将这一变化看作人性的自觉。但对人性的认识以及"礼"与人性的关系，二人却有着截然不同的看法。虽然徐复观与李泽厚都认为孔子将"礼"的根基建立在"仁"之上，对"礼"进行了重新阐释，但对于孔子对"礼"重新阐释的方式和内涵，二人却有着不同的认识。徐复观认为孔子将"礼"内在人格化，李泽厚则认为孔子将"礼"内在理性化（他认为周公完成了"礼"的外在理性化）。内在人格化是将"仁"解释为人生命根源处本来就具有的道德性，人只需"克己"来消除生理与道德的隔阂，来恢复"礼"的状态（仁）。而内在理性化中的人性立基于动物性的亲子关系，其中"仁"不是先天固有的，而是孔子将上古巫术礼仪中神圣的情感状态创造性地转化为了日常生活中同样具有神圣性质的人际情感，并将动物性的情感创造性地转化为社会性的具有神圣性质的人间情感。这两种转化相辅相成，共同完成了"仁"之"情"的构建。

首先从徐复观和李泽厚对于孔子之"礼"的基本认识来讲，徐复观根据《论语》中讲述"礼"的次数比"乐"的次数要多，说明孔子极其重视"礼"的问题，并赋予"礼"新的意义，为"礼"奠定了新的基础——内在人格世界。李泽厚肯定了孔子一生维护和恢复周礼的历史事实，他认为孔子用理性主义精神重新解释古代"礼乐"文化，将传统礼制建立在了亲子之爱上，这是一种人类日常普遍的心理感情基础，孔子将"礼"（礼仪制度）进行了实践理性的心理学解释，即将其重新解释为"仁"。

徐复观和李泽厚都将"仁"视为孔子之"礼"的基础，但其区别在于对"仁"的内涵的认识上，这一点将在第三章的第二节关于孔门"礼乐"之基的"仁"中详尽阐述。简单而言，徐复观将具有先天固有性的"仁"

视为"礼"的立根之基。他认为孔子将"礼"安放在了内心的"仁"上，而"仁"就是内在人格世界的代表，"礼"的内涵的变化是客观的人文世界向内在的人格世界的转变。徐复观将"仁"的基础放置在人的内在人格世界中，他说："由孔子开辟的内在人格世界，从动物性的血肉、欲望沉浸下去，发现生命的根源，是无限深广的道德理性。"① 而李泽厚将亲子之爱为核心的人性心理情感视为是"仁"的基础。这种人性情感的根本基础是动物性的亲子之爱，但在"人化"之后表现出来的人性的自觉又是与动物性情感相区别的，李泽厚称之为孔子仁学和人性论的始源之处。

"礼"除了以"仁"为根基外，其与"义"的关系也是考察"礼"的意义过程中的一项重要内容。徐复观将《论语》"义以为质，礼以行之"② 的"义"定义为社会共同利益，认为"礼"的基础内容就是"义"这种社会共同利益，因此"义"与私欲私利是相互矛盾的，与社会共同利益是紧密相连的，这与徐复观一向对生理欲望的贬伐是一脉相承的，生理欲望也无非一种私欲。与"义"的这个意义相关联的是"礼以行之"，因此"礼"是把封建宗法制度的亲亲与尊尊两种精神融合，定出一套适切的行为规范③，这个意义上的"礼"是用来维护社会共同利益的行为规范，因此徐复观反对"礼教吃人"的说法，认为"礼"是维系人的合理地位及人与人的合理关系的。他认为孔子提出的"选举"的政治观念，是欲瓦解封建政治中的家族身份制度（徐复观称之为"礼"的黑暗面），"礼"是在封建政治中发展起来并不断演变的，所以"礼"的基础内容是"义"，而非封建身份制度，这是徐复观对"礼"的一种道德化的解释。孔子说的"礼"就是"在实现广义的、社会共同利益的要求之下，规定出一套与其相适应的立身处世的行为形式"④。同样，李泽厚也对《论语》中的这句话做出了阐释，与徐复观将"义"解释为社会共同利益相似而又不同的是，李泽厚将其中的"义"解释为社会性公德。对孔子的"义以为质，礼以行之"这句话，李泽厚的解释是："君子以正义为本质，通过礼制实行它。"⑤ 显然，李泽厚是为让"礼"适应现代民主自由制度而做的解释。他说："此似可作社会性公德及

---

① 徐复观：《中国人性论史·先秦篇》，上海三联书店，2001，第 62 页。
② （南宋）朱熹：《四书章句集注》，中华书局，1983，第 165 页。
③ 徐复观：《中国思想史论集》，上海书店出版社，2004，第 207 页。
④ 徐复观：《中国思想史论集》，第 207 页。
⑤ 李泽厚：《论语今读》，安徽文艺出版社，1998，第 365 页。

制度方向解，固不同于一己修养之宗教性私德。今日之政制体系应本诸现代经济发展……社会正义等等原则……社会之公共法规却日趋一致……今日之民主自由建立在现代化生活基础上，并非源自文化传统……所以强调区分社会性公德与宗教性私德。"① 因此，基于他将"义"解释为社会性公德，"礼"在这里就是与社会性公德相适应的符合现代民主自由社会理念的各项规章制度。徐复观的社会共同利益与李泽厚的社会性公德的概念都强调其中的社会性，但二者的内涵却存在很大差异。社会共同利益是与私利相对的，而社会性公德与宗教性私德相对，徐复观所强调的对社会共同利益的维护也属于一种宗教性私德，李泽厚所说的社会性公德完全是一种与现代社会相适应的新事物。

对孔子之"礼"表现出来的"敬"的情感来说，徐复观和李泽厚都认同"敬"是孔子在实践"礼"的过程中流露出来的情感状态。徐复观从"敬"的字源进行考察，他认为"敬"的出现首先就是人的自觉的表现，到了孔子则是从人自身寻求道德根源的表现，所以"敬"是从人自身内在的道德性中表露出来的道德情感。而李泽厚强调《论语》"今之孝者，是谓能养。至于犬马，皆能有养；不敬，何以别乎？"② 中的"敬"是"礼乐"的仪式培养出的恭敬的情感，是由"礼乐"传统所塑造出来的以亲子这一自然性的事实为基础但区别于犬马的人的情感，是由"礼乐"而人性化了的人性情感，因此李泽厚说："周公制礼作乐完成了外在巫术礼仪理性化的最终过程，孔子释'礼'归'仁'，则是内在巫术情感理性化的最终过程，巫术礼仪内外两方面的理性化产生了情理交融的实用理性的思维信念。"③ 由此可见，徐复观所强调的"礼"中的"敬"是人自身固有的具有先验性、普遍性和永恒性的道德心的外在情感表露，而李泽厚所讲的"礼"中的"敬"是一种基于动物性情感又经"礼乐"传统的培育而产生的一种人性情感。

我们可以通过徐复观和李泽厚对《论语》"克己复礼为仁。一日克己复礼，天下归仁焉。为仁由己，而由人乎哉"④ 的迥异的解读，进一步具体地理解二人关于孔门之"礼"的认识。

---

① 李泽厚：《论语今读》，第 365～366 页。
② （南宋）朱熹：《四书章句集注》，中华书局，1983，第 56 页。
③ 李泽厚：《说巫史传统》，上海译文出版社，2012，第 38 页。
④ （南宋）朱熹：《四书章句集注》，中华书局，1983，第 131 页。

　　徐复观沿袭宋明理学心性哲学的解释，"克己"便是"灭人欲"，"复礼"便是"存天理"，称这是从根源言说"仁"的方法与功夫。"己"是人的生理性质的存在，"宋明儒所说的形气……五官百体为了满足自己的欲望……加深人我对立，以成就其'形气之私'"①。徐复观称其中的"形气之私"② 为对"仁"的精神造成屏障的总体缘由，"克己"就是要突破自己感官生理上的欲求，从而与"礼"的规定相一致，这种在根源上提出的"仁"的功夫、方法，便会达到"天下归仁"的境界。因为在徐复观看来，人的生命之中本来就具备内在的"仁"，孔子认为"仁"是内在于每个人生命根源的人性，"仁"只有无限地展现，没有界限。"仁"既有先天固有性，又有无限超越性（不断突破生理限制，超越自己的感官欲求）。徐复观认为孔子受传统观念影响，将"仁"的先天性、无限超越性看作天道。"性与天道上下相贯通……最高的道德感情，与最高的宗教感情有其会归之点……天是从自己的人性中转出来；天的要求，成为主体之性的要求……性与天道的贯通合一，实际是仁在自我实现中所达到的一种境界。"③ 所以，"我欲仁"是出于人性，而非出于天，徐复观将其解读为中国正统文化的基本性格。

　　李泽厚认为宋明理学直接把"克己复礼"归结为道德斗争的心性问题，虽深入一层，但未免太狭隘，这一评价也适用于徐复观。在李泽厚看来，"克己复礼"的"礼"是通过仪文的实践活动而建立起来的，这仍然能追溯到原始巫术礼仪。在原始巫术礼仪中，原始先民通过图腾歌舞巫术活动，使个体日益被组织在一种文化之中，社会文化的理性内容开始积淀于个人身心的感性形式上。"孔子将实践外在礼制化作内心欲求，融理欲于一体而成为情（人性，即仁）的具体过程。'仁'不是自然人欲，也不是克制或消灭'人欲'的'天理'，而是约束自己（克己），使一切视听言动都符合礼制（复礼），从而产生人性情感（仁）。"④ 人文（礼）培育、积淀着人性（仁），"天下归仁"有个人和群体两方面的意义。对个人来说是达到一种超道德的人生境界（宗教性道德），对群体来说是回到天下大同的远古时代。"礼"在文化心理结构的塑造中有两方面的意义：一方面是历史地组成一组控制机制，统辖着人的行为；另一方面是落实在每个人的个体身心中，使每

① 徐复观：《中国人性论史·先秦篇》，上海三联书店，2001，第85页。
② 即与社会共同利益相对的感官生理的私欲。
③ 徐复观：《中国人性论史·先秦篇》，上海三联书店，2001，第88~89页。
④ 李泽厚：《论语今读》，安徽文艺出版社，1998，第275页。

个人成为真正的个体，这便是理性的内化、凝聚和积淀。"克己复礼""为仁由己"既是人类的历史成果，又是个体心理结构；既是文化的"控制机制"①，又是个体与围绕着他的文化的互动中形成的个体心理。李泽厚用文化控制机制的概念，认为孔子的时代，继承原始氏族社会传统，个体的心理建构和人性塑造（仁）与社会秩序、政治体制（礼）是混同的。

　　徐复观和李泽厚分别将孔门之"礼"解读为内在人格化与内在理性化，其根本原因在于二人基于心性哲学与实践哲学的不同认识。徐复观认为孔子对"仁"的追求是出于个体内在人格世界固有的人性，而非出于天，他将这种对"仁"自觉的追求称为中国正统文化的基本性格。虽然他强调这种出于人性的道德已没有人格神的丝毫意味，但这里的人性具有先验性，实与宗教性的天具有同样的性质。李泽厚将人性的来源归结于动物性的情感与巫术礼仪的积淀，即内在理性化的过程。道德是后天而非先天的，"克己复礼"被看作社会理性的积淀过程，"天下归仁"则是社会理性的积淀所达到的理想状态。

二　"乐"的起源、内涵与表现

　　如上一章所讲，"礼乐"常常是并称而出现的，但徐复观从字源的考证中得出"乐"产生在"礼"之前的结论，在春秋刘康公时期，"礼"占据道德的表征地位之后，"乐"在孔子时代彰显了它在完成个体人格中的重要意义，它对于道德实现的重要性要在"礼"之上。相比之下，在李泽厚的论述中，"乐"是与"礼"同时混同又分化的。孔门重视"乐"是将它与人类普遍的人性情感结合，从而突出了"乐"在社会理性"积淀"中的重要意义。

　　通过徐复观与李泽厚对"乐"的起源、内涵和"和"的不同阐述的比较，可以看出，徐复观强调"乐"对于"发现"人的内在人格深处的道德的重要意义。在这里，"乐"与艺术是可以相互替代的两个概念，因为最高的道德情感和最高的艺术情感、宗教情感是相通的，徐复观的目的还在于回归到关于道德的论述中。而李泽厚挖掘了"乐"与人性情感的重要关系，

---

① 李泽厚在《论语今读》第276页中引用 C. Geertz 的文化"控制机制"的概念，即文化如何作用于个体。

认为"乐"不同于"礼"的关键在于，它是在感性和自然性当中直接地构建和积淀社会性和理性，因此，它在"人化"中的作用要更为直接、有效和牢固。其中的人性情感不是指个体的心绪情感，而是一种群体的普遍情感，因而这种普遍情感本身就带有人类社会理性的成分。

当徐复观在论述"乐"的时候，是在论述道德的力量和道德人生、道德人格的实现；而当李泽厚在阐释"乐"的时候，是在论述"人化"的一种直接、特殊的方式。所以，从二人对"乐"的起源到"乐"的内涵，再到"乐"当中的"和"的论述可以看出，徐复观与李泽厚在看似相同的话语中隐含着深刻的差异性，这种差异性归根结底在于心性哲学与实践哲学的差异。

（一）"乐"的起源：游戏之说与原始歌舞

"礼乐"常被并称，徐复观认为在甲骨文中并没有正式出现"礼"字，因而他对以"豐"为"礼"的说法充满疑问。他以甲骨文出现"乐"较多，认为"乐"比"礼"出现得更早。徐复观通过对艺术起源的论述来说明他对"乐"之起源的看法。他认为与艺术的本性最相符的是游戏起源说："游戏在原始生命中呈现得最早，因为它是直接发于人的自身，而不一定要假助于特定的工具。"[1] 由游戏展开的舞蹈歌谣，后来发展出了文学等其他一切艺术形式，所以徐复观推断出音乐作为艺术门类要比其他艺术门类产生的时间早。他又通过甲骨文中多次出现"乐"却没有正式出现"礼"字，说明"乐"比"礼"出现得早。

徐复观虽然将"乐"的起源追溯到游戏上，但他的游戏说却并非西方的游戏说。从西方关于游戏说观点的历史来看，"康德是第一个真正把'游戏'引入哲学思考的人……认为艺术的这种'自由的游戏'的本质特征就是无目的的合目的性，或自由的合目的性。整个审美活动从始至终都是自由游戏的性质"[2]。而席勒也有类似的观点，他说："只有当人是完全意义上的人，他才游戏；只有当人游戏时，他才是完全意义上的人。"[3] 康德和席

---

[1] 徐复观：《中国艺术精神》，华东师范大学出版社，2001，第 1 页。

[2] 洪琼：《西方"游戏说"的演变历程》，《江海学刊》2009 年第 4 期。

[3] 〔德〕弗里德里希·席勒：《审美教育书简》，徐恒醇译，中国文联出版公司，1984，第 90 页。

勒关于艺术与游戏的论述更接近于李泽厚关于《论语》"游于艺"①的论述，徐复观将游戏视为"乐"的起源，只是为了佐证"乐"与"心"是没有距离与隔阂的。

徐复观用"乐由中出……凡音者生于人心者也……乐也者，动于内者也"②说明音乐与人心是最近的。他认为一切的艺术是在出现了艺术精神的冲动之后，才会有艺术作品的产生，从艺术精神的冲动到艺术作品被创造出来，一般是要借助一定的外在形式或工具的。只有音乐从艺术精神的冲动到作品的产生是无须借助外物的。徐复观分析构成音乐的三个基本要素——诗、乐、舞，认为这三个基本要素是无须假借自身以外的客观事物就能够完成的。"乐的三基本要素，是直接从心发出来，而无须客观外物的介入，所以便说它是'情深而文明'。'情深'，是指它乃直接从人的生命根源处流出。'文明'是指诗、歌、舞，从极深的生命根源，向生命逐渐与客观接触的层次流出时，皆各具有明确的节奏形式。"③这与他一贯对心性本源、固有人格一类概念的论述相一致，认为一切人文、道德、艺术的根源在于人心，所以他将游戏看作艺术（乐）的起源，和他的心性本体论紧密关联，即从人内心寻找"乐"的根源。李泽厚则用实践本体论的方法，探寻"乐"的根源。

李泽厚将"龙飞凤舞"的原始歌舞看作"乐"的最早形态。这种狂热的原始歌舞活动也是狂烈的巫术礼仪活动，"后世的歌、舞、剧、画、神话、咒语……在远古是完全揉（糅）合在这个未分化的巫术礼仪活动的混沌统一体之中的，如火如荼，如醉如狂，虔诚而野蛮，热烈而谨严……它们浓缩着、积淀着原始人们强烈的情感、思想、信仰和期望"④。原始歌舞（后来的"乐"）和巫术礼仪（后来的"礼"）在远古是一体的，到后世二者逐渐分化，原始歌舞便分化为"乐"。这一分化也是审美、艺术日益从巫术与宗教的笼罩下解放出来的表现。

同徐复观相似的是，李泽厚在论述"乐"的起源时也提到游戏："动物有游戏，游戏对于某些动物是锻炼肢体、维护生存的本能手段，远古先民

① （南宋）朱熹：《四书章句集注》，中华书局，1983，第94页。
② （汉）郑玄注，（唐）孔颖达等正义《礼记正义》卷三十七，（清）阮元校刻《十三经注疏》，中华书局，1980，全册第1528~1529页。
③ 徐复观：《中国艺术精神》，华东师范大学出版社，2001，第16页。
④ 李泽厚：《美学三书》，安徽文艺出版社，1999，第18页。

这些图腾舞蹈、巫术礼仪不也可以说是人类的游戏吗?"① 但将"乐"的源头即原始歌舞活动仅看作动物性的游戏活动，是社会生物学的观点。李泽厚从实践哲学出发，将原始歌舞活动看作一种特殊的游戏：符号性的文化活动。它使动物性的活动日益具有了超动物性的社会内容，个体感性日益具有了社会理性的成分。这便又回到了他的积淀说上。远古混沌一体的图腾巫术歌舞活动进一步向前发展，它们在历史发展中逐步分化为可以单独而论的"礼"与"乐"，周公"制礼作乐"是"礼""乐"得以分化的关键和标志。从另一个角度出发，李泽厚又从甲骨文的字源处，发现了"乐"原本是与粮食作物在先民的精心耕作下得以长成有关，表达的是远古先民对自己耕作的劳动成果的肯定与祝福，因此"乐"与我国漫长而久远的农业传统息息相关。人在农作物收获的喜庆中已经包含了人类的以生产和使用工具为主的物质生产活动，因此，这一起源又可称为实践哲学之下的劳动说。

从徐复观和李泽厚关于"乐"的不同起源的论述中，我们可以看出二人在论述过程中出现差异的根本原因：徐复观从人心内部寻找"乐"的根源，因而说游戏与人心的距离是最近的，故他将游戏视为"乐"的起源；而李泽厚从实践哲学的角度，认为"乐"和"礼"有一个共同的源头，那就是原始的巫术图腾歌舞礼仪活动，正是在这原始人类迷狂、热烈的活动之中，产生了最初的"乐"，但这时候还没有划分为独立艺术门类的"乐"。

（二）"乐"的内涵：美善统一与情理融合

美善统一与情理融合分别是徐复观和李泽厚对"乐"的内涵的不同把握。美善统一的观点是在说明艺术与道德的统一是孔门对"乐"的要求；情理融合则在说明从原始巫术礼仪开始，从尚未分化开来的混沌的原始歌舞（"乐"的原始形态）开始，个体感性与社会理性就相互融合，这是"人化"的逐步深化过程。

徐复观强调孔子对音乐巨大作用的肯定，他认为孔子既延续了古代音乐教育的优良传统，又探寻出了"乐"所具有的独特的艺术内涵与精神。在"孔子学鼓琴师襄子"② 的例证中，徐复观说："孔子对音乐的学习，是

---

① 李泽厚：《美学三书》，安徽文艺出版社，1999，第219页。
② 《史记》，中华书局，1959，第1925页。

要由技术以深入于技术后面的精神，更进而要把握到此精神具有者的具体人格。"① 所以徐复观认为美与善的统一，是孔子由他自己对音乐的体验而得来的对音乐、对艺术的基本规范、要求；并说"乐"的美是通过它的音律及歌舞的形式而体现的，这种美虽然还需要欣赏者在特殊关系的发现中产生，但它毕竟是由美的意识进而创造出的一种美的形式，即使孔子反对的"郑卫之声"也一定含有美。他又解释道孔子认为"郑声淫"，指的是郑声顺着快乐的情绪发展得太过，以至于鼓动人们走上淫邪之路。而合乎孔子所要求的，是他所说的"《关雎》，乐而不淫，哀而不伤"②，不淫不伤的"乐"，是合乎"中"的"乐"。徐复观又引"故乐者……中和之纪也"③，说明"中"与"和"是孔门对"乐"所要求的美的标准，"乐"不光要符合"中"与"和"的标准，还要蕴含善的意味。他将孔子批评"《武》，尽美矣，未尽善也"④，视为将美与善区分开来的例证。徐复观认为孔子所说的"尽善"，是指"仁"的精神，因此孔子要求"乐"达到美与"仁"的统一。而孔子之所以特别重视"乐"，是因为在"仁"中有"乐"，在"乐"中有"仁"。徐复观又举尧舜禅让的例子，认为他们出于天下为公之心达到了"仁"的境地。孔子之所以认为《韶》乐既"尽美"又"尽善"，是因为"仁"在尧舜那里，已经与《韶》乐的美的形式完全交融和谐，从而达到了"仁"的精神与"乐"的形式完全统一、融合的最高境界。

在徐复观关于"乐"的论述中，有几对范畴：美与善，"乐"与"仁"，艺术与道德。其中美、"乐"、艺术常常可以相互替代，善、"仁"、道德亦然。美善是如何统一起来的呢？徐复观从两方面进行了阐述：首先，"乐"的本质与"仁"的本质有自然相通之处；其次，"乐"的境界与"仁"的境界是相同的。

首先，"乐"的本质与"仁"的本质是如何相通的呢？徐复观用《荀子》"故乐者中和之纪也"⑤，说明"中"与"和"是孔门对"乐"所要求的美的标准，其后蕴含着善的意味。他又引《论语·八佾》"《武》，尽美矣，未尽善也"说明孔子所谓"尽善"，是指"仁"的精神，因此，徐复观

---

① 徐复观：《中国艺术精神》，华东师范大学出版社，2001，第4页。
② （南宋）朱熹：《四书章句集注》，中华书局，1983，第66页。
③ （清）王先谦撰，沈啸寰、王星贤点校《荀子集解》，中华书局，1988，第380页。
④ （南宋）朱熹：《四书章句集注》，中华书局，1988，第68页。
⑤ （清）王先谦撰，沈啸寰、王星贤点校《荀子集解》，中华书局，1988，第380页。

认为美与"仁"的统一是孔子对"乐"的要求。《韶》乐的尽善尽美就是尧舜"仁"的精神渗透到了《韶》乐中，形成了与"乐"的形式相融合的内容，"中"与"和"是孔门对"乐"的美所要求的标准。在《荀子》"礼之敬文也，乐之中和也"①、"乐言是其和也"②、"故乐者，天下之大齐也，中和之纪也"③、《礼记》"大乐与天地同和，大礼与天地同节……乐者天地之和也，礼者天地之序也"④、《史记·滑稽列传》"乐以发和"⑤ 中，徐复观概括出"和"是音乐成为艺术的基本条件之一。"乐"的本质是"和"，那"仁"的本质呢？徐复观将"仁者爱人"解释为人际交往中的和谐状态，因而"和"亦是"仁"的本质。

在最高境界上，徐复观用"乐者，异文而合爱也""大乐与天下合同"来表述"乐"所达到的最高境界。他又用《白虎通》"乐在宗庙之中，君臣上下同听之，则莫不和敬。在族长乡里之中，长幼同听之，则莫不和顺。在闺门之内，父子兄弟同听之，则莫不和亲……所以和合父子君臣，附亲万民也"⑥ 来说明"和"在积极方面是各种异质的和谐统一，"仁"中包含"和"，而"和"中也可以含有"仁"的意味。徐复观还通过分析《论语》"子路、曾皙、冉有、公西华侍坐"的故事中曾点"莫春者，春服既成。冠者五六人，童子六七人，浴乎沂，风乎舞雩，咏而归"⑦ 的想法，说明艺术与道德在根基与境界中是相互统一的，道德充实艺术的内容，艺术助长道德的力量。但徐复观借鉴朱熹的观点，将曾点的志向看作与"仁"的道德境界相融合的物我两忘的艺术境界，并认为"乐"与"仁"虽然在根底和最高境界上是融合相通的，但这种融合是极少数人在瞬间的感受，并不能期望于日常生活之中的普通人。

与徐复观美善统一的"乐"观相比，李泽厚的情理融合的观点展现的是"乐"的一种常态，并不是所有的"乐"都能达到美善统一的标准，但情理融合则是"乐"从未分化的原始混沌期就展示出来的一种常态。在李

---

① （清）王先谦撰，沈啸寰、王星贤点校《荀子集解》，中华书局，1988，第12页。
② （清）王先谦撰，沈啸寰、王星贤点校《荀子集解》，第133页。
③ （清）王先谦撰，沈啸寰、王星贤点校《荀子集解》，第380页。
④ （汉）郑玄注，（唐）孔颖达等正义《礼记正义》卷三十七，（清）阮元校刻《十三经注疏》，中华书局，1980，全册第1530页。
⑤ 《史记》，中华书局，1959，第3197页。
⑥ （清）陈立撰，吴则虞点校《白虎通疏证》，中华书局，1994，第94页。
⑦ （南宋）朱熹：《四书章句集注》，中华书局，1983，第130页。

泽厚看来，"乐"与"礼"之不同在于它是通过群体情感上的相互触动、交流，以取得群体秩序稳定、生活和谐。它之所以有不同于"礼"的巨大"人化"作用，是因为它是内在的引导，即内在地在自然性、感性之中将社会性和理性积淀、建立起来，而非理性和社会性从外面来约束和控制自然性、感性，也不是与感性、自然性处于经常性的对峙状态中。所以，"乐"在"自然的人化"的脉络当中，它的作用和效果比起"礼"来，要更为强烈和有效。"乐"与舞、歌连在一起，以祭祀祖先、神灵为核心和主要内容，这与"礼"本就是同一回事。但与"礼"以外在的形式制约人不同，人的情感心绪是和"乐"有着紧密关联的，"乐"依靠与个体或群体在情感上的交流呼应，从而起到与"礼"和谐统一的作用。无论从哪些角度来论述，"和"都是"乐"的一大特征，从"乐从和"的表述中就能看出其中的端倪。"乐"与"礼"都是为了整个群体社会的平稳祥和，所以它们在目的上是有着协作关系的。李泽厚将"乐从和"的含义分为三层：一是维护和巩固群体既定秩序的和谐稳定；二是通过社会族群心理上的互动、交往和协同，使整个群体社会平稳祥和，就是在感性、自然性中建立起理性、社会性；三是人际和天的"和"，亦即天人之"和"，这也是"乐"所追求的重要目标。

与徐复观关于"乐"与人心的观点相似的是，李泽厚认为"乐"由于自身具有的节奏、韵律的美，与人的动物性的情感、欲望的波动有自然相通之处。虽然从源头起，它就已经具有了社会性的人类文化符号的理性意义，已经具有了社会理性的属性，但若是顺着情绪的激荡，可以有不符合儒家标准的"乐"。所以在李泽厚情理统一的观点中，"理"是具有特殊含义的，它虽然有人类群体理性的意义在，但经过礼乐传统的洗涤，经过漫长的"人化"过程，这其中的理性便具有了中华民族的独特内涵，它就是非酒神性的传统，也是"和"的状态和要求。

所以，与徐复观美善统一的观点相比，情理融合是一个动态的过程，这里的"情"与"理"随着时间的推移，内涵不断发生变化，这一变化过程就是"自然人化"的过程，也是社会理性积淀的过程。而其中诸如感性与理性、自然性（动物性）与社会性、生理反应与符号意义、个体与群体等表述都在发生上述变化。"从心所欲不逾矩"是合目的性和合规律性的统一，这里李泽厚强调基于实践规律的掌握从而达到的自由状态，道德与超道德的客观普遍规律相统一，即"最高的人性成熟，只能在审美结构中，因为审美既纯是感性的，却积淀着理性的历史；它是自然的，却积淀着社会的成果；它是生理性的感情和官能，却渗透了人类的智慧和道德……这就是从个体完成的角度来说的人性本体"①。

一定意义上，徐复观和李泽厚都看到了"乐"不同于"礼"的巨大意义和作用，这种作用体现在对群体社会和谐稳定秩序的维护和巩固上，更是体现在个体人格的完成上。从徐复观关于"乐"的美善统一的论述中，我们可以看出，只能是"乐"而非"礼"在"美"的形式中包含善的道德的内容，使美、善达到统一的境界。徐复观将其解释为"乐"与人心最近，因此在发现、激活人固有的内在人格世界时能够发挥它的作用。而李泽厚在关于"乐"的情理融合的论述中，强调在审美（乐）之中，社会理性能够直接、强烈和有效地建立在个体感性之中，社会理性在个体感性中的积淀要比"礼"更加深刻和有效。在"发现"和"积淀"的不同表述中，李泽厚的解释更具缜密性与切实性。

（三）"乐"之"和"：道德境界与艺术形式

如前面所讲，"和"是"乐"的一个重要特点，徐复观和李泽厚在论述"乐从和"时有一些相同的观点："乐"的"和"的属性或是要求与政治教化有着重要的关联，"中和"之"乐"能够使民众的情绪不至于过分激荡，"中和"的情感状态有利于政治的稳定与社会的安宁。两人都赞同"乐"首先有助于政治教化，更进一步才可以作为"仁"的人格修养。基于"夫乐者，乐也，人情之所必不免也……足以感动人之善心"②、"故乐行而志清，礼修而行成……故曰：乐者，乐也。君子乐得其道，小人乐得其欲"③ 中情与"乐"关系的论述，徐复观认为人生命中的性与情需要由雅颂之声加以疏导和转化，雅颂之声能够自然而然地与"礼"相互配合，达到万民和睦的目的。儒家基于情感的荡涤对音乐做出相应的要求，一旦音乐顺着情感给予其无止境的满足，"乐"本身就会"太过"而流向淫，因此儒家对音乐的要求就是无邪的内容与中和的形式的自然统一。同时，儒家的政治重视教化，而"礼乐"正是教化的具体内容，"礼乐"之治就是用"礼乐"疏导民众的情感，达到社会和谐的目的。两人观点的差异之处在于对"乐"

---

① 李泽厚：《美学三书》，安徽文艺出版社，1999，第263～264页。
② （清）王先谦撰，沈啸寰、王星贤点校《荀子集解》，中华书局，1959，第379页。
③ （清）王先谦撰，沈啸寰、王星贤点校《荀子集解》，第382页。

之"和"的运作机制和内涵上。

音乐中的"情"以及"情"与"乐"的关系是论述"乐"之"和"的关键所在。在对"乐"与"情"的一些基本认识上，徐复观和李泽厚有一些一致的看法，他们都认为性与情是人人皆有的强大的本能力量，"礼"作为外在的力量是无法约束性与情的，要用"雅""颂"之类的"乐"对性、情加以疏导，使其自然而然地产生与"礼"配合的作用。

但在深入挖掘情感的运作机制和内涵时，二人做出了迥异的论述。徐复观认为儒家礼乐对知识分子的个人修养更为明显，他将"诗""歌""舞"看作构成"乐"的三个要素，并认为这三要素直接从心生发出来，将潜伏于生命深处的情发扬出来，从而使生命得到了充实。儒家认为良心藏在生命的深处，它与情融合在一起，通过音乐的形式表达、生发出来。① 此时音乐将个体心性进行了艺术化，同时也把个体道德化了。徐复观也承认情欲是现实人生所必须有的，道德也要靠情欲的支持而产生力量。徐复观还分析了情欲与"乐"的相互关系的弊端，认为"乐"使道德与感官欲望的矛盾变得不那么强烈，以致消失。相对于弊端，其优势在于由心发出来的"乐"，也使感官欲望与道德良心得到了内在的统一，道德良心有了感官欲望的稳固，感官欲望有了道德良心的超越，在感官欲望和道德良心的融合统一当中，"仁"就变成了情欲享受而非制约的因素。这当然是一种理想的状态。徐复观对"情"的道德化的解读，在李泽厚那里却是对艺术形式的发现："乐"是直接发自内心、源于情感的，这种情感由外物引起，"乐"追求的"和"必须与情感的形式结合，内在情感的形式需要艺术的形式使其可以让人们感受得到。所以李泽厚将对"乐从和"的探讨落实到了对情感形式的追求上。而他对其中的情感形式有着特别的定义：音乐及整个艺术并不只是个体情感的表达，而且是某种普遍的情感形式，通过不同的艺术形式可以激活、调动与其相适应的情感状态，因此，情感与艺术形式在李泽厚这里被提到了无与伦比的高度，艺术的不同形式可以配合情感的不同状态，这便导向"乐而不淫，哀而不伤"② 的温柔敦厚的艺术尺度，即艺术和情感的"中和"的规范追求，在此基础上李泽厚将"乐从和"深刻地解释为"乐"内在地构建和形成的一种情感的特殊形式，这种形式具有普遍性。

---

① 徐复观：《中国艺术精神》，华东师范大学出版社，2001，第16页。
② （南宋）朱熹：《四书章句集注》，中华书局，1983，第66页。

　　徐复观从《礼记》"凡音者，生于人心者也，乐者通伦理者也……乐由中出，礼自外作，乐由中出故静，礼自外作故文，大乐必易，必简，乐至则无怨，礼至则不争，揖让而治天下者礼乐也"[①] 推导出"由一人之修养而通于天下国家"[②] 是儒家的传统。他又用克罗齐在《美学原理》中的表现说来解释"由中出"这三个字，认为除了音乐外，其他艺术在表现的时候总要借助于外在的工具、形式，因而不是完全的"由中出"。而构成音乐的诗、乐、舞这三个基本要素本身具备了艺术的形式，直接从心出发而无须客观外物的介入，音乐从生命根源流出，在外化时配以明确的节奏、形式，它发扬生命深处的情以使生命得到充实。从这一层意义上看，徐复观所讲的"情"和李泽厚所讲的"情"基本是互通的，只不过李泽厚所讲的"情"不单是个体情感，更是一种群体情感。

　　这里的"情"是徐复观关于人心的浅层含义。徐复观将人心分为两层：浅层的人心是"感于物而动，性之欲也"[③]，即情欲、情感；深层的人心是"人生而静，天之性也"[④]，即德行（道德）。美善统一正是因为"乐"能使浅层的情欲与深层的道德相互融合，达到一种极高的境界，这时道德变为了人快乐的源泉。

　　关于情欲与道德在音乐中的表现，徐复观与李泽厚有着极其相似的论述："道德之心，亦须由情欲的支持而始发生力量；所以道德本来就带有一种'情绪'的性格在里面。"[⑤] 这不正和李泽厚的自然人化说相类似吗？在社会理性（道德）中保留着个体感性（情欲）的成分，在个体感性（情欲）中也积淀着社会理性（道德）的内容。但区别就在于"道德"这一概念在二人的学说中有着很大的差异，徐复观的"道德"首先在表述上为"道德之心"，也就是他所说的潜藏在人生命根源的"良心"，"儒家认定良心更是潜藏在生命的深处，成为对生命更有决定性的根源"[⑥]。而李泽厚所

① （汉）郑玄注，（唐）孔颖达等正义《礼记正义》卷三十七，（清）阮元校刻《十三经注疏》，中华书局，1980，全册第 1528~1529 页。
② 徐复观：《中国艺术精神》，华东师范大学出版社，2001，第 15 页。
③ （汉）郑玄注，（唐）孔颖达等正义《礼记正义》卷三十七，（清）阮元校刻《十三经注疏》，中华书局，1980，全册第 1529 页。
④ （汉）郑玄注，（唐）孔颖达等正义《礼记正义》卷三十七，（清）阮元校刻《十三经注疏》，中华书局，1980，全册第 1529 页。
⑤ 徐复观：《中国艺术精神》，第 17 页。
⑥ 徐复观：《中国艺术精神》，第 16 页。

说的"道德"是一种社会理性，它是在漫长的人类历史中积淀而来的，是着眼于群体而非个体的事物。

就道德与音乐的关系来看，徐复观认为音乐之所以能够将浅层的情欲与深层的道德融合，一方面是因为"乐"是"从极深的生命根源，向生命逐渐与客观接触的层次流出时，皆各具有明确的节奏形式。乐器是配上这种人身自身上的明确的节奏形式而发生作用、意义的。经乐的发扬而使潜伏于生命深处的'情'，得以发扬出来，使生命得到充实"①；另一方面，徐复观认为孔门将"乐"立基于"人生而静"的道德之上，而德行又是人本身即有的生命根源的人性。"乐"有一般性的快乐和"上下与天地同流"② 的快乐之分。徐复观用"人生而静，天之性也。感于物而动，性之欲也……乐由中出，故静；礼由外作，故文；大乐必易，大礼必简"③ 说明音乐的最高境界能达到超快乐的快乐，其根源是孔门将"乐"的根源确立在"人生而静"的"天之性"上，而不是"感于物而动"的"性之欲"上。徐复观又根据《礼记》"夙夜其命宥密，无声之乐也……无声之乐，气志不违……无声之乐，气志既得……无声之乐，气志既从……无声之乐，日闻四方……无声之乐，志气既起……"④，将"无声之乐"视为达到"仁"的最高境界的"乐"，在此"无声之乐"中，道德良心与人的感官情欲达到了圆融和谐，此时的人生在生命体验中就进入了美善统一的艺术、道德的最高境地。音乐是感官愉悦与道德相融合的手段，道德的人格因"乐"而得以塑成，徐复观将达到最高道德境界的"乐"视为实现完美人格的关键所在，潜伏于生命深处的情和潜藏于生命深处的道德良心通过音乐使人生艺术化和道德化。音乐在其根源处把情欲与道德融合在一起，道德成为生命自身要求的情绪，成为快乐。徐复观又用《论语》"兴于《诗》，立于礼，成于乐"⑤ 和"知之者不如好之者，好之者不如乐之者"⑥ 来说明在道德之"仁"与生理欲望的圆融中，"仁"不再是要求遵守的规范，而是情绪中的享受，这便是以"仁"

---

① 徐复观：《中国艺术精神》，华东师范大学出版社，2001，第16页。
② （南宋）朱熹：《四书章句集注》，中华书局，1983，第352页。
③ （汉）郑玄注，（唐）孔颖达等主义《礼记正义》卷三十七，（清）阮元校刻《十三经注疏》，全册第1529页。
④ （汉）郑玄注，（唐）孔颖达等主义《礼记正义》卷三十七，（清）阮元校刻《十三经注疏》，全册第1617页。
⑤ （南宋）朱熹：《四书章句集注》，第104~105页。
⑥ （南宋）朱熹：《四书章句集注》，第89页。

为乐。但并不是所有"乐"都具备融合二者的功能，这项神圣的使命只能留给孔门之"乐"。

"和"是"乐"的一大特点，徐复观从心性本体论的基点出发，将"和"解释为一种与最高的道德境界相通的最高的艺术境界，在这种境界之中，"和"是人性的浅层表象（情欲）与人性的深层根源（道德）的融会贯通的状态。李泽厚也将"和"视为"乐"的基本特点，他认为"和"既是孔门对"乐"的要求，也是礼乐传统贯穿之下的"乐"呈现的一种状态。首先，"和"是礼乐传统贯穿之下的"乐"服务于群体政治的要求。从"乐从和"的表述上我们可以看出"和"是"乐"的特点，李泽厚将"乐从和"解释为："因为'乐'与'礼'在基本目的上是一致或相通的，都在维护、巩固群体既定秩序的和谐稳定。"① 在"乐从和"的这一层含义上，它和"礼"是相同的，因为它们都是处在礼乐传统的大框架之内。但"乐"之"和"的特殊之处在于，它是将群体性的情感互相交汇融合，从而取得"合父子君臣，附亲万民"② 的效果。

在发现或是指出音乐与情感的特殊关系，尤其是相对于"礼"的独特性上，李泽厚与徐复观有着极其相似的认识，都认为音乐能顺着情感的鼓荡，直接与人的情感发生关系（而不是通过外在的强制手段）。不同的是二人对情感的理解与解释有着明显差异。徐复观所说的情感更多的是一种个体情感，而李泽厚所讲的情感却是着眼于族群、人类整体的群体情感，因此在论述音乐与情感相互作用的具体过程、机制上，徐复观从个体情感与音乐关系的角度出发，指出音乐固有的节奏、韵律无须借助外物，它能与人心绪的节奏、情欲的律动自然而然地相互贯通，因此人"感于物而动"便会运用音乐的形式将情欲的律动表现出来。但这仅是音乐与浅层的人性的相互关系，而真正的美善统一的音乐需要建立在"人生而静"的良心之上，这在前边已经着重论述过。李泽厚则从群体情感出发，用"同构"的说法解释情感与音乐的关系。音乐与自然事物的运动和人身心情感的节奏韵律相照应，构建起一个同构系统，"乐"在这个同构系统中将理性、社会性建立在感性、自然性中。从"自然的人化"、积淀的角度来看，"乐"在建立内在人性的过程中是通过陶铸情感、培育性情，从而内在地达到社会

---

① 李泽厚：《美学三书》，第234页。
② （汉）郑玄注，（唐）孔颖达等正义《礼记正义》卷三十九，（清）阮元校刻《十三经注疏》，全册第1545页。

秩序的和谐稳固，这一作用是与"礼"协作配合来完成的。

在徐复观看来，"乐"的最高境界是达到"与天地合"的状态，李泽厚也有相似的论述："'乐从和'……追求的不仅是人际关系中的上下、长幼、尊卑秩序的'和'，而且还是天地鬼神与人间世界的'和'。"① 那么，"乐"是如何与天地相和谐一致的呢？前面已经多次讲过，徐复观称孔门之"乐"是建立在人生命根源处的良心之上的，而良心，也就是道德呈现出来的"仁"的状态，即与天地万物浑然一体的状态。而李泽厚将音乐之所以能与天地相和谐的关键用一种同构系统来解释，"把音乐以及舞蹈、诗歌的节律与自然界事物的运动和人的身心的情感和节奏韵律相对照呼应，以组织、构造一个相互感应的同构系统"②。另一个系统是以五为基数的声、色、味等宇宙—人际的结构系统，这一同构系统要求多样性的统一和对立因素的相济，音乐和整个宇宙合规律性相一致。群体的秩序、个体的身心、世间万物相互关联在一起，彼此感应并和谐共荣就是"乐"所要达到的一种状态、境界，在此状态、境界之中，世间万物互相都适宜而不逾矩地交流、协作、调衡、和谐。李泽厚同样用"感于物而动"来解释音乐，他说音乐的情感是由外物引起的，所以音乐所追求的"和"就必须与对情感的具体考察联系起来。李泽厚将对"乐从和"的探讨落在了对情感形式的探寻上，于是他认为艺术（音乐）是情感的形式，音乐乃至其他的艺术门类的情感形式应该是普遍性的，它绝不单单是个体自我的一种情感表现形式，所以，"音乐是为了从内心建立和塑造这种普遍性的情感形式……情欲变成人际之间含蓄的群体性的情感，官能感觉变成充满人际关怀的细致的社会感受"③。

道德境界与艺术形式分别是徐复观和李泽厚对"乐"中之"和"的深层内涵的概括。徐复观将孔门音乐中的"和"最终解释为一种道德境界，是因为他基于心性哲学的认识，从个体内心探寻"乐"与"和"的关系，从而认为"和"正是人内在固有的道德心性在"乐"中的表露。李泽厚则从中国古代礼乐传统的大背景出发，认为一定的歌舞或其他审美艺术与人们特定的情感形式是密切相连的，这种联系有特定规律可循，它们都有着共同普遍的形式。一定的相异的感情正是经由互相不同的特定的舞、歌、乐、文、诗等特定艺术形式得以唤醒、激活、表现出来的，从而对情感的

---

① 李泽厚：《美学三书》，第 235 页。
② 李泽厚：《美学三书》，第 235 页。
③ 李泽厚：《美学三书》，第 239~240 页。

塑造、陶冶便具体地体现为对艺术形式的追求。

三 "礼""乐"关系及其塑造的人性结构

探讨"礼"与"乐"之间的关系是研究"礼乐"内涵的重要方面，徐复观与李泽厚对二者的关系都有着独到的论述。在李泽厚的论述中，"礼""乐"是由混同状态（原始巫术图腾）分化而来的。而在徐复观的阐述中，"礼"和"乐"却是在从产生到演变的过程中就彼此相对独立。徐复观从对字源学的探究中得出了"乐"比"礼"出现得早，而且在后来的不同时期，二者的作用和影响也是不尽相同的。在刘康公时期，"礼"的作用和地位突出，成了一切道德意义的表征；而到了孔子时期，"乐"的作用和意义更为突出。在李泽厚的论述中，"礼"和"乐"从混沌一体到分化始终是相统一的。

从严格意义上讲，人性和文化心理结构是两个在表述与内涵上有着微妙的联系与区别的概念，在"礼乐"及其相互关系的论述下，徐复观和李泽厚对华夏民族经过"礼乐"熏陶的精神领域用人性与文化心理结构去表述。徐复观从天地之性为"礼"推及以"礼"为内容的人之性，进而到以"仁"为内容的人性。李泽厚则从礼乐传统中探究出文化心理结构。从"礼乐"与人性（文化心理结构）之间相互作用的关系来看，徐复观将人性的萌芽——忧患意识和"敬"的观念视为"礼"出现的前提，而"乐"则是从人的生命深处发现真正的人性的重要途径，所以"礼"与"乐"在这里是相互独立的。徐复观论述的人性是强调生命根源的人的道德心性，他先验地强调人的道德良心的固有属性。而文化心理结构强调社会理性在个体感性中的积淀，个体的生命根源是人的动物性与官能感受，并不是道德。对人性与文化心理结构的不同论述，本质上是心性哲学与实践哲学的区别。徐复观将人性的"发现"过程分为两个时期：一是春秋刘康公时期的"礼"用外铄的方法，从天地的法则中寻求道德的根源，从探寻天地之性推及探寻人之性①；二是孔子"克己复礼为仁"，克服生理的障碍而显现出真正的人性，这是从人自身的生命本身来探寻道德的根源。而李泽厚所论述的文化心理结构的形成过程是社会理性积淀的一以贯之的过程，只是孔子之前

---

① 徐复观解释：天之性是爱民，是"礼"，故人之性也是爱民，是"礼"。

是未知未觉的过程，而到了孔子开始出现了自觉。另外，对于儒家道德既有人间性、世俗性又有宗教神圣性这一事实，两人都予以认同，关键在于对其形成机制的不同把握与阐释。

（一）"礼""乐"的关系：分工合作与分化统一

"礼"和"乐"常常是作为一个整体出现的，"礼乐"作为先秦文化极其重要的一个概念，无论是徐复观还是李泽厚，都对其重要价值与后世影响给予了极高的评价。徐复观在分析先秦文化中的人文主义时，提出"大约从周公已经开始了人文主义性格的构建，礼乐是人文主义的表征"①。他在分析《易·贲》"文明以止，人文也，观乎天文，以察时变，观乎人文，以化成天下"② 时，指出其中的"人文"指的便是"礼乐"，将"观乎人文，以化成天下"解释为兴"礼乐"以化成天下，人文就是"礼乐"之教、"礼乐"之治的意思。就"礼"与"乐"出现的时间先后来说，徐复观根据甲骨文没有正式出现"礼"字，而多次出现"乐"字，推断出"乐"比"礼"出现的年代要早，并认为在周代，"乐"是教育的中心。但"进入到春秋时代，作为当时贵族的人文教养之资的，却是礼而不是乐"③。徐复观将其中的原因归结为"礼"在人类行为的艺术化、规范化的基本意义上符合春秋时期人文主义自觉的要求。而且他认为"礼"表现出来的敬与节制的规范性容易为一般人所认识、施行，"乐"表现出来的陶镕、陶冶的规范性在人类淳朴的原始时代容易收到效果，但在春秋这个社会已经相当复杂化的时期，"乐"的规范性不易为一般人所把握、施行。徐复观将春秋时期的"礼"视为宗教人文化的标志，认为其囊括了一切人文道德观念和行为准则。最后，徐复观将重点放在孔子对"礼乐"的转化上，提出孔子将"礼乐"向内在人格世界转移，使"礼乐"成为个人修养得以完成、完美人格世界得以塑造的重要环节。他认为"乐的起源甚早，而乐的意义，常须通过礼的意义以显。所以《论语》言礼多于言乐"④。

而李泽厚将"礼"与"乐"的源头追溯到二者浑然不分的原始巫术图

① 徐复观：《中国思想史论集续篇》，上海书店出版社，2004，第235页。
② （魏）王弼、（晋）韩唐伯注，（唐）孔颖达疏《周易正义》卷三，（清）阮元校刻《十三经注疏》，全册第37页。
③ 徐复观：《中国艺术精神》，华东师范大学出版社，2001，第2页。
④ 徐复观：《中国思想史论集》，上海书店出版社，2004，第206页。

腾时期，后来，"远古图腾歌舞、巫术礼仪的进一步分化，就是所谓'礼'、'乐'"①，并且他认为"礼""乐"的系统化完成大概就在殷周鼎革之际周公"制礼作乐"之时。李泽厚也同样提出了孔子对"礼乐"的历史性转化，即孔子意欲恢复周初"礼乐"制度，用"仁"来重新解释"礼""乐"，将二者纳入自己的实践理性之内。

显然徐复观笔下的"礼"和"乐"在不同的历史时期有着不同的文化价值与地位，二者有些时候是割裂的；而在李泽厚那里，"礼乐"则往往是一个统一的整体，即使在"制礼作乐"后的"礼""乐"分化状态，它们依然延续了远古的"礼乐传统"，因此是分化而又统一的。在徐复观那里"礼"、"乐"在不同历史时期的重要性基本是沿着"乐"—"礼"—"乐"的变化轨迹发展的，这也是宗教人文化—人文内在人格化的发展轨迹。而李泽厚那里，"礼""乐"的发展轨迹基本是"巫术礼仪"—"礼""乐"—"礼乐"的逻辑和历史脉络，这也是"礼乐传统"的一脉相承。

无独有偶，徐复观和李泽厚都将"礼""乐"的关系通过他们在政治教化和个人修养上的不同作用来表述。

对于"乐由中出，礼自外作……乐者，天地之和也；礼者，天地之序也"②、"乐合同，礼别异"③ 这些"礼乐"与政治教化关系的论述，徐复观解释道："乐合同"是要凝聚群体各分子中潜藏的共同情感，从而维持群体的稳定秩序；"礼别异"则是根据合理的原则、方式，把群体中的"异"来做合理的分别。④ 他认为"礼"和"乐"的分工合作使每个社会成员发挥各自个性，形成一个分工合作的良好社会机制，各自发挥优势，共同构建一个"群居而不乱"的和谐社会。李泽厚则认为，一方面"礼"与"乐"的基本目的是一致的，都是在维护群体秩序的稳定和谐；另一方面，与"礼"作为外在的规范不同，"乐"直接诉诸内在情感，是在自然性、感性中建立起社会性、理性。"以'自然的人化'的角度来看，'乐'比'礼'就更为直接和关键。"⑤ 李泽厚的上述观点简单来说，就是"礼"、"乐"在

---

① 李泽厚：《美学三书》，第 227 页。
② （汉）郑玄注，（唐）孔颖达等正义《礼记正义》卷三十七，（清）阮元校刻《十三经注疏》，全册第 1529～1530 页。
③ 王先谦撰，沈啸寰、王星贤点校《荀子集解》，中华书局，1959，第 382 页。
④ 徐复观：《中国思想史论集》，上海书店出版社，2004，第 208 页。
⑤ 李泽厚：《美学三书》，第 235 页。

维护群体和谐稳定的目的上是相一致的，但"礼"更多的是用社会性、理性去约束人的自然性、感性，而"乐"则是在感性、自然性之中直接建立起理性、社会性。

可见，在维护一个和谐稳定的社会群体这一目的上，二人对"礼乐"的认识是一致的。但徐复观着重强调"合"，而没有对其中的"异"有更为本质的认识。李泽厚则看到了感性与理性在其间的不同作用，在这一点的认识上，李泽厚要比徐复观更为深刻。

关于"礼""乐"在人格修养的作用方面，两人都引用了孔子"立于礼，成于乐"的论述，徐复观认为"礼乐"在个人修养上发挥作用要到孔子时期，"立于礼"是克服个人生命之中的情与理的对立，以达到情理相和谐，就是"自己能把握自己而又能涵融群体的生活"①。徐复观分析"礼"与"乐"在人格修养中的不同作用时提出，"礼"在发挥作用时要以理来制情，使情在理许可的范围之内抒发出来，久之情可成为实现理的力量，由"克己复礼"从而达到人我一体的"仁"的状态，但"立于礼"仍有以理制情的要求；而"成于乐"则达到了情理相融，"成于乐"又要通过"立于礼"才能得到保证。其中徐复观关于"立于礼"中"以理制情"的论述和李泽厚所说的用理性制约感性十分相似，"成于乐"中的"情理相融"也和李泽厚所讲的感性中建立理性有十分相似的论述。但两人所讲的"情""理""感性""理性"的概念却是貌合神离，这些概念不仅不能够在意义上相互对等，而且其中的内涵有着较大的差异。徐复观所讲的"情"与李泽厚笔下的"感性"大致都有官能感受的意味，其中的内涵与外延也不尽相同。而徐复观所讲的"理"与李泽厚的"理性"则是内涵差别很大的两个概念，"理"指的是心性哲学讲的有先验性、普遍性特征的道德，而李泽厚所讲的"理性"则是在历史长河中积淀起来的社会性的要求，是"人化"的产物。

除了上述概念内涵上的不同，李泽厚关于人格完成的"游于艺"的观点是徐复观所忽视的。李泽厚将"礼""乐"都包含在"游于艺"之中，并将"游于艺"解释为对客观世界的合乎规律的掌握和运用，认为"游于艺"可使身心获得自由与实践力量。他在分析"礼""乐"在人格完成上的巨大作用时，提出"礼"直接培育、塑造着人，在"礼"中人与动物界自

---

① 徐复观：《中国思想史论集》，上海书店出版社，2004，第209页。

觉脱离，并直接建立起了外在的人性。李泽厚指出，"礼"虽然与心理情感是有一定联系的，但它更多的是从外在约束、规范人，从而与人的感官的自然性常常处在对峙的状态之中，"乐"则是通过情感的塑造、性情的陶冶建立内在人性，所以他认为原始人群的巫术图腾定型成为各种礼制之后，"乐"便承担起感性与理性、自然性与社会性交融的任务。在个体人格完成上，李泽厚区分了"立于礼"与"成于乐"的不同作用："成于乐"是高于"立于礼"的人格完成，"立于礼"是对礼仪规范的熟悉和自觉训练，是意志结构的构建和理性的凝聚，而"成于乐"则是审美结构的呈现和理性的积淀。"'礼'……不是人格的最终完成或人生的最高实现，因为它还有某种外在理性的标准或痕迹，最高（或最后）的人性成熟只能在审美结构中，因为审美既纯是感性的，却积淀着理性的历史；它是自然的，却积淀着社会的成果，它是生理性的感情和官能，却渗透了人类的智慧和道德……这就是从个体完成的角度来说的人性本体。"①

纵观二人对"礼""乐"在不同历史时期和在政治教化、人格修养中关系的论述，对于"礼乐"维护社会稳定和谐的作用，二人有着几近相同的看法。但李泽厚关于自由的实践力量的观点是徐复观没有触及的。在关于人格修养的观点中，徐复观探讨的人格完成路径是"克己复礼"，然后走向"归仁"；而李泽厚则论述在感性中建立、积淀理性，从而完成个体人格修养（复礼）。二人在论述"礼""乐"关系时存在差异的原因在于，徐复观基于道德（理）的先验性、普遍性和永恒性，来论述二者的关系。而李泽厚基于实践哲学的高度，探讨"礼""乐"将动物与人分别开来（人化）的历史过程，强调内在理性的积淀。

（二）孔门"礼乐"之"仁"：道德境界与理性精神

徐复观和李泽厚都将孔子"礼乐"的核心观点看作"仁"。徐复观从"仁"的内涵、表现和实现功夫来展开论述。

就"仁"的内涵来说，徐复观将"仁"看作性与天道融合的真实内容。孔子在《论语》中多次表达了对"天""天命"的敬畏，徐复观认为这是孔子对人的内在人格世界所固有的具有先验性、普遍性和永恒性的道德良心的敬畏。徐复观将"仁"称为生命根源的人性，它是人生而即有的，又

---

① 李泽厚：《美学三书》，第 263～264 页。

要不断地突破生理的限制，做无限的超越。徐复观又将"仁"的先天性、无限超越性与天的先天性、无限超越性类比，认为这时的天是道德的先验性、超越性、普遍性和永恒性的象征，是最高的道德感情和最高的宗教感情的融合。他在分析孔门的"仁"的时候，将天看作先验的伟大而崇高的客体，认为孔子的"仁"是"性与天道上下相贯通，这是天进入于他的生命之中，从他生命之中，给他的生命以道德的要求、规定"①，因此，徐复观这样表述"仁"的内涵："仁"的最高境界是浑然与物同体，无物我之分，"天下归仁"就是在自己的生命深处开辟出内在的人格世界，在人的生命之中本来就具备内在人格世界（仁），内在人格世界的开辟（仁的实现）只在克己的一念之间，无须外在的条件，克己的一念之间就能完成性与天道的融合，"性与天道的融合，是一个人内在的人格世界的完成，即是人的完成"②。

就"仁"的表现而言，徐复观将其分为"成己""成物"两个方面："成己"就是对自己的道德品行的修养、对知识的追求等有着无限的要求；"成物"就是一个人在对自己的道德品行修养、对知识的追求做出要求的同时，对他人、对世界也要保持无比虔诚的责任心。与此相对应，在实现"仁"的功夫上，徐复观概括为"忠恕"二字，因此他说："《论语》的仁的第一义是一个人面对自己而要求自己能真正成为一个人的自觉自反（自我反省），真能自觉自反的人便会有真正的责任感，有真正的责任感便会产生无限向上之心。"③ 于是自觉自反成了实现"仁"的最根本的功夫，"克己复礼为仁"成为"仁者爱人"的前提和基础。自觉自反是指道德的自觉自反，道德突破了自身生理的限制而将生命力向上提升，此时就不会再有人、己的对立，对自己的责任感与对他人的责任感便浑然为一。

李泽厚也认同"仁"是孔子对"礼乐"所做的新的解释，他将孔子"仁"学归纳为四个相互依存、渗透、制约的因素：血缘基础、心理原则、人道主义、个体人格。其整体特征是实践理性。④

（1）血缘基础：孔子是为了解释"礼"而来讲"仁"的，要求恢复、维护氏族统治体系是"仁"的根本目标，这一体系的基础是血缘。

（2）心理原则："仁"是"把'礼'以及'仪'从外在的规范约束解

---

① 徐复观：《中国人性论史·先秦篇》，上海三联书店，2001，第88页。
② 徐复观：《中国人性论史·先秦篇》，上海三联书店，2001，第80页。
③ 徐复观：《中国思想史论集续篇》，上海书店出版社，2004，第237页。
④ 李泽厚：《中国古代思想史论》，人民出版社，1985，第16页。

说成人心的内在要求……把一种宗教性神秘性的东西变而为人情日用之常，从而使伦理规范与心理欲求溶为一体。'礼'由于取得这种心理学的内在依据而人性化"①。李泽厚认为孔子没有像耶稣、释迦牟尼那样把个体或群体的情感心绪往宗教崇拜的方向上牵涉，"而是把它消溶满足在以亲子关系为核心的人与人的世间关系之中，使构成宗教三要素的观念、情感和仪式统统环绕和沉浸在这一世俗伦理和日常心理的综合统一体中……使儒学既不是宗教，又能替代宗教的功能……不是去建立某种外在的玄想信仰体系，而是去建立这样一种现实的伦理——心理模式"②。

（3）人道主义："'仁学'思想在外在方面突出了原始氏族体制中所具有的民主性和人道主义。"③ 李泽厚将这种人道关系中的泛爱、博爱的观念看作"仁"的一个重要方面，它"实质上是要求在保存原始民主和人道的温情脉脉的氏族体制下进行阶级统治"④，因此，李泽厚认为，"仁"是把人与人之间的社会关系以及社会交往当作人性的本质，"仁"的主体内容也就成了社会性交往要求以及人与人之间的互相责任。

（4）个体人格："仁"在内在的方面突出了个体人格的主动性与独立性。在礼崩乐坏的时代背景之下，孔子将复"礼"的要求和任务直接交予了氏族贵族成员，将"仁"看作既属于主体能动性又是历史责任感的表现，是个体行为和理想人格的统一体。

因此可以看出，徐复观和李泽厚在关于"仁"的论述中存在一些极为相似的概念和观点，这些相似的概念、观点集中在情（心理基础）、对人的无限责任（人道主义）和内在人格世界（个体人格）上。

对于孔子"仁"中的情感因素，李泽厚进行了深入细致的分析。他认为孔子以"仁"释"礼"，是重视人性情感的培养，重视动物性的欲望与社会性的理性的交融和谐，是把"情"作为人性和人生的基础、本源。李泽厚又将这里的"情"归溯到两个源头上：一是巫术礼仪中摒弃神秘因素，将真诚、敬畏、庄严等情感因素人文化、理性化，并将这些情感放置在日常世俗生活之中，使得生活具有了某种神圣意义；二是动物性的亲子之情的社会化、理性化，使之成为"仁"的根基所在。于是他认为孔子将上

---

① 李泽厚：《中国古代思想史论》，人民出版社，1985，第20页。
② 李泽厚：《中国古代思想史论》，第21页。
③ 李泽厚：《中国古代思想史论》，第22页。
④ 李泽厚：《中国古代思想史论》，第24页。

古巫术礼仪中神圣的情感状态创造性地转化为日常生活中同样具有神圣性质的人际情感，并将动物性的情感创造性地转化为社会性的具有神圣性质的人间情感，这两种转化相辅相成，共同完成了对"仁"之"情"的构建。而徐复观虽然也认同孔子对情感的肯定，但他将这种情感分为对立的感官情欲和道德情感，将"仁"解释为在彻底自觉和自我反省中"克己复礼"，超越感官情欲的隔限，进入道德情感的状态。至于"祭神如神在"的宗教性情感，徐复观将其解释为在宗教氛围中体验到的道德感情。比较而言，李泽厚所说的既基于动物性情感和宗教性情感，又经过社会化和理性化的人性情感，也是一种道德情感，但这种道德情感的基础仍旧是生物性的亲子之爱。而徐复观所论述的情，其基础则是内在的人格世界（良心、道德心）。

　　针对《论语》"人而不仁，如礼何？人而不仁，如乐何"①、"礼云礼云，玉帛云乎哉？乐云乐云，钟鼓云乎哉"② 中对"仁"与"礼"的论述，李泽厚将其解释为手段高于目的表征：用"仁"解释"礼"的目的是"复礼"，结果是人性心理原则（仁）成了本质的东西，成了外在血缘（礼）要服从的对象。而徐复观则将其解释为"将客观的人文世界向内在的人格世界转化的大标志"③。

　　对于"仁"的人道主义和个体人格的意义层面，徐复观用"成己成人"来表述。"成己"对应的就是李泽厚所讲的"仁"的个体人格层面（对伟大人格的自觉追求），而"成人"对应李泽厚人道主义（历史责任感）的表述。

　　从个体人格的层面来说，对于孔子的"为仁由己""欲仁仁至"的论述，李泽厚将其中的"仁"看作既属于主体能动性又是历史责任感的表现，是个体行为和理想人格的统一体。而徐复观则将这句话中的"仁"解释为生命根源之人性，认为"仁"先于天地内在于每个个体的生命之内，因此只要彻底地自觉自反，便会体验到"为仁由己""欲仁仁至"。虽然二人都指出"仁"是对伟大的个体人格的自觉追求，但在李泽厚看来，"'仁'在这里最终归宿为主体的世界观、人生观，孔子把本是宗教徒的素质和要求归结为这种不须服从于神的'仁'的个体自觉……替代了宗教圣徒的形象

---

　　① （南宋）朱熹：《四书章句集注》，中华书局，1983，第61页。

　　② （南宋）朱熹：《四书章句集注》，第178页。

　　③ 徐复观：《中国人性论史·先秦篇》，上海三联书店，2001，第61页。

而又具有相同的力量和作用"①。徐复观笔下的对个体人格的追求则是自觉自反地克服情欲隔限而体验到内在的道德力量。

从人道主义来讲，徐复观将"仁者爱人"的对他人的责任看作自觉自反的个体人格完成而产生的对他人的无限责任感，因此，"爱人"的责任感，其源头在于"克己复礼"的自我反省与自觉。李泽厚所讲的人道主义则是一种崇高的历史责任感，是一种对民众深重苦难的悲悯情怀，这种人道主义来源于原始氏族的民主和人道，重视的是人与人之间的社会关系。

因此可以看出，二人对于"仁"的看似相同的表述（比如孔子"仁"学既不是禁欲主义，也不是宗教主义）却有着不同的深刻内涵。究其原因，一是李泽厚从社会、历史的脉络中，用实践哲学的方法去分析"仁"的内涵，而徐复观基于心性本体论的认识，从"心"寻找"仁"的本质所在。故此，对于"仁"具有的宗教功能的性质，徐复观用人生命深处的道德的普遍性、永恒性来表述，将"仁"所具有的宗教性的特点视为一种道德境界；而李泽厚从原始宗教的理性化和动物性情感的"人化"去解释这其中的宗教特征，所以将其归结为一种理性精神。二是李泽厚着重从"仁"的后世影响，从"仁"对华夏民族的文化心理结构积淀的影响着眼，去探讨"仁"的几个层面与后世影响。而徐复观则从"仁"的功夫、方法和实践出发，从今世的人如何回归"仁"的角度去分析"仁"的内涵与表现，所以将自觉自反作为实现"仁"的根本、唯一和最终的手段，将其中的人性情感、人道主义和个体人格混含地解释为个体彻底地自觉自反之后的表现。这样就将"仁"的丰富内涵简单化了，他封闭在人的心性内部去探讨"仁"，忽视了广阔的历史因素和激荡的社会背景。

（三）"礼乐"塑造的人性结构：内在人格世界与文化心理结构

文化心理结构或人性的形成是一个十分漫长的历史过程，"礼乐"在其中起到了巨大的助推作用。内在人格世界和文化心理结构分别是徐复观和李泽厚关于人性的内在机制的表述。徐复观通过论述人性论的形成过程来探讨什么是正统的人性，而李泽厚是在远古人类的物质、精神的实践活动中，在礼乐传统的历史背景之下，站在实践哲学的高度来探讨华夏民族文

---

① 李泽厚：《中国古代思想史论》，人民出版社，1985，第28页。

化心理结构的形成及特征。

人性论是关于人性的论述，它的出现反映出了人性的自觉，有了人性的自觉才会出现关于人性是什么的讨论。徐复观将人性论的出现推及宗教人文化开始的周初。关于人性的起源，徐复观将其追溯到宗教的人文化，"一切民族的文化都从宗教开始，都从天道、天命开始，但中国文化的特色，是从天道、天命一步一步地向下落，落在具体的人的生命、行为之上"①。徐复观从周初的人文精神世界中探寻人性的产生，认为人文精神的出现为人性论得以成立提供了条件，在周初宗教中，人文精神开始跃动，周人开始在传统的宗教生活中注入自觉的精神。"人于对事物最基本性质的把握，还是从天、地开始；这是对天、地运行的现象，经过长期地观察而将其法则化了以后，认为那些法则是天、地的本性的结果……引发从人的生活现象中，追求何者为人的本性"。② 相比之下，李泽厚则认为到孔子才开始有了人性的自觉。

从徐复观关于人性的起源和形成过程的论述来看，他认为人性是沿着宗教人文化的轨迹发展变化的。周人的忧患意识是人性自觉的重要方面，"忧患意识，乃人类精神开始直接对事物发生责任感的表现，也即是精神上开始有了人的自觉的表现……在以信仰为中心的宗教氛围之下……（人）把一切问题的责任交给于神，此时不会发生忧患意识……只有自己担当起问题的责任时，才有忧患意识……人的信心的根据，渐由神而转移向自己本身行为的谨慎与努力。这种谨慎与努力，在周初是表现在'敬'、'敬德'、'明德'等观念里面"③，因此，徐复观认为周初所强调的"敬"已经不同于宗教的消解人的主体性的虔敬，而是一种凸显人自身的积极性与理性的人的精神。在分析由忧患意识而来的"敬"的观念的同时，徐复观也探讨着宗教的人文化，认为周人开始对殷人的传统宗教进行转化，周初认为人的一切都是由天所命，这个时候人文的自觉自然地是将"天命"视为人的道德根源，徐复观分析《尚书》"今天其命哲，命吉凶，命历年"④ 的"命哲"的概念，认为"命哲"是从道德上将人与天连在了一起。"周初的

① 徐复观：《中国思想史论集续篇》，上海书店出版社，2004，第282~283页。
② 徐复观：《中国人性论史·先秦篇》，第51页。
③ 徐复观：《中国人性论史·先秦篇》，第19~20页。
④ （汉）孔安国注，（唐）孔颖达等正义《尚书正义》卷十五，（清）阮元校刻《十三经注疏》，全册第213页。

忧患意识、敬、命哲等观念，实奠定中国精神文化之基型。"① 徐复观进而认为，到了《诗经》时期，人格神的天命逐渐垮掉，天命转变为命运之命，宗教进一步向人文世界转移。

在李泽厚的论述中，文化心理结构是通过两种途径来形成的：一是物质生产活动，二是巫术图腾活动。前者在人类人化心理结构的形成中居于基础性的地位，而后者对文化心理结构的形成所起的作用更为直接、集中、强烈。李泽厚着重强调了原始图腾巫术活动对形成文化心理结构的巨大作用，他认为原始人类载歌载舞的狂热的巫术图腾活动，"作为程式、秩序的规范性、交往性，使参与者的个体在意识上、存在上日益被组织在一种超生物族类的文化社会中，使动物性的身体活动和动物性的心理形式具有了超动物性的社会内容，从而使人作为本体的存在与动物界有了真正的区分，这即是说，在制造、使用工具的工艺—社会结构基础上，形成了文化心理结构"②。正是这种群体性的活动起到了团结、巩固原始群体的作用。与此同时，他们的意志由薄弱分散得到了唤起与统一，"原始的图腾舞蹈把各个本来分散的个体的感性存在和感性活动，有意识地紧密连成一片，融为一体，它唤起、培育和训练了集体性、秩序性在行为中和观念中的建立，同时这也就是对个体性的情感、观念等等的规范化"③。其中这些社会性的规范与要求也就是社会理性的内容，开始与动物性的感官感情亦即个体感性的成分相互融合渗透，其中的动物性、自然性的成分开始了"人化"的过程，动物性逐渐转化为人性。这是一个感性与理性、自然性与社会性的相互融合的过程，积淀（自然的形式里积淀了社会理性的内容）的过程，也是自然"人化"的过程。

再看"礼乐"与人性的关系。徐复观认为，春秋时期，"礼"已经成了天地之性，囊括了道德、人文的因素，天地之性与人性关联，天地之性是"礼"，那么人之性也是"礼"。但这一时期所探寻的人性仍旧是由天地之性得来的，还是将天地的道德法则看作人间的道德的出处，徐复观用"倒转"二字来形容此时天地法则与人际道德之间的关系，从而说明道德的真正根源在于人自身，具体来说在于人自身"克己复礼"之后发现内在人格世界，亦即发现人所固有的道德良心。李泽厚援引 Herbert Fingarette 的说法："'礼'

---

① 徐复观：《中国人性论史·先秦篇》，第 29 页。
② 李泽厚：《美学三书》，安徽文艺出版社，1999，第 219~220 页。
③ 李泽厚：《美学三书》，安徽文艺出版社，1999，第 221 页。

是'神圣的仪式'，具有巫术的性质，正是"礼"培育出人性，是人性的根源。"① 认为"礼"是从外在行为规范上对个体的强制性的要求，同时也内在地规范着人的喜怒哀乐等心理情感，它直接培育、塑造着人，在"礼"中人与动物界自觉脱离，建立起外在的人性。"乐"通过情感的塑造、性情的陶冶来建立内在人性。"礼乐"所培育的人性"实际即是原始群体、氏族部族所历史具体地要求的社会性、理性"②。

对于孔子的"仁学"展示出来的人性，徐复观和李泽厚都将其视为一种自觉，只是徐复观将其看作道德的自觉，而李泽厚则将其看作人性的自觉。徐复观将中国正统的关于人性的论述和功劳归于孔子，并认为孔子开辟了一个内在的人格世界，孔子将"礼"安放在内心的"仁"上，这是客观人文世界向内在人格世界的转化，"由孔子所开辟的内在的人格世界，是从血肉、欲望中沉浸下去，发现生命的根源，本是无限深、无限广的一片道德理性这在孔子，即是仁；由此而将客观世界乃至在客观世界中的各种成就，涵融于此一仁的内在世界之中"③。所以徐复观所强调的孔子开辟的"正统的人性"是具有普遍性、永恒性、超经验性的道德。这种道德性在徐复观看来，首先是先验地存在于人的内心深处。其普遍性、永恒性的特质也是天所具有的特质，因此人文化之后的天命成了人性普遍性、永恒性和先验性的表征。"孔子所感到的这种生命与天命的结合，实际即是性与天命的连结……性与天命的连结，即是在血气心知的具体地（的）性里面，体认出它有超越血气心知的性质。这是在具体生命中所开辟出的内在的人格世界的无限性地显现。"④ 由此，徐复观推出了宗教性的对他人道德责任感的来源，即内在人格世界的开辟可以启发人们对于现实生活的责任感，这种责任感因体认到普遍、永恒的道德力量而变得具有了宗教的神圣性质。

而李泽厚将孔子的"仁"视为人性的自觉，认为孔子所开创的自觉的人性是基于动物性的亲子之爱，又经过礼乐传统"人化"后的人性情感，"把这种人性情感本身当作最后的实在和人道的本性，这正是孔子仁学以及整个儒家的人道主义和人性论的始源基地"⑤。李泽厚也从中推出了儒家具

① 李泽厚：《美学三书》，安徽文艺出版社，1999，第229页。
② 李泽厚：《美学三书》，第230页。
③ 徐复观：《中国人性史论·先秦篇》，上海三联书店，2001，第62页。
④ 徐复观：《中国人性史论·先秦篇》，上海三联书店，2001，第78~79页。
⑤ 李泽厚：《美学三书》，第254页。

有的宗教性的对他人道德责任感的来源，即动物性的情感经过"礼乐"而人性化了，又把其中的人性情感扩充到了人际关怀的共同情感上，对人民大众生存生活的强烈责任感和人道主义正是"由孔学儒门将远古礼乐传统内在化为人性自觉，变为心理积淀的产物"①。与徐复观将孔子用"仁"解释"礼"看作孔子对潜藏在人内在生命深处的道德心性的发现不同，李泽厚将孔子用"仁"解释"礼"看作一种内在伦理——心理状态的人性的形成，认为这种人性也就是孔子为中国的整个文化心理塑造的一种实用理性的民族性格，也就是李泽厚所说的非酒神性的精神特质，它不是宗教式的迷信或某种情感上的迷狂状态，而是一种冷静的具有忧患意识的精神状态，不再追求虚无缥缈的彼岸世界，而是在当下的现实人生中实现自己道德、人生的宏图大业，同时既不对生理情感欲望采取禁欲主义的办法，也不做纵欲主义、享乐主义的处理，而是把它进行某种合理化的引导。通过上述几方面的比较，我们可以看出，徐复观对人性的定义最终落脚在内在人格世界上，将孔子"仁学"所开创的人性视为中国"正统的人性"，而李泽厚将人性概括为一种文化心理结构，它是动物性、自然性经过漫长的礼乐传统所"人化"之后的人性。就两种人性发展的过程来说，徐复观笔中的人性是沿着"礼乐"所经历的宗教人文化和客观人文世界向内在人格世界转化这条路径形成的，是从天性推及人性（宗教人文化）再到发掘内在人格世界。而李泽厚所论述的人性是从原始人类的物质生产活动开始，再到巫术礼仪的原始图腾活动，进而从文化心理结构的形成到人性的自觉。由于徐复观将人性（道德心性）视为一种先验的存在，所以他在论述礼乐文化与人性关系的时候是由人性到"礼乐"的逻辑脉络，即先有人性的自觉，后有"礼乐"的出现；而李泽厚所论述的"礼乐"与人性是从"礼乐"到文化心理结构的逻辑脉络，原始巫术礼仪直接促成了群体的文化心理结构。

对于孔子"仁学"影响下的人性特征，徐复观和李泽厚有着一些相同的认识，即孔子所影响下的人性既非禁欲主义，也非纵欲主义。虽然二人都认同孔子开创的"仁"强调一种内在的完美人格，但李泽厚将这种人格看作内心自觉地建立起来的完美人格，即内在人格、自觉人性是需要后天培养和建设的，而徐复观则强调孔门发现了潜藏在个体生命之中的人格世界。"建立"与"发现"两个概念所折射出的后天习得与先验存在的区别，

① 李泽厚：《美学三书》，第258页。

正是二人对孔门影响下的这种内在人格世界或文化心理结构的不同认识。

从文化心理结构的形成到孔子用"仁"重新解释"礼"是礼乐传统的延续，而从宗教人文化到内在人格化，相对而言是跳跃的过程。总的来说，李泽厚重视文化心理结构的"积淀"过程，而徐复观则从先验的道德立论，探讨人文因素的出现到向内在人格世界的转化，因此李泽厚的研究重点在于礼乐传统之下的文化心理结构对后世我们的民族心理结构的影响。而徐复观的着眼点在于"发现"内在生命深处的道德良心的方法，即个体人格实践的功夫，所以他说："人性论的功夫，可以说是人首先对自己生理作用加以批评、澄汰、摆脱；因而向生命的内层迫进，以发现、把握、扩充自己的生命根源、道德根源。"①

按照徐复观的观点，人性就是潜藏在人生命深处的内在人格世界，它是潜藏在人内心深处的具有普遍性、永恒性和先验性的道德心，是每个个体生而即有的，只是需要自觉与自我反省才会发现到、体验到。但在一些狼孩儿等事例中，和人类社会隔绝开来的人，是永远无法展现比较健全的人性的，他们身上更多的是动物性，也就是社会性、理性没能够在他们的感性、自然性中积淀下去，没能完成"人化"的过程，所以李泽厚关于人性的文化心理结构的说法更具物质基础和学理依据。

· 附录 ·

《徐复观与李泽厚礼乐观之比较》写作过程

张学炳

一　论文写作缘起

我的毕业论文最终确定为这一题目，中间颇费周折。在 2014 年初论文快要开题的时候，我还只是在脑海里有一个大体的方向和范围：李泽厚与新儒学。由于一直以来想让毕业论文有一定的现实意义，加上自己一直关注国学热这一社会热点，我在本科和研究生阶段的学习中也读了一些新儒学和李泽

---

① 徐复观：《中国人性论史·先秦篇》，上海三联书店，2001，第 409 页。

厚的作品。开题时最初选的几个题目如"李泽厚与新儒学的关系""李泽厚如徐复观美学思想的比较"等都因题目太大、范围太广被王老师一一否定。一直以来，王老师对我们论文写作的建议是以小见大、以点带面。在王老师的引导下，我最终确立了"礼乐"作为徐复观与李泽厚比较的点，再以此点洞见李泽厚和以徐复观为代表的港台新儒学观点的核心区别。之所以选择将徐复观与李泽厚进行比较，是因为在文献的阅读中，我发现徐复观在新儒学学者中很有代表性，而且二人在古代思想史、哲学、美学等领域有很多相似的研究课题，二人的一些书名、论文题目更是十分相近，比如都对儒家礼乐观进行了集中、细致的分析，都对中国艺术精神进行过专门论述，且都有中国古代思想史方面的专著。而选择"礼乐"作为突破口，是因为我在阅读过程中发现"礼乐"在儒家学说中的原始意义，而且无论李泽厚还是徐复观，在阐述儒家美学乃至中国古代美学时无不以"礼乐"作为起点，抓住了起点也就可以追根溯源，道出问题的核心所在。于是我便将关注点锁定在徐复观和李泽厚关于"礼乐"的不同论述以及深层根源上，希望通过比较对新儒家以及李泽厚有一个更为深刻的认识，这样我便开始了本篇论文的资料收集与初步构思。

二　论文前期准备工作

（一）资料的收集与整理

在初步确立了论文的方向和范围后，我就开始了资料的收集与阅读。在具体的题目确定之前，我的论文题目选定的范围较大，思路也不是很清晰。翻阅了李泽厚的一些著作，也查找了一些新儒学如熊十力、牟宗三、唐君毅、徐复观等人的作品。经王老师的指导，在将论文选题的范围确定为比较徐复观和李泽厚的礼乐观之后，我便开始了具体的资料收集。

二人都是现代学术大家，著作可谓汗牛充栋，我使用了比较笨拙的办法，利用图书馆的资源加上网上搜罗到的资料，将二人著作中涉及"礼乐"的论述一一标记了出来。其中二人论述"礼乐"比较集中的一些著作有：李泽厚的《美学论集》（上海文艺出版社，1980）、《论语今读》（安徽文艺出版社，1998）、《美学三书》（安徽文艺出版社，1999）、《历史本体论·己卯五说》（生活·读书·新知三联书店，2003）、《李泽厚哲学美学文选》（湖南人民出版社，1985）、《世纪新梦》（安徽文艺出版社，1998）、《中国古代思想史论》（人民出版社，1985）、李泽厚和刘纲纪的《中国美学史》

（中国社会科学出版社，1984），徐复观的相关作品有：《中国艺术精神》（华东师范大学出版社，2001）、《中国人性论史·先秦篇》（上海三联书店，2001）、《中国思想史论集续篇》（上海书店出版社，2004）、《两汉思想史》（华东师范大学出版社，2001）、《徐复观文集》（湖北人民出版社，2002）、《中国思想史论集》（上海书店出版社，2004）。由于选题较为具体、有针对性，所以最终绝大部分论文引用资料就出现在上面的十几本著作中，相较于其他同学的毕业论文，我的论文在资料收集上比较容易些。

在收集到二人的资料之后，我原本打算将所有能找到的他们的作品细致阅读一番，再做好读书笔记，然后展开论文的写作。结果在研三开学的时候，当老师问及论文的写作情况时，我还在看材料。刚开始的时候确实找不到论文写作的切入点与突破口，用王老师的话说，就是"一直在外围打转"。尤其是自己的记忆力不好，每次读完书，做好笔记，下次再翻开回顾的时候，之前的思路几乎遗忘干净了，对亲手记的笔记也觉得十分陌生。所以我又开始了对论文资料的整理工作，在整理的过程中，我花了部分时间浏览了之前收集的全部资料，然后围绕"礼乐"这一主题，以"礼"、"乐"及"礼""乐"关系为关注点对材料进行分类、标记。这一过程不仅使繁杂的资料有了头绪，也为自己的论文写作提供了一定的思路。为此我做了一些表格，画了一些思维导图来厘清资料。然后直接进入了论文的写作，边写作，边整理资料，边调整思路。最后，为丰富自己的观点，我还收集了一些其他学者关于"礼乐"的论述，比如夏静的《礼乐文化与中国文论早期形态研究》（中华书局，2007）、刘清河等的《先秦礼乐》（北京师范大学出版社，2009）。还收集了学者对李泽厚和徐复观的研究论著，如王生平的《李泽厚美学思想研究》（辽宁人民出版社，1987）、黄克剑的《当代新儒家八大家集·徐复观集》（群言出版社，1993）、李维武的《徐复观与中国文化》（湖北人民出版社，1997）、刘桂荣的《徐复观美学思想研究》（人民出版社，2007）、张晚林的《徐复观艺术诠释体系研究》（上海古籍出版社，2007）、耿波的《徐复观心性与艺术思想研究》（中国传媒大学出版社，2007）、宛小平等的《港台现代新儒家美学思想研究》（安徽大学出版社，2014），在这些研究著作中包含对二人礼乐观的研究。由于在出版物或知网中还未发现有人试图对李泽厚和徐复观二人的包括"礼乐"在内的观点进行比较，因此我还查阅了一些单独研究李泽厚和徐复观之礼乐观的论文。

（二）初拟的提纲与遇到的困难

在收集和整理完相关资料后，我便开始拟订论文写作计划，这一最初拟定的提纲如下。

第一章：徐复观及其对儒家礼乐观的认识。分为两节，第一节：徐复观对礼乐的认识（包括两个问题：1. 礼与乐的区别与联系；2. 孔子与礼乐），第二节：善、美与仁、乐的统一（包括两个问题：1. 善与美的统一；2. 仁与乐的统一）。

第二章：李泽厚对儒家礼乐观的认识。也分为两节，第一节：礼乐仁学，第二节：理性精神。

第三章：徐复观与李泽厚对儒家礼乐观认识的比较。分为三节，第一节：仁乐统一与理性精神，第二节：儒道会通与儒道互补，第三节：中国艺术精神的主流问题。

现在看来，这一提纲存在的问题是不言而喻的——李泽厚与徐复观礼乐观比较中的"两张皮"的问题，也就是把徐复观与李泽厚的"礼乐"观点分而论之，只是简单地拼凑在了一起，根本没有体现出"比较"二字，按这一提纲发展下去，文章最后顶多算一篇读书笔记。自己当时也意识到了这一问题，但由于临近开题，时间仓促，再加上自己理论积淀不足，所以一时间不知如何下手对二人礼乐观进行比较。首先是由于对所收集到的资料没有完全领会，所以对二人礼乐观的根本差异以及这种差异折射出的深层根源或形成机制没有一个透彻的把握与全局性的认识，所以找不到比较的点，更做不到以小见大、以点带面。其次是从结构来看，提纲与题目（"徐复观与李泽厚礼乐观的比较"）严重不符，也就是之前提到的"两张皮"问题。最后，虽然在第三章体现出了"比较"二字，至少在提法上与论文的题目做到了呼应，但与"礼乐"这一主题的关联性不是很强。从提纲的整体结构来看，用两章的篇幅来论述徐复观和徐复观的礼乐观、李泽厚与李泽厚的礼乐观，最后一章才试图对二者进行比较，在内容分布、结构安排上极其不合理。

最后经王老师指点迷津，我才有些拨云见日的感觉。王老师告诉我：既然要对徐复观与李泽厚的礼乐观进行比较，就要突出"比较"二字，不仅要"比"，更要"较"，就是要把比照之后的自己的观点鲜明地亮出来，自己要对比较之后的异同特征以及其中的缘由有一个总体的把握，再围绕这两点确定文章的结构。论文是用来论述自己观点的，所引用的徐复观和李泽厚的语句只能来证明自己的观点，不能本末倒置。在这个基础上，王老师对我的论文结构提出了以下几点意见。

第一，上面草拟提纲的第一、二章要糅成一章，要开门见山地将"比较"凸显出来，所以我以前的整个思路要进行大的调整，不能再分而论述，必须时刻以"比较"为落脚点，不能偏离了这一主题。

第二，比较的时候不能机械地搬出几个概念，要找准切入点，最好在总结与概括的基础上，以相对的概念的方式将二人礼乐观的比较结果呈现出来，让读者从结构、从每一章节的标题上就能读出比较的特征。

第三，文章的结构篇幅安排要合理，不能像草纲中那样整整两章和文章主题的关系都不是十分紧密，只是在第三章中简短地表明比较的意图，这样的结构十分不合理。

三　写作阶段

（一）论文提纲的修改

经过王老师的细致分析、讲解，我按照老师的建议回过头来翻阅资料，重新思考文章结构的问题。在整合材料与苦思冥想之后，我的写作思路渐渐有了眉目。我按照老师建议的突出"比较"的宗旨，在总结材料的基础上，挖掘出了几对一一相对的概念，力图在文章的一开始就以相对概念为突破口来突出自己"比较"的意图。最后我决定将文章的结构调整为三部分：第一部分是"礼乐"的本源，第二部分是"礼"与"乐"的关系，第三部分再探讨与"礼乐"相关的中国艺术精神的本源问题。这样在前一个提纲的基础上，论文的提纲修改为以下内容。

绪论

第一章　自然人化与乐教传统：礼乐的本源性探讨

　　第一节　游戏之说与图腾巫术：对礼乐源头性的认识

　　第二节　行为自觉与内外塑造：对礼的认识

　　第三节　乐先于礼与乐继承礼：对"礼""乐"关系的认识

第二章　仁乐统一与情理融合：对乐的不同解释

　　第一节　美善统一与天人合一："和"的相应解读

　　第二节　中介作用与同构关系："和"的建构机制

　　第三节　道德支撑与形式追求："情"的不同塑造

第三章　道家主流与儒家主导：中国艺术精神的主流问题
　　第一节　儒道会通与儒道互补：礼乐传统下的儒道关系
　　第二节　道家主流与儒家主导：礼乐传统引出的中国艺术精神主流问题
余论　徐复观与李泽厚礼乐观差异性的理论总结及其他

这一提纲是在论文开题的时候提交给参加答辩老师的版本，现在来看，此提纲与论文最终的结构比起来还是十分不成熟。在论文开题的时候，针对上面的这一提纲，各位老师给了我很多宝贵的意见和修改建议，概括起来有以下几条。

一是结构显得有些杂乱，不够有条理，比如，第一章探讨"礼乐"的本源及"礼"与"乐"的关系，第二章又单独探讨"乐"，那么为什么不把"礼"作为系统比较的对象呢？二是第三章的标题（道家主流与儒家主导）以及第一节（儒道会通与儒道互补）、第二节（中国艺术精神的主流问题）似乎又不在"礼乐"所讨论的范畴之中，在一定程度上有些风马牛不相及，而且儒道关系又是一个庞大的概念，岂是这么一小节能够说得清楚的？第二节讨论中国艺术精神的主流问题，也严重偏离论文所讨论的礼乐观的主题。三是比较的意图是什么，亦即为何要对二人的礼乐观进行比较，比较之后又有什么理论意义呢？这一问题在文章的结构中并没有体现出来。

（二）初稿写作及修改

在一定意义上，我的论文写作过程不是按照既定的框架去写作，而是一个摸着石头过河的过程，当论文写到结尾的时候，整个结构才开始清晰起来。我不知道这样的写作方法是否合理，但当我按照开题时定好的提纲写作的时候，发现思维还是比较混乱。按照开题时老师的建议，我对文章的结构又一次进行了调整。王老师要求我们每写完完整的一章就及时地发给他看，再根据他对我们第一章的修改建议开启第二章的写作，以此类推完成后续几章的写作。按照老师的建议，我在写第一章的过程中，认真思考了之前的结构，决定第一章从"礼"的比较开始写，理由是"礼乐"虽然常常作为一个整体，但在徐复观和李泽厚的论述中对二者进行了区分。所以我参考之前的思路，决定从"礼"的起源的比较进行入手。最终，第一章的第一节的标题确定为："礼"的起源——宗教祭祀与图腾巫术。在第一节写作方法的启发下，接下来的写作过程明晰了许多，第二节在比较徐复观与李泽厚关于"礼"的流变的过程中，我列了两个表格来做展示。完成第一章之后，我就发给了王老师，老师又对细节提出了一些建议，在此基础上，第二章、第三章相继完成。最终论文的结构如下。

绪论
第一章 "礼"的起源、流变与实质
    第一节 "礼"的起源：宗教祭祀与图腾巫术
    第二节 "礼"的流变：宗教人文化与巫术理性化
    第三节 孔门之"礼"：内在人格化与内在理性化
第二章 "乐"的起源、内涵与表现
    第一节 "乐"的起源：游戏之说与原始歌舞
    第二节 "乐"的内涵：美善统一与情理融合
    第三节 "乐"之"和"：道德境界与艺术形式
第三章 "礼""乐"关系及其塑造的人性结构
    第一节 "礼""乐"的关系：分工合作与分化统一
    第二节 孔门"礼乐"之"仁"：道德境界与理性精神
    第三节 "礼乐"塑造的人性结构：内在人格世界与文化心理结构

从初拟的提纲到开题的提纲，再到最终的提纲，文章结构做了数次大的调整，从身边同学的口中我也得知大家的论文的最终结构和开题时的框架都有很大不同，可见我的写作情况也并非个例。在论文初稿基本完成之后，王老师又对论文中大到段落的增删调整，小到词语的表达、话语的表述进行了指导。老师再一次强调了写作者自己的观点的重要性，认为我的初稿中虽然比较的内容已经展示了出来，但还是欠缺对比较的分析，欠缺对比较结论的展现以及成因的剖析。我又在文章中对徐复观和李泽厚共同表述的几个概念的形成机制进行了分析阐述，并从个体与群体、中西与古今、实践哲学与心性哲学等几个维度扩充比较后的结论及原因，最终得出了以下统领全文的结论：心性哲学与实践哲学的不同，是徐复观和李泽厚礼乐观存在差异的根本原因。徐复观从心性哲学的基点出发，往往将问题的根源归结为人固有的内在人格世界的道德良心，在他看来，这一道德心又具有先验性、普遍性和永恒性。而李泽厚从实践哲学的高度，将"礼乐"

的根源追溯到人类的物质生产活动和在此基础上的精神活动，与此相随的是理性和社会性在感性和自然性中的积淀，以及由动物性到人性的"人化"和华夏民族文化心理结构的建构。就"礼乐"与人性结构的关系而言，内在人格世界与文化心理结构折射出的先验存在与后天积淀的区别，正是心性哲学与实践哲学差异的表现。相较徐复观而言，李泽厚运用马克思主义唯物史观克服了新儒学研究的局限性（传统儒学对道德的先验预设从而表现出来的对"礼乐"的心性化倾向），显现出了礼乐传统的物质基础。

这样在多番修改之后，我的论文得以定稿，并最终顺利通过盲审和答辩。

图书在版编目（CIP）数据

文艺学与文化研究工作坊. 2015 / 首师师范大学文
艺学学科编. -- 北京：社会科学文献出版社，2018.8
ISBN 978 - 7 - 5201 - 2973 - 2

Ⅰ.①文…　Ⅱ.①首…　Ⅲ.①文艺学 - 文集②文化研
究 - 文集　Ⅳ.①I0 - 53②G0 - 53

中国版本图书馆 CIP 数据核字（2018）第 141951 号

文艺学与文化研究工作坊（2015）

编　　者／首都师范大学文艺学学科

出 版 人／谢寿光
项目统筹／宋月华　吴　超
责任编辑／吴　超　李帅磊

出　　版／社会科学文献出版社·人文分社（010）59367215
　　　　　地址：北京市北三环中路甲 29 号院华龙大厦　邮编：100029
　　　　　网址：www.ssap.com.cn
发　　行／市场营销中心（010）59367081　59367018
印　　装／三河市东方印刷有限公司

规　　格／开　本：787mm×1092mm　1/16
　　　　　印　张：29　字　数：488 千字
版　　次／2018 年 8 月第 1 版　2018 年 8 月第 1 次印刷
书　　号／ISBN 978 - 7 - 5201 - 2973 - 2
定　　价／149.00 元